Martin Noth

Die Welt des Alten Testaments

Eine Einführung

Mit einem Vorwort
von Hans Walter Wolff

Herder
Freiburg · Basel · Wien

MEINER FRAU GEWIDMET

Lizenzausgabe mit freundlicher Genehmigung des Verlags de Gruyter,
Berlin

Herstellung: Freiburger Graphische Betriebe 1991
Umschlaggestaltung: Joseph Pölzelbauer
Umschlagmotiv: Erich Lessing, Modell eines antiken Opferplatzes
ISBN 3-451-04060-3

VORWORT ZUR TASCHENBUCHAUSGABE

Keiner kann Absicht und Charakter von Martin Noths Buch so klar erkennen wie sein Autor selbst. So schicke ich hier Auszüge aus den Vorworten der verschiedenen Auflagen voraus.

„Das Alte Testament ist auf einem bestimmten geschichtlichen Boden entstanden und gehört geschichtlich in die große und an Erscheinungen überreiche Welt des alten Orients hinein und steht in mannigfachen Beziehungen zu ihr. Ohne Rücksicht auf diese Zusammenhänge ist, nachdem sie einmal erschlossen sind, eine Wissenschaft vom Alten Testament nicht mehr möglich; und auch derjenige, der nicht gerade zu den Fachmännern der alttestamentlichen Wissenschaft gehört, muß heutzutage über diese Zusammenhänge wenigstens im Groben orientiert sein, wenn er über das Alte Testament arbeiten und reden will. Auf der anderen Seite sind freilich diese Grenzgebiete der alttestamentlichen Wissenschaft so weitläufig, daß es schwierig ist, sich ohne spezielle Studien in ihnen zurechtzufinden. Aus diesen Erwägungen heraus ist das vorliegende Buch entstanden ...

... In der Darstellung konnten nicht nur wissenschaftlich gesicherte Ergebnisse dargeboten werden, sondern je und dann mußten auch noch ungelöste und schwebende oder auch mit dem zur Verfügung stehenden Material zur Zeit noch unlösbare Fragen angeschnitten werden; in solchen Fällen ist mit Bedacht in aller gebotenen Kürze eine Diskussion der verschiedenen Möglichkeiten der Lösung gegeben worden. Denn zur soliden wissenschaftlichen Ausbildung gehört nicht nur die Entgegennahme fester Forschungsergebnisse, sondern auch die Orientierung über noch ungelöste Probleme sowie über die Methoden, mit denen man ihnen beizukommen versuchen kann oder muß ... M.N."

(Aus dem Vorwort zur ersten Auflage, Königsberg/Pr., im Februar 1940.)

„Die neue Auflage versucht, ohne an Absicht und Anlage des Buches etwas Wesentliches zu ändern, das Ganze auf den gegenwärtigen Stand der Forschung zu bringen und an Sachangaben und Literaturhinweisen nachzutragen, was die zwölf Jahre seit dem Erscheinen der ersten Auflage erbracht haben. Daß ein Buch wie das vorliegende ständig verbessert werden muß und daß noch während der Drucklegung Neues erscheinen kann, was vom Augenblick der Veröffentlichung aus betrachtet eigentlich mit hätte berücksichtigt werden müssen, ist jedem Sachkundigen ohne weiteres klar... M. N."

(Aus dem Vorwort zur zweiten, verbesserten Auflage, Bonn, im Juli 1952.)

„Für die vierte Auflage ist der gesamte Stoff des Buches neu durchgearbeitet worden. An der Absicht und dem Charakter des Buches und damit auch an seiner Anlage im ganzen und einzelnen ist nichts Wesentliches verändert worden. Vor allem kam es darauf an, mit der weitergehenden Forschung Schritt zu halten und neue Entdeckungen und Erkenntnisse einzuarbeiten ...

Neu hinzugefügt habe ich in § 10, 3 einen besonderen Abschnitt über die Verkehrswege Palästinas im Altertum, weil mir für die historische Geographie eines Landes auch die Verkehrsmöglichkeiten und Verkehrsverhältnisse wichtig zu sein scheinen ... M. N."

(Aus dem Vorwort zur vierten, neubearbeiteten Auflage, Bonn, im Juli 1962.)

Martin Noth hat uns ein einmaliges Lehrbuch hinterlassen. Er führt uns in die Welt des Alten Testamentes ein, indem er uns die spannenden Entdekkungen und Darstellungen eines Gelehrten miterleben läßt.

Allzu früh schied er von uns. Am 30. Mai 1968 kehrte er von einem Forschungsunternehmen bei Subeita südwestlich Beerscheba nicht zurück. Bei Bethlehem wurde er beigesetzt. Das entsprach seinem Wunsche, im Heiligen Lande seine letzte Ruhe zu finden.

Nun kann sein Buch aufs neue seinen Dienst ausrichten. Dem Verlag Herder gebührt lebhafter Dank. Die Lektüre wird Theologiestudenten ebenso wie lernbegierige Touristen begeistern. Bei Martin Noth lernt der Leser, mit wachen Augen und genauer Aufmerksamkeit durch die biblischen Landschaften zu wandern und zu fahren. Der erste Teil des Buches und die verschiedenen Vorworte zeigen, wie Noth in selbstkritischem Forschen zu seinen Einsichten vorstößt.

Ein großes Kapitel führt in die Archäologie Palästinas ein. Als Kunde von den materiellen Überresten einer vergangenen Kultur ist die Archäologie seit der zweiten Hälfte des vorigen Jahrhunderts wichtige Hilfswissenschaft für die biblische Vergangenheit geworden. Mit ihr läßt Noth uns teilnehmen an Grabungen und Oberflächenforschungen, an Datierungen und Erklärungen der Funde. So wird häusliches, berufliches und religiöses Leben greifbar. (Zum Fortschritt der archäologischen Forschungen ist jetzt zu vergleichen Helga Weippert, Palästina in vorhellenistischer Zeit, München 1988.)

Das größte, überaus hilfreiche Kapitel behandelt die „Elemente der altorientalischen Geschichte". Es nimmt die gesicherten Ergebnisse der benachbarten Wissenschaften auf. Hier erfährt der Leser erstaunlich viel von Ägyptern und Arabern, Akkadern und Sumerern, Syrern und Hethitern, Aramäern und Philistern, Babyloniern und Assyrern und zahllosen anderen Völkern und Staaten und Religionen.

Das Schlußkapitel wendet sich der Überlieferung des hebräischen Bibeltextes und seinen Übersetzungen zu. Hier könnte nach Noth mancherlei ergänzt werden. Aber was Noth zur „Methode der textkritischen

Arbeit“ (§§ 48–50) ausführt, bleibt philologisch und pädagogisch meisterhaft und verdient die Aufmerksamkeit junger und alter Theologen.

So wird „die Welt des Alten Testaments“ aufs Ganze gesehen und auf lange Zeit eine Fundgrube für Liebhaber des Heiligen Landes und für Schüler der Heiligen Schrift bleiben.

Heidelberg, im Juni 1991 *Hans Walter Wolff*

INHALT

Die Zahlen bezeichnen die Seiten

Vorwort V

1. Teil: Geographie Palästinas . . . . 1—95
§ 1: Literatur . . . . 1—5
1. Geschichte der Erforschung 1f.
2. Kartographie 2
3. Darstellungen der Geographie 3—5

1. Kap.: Die äußere Erscheinung des Landes . . . . . . 5—37
§ 2: Name und Begriff Palästina . . . . 5—8
1. Geschichte des Namens 5—7
2. Bedeutung des Namens 7f.
§ 3: Die Gestalt des Landes . . . . 8—21
1. Geländeformen und ihre gegenwärtige Bezeichnung 8—10
2. Die äußere Erscheinung des Landes 10—25
a) Das Ostjordanland 10—12
b) Der Jordangraben 12—15
c) Das westjordanische Gebirge 15—19
d) Die Ebenen 19—21
§ 4: Die Größe des Landes . . . . 22—25
Entfernungen 22—24
Höhenunterschiede 24f.
§ 5: Das Klima des Landes . . . . 25—30
§ 6: Einiges über Flora und Fauna . . . . 30—37
1. Pflanzenwelt 30—34
2. Tierwelt 34—37

2. Kap.: Zur Naturgeschichte des Landes . . . . 37—44
§ 7: Zur Geologie . . . . 37—41
Geologischer Aufbau 37—39
Bodenschätze 40f.
§ 8: Palästinas Urlandschaften . . . . 41—44

3. Kap.: Palästina als Schauplatz der biblischen Geschichte . . . . 45—95
§ 9: Die biblischen Bezeichnungen des Landes und seiner natürlichen Teile . . . . 45—57
1. Gesamtnamen 45—49
Der Name Kanaan 45—48
Andere Gesamtbezeichnungen 48f.
2. Namen der Teile des Landes 49—57
a) Im Jordangraben 49f.
b) Auf dem westjordanischen Gebirge 50—54

c) In Mittelsyrien 54f.
d) In den westjordanischen Ebenen 55f.
e) Im Ostjordanland 56f.

§ 10: Die Besiedlung des Landes . . . . 58—85
1. Die Gebiete der israelitischen Stämme 58—69
2. Andere Völker im Raum und Umkreis Palästinas 69—76
3. Die Verkehrswege des Landes im Altertum 76—85

§ 11: Politische Einteilungen des Landes . . . . 85—95
1. Zur Zeit der israelitischen Selbständigkeit 85—91
2. Zur Zeit der Herrschaft auswärtiger Großmächte 91—95

2. Teil: Archäologie Palästinas. . . . . 96—164

1. Kap.: Einführung in die Archäologie Palästinas . . . 96—113

§ 12: Begriff und Geschichte der Archäologie Palästinas . . . 96—99
1. Der Begriff Archäologie 96
2. Geschichte der Archäologie Palästinas 97—99

§ 13: Literatur zur Archäologie Palästinas . . . . 99—100

§ 14: Die Kulturperioden des Landes und ihre wichtigsten Merkmale . . . . 100—113
1. Die Türkenzeit 101
2. Die Zeit der Mamluken-Sultane 101f.
3. Die Kreuzfahrerzeit 102f.
4. Die Zeit der arabischen Herrschaft 103f.
5. Die byzantinische Zeit 104f.
6. Die römische Zeit 105—107
7. Die Zeit Herodes I. 107f.
8. Die hellenistische Zeit 108f.
9. Die altorientalische Zeit 109—112
10. Die ältesten Spuren menschlichen Daseins 113

2. Kap.: Die Arbeit der Archäologie Palästinas . . . . . 113—132

§ 15: Die Ausgrabungstätigkeit. . . . . 113—125
Archäologische Datierung 113—115
Einzelne Ausgrabungen 115—125
Die Anfänge der Ausgrabungstätigkeit 115f.
Für die verschiedenen Kulturperioden wichtige Ausgrabungen 116—123
Ausgrabungen an biblisch bekannten Orten 123—125

§ 16: Die Oberflächenforschung . . . . 125—127

§ 17: Archäologische Funde und literarische Überlieferung . . 127—132
1. Positive Bedeutung der Archäologie 127—130
2. Schranken der archäologischen Erkenntnis 130—132

3. Kap.: Der Ertrag der Archäologie Palästinas für die Zeit der biblischen Geschichte . . . . 132—164

§ 18: Die Siedlungen . . . . 132—145
1. Die Lage der Städte 133
2. Die Ummauerung 133—136
3. Die Tore 136—138

4. Die Akropolis 138f.
5. Die Häuser 139—141
6. Die Wasserversorgung 141—145

§ 19: Das häusliche Leben . . . . 145—149
Hausrat 145f.
Herd und Backofen 146f.
Gefäße und Mühlen 147f.
Schmuck 148f.

§ 20: Das berufliche Leben . . . . 149—154
1. Viehwirtschaft, Ackerbau, Gartenkultur 149—151
2. Handwerke 151—153
3. Handel, Geld Münzen 153f.

§ 21: Das Bestattungswesen . . . . 154—159
Gräbertypen 154—157
Ossuare, Sarkophage 157—159

§ 22: Die Heiligtümer . . . . 159—164
Tempelanlagen 159—163
Altäre, Ascheren, Masseben 163f.

3. Teil: Elemente der altorientalischen Geschichte . . . 165—266

§ 23: Vorbemerkung . . . . 165f.

1. Kap.: Länder . . . . 166—173

§ 24: Natürliche Einheiten . . . . 166—171
1. Das Nilland 166—168
2. Das Zweistromland 168f.
3. Kleinasien 169
4. Südarabien 169
5. Syrien 169—171

§ 25: Verkehrslinien . . . . 171—173
1. Die Verbindungen der orientalischen Länder mit Syrien 171f.
2. Die Verbindungen der orientalischen Länder untereinander 172f.

2. Kap.: Kulturen . . . . 173—180

§ 26: Ihre Erscheinungsformen . . . . 173—178
1. Erscheinungen der ägyptischen Kultur 174f.
2. Erscheinungen der Kultur des Zweistromlandes 175—177
3. Erscheinungen der kleinasiatisch-nordsyrisch-nordmesopotamischen Kultur 177
4. Erscheinungen der südarabischen Kultur 177f.
5. Erscheinungen der Kultur Syriens 178

§ 27: Ihre Erforschung . . . . 178—180

3. Kap.: Schriften und Schriftdenkmäler . . . . 180—200

§ 28: Wort- und Silbenschriften . . . . 180—188
1. Die ägyptischen Hieroglyphen 181—184
2. Die Keilschrift 184—188
3. Die „hethitischen Hieroglyphen“ 188

§ 29: Die alphabetischen Schriften . . . . 189—200
Die alphabetische Keilschrift von rās esch-schamra 190f.
Die alten Buchstabenschriftinschriften von Byblos 191f.
Die Frage einer Vorgesch. dieser Buchstabenschrift 192—195
Die weiteren Steininschriften in Buchstabenschrift 195—197
Die Ostraka von Samaria und Lachis 197
Die spätere Entwicklung der Buchstabenschrift 198—200

4. Kap.: Sprachen . . . . 200—209
§ 30: Semitische Sprachen . . . . 200—205
1. Akkadisch 201f.
2. Kanaanäisch 202f.
3. Aramäisch 203—205
4. Arabisch 205
§ 31: Nichtsemitische Sprachen . . . . 206—209
1. Ägyptisch 206
2. Indogermanische Sprachen 206—208
a) Hethitisch 206f.
b) Andere kleinasiatisch-nordsyrische Dialekte 207
c) Indo-iranische Dialekte 207f.
3. Sprachen unbekannter Herkunft 208f.
a) Sumerisch 208
b) Elamisch 208
c) Churrisch 208f.
d) Kassitisch 209
e) Urartäisch 209
f) Protochattisch 209

5. Kap.: Völker . . . . 210—220
§ 32: Rassische Grundlagen . . . . 210—211
§ 33: Die geschichtlichen Völker . . . . 211—220
1. Die Völker des Niillandes 211f.
2. Die Völker des Zweistromlandes 212—218
Sumerer, Akkader, „Proto-Aramäer", Babylonier, Kaldäer, Assyrer 212—215
Churrier, Indo-iranier 215—217
Elamier, Kassiten, Urartäer, Meder, Perser 217f.
3. Die Hethiter 218
4. Die alten Völker von Syrien-Palästina, Aramäer, Philister 218—220

6. Kap.: Staaten . . . . 220—239
§ 34: Die Großmächte . . . . 220—232
1. Der ägyptische Staat 221—223
2. Die Staaten des Zweistromlandes 224—228
a) Die Staaten des südlichen Zweistromlandes 224f.
Sumerische Stadtstaaten, Reich von Akkad 224
Altbabylonisches Reich, Kassitenherrschaft, neubabylonisches Reich 224f.
b) Der mittlere Euphrat 226
c) Assyrien, alt-, mittel-, neuassyrisches Reich 226—228

3. Der hethitische Staat 228f.
4. Die Hyksosherrschaft 229—232

§ 35: Die kleineren Staaten . . . . 232—235
Edomiter, Moabiter, Ammoniter, Philister, Israeliten 232f.
Aramäerstaaten 233f.
Nordsyrisch-kleinasiatisch-westmesopotamische Kleinstaaten 234f.

§ 36: Städte . . . . 235—239
Phönikische Küstenstädte 235f.
Stadtstaaten in Syrien-Palästina 236f.
Residenzen der Herrscher der Großreiche 237—239
Ägypten 237f.
Zweistromland 238f.
Kleinasien 239

7. Kap.: Daten . . . . 240—249
§ 37: Chronologie . . . . 240—246
1. Relative Chronologie, ihre Quellen 240—242
2. Synchronismen 242—244
Synchronistische Originalurkunden 242
Tatsächliche Synchronismen 243f.
3. Ären 244f.
4. Absolute Chronologie, astronomische Datierung 245f.

§ 38: Chronologischer Überblick über die altorientalische Gesamtgeschichte . . . . 246—249

8. Kap.: Religionen . . . . 249—266
§ 39: Religiöse Urkunden . . . . 249—251
Literarische Urkunden 249f.
Archäologische Urkunden 250
Darstellungen 250f.

§ 40: Grundzüge der religiösen Anschauung und Praxis . . . . 251—258
Muttergöttin, sterbende und auferstehende Götter 251f.
Kosmische Gottheiten 252
Lokal gebundene Numina, die Baale 252
Stammesgötter 253
Stadtgötter 254
Kombinationen von Göttern 254f.
Dämonen, tiergestaltige Gottheiten 255
Götterkultus 255—257
Kultus und Mythus 257f.

§ 41: Überblick über die einzelnen Religionen . . . . 258—266
1. Ägypten 258—261
2. Zweistromland 261—263
3. Syrien-Palästina 263—265
4. Hethiter, Churrier, Iranier 265f.

4. Teil: Der Text des Alten Testaments . . . . 267—322
§ 42: Vorbemerkung . . . . 267—268

1. Kap.: Die Überlieferung des Textes in der Synagoge 269—288
§ 43: Die Überlieferung des hebräischen Textes . . . . 269—281
1. Der massoretische Text, Ben Ascher und Ben Naphtali 269—273
2. Vorgeschichte des massoretischen Textes (palästinische Punktation, babylonische Textüberlieferung) 273—275
3. Älteste Zeugnisse für den Konsonantentext 275—280
4. Der samaritanische Pentateuch 280f.
§ 44: Übersetzung in andere Sprachen . . . . 281—288
a) Übertragungen in das Aramäische (die Targume) 281—284
b) Übersetzungen in das Griechische 284—288
Die Anfänge der Septuaginta 284—286
Aquila, Theodotion, Symmachus 287f.
c) Eine Übersetzung in das Syrische? 288

2. Kap.: Die Überlieferung des Textes in der christlichen Kirche . . . . 288—309
§ 45: Der alttestamentliche Text in der östlichen Kirche (die Septuaginta) . . . . 288—300
1. Septuagintahandschriften (Papyrushandschriften, Pergamentkodizes) 289—292
2. Septuagintarezensionen (Origenes [Tetrapla und Hexapla], Lukian, Hesychius) 293—296
3. Charakter der Septuaginta, Umfang und Anordnung der Bücher 297f.
4. Druckausgaben der Septuaginta 298—300
§ 46: Der alttestamentliche Text in den Nationalkirchen des Orients . . . . 300—309
a) Übersetzungen in das Syrische (Peschitto, syro-palästinische Übersetzung, Philoxeniana) 300—303
b) Übersetzung in das Armenische 303
c) Übersetzung in das Gotische 303
d) Übersetzungen in das Arabische 303
e) Übersetzungen in das Koptische (sahidische und bohairische Übersetzung) 303f.
f) Übersetzung in das Äthiopische 304
§ 47: Der alttestamentliche Text in der westlichen Kirche . . . 304—309
a) Die altlateinischen Übersetzungen (Vetus Latina) 305—307
b) Die Vulgata 307—309
Umfang und Anordnung der Bücher 308f.
Kapitel- und Verseinteilung 309

3. Kap.: Methode der textkritischen Arbeit . . . . . . 309—322
§ 48: Veränderungen des ursprünglichen Textes . . . . 309—315
1. Versehentlich entstandene Textfehler 310—314
a) Fehler, die in jeder handschriftlichen Überlieferung vorkommen (Verwechslung, Umstellung, Haplographie, Dittographie, Homoioteleuton, Homoioarkton) 311f.

b) Fehler, die mit der besonderen Art der hebräischen Schrift zusammenhängen (Vokallosigkeit, „scriptio continua") 312—314
2. Beabsichtigte Textänderungen 314f.

§ 49: Die Verwertung des textkritischen Materials . . . . . . 315—318
Textkritische Bedeutung der Übersetzungen 316f.
Sachgemäße Verwendung der Übersetzungen 317f.

§ 50: Grundsätze der Textkritik am Alten Testament . . . . . 318—322
1. Der hebräische Text als Ausgangspunkt 319
2. Der Grundsatz der lectio difficilior 319f.
3. Die freie Konjektur 320f.
4. Die Berücksichtigung des Metrums für die Textkritik 321f.

Nachträge . . . . 323—324
Allgemeines Sach- und Namenverzeichnis . . . . 325—339
Verzeichnis der zitierten Bibelstellen . . . . 340—343
Verzeichnis der hebräischen Wörter und Namen . . . . 344—346
Verzeichnis der arabischen Wörter und Namen . . . . 347—352
Verzeichnis der Abkürzungen . . . . 353—355

ABBILDUNGEN IM TEXT

1. Palästina. Übersichtskarte 1 : 2000000 9
2. Der geologische Aufbau Palästinas. Querprofil des südlichen Palästina. 10fach überhöht 38
3. Die Besiedlung Palästinas 1 : 2000000 63
4. A. Kyklopisches Mauerwerk von dem geböschten Mauerfundament in Jericho 137
B. Früheisenzeitliches Mauerstück von *tell el-fūl* 137
C. Mauerwerk der salomonischen Schicht von Megiddo 137
D. Mauer vom königlichen Palast bzw. der Akropolis in Samaria . . 137
E. Hellenistisches Mauerwerk der Zitadelle von Beth-Zur 137
F. Stück der herodianischen Umfassungsmauer des Jerusalemer Tempels 137
5. A. Frühbronzezeitliches Heiligtum von *et-tell* bei *dēr dubwān* . . . 161
B. Mittelbronzezeitlicher Tempel von *tell balāṭa* (Sichem) 161
C. Tempel von Hazor in seiner spätbronzezeitlichen Gestalt . . . 161
6. Übersichtskarte über das Gebiet des alten Orients 167
7. A. Ägyptische Hieroglyphen 185
B. Assyrische Keilschrift 185
C. „Hethitische Hieroglyphen“ 185
8. A. Anfang der Inschrift des Ahiram-Sarkophags 193
B. Anfang der Siloah-Inschrift 193
9. Ostrakon 28 von Samaria 198
10. Ostrakon 2 von Lachis 199

Anhang: Zeittafel zur Geschichte des alten Orients

Erster Teil

GEOGRAPHIE PALÄSTINAS

§ 1. Literatur

1. Die moderne wissenschaftliche Erforschung der Geographie Palästinas setzte etwa mit dem Beginn des 19. Jahrhunderts ein; ihren Grund legte eine Reihe kühner Forschungsreisender, die trotz aller Schwierigkeiten und Gefahren das Land unermüdlich bereisten und ihre Forschungsergebnisse ausführlich aufzeichneten. Nur die bedeutendsten unter ihnen[1] seien hier genannt. Ulrich Jasper Seetzen, geboren 1767 im Oldenburgischen, ging im Jahre 1802 in den Orient, durchreiste die Länder am Ostrande des Mittelmeeres und kam im Jahre 1811 in Südarabien auf nicht genau geklärte Weise um das Leben; veröffentlicht sind seine Tagebücher für die Zeit vom 9. 4. 1805 bis zum 23. 3. 1809 (Ulrich Jasper Seetzen's Reisen durch Syrien, Palästina, Phönicien, die Transjordan-Länder, Arabia Petraea und Unter-Aegypten. Herausgegeben und kommentiert von Fr. Kruse, 4 Bände, 1854—1859). Johann Ludwig Burckhardt aus Basel begab sich 1809 nach Syrien, bereiste die Länder zwischen Syrien und Nubien und starb plötzlich 1817 in Kairo. Veröffentlicht sind seine Tagebücher für die Zeit vom 22. 10. 1810 bis zum 9. 5. 1812 (Johann Ludwig Burckhardt's Reisen in Syrien, Palästina und der Gegend des Berges Sinai. Aus dem Englischen. Herausgegeben und mit Anmerkungen begleitet von W. Gesenius, 2 Bände, 1823/24). Der eigentliche Begründer einer wissenschaftlichen, kritischen Topographie Palästinas wurde der am 10. 4. 1794 in Southington Conn. (Nordamerika) geborene Edward Robinson, der nach einer gründlichen Ausbildung auf den zur Sache gehörenden Wissensgebieten mit Unterstützung des in Syrien tätigen Missionars Eli Smith im Jahre 1838 vom 16. März bis zum 8. Juli zwischen *suwēs* und *bērūt* Palästina in intensivster Weise durchforschte und dann noch einmal im Jahre 1852 vom 2. März bis zum 22. Juni im südlichen Syrien und in Palästina weilte[2]; seine Ergebnisse hat er in wissenschaftlicher Bearbeitung selbst veröffentlicht: Palästina und die südlich angrenzenden Länder. Tagebuch einer Reise im Jahre 1838 in Bezug auf die biblische Geographie unternommen von E. Robinson und E. Smith, 3 Bände, 1841/42; Neuere

[1] Eine Zusammenstellung aller Berichte über Pilger- und Forschungsreisen und überhaupt der auf die Geographie Palästinas bezüglichen Literatur zwischen 333 und 1878 n. Chr. bietet Reinhold Röhricht, Bibliotheca Geographica Palaestinae (1890).

[2] Er starb am 27. 1. 1863 in New York.

Biblische Forschungen in Palästina und in den angränzenden Ländern. Tagebuch einer Reise im Jahre 1852. Von E. ROBINSON, E. SMITH und Andern. 1857.

2. Die kartographische Aufnahme des Landes[1] freilich konnte nicht von einzelnen Forschungsreisenden durchgeführt werden. Dieser Aufgabe nahmen sich Institutionen an, die in der 2. Hälfte des 19. Jahrhunderts für die wissenschaftliche Palästinaforschung begründet wurden. Der 1865 in das Leben gerufene englische Palestine Exploration Fund mit dem Sitz in London ließ in den Jahren 1872—1875 und 1877/78 das Westjordanland kartographisch aufnehmen durch verschiedene Mitarbeiter, zu denen H. H. Kitchener gehörte, der später noch als englischer Offizier und zuletzt als Kriegsminister berühmt werden sollte. Das Ergebnis dieser Aufnahme war eine große Karte „Map of Western Palestine" zu 26 Blatt im Maßstab 1 : 63360. Ihr beigegeben wurde eine Landesbeschreibung, die unter dem Gesamttitel „Survey of Western Palestine" in einer Reihe von Bänden von 1881 ab herausgegeben wurde; wichtig in dieser Reihe ist vor allem der Band „Arabic and English Name Lists" (1881), der für alle auf der Karte vorkommenden Ortsnamen und Ortsbezeichnungen die arabische Originalschreibung sowie eine englische Transskription und meist auch eine Namenerklärung bietet. Der nördliche Teil des Ostjordanlandes wurde im Auftrag des 1877 mit dem Sitz in Leipzig begründeten „Deutschen Vereins zur Erforschung Palästinas" in den Jahren 1896—1902 durch den in Palästina selbst, in Haifa, ansässigen württembergischen Baurat G. Schumacher († 1925) aufgenommen; daraus ging hervor die 1908 bis 1924 in 10 Blatt veröffentlichte „Karte des Ostjordanlandes" im Maßstab 1 : 63360, die das ostjordanische Kulturland nördlich des Jabbok bis zu den Jordanquellen umfaßt. Die Landesbeschreibung dazu lieferte auf Grund der Aufzeichnungen und Tagebücher Schumachers C. STEUERNAGEL, Der ʿAdschlūn (1927). Auf Grund dieser Karten, ergänzt durch eigene Messungen, hat während des ersten Weltkrieges die deutsche Vermessungsabteilung 27 eine „Karte von Palästina" angefertigt, die in 39 Blatt im Maßstab 1 : 50000 und in 7 Blatt im Maßstab 1 : 25000 West- und Ostjordanland zwischen den Breiten etwa von Haifa—Tiberias —Astharoth und Askalon—Bethlehem—Medeba bietet und später vom Reichsamt für Landesaufnahme in Berlin herausgegeben worden ist. Der südlichste Teil des Landes, nämlich das Gebiet beiderseits des großen Einschnitts des *wādi el-ʿaraba* (vgl. S. 12) zwischen der Breite der Südspitze des Toten Meeres und der Nordspitze des Golfes von *el-ʿaḳaba*, dazu das Gebiet auf der Ostseite des Toten Meeres, wurde in den Jahren 1896—1902 wiederholt von ALOIS MUSIL bereist und aufgenommen. In dessen Werk Arabia Petraea I/II (1907/08) und den diesem beigegebenen Karten im Maßstab 1 : 300000 liegt das Ergebnis dieser Forschungs-

[1] Vgl. dazu H. FISCHER, Geschichte der Kartographie von Palästina (ZDPV 62 [1939] S. 169—189; 63 [1940] S. 1—111).

reisen vor. Kurz vor dem ersten Weltkriege wurde der Negeb (vgl. S. 16. 52) von dem Engländer S. F. Newcombe aufgenommen; darauf beruht die Karte The Negeb or Desert south of Beersheba 1 : 250000 (1921). Während der britischen Mandatszeit wurde eine neue Vermessung des damaligen Mandatsgebiets Palästina sowie des damaligen Transjordanien durchgeführt. Auf dieser beruht eine ausgezeichnete Karte 1 : 100000, die nunmehr in erster Linie als kartographische Grundlage für die Geographie Palästinas in Betracht kommt. Sie gibt ein Isohypsensystem von 25 zu 25 m und ist mit einem speziellen Gitternetz („Palestine Grid") versehen, dessen angenommener Nullpunkt etwa bei 33° 25′ östlicher Länge und 30° 35′ nördlicher Breite liegt. Nach den Koordinaten dieses Gitternetzes pflegt man heute genaue Ortsangaben zu machen (dreistellige Zahlen geben km-Entfernungen und vierstellige Zahlen 100 m-Entfernungen vom Nullpunkt an). Der das heutige Jordanien betreffende Teil dieser Karte wird zitiert als „1 : 100000 South Levant Series"; die israelische Ausgabe in 24 Blatt, die zugleich in einem Aufdruck die heutigen hebräischen Ortsnamen und Ortsbezeichnungen bietet, wird zitiert als „1 : 100000 Palestine". Auf der gleichen Vermessungsgrundlage beruht die mit dem gleichen Gitternetz ausgestattete Übersichtskarte 1 : 250000, die erschienen ist in 3 Blatt „Israel 1 : 250000", herausgegeben vom Survey of Israel (1951), und in 3 Blatt „The Hashemite Kingdom of the Jordan", herausgegeben vom Department of Lands and Surveys of the Jordan (1949/50).

3. Darstellungen der Geographie Palästinas. Aus der sehr umfangreichen, natürlich auch sehr verschiedenartigen und verschiedenwertigen Literatur über das Land Palästina sei hier nur das Allerwichtigste genannt. Unter den einfachen Landesbeschreibungen verdient noch immer genannt zu werden das Monumentalwerk G. Ebers und H. Guthe, Palästina in Bild und Wort, nebst der Sinaihalbinsel und dem Lande Gosen I/II (1882); ferner H. Guthe, Palästina (Monographien zur Erdkunde 21) 2. Aufl. (1927), mit zahlreichen Abbildungen. Die naturwissenschaftlichen Fragen finden besondere Berücksichtigung bei R. Koeppel, Palästina. Die Landschaft in Karten und Bildern (1930). In ganz kurzer Form wird das Wichtige geboten im Stuttgarter Biblischen Nachschlagewerk (mit Karten, Bildern, einer kurzen Landesbeschreibung und einer topographischen Konkordanz). — Wissenschaftliche Werke zur historischen Geographie des Landes sind George Adam Smith, The historical geography of the Holy Land (1. Aufl. 1894, jetzt 25. Aufl. 1931); Fr. Buhl, Geographie des alten Palästina (Grundriß der Theologischen Wissenschaften II, 4) 1896; F.-M. Abel, Géographie de la Palestine T. I (Géographie physique et historique) 1933; T. II (Géographie politique. Les villes) 1938; M. du Buit, Géographie de la Terre Sainte (I. Géographie physique; II. Géographie historique) 1958. — Als Atlas zur Geographie Palästinas ist zu nennen das Standardwerk H. Guthe, Bibelatlas (2. Aufl. 1926), mit einer großen Reihe von Karten zur historischen Geographie des Landes und einer nach

dem neueren Stande der Wissenschaft genau bearbeiteten Karte zum heutigen Palästina. Diese letztere, die auch gesondert herausgegeben wurde und außerdem dem 50. Bande der Zeitschrift des Deutschen Palästina-Vereins beigegeben ist, ist zur Zeit die beste, weil zuverlässigste und zugleich inhaltsreichste Übersichtskarte von Palästina. — Unter den zahlreichen Bilderwerken seien erwähnt die von der Württembergischen Bibelanstalt herausgegebenen „64 Bilder aus dem Heiligen Lande" in „feinstem Vierfarben-Buchdruck", die ein ungewöhnlich lebendiges Bild von der Landschaft und ihren Farben vermitteln, sowie das Buch von H. Bardtke, Zu beiden Seiten des Jordans (Bilder zur Landeskunde Palästinas nach eigenen Aufnahmen des Herausgebers während einer Studienreise im Herbst 1955), für das dasselbe gilt. Für die Kenntnis der Struktur des Landes ganz besonders instruktiv ist das Buch G. Dalman, Hundert deutsche Fliegerbilder aus Palästina (Schriften des Deutschen Palästina-Instituts 2. Band) 1925; hier wird eine vorzügliche Auswahl der meist von der bayrischen Fliegerabteilung 304 während des ersten Weltkrieges 1917 und 1918 gemachten Aufnahmen vor allem aus dem südlichen Teile des Landes mit exakten Erklärungen geboten. Vorzugsweise um Bilderwerke handelt es sich auch bei den meisten Büchern, die gegenwärtig in nicht geringer Zahl unter dem Namen „Bibelatlas" angeboten werden. Gerade das Kartenmaterial ist in diesen Büchern meist dürftig und für eingehendere Untersuchungen unzureichend. Dafür bieten sie neben einem mehr oder weniger umfangreichen begleitenden Texte sehr zahlreiche und gute Abbildungen zu Land und Leuten und zu den geschichtlichen Denkmälern von Palästina. Genannt seien folgende Werke: The Westminster Historical Atlas to the Bible edited by G. E. Wright and F. V. Filson with an Introductory Article by W. F. Albright, Revised Edition (1956); L. H. Grollenberg O. P., Atlas van de Bijbel (1955), deutsche Ausgabe unter dem Titel Bildatlas zur Bibel (2. Aufl. 1958); E. G. Kraeling, Rand McNally Bible Atlas (1956), von letzterem eine verkürzte Ausgabe unter dem Titel Rand McNally Historical Atlas of the Holy Land (1959); endlich (in kurzer Zusammenfassung) H. H. Rowley, The Teach Yourself Bible Atlas (1960).

Die wichtigsten Zeitschriften, die sich laufend mit Fragen der Palästinaforschung beschäftigen, sind (dem Alter nach geordnet): Palestine Exploration Fund Quarterly Statements (PEF Qu. St.) seit 1869, seit 1937 umbenannt in Palestine Exploration Quarterly (PEQ); Zeitschrift des Deutschen Palästina-Vereins (ZDPV) seit 1878; Revue Biblique (RB) seit 1892 (herausgegeben von den gelehrten Dominikanern der École pratique d'Études bibliques au Couvent St. Étienne — jetzt École Biblique et Archéologique Française — in Jerusalem); Palästinajahrbuch des Deutschen evangelischen Instituts für Altertumswissenschaft des heiligen Landes zu Jerusalem (PJB) von 1905—1941; Bulletin of the American Schools of Oriental Research (BASOR) seit 1919; Journal of the Palestine Oriental Society (JPOS) von 1921—1944; Bulletin of the

Jewish Palestine Exploration Society (BJPES) — jetzt Bulletin of the Israel Exploration Society (BIES) — seit 1933 (hebräisch); The Biblical Archaeologist (BA) seit 1938; Israel Exploration Journal (IEJ) seit 1950.

Die gesamte wissenschaftliche Literatur über Palästina wird verzeichnet in dem großen Werk von P. Thomsen, Die Palästina-Literatur. Eine internationale Bibliographie in systematischer Ordnung mit Autoren- und Sachregister. Der erste Band erschien 1908 und erfaßte die Literatur der Jahre 1895—1904; bis jetzt ist das Werk bis zum VI. Band (1956) gediehen (herausgegeben von Fr. Maass und L. Rost), der die Jahre 1935—1939 behandelt, und im Erscheinen begriffen ist ein Band A, der die Literatur der Jahre 1878—1894 aufführen und damit die zeitliche Lücke zwischen der o. S. 1 Anm. 1 genannten Bibliographie von R. Röhricht und dem I. Band von P. Thomsen schließen soll.

Erstes Kapitel

DIE ÄUSSERE ERSCHEINUNG DES LANDES

§ 2. Name und Begriff Palästina

1. Die Geschichte des Namens Palästina ist verwickelt[1]; seine Bedeutung ist daher nichts weniger als eindeutig und bestimmt. Er ist besonders in der wissenschaftlichen Literatur des 19. Jahrhunderts als eine etwas vage Benennung des Schauplatzes der israelitischen Geschichte, der vorzugsweise im Westjordanland zu suchen ist, üblich geworden. Dieser Gebrauch knüpfte seinerseits daran an, daß in der christlichen Literatur des Abendlandes, besonders in der Pilger- und Reiseliteratur, für das Land der Bibel — abgesehen von dem biblischen Namen Kanaan — neben Bezeichnungen wie terra sancta, „heiliges Land", terra (re)promissionis, „Land der Verheißung", „gelobtes (d. h. verheißenes) Land"[2] auch der Eigenname Palästina immer bekannt gewesen und je und dann auch verwendet worden war. Diese Überlieferung geht bis auf die alte Kirche zurück, wo beispielsweise so einflußreiche Schriftsteller wie Eusebius von Caesarea und Hieronymus diesen Namen als den Eigennamen des „verheißenen Landes" gekannt und erwähnt hatten. Die alte Kirche aber bediente sich dieses Namens einfach als eines offiziellen Ausdrucks aus der Amtssprache des römischen bzw. später byzantinischen Reiches ihrer Zeit; denn griechisch Παλαιστίνη und lateinisch Palaestina war der Name einer Provinz dieses Reichs. Die Römer hatten den alten Namen Ἰουδαία/Judaea, den in Anknüpfung an Älteres der Staat der Hasmonäer und der Staat des Herodes getragen

[1] Vgl. dazu Noth, Zur Geschichte des Namens Palästina (ZDPV 62 [1939] S. 125ff.).

[2] Diese Bezeichnung bezieht sich auf die Landverheißungen an die alttestamentlichen Patriarchen (Gen 12 7 u. ö.).

hatten und der anfangs auch der Name der auf diesem Boden errichteten römischen Provinz gewesen war (vgl. S. 95), nach dem jüdischen Aufstand von 132—135 n. Chr. durch den Namen Παλαιστίνη/Palaestina ersetzt, weil der Name 'Ιουδαία/Judaea den damals gegen das Judentum getroffenen Maßnahmen und andrerseits der weiten Verbreitung des Judentums über die engen Grenzen dieser Provinz hinaus nicht mehr entsprach. In der römisch-byzantinischen Zeit also hatte der Name Palästina jeweils eine klare und bestimmte Bedeutung, wenn auch die Grenzen dieser Provinz im Laufe ihrer Geschichte gelegentlich verändert worden sind. Das Hauptgebiet der Provinz Palaestina ist stets das Westjordanland gewesen; aber auch Teile des Ostjordanlandes haben immer mit dazu gehört, anfangs vor allem Peräa östlich des unteren Jordanlaufs und des Toten Meeres sowie Teile der Dekapolis östlich des Sees von Tiberias und seit dem 4. Jahrhundert vor allem die südlichen Randgebiete östlich und westlich des *wādi el-'araba* (vgl. S. 12). Trotz der aus dem 4. Jahrhundert stammenden Teilung der Provinz in drei Teile (Palaestina prima, secunda, tertia) blieb sie doch für die Militärverwaltung eine Einheit unter dem Oberbefehl eines dux; und diese Einheit haben die genannten altkirchlichen Schriftsteller im Auge, wenn sie den Namen Palästina gebrauchen. So stammt denn der weitere Gebrauch des Namens Palästina in der christlichen Literatur und damit auch die heutige Verwendung dieses Namens letzten Endes aus der offiziellen Verwaltungssprache des römisch-byzantinischen Reiches.

Der Name selbst freilich hat eine noch weiter zurück reichende Vorgeschichte; denn natürlich haben die Römer den Namen nicht neu gebildet, sondern ihrerseits übernommen. Er ist zuerst belegt an verschiedenen Stellen bei Herodot im 5. vorchristlichen Jahrhundert, und zwar scheint bei Herodot III 5 der ursprünglichste Gebrauch des Namens vorzuliegen; hier werden die Bewohner der Küste südlich des Karmel bis nach Gaza im Süden bezeichnet als „Syrer, die Παλαιστῖνοι genannt werden". Der Name Παλαιστῖνοι bedeutet natürlich „Philister" und stellt die Form dar, in der sich die Griechen das hebräische *p^e^lištīm* oder besser ein aramäisches *p^e^lištā'īn* mundgerecht gemacht haben. Die griechischen Seefahrer und Kaufleute hatten die Küste der großen 5. persischen Satrapie (vgl. Herodot III 91), die sie mit dem etwas vagen Begriff „Syrien" bezeichneten, eingeteilt in einen nördlichen Teil, in dem „Phöniker", und einen südlichen, in dem „Palästiner" (Philister) wohnten, und so gebraucht nun Herodot in der angegebenen Weise den Namen „Palästiner" und nennt zugleich das Küstenland südlich des Karmel „das palästinische Syrien" (I 105; III 91 u. ö.) oder einfach „Palästina" (VII 89). Diese Bezeichnung aber war durchaus sachgemäß; denn seit dem 12. vorchristlichen Jahrhundert saßen in der Küstenebene südlich des Karmel die aus dem Alten Testament so gut bekannten Philister und ihnen verwandte Völker; und „Philister" nannten sich diese Küstenbewohner offenbar noch in persischer Zeit. Andere griechische und römische Schriftsteller haben nach Herodot jenen Küstenstrich dann ebenfalls „Palästina"

(„Philisterland") genannt (so der Historiker Polybios und der Geograph Agatharchides im 2. Jahrhundert v. Chr. u. a.). Diesen Namen haben schließlich die Römer aufgegriffen und die ganze auch das Binnenland umfassende Provinz nach dem Küstenstrich benannt, zumal hier an der Küste die für sie wichtigen Hafenstädte lagen, in erster Linie das von ihnen zur Provinzhauptstadt erhobene Caesarea, das später zur Unterscheidung von anderen gleichnamigen Städten stereotyp Caesarea Palaestinae genannt wird, wobei „Palästina" hier vielleicht von Hause aus noch in seiner ursprünglichen Bedeutung den Küstenstrich bezeichnete.

Nach der römisch-byzantinischen Zeit ist der Name „Palästina" nicht nur in der christlichen Sprache und Überlieferung lebendig geblieben, sondern hat sich im Lande selbst durch die Zeit der arabischen und türkischen Herrschaft erhalten. Zwar benannten die arabischen Eroberer das Gebiet der früheren römisch-byzantinischen Provinz Palaestina mit dem Namen „Jordan-Bezirk" (*urdunn*), aber für dessen westlichen Unterteil wurde auch weiterhin der Name „Palästina" (*filasṭīn*) gebraucht[1].

Offiziell hat schließlich der Name Palästina noch einmal vorübergehend eine Rolle gespielt in der Zeit der britischen Mandatsregierung (1920 bis 1948), in der das Mandatsgebiet „Palestine" hieß.

Heute wird der Name Palästina inoffiziell vielfach speziell auf den israelischen Landesteil angewandt.

2. Die Bedeutung des Namens Palästina in dessen landläufiger Verwendung meint freilich im allgemeinen weniger die geschichtliche Erscheinung der römischen Provinz Palaestina oder irgend ein anderes historisches Phänomen. „Palästina" pflegt vielmehr gemeinhin als Eigenname das „heilige, gelobte Land" zu bezeichnen, und so erhält der Name konventionell eine Beziehung zur Geschichte des Volkes Israel als Bezeichnung des Schauplatzes dieser Geschichte, soweit sie sich im Kulturlande abspielte. Auch damit ist natürlich keine eindeutige Bestimmung gegeben. Denn die Geschichte Israels hat zeitweise ziemlich weite Kreise gezogen, zeitweise sich auf einen engeren Raum beschränkt. Der landläufige Gebrauch des Namens hat etwa das Gebiet im Auge, das die in der Genesis wiederholt vorkommenden Landverheißungen an die Patriarchen meinen und das in dem in Jos. 13—19 überlieferten System der idealen Stammesgrenzen (vgl. S. 60ff.) umrissen wird, das ungefähr den Raum darstellt, innerhalb dessen die israelitischen Stämme seßhaft wurden. Danach handelt es sich um das Land zwischen dem Mittelmeer im Westen und der syrisch-arabischen Wüste im Osten, nordwärts bis zum Südende der das mittlere Syrien beherrschenden Hochgebirge des Libanon und Antilibanon und südwärts etwa bis zur Breite des Südendes des Toten Meeres, wobei nur von den Wohngebieten der Ammoniter und Moabiter im südlichen Ostjordanland herkömmlich abgesehen wird. Landschaftlich ist das einfach das südliche Drittel von Syrien als dem

---

[1] Vgl. A.-S. Marmardji, Textes géographiques arabes sur la Palestine (1951) S. 160—163.

langgestreckten Kulturland zwischen der Ostküste des Mittelmeeres und der syrisch-arabischen Wüste. Genau lassen sich die Grenzen nicht festlegen, da „Palästina“ in diesem seinem konventionellen Gebrauch eben kein exakter Begriff ist.

§ 3. Die Gestalt des Landes

1. Geländeformen und ihre gegenwärtige Bezeichnung. Wer das Land Palästina um seiner Gegenwart und besonders um seiner Geschichte willen studieren will, muß die sehr umfangreiche bodenständige Überlieferung von Ortsnamen und Ortsbezeichnungen kennen, die alle Erscheinungen des Landes namentlich kennzeichnet und bei der sehr häufigen Unsicherheit der Ansetzung historischer Namen und Bezeichnungen bei allen landeskundlichen Untersuchungen und Darstellungen gebraucht wird. Die einheimische Sprache des Landes ist, seit im 7. nachchristlichen Jahrhundert die islamischen Araber das Land eroberten und als Herrenschicht sich darin festsetzten, das Arabische gewesen. So ist denn auch die gesamte bodenständige Überlieferung lokaler Namen und Bezeichnungen arabisch oder durch das Arabische hindurchgegangen; denn auch das, was aus weiter zurückliegender Überlieferung stammt — und das ist ein nicht unerheblicher Prozentsatz dieses Namenguts —, ist in die arabischsprachige Überlieferung eingegangen und ist heute nur in arabischsprachiger Form und gegebenenfalls Verballhornung bekannt. Die im allgemeinen frühestens im Mittelalter von christlicher Seite, besonders von den Franziskanern, eingeführte Kennzeichnung bestimmter Örtlichkeiten des Landes mit biblischen Namen und Bezeichnungen ist ebensowenig eine echte Überlieferung wie die in neuester Zeit von den jüdischen Landesbewohnern aufgebrachte alttestamentlich-hebräische Ortsnamengebung. Soweit die letztere im Bereich des heutigen Staates Israel mehr oder weniger offiziell kontrolliert und anerkannt ist, beruht sie zwar auf den Erkenntnissen der wissenschaftlichen Topographie, ist aber naturgemäß auch unter diesen Umständen nicht ohne unsichere und voreilige Gleichsetzungen und Benennungen, die leicht Verwirrung stiften[1].

Das bodenständige, arabische Gut an Ortsnamen und Ortsbezeichnungen enthält naturgemäß eine Menge von appellativen Ausdrücken für alle möglichen lokalen Gegebenheiten, die zu kennen für jeden wichtig ist, der sich mit der Landeskunde Palästinas beschäftigt. Die wichtigsten von ihnen seien daher hier in sachlicher Anordnung zusammengestellt[2].

---

[1] Im Gebiet des heutigen Staates Israel ist die gesamte Lokalnomenklatur entsprechend der offiziellen Landessprache natürlich hebräisch. Dem wird im Folgenden dadurch Rechnung getragen, daß bei allen im israelischen Gebiet liegenden Örtlichkeiten zu dem herkömmlichen arabischen Namen noch die israelisch-hebräische Benennung hinzugefügt wird (mit dem Vermerk „isr.“).

[2] Weiteres bei A. Socin, Liste arabischer Ortsappellativa (ZDPV 22 [1899] S. 18—60). — Zur Umschrift arabischer Worte und Namen vgl. S. 347.

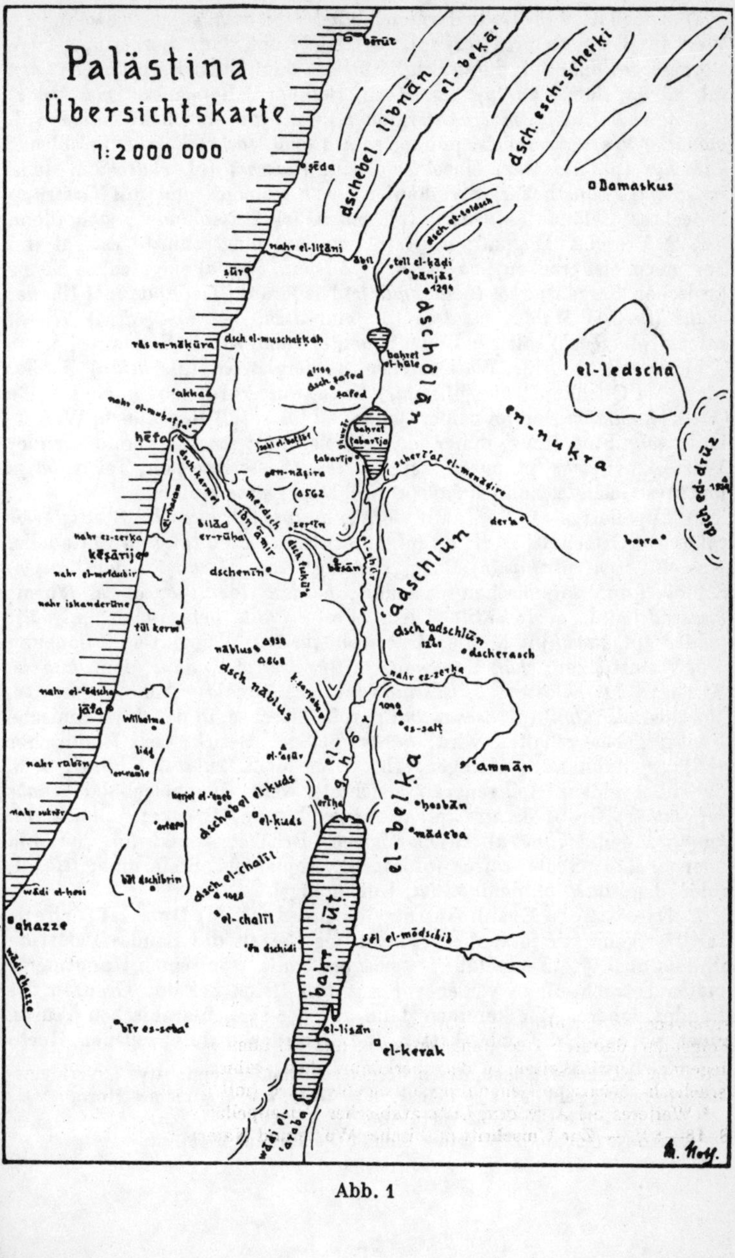
Palästina
Übersichtskarte
1:2000000
bērūt
ṣēdā
dschebel libnān
el-beḳā'
dsch. esch-scherḳi
Damaskus
nahr el-līṭāni
ṣūr
tell el-ḳāḍi
bānjās
dsch. el-muschaḳḳah
rās en-nāḳūra
baḥret el-ḥūle
dscholān
dsch. ṣafed
ṣafed
'akka
ḥēfā
el-ledscha
en-nuḳra
baḥret ṭabarīja
ṭabarīja
en-nāṣira
dsch. karmel
merdsch ibn 'āmir
bilād er-rūḥa
zer'īn
dschenīn
bēsān
nahr ez-zerka
ḳēṣārīje
nahr el-mefdschir
nahr iskanderūne
ṭūl kerm
'adschlūn
dsch. 'adschlūn
dscherasch
dsch. ed-drūz
boṣra
der'ā
nābulus
dsch. nābulus
nahr ez-zerḳa
nahr el-'audscha
jāfā
Wilhelma
lidd
es-salṭ
nahr rūbīn
el-'aṣūr
'ammān
dschebel el-ḳuds
erīḥa
el-ḳuds
ḥesbān
mādebā
nahr sukrēr
el-belḳā
dsch. el-chalīl
bēt dschibrīn
wādi el-hesi
ghazze
el-chalīl
'ēn dschidi
sēl el-mōdschib
baḥr lūṭ
wādi ghazze
bīr es-seba'
el-lisān
el-kerak
wādi el-'araba
M. Noth

Abb. 1

a) Appellativa für Bodenformen: *dschebel* (pl. *dschibāl*) das gewöhnliche Wort für Berg, Gebirge; *rās* (pl. *rūs*), eig. Kopf, dann Bergkuppe, auch Vorgebirge; *ḍahr* (pl. *ḍuhūr*) eig. Rücken, dann auch Bergrücken; *ḳarn* (pl. *ḳurūn*, dem.[1] *ḳurēn*), eig. Horn, Berghorn, Bergspitze; *meschref(e)* (pl. *maschārif*, dem. *muschērife*) hoher Punkt mit Ausblick; *munṭār* (pl. *manāṭīr*) Warte, Aussichtspunkt; *ṣachra* (coll. *ṣachr*) Felsen, Felsblock; *ḥadschar* (pl. *ḥidschār*) einzelner Stein; *rudschm* (pl. *rudschūm*, dem. *rudschēm*) (künstlicher) Steinhaufen; *wa'r* steiniges und mit Gestrüpp bedecktes Gelände; *mughāra* (pl. *mughā'ir*) Felsenhöhle; *naḳb* (dem. *nuḳēb*) Bresche, Engpaß; *wādi* (pl. *widjān*) eingeschnittenes Tal (im Sommer meist trocken); *baḳ'a* (pl. *biḳā'*, dem. *buḳē'a*) eingesenkte Ebene (zwischen Bergen); *ghōr* (dem. *ghuwēr*) Niederung, Tiefland; *sahl* Ebene; *challe* (flache) Mulde; *merdsch* (pl. *murūdsch*, dem. *murēdsch*) Wiese; *sabcha* (pl. *sibāch*) salziger Boden; *raml(e)* Sand, *rumēle* Sandstrecke.

b) Appellativa für Wasserstellen u. dergl.: *'ēn* (pl. *'ujūn*) Quelle; *rās el-'ēn* Quellkopf; *bīr* (pl. *bijār*) Grundwasserbrunnen; *ḥamme* heiße Quelle, *ḥammām* Bad an heißer Quelle; *sēl* (pl. *sujūl*) Regenbach, Wasserlauf; *nahr* Fluß (im Sommer nicht versiegend); *scherī'a* perennierender Wasserlauf; *birke* (pl. *burak*, dem. *burēke*) Wasserreservoir, Teich; *baṣṣa* feuchtes Gelände, Sumpf; *baḥr(a)* See, Meer; *mīne* Hafen.

c) Appellativa für Bauten u. dergl.: *medīne* (pl. *medā'in*) Stadt; *ḳerje* (pl. *ḳura*) Ortschaft, Dorf; *bēt* (pl. *bujūt*) Haus; *ḳal'a* (pl. *ḳilā'*) Zitadelle, Kastell; *ḥöṣn* (pl. *husūn*) Burg, Festung; *ḳaṣr* (pl. *ḳuṣūr*, dem. *ḳuṣēr*) Schloß (vom lateinischen castrum); *burdsch* (dem. *burēdsch*) Turm; *medschdel* (pl. *medschādil*) Turm, Feste (vom hebräischen *migdāl*); *ṭāḥūne* (pl. *tawāhīn*) Mühle; *kerm* (pl. *kurūm*) Weingarten, Pflanzung von Weinstöcken; *chān* Karawanserai; *kenīse* (pl. *kanā'is*, dem. *kunēse*) Kirche; *dēr* Kloster; *mesdschid* (pl. *mesādschid*) Anbetungsstätte, Moschee; *dschāmi'* (pl. *dschawāmi'*) große Moschee, in der das islamische Freitagsgebet gehalten wird; *haram* heiliger Bezirk; *weli* islamischer Heiliger, dann auch Heiligengrab; *ḳubbe* (dem. *ḳubēbe*) Kuppel, d. h. das über einem Heiligengrab errichtete weiße Kuppelgebäude; *ḳabr* (pl. *ḳubūr*) Grab; *dschisr* (pl. *dschusūr*) Damm, Brücke; *ḳanṭara* (pl. *ḳanāṭir*, dem. *kunētra*) Brückenbogen, Brücke; *'amūd* (pl. *'awāmīd* oder *'imdān*) Säule; *chirbe* (pl. *churab*) Ruinenfeld, Steinruine; *tell* (pl. *tulūl*, dem. *tulēl*, pl. dem. *telēlāt*) Ruinenhügel.

2. Die äußere Erscheinung des Landes[2]. a) Das Ostjordanland[3]. Wenn wir jetzt die gegenwärtige Gestalt des Landes Palästina in dem oben § 2, 2 ungefähr festgelegten Umfang in seinen Hauptmerkmalen betrachten, so wollen wir uns von Osten her den Grenzen des Landes nähern. Wir kommen dann aus der syrisch-arabischen Wüste, einer von allerlei Gebirgsketten und Bergrücken durchzogenen Hoch-

[1] Von arabischen Substantiven werden sehr häufig deminutiva („Verkleinerungsformen") gebildet, also z. B. *ḳarn* = Horn, *ḳurēn* = kleines Horn.

[2] Vgl. dazu die Übersichtskarte Abb. 1 auf S. 9.

[3] Dazu N. Glueck, The Other Side of the Jordan (1940).

fläche mit einer durchschnittlichen Erhebung von 700 m über dem Meeresspiegel[1]. Das fast völlige Fehlen des Regens macht eine Kultur auf diesem Boden unmöglich. Nach Westen zu erfolgt dann schließlich ganz allmählich der Übergang in das ostjordanische Kulturland, je mehr wir in den Bereich der vom Westen, vom Mittelmeer, herkommenden Regenfälle eintreten. Wir gelangen damit zugleich in den Bereich von Tälern, die das winterliche Regenwasser westwärts zum Jordangraben und Toten Meere führen. Neben einer großen Menge kleiner und kleinster Talläufe sind es vor allem drei größere Talsysteme, die zugleich wenigstens äußerlich das Ostjordanland in seiner Nordsüdausdehnung in verschiedene Teile gliedern. Das südlichste ist das Talsystem des *sēl el-mōdschib*[2], der schließlich in einem sehr tief in das Gebirge eingesägten Bett das Tote Meer etwa in der Mitte seines Ostufers erreicht und im Alten Testament Arnon genannt wird. Südlich und nördlich dieses Talsystems liegen fruchtbare Hochflächen, die im Westen durch einen vielfach gegliederten und vor allem auf der Westseite von tiefen Tälern zerschnittenen Gebirgszug begrenzt und zugleich vom Toten Meere getrennt werden. Das Gebiet südlich des *sēl el-mōdschib* führt nach seiner Hauptstadt den Namen *el-kerak* und kann hier außer Betracht bleiben, da es in alttestamentlicher Zeit das Kernland der Moabiter war. Die Fläche nördlich des *sēl el-mōdschib* liegt im Durchschnitt 700 m hoch; das westliche Randgebirge steigt noch 100—200 m höher an. Der wichtigste Ort auf dieser Fläche ist das 774 m hoch gelegene *mādeba*. Etwa 10 km nördlich von *mādeba* auf der Breite des Nordendes des Toten Meeres geht die Fläche nach Norden zu in ein Hügelland über, das sich bis zu dem nordwärts nächsten größeren Talsystem, dem des *nahr ez-zerḳa* (des „blauen Flusses", des alttestamentlichen Jabbok), erstreckt. Die Landschaft zwischen *sēl el-mōdschib* und *nahr ez-zerḳa* heißt heute *el-belḳa*. In dem soeben bezeichneten nördlichen Teile der *belḳa* steigt das westliche Randgebirge in einem Gipfel etwa eine halbe Stunde Weges südwestlich des Heiligtums des *nebi ōscha'* („Prophet Hosea"), der einen umfassenden Rundblick auf das gegenüberliegende westjordanische Gebirge bietet, bis zu 1094 m an. Wenige Kilometer südöstlich unterhalb dieses Gipfels findet sich im Inneren des ostjordanischen Gebirges der größere Ort *es-salt*. Weiter im Osten liegt inmitten des Hügellandes der nördlichen *belka* am Oberlauf des von da in einem großen Bogen nordwärts und dann westwärts fließenden *nahr ez-zerka* die Stadt *'ammān*, heute die Hauptstadt des Staates Jordanien und die Residenz seines Herrschers.

Zwischen dem *nahr ez-zerḳa*, der den Jordan etwa 40 km nördlich von dessen Mündung in das Tote Meer erreicht, und dem nächsten großen Talsystem, dem System der *scherī'at el-menāḍire*, die wenig südlich des Sees von Tiberias in den Jordan mündet und deren antiker Name Jarmuk

[1] Genaueres über diese Wüste bei A. Musil, Arabia Deserta (New York 1927).

[2] Der Unterlauf dieses Tales wird *sēl el-mōdschib* genannt. Die einzelnen Täler und Flüsse führen an verschiedenen Stellen ihres Laufes heute meist ganz verschiedene Namen.

zwar nicht im Alten Testament, aber in der Mischna, bei Plinius (V 74) und sonst überliefert ist, liegt nördlich des *nahr ez-zerḳa* zunächst die Landschaft *ʿadschlūn*. Sie ist ein gebirgiges Land, das mit dem in ihrer südlichen Hälfte liegenden Berg *umm ed-deredsch* östlich des Ortes *ʿadschlūn* bis zu 1261 m aufsteigt. Dieses Land ist noch heute das am stärksten bewaldete Gebiet Palästinas. Besonders Eichenwälder sind hier anzutreffen. Freilich handelt es sich auch hier vielfach nicht um dichten Wald, sondern um lichtes Gehölz, und die Eichen erreichen im allgemeinen nicht die Höhe wie bei uns. Im Südosten des *ʿadschlūn* liegt das durch seine römisch-byzantinischen Ruinen berühmte *dscherasch*. Nördlich des gebirgigen *ʿadschlūn* erstreckt sich eine fruchtbare Hochebene bis hin zur *scherīʿat el-menāḍire*; in ihr liegt der heutige große Ort *irbid*. Weiter östlich findet sich über dem linken Ufer des *wādi ez-zēdi*, des Oberlaufs der *scherīʿat el-menāḍire*, die Stadt *derʿa*, die einst als Eisenbahnknotenpunkt an der *ḥedschāz*-Bahn Bedeutung gewonnen hat.

Nördlich und nordöstlich des Talsystems der *scherīʿat el-menāḍire* greift das Kulturland bedeutend weiter nach Osten gegen die Wüste zu aus als südlich davon. Hier liegt am Ostrand des Kulturlandes der *dschebel ed-drūz* („das Drusen-Gebirge", nach seiner Bevölkerung bezeichnet), auch *dschebel ḥaurān* genannt. Er ist ein großes Basaltgebirge, das in dem Gipfel des *tell ed-dschēna* eine Höhe von 1839 m erreicht. Falls man den *dschebel ed-drūz* mit zu Palästina rechnet, ist das der höchste Berg dieses Landes. Nordwestlich des *dschebel ed-drūz* dehnt sich ein unwirtliches, zerklüftetes und kaum besiedeltes Lava-Gebiet aus, *el-ledscha* genannt. Westlich von *dschebel ed-drūz* und *el-ledscha* erstreckt sich eine weite, 500—600 m hoch liegende sehr fruchtbare Ebene, die heute *en-nuḳra* („die Vertiefung") heißt. Ihren Boden bildet verwitterte Basalt-Lava. Ihren westlichen Abschluß findet diese Landschaft im *dschōlān*, einem Gebiet mit zahlreichen erloschenen Kratern, die unsachgemäß heute als *tulūl* („Ruinenhügel") bezeichnet werden. Diese Krater erheben sich auf einem im allgemeinen ziemlich ebenen Gelände. Der höchste Punkt ist mit 1294 m der Gipfel des *tell esch-schēcha* nahe dem Südende des Hermongebirges.

b) Der Jordangraben[1]. Von Norden nach Süden wird Palästina durchzogen von jenem ungeheuren Graben, der durch einen geologischen Einbruch entstanden ist, der seinen Anfang in Nordsyrien nimmt und dort das Tal des Orontes (heute *nahr el-ʿāṣi*) bildet, dann sich in der Senke zwischen Libanon und Antilibanon (jetzt *el-biḳāʿ* = „die Einsenkungen" genannt) fortsetzt, bei seinem Verlauf durch Palästina seine tiefste Stelle erreicht, südlich davon das *wādi el-ʿaraba* („Wüstental"), den Graben zwischen dem Toten und dem Roten Meere, bildet und schließlich durch den heutigen Golf von *el-ʿaḳaba* und das Rote Meer bis

[1] Genaueres und vor allem viele Abbildungen bei G. Wagner, Vom Jordangraben. Landschaftsbilder eines Grabenbruchs im Trockengebiet (Sonderdruck von „Aus der Heimat". Naturwissenschaftliche Monatsschrift, Juli/August 1934), und bei N. Glueck, The River Jordan (1946).

nach Ostafrika hinein weitergeht. Das auf Palästina entfallende Stück wird durch den Jordanlauf und das Tote Meer eingenommen. Der Jordan (arabisch *scherī'at el-kebīre* = „der große Fluß") entsteht aus einer Reihe von Quellflüssen, die vom Süd- und Westrand des Hermongebirges herkommen. Er durchfließt zunächst eine streckenweise sumpfige Ebene zwischen *dschōlān* und obergaliläischem Gebirge, in der früher ein heute weithin trocken gelegter See von etwa 6 km Länge (arabisch *baḥret el-chēṭ* oder *baḥret el-ḥūle*) auf einer Höhe von 2 m über dem Meeresspiegel lag. Weiter südlich muß der Jordan eine Basaltbarre durchschneiden, die sich vom Osten her quer über den Jordangraben gelegt hat. Nach Überwindung dieser Barre fließt der Jordan in den „See von Tiberias" (arabisch *baḥret ṭabarīje*, so benannt nach der seit dem ersten nachchristlichen Jahrhundert bedeutendsten Stadt an seinen Ufern). Er ist 21 km lang, seine größte Breite (etwas nördlich seiner Mitte) beträgt 12 km. Er liegt reichlich 200 m unter dem Meeresspiegel. An seine Westspitze schließt sich eine kleine fruchtbare Schwemmland-Ebene an, arabisch *el-ghuwēr* genannt („die kleine Niederung"). Im übrigen wird er auf seiner Ost-, West- und Nordwestseite unmittelbar durch die aufsteigenden Gebirge begrenzt. Das Wasser des Sees ist klar und trinkbar; der See ist reich an Fischen.

Zwischen dem Südende des Sees von Tiberias und dem Nordende des Toten Meeres, die in der Luftlinie ungefähr 105 km voneinander entfernt liegen, haben wir denjenigen Teil des Jordangrabens, der heute von den Arabern einfach *el-ghōr* = „Niederung" genannt wird. Während der Ostrand des *ghōr* im wesentlichen durch eine einzige, ziemlich gerade geologische Verwerfungslinie begrenzt wird, längs deren das ostjordanische Gebirge zum Jordangraben eingebrochen ist, ist das westjordanische Gebirgsplateau sehr unregelmäßig in verschiedenen Stufen und einzelnen Schollen zum Jordangraben hin abgesunken, so daß der Westrand des *ghōr* eine vielfach geschwungene, vor- und zurückspringende Linie bildet. Südlich des Tiberiassees ist der *ghōr* zunächst 3—4 km breit. Dann nach etwa 12 km springt er nordwestwärts weit in das Land hinein und führt hier das weite, flache Tal des von der Gegend von Jesreel her kommenden *nahr dschālūd* („Goliath-Fluß") = isr. *ḥarod* dem Jordan zu. Inmitten dieser Ausbuchtung liegt heute der Ort *bēsān*; und diesem Ort gegenüber am Südrand des in den Boden tief eingeschnittenen Bettes des heutigen Verlaufs des *nahr dschālūd* (*ḥarod*) erhebt sich der *tell el-ḥöṣn*, der Ruinenhügel der antiken Stadt Beth-Sean. Südlich dieser nach Süden zu sich mehr und mehr verengenden „Bucht von *bēsān*", etwa in der Mitte zwischen Tiberiassee und Totem Meere, tritt das westliche Gebirge am weitesten in den *ghōr* hinein vor, und so hat der *ghōr* hier sein schmalstes Stück, nur etwa 3 km in der Breite. Nachdem sodann etwas südlich der Einmündung des *nahr ez-zerḳa* in den Jordan ein letzter nach Südosten streichender Rücken des westlichen Gebirges mit der hohen spitzen Landmarke des *ḳarn ṣarṭabe* in den *ghōr* vorgesprungen ist, tritt das Gebirge wieder zurück, und es folgt nun bis zum Toten Meere das breiteste Stück des *ghōr*, das von Westen nach Osten bis zu 20 km mißt.

Den Boden dieses großen Jordangrabens bilden Ablagerungen eines Meeres, das in diluvialer Zeit den ganzen Raum zwischen Tiberiassee und Totem Meere gefüllt hat. Dieser Boden ist daher ziemlich eben, mit einer einigermaßen gleichmäßigen Gesamtsenkung von Norden nach Süden und einer leichten Einsenkung jeweils von beiden Rändern her nach der Mitte zu. Durch diese Mitte — nur in dem schmalen Mittelstück des Grabens ganz nahe dem westlichen Gebirgsrand — hat der Jordan sein Bett eingegraben, das in ungezählten kleinen Windungen verläuft. Ein dichter tropischer Uferwald, *ez-zōr* genannt, und streckenweise eine anbaufähige Flußniederung begleiten in je einem schmalen Streifen beiderseits seinen Lauf. Zwischen diesem eigentlichen Jordanbett und dem Boden des *ghōr* liegt zu beiden Seiten des Flusses ein durch Auswaschung stark zerrissenes Mergelgelände von je einigen hundert Metern Breite, das gelegentlich der Jordan zur Zeit seines Hochwassers im Frühjahr (etwa Ende April bis Anfang Mai) teilweise überschwemmt. Der *ghōr* ist in seiner größeren südlichen Hälfte aus Mangel an Niederschlägen ein Wüstengebiet, in dem aber stellenweise auftretende Quellen oder aus den beiderseitigen Gebirgen heraustretende wasserführende Bäche Oasen bilden. Die bedeutendste dieser fruchtbaren Oasen ist die von Jericho (*erīḥa*) auf der Westseite nahe dem Südende des *ghōr*, die durch einige am westlichen Gebirgsrand entspringende Quellen gespeist wird. Etwa 20 km nördlich von ihr liegt die Oase des *wādi faṣā'il*. Eine Reihe anderer, kleinerer Oasen gibt es besonders in diesem südlichsten Teil des *ghōr* auf beiden Seiten des Flusses. Auch die „Bucht von *bēsān*“ weist eine Reihe durch am westlichen Gebirgsrand heraustretende Quellen gespeister Oasen auf. Nur ein ganz kleines Stück des *ghōr* unmittelbar südlich des Tiberiassees ist im ganzen anbaufähiges Land.

Das Tote Meer füllt das am tiefsten gelegene Stück des großen Grabens. Sein Spiegel liegt reichlich 390 m unter Meereshöhe; in seinem nördlichen Teile geht die Tiefe des Toten Meeres bis zu etwa 400 m unter den Wasserspiegel, während sein südlicher Teil ganz seicht ist. Wir haben hier die tiefste Depression auf der ganzen Erdoberfläche vor uns. Das Tote Meer ist in seiner Nordsüdausdehnung ungefähr 85 km lang; seine Breite geht bis zu 15 km. Südlich seiner Mitte springt vom Ostufer aus die Halbinsel *el-lisān* („die Zunge“) in das Tote Meer vor; diese markiert zugleich ungefähr die Trennungsstelle zwischen dem tiefen nördlichen und dem seichten südlichen Teile. Besonders auf der Ostseite, aber auch an verschiedenen Stellen auf der Westseite fallen die begrenzenden Gebirge unmittelbar in das Meer, so daß nicht einmal für einen Uferweg Raum bleibt. Der Wasserspiegel schwankt, sowohl in kleinerem Maße innerhalb des Jahreslaufs, wo jeweils im Juni der Hochstand erreicht wird[1], wie auch in größerem Umfang innerhalb längerer Zeitperioden. Im Laufe der letztvergangenen Jahrzehnte hat sich der Wasserspiegel zunächst ganz allmählich gehoben. Die kleine Insel *rudschm*

[1] Vgl. PFF Qu.St. 1935 S. 39.

el-baḥr ganz am Nordende, die die Karte des Palestine Exploration Fund verzeichnet, befand sich seit 1892 unter dem Wasserspiegel und lag dann zeitweise ungefähr 3 m tief. In jüngster Zeit hat ein erneutes Fallen des Meeresspiegels eingesetzt, und so ist denn der *rudschm el-bahr* zur Zeit wieder sichtbar (vgl. auch u. S. 27 Anm. 2). Das Wasser des Toten Meeres weist einen ganz außergewöhnlich großen Gehalt an Salz und Mineralien verschiedener Art auf, welch letztere mehr und mehr am Nordende von jordanischer Seite und am Südwestende von israelischer Seite industriell ausgebeutet werden. Dieser Tatbestand verhindert alles Aufkommen organischer Lebewesen im Toten Meere und in seiner unmittelbaren Umgebung. Daher auch der Name „Totes Meer", der wohl durch Hieronymus, wenn auch nicht zuerst geprägt, so doch üblich geworden ist (mare mortuum[1]). Heute heißt es in der arabischen Landessprache *baḥr lūṭ* = „Meer des Lot" (mit Bezug auf Gen. 19) und im israelischen Hebräisch *jam hammälaḥ* = „Salzmeer".

c) Das westjordanische Gebirge ist in erster Linie der Schauplatz der israelitischen Geschichte gewesen und ist zugleich der am stärksten gegliederte und die verschiedensten Landschaftsformen in sich vereinigende Teil Palästinas. Seine Hauptteile werden heute in der Regel benannt nach den großen Städten, die darauf liegen. So heißt der südliche Teil, der westlich des Toten Meeres und des unteren Jordangrabens liegt, heute *dschebel el-chalīl* (*el-chalīl* ist der gegenwärtige Name der alten Stadt Hebron) und *dschebel el-ḳuds* (*el-ḳuds* = „das Heiligtum" ist die arabische Bezeichnung von Jerusalem). Wir können diesen Teil das judäische Gebirge nennen (vgl. auch u. S. 50f.). Es steigt mit einer etwa 5 km nördlich von *el-chalīl* (Hebron) gelegenen Höhe bis zu 1028 m an. Von seiner ursprünglichen Höhe, auf der die Wasserscheide des Gebirges ungefähr nordsüdlich entlangläuft, ist es in einer Reihe von geologischen Flexuren („Verbiegungen") und einer abschließenden geologischen Verwerfung nach Osten zu abgefallen. Dieser Ostabfall, der in verschiedenen Stufen verläuft und durch zahlreiche im allgemeinen östlich oder ostsüdöstlich gerichtete Täler zerschnitten ist, liegt „im Regenschatten", d. h. die vom Westen her kommenden Regenwolken geben an dem westlichen Gebirgsanstieg und auf der Höhe des Gebirges ihr Wasser ab, nicht aber an diesem Ostabfall; dieser ist daher überaus niederschlagsarm und eine Wüste, in der nur die Kleinviehherden nichtseßhafter Beduinenstämme sich eine kümmerliche Nahrung suchen und aus Zisternen getränkt werden. Nur an wenigen Stellen lassen Quellen Oasen entstehen; die wichtigste ist die Oase von *'ēn dschidi* (isr.: *'ēn gᵉdi*) etwa in der Mitte des Westufers des Toten Meeres. — Auf der Westseite wird das judäische Gebirge durch eine große Verwerfung begrenzt, längs deren die Gebirgstafel zur Küstenebene hin abgesunken ist. Nahe dem Nordende dieser Verwerfungslinie liegt das heutige Dorf *'artūf* (isr.: *har ṭuv*; Station an der Eisenbahn Jerusalem—Jafa); man spricht daher kurz von der „*'artūf*-Verwerfung".

[1] Vgl. des Hieronymus Kommentar zu Ez 47 18 (Stummer, Monumenta historiam et geographiam Terrae Sanctae illustrantia I [1935] S. 85).

Das judäische Gebirge hat also hier im Westen einen ausgeprägten und in der Landschaft deutlich sichtbaren Rand, in den sich eine Reihe westwärts führender Täler tief eingesägt haben. Westlich der *'artūf*-Verwerfung bildet der abgesunkene Teil der Gebirgstafel ein Hügelland von 300 bis 400 m Höhe mit sanften Geländeformen, mäßig hohen Hügeln und flachen Mulden. Dieses Hügelland, das auf seiner Westseite abermals durch eine von NNO nach SSW streichende Verwerfung begrenzt und von der Küstenebene getrennt wird, nimmt von N nach S an Breite zu und erreicht bei dem in seinem südlichen Teil gelegenen Dorfe *bēt dschibrīn* (isr.: *bet guvrin*) eine O—W-Ausdehnung von ungefähr 20 km. Dieses Hügelland, die aufsteigende Gebirgswand und auch die Höhe des judäischen Gebirges sind ein Gebiet verhältnismäßig reichlicher Niederschläge (vgl. auch S. 26ff.) und daher auch einer im Rahmen der Möglichkeiten des Landes relativ reichlichen und mannigfaltigen Vegetation. — Der Horst des judäischen Gebirges fällt südlich der Breite von *el-chalīl* (Hebron) nach Südwesten zu allmählich ein, so daß sich nach Süden zu auch die Grenzen des Gebirgshorstes gegen das westliche Hügelland und gegen den östlichen Abfall zum Toten Meere mehr und mehr verwischen. Zugleich nehmen nach Süden zu mit der wachsenden Entfernung von der Mittelmeerküste auch die Niederschläge ständig ab, so daß hier ein allmählicher Übergang zu Steppe und Wüste erfolgt und das Ganze schließlich sich in die von zahllosen Bergzügen und Tälern durchzogene Fläche der Sinaiwüste bzw. Isthmuswüste zwischen Mittelmeer und Golf von *el-'akaba* verliert. Am Ende des südwestlichen Gebirgsausläufers liegt *bīr es-seba'* (isr.: *b^e'er šäva'*), der Marktplatz für die im Umkreis wohnenden Beduinen; denn *bīr es-seba'* (*b^e'er šäva'*) liegt bereits außerhalb des geschlossenen Bereichs seßhaften Wohnens in einem Gebiet, dessen Boden nur in seltenen Jahren bei außergewöhnlich guten Niederschlagsverhältnissen Ernten liefert und damit den Jahr für Jahr auf ihn verwandten Fleiß der ihn bestellenden Beduinen lohnt. Weiter nach Südwesten zu hört dann die Bestellung des Bodens überhaupt auf. In südlicher Richtung erstreckt sich vom Südrand des judäischen Gebirges aus bis zur Nordspitze des Golfes von *el-'akaba* der heute israelische Negeb („[südliches] Trockenland"), in dem neuerdings im Anschluß an die Spuren antiker (mittelbronzezeitlicher, eisenzeitlicher und römisch-byzantinischer) Siedlungs- und Bewässerungsanlagen Versuche einer neuen landwirtschaftlichen Ausnutzung dieses Wüstengebietes unternommen werden[1].

An den *dschebel el-ḳuds* (s. o. S. 15) schließt sich nordwärts der *dschebel nāblus* an (*nāblus* < Neapolis ist der heutige Name der Nachfolgesiedlung des alten Sichem); wir können diesen Teil das samarische Gebirge[2]

---

[1] Vgl. W. Zimmerli, Die landwirtschaftliche Bearbeitung des Negeb im Altertum (ZPDV 75 [1959] S. 141—154).

[2] Eine genaue Einzelbeschreibung dieses Gebiets findet man bei V. Schwöbel, Samarien. Das westpalästinische Mittelland (ZDPV 53 [1930] S. 1—47. 89—135).

nennen, das sich nordwärts bis zu der großen in das westjordanische Gebirge eingeschalteten Ebene erstreckt. Das samarische Gebirge, in das das judäische Gebirge allmählich ohne scharfe Grenze übergeht, ist niedriger als das letztere und nimmt in seinem Grundbestand nach Norden zu immer mehr an Höhe ab. Seine höchste Erhebung, *el-ʿaṣūr*, liegt in der Südostecke des Gebirges und erreicht 1011 m Höhe. Aber schon die beiden in der Mitte des samarischen Gebirges als weithin sichtbare Landmarken aufragenden Berge südlich und nördlich der Stadt *nāblus*, der *dschebel eṭ-ṭōr* und der *dschebel islāmīje*, steigen nur noch bis zu 868 m bzw. 938 m auf. Noch niedriger sind die nördlichen Ausläufer des Gebirges; der in der Nordwestecke weit vorspringende *dschebel karmel* (isr.: *har hakkarmäl*) erreicht eine Höhe von nur noch 552 m, und der aus der Nordostecke herauskommende und dann halbkreisförmig in NW-Richtung umbiegende *dschebel fuḳūʿa* (isr.: *hare haggilboaʿ*) wird bis 518 m hoch. Damit hängt es zusammen, daß der Westrand des eigentlichen Gebirges weit weniger scharf ausgeprägt ist als weiter im Süden. Zwar folgt dieser Westrand auch hier einer deutlich wahrnehmbaren geologischen Verwerfungslinie; aber der Anstieg des Gebirges von Westen her ist so wenig schroff, daß eine Unterscheidung zwischen einem vorgelagerten Hügelland und dem eigentlichen Gebirge hier nicht so wie beim judäischen Gebirge gemacht werden kann. Stärker ist der Gebirgsabfall auf der Ostseite zum Jordangraben hin; hier sind eine Reihe tiefer, meist südöstlich gerichteter Täler, vor allem das *wādi el-fārʿa*, in den Gebirgsabfall eingebettet und trennen die schollenartig von der Höhe des Gebirges zum Jordangraben abgesunkenen Gebirgsblöcke voneinander. Aber da das Gebirge selbst nicht so hoch ist, liegt der Ostabfall des samarischen Gebirges nicht „im Regenschatten" und ist also auch keine Wüste wie der Ostabfall des judäischen Gebirges. Im ganzen hat das samarische Gebirge weichere und sanftere Formen als das judäische; auch hier fehlt es natürlich nicht an tief eingerissenen Tälern. Zugleich aber weist das samarische Gebirge besonders in seinem Inneren eine Menge flacher Talmulden und zwischen die Gebirgshöhen eingesenkter verhältnismäßig weiträumiger Flächen auf, die dieses Gebiet im Zusammenhang mit seinen nicht ungünstigen Niederschlagsverhältnissen zu einem der vegetationsreicheren und für menschliche Niederlassung günstigeren Teile der palästinischen Gebirgsgegenden machen. Auf der Nordwestseite des samarischen Gebirges liegt zwischen dem Nordende der Küstenebene und der Jesreelebene ein niedriges Hügelland, arabisch *bilād er-rūḥa* genannt, durch das die verhältnismäßig bequemen Verkehrswege zwischen den beiden genannten Ebenen führen. Dieses Hügelland verbindet zugleich den Kern des samarischen Gebirges mit dem nach NNW bis an das Meer vorstoßenden Rücken des *dschebel karmel* (isr.: *har hakkarmäl*); diesem Rücken ist auf der W-Seite ein Bergland vorgelagert, das bis zu einer nahe der Küste und parallel zu ihr verlaufenden Verwerfungslinie heranreicht und auf der Südseite mit einem Bergvorsprung, arabisch *el-chaschm* benannt, in die Küstenebene vorspringt. Der *dschebel fuḳūʿa* (benannt nach dem auf ihm gelegenen Dorf *fuḳūʿa*) bzw. *hare haggilboaʿ*, jener Ausläufer des samarischen Gebirges an der Nordostecke, trennt die oben S. 13 bezeichnete „Bucht von *bēsān*" von dem Südteil der Jesreelebene. Die wichtigste Siedlung auf dem samarischen Gebirge ist die in seiner Mitte in einer breiten Talmulde gelegene Stadt *nāblus* an einem bequemen Verkehrsweg, der über das samarische Gebirge nach Westen führt, und zugleich in der Nähe der großen Nordsüdstraße, die weithin der Hauptwasserscheide des westjordanischen Gebirges folgt.

Das nördliche Drittel des Westjordanlandes wird im wesentlichen durch ein Gebirge eingenommen, dessen einzelne Teile heute verschiedene Namen führen, das wir unter der Bezeichnung galiläisches Gebirge zusammenfassen können. Es zerfällt in zwei natürliche Teile: Untergaliläa und Obergaliläa. Untergaliläa ist in seiner Struktur dem samarischen Gebirge sehr ähnlich; es hat weiche Formen und ist menschlicher Besiedlung und Bodenbestellung verhältnismäßig günstig, bekommt auch reichliche Niederschläge. Auf der Westseite steigt es von einer Verwerfungslinie aus, die es von der Küstenebene trennt, allmählich an. Der Abfall auf der Südseite gegen die Jesreelebene und auf der Ostseite gegen den oberen Jordangraben ist steiler und schroffer. In der Mitte von Untergaliläa liegt die ungefähr von W nach O sich erstreckende, etwa 15 km lange und etwa 3 km breite Ebene *sahl el-baṭṭōf* (isr.: *biḳʿat bet neṭofa*). Den Südostteil von Untergaliläa nimmt ein Basaltgebiet ein mit runden Formen, das durch drei südostwärts zum Jordangraben führende Talsysteme gegliedert wird und das sich zwischen dem Nordteil der Jesreelebene und dem Jordangraben südwärts bis zum Tal des *nahr dschālūd* (isr.: *ḥarod*) erstreckt. In dem Winkel zwischen diesem Basaltgebiet und dem übrigen untergaliläischen Gebirge, d. h. in der Nordostecke der Jesreelebene, liegt der imposante Bergkegel des *dschebel eṭ-ṭōr*[1] = israelisch *har tavor* (562 m). Nahe dem Südrande des untergaliläischen Gebirges liegt als der heute wichtigste Ort dieses Gebietes Nazareth (arabisch *en-nāṣira*, israelisch *naṣrat*). Auf einer Breite etwas nördlich des Nordendes des Tiberiassees schließt eine aufsteigende Gebirgswand Untergaliläa nördlich ab und führt zu dem obergaliläischen Gebirge hinauf, wo sogleich in dem nach der Stadt *ṣafed* (isr.: *ṣefat*) benannten *dschebel ṣafed* die höchsten Punkte Obergaliläas liegen, besonders der 8 km westnordwestlich von *ṣafed* (*ṣefat*) entfernte *dschebel dschermaḳ*, der mit 1208 m der höchste Berg des Westjordanlandes überhaupt ist und von seinem Gipfel einen weiten Rundblick auf Galiläa und die benachbarten Landschaften bietet. Nordwärts schließt sich ein Hochland an von 700—800 m Meereshöhe, das sich weiter nach Norden zu langsam senkt und endlich durch die tiefe Schlucht des *nahr līṭāni* abgeschlossen

[1] Ein anderer Berg gleichen Namens o. S. 17. Der Name bedeutet einfach „der Berg" schlechthin. Auch der Ölberg östlich von Jerusalem führt diesen Namen.

und von dem syrischen Libanon getrennt wird. Dieser nördlichste Teil von Galiläa ist kaum noch zu Palästina in dem oben S. 7 bezeichneten Sinne zu rechnen. Etwa auf der Breite des *ḥūle*-Sees schickt das obergaliläische Gebirge einen von O nach W gerichteten Bergrücken, den *dschebel el-muschaḳḳaḥ*, gegen die Küste des Mittelmeers vor, der mit seiner Spitze, dem *rās en-nāḳūra* (isr.: *roš hanniḳra*), unmittelbar in das Meer abfällt und daher hier an der Küste eine natürliche landschaftliche Nordgrenze des Landes Palästina bildet.

d) Zwischen den westlichen Gebirgsrändern und der Mittelmeerküste liegen Ebenen, die durch geologisch junge Ablagerungen (Diluvium und Alluvium) gebildet werden. Es handelt sich um eine ganz flach gewellte Landschaft, deren Boden zum großen Teil aus Lehm und — so vor allem im südlichsten Teil — aus Löß besteht und sehr fruchtbar ist[1]. Die Meeresküste wird auf weite Strecken begleitet von Dünen, bei denen zwei Systeme zu unterscheiden sind[2]: ein älteres aus vorchristlicher Zeit, das in einer feuchteren Klimaperiode nachträglich verlehmt ist, und ein jüngeres aus nachchristlicher Zeit, das noch heute in Bewegung befindlich ist. Ganz im Süden gibt es auch Binnendünen in Verbindung mit den Dünen der Sinaiwüste bzw. Isthmuswüste. Westlich des judäischen und des samarischen Gebirges haben wir eine große Ebene, die gemeinhin, wenn auch nicht ganz eindeutig, „die palästinische Küstenebene" schlechthin genannt zu werden pflegt. Im Süden, wo die Sinai- bzw. Isthmuswüste unmerklich in sie übergeht, ist sie am breitesten; die Entfernung zwischen der unmittelbar am inneren Dünenrande gelegenen Stadt *ghazze* (dem alten Gaza) und dem schon genannten *bīr es-seba'* (*b*ᵉ*'er šäva'*) an der Südwestecke des judäischen Gebirges beträgt in der Luftlinie ungefähr 40 km. Weiter nördlich ist der Abstand der Hafenstadt *jāfa* (isr.: *jafo*) vom westlichen Gebirgsrand nur knapp 20 km; und ganz im Norden bei dem Hafenorte *ḳēṣārje* (Caesarea) ist die Ebene nur noch etwa 10 km breit. Der Küstenstreifen westlich des Karmel endlich hat nur noch 3 km und weniger Breite. Im großen ganzen ist die Meeresküste flach und hafenlos, und auch die Meerestiefe nimmt von der Küste aus erst ganz allmählich zu. Von Süden her bis unmittelbar vor *jāfa* (*jafo*) begleitet ein fast ununterbrochener Dünenstreifen die Küste. Nur einige wenige wasserführende Küstenflüsse haben sich durch ihn einen Weg gebahnt und offengehalten, so das *wādi ghazze* unmittelbar südlich von *ghazze*, dann nach Norden zu das *wādi el-ḥesi*, der *nahr sukrēr* und der *nahr rūbīn*. Bei *jāfa* (*jafo*) wird diese Einförmigkeit der Küstenlinie unterbrochen durch eine wenig in das Meer vorspringende Bodenerhebung, der eine Klippenreihe vorgelagert ist. Auf der Nordseite dieser Bodenerhebung, die gegen die von Südwesten her der Küste ständig zugeführten Meeresablagerungen etwas geschützt ist, ist ein, wenn auch nicht be-

---

[1] Genaueres bei P. Range, Die Küstenebene Palästinas mit geologischer Übersichtskarte (1922).

[2] Vgl. P. Range, ZDPV 55 (1932) S. 48ff.

deutender, natürlicher Hafen entstanden, dem die Stadt *jāfa*, deren alter Teil auf der genannten Bodenerhebung lag, Entstehung und Bedeutung als Hafenstadt verdankte[1]. *Jāfa* (*jafo*) ist freilich seit einiger Zeit als Hafen durch das moderner ausgebaute *ḥēfa* (s. u. S. 21) in den Schatten gestellt. Unmittelbar nördlich des alten *jāfa* an der Küste liegt die von jüdischer Seite rapid und modern aufgebaute Stadt Tel Aviv. Landeinwärts südöstlich von *jāfa* liegen als ansehnlichere Orte heute *lidd* (Lydda) und *er-ramle*. Nördlich von *jāfa* (*jafo*) ziehen an der nun wieder geraden und einförmigen Küste abermals streckenweise Dünen entlang, hin und wieder von Küstenflüssen durchbrochen, nahe bei *jāfa* (*jafo*) von dem wasserreichen *nahr el-ʿōdscha* (isr.: *jarḳon*), weiterhin vom *nahr iskanderūne* und *nahr el-mefdschir*. Im Nordteil der Küstenebene bei *ḳēṣārje* (Caesarea) springen Riffe in das Meer vor[2], die zwar an sich keinen natürlichen Hafen bilden, aber einen künstlichen Hafenbau an dieser Stelle veranlassen konnten und in der Geschichte (Herodes) auch veranlaßt haben. An einem wichtigen Punkt des nördlichen Teils der Küstenebene liegt das Städtchen *ṭūl kerm*, nämlich am östlichen Rande der Ebene an der Stelle, wo ein von *nāblus* (s. o. S. 17) herabkommendes breites Tal (in diesem Unterteil *wādi zēmir* genannt) aus dem Gebirge in die Küstenebene eintritt. Nördlich von *ḳēṣārje* mündet aus einem von ihm gebildeten Sumpfgebiet heraus der *nahr ez-zerḳa* („der blaue Fluß")[3] in das Mittelmeer (isr.: *n^ehar hattanninim*). Jenseits von ihm beginnt der schon genannte nördlichste, ganz schmale Teil der Küstenebene, und um den Vorsprung des Karmel-Gebirges führt nur noch ein Küstensaum, der eben für eine Straße (und für die Eisenbahnlinie) Raum gibt.

Nördlich des Karmelvorsprungs liegt ein kleineres Stück Küstenebene, das man nach der in seiner Mitte gelegenen alten Stadt Akko (arabisch *ʿakka*) die Ebene von Akko zu nennen pflegt. Auf der Ostseite wird sie begrenzt durch das allmählich ansteigende galiläische Gebirge. Nordwärts reicht sie bis zu dem oben S. 19 schon erwähnten Bergrücken des *dschebel el-muschaḳḳaḥ* mit dem Vorgebirge des *rās en-nāḳūra* (isr.: *roš hanniḳra*). Im Süden bildet der Nordostrand des Karmelrückens ihre Grenze. Bei der Stadt Akko ist sie etwa 7 km breit; von Süden nach Norden nimmt sie an Breite allmählich etwas ab. Im Schutze des Karmelvorsprungs ist eine seichte Bucht mit ganz flacher Küste entstanden, die nordwärts bis zu einer in das Meer vorspringenden Landzunge reicht, auf deren Spitze das heutige israelische *ʿakko*, das einstige arabische *ʿakka*, als Nachfolger der alten Stadt Akko liegt. Diese Bucht — etwa 15 km lang — ist trotz ihrer Versandung die geeignetste Stelle der palästinischen Küste für die Anlage eines Hafens. In antiker Zeit ist Akko die Hafenstadt an dieser

[1] Diese natürliche Situation ist besonders gut sichtbar auf den Fliegeraufnahmen bei Dalman, Hundert deutsche Fliegerbilder aus Palästina Nr. 67. 68.

[2] Vgl. Dalman a. a. O. Nr. 65.

[3] Ein anderer Fluß gleichen Namens im Ostjordanland (s. o. S. 11).

Bucht gewesen, wo auf der Südostseite der nach Südwesten vorspringenden Landzunge eine Art natürlicher Hafen sich befindet. Heute ist Akko nur noch ein kleinerer Ort, während die Hafenstadt an der Bucht jetzt das an ihrem Südende am Fuße des Karmel gelegene *ḥēfa* (Haifa) ist, wo freilich auch erst umfangreiche künstliche Anlagen nötig waren, um einen für moderne Bedürfnisse ausreichenden Hafen zu schaffen. Haifa ist gegenwärtig einer der wichtigsten Plätze an der ganzen syrisch-palästinischen Küste. Die ganze Küste der Ebene von Akko einschließlich der genannten Bucht wird von Dünen begleitet, die nur am Fuße des Karmel fehlen und bei Akko unterbrochen sind.

Südsüdöstlich der Ebene von Akko liegt eine große binnenländische Ebene, die arabisch *merdsch ibn ʿāmir* heißt und israelisch meist als *haʿemäḳ* = „die Ebene (schlechthin)" bezeichnet wird. Auf Grund des Alten Testaments (Jos 17 16; Ri 6 33) nennt man sie landläufig gern nach der an ihr gelegenen alten Stadt Jesreel (= arabisch *zerʿīn* am Ostrand der Ebene) die Jesreelebene, obwohl diese Benennung sich ursprünglich vielleicht nur auf den Südostteil der Ebene bezog. Durch einen schmalen Durchgang zwischen dem Karmelrücken und der Südwestecke des untergaliläischen Gebirges steht sie mit der Ebene von Akko in unmittelbarer Verbindung. Auf der Ostseite geht von ihr unmittelbar das breite Tal des *nahr dschālūd* = *ḥarod* (s. o. S. 13) aus, das zum Jordangraben hinabführt und zwischen dem *dschebel fuḳūʿa* (*hare haggilboaʿ*) als Ausläufer des samarischen Gebirges (s. o. S. 17) und dem basaltischen Südostteil des untergaliläischen Gebirges (s. o. S. 18) liegt. Hier haben wir also einen von Nordwesten nach Südosten gehenden Durchbruch durch das westjordanische Gebirge in seiner ganzen Breite, und die Wasserscheide zwischen Mittelmeer und Jordangraben liegt hier auf der Grenze zwischen der zum Mittelmeer hin entwässerten Jesreelebene und dem zum Jordangraben führenden Tal des *nahr dschālūd* (*ḥarod*) nur reichlich 100 m über dem Meeresspiegel. Dieser Durchbruch bildet eine eindeutige Grenze zwischen dem samarischen und dem galiläischen Gebirge. Die Jesreelebene bildet ein großes Dreieck. Ihr Südwestrand grenzt an die *bilād er-rūḥa* (s. o. S. 17) und an das Nordende des samarischen Gebirges; ihr Nordrand folgt dem Südabfall des untergaliläischen Gebirges, und die unregelmäßige Ostseite geht vom *dschebel et-ṭōr* = *har tavor* (s. o. S. 18) bis zum Westrand des *dschebel fuḳūʿa* = *hare haggilboaʿ*. Die Ebene hat einen fruchtbaren Alluvialboden. Ein größerer Ort ist das an ihrer Südspitze gelegene *dschenīn*. Entwässert wird die Ebene durch den *nahr el-muḳaṭṭaʿ* (isr.: *kišon*), der durch den oben erwähnten schmalen Durchgang hindurch seinen Weg in den Südteil der Ebene von Akko findet und östlich von Haifa in die Bucht von Haifa-Akko einmündet.

§ 4. Die Größe des Landes

Das ehemalige englische Mandatsgebiet „Palästina" (in der Zeit von 1920 bis 1948), das auf das Westjordanland beschränkt war, dafür aber mit einem langen spitzen Ausläufer südwärts bis an den Golf von *el-ʿaḳaba* heranreichte, hatte einen Flächeninhalt von etwas mehr als 26000 qkm, war also etwas kleiner als das Königreich Belgien. Davon entfielen freilich etwa 8500 qkm allein auf jenen südlichen Ausläufer, der ein Wüstengebiet ist. Das westjordanische Kulturland, das nach dessen Abzug verbleibt, ist also etwas kleiner als das ehemalige Württemberg. Nach der Volkszählung vom 18. 11. 1931 hatte das Mandatsgebiet eine Gesamtbevölkerung von 1035821 Köpfen, davon 969268 Seßhafte und 66553 Nomaden (Württemberg hatte 1925 etwa 2,6 Millionen Einwohner). Darunter befanden sich damals 174610 Juden, die zu einem guten Teil erst nach dem ersten Weltkrieg zugewandert waren. Es verbleiben danach etwa 900000 alteingesessene Landesbewohner aus der letzten Zeit der türkischen Herrschaft, von denen reichlich 7% nicht seßhaft waren[1]. Mit diesen Zahlen sind freilich die Grenzen der Aufnahmefähigkeit des Landes für Bewohner nicht erreicht, und in geschichtlichen Blütezeiten sind bei intensiverer Ausnutzung der natürlichen Möglichkeiten des Landes besonders in heute kaum noch besiedelten Gegenden die Bewohnerzahlen wahrscheinlich größer gewesen. Allerdings gibt es auch abgesehen von jenem Ausläufer des einstigen Mandatsgebiets nach Süden innerhalb des Landes noch Gegenden genug, die für dauernde Besiedlung nie in Frage gekommen sind; größere Gebiete dieser Art sind vor allem der Ostabfall des judäischen Gebirges und auf große Strecken der *ghōr*.

Einige Entfernungen mögen das Bild von der Größe des Landes abrunden und vollends zeigen, wie verhältnismäßig klein das Ganze ist. Wer von Jerusalem (*el-ḳuds*) aus auf der großen nordsüdlichen Längsstraße auf der Höhe des westjordanischen Gebirges südwärts reist, der kommt nach 37 km Weges bereits nach *el-chalīl* (Hebron) und nach weiteren 45 km Weges in nunmehr südwestlicher Richtung nach *bīr es-sebaʿ* (jetzt isr.: *beʾer šävaʿ*) und befindet sich damit schon außerhalb des Bereichs der geschlossenen festen Ansiedlung in der südlichen Steppe[2]. Ein weiterer Weg von ungefähr 330 km würde ihn von hier zuerst in südsüdwestlicher und dann in westsüdwestlicher Richtung hindurch zwischen den Gebirgszügen und über die Sandstrecken der Sinai- bzw. Isthmuswüste nach *suwēs* (Suez) und damit an die Grenze zwischen Asien und Afrika führen. Wer hingegen auf derselben Nordsüdstraße von Jerusalem (*el-ḳuds*) aus nach Norden reist, der erreicht auf

---

[1] Diese Zahlangaben nach der amtlichen Bearbeitung der Ergebnisse der Volkszählung bei E. Mills, Census of Palestine 1931 (Jerusalem 1932).

[2] In der byzantinischen Zeit ist die Grenze festen Wohnens über *bīr es-sebaʿ* hinaus südwärts vorgeschoben gewesen, wie die dort liegenden byzantinischen Ruinen beweisen.

einem Wege von 67 km Länge auf der Höhe des Gebirges entlang und schließlich durch die mehr oder weniger breiten Mulden der Oberläufe westwärts führender Talsysteme hindurch die Stadt *nāblus* und damit das Zentrum des samarischen Gebirges. Ein Weg von weiteren 43 km führt ihn in mancherlei großen Windungen über die Höhen und durch die kleinen Ebenen des nordsamarischen Gebirges nach *dschenīn* an der Südspitze der Jesreelebene. Die Entfernung von da durch die Jesreelebene und durch ein enges Tal hindurch auf die erste Höhe des untergaliläischen Gebirges nach Nazareth (*en-nāṣira* bzw. *naṣrat*) beträgt noch 30 km. Von Jerusalem bis Nazareth sind es also gerade 140 km Weges. Wer von Nazareth aus nach dem äußersten Norden des Landes, etwa zu den Jordanquellen, gelangen wollte, der müßte zunächst 33 km durch das untergaliläische Gebirge nach Tiberias zurücklegen, dann am Westufer des Tiberiassees entlang und durch die Basaltbarre im oberen Jordangraben (s. o. S. 13) der ehemaligen Straße von Tiberias nach Damaskus 29 km weit bis zu der jüdischen Siedlung *roš pinna*, südwestlich des *ḥūle*-Sees, folgen, wo die früher übliche Straße nach Damaskus über die südlich des *ḥūle*-Sees gelegene Jordanbrücke *dschisr benāt ja'ḳūb* („Brücke der Jakobstöchter") abzweigt, um ihrerseits nach 105 km in nordöstlicher Richtung dieses ihr Ziel zu erreichen. Von *roš pinna* führt auf der Westseite des oberen Jordangrabens ein Weg von 35 km nach *meṭulla*, der nördlichsten Ortschaft des israelischen Staatsgebiets, die ungefähr auf derselben Breite wie die östlich benachbarten Punkte *tell el-ḳādi* (der Ruinenhügel der alten Stadt Dan) und *bānjās* (= Caesarea Philippi) liegt. So ist also *meṭulla* bzw. *tell el-ḳāḍi* 235 km von Jerusalem entfernt, und der Weg von *tell el-ḳāḍi* bis *bīr es-seba'*, d. h. alttestamentlich gesprochen „von Dan bis Beer-Seba", ist auf der in ihrem Lauf durch die Natur des Landes bestimmten Straße 317 km lang, während in der Luftlinie diese beiden Orte, die ungefähr die Nord- und Südgrenze des Landes „Palästina" bezeichnen, 240 km auseinanderliegen. — Wer von Jerusalem nach der nordwestlich davon gelegenen Hafenstadt *jāfa* (*jafo*) gelangen will, der kann entweder mit der Eisenbahn, die wegen der Benutzung eines tief eingeschnittenen westwärts führenden Tales einen Bogen beschreibt, die 87 km Bahnstrecke zurücklegen oder auf der etwas direkter führenden Fahrstraße erst über die Höhen des Gebirgsrückens, dann durch ein stark abwärts führendes Tal am Gebirgsabfall, schließlich durch Hügelland und Küstenebene sein Ziel nach 63 km erreichen. — Ostwärts von Jerusalem führt eine Fahrstraße, den Ölberg auf seiner Südseite umgehend, dann mit Benutzung verschiedener Talläufe durch das blendend weiße Kalkgestein der Wüste Juda hindurch zum Jordangraben und erreicht dort entweder in einem südlichen Endstück nach 40 km das Nordufer des Toten Meeres oder mit einer nordwärts führenden Abzweigung nach 37 km den Ort *erīḥa*, die Nachfolgesiedlung des alten Jericho. In der Luftlinie beträgt die Entfernung zwischen *jāfa* (*jafo*) und *erīḥa*, d. h. ungefähr die Breite des Westjordanlandes in seiner Mitte, gerade 70 km. Weiter im Süden, wo das Westjordanland breiter ist, beträgt beispielsweise die Luftlinienentfernung zwischen *ghazze* am inneren Dünenrande und der Oase von *'ēn dschidi* (*'en g^edi*) am Westufer des Toten Meeres 88 km. Im Norden hingegen sind Haifa und Tiberias nur noch reichlich 50 km voneinander entfernt, und von *m^eṭulla* aus würde man auf einem geraden Wege westwärts die Mittelmeerküste bereits nach 35 km erreichen.

Entsprechend sind die Entfernungen im Ostjordanland. Wer von Jerusalem aus die Hauptstadt von Jordanien, *'ammān*, erreichen will, der kann auf der früher üblichen Straße zunächst nach Jericho (*erīḥa*) und von da zu der noch 9 km entfernten Jordanbrücke und von hier aus auf einer Straße, die zunächst durch die östliche Hälfte des Jordangrabens und dann durch ein tief eingeschnittenes Tal nach *eṣ-salṭ* (s. o. S. 11) hinauf führt und endlich durch das Hügelland im Norden der *belḳa* geht, nach 63,5 km an sein Ziel gelangen, wenn er nicht die neue direkte Kunststraße benutzen will, die auf einer erheblich kürzeren Strecke am Nordufer des Toten Meeres entlang über *nā'ūr* nach *'ammān* führt. Von *'ammān* aus aber ist es schon nicht mehr weit bis zu der östlichen Grenze des Kulturlandes und dem Beginn der syrisch-arabischen Wüste. Südwärts von *'ammān* gelangt man nach ungefähr 75 km an die Oberläufe des Talsystems des *sēl el-mōdschib* (s. o. S. 11). Am Ostrande des ostjordanischen Kulturlandes führt — etwa auf der Route der alten Pilgerstraße (*derb el-ḥaddsch*) von Damaskus nach Mekka — die *hedschāz*-Bahn entlang. Auf ihr kann man von *'ammān* aus nordwärts nach gerade 100 km die Stadt *der'a* am Jarmuk (s. o. S. 12) erreichen und nach weiteren 127 km Damaskus. Von *der'a* aus führt eine Verbindung nach Westen zunächst das Jarmuktal abwärts. Auf dieser Route gelangt man nach 74 km bis *samach* am Südende des Tiberiassees und nach weiteren 87 km (im ganzen also 161 km) durch ein Stück des *ghōr*, über *bēsān*, durch das Tal des *nahr dschālūd* (isr.: *ḥarod*) und quer über die Jesreelebene hinweg nach Haifa. In der Luftlinie sind *der'a* und Haifa etwa 110 km voneinander entfernt. Die Straße von *der'a* ostsüdostwärts nach *boṣra* an der Südwestseite des *dschebel ed-drūz* ist 41 km lang.

Palästina ist ein Land großer Höhenunterschiede, die um so auffälliger sind, als sie sich auf einem verhältnismäßig engen Raume vereinigen. Dafür nur einige wenige Beispiele. Die Altstadt von Jerusalem innerhalb eines Kessels auf der Höhe des judäischen Gebirges gelegen, liegt im Durchschnitt — sie weist in sich starke Höhenunterschiede auf — 750 m hoch; *erīḥa* (Jericho) liegt 250 m unter dem Meeresspiegel. Die 37 km lange Straße Jerusalem—Jericho vollzieht also einen Abstieg von 1000 m; zwischen km 26 und 27 passiert sie die durch eine Tafel kenntlich gemachte Höhe des Meeresspiegels. Auf der anderen Seite aber steigt man vom Ostrand des Jordangrabens auf der 25 km langen Straße bis *es-salṭ* (795 m) etwa 1020 m hoch und bis zum nur wenige km nordwestlich von *es-salṭ* gelegenen Gipfel (s. o. S. 11) mit 1094 m Höhe im ganzen etwa 1220 m. Zwischen der östlich von Jerusalem liegenden Ölbergkuppe (etwa 815 m) und dem in Luftlinie 20 km entfernten Toten

Meere (—390 m) besteht ein Höhenunterschied von etwas mehr als 1200 m; und auf der anderen Seite erhebt sich der nur 14 km Luftlinie vom Toten Meere entfernte Gipfel des Berges *en-neba* nordwestlich von *mādeba* (s. o. S. 11) mit 806 m wieder ziemlich 1200 m über der Fläche des Toten Meeres. Die Straße von Jerusalem nach *jāfa* (*jafo*) fällt zwischen dem Westrand der judäischen Gebirgshöhe bei dem Dorfe *ḳerjet el-ʿeneb* (isr.: *ḳirjat jeʿarim*) und dem Austritt aus dem Gebirge und Übergang in das Hügelland auf einer Strecke von ungefähr 8 km nicht weniger als 450 m ab. Das Massiv des *el-ʿaṣūr* an der Südostecke des samarischen Gebirges (s. o. S. 17) überragt mit seinen 1011 m das nur etwa 12 km Luftlinie entfernte nächstgelegene Stück des Jordangrabens an der *chirbet el-ʿōdscha el-fōḳa* um ungefähr 1250 m. — Im samarischen Gebirge weiter im Norden und in Untergaliläa sind die Höhenunterschiede nicht mehr so schroff. Immerhin steigen die Berge *dschebel eṭ-ṭōr* und *dschebel islāmīje* (s. o. S. 17) von der Ebene östlich von *nāblus* aus unmittelbar um 400 bzw. 450 m auf; und der *dschebel eṭ-ṭōr* (isr.: *har tavor*) in der Nordostecke der Jesreelebene hat von seinem Fuß aus gerechnet nahezu 500 m relative Höhe. — Steiler ragt dann aber wieder das obergaliläische Gebirge auf. Der Höhenunterschied zwischen *dschebel dschermaḳ* (s. o. S. 18) und Tiberiassee beträgt bei einer Luftlinienentfernung von etwa 18 km reichlich 1400 m.

§ 5. Das Klima des Landes

Über die offenkundigen und bekannten Grundlagen der Klimaverhältnisse Palästinas hinaus sind Einzelbeobachtungen klimatischer Erscheinungen schon von den ersten wissenschaftlichen Erforschern des Landes gemacht worden. Systematische und dauernde Beobachtungen haben erst später eingesetzt. Im Jahre 1895 hat der Deutsche Palästina-Verein (DPV) meteorologische Stationen in verschiedenen Teilen des Landes eingerichtet, die nach einem bestimmten Plane einigermaßen regelmäßige Beobachtungen anstellten. Heutzutage werden von verschiedenen Institutionen systematische meteorologische Messungen vorgenommen. Eine Zusammenfassung und Bearbeitung älteren Beobachtungsmaterials, allerdings nur zur Frage der Niederschläge, stammt von H. Hilderscheid, Die Niederschlagsverhältnisse Palästinas in alter und neuer Zeit (ZDPV 25 [1902] S. 1—105), mit zahlreichen Tabellen. Eine sehr ausführliche Übersicht über die Gesamtheit der meteorologischen Erscheinungen auf Grund der Beobachtungen auf den Stationen des DPV während der Jahre 1896—1905 mit vielen tabellarischen Zusammenfassungen gibt F. M. Exner, Zum Klima von Palästina (ZDPV 33 [1910] S. 107—164). Eine Fülle von Angaben und eigenen Beobachtungen findet man verstreut bei G. Dalman, Arbeit und Sitte in Palästina I: Jahreslauf und Tageslauf (2 Hälften) 1928. Auch F.-M. Abel, Géographie de la Palestine I (1933) S. 108ff. bietet — im wesentlichen auf Grund von Exner — eine eingehendere Übersicht über die klimatischen Erscheinungen mit einer Reihe von Tabellen. Die Beobachtungen auf den Stationen des DPV wurden bis 1939 laufend zusammengestellt und in der ZDPV veröffentlicht von M. Blanckenhorn in einer jährlich erscheinenden meteorologischen Tabelle und einer ebenfalls jährlich veröffentlichten speziellen Tabelle über den Regenfall. Für ein genaueres Studium vor allem der aus den verschiedenen Einzelbeobachtungen errechneten Durchschnittswerte sei auf die genannten Arbeiten verwiesen. Im Folgenden sollen weniger diese Durchschnittswerte in das Auge gefaßt werden; es sollen vielmehr die Grundlagen des palästinischen Klimas deutlich gemacht und an einigen charakteristischen Erscheinungen erläutert werden.

Wichtig für das Klima Palästinas ist zunächst die Tatsache, daß das Land mit der gesamten Mittelmeerwelt zum Bereich des subtropischen Klimas gehört, dessen Charakteristikum der Wechsel zwischen einem regenlosen Sommer und einer winterlichen Regenzeit ist. Sodann ist zu beachten, daß das Land auf Grund der Verschiedenheit seiner Teile verhältnismäßig starke Klimaunterschiede auf engem Raume vereinigt.

Der Regenfall ist für das Leben im Lande von grundlegender Bedeutung, da — im Unterschied etwa von den Kulturländern in den Flußebenen des Nil oder des Euphrat und Tigris — die Vegetation fast völlig von ihm abhängt. Die winterliche Regenzeit setzt mit dem „Frühregen" normalerweise Ende Oktober ein; ausnahmsweise bringt auch schon der September die ersten Regengüsse, oder aber der Regenbeginn verzögert sich bis in den November. Der Hauptregen fällt im wesentlichen im Januar, und mit dem „Spätregen" schließt die Regenzeit im Mai ab, auch hier natürlich mit häufigen Schwankungen nach oben und unten. Der regenreichste Teil des Landes ist außer den westlichen Ebenen die westliche Hälfte des westjordanischen Gebirges. Hier fallen die vom westlichen Mittelmeer herkommenden Niederschläge als „Steigungsregen" beim Aufsteigen der Regenwolken in höhere und damit kühlere Luftschichten. Jerusalem auf der Höhe des judäischen Gebirges hat in den 108 Jahren von 1846/47—1953/54 eine durchschnittliche Regenmenge von 560 mm gehabt[1]. Allerdings sind die Niederschlagsmengenzahlen nicht sehr konstant. In dem Jahrzehnt 1896—1905 betrug nach Exner a. a. O. S. 129 die Durchschnittsregenmenge in Jerusalem 630 mm, in dem Jahrzehnt 1927—1936 hingegen betrug sie nur 431,6 mm[2] und erreichte nicht ein einziges Mal die Durchschnittszahl von 560 mm. Vom Winter 1936/37 an hatte Jerusalem wieder erheblich höhere Regenmengen von mehrfach über 700 mm[3]. Man vergleiche mit diesen Zahlen

[1] Vgl. J. Neumann, On the Incidence of Dry and Wet Years (IEJ 6 [1956] S. 58—63) S. 59f.

[2] Dieser Zahl liegen die in ZDPV 51 (1928)—61 (1938) veröffentlichten Regenfalltabellen über die Regenwinter 1927/28—1936/37 zugrunde.

[3] Vgl. N. Rosenan, One Hundred Years of Rainfall in Jerusalem (IEJ 5 [1955] S. 137—153), besonders die Tabelle auf S. 151.

die Tatsache, daß beispielsweise Leipzig eine durchschnittliche Regenmenge von 627 mm bei durchschnittlich 186 Regentagen im Jahre hat. Dabei ist außer der Höhe der Regenmenge vor allem die unverhältnismäßig geringere Zahl der Regentage in Palästina bemerkenswert. Auf die Gesamtdauer der Regenzeit von reichlich 6 Monaten entfielen während des Jahrzehnts 1927—1936 durchschnittlich in Jerusalem nicht einmal 60 Regentage. Denn der Winterregen fällt keineswegs als ein dauernder Landregen, sondern in einzelnen meist sehr heftigen Regengüssen; selbst in dem regenreichen Januar sind normalerweise nur ungefähr die Hälfte der Tage Regentage, und auch diese sind in der Regel nur Tage mit Regengüssen und nicht „verregnete Tage", wie wir sie kennen. Das hat die praktische Bedeutung, daß der in Güssen fallende Regen nicht voll für die Befeuchtung des Bodens ausgenutzt wird, sondern zu einem guten Teile durch die dann schnell sich mit Regenwasser füllenden Trockentäler (*widjān*) abgeführt wird. Nach den Beobachtungen der letzten 10 Jahre vor dem zweiten Weltkrieg war die Küstenebene noch etwas regenreicher als das damals gerade auffällig regenarme Gebirge. Die Wetterstation des DPV in der einstigen deutschen Kolonie Wilhelma in der Ebene landeinwärts von *jāfa*[1] wies eine Durchschnittsregenmenge von 498,3 mm an durchschnittlich 53,9 Regentagen auf; und Haifa am Karmelvorsprung, wo das Gebirge unmittelbar bis zum Meer vorstößt, hatte in demselben Zeitraum durchschnittlich eine Regenmenge von 529,5 mm an 64,3 Regentagen. Die zionistische Kolonie Beth Alpha hingegen östlich der Wasserscheide am Westrande der „Bucht von *bēsān*" hatte nur eine Durchschnittsmenge von 378,2 mm mit durchschnittlich 51 Regentagen, obwohl die „Bucht von *bēsān*" auf ihrer Nordwestseite nicht durch Gebirge vom Mittelmeer abgesperrt ist. Andere Teile des Jordangrabens, besonders das große südliche Stück, sind noch viel regenärmer; und naturgemäß nimmt die Regenmenge überhaupt ständig ab, je weiter man in östlicher, südöstlicher und südlicher Richtung landeinwärts kommt. Nur am Westrand des ostjordanischen Gebirges ist noch die Möglichkeit von „Steigungsregen" gegeben; und so bekommt dieses Gebiet zweifellos auch wieder reichlichere Niederschläge, obwohl exakte Beobachtungen dafür bislang noch fehlen[2]. — Der Beginn des

---

[1] Vgl. die Übersichtskarte S. 9.

[2] Ein Vergleich der verschiedenen verfügbaren Tabellen legt die Vermutung nahe, daß der Regenfall in den westlichen Küstenlandschaften gleichmäßiger erfolgt als im westjordanischen Gebirge, für das Jerusalem als repräsentativ gelten darf. Während nach dem oben Gesagten Jerusalem in verschiedenen Jahrzehnten recht verschiedene Durchschnittsmengen aufwies (von den starken Verschiedenheiten einzelner Regenwinter noch ganz abgesehen), sind für Wilhelma und Haifa zwischen den Angaben von Exner a. a. O. S. 128 (für das Jahrzehnt 1896—1905) und den obigen Angaben (für das Jahrzehnt 1927—1936) wesentliche Verschiedenheiten nicht zu konstatieren. Was das Binnenland anbetrifft, so scheint sich aus dem vorliegenden Material zu ergeben, daß es zur Zeit etwas ärmer wird an Niederschlägen. Auf das regenarme Jahr-

Winterregens bedeutet das Neuerwachen der Vegetation im Lande. Die „Blumen des Feldes“ kommen dann alsbald — selbst in Wüstengebieten — hervor, und die Saat des bestellten Ackers geht auf. Das Ende der Regenzeit aber bringt das Absterben aller einjährigen Gewächse mit sich, und nur die holzbildenden Pflanzen erhalten sich über die sommerliche Trockenzeit hinweg.

Neben dem Regen wichtig ist der aus der Luftfeuchtigkeit nächtlich sich niederschlagende Tau, der in der regenlosen Zeit die einzige Befeuchtung des Landes bringt. Die Steppen- und Wüstenvegetation[1] lebt im wesentlichen von ihm. Eine zwar nicht unbekannte, aber seltene Erscheinung im Lande ist der Schnee, der gelegentlich auf dem Gebirge fällt. Im allgemeinen tritt er dem Bewohner des Landes nur entgegen auf den Hochgebirgen des mittleren Syrien, die von verschiedenen Stellen des Landes aus am nördlichen Horizonte sichtbar sind und die stellenweise „ewigen Schnee“ tragen. Besonders der über den Jordanquellen bis zu 2814 m aufragende Hermon, heutzutage u. a. *dschebel et-teldsch* („Schneeberg“) genannt, ist mit seinem lange Zeit schneebedeckten Haupt weithin sichtbar.

Auch die Temperaturen sind im Lande nach Ort und Zeit sehr verschieden. Der Monat mit den niedrigsten Durchschnittstemperaturen ist im allgemeinen der Januar; der im Durchschnitt wärmste Monat pflegt der August zu sein, gelegentlich ist es auch der Juli. Natürlich hängt die Temperatur jeweils auch von der Höhenlage des betreffenden Ortes ab. Jerusalem auf durchschnittlich 750 m Höhe hat vor dem zweiten Weltkrieg[2] eine durchschnittliche mittlere Januartemperatur von 7,9° gehabt; die entsprechenden Zahlen für Juli und August waren 23,7° bzw. 23,9°[3]. Berlin hat als mittlere Temperatur im Januar (kältester Monat) —0,6°, im Juli (wärmster Monat) 19,0°. Nur ziemlich selten erreicht selbst in Jerusalem das Minimum einmal einen Wert von weniger

---

zehnt 1927—1936 folgte zwar zunächst wieder ein Aufstieg, der ungefähr wieder auf den genannten Jahrhundertdurchschnitt führte; aber in dem Jahrzehnt 1944—1953 wurde doch wieder nur eine Durchschnittsmenge von 525 mm erreicht (vgl. Rosenan a. a. O. S. 151). Damit könnte das zur Zeit zu beobachtende Fallen des Spiegels des Toten Meeres (vgl. o. S. 14f.) zusammenhängen, der am Anfang dieses Jahrhunderts einen Höchststand erreicht hatte. Im Jahre 1915 lag dieser Spiegel auf —387 m (vgl. F.-M. Abel, Géographie de la Palestine I [1932] S. 167). Bis zum Jahre 1936 aber war er bereits bis auf —392 m abgesunken (vgl. PEQ 69 [1937] S. 269).

[1] Die Wüsten im Umkreis von Palästina sind nicht Sandwüsten (abgesehen von binnenwärts vorgedrungenen Dünen), sondern Kalksteingebiete, denen nur die Niederschläge zu einer reicheren Vegetation fehlen, so daß die Befeuchtung durch den Tau immerhin einen Wüstenpflanzenwuchs hervorbringt.

[2] Ermittelt nach den meteorologischen Tabellen über die Jahre 1929 bis 1937 in ZDPV 53 (1930)—61 (1938).

[3] Die Angabe von Blanckenhorn, daß im Jahre 1935 der August die ganz ungewöhnlich niedrige mittlere Temperatur von nur 18,9° aufgewiesen hätte, beruht auf einem Rechenfehler.

als 0°. Andere, tiefer gelegene Teile des Landes sind noch wärmer. Das 40 m hoch gelegene einstige Wilhelma in der Küstenebene (s. o. S. 27) hatte in den genannten Jahren im Januar durchschnittlich 13,3°, im Juli 28,0°, im August 28,7°. Jericho im südlichen Jordangraben auf — 250 m Höhe hat noch höhere Durchschnittstemperaturen[1].

Praktisch wichtiger als diese Durchschnittszahlen sind aber noch bestimmte Einzelerscheinungen, vor allem die Tatsache, daß die Winde für die Temperaturen eine gewisse Rolle spielen. Im großen ganzen herrschen im Lande die Westwinde vor; sie pflegen jeweils um Mittag oder am frühen Nachmittag aufzukommen und bringen eine im Sommer stets erwünschte Abkühlung und Erfrischung mit sich. Daher pflegen die Abende und Nächte in allen den Westwinden offenen Teilen des Landes auch im Sommer erträglich und sogar angenehm zu sein, vor allem auf dem ohnehin etwas kühleren westjordanischen Gebirge. Wieder vor allem der südliche Teil des Jordangrabens und die Gegend des Toten Meeres sind es, die — ohnehin sehr warm — von dieser wohltätigen Wirkung der Westwinde kaum etwas zu spüren bekommen, da ihnen das hohe westjordanische Gebirge den freien Zutritt des Westwindes versperrt. — Von gegenteiliger Wirkung sind die aus der Wüste herkommenden Ostwinde, die in der winterlichen Jahreshälfte neben den Westwinden stärker hervortreten und zeitweise im Herbst und im Frühling eine erschlaffende Hitze mit sich bringen. Der Ostwind heißt im Lande *esch-scherḳīje* („der östliche [Wind]"); daraus ist das italienische *scirocco* abgeleitet, das wir in der Form Schirokko für diesen Wind zu gebrauchen pflegen. Die vom Ostwind im Herbst und Frühjahr mitgebrachte schwüle Ostluft, die zu Zeiten dann unbewegt über dem Lande liegt, heißt *es-samūm* („die giftige [Luft]"). Sie ist meist erfüllt von feinem Staub, der die Atmosphäre verdüstert. Während im Winter der Ostwind kalt ist, bedeutet das Auftreten des Schirokko im Herbst und Frühjahr, das meist eine Reihe von Tagen anhält, unerträgliche Hitze, die auf die Lebewesen niederdrückend und erschöpfend wirkt. Die Monate April oder Mai und andrerseits September oder Oktober sind die Zeiten dieses Schirokko, und so weisen diese Monate trotz ihrer nicht zu hohen Durchschnittstemperaturen doch öfters die in einem Jahre erreichten Temperaturmaxima auf, da sie eine Reihe dieser besonders heißen Tage haben. Selbst in Jerusalem kann dann das Thermometer bis an 40° zeigen[2],

---

[1] Für Jericho fehlen entsprechende Beobachtungen aus letzter Zeit. Ein Vergleich der obigen Zahlen mit den Zusammenstellungen der Temperaturmittel aus der Zeit von 1896 bis 1905 bei Exner a. a. O. S. 118ff. zeigt, daß allgemein jüngst die Durchschnittstemperaturen angestiegen sind, was zu der oben S. 27 Anm. 2 gemachten Feststellung über die Niederschläge paßt. Palästina scheint also auf dem Wege zu sein, ein wenig trockener und wärmer zu werden.

[2] Die in Jerusalem zwischen 1929 und 1937 beobachtete höchste Temperatur in einem Schirokkomonat war allerdings nur 37,5° im Mai 1935, sodann 36,2° im September 1931.

und andere Landesteile wie die Küstenebenen und der Jordangraben haben dann entsprechend noch höhere Hitzegrade[1]. Der Frühjahrsschirokko hat vor allem die augenfällige Wirkung, daß er nach dem Ablauf der Regenzeit die „Blumen des Feldes“ mit einem Schlage verdorren und verschwinden läßt. Er ist immer gemeint, wenn im Alten Testament von jenem Winde die Rede ist, der nur über das Feld zu gehen braucht, um das Gras verdorren und die Blume verwelken zu lassen (Jes 40 6-8; Ps 103 15f.).

Gewitter fehlen in Palästina im regenlosen Sommer. Während der winterlichen Regenzeit kommen sie — mit oder ohne Regenniederschlag — je und dann vor, vor allem gegen Ende dieser Zeit im März und April; im Mai und erst recht im Juni stellen sie Ausnahmen dar. Auch Schloßen und Hagel kennt das Land im Winterhalbjahr und bis in die Spätregenzeit im Frühjahr hinein, allerdings als ziemlich seltene Erscheinungen.

§ 6. Einiges über Flora und Fauna

1. Die Vegetation ist bestimmt dadurch, daß das Land zur Mittelmeerwelt und damit zur subtropischen Klimazone gehört, und andrerseits dadurch, daß es in seinen Teilen nach Höhenlage, Niederschlagsmenge und Temperatur sehr verschieden ist. So ist die Flora des Landes im allgemeinen mediterran; im südlichen Teile des Jordangrabens aber nähert sie sich bereits der tropischen Vegetation. Das zur Zeit grundlegende Werk auf diesem Gebiete ist E. G. Post, Flora of Syria, Palestine and Sinai, 2. Aufl. von J. E. Dinsmore, 2 Bde. 1932/33. Ein botanisch klassifiziertes Verzeichnis der in Palästina vorkommenden Arten mit ihrer wissenschaftlichen lateinischen Bezeichnung und nach Möglichkeit mit Beigabe des heute im Lande gebrauchten arabischen Namens bieten G. Dalman und J. E. Dinsmore, Die Pflanzen Palästinas (ZDPV 34 [1911] S. 1—38. 147—172. 185—241). Ein Führer durch die Pflanzenwelt des Landes mit ihren wichtigeren Arten und den Merkmalen ihrer Erscheinungen ist Ph. Wurst, Aus der Pflanzenwelt Palästinas. Leitfaden der Botanik (Haifa 1930). Eine Fülle von Material findet sich bei G. Dalman, Arbeit und Sitte in Palästina, speziell I (1928) S. 51ff. (die Pflanzenwelt vor Beginn des Winterregens), S. 249ff. (die Wintervegetation), S. 329ff. (der Frühlingspflanzenwuchs); II (1932) S. 242ff. (die Feld- und Gartenpflanzen); IV (1935) S. 153ff. (der Ölbaum), S. 291ff. (der Weinstock). Einen speziellen Ausschnitt aus der Flora behandelt allgemeinverständlich S. Killermann, Die Blumen des heiligen Landes. Botanische Auslese einer Frühlingsfahrt durch Syrien und Palästina

[1] Wilhelma in der Küstenebene ergab im Mai 1929 ein Temperaturmaximum von 46,5°, im Mai 1935 von 44,5°. Ob die Maxima von 39,7° für Jerusalem und von 47,0° für Wilhelma im Juni 1933 auf Schirokko zurückzuführen sind, bleibt fraglich.

(„Das Land der Bibel", Band I, Heft 5 und 6) 1915; dazu S. KILLERMANN, Bestimmungstabelle der in der palästinischen Flora besonders im Frühjahr erscheinenden höheren Pflanzen nach dem natürlichen System (ZDPV 39 [1916] S. 7—93 mit 60 Pflanzenbildern). Eine Sonderfrage erörtert L. ROST, Judäische Wälder (PJB 27 [1931] S. 111—122); dazu vgl. auch R. KOEPPEL, Palästina (1930) S. 49 („Versuch einer Waldkarte Palästinas") sowie für die östlichen Landesteile H. BARDTKE, Die Waldgebiete des jordanischen Staates (ZDPV 72 [1956] S. 109—122). Ein Überblick über die Pflanzenwelt findet sich im übrigen in fast allen Beschreibungen des Landes. Für ein systematisches Studium kann auf die genannten Werke verwiesen werden. Hier sei nur das zusammengefaßt, was für die äußere Erscheinung des Landes und das Leben darin von einiger Wichtigkeit ist.

Zunächst die wild wachsenden Pflanzen. Sie treten einmal als Wälder auf. Von Hause aus sind die palästinischen Gebirge Waldgebiete. Aber seit ältester Zeit hat man hier den Wald durch Rodung zurückgedrängt, um aus seinem Boden Ackerland zu machen. Restbestände von Wäldern finden sich heute noch vor allem im judäischen und im obergaliläischen Gebirge, und wirkliche Waldgebiete sind jetzt noch der Karmelrücken und die ostjordanische Gebirgslandschaft *'adschlūn*. Die allmähliche Ausrodung des palästinischen Waldes hat bis in die jüngste Vergangenheit hinein angehalten, und noch der erste Weltkrieg im Lande mit seinem Holzbedarf hat die bis dahin vorhandenen Waldbestände schwer geschädigt. Aber eine übertriebene Vorstellung von der Bewaldung des Landes in seiner Vergangenheit, soweit wir seine Geschichte zurückverfolgen können, darf man sich schwerlich machen. Schon in alttestamentlicher Zeit ist nach allem, was wir aus der literarischen Überlieferung entnehmen können, ein ursprünglicher Wald nur in größeren oder kleineren Restbeständen noch im Lande vorhanden gewesen. — Der Formation nach haben wir es meist nicht mit eigentlichem Hochwald zu tun. Hochgewachsene Waldbäume kommen als oft auffällige und weithin sichtbare Einzelbäume vor oder in größeren oder kleineren Baumgruppen. Größere Flächen werden nur von einem Buschwald eingenommen, der sogenannten Macchie (italienisch *macchia*), einem im allgemeinen reichlich mannshohen Bestand von immergrünen Gebüschen, dessen Auftreten für die gesamte Mittelmeerwelt charakteristisch ist. Die Macchie findet sich vor allem in den oben genannten Waldgebieten des heutigen Palästina. Ausgedehnt ist auch die noch niedrigere Formation der sogenannten Garigue (provenzalisch *garrigue*).

Unter den Waldbäumen Palästinas steht an erster Stelle die Eiche in verschiedenen Arten, die einen wichtigen Bestandteil in allen den genannten Waldformationen bildet. Im Süden des Landes herrscht die Kermeseiche (quercus coccifera, arab. *ballūṭ* oder *sindjān*); sie hat kleine lederharte, mit spitzen Stacheln versehene Blätter, die den Winter überdauern. Im nördlichen Teile des Landes findet sich die Knoppereiche (quercus aegilops, arab. *mell*, *mellūl*) mit großen Blättern, die im Herbst abfallen. Neben der Eiche steht als häufiger Waldbaum die Terebinthe (pistacia terebinthus, arab. *buṭm*). Seltener ist der ebenfalls immergrüne Johannisbrotbaum (ceratonia siliqua, arab. *charrūb*), der vor allem als einzelner, mit seiner mächtigen Blätterkrone angenehmen Schatten spendender Baum sich erhalten hat. Unter den Nadelbäumen ist als wildwachsend und im Lande beheimatet im wesentlichen nur die Aleppokiefer (pinus halepensis, arab. *ḳrēsch*) zu nennen, die hie und da hochstämmig als Einzelbaum oder in Gruppen vorkommt, aber auch in der Formation der Macchie begegnet. In der Macchie finden sich auch allerlei laubwechselnde Sträucher wie der Weißdorn (crataegus azarolus, arab. *za'rūr*) u. a.

Als Steppen- und Wüstengewächs kommt die baum- oder strauchbildende Tamariske (tamarix, arab. *ṭarfa* oder [*n*]*eṯel*) in Betracht, die mit ihren fein zergliederten Blättern dem heißen und trockenen Klima angepaßt ist. Unter den Steppen- und Wüstensträuchern ist vor allem der Besenginster (retama roetam, arab. *retem*) zu nennen, außerdem der Christusdorn (zizyphus spina Christi, arab. *sidr*), aus dem nach der Legende die Dornenkrone Christi geflochten worden sein soll; er bildet mit seinen ausgebreiteten dornigen Zweigen und seinen leuchtend grünen Blättern oft Sträucher von ansehnlichem Ausmaß.

An einjährigem Wildwuchs bringt das Land mit dem Beginn der winterlichen Regenzeit auf seinen Fluren allerlei Gräser hervor, und selbst die Steppengebiete überziehen sich dann mit einem Graswuchs, der den Kleinviehherden der Nomaden zur willkommenen Nahrung dient. Die „Wiesen", die so entstehen, schmücken sich zugleich mit leuchtenden Blumen verschiedenster Art (vgl. etwa das farbige Bild in „64 Bilder aus dem Heiligen Lande" S. 32), bis nach dem Abschluß der Regenzeit der Schirokko im Mai dieser ganzen Pracht ein plötzliches Ende bereitet.

Unter den Kulturpflanzen, die von den Bewohnern des Landes angebaut werden, sind zunächst die Getreidearten wichtig. Im wesentlichen handelt es sich um Gerste (arab. *scha'īr*) und Weizen (arab. *ḥinṭa*), die es im ganzen Lande gibt. Die Ebene *en-nuḳra* (s. o. S. 12) im nördlichen Ostjordanlande und der südliche ebene Teil der *belḳa* (s. o. S. 11) im südlichen Ostjordanlande sowie die westjordanischen Ebenen sind reiche Weizengebiete, die „Kornkammern" des Landes. Die Aussaat des Wintergetreides erfolgt alsbald nach dem Einsetzen des „Frühregens". Die Sommersaat, die vor dem Aufhören des Spätregens vorgenommen wird, kommt jetzt vor allem für den sogenannten Durra (arab. *ḏura*), auch als Mohrenhirse oder Kafferkorn bezeichnet (er stammt aus Afrika), in Betracht. Der ausgestreute Samen wurde bis zum Beginn der neuerlich überall sich durchsetzenden Modernisierung des landwirtschaftlichen Betriebs mit dem im Lande üblichen einfachen Pflug (vgl. „64 Bilder aus dem Heiligen Lande" S. 31) untergepflügt. Die Getreideernte — für die verschiedenen Landschaften natürlich etwas verschieden — fällt im wesentlichen in den Mai. Dann kommt nach altem Brauch das abgeerntete Getreide auf die möglichst hoch gelegene und dem Winde ausgesetzte Fläche der Tenne, auf der es im Laufe des Sommers durch die Füße darüber getriebener Haustiere oder durch den darüberhin gefahrenen Dreschschlitten oder Dreschwagen gedroschen und schließlich geworfelt, d. h. mit der Worfschaufel oder -gabel gegen den Wind geworfen wird, der die leichte Spreu davonträgt.

Von den Fruchtbäumen ist der verbreitetste der immergrüne Ölbaum (arab. *zētūn*) mit seinem grauen, dicken, oft rissigen Stamm und seinen kleinen mattgrünen Blättern, der in allen Höhenlagen des Landes gedeiht und besonders in den gebirgigen Teilen in einzelnen Pflanzungen angebaut wird. Vom September an werden die kleinen dunklen Oliven durch Herabschlagen von den Bäumen geerntet. Das Öl des Fruchtfleisches wird dann durch Pressen in der Kelter gewonnen und findet vielseitige Verwendung. — Ebenfalls in allen Teilen des Landes findet man den Feigenbaum (arab. *tīn*), der sowohl als Einzelbaum wie in größeren Pflanzungen begegnet. Er hat große, meist fünfteilige Blätter, die im Herbst abfallen. Im Mai oder Juni bringt er die Frühfeigen hervor, die teils abfallen, teils als gut schmeckend gepflückt werden. Die ersten Sommerfeigen werden etwa im Juli reif; sie haben ein weiches, saftiges Fruchtfleisch. — Mit dem Feigenbaum häufig vereint findet man den Weinstock (arab. *'arīsch*), der seine Reben zwischen den Stämmen des ersteren ausbreitet. Man läßt im Lande die Weinreben in der Regel frei wachsen; sie kriechen dann am Boden hin oder ranken sich an den zwischen ihnen stehenden Feigen- oder anderen Bäumen empor. Der Weinstock ist anspruchsvoller als Ölbaum und Feigenbaum; er braucht Feuchtigkeit und die in Palästina allerdings reichlich vorhandene Sonne. Ein seit alters bekanntes Weingebiet ist noch heute die Gegend von Hebron (*el-chalīl*) auf dem judäischen Gebirge. Reife Weintrauben gibt es ungefähr von August bis Oktober. Die reifen Trauben werden frisch gegessen oder getrocknet. Die Bereitung von Wein ist in den arabischen Landesteilen, da der Islam das Weintrinken verbietet, in den Händen von auswärts gekommener Siedler, vor allem christlicher Klöster. — Zu den Fruchtbäumen gehört weiter der Granatapfelbaum (arab. *rummān*), der meist als Einzelbaum vor allem in den gebirgigen Teilen des Landes vorkommt. Seine im September oder Oktober reifenden leuchtend roten Früchte enthalten in einer harten Schale ein weißlichrotes saftiges Fleisch und darin eine Menge von Kernen. — Selten geworden ist die in den tief gelegenen Teilen des Landes vorkommende Sykomore sowie der Maulbeerbaum (arab. *tūt*), dessen kleine Früchte meist von den Vögeln gefressen werden. — Verhältnismäßig selten ist auch die Dattelpalme (arab. *nachl*); man begegnet einzelnen Exemplaren auf den Gebirgen, so bei Jerusalem, größeren Anpflanzungen vor allem in der südlichen Küstenebene und im südlichen Jordangraben. Ihr oft mächtig hoher, unverzweigter Stamm trägt die Krone von jenen bekannten langen gefiederten Blättern. Ihre Frucht, die Dattel (arab. *belaḥ*), wird frisch oder getrocknet gegessen. — Endlich sei noch die Banane (arab. *mōz*) erwähnt, die an warmen, bewässerten Plätzen gedeiht, also vor allem in Oasenkulturen begegnet wie beispielsweise in der Oase von *erīḥa* (Jericho).

Erst in der Neuzeit in das Land eingeführt worden ist die Orange (arab. *burdeḳān*, d. h. die „portugiesische" Frucht, da durch Portugiesen aus Ostasien nach Europa und Vorderasien verbracht), die heute in großen Mengen vor allem in der Küstenebene angebaut wird („Jaffa-Orangen") und einen Hauptausfuhrartikel darstellt. Die viel Pflege erfordernden Orangenpflanzungen liefern die reifen Früchte vom November ab bis in das Frühjahr hinein. Zu den nicht einheimischen Gewächsen gehört auch der aus Australien eingeführte Eukalyptusbaum (arab. *schadscharet kīna* „Chinin-Baum" genannt) von hohem, schlankem Wuchs, dessen Wurzeln viel Wasser an sich ziehen; er ist daher in jüngster Zeit viel zum Austrocknen von Sumpfgebieten angepflanzt worden. Sehr verbreitet im ganzen Lande, aber auch erst in der Neuzeit aus Westindien eingeführt, ist der Feigenkaktus (arab. *ṣabr*, ursprünglich die Myrrhe bezeichnend), von Hause aus eine Wüstenpflanze; er wird vielfach zu Hecken angepflanzt, die die Baumgärten u. dgl. umhegen. Seine mit Dornen versehenen Glieder, die „Blätter", bilden dann ein undurchdringliches Dickicht. Seine Früchte, die Kaktusfeigen, enthalten in einer Schale ein saftiges Fleisch, das gern gegessen wird.

2. Auch die Tierwelt Palästinas zeigt ein sehr buntes Bild; denn in diesem Lande mit so verschiedenartigen Landschaften begegnen sich „paläarktische", „äthiopische" und „indisch-mesopotamische" Arten. Zum Gesamtbestand vgl. vor allem F. Bodenheimer, Die Tierwelt Palästinas („Das Land der Bibel", Band III, Heft 3 und 4) 1920. Unter geschichtlichem Aspekt wird die palästinische Tierwelt behandelt von F. S. Bodenheimer, Animal and Man in Bible Lands (Collection de travaux de l'académie internationale d'histoire des sciences) 1960. Eine Zusammenstellung der lateinischen Bezeichnungen und der arabischen Benennungen der im Lande vorkommenden Tiere bietet G. Dalman, Arabische Vogelnamen von Palästina und Syrien (ZDPV 36 [1913] S. 165—179 mit einem Nachtrag in ZDPV 37 [1914] S. 59f.); ders., Palästinische Tiernamen (ZDPV 46 [1923] S. 65—78). Ein Sondergebiet behandelt A. Gustavs, Streifzüge durch die Vogelwelt Palästinas (PJB 8 [1912] S. 85—103). Mit Rücksicht auf die biblischen Beziehungen wird die palästinische Vogelwelt besprochen von G. R. Driver, Birds in the Old Testament (PEQ 86 [1954] S. 5—20; 87 [1955] S. 129—140; 90 [1958] S. 56—58). Eine Reihe interessanter Einzelbeobachtungen teilt mit Fr. Frank, Tierleben in Palästina (ZDPV 75 [1959] S. 83—88). — Im Folgenden werden wiederum nur die wichtigsten Erscheinungen zusammenfassend hervorgehoben.

Die Welt der wilden Tiere wird vertreten zunächst durch einige Raubtiere. Der Wolf (arab. *dīb*) bedroht wie schon vor alters noch heute die Kleinviehherden. Die durch ihr nächtliches Geheul sich bemerkbar machenden Schakale (arab. *wāwi*) und die scheuen Hyänen (arab. *ḍab'*) machen sich verdient durch Verzehren des Aases. Auch der Fuchs (arab.

eḥṣēni) und der wilde Hund (arab. *kelb*) kommen überall im Lande vor. Einige literarisch, besonders durch das Alte Testament, für alte Zeiten bezeugte Raubtiere sind hingegen heute ausgestorben; so der Löwe, der in den Waldgebieten des Landes sich aufhielt und in Felshöhlen seine Wohnung hatte, so auch der ebenfalls in den Wäldern hausende Bär. — An jagbarem Wild kennt das Land besonders die Gazelle (arab. *ghazāl*) und den Hasen (arab. *arnab*); in den südlichen Teilen des Landes ist der Steinbock (arab. *wa'l* oder *beden*) häufig, und in der Gegend um das Tote Meer findet man den Klippdachs oder Klippschliefer (arab. *wabr*). Das Wildschwein (arab. *chanzīr berri*) lebt noch im *zōr* (s. o. S. 14) am Jordan. Andere Arten wie Edelhirsch und Antilope gehören in Palästina der Vergangenheit an und sind heute ausgestorben. Weitere Einzelheiten über die Jagd und die gejagten Tiere findet man bei G. Dalman, Arbeit und Sitte in Palästina VI (1939) S. 314ff. — Groß ist die Zahl der verschiedenen Arten der Raubvögel; unter ihnen tritt hervor der Aasgeier (arab. *racham*), der sich mit dem Blute des üblicherweise einfach auf das freie Feld hingeworfenen Aases vollsaugt. Gejagt wird das Rebhuhn (arab. *schunnār*, auch *ḥadschal*) u. a. Sehr reich vertreten ist die Gattung der Schlangen und Eidechsen; mit seinen vielen sonnigen Fels- und Sandflächen bietet das Land diesen Tieren einen willkommenen Aufenthalt. Bis in das vorige Jahrhundert gab es im *nahr ez-zerḳa* (isr.: *n^ehar hattanninim*) nördlich von *ḳēṣārje* (vgl. die Karte S. 9), der von klassischen Autoren als „Krokodilsfluß" erwähnt wird, noch das Krokodil (arab. *timsāḥ*). Der Fischfang wird sowohl an der Mittelmeerküste wie an dem fischreichen Tiberiassee betrieben (Genaueres darüber bei G. Dalman a. a. O. S. 343ff.). Unter den Insekten tritt je und dann als große Landplage die Wanderheuschrecke (arab. *dscherād*, außerdem Spezialausdrücke für die verschiedenen Stadien) auf; wenn sie mit ihren ungeheuren Massen das Land überfällt, so fällt ihr alles Grün vom Gras bis zu den Blättern der Bäume zum Opfer. Eine große Heuschreckenplage erlebte das Land im März 1928; doch konnte sie durch energische Maßnahmen im wesentlichen abgewehrt werden. Vorher war im März 1915 eine verheerende Heuschreckenplage über das Land hingegangen (vgl. dazu L. Bauer, Die Heuschreckenplage in Palästina, ZDPV 49 [1926] S. 168 bis 171). Wie vor alters lebt noch heute der Skorpion (arab. *'aḳrab*) im Lande, ein krebsähnlicher Angehöriger der Familie der Spinnen, dessen giftiger Stachel mit Recht gefürchtet ist.

Unter den Haustieren sind als Arbeitstiere des Bauern (*fellāḥ*), sofern er sich nicht jetzt moderner Einrichtungen bedient, in erster Linie Esel und Rind zu nennen. Der genügsame Esel (arab. *ḥmār*) ist der Träger aller kleineren Lasten; er trägt auf seinem Rücken den Menschen, der sich über Land begeben will, er holt die Wasserbehälter mit Wasser von der Dorfquelle, er befördert die Erträge an Ackererzeugnissen, Gartengewächsen und Baumfrüchten, die der Bauer zum städtischen Markt bringen will, und was es dergleichen sonst noch gibt. Auch das Rind (arab. *baḳar*), meist braun und unansehnlich, dient dem Fellachen fast ausschließlich als Arbeitstier, nicht als Schlachttier, da Rindfleisch im allgemeinen nicht gegessen wird. Es zieht den Pflug, es hilft beim Dreschen des Getreides, indem es entweder über das auf der Tenne ausgebreitete Getreide hinweggetrieben wird und so mit seinen Hufen die eigentliche Arbeit des Dreschens verrichtet oder aber den Dreschschlitten oder Dreschwagen im Kreise über das Getreide hinweg zieht. Die Kuh (arab. *baḳara*) liefert dem Bauern zugleich ihre Milch. Im übrigen vgl. über das Rind G. Dalman a. a. O. S. 160ff. Zum Tragen großer und schwerer Lasten ist das Kamel (arab. *dschamal*) da, vgl. G. Dalman a. a. O. S. 147ff. Die Zucht des Kamels wird von den Beduinen in den an das Land angrenzenden Steppen im Osten und Süden betrieben. Die alte Zeit kannte das Kamel als Lasttier im Kulturlande noch kaum; es ist wohl mit den Arabern und ihrem Eindringen in das Land in der Anfangszeit des Islam hereingekommen. Heute begegnet man ihm noch oft; große Kamelkarawanen, in denen lange Reihen von Kamelen hintereinander, eines an das andere gebunden, einem am Anfang gehenden Esel, der den Führer der Karawane trägt, folgen (vgl. „64 Bilder aus dem Heiligen Lande“ S. 9), durchziehen das Land auf uralten Karawanenwegen und befördern Handelswaren verschiedenster Art, z. B. die Ernteerträge aus den ostjordanischen Kornkammern des Landes. Dem Beduinen dient das Kamel als Reittier und die Milch der Kamelstute (*nāḳa*) als Nahrung. Als Reittier ist außerdem seit dem 2. vorchristlichen Jahrtausend im vorderen Orient das Pferd (arab. *hṣān*, die Stute *faras*) bekannt. Es wird im Lande, besonders wieder von den Beduinen in den Randgebieten, gezüchtet, und vor allem die Beduinen reiten das Pferd. Im Kulturlande allerdings ist es seit jüngster Zeit durch das Einführen europäischer Verkehrsmittel mehr und mehr verdrängt. Als Zugtier ist das Pferd von den Einheimischen nie in nennenswertem Maße benutzt worden. Unter den wichtigsten Haustieren sind endlich noch die Hühner zu nennen, die um des Eierlegens willen gehalten werden, außerdem die Tauben (vgl. dazu G. Dalman, Arbeit und Sitte VII [1942] S. 247ff. und S. 256ff.).

Eine besonders große Rolle spielen im Lande als Herdentiere Schaf und Ziege. In zahllosen größeren und kleineren Herden findet man sie überall. Sie nähren sich vom Graswuchs oder auch — besonders in der dürren Sommerzeit — von den Blättern der Sträucher und Bäume. So sorgen sie zugleich dafür, daß der Wald, wo er einmal verschwunden ist, nicht wieder aufkommt, wenn er nicht besonders vor ihnen geschützt wird. Zumal die Ziegen fressen immer von neuem die jungen Triebe der aufwachsenden Waldbäume ab, indem sie sich auf ihren Hinterbeinen aufrecht stellen. Die Bauern im Kulturland und die Halbnomaden in den Steppengebieten besitzen ihre Schaf- und Ziegenherden; besonders für letztere stellen diese den Hauptteil ihres Besitzes überhaupt dar. Schafe und Ziegen bilden überall zusammen Herden; daher kennt man seit alter Zeit im Lande den Begriff des „Kleinviehs“, der die beiden genannten Tierarten, die meist vermischt auftreten, zusammenfaßt. Im Alten Testament haben wir für „Kleinvieh“ das Wort *ṣōn*; das heutige Arabisch gebraucht dafür das Wort *ghanam*. Das Schaf (arab. *charūf*) ist in der Regel weiß; es liefert seinem Besitzer die Wolle für seine Kleidung, schließlich auch den Schafspelz, ferner für seine Nahrung Milch und außerdem den festlichen Braten und als besonderen Leckerbissen den Fettschwanz, mit dem es ausgestattet ist (die arabischen Einheimischen essen Fleisch überhaupt nicht alltäglich, sondern nur bei besonderen Gelegenheiten, etwa zur Bewirtung eines Gastes u. dergl.). Die Ziege (arab. *me‘z*, auch *‘anze*) ist durchweg schwarz. Auch sie liefert Milch und gegebenenfalls Fleisch. Aus Ziegenhaaren verfertigen die Beduinen ihre Zelttücher; daher sehen die Beduinenzelte allerorten schwarz aus. Gelegentlich gebraucht wird ferner noch der Ziegenbalg als Behälter für alle möglichen Flüssigkeiten, soweit er nicht durch europäischen Ersatz verdrängt ist und weiter verdrängt wird. Es handelt sich um das für diesen Zweck besonders zugerichtete Ziegenfell, das zusammengenäht wird, so daß nur eine Öffnung frei bleibt, die zugebunden werden kann. Das Ganze wird dann besonders zum Wasserholen gebraucht und von Menschen auf dem Rücken getragen oder einem Esel aufgeladen. Es ist das, was im Alten und Neuen Testament mit „Schlauch“ bezeichnet wird. Zum Kleinvieh vgl. G. Dalman a. a. O. VI S. 180ff.

Zweites Kapitel

ZUR NATURGESCHICHTE DES LANDES

§ 7. Zur Geologie

Die Ergebnisse der geologischen Forschungen in Palästina sind sehr verstreut publiziert. Eine Zusammenfassung der Forschungen etwas älterer Zeiten bietet M. Blanckenhorn, Syrien, Arabien und Mesopotamien (Handbuch der regionalen Geologie V. Band, 4. Abtl.) 1914, eine kürzere Zusammenfassung unter Einbeziehung neuerer Forschungen M. Blanckenhorn, Geologie Palästinas nach heutiger Auffassung (ZDPV 54 [1931] S. 3—50 mit ausführlicher Literaturübersicht). Neuere Zusammenfassungen sind L. Picard, Structure and Evolution of Palestine (Jerusalem 1943) und für die östlichen Landesteile A. M. Quennel, Handbook of the Geology of Jordan (Amman 1959). Ziemlich ausführlich wird die Geologie Palästinas auf Grund der vorhandenen Literatur auch behandelt bei Abel, Géogr. de la Pal. I (1933) S. 23—58, kürzer bei Guthe, Palästina² (1927) S. 10—29. Besonders hingewiesen sei auf die „Geologische Karte von Palästina“, die Blanckenhorn in ZDPV 35 (1912) Taf. 3 veröffentlicht hat (dazu als Begleittext ein „Kurzer Abriß der Geologie Palästinas“, ebd. S. 113—139). Zum Folgenden vgl. die schematische Skizze Abb. 2 S. 38.

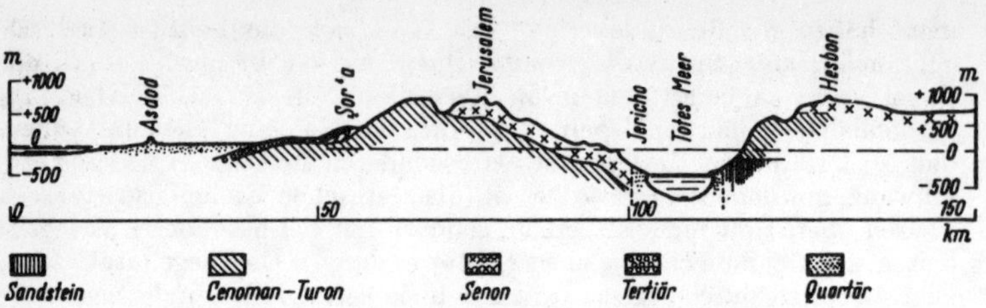

Abb. 2. Der geologische Aufbau Palästinas.
Querprofil des südlichen Palästina. 10 fach überhöht.

Den Grundbestand des palästinischen Festlandes bilden Meeresablagerungen, die der Jura- und Kreideformation angehören. Sie sind in übereinander liegenden horizontalen Schichten abgelagert worden. Die unterste dieser Schichten, die in Palästina nur an einigen wenigen Stellen beiderseits des Jordangrabens zutage liegt, ist der Jura. Darauf folgt, zur unteren Kreide gehörig, der nubische Sandstein, der wiederum vor allem an einigen Stellen des Jordangrabens sichtbar ist, und zwar an den Rändern des tief eingeschnittenen Tales des *nahr ez-zerḳa* (Jabbok) und am Ostrande des Toten Meeres. Den Hauptbestand der palästinischen Gebirgshöhen aber bilden die Schichten der oberen Kreide, zunächst die durchschnittlich ungefähr 600 m mächtige Schicht des Cenoman, eines harten Kalksteins, in den das ablaufende Regenwasser tiefgehende, steilwandige, cañonartige Täler eingegraben hat. Über dem Cenoman lagert die Schicht des diesem in der Art verwandten Turon; und darauf folgt als oberste Schicht der Kreideformation das Senon, das in weiten Gebieten Palästinas, besonders auf dem Ostabfall des judäischen und auch des samarischen Gebirges, jetzt die Gebirgsoberfläche bildet. Das Senon ist ein im allgemeinen blendend weißer Kalkstein, der die Strahlen und die strahlende Wärme der Sonne empfindlich zurückwirft; es ist weich und bildet weiche, wellige Oberflächenformen. Es ist vielfach durchsetzt mit Feuersteinbänken, die als harte Schichten scharfe Ränder bilden, während die Senonschichten darüber und darunter der Abtragung geringeren Widerstand entgegensetzen. — Nach der Ablagerung der Kreideschichten trat zunächst eine Unterbrechung in der Sedimentation, d. h. dem Ablagerungsvorgang, ein. Eine neue Phase von Meeresablagerungen hat dann später zur Entstehung der tertiären Schichten geführt, deren unterste, das Eozän, ein weißer, gelegentlich grauer Kalk, auf den palästinischen Gebirgen hie und da als Oberflächenschicht gefunden worden ist. Auf das Eozän folgen im Rahmen des Tertiär die Schichten des Oligozän, Miozän und Pliozän, mit verschiedenen Unterteilen. In die Epoche des mittleren Pliozän fallen die ersten Ergüsse jungvulkanischer Basalte, denen am Ende der Tertiärzeit weitere folgten. Sie gingen von dem nördlichen Ostjordanlande, dem *dschebel ed-drūz* und dem *dschōlān* aus, haben das ganze nördliche Drittel des Ostjordanlandes mit einer

Basaltschicht überdeckt und die Lava bis über den Bereich des Jordangrabens nördlich und südlich des heutigen Sees von Tiberias vorgeschickt, so daß der ganze Südostteil des galiläischen Gebirges heute von einer Basaltschicht bedeckt ist. — In einer letzten Sedimentationsperiode haben sich die Ablagerungen der Quartärzeit, Diluvium und Alluvium, abgesetzt in den Teilen des Landes, die damals noch einmal vom Meer überdeckt wurden, d. h. im wesentlichen in den heutigen Ebenen des Landes einschließlich des Jordangrabens.

Die Entstehung des Festlandes durch in horizontalen Schichten erfolgende Meeresablagerungen hätte, abgesehen von den vulkanischen Ergüssen im Nordosten, ein ebenes Tafelland zustande gebracht, wenn nicht bestimmte tektonische Vorgänge, d. h. mechanische Störungen und Veränderungen des horizontalen Aufbaus, diesen Tafelcharakter gründlich abgewandelt hätten. Im Ostjordanland ist er im Zusammenhang mit dem Binnenlande der syrisch-arabischen Wüstentafel noch am stärksten erhalten geblieben, im Westjordanland hingegen blieb er nur in Resten übrig. — Nach der Ablagerung der Kreideschichten kam es zunächst in einer Periode, in der das Meer sich zeitweise zurückgezogen hatte, unter seitlichem Druck zu Faltungen und Verbiegungen („Flexuren") der horizontalen Schichten, die vor allem auf der heutigen Ostseite des judäischen und samarischen Gebirges sich ereigneten und auch in das benachbarte Ostjordanland hinüberspielten. Nach einer erneuten Überschwemmung des Landes (Ablagerung der untersten Tertiärschichten) kam es auf der Grenze zwischen Miozän und Pliozän zu großen Zerreißungen der horizontalen Schichten in nordsüdlicher Richtung; es erfolgte der Einbruch des jetzigen Jordangrabens, der in weiteren Phasen der Gebirgsbewegungen sich noch weiter vertieft hat. Zugleich vollzog sich der Einbruch längs des Westrandes des heutigen westjordanischen Gebirges, das nunmehr als ein Gebirgshorst in nordsüdlicher Längenausdehnung stehen blieb. Etwas später sind dann noch die in Richtung SO—NW verlaufenden Einbrüche erfolgt, von denen der wichtigste in Palästina derjenige ist, der die Jesreelebene auf ihrer Südwestseite gegen das samarische Gebirge abgesetzt und diese große Binnenebene verursacht hat. Später sind dann nur noch die so eingebrochenen Teile des Landes vom Meere überschwemmt worden und haben diluviale und alluviale Ablagerungen erhalten. — An der weiteren Modellierung der Oberflächengestalt des Landes haben Wasser und Wind als Abtragungskräfte gearbeitet. Auf der Höhe des westjordanischen Gebirges ist so die oberste Kreideschicht, das Senon, weithin völlig verschwunden und hat sich nur an den abgesunkenen Gebirgsrändern und in dem durch tektonische Veränderungen weniger berührten ostjordanischen Gebirge als Oberflächenschicht erhalten. Die Wasserkräfte haben, vor allem in früheren regenreicheren Perioden, die ungezählten Täler in die wenig widerstandsfähigen Kalkschichten der Gebirge eingegraben. So ist die überaus abwechslungsreiche und vielgestaltige heutige Form des Landes entstanden.

An Bodenschätzen ist Palästina nicht eben reich. Wenn in Dtn 8 9 in einem Zusammenhang, der die Vorzüge des palästinischen Kulturlandes preist, auch davon die Rede ist, daß „seine Steine Eisen sind und man aus seinen Bergen Kupfer graben kann", so ist diese Aussage lediglich an dem Gegensatz zu der Armut der Steppe und Wüste orientiert. In Wirklichkeit ist Palästina sehr wenig ergiebig in dieser Hinsicht (vgl. Blanckenhorn, Handbuch S. 134ff.; Galling, BRL Sp. 95ff. [s. v. Bergbau]). Eisenhaltig ist der cenomane Kalk in der Südwestecke des *'adschlūn* auf der Nordseite des Unterlaufs des Jabboktales. Hier findet sich auch das einzige auf dem Boden Palästinas bisher nachgewiesene antike Bergwerk, das Eisenbergwerk von *mughāret el-warde* („die rosige Höhle") südlich des Ortes *rādschib* (vgl. dazu Blanckenhorn, Naturwissenschaftliche Studien am Toten Meer und im Jordantal [1912] S. 313ff.; Steuernagel, Der 'Adschlūn [1927] S. 286). Nicht zufällig wahrscheinlich gab es in der Nähe im Jordangraben (Genaueres bei Guthe, BZAW 41 [1925] S. 96ff.) eine Gießerei, in der auch Salomo nach I Kön 7 46 die Bronzegeräte für den Tempel von Jerusalem gießen ließ. Im Westjordanland fehlen Kupfer und Eisen völlig. — Reicher an Bodenschätzen sind die Ränder des großen syrischen Grabens südlich und vielleicht auch nördlich von Palästina. In antiker Zeit ausgebeutet wurden vor allem die Kupferlager in der Gegend des heutigen *fēnān*, des Phunon von Num 33 42f., im Lande der Edomiter am Ostrande des *wādi el-'araba*. Die abgebauten Erze wurden hier sogleich an Ort und Stelle verhüttet, wie der Befund in der ein Stück nördlich von *fēnān* gelegenen *chrēbet en-naḥās* („Kupferruine") bzw. *chirbet es-samra* („die braune Ruine") und an einigen benachbarten Plätzen zeigt (vgl. Frank, ZDPV 57 [1934] S. 216ff., dazu Plan 16). Weiter im Süden liegen auf der Westseite des *wādi el-'araba* nur etwa 30 km nördlich des Nordendes des Golfes von *el-'aḳaba* die ebenfalls schon in antiker Zeit ausgebeuteten Kupfergewinnungsstätten am *dschebel el-menē'īje* = isr.: *har timna'* (vgl. Frank a. a. O. S. 233f. 241ff., dazu Taf. 39). Nahe dem Nordwestufer des Golfes von *el-'aḳaba* folgen die Kupferlager bei *mraschrasch*, nahe westlich des heutigen israelischen *'elat* (vgl. N. Glueck, AASOR 15 [1935] S. 47f. Fig. 23), und — schon im ägyptischen Staatsgebiet — im *wādi el-meraḥ* (vgl. Frank a. a. O. S. 247f., dazu Taf. 46 B. 47 A). In der Nähe sind am Nordende des Golfes von *el-'aḳaba* auf dem heutigen *tell el-chlēfi* Eisen- und Kupferschmelzen und zugehörige Verarbeitungswerkstätten gefunden worden (vgl. u. S. 152.). Das Edomiterland, das mehrfach seit David längere oder kürzere Zeit im Besitz des Staates Juda gewesen ist, war wahrscheinlich außer wegen des Zugangs zum Golf von *el-'aḳaba* und damit zum Roten Meere vor allem wegen dieser Bodenschätze am *wādi el-'araba* wertvoll. — Auf der anderen Seite weisen die *biḳā'* zwischen Libanon und Antilibanon antike Bergwerke auf. Bei *dschubb dschenīn* am Südende der *biḳā'* an den südwestlichen Ausläufern des Antilibanon glaubt man, eine antike Kupfermine gefunden zu haben (vgl. C. F. T. Drake, R. F. Burton, Unexplored Syria [1872] II S. 72);

es ist jedoch nicht wahrscheinlich, daß es im heutigen libanesischen Staatsgebiet überhaupt Kupfer gibt. Wohl aber weist der Libanon an verschiedenen Stellen Eisenerzlager auf. Bei *zaḥle* am Westrande der *biḳāʿ* finden sich antike Eisenschmelzen, wo etwa das Eisenerz von dem nordwestlich gelegenen Erzlager am *wādi ṣannīn* (vgl. Blanckenhorn, Handbuch S. 138) verhüttet wurde. Diese Schätze der landschaftlich nach den meisten Seiten stark abgeschlossenen *biḳāʿ* machten dieses Gebiet seinen verschiedenen Nachbarn begehrenswert, und so hat es zeitweise zum Reiche Davids, dann zu dem östlich benachbarten Aramäerreich von Damaskus und später noch zu dem im Norden liegenden Reiche von Hamath am Orontes gehört (vgl. Noth, PJB 33 [1937] S. 44ff.).

Andere Bodenschätze des Landes wie die Mineralschätze des Toten Meeres und seiner Umgebung (vgl. dazu Blanckenhorn, MNDPV 1902 S. 65ff.) können hier außer Betracht bleiben, da ihre Ausbeutung im allgemeinen erst allerjüngsten Datums ist, sie also in der Geschichte des Landes keine Rolle gespielt haben.

§ 8. Palästinas Urlandschaften

Vgl. R. Gradmann, Palästinas Urlandschaft (ZDPV 57 [1934] S. 161 bis 185). — Ehe die Menschen begannen, das Gesicht des Landes allmählich zu verändern durch die Ausbildung einer geregelten Bodenkultur mit Ackerbau und Baumgartenpflege und Viehzucht und im Zusammenhang damit durch das Anlegen fester Siedlungen und weiter durch künstliche Regelung der Bewässerung an dieser oder jener Stelle und durch das, was dergleichen mehr bereits in vorgeschichtlicher Zeit von Menschenhand geschehen sein mag, hatten die natürlichen Gegebenheiten des geologischen Aufbaus im Zusammenwirken mit den klimatischen Erscheinungen zur Ausbildung bestimmter verschiedener „Urlandschaften“ geführt, deren Verteilung im Lande die Anfänge der menschlichen Geschichte bestimmte und noch heute trotz aller tiefgreifenden Veränderungen, die die Menschen herbeigeführt haben, erkennbar ist und die Lebensmöglichkeiten im Lande bedingt. Diese Urlandschaften sind Wüste, Steppe und Wald. Sie sind noch heute durch die Art und Dichte des Pflanzenwuchses voneinander unterscheidbar und im wesentlichen in ihrer Verteilung von der durchschnittlichen Niederschlagsmenge in den einzelnen Gebieten abhängig. Wo weniger als 200 mm jährliche Niederschläge fallen, da ist im allgemeinen Wüste; Gebiete mit mehr als 500 mm Niederschlagsmenge sind urlandschaftlich Waldgebiete gewesen; bei 300—400 mm Niederschlägen haben wir es mit ursprünglichen Steppen zu tun. Naturgemäß sind die Grenzen fließend (vgl. R. Gradmann, Die Steppen des Morgenlandes in ihrer Bedeutung für die Geschichte der menschlichen Gesittung [1934] S. 24). Als Wüste anzusprechen ist ein Gebiet, in dem weniger als die Hälfte des Bodens mit Pflanzenwuchs bedeckt ist; wo der Boden stärker bewachsen ist, ohne doch geschlossenen

Wald zu tragen oder die sogleich zu besprechenden Merkmale ehemaliger Bewaldung aufzuweisen, da haben wir es mit Steppe zu tun (vgl. GRADMANN a. a. O. S. 22).

Palästina wird im Osten und Süden von Wüsten begrenzt, im Osten von der syrisch-arabischen Wüste, im Süden von der Sinaiwüste. Im Osten folgt die Grenze der Wüste ungefähr dem Lauf der *ḥedschāz*-Bahn; nur am *dschebel ed-drūz* (s. o. S. 12) springt die Grenze weit nach Osten zurück und verläuft östlich dieses Gebirges. Auf der Südseite liegt die Wüstengrenze ungefähr auf der Breite von *bīr es-seba'* (isr.: *b^{e}'er šäva'*); nur im Jordangraben springt die Wüste weit nach Norden vor, mitten in das Land hinein bis nahe an die Breite der Stadt *bēsān* heran. Bis dahin ist der *ghōr* (s. o. S. 13) Wüste und ebenso der im Regenschatten liegende Ostabfall des judäischen Gebirges. Auf der Ostseite des Jordangrabens und des *wādi el-'araba* hingegen weicht die Wüstengrenze weit nach Süden zurück, da das ostjordanische Gebirge östlich des Toten Meeres und der nördlichen Hälfte des *wādi el-'araba* verhältnismäßig reichlichere Niederschläge empfängt. Die syrisch-arabische Wüste erstreckt sich ostwärts bis in das Zweistromland hinein, während die Sinaiwüste sich über Ägypten nach Nordafrika hinein fortsetzt. Die Wüsten im Bereich von Palästina sind fast nirgends Sandwüsten, sondern in der Regel Zwergbuschwüsten mit einer schwachen Humusschicht auf Kalkboden, bewachsen mit allerlei dornigen Wüstensträuchern. Stellenweise sind es fast vegetationslose Feuersteinwüsten oder bei salzhaltigem Boden ebenfalls vegetationslose Salztonwüsten[1]. Hie und da wird die Öde der Wüste unterbrochen durch Oasen, wo eine Quelle oder ein Bachlauf den Boden bewässert, oder durch Halboasen, wo Grundwasser vorhanden ist, das von Baumwurzeln erreicht werden kann. Eine Flußoase ist der Uferwald (*ez-zōr*) des Jordans, wie im großen Stile die Vegetationsgebiete am unteren Euphrat und Tigris und am Nil Flußoasen in einem Wüstengebiet sind. Quellwasseroasen finden sich an einigen Stellen an den Rändern des Toten Meeres wie etwa die Oase von *'ēn dschidi* (isr.: *'en g^{e}di*) auf der Mitte des Westufers. — Längs des oben beschriebenen Randes der Wüste läuft in Palästina überall ein verhältnismäßig schmaler Steppenstreifen dahin. Ursprüngliche Steppenlandschaft[2] ist also in Palästina nicht eben weit verbreitet, während umgekehrt das ganze syrische Binnenland und Mesopotamien nördlich der Linie Damaskus — Palmyra—*dēr ez-zōr* (am Euphrat)—*tekrīt* (am Tigris) ein großes Steppengebiet darstellt. Es handelt sich dabei nicht um reine Grassteppen, sondern um „Halbstrauch-Gras-Steppen" (so GRADMANN), wo Wermutpflanzen (Artemisia), Ginstersträucher und allerlei Disteln und Dornen

[1] Vgl. GRADMANN, Die Steppen des Morgenlandes S. 24f. Zur Verteilung der Urlandschaften vgl. die Kartenskizze GRADMANNS ZDPV 57 (1934) Plan 1 = Die Steppen des Morgenlandes Karte 1.

[2] Zur Herkunft und Bedeutung des Wortes Steppe vgl. GRADMANN, Die Steppen des Morgenlandes S. 22; zur Verbreitung des Steppengebiets im vorderen Orient vgl. ebd. Karte 2.

wachsen. Auch hier gibt es gelegentlich Oasen wie etwa die Oase von Jericho (s. o. S. 14), die im Steppengürtel liegt. — Alles Übrige, die Höhen der west- und ostjordanischen Gebirge mit den ihnen vorgelagerten und in sie eingeschalteten Ebenen sind urlandschaftlich Waldgebiete. Gegenwärtig sind freilich hier die Waldbestände durch Menschenhand im weitesten Umfang beseitigt (s. o. S. 31). Doch auch da, wo der Wald selbst mit seinen Restbeständen verschwunden ist, zeigt die Flora, soweit es sich nicht nunmehr um regelmäßig bebautes Ackerland handelt, noch den ehemaligen Waldcharakter der Landschaft. Bezeichnend dafür ist vor allem das in den einstigen Waldgebieten sehr verbreitete dornige Becherkraut (Poterium spinosum, arab. *netesch*), das von den Landesbewohnern in großen Mengen gesammelt zu werden pflegt als Heizmaterial besonders für die Kalköfen. Der größte Teil der Fläche Palästinas ist ursprüngliches Waldland.

Die Verteilung der „Urlandschaften" hat nun bestimmte Konsequenzen für das geschichtliche Leben der Menschen. Die Wüste ist, wie sie im allgemeinen nicht völlig vegetationslos ist, so auch nicht gänzlich menschenleer. Aber sie bietet jeweils nur zahlenmäßig geringen Menschengruppen hier und da die Daseinsmöglichkeit und gestattet nur in den wenigen Oasen ein halbseßhaftes Leben; im übrigen ist sie der Bereich der mit ihren Kamel- oder Kleinviehherden innerhalb eines jeweils begrenzten Raumes umherziehenden und die wenigen vorhandenen Weideplätze und Wasserstellen aufsuchenden Beduinen (arab. *bedu*). So ist ihr Landschaftsbild im Laufe der Zeiten auch nicht eben wesentlich verändert worden, wenn auch die Tätigkeit der Oasen pflegenden und nutzenden Menschen und der die Vegetation abweidenden Viehherden sie nicht völlig unberührt gelassen hat. Über die Beduinenstämme in der syrisch-arabischen Wüste und in deren Umkreis findet man reiches Material bei M. Frhr. v. Oppenheim, Die Beduinen I (1939). II (1943). III (1952). — Wichtig für die Anfänge der menschlichen Kultur ist hingegen die Steppe (vgl. dazu die genannten Arbeiten von Gradmann); denn die Steppe bietet die Voraussetzungen für das Entstehen einer Ackerkultur und damit für den ersten Übergang des anfangs nur als Jäger und Fischer lebenden Menschen zur festen Ansiedlung und so zur Ausbildung der ersten primitiven Anfänge einer „Kultur". Die Steppe lohnt, wenn auch noch sehr dürftig, im Unterschied von der Wüste das Anbauen von Fruchtpflanzen, und in der Steppe ist das auch zuerst erfolgt, ehe noch zum Roden des Waldes und damit zum Urbarmachen des gegenüber der Steppe bedeutend ertragreicheren Waldbodens übergegangen war. Ein Zeichen für das erste Aufkommen der Ackerkultur in der Steppe ist die Tatsache, daß die noch heute für die Menschheitskultur so wichtigen Getreidepflanzen von Hause aus Steppengewächse (Gräser) sind; und in der Tat sind die wilden Urformen unserer Getreidearten noch heute in den vorderorientalischen Steppengebieten hie und da nachzuweisen. So mag denn die Tatsache, daß es zwar weniger in Palästina selbst, aber in Syrien und Mesopotamien ausgedehnte Steppengebiete gibt (s. o. S. 42), eine Erklärung dafür bieten, daß es im vorderen Orient so früh, weit früher als in anderen Teilen der bewohnten Erde, zur Ausbildung menschlicher Kultur gekommen ist. So ist also die Steppe schon frühzeitig von Menschenhand berührt und umgestaltet worden, und noch heute weisen Steppengebiete Getreidebau und damit den Einfluß menschlicher Kulturarbeit auf. — Zur Entwicklung einer höheren Kultur jedoch ist die Steppe selbst zu arm; dazu bedurfte es der Verpflanzung der in der Steppe entstandenen Kultur in reichere Gebiete, die der Mensch seinen Zwecken nutzbar machen lernte. So verfiel der Mensch eines Tages darauf, sich in Flußoasen durch künstliche Verteilung des vorhandenen Wassers Berieselungskulturen und damit weiten ertragreichen Raum für sein Leben zu schaffen. Auf diese Weise ist es zu der so frühen Entstehung der Kulturgebiete am unteren Euphrat und Tigris und am Nil gekommen. Auf der anderen Seite lernte der Mensch den Wald roden und die niederschlagreichen Waldgebiete der Ackerkultur erschließen. So ist der Mensch in die ursprünglichen Waldgebiete Syriens und Palästinas vorgedrungen und hat sich darin festgesetzt. Die ursprünglichen Waldgebiete haben begreiflicherweise ihr Gesicht unter der Einwirkung des Menschen bei weitem am stärksten verändert. Nicht nur, daß der Wald allmählich gerodet wurde zur Gewinnung von Ackerland; darüber hinaus ist der Wald auch da, wo er nicht der Ackerkultur Platz gemacht hat, abgeschlagen worden, um dem Holzbedarf des Menschen zu dienen. So gewiß in Palästina die Vernichtung des Waldes bis in die jüngste Vergangenheit hinein fortgesetzt worden ist, so sicher hat doch die Entwaldung des Landes zu einem wesentlichen Teile bereits in vorgeschichtlicher Zeit stattgefunden; und soweit unsere geschichtlichen Nachrichten zurückreichen, ist das Land schon immer waldarm gewesen.

Da Palästina nur am Rande einen schmalen Steppenstreifen aufweist, hat es für die allerersten Anfänge der Menschheitskultur schwerlich eine große Bedeutung gehabt. Immerhin hat Jericho — eine Oase in der Steppenzone — die älteste bisher bekannte feste menschliche Ansiedlung aufzuweisen (vgl. u. S. 116f.). Erst als die Menschen es gelernt hatten, eine Flußoase wie die des Jordans durch ein Berieselungssystem ertragreich zu machen und vor allem Waldgebiete durch Rodung der Ackerkultur zu erschließen, hat sich ein seßhaftes Leben im Lande in größerem Ausmaß entwickeln können. Im wesentlichen sind die ursprünglichen Waldgebiete im Lande die Stätte der Geschichte und Kultur des Menschen gewesen und sind es bis heute geblieben. Denn sie allein weisen in diesem Lande, das vorzugsweise auf Niederschläge zur Befeuchtung des Bodens angewiesen ist, eine Regenmenge auf, die das Zusammenleben zahlreicherer Menschengruppen ermöglicht.

Drittes Kapitel

PALÄSTINA ALS SCHAUPLATZ DER BIBLISCHEN GESCHICHTE

§ 9. Die biblischen Bezeichnungen des Landes und seiner natürlichen Teile

1. Das Gebiet, das wir im Gefolge altchristlicher Schriftsteller „Palästina" zu nennen pflegen (s. o. S. 5ff.), hat nicht von jeher einen Gesamtnamen gehabt, der etwa das Land als solches bezeichnet hätte. Das ist nicht zu verwundern; denn dieses Gebiet ist in seiner natürlichen Erscheinung weder abgeschlossen noch in sich einheitlich und konnte daher auch keine Veranlassung zur Entstehung einer Gesamtbenennung geben. Zudem sind ursprüngliche Ländernamen überhaupt sehr selten; meist werden Ländernamen erst dann gebildet, wenn ein Land zum geschlossenen Wohnsitz eines bestimmten Volkes und damit zum Schauplatz einer Geschichte geworden ist. Dieser Stand der Dinge ist für Palästina, soweit unsere geschichtliche Kenntnis reicht, erst erreicht worden, als die israelitischen Stämme das Land besiedelten und hier einen wesentlichen Teil ihrer Geschichte erlebten; und noch für uns ist im Grunde der Rückblick auf diesen Teil israelitischer Geschichte die Veranlassung, einen Gesamtnamen für jenes Land, eben „Palästina", zu gebrauchen (s. o. S. 7f.). Aber selbst in israelitischer Zeit ist es nicht recht zur Entstehung eines allgemein und eindeutig gebrauchten Landesnamens gekommen, weder in Israel selbst noch bei den umwohnenden Völkern. Als Schauplatz der israelitischen Geschichte hätte man das Land einfach *'äräṣ Jiśra'el* = „das Gebiet des Volkes Israel"[1] nennen können. Der Ausdruck *'äräṣ Jiśra'el* kommt zwar in der Tat I Sam 13 19 in dem bezeichneten Sinne vor (in der alten Überlieferung über die Geschichte Sauls); aber viel gebraucht worden ist er offenbar nicht. Er ist ja auch kein eigentlicher Name, und außerdem noch zweideutig. Denn da Israel nicht nur der Name des Gesamtvolkes, sondern in der Königszeit auch die offizielle Bezeichnung des einen der beiden auf dem Boden des Volkes Israel entstandenen Staaten war, kann er auch bedeuten „das Territorium des Staates Israel" (so II Kön 6 23 Ez 27 17). — Im Deuteronomium und der deuteronomistischen Literatur wird Palästina bezeichnet als „das Land, das euch zu geben Jahwe euren Vätern geschworen hat", und was dergleichen Umschreibungen für das „verheißene", „gelobte" Land mehr sind.

Am ehesten scheint der Name Kanaan (*k^ena'an*) Anwartschaft darauf zu haben, als ein alter und dazu noch anscheinend einheimischer Gesamtname für Palästina zu gelten. Aber diese Bedeutung hat der Name

---

[1] Zu *'äräṣ* in der Bedeutung „Gebiet eines Volkes" vgl. L. Rost, Die Bezeichnungen für Land und Volk im Alten Testament (Festschrift Otto Procksch [1934] S. 125—148) S. 134ff.

Kanaan doch erst sekundär im Alten Testament gewonnen, und zwar in einer reichlich unbestimmten und uneinheitlichen Beziehung. Der Ausdruck *'äräṣ k^{e}na'an* „das Land Kanaan" und vor allem das davon abgeleitete Gentilicium *k^{e}na'^{a}ni* „Kanaanäer" kommen im Alten Testament ziemlich häufig vor. Aber klar und eindeutig ist nicht einmal der spätere landläufige Gebrauch dieser Bezeichnungen, geschweige denn ihre offenbar vorhanden gewesene ursprüngliche speziellere Bedeutung (Übersichten über Vorkommen und Verwendung dieser Bezeichnungen findet man bei FR. M. TH. BÖHL, Kanaanäer und Hebräer [BWAT 9 (1911)] S. 5ff., und bei B. MAISLER, Untersuchungen zur alten Geschichte und Ethnographie Syriens und Palästinas I [Arbeiten aus dem Orientalischen Seminar der Universität Gießen 2 (1930)] S. 59ff.). Als eine anscheinend etwas vage Bezeichnung für das palästinische Kulturland begegnet *'äräṣ k^{e}na'an* bereits in den alten Erzählungsschichten des Pentateuch (vgl. Gen 42 5ff. u. ö.); häufiger aber wird es gebraucht in der nachexilischen Literatur, vor allem bei P im Pentateuch. Aus dieser späten Zeit stammen nun auch die Stellen Num 35 10.14; Jos 22 10.11 an denen der Begriff *'äräṣ k^{e}na'an* deutlich auf das westjordanische Kulturland beschränkt erscheint. Es ist freilich fraglich, ob mit *'äräṣ k^{e}na'an* in seinem landläufigen Gebrauch stets diese Beschränkung verbunden gewesen ist[1]. Überhaupt verbindet sich bei dem Worte *k^{e}na'an* und seinen Ableitungen im Alten Testament mit dem Gedanken an ein mehr oder weniger bestimmtes und abgegrenztes Gebiet vor allem der Gedanke an die Träger und die Erscheinungen einer Kultur, die im Bereich des Siedlungsgebietes der israelitischen Stämme vor deren Landnahme dagewesen war und sich weiter erhalten hatte. Das gilt vor allem für das Wort *k^{e}na'^{a}ni* „Kanaanäer", das merkwürdigerweise auch dann noch ausschließlich von den vor- und damit nichtisraelitischen Landesbewohnern gebraucht wurde, als die israelitischen Stämme längst im „Lande Kanaan" ansässig und so in Wirklichkeit selbst eigentlich „Kanaanäer" geworden waren[2]. Vor allem die jahwistische Erzählungsschicht im Pentateuch bezeichnet mit *hak-k^{e}na'^{a}ni* (stets im kollektiv verstandenen Singular) die Gesamtheit der seit vorisraelitischer Zeit im Lande beheimateten Bevölkerungselemente. Daran wird nur deutlich, daß *k^{e}na'an* von Hause aus gar nicht ein umfassender Landesname gewesen ist, sondern wahrscheinlich ursprünglich ein enger umgrenztes Gebiet bezeichnete, in dem eben jene nichtisraelitischen alten Landesbewohner noch saßen, als die israelitischen Stämme sich bereits im Lande

---

[1] Die einzige Stelle, die unzweifelhaft von „Kanaanäern" im Ostjordanlande redet (Gen 50 11), ist in ihrem Quellenwert leider fragwürdig, denn das Wort *hak-k^{e}na'^{a}ni* sieht im überlieferten Zusammenhang sehr nach einer das allgemeine *jošeb ha-'äräṣ* erklärenden Glosse aus.

[2] Erst an einer so späten Stelle wie Jes 19 18 (nichtjesajanisch) wird der Begriff „Kanaan" speziell mit den Israeliten in Verbindung gebracht, indem die von den Israeliten gesprochene Sprache als „die Sprache Kanaans" bezeichnet wird.

aufhielten, daß also die Ausdehnung des Namens „(Land) Kanaan" auf ganz Palästina oder wenigstens auf das gesamte Westjordanland sekundär ist.

In der Tat geben einige alttestamentliche Stellen dem Namen „Kanaan", „Kanaanäer" eine speziellere Beziehung. Nach einer Notiz des „Sammlers"[1] der alten Josuasagen (Jos 5 1) wohnten die Könige der Kanaanäer am Meere. II Sam 24 7 werden „alle Städte der Hiwwiter und Kanaanäer" im unmittelbaren Anschluß an die phönikische Küstenstadt Tyrus genannt. In Jes 23 11 wird innerhalb eines nichtjesajanischen Prophetenspruchs gegen Tyrus (V. 5—11) „Kanaan" in Verbindung mit dem Meer und d. h. in diesem Falle in Verbindung mit der phönikischen Küste gebracht. Dann werden wohl auch die im Deboralied Ri 5 19 als Bundesgenossen des Sisera erwähnten „Könige Kanaans" nach der Lage der Dinge am ehesten in der Nähe der Mittelmeerküste zu suchen sein. Auffälligerweise werden daneben die „Kanaanäer" zu dem obersten Jordangraben in Beziehung gesetzt. Der König Jabin von Hazor (= *tell waḳḳāṣ* südwestlich des *ḥūle*-Sees) wird in der alten Prosaerzählung über die Deboraschlacht, in der seine Gestalt freilich ein sekundäres Überlieferungselement darstellt, als „König von Kanaan" bezeichnet (Ri 4 2. 23. 24). In Num 13 29 werden die „Kanaanäer" „am Meer und am Jordan" angesetzt, und ähnlich wird in dem Zusatz zu der Geschichte von Josuas Feldzug nach Galiläa in Jos. 11 3 gesprochen von „den Kanaanäern im Osten und im Westen" (scil. des galiläischen Gebirges). Sachlich heranzuziehen ist dazu wahrscheinlich die Notiz in Ri 18 7. 28, nach der der oberste Jordangraben noch in der „Richterzeit" in politischer Abhängigkeit von den „Sidoniern" gestanden zu haben scheint.

Dieser Beziehung des Namens Kanaan auf die Mittelmeerküste mit ihren Städten entspricht nun auch das außeralttestamentliche Vorkommen des Namens. Die wahrscheinlich frühesten Belege finden sich in Texten von Alalaḫ (vgl. u. S. 188. 235) aus dem 15. Jahrh. v. Chr., und zwar in der Inschrift des Idrimi (Z. 18) und in einigen Wirtschaftstexten der Schicht IV (Wiseman 48, 5; 154, 24; 181, 9), geschrieben *kin'anu(m)*. Sehr viel Konkretes über die Bedeutung des Namens ergibt sich aus diesen Texten nicht; immerhin scheint nach der Idrimi-Inschrift eine phönikische Küstenstadt im „Land Kanaan" gelegen zu haben. Einmal begegnet das Gentilicium *kn'nj* in einem Text von Ugarit (311, 7) aus dem 14. Jahrh. v. Chr. (vgl. u. S. 190f.), aus dem allerdings nicht viel mehr zu entnehmen ist, als daß *kn'n* hier als Landesname mit wahrscheinlich räumlich begrenzter Bedeutung auftritt. Sehr viel ergiebiger für den Namen Kanaan sind die Amarna-Tafeln (s. u. S. 185f.), wo er in der Form *kinaḫḫi* bzw. *kinaḫna/kinaḫni* begegnet (Zusammenstellung und Erörterung des Materials bei Böhl a. a. O. S. 2f.; Maisler a. a. O. S. 54ff.), ohne freilich in seiner Bedeutung und Tragweite sicher fixiert

---

[1] Vgl. M. Noth, Das Buch Josua (Handbuch zum Alten Testament I 7 [[2]1953]) S. 12f.

werden zu können. Klar ist aber jedenfalls, daß er phönikische Gebiete bezeichnen kann, in denen es „Könige“ gab, die also Stadtstaaten waren, daß die Ebene von Akko und ihr Hinterland dazu gerechnet wird (8, 13ff.) und daß auf der anderen Seite selbst nordsyrische Küstengebiete anscheinend damit bezeichnet werden können; nach 148, 41ff. scheint sogar auch das o. S. 47 schon genannte *ḫazura* (= Hazor) im oberen Jordangraben zu *kinaḫna* zu gehören. Das alles entspräche also den vorher aufgeführten alttestamentlichen Angaben sehr gut. — Unbestimmter ist die Bedeutung von *kn'n.w* („Kanaanäer“) auf zwei Stelen des Pharaos Amenophis II. (Mitte des 15. Jahrhunderts v. Chr.) und von *p.kn'n* (*p* ist der ägyptische Artikel) in ägyptischen Quellen aus der Zeit der 19. und 20. Dynastie (dazu s. u. S. 223), wo aber jedenfalls wieder palästinisches und phönikisches Küstenland gemeint zu sein scheint (die Stellen bei Böhl S. 3f.; Maisler S. 58). — In einheimisch phönikischen Quellen kommt *kn'n* einmal auf einigen Münzen aus Laodicea (wahrscheinlich Λαοδίκεια ἡ ἐν Φοινίκῃ = Berytos [*bērūt*] an der phönikischen Küste) vor (das Material bei Cooke, A textbook of North-Semitic inscriptions [1903] S. 46 Anm. 3; S. 349f.) und sodann in griechisch-sprachiger Überlieferung aus der hellenistischen Zeit als Name für Phönikien (Stellen bei Böhl S. 5).

In die gleiche Richtung weist die wahrscheinlich ursprüngliche Bedeutung des Namens „Kanaan“. In den akkadischen Texten von *Nūzu* (vgl. unten S. 216) aus dem 15./14. Jahrh. v. Chr. ist ein Wort *kinaḫḫu* in der Bedeutung „roter Purpur“ belegt. Wie auch immer die Herkunft dieses Wortes zu bestimmen sein mag (vielleicht liegt eine ursprüngliche Bezeichnung für „Händler“ zu Grunde, die dann speziell auf den „Händler mit rotem Purpur“ bezogen wurde), so scheint es doch, mit einer churrischen (vgl. u. S. 208f.) Endung versehen, der Bildung des Namens „Kanaan“ zugrunde zu liegen. „Kanaan“ wäre danach ursprünglich das „Land der Purpurhändler“ gewesen, womit speziell die phönikische Küste mit ihrer schon alten Verwendung der Purpurschnecke zum Färben von Wolle gemeint sein muß (vgl. B. Maisler, BASOR 102 [1946] S. 7ff.). Der Name „Kanaan“ bezeichnete danach von Hause aus ein Stück des syrischen Küstenlandes (besonders Phönikien), also teils mehr, teils weniger als „Palästina“. Die Israeliten lernten den Namen offenbar kennen als Bezeichnung für das Gebiet vorisraelitischer Stadtstaaten an der nordpalästinischen Küste und in dem politisch davon abhängigen oberen Jordangraben, erweiterten dann den Begriff „Kanaanäer“ zu einer zusammenfassenden Benennung aller in ihrem Umkreis wohnenden vorisraelitischen Landesbewohner und kamen von da aus endlich dazu, ihr gesamtes Wohngebiet oder wenigstens das Westjordanland als das „Land Kanaan“ zu bezeichnen.

Eine andere Gesamtbezeichnung für Palästina aus alter Zeit gibt es nicht; auch außerisraelitische Quellen kennen keine solche. Die Assyrer schließen Palästina einfach mit in die verschiedenen von ihnen gebrauchten Benennungen für Syrien im ganzen ein (z. B. „das Land *Ḫatti*“

nach den verschiedenen nordsyrischen Kleinstaaten, die vorher einmal zum Großreich der Hethiter [s. u. S. 228f.] gehört hatten, oder „Amurru" nach der schon in altbabylonischer Zeit gebrauchten Bezeichnung für die Weltgegend im „Westen"); in den Augen der von Nordsyrien her vordringenden Assyrer war Palästina ja auch gar keine Größe für sich, die eine besondere Benennung hätte erhalten müssen. Am ehesten könnte in diesem Zusammenhang das ägyptische *rṯn* (das wir konventionell „Retenu" vokalisieren) noch herangezogen werden, das in Texten des mittleren und dann vor allem des neuen Reiches (dazu s. u. S. 222f.) begegnet und in der Tat Palästina wenigstens teilweise bezeichnen kann, darüber hinaus aber auch bestimmte Gebiete von Syrien mit umfaßt und in einer nicht mehr ganz sicher aufklärbaren Weise mehrfach in ein „oberes" und ein „unteres *rṯn*" eingeteilt wird (vgl. W. M. Müller, Asien und Europa nach altägyptischen Denkmälern [1893] S. 143ff. und jetzt vor allem A. H. Gardiner, Ancient Egyptian Onomastica [1947] Text Vol. I S. 142*ff.). Daneben ist die in ägyptischen Texten des neuen Reiches vorkommende Landesbezeichnung *ḏh* zu erwähnen, die sich auf bestimmte Teile von Palästina und Südsyrien zu beziehen scheint (vgl. Gardiner a. a. O. S. 145*f.). Spezielle Bezeichnungen für das von uns mit „Palästina" gemeinte Land sind freilich *rṯn* und *ḏh* in keinem Stadium ihrer Bedeutungsentwicklung gewesen, schon deswegen nicht, weil auch für die Ägypter Palästina nie ein mit einem Eigennamen zu versehendes Gebiet für sich gewesen ist, sondern nur das südlichste Stück von Syrien, von dem für sie zudem noch im wesentlichen nur die Küste und deren Hinterland von unmittelbarem Interesse waren. Ein Gebiet mit eigener Bedeutung ist Palästina eben erst durch die israelitische Geschichte geworden, die sich in einem wesentlichen Teile hier abgespielt hat.

2. So wenig Palästina im ganzen eine natürliche Einheit ist und daher auch von Hause aus einen Gesamtnamen gehabt hat, so sehr besteht es doch aus einzelnen charakteristisch ausgeprägten und deutlich voneinander geschiedenen Landschaften, die als naturgegebene Teile des Landes auch je ihre Namen und Bezeichnungen getragen haben, von denen viele aus der alttestamentlichen Überlieferung bekannt sind. Wir stellen im Folgenden diese Landschaftsnamen und -bezeichnungen zusammen unter Absehen von denjenigen Namen und Bezeichnungen, die ein bestimmtes Gebiet als den Raum einer geschichtlichen Erscheinung oder einer politischen Größe kennzeichnen (dazu s. u. S. 85ff.).

a) Der große Graben, der Palästina von Norden nach Süden durchschneidet, wird im Alten Testament *ha-ʿaraba* = „die Wüste" (Luther übersetzt fälschlich „das Gefilde") genannt, und zwar durchaus zutreffend (s. o. S. 42). Wenigstens für das Stück zwischen Tiberiassee und Totem Meer, also den heutigen *ghōr*, ist diese einfache Bezeichnung als üblich bezeugt. Für einzelne Teile dieser Landschaft gebraucht man den Plural dieses Wortes, so *ʿarbot Jeriḫo* = „die Wüstengebiete von Jericho" und *ʿarbot Moʾab* = „die Wüstengebiete von Moab" (gegenüber von

Jericho), d. h. die politisch zum Stadtstaat von Jericho bzw. zum Staate der Moabiter gehörigen oder gehörig gewesenen Stücke des Jordangrabens[1]. Das Tote Meer wird, als zu diesem Landschaftsgebiet gehörend, *jam ha-ʿ^{a}raba* („das Wüstenmeer") genannt, daneben auch nach seinem Naturcharakter *jam ham-mälaḥ* („das Salzmeer"). Der Tiberiassee hingegen wurde wie heute so schon in alter Zeit nach der bedeutendsten an ihm gelegenen Stadt benannt, trug also keinen „natürlichen" Namen. In alter Zeit war die wichtigste Randsiedlung die feste Stadt *kinnärät* (arabisch *tell el-ʿorēme* an der Nordwestseite unmittelbar oberhalb des späteren Küstenplatzes Kapernaum), schon für vorisraelitische Zeit durch die Liste Thutmoses III. (s. u. S. 223 Anm. 1) in der Form *knnrt* (Nr. 34) bezeugt, später eine Grenzstadt von Naphtali (Jos 19 35). Der Tiberiassee hieß danach in alter Zeit *jam kinnärät* (Num 34 11; Jos 12 3; 13 27). Für das oberste Stück des Jordangrabens ist im Alten Testament ein besonderer Name ebensowenig überliefert wie für den in ihm gelegenen *ḥūle*-See; mit letzterem hat man vielfach das „Wasser von Merom" von Jos 11 5. 7 identifiziert, aber sicher zu Unrecht, da „Merom" unzweifelhaft mit dem heutigen Orte *mērōn* in Obergaliläa 5 km westnordwestlich von *ṣafed* (isr.: *ṣ^{e}fat*) gleichzusetzen und daher das „Wasser von Merom" in dessen unmittelbarer Nähe zu suchen ist. Um die neutestamentliche Zeit hat einen besonderen Namen geführt noch die kleine fruchtbare Ebene *el-ghuwēr* auf der Westseite des Tiberiassees; sie hieß Γεννησάρ (so I Macc 11 67, Josephus, auch Talmud, während im Neuen Testament die sekundäre Form Γεννησαρέτ [Angleichung an den oben genannten Namen *kinnärät*?] gebraucht wird). Mit diesem Namen, der offenbar eine nicht ganz durchsichtige Zusammensetzung mit dem Worte *gan* = „Garten" darstellt und entgegen einer gelegentlich gemachten Annahme mit dem Namen *kinnärät* nichts zu tun hat, ist außer der Ebene *el-ghuwēr* (so Mc 6 53; Mt 14 34) auch der Tiberiassee genannt worden (so schon I Macc 11 67; Josephus, Bell. Jud. III 10, 7 § 506 Niese), vor allem Lc 5 1: ἡ λίμνη Γεννησαρέτ (Luther: „der See Genezareth"), während sonst das Neue Testament von „dem See Galiläas" (Mc 1 16 Mt 4 18 u. ö.) oder mit der heute noch üblichen Bezeichnung vom „Tiberiassee" (Joh 21 1) spricht.

b) Das ausgedehnte westjordanische Gebirge hat in seinen verschiedenen Teilen naturgemäß verschiedene Namen getragen. Am südlichsten Teil haftete in nicht genau bestimmbarer Ausdehnung der Name *J^{e}huda* = „Juda". Die Wahrscheinlichkeit spricht dafür, daß *J^{e}huda* von Hause aus Landschaftsname war und der in dieser Landschaft seßhaft werdende israelitische Stamm danach benannt wurde und nicht umge-

---

[1] Dazu und vor allem zu dem Ursprung der Bezeichnung *ʿarbot Moʾab* in einer sehr alten geschichtlichen Situation vgl. M. Noth, ZAW N.F. 19 (1944) S. 18f. — Der untere Teil des *ghōr* wird gelegentlich *kikkar haj-Jarden* = „der Jordankreis" (Gen 13 10f. u. ö.) oder schlechthin *hak-kikkar* = „der Kreis" (Gen 13 12 Neh 3 22 u. ö.) genannt. Herkunft und genaue Bedeutung dieser Bezeichnung sind uns unbekannt.

kehrt, wie die alttestamentliche Überlieferung im Zusammenhang mit ihrer Gesamtdarstellung der Entstehung der Namen der israelitischen Stämme die Sache auffaßt[1]. Einmal sieht der Name *J^ehuda* selbst eher nach einem Orts- bzw. Landschaftsnamen als nach einem Personennamen aus[2]. Der Wortbildung nach am nächsten verwandt sind Namen wie etwa *Jid'ala* (Jos. 19 15)[3]. Sodann umfaßte der Name mehr als nur das Wohngebiet des israelitischen Stammes Juda; denn das von Kalibbitern und nicht von Judäern bewohnte Hebron wird zum „*J^ehuda*-Gebirge" gerechnet (Jos 20 7). Es ist nicht wahrscheinlich, daß der auf verhältnismäßig engem Raume (s. u. S. 62f.) sitzende Stamm Juda dem ganzen Südteil des westjordanischen Gebirges den Namen gegeben haben sollte; wohl aber konnte der einzige der zwölf im Stämmesystem vorkommenden israelitischen Stämme, der in diesem Gebiet seine Wohnsitze hatte, zur Unterscheidung von den übrigen Stämmen den Landschaftsnamen *J^ehuda* erhalten. In I Sam 23 3[4] wird im Zusammenhang der alten Überlieferung von „Davids Aufstieg" der Name *J^ehuda* deutlich als Landschaftsname gebraucht (*bīhuda* = „in Juda")[5]. Die Wortverbindung *Betlähäm-J^ehuda* (Ri 17 7 19 1. 2. 18) = „Bethlehem in Juda" hat eine nahe Parallele in dem Ausdruck *Jabeš-Gil'ad* = „Jabes in Gilead" (Ri 21 8 ff. I Sam 11 1 u. ö.), wo der zu dem Ortsnamen zugesetzte Genitiv die Landschaft bezeichnet, in der der Ort lag. Zwar scheint die Verbindung *Ḳädäš-Naphtali* = „Kedes in Naphtali" (Ri 4 6) zu zeigen, daß auch ein Stammesname zur näheren Bezeichnung als Genitiv zu einem Ortsnamen zugesetzt werden konnte; aber es ist wahrscheinlich, daß auch Naphtali ursprünglich gar nicht Stammes-, sondern Landschaftsname gewesen ist. — War *J^ehuda* von Hause aus Landschaftsname, dann umfaßte es einmal den *har J^ehuda* = „das Gebirge Juda", d. h. die Höhe des westjordanischen Gebirges zwischen der Breite von Bethlehem im Norden bis über die Breite von Hebron im Süden hinaus. Judäische Schriftsteller reden gelegentlich von diesem Gebiet als *ha-har* = „dem Gebirge" schlechthin (Jos 10 40 11 16). Weiter gehörte zu *J^ehuda* noch der *midbar J^ehuda* = „die Wüste Juda" (Ri 1 16 Ps 63 1), deren einzelne Teile nach den an ihrem Rande gelegenen Siedlungen benannt werden

---

1 So auch L. Waterman, AJSL 55 (1938) S. 29ff.

2 Es bleibt sprachlich ganz unwahrscheinlich, daß in dem Namen *J^ehuda* der Gottesname *Jahwä* (in der in Personennamen üblichen abgekürzten Form *j^eho*-u. ä.) enthalten, *J^ehuda* damit zugleich als Personenname ausgewiesen und als älteste bezeugte Bildung mit *Jahwä* bemerkenswert sei (so Procksch, Die Genesis übersetzt und erklärt, 2./3. Aufl. [1924] S. 178 u. ö.).

3 Einige weitere Ortsnamen analoger Bildung vgl. bei W. Borée, Die alten Ortsnamen Palästinas (1930) S. 37.

4 Auf diese Stelle weist Waterman a. a. O. hin.

5 I Sam 23 3 knüpft wohl an den *ja'ar Ḫärät* von 22 5b an, von dem wir leider nicht wissen, wo er lag. Die Stadt *Ḳ^e'ila* = *tell ḳīla* im *wādi eṣ-ṣūr* an der Verwerfungslinie, die Gebirge und Hügelland trennt (s. o. S. 15f.), lag schon im Hügelland und wird im Gegensatz zum *ja'ar Ḫärät* in I Sam 23 3 mit Recht nicht mehr mit zu *J^ehuda* gerechnet.

konnten, deren Bewohner dort Weiderechte für ihre Kleinviehherden hatten (so *midbar Tᵉḳoaʿ* II Chr 20 20; *midbar Ziph* I Sam 23 14 f. u. a.).

Das dem judäischen Gebirge westlich vorgelagerte Hügelland (s. o. S. 16) wird im Alten Testament als *haš-šᵉphela* = „das Niederland" bezeichnet, also vom Standpunkt des auf dem höheren judäischen Gebirge wohnenden Israeliten aus benannt. — Südlich an das judäische Gebirge schließt sich das weite Gebiet der Halbnomaden und Nomaden an, das zunächst noch Steppe ist und alsbald in Wüste übergeht (s. o. S. 16); es wird im Alten Testament als *han-nägäb* = „das Trockenland" bezeichnet. Der Lage der Dinge nach hat es besonders nach Süden zu keine festen Grenzen[1]; man nennt einfach das Gebiet südlich der Grenze des fest besiedelten Kulturlandes, soweit der Gesichtskreis reicht, *han-nägäb*. Von da aus ist das Wort *nägäb* zu der im Alten Testament am häufigsten gebrauchten Bezeichnung für die Himmelsrichtung „Süden" geworden. In späten alttestamentlichen Schriften (Ez, Hi, Koh)[2] sowie im nachalttestamentlichen palästinischen Aramäisch erscheint für „Süden" das Wort *darom*, das im Targum Onkelos die übliche Wiedergabe des hebräischen *nägäb* ist (vgl. M. Burrows, Daroma [JPOS 12 (1932) S. 142 bis 148]). Eusebius braucht dieses Wort in einem nicht ganz präzisen, wohl der volkstümlichen Landessprache entlehnten Sinne für den südlichsten Teil des judäischen Gebirges, das Idumäa der hellenistisch-römischen Zeit (vgl. G. Beyer, ZDPV 54 [1931] S. 246ff.). Es wird wohl von Hause aus eine speziellere Beziehung gehabt haben, ehe es zu einem allgemeinen Wort für „Süden" wurde; diese ist aber noch nicht ermittelt. — Einzelne Gegenden des südlichen Wüstenlandes trugen noch besondere Namen. So hieß der Teil der Sinaiwüste, in dem das für die Frühgeschichte der israelitischen Stämme wichtige Quellgebiet mit der „heiligen Quelle" Kades Barnea (heute = *ʿēn ḳdēs*) lag, *midbar Ṣin* (Num 33 36 34 4; Jos 15 3 u. ö.). — Jenseits „des glatten Berges" (arabisch = *dschebel ḥalāḳ* nördlich von *ʿabde* [isr.: *ʿavdat*] im Negeb) lag nach Jos 11 17 12 7 das Gebirge *Śeʿir*, obwohl *Śeʿir* sonst im Alten Testament das von den Edomitern bewohnte Gebirge auf der Ostseite des *wādi el-ʿaraba* bezeichnet; hier trüge also auch ein Teil des Gebirges auf deren Westseite denselben Namen, wenn nicht etwa der Name *Śeʿir*, der Jos 15 10 auch als Bezeichnung eines Bergzuges in der Gegend der Stadt Kirjath-Jearim überliefert ist und also öfter vorkam, in Jos 11 17 12 7 ein Gebiet bezeichnet, das mit dem Gebirge auf der Ostseite des *wādi el-ʿaraba* nicht mehr als den Namen gemein hat.

Der Mittelteil des westjordanischen Gebirges führte den Namen *har Äphrajim* = „das Gebirge Ephraim". Ziemlich sicher war der Name Ephraim ursprünglich der Name dieses Stückes des westjordanischen Gebirges oder aber eines Teiles davon, der nachträglich dem Ganzen den

[1] Über das Schwanken der Überlieferung in der Abgrenzung des *nägäb* selbst auf der Nordseite vgl. Noth, JPOS 15 (1935) S. 37f.

[2] In Dtn 33 23, wo im jetzigen Text das Wort *darom* vorkommt, ist der Sinn ganz dunkel und der überlieferte Text wahrscheinlich fehlerhaft.

Namen gegeben hätte. Schon die Bildung des Namens weist ihn als Orts- oder Landschaftsnamen aus; die Endung *-ajim* ist bei diesen Namen häufig bezeugt[1], während sie bei Personennamen völlig fehlt[2]. Dazu kommt auch hier wieder der Umstand, daß das mit *har Äphrajim* bezeichnete Gebiet erheblich größer war als der Bereich der Wohnsitze des Stammes Ephraim (vgl. vor allem I Kön 4 8; aber auch Jos 17 15). Das „Ephraim-Gebirge" umfaßt das westjordanische Bergland etwa von der Breite von Bethel im Süden bis zur Jesreelebene im Norden. Eigene Namen führten die beiden Ausläufer dieses Gebirgsteils im Nordwesten und Nordosten, die in der Tat ja sich als besondere Größen in der Landschaft deutlich von ihrer Umgebung abheben. Der bis zur Meeresküste bei Haifa vorstoßende nordwestliche Ausläufer trug den Namen *har hak-karmäl* = „der Weingartenberg" oder einfach *hak-karmäl* = „der Weingarten", offenbar nach einem Merkmal, das dieser Bergrücken heute nicht mehr hat, aber anscheinend in alter Zeit einmal aufwies. Der nordöstliche Ausläufer, der den Südteil der Jesreelebene von der Bucht von *bēsān* trennt (s. o. S. 17 f.), hieß *har hag-Gilboa'* oder einfach *hag-Gilboa'* (Bedeutung unbekannt). Besondere Namen sind noch überliefert für die beiden markanten Berge südlich und nördlich des alten Sichem, für den ersteren der Name *har Gᵉrizzim* (Luther: Garizim), für den letzteren der Name *har 'Ebal* (ebenfalls unbekannter Bedeutung). In Ri 9 48 wird für einen Berg in der Nähe von Sichem der Name *har Ṣalmon* überliefert; leider ist aus der Stelle nichts Sicheres für die Fixierung dieses Berges zu entnehmen. — Im Südwestteil des Gebirges Ephraim ist der *har Ga'aš* von Jos 24 30 zu suchen. Aber Genaueres, als daß er südlich der Heimatstadt Josuas, Timnath-Serah (= *tibne* östlich von *'abūd* [Weiteres bei ELLIGER, PJB 31 (1935) S. 47f.]), gelegen hat, wissen wir über ihn nicht. Das gleiche gilt für den in II Chr 13 4 ausdrücklich zum Gebirge Ephraim gerechneten *har Ṣᵉmarajim*, der vielleicht nach der bei ihm gelegenen Stadt *Ṣᵉmarajim* (Jos 18 22) benannt war und nach beiden Stellen im Südosten des Gebirges Ephraim gesucht werden muß.

Für den Nordteil des westjordanischen Gebirges haben wir als Landschaftsnamen wahrscheinlich das im Alten Testament mehrere Male vorkommende Wort *hag-galil*, die Grundlage des späteren Namens „Galiläa",

---

[1] Vgl. BORÉE a. a. O. S. 54f. — In II Sam 13 23 kommt der Name „Ephraim" zur Näherbestimmung des (Berges) *Ba'al Ḥaṣor* vor, der mit dem Massiv des *el-'aṣūr* (s. o. S. 17) mit Recht gleichgesetzt zu werden pflegt. Hier ist „Ephraim" entweder der Name einer Landschaft oder der einer Stadt (das *'im* des Textes bleibt in jedem Falle schwierig); für letzteres ALT, PJB 24 (1928) S. 13ff. 32ff. Jedenfalls scheint es danach so, daß der Name „Ephraim" ursprünglich im Südostteil des mittelwestpalästinischen Gebirges seinen Sitz hatte. — Als Ortsname begegnet „Ephraim" in der Zusammensetzung *ja'ar Äphrajim* (II Sam 18 6), der Bezeichnung eines Waldgebietes im Ostjordanland. — Für „Ephraim" als Landschaftsnamen ließe sich auch eine wenigstens mögliche Etymologie vorschlagen (vgl. NOTH, Das Buch Josua [²1953] S. 145).

[2] Vgl. NOTH, Die israelitischen Personennamen (1928) S. 38f.

anzusetzen. Ganz sicher ist das allerdings nicht. So hat ALT im PJB 33 (1937) S. 52ff. der „Herkunft des Namens Galiläa" längere Ausführungen gewidmet; er geht dabei von der vielfach angenommenen Wortbedeutung von *hag-galil* = „der Kreis" aus, sieht in dem Jes 8 23 überlieferten Ausdruck *g^elil hag-gojim* („der Kreis der Völker") die ursprüngliche volle Form der Bezeichnung und in *hag-galil* eine Abkürzung und bezieht den „Kreis der Völker" auf die im Halbkreis in den Ebenen um das galiläische Gebirge herum sitzenden kanaanäischen Stadtstaaten. Dann bezeichnete der Name ursprünglich die Koalition der Stadtstaaten in den Ebenen, wäre also von Hause aus eine politische Bezeichnung und hätte erst nachträglich das galiläische Gebirge mit eingeschlossen. Dagegen spricht nun freilich, daß die Bedeutung „Kreis" für *galil* nicht erwiesen ist, daß das Femininum *g^elila*, mit dem meist argumentiert wird, nirgends sicher und in Jos 22 10f. Ez 47 8 sicher nicht „Kreis" bedeutet. Sicher überliefert ist andrerseits nur, daß die Stadt Kedes (= *ḳedes* auf dem Gebirge westlich des oberen Jordangrabens) „im *galil*" lag (Jos 20 7); und wahrscheinlich ist, daß die von Salomo an den König von Tyrus abgetretenen 20 Städte „im Lande des *galil*" (I Kön 9 11-13) wie die in diesem Zusammenhang ausdrücklich genannte Stadt Kabul (arabisch = *kābūl* im untergaliläischen Gebirge) nicht in der Küstenebene, sondern eben im galiläischen Gebirge lagen[1]. Danach scheint es mir am nächsten zu liegen, daß *hag-galil* eine — in ihrer Wortbedeutung nicht mehr sicher zu erklärende — Landschaftsbezeichnung zunächst vielleicht für einen bestimmten Teil und dann für das Ganze des nördlichsten Teiles des westjordanischen Gebirges gewesen ist[2]. — Ein besonderer Name ist noch überliefert für den imposanten Bergkegel im Südostteil des galiläischen Gebirges an der Nordostecke der Jesreelebene; es ist der Berg *Tabor*.

c) Den nördlichen Horizont Palästinas begrenzen die südlichen Enden der mittelsyrischen Hochgebirge; für sie überliefert das Alte Testament[3] den Namen *hal-L^ebanon* (Libanon) = „das weiße (Gebirge)". Es ist wahrscheinlich, daß an Stellen wie Dtn 1 7 11 24 Jos 1 4 im deuteronomistischen Sprachgebrauch sich noch eine alte Bedeutung des Namens *hal-L^ebanon* als Bezeichnung der beiden von den Griechen als Λίβανος und Ἀντιλίβανος unterschiedenen, aber im Namen doch wieder zusammengefaßten Hochgebirgszüge erhalten hat. Von da aus würde auch die Bezeichnung der Senke zwischen beiden (heute = *el-biḳā'*) als *biḳ'at hal-L^ebanon* (Jos 11 17 12 7) = „die Libanonniederung" verständlich. Freilich kennt das Alte

[1] Aus II Kön 15 29 ist für *hag-galil* nichts ganz Sicheres zu entnehmen, außer daß *hag-galil* durch *kol 'äräṣ Naphtali* glossiert ist, womit ein Teil des galiläischen Gebirges gemeint ist. — Jes 8 23 ist ziemlich dunkel und müßte wohl im Zusammenhang mit Jos 12 23 erklärt werden.

[2] Jos 20 7 hätten wir dann nebeneinander gerade die drei Teile des westjordanischen Gebirges: *hag-galil — har Äphrajim — har J^ehuda*, über die die an dieser Stelle aufgezählten Asylstädte verteilt waren.

[3] Der Name kommt auch in außeralttestamentlichen Quellen vor; ein Beispiel s. im Folgenden.

Testament für den östlichen Gebirgszug auch einen besonderen Namen, nämlich *Ḥärmon* oder *har Ḥärmon* (wahrscheinlich = „[das Gebirge mit dem] hervorragenden Berggipfel"). Naturgemäß wurde darunter in erster Linie der in Palästina weithin sichtbare *dschebel et-teldsch* (s. o. S. 28) bzw. *dschebel esch-schēch* am Südende dieses Gebirgszuges verstanden; wahrscheinlich aber hat man mit demselben Namen gelegentlich auch die ganze Kette des 'Αντιλίβανος bezeichnet (so etwa Jos 11 17). Nach Dtn 3 9 hätten „die Sidonier" den Hermon *Śirjon* genannt und „die Amoriter" *Śᵉnir*. Auch in diesem Falle scheint unter Hermon der ganze Antilibanon verstanden werden zu müssen; denn der Name Sirjon kommt mehrfach in Texten aus dem jüngeren Hethiterreich (s. u. S. 229) neben dem Namen Libanon vor (vgl. A. Gustavs, ZAW NF 1 [1924] S. 154f.), und mit „*Lablani Šarijana*" sind dann doch wohl die beiden Hochgebirgsketten im ganzen gemeint. Und der Name *Saniru* (= *Śᵉnir*), der gelegentlich in den Annalen Salmanassars III. (s. u. S. 228) über dessen 18. Regierungsjahr begegnet als „dem Libanon gegenüberliegend" (vgl. D. D. Luckenbill, Ancient Records of Assyria and Babylonia I [1926] § 663. 672), meint nach dem Zusammenhang sicher einen Teil des Antilibanons und nicht speziell den *dschebel et-teldsch*. In Cant 4 8 hingegen erscheinen die Namen Senir und Hermon nebeneinander, und hier scheint unter dem Hermon nur das südliche Ende der Antilibanonkette verstanden zu sein (ebenso in der Glosse in I Chr 5 23).

d) Die Ebenen des Westjordanlandes hatten in ihren verschiedenen Teilen verschiedene Namen. Das Allgemeinwort für „Ebene" im Hebräischen ist *'emäḳ*. Die einzelnen Stücke etwa der Küstenebene können bezeichnet werden nach der Zugehörigkeit zur Flur einer Stadt bzw. eines ehemaligen kanaanäischen Stadtstaates, z. B. *'emäḳ Ajjalon* (Jos 10 12) = der der am inneren Rande der Küstenebene gelegenen einstigen Kanaanäerstadt Ajjalon (heute = *jālo*) gehörige Ausläufer der Küstenebene[1]. Will man die Ebenen an der Mittelmeerküste zusammenfassen, dann redet man einfach von den Gebieten *bᵉḥoph haj-jam* „am Gestade des Meeres", womit nicht nur die unmittelbar an der Küstenlinie gelegenen Landesteile gemeint sind, sondern die Küstenebenen insgesamt (vgl. vor allem die Aufzählung der Landschaften in Dtn 1 7, außerdem Jos 9 1)[2]. Mit *haj-jam* („das Meer") schlechthin (gelcgentliche auch *haj-jam hag-gadol* „das große Meer") ist im Alten Testament stets

[1] Auch die in die Gebirge eingeschalteten zahlreichen kleinen Ebenen werden als *'emäḳ* sachgemäß bezeichnet, so etwa der *'emäḳ Rᵉpha'im* (Jos 15 8 u. ö.) südwestlich von Jerusalem (arabisch *el-baḳ'a*) oder der *'emäḳ 'Akor* zwischen Jerusalem und Jericho (Jos 15 7 u. ö.) u. dgl. — Wo aus einem Erzählungszusammenhang die spezielle Beziehung ohnehin hervorgeht, bezeichnet man eine bestimmte Ebene einfach mit *ha-'emäḳ* („die Ebene"), so Jos 8 (9). 13 die Ebene östlich der Stadt *ha-'Ai* (= *et-tell*), Ri 1 34 die Küstenebene westlich von Jerusalem, Ri 5 15 I Sam 31 7 die Jesreelebene.

[2] Nicht recht eindeutig faßbar ist die Bezeichnung *haš-šaron*, die für die Küstenebene oder einen Teil von ihr als Beispiel eines blühenden Landes mehrfach gebraucht wird (vgl. dazu Abel a. a. O. I S. 414ff.).

das Mittelmeer gemeint, das im Westen liegt; von da aus ist *haj-jam* zu dem am meisten gebrauchten Ausdruck für „den Westen“ (als Himmelsrichtung) geworden. — Die große Ebene zwischen dem samarischen und galiläischen Gebirge (s. o. S. 21) wird im Alten Testament *'emāḳ Jizr*^{e}*'el* „Jesreelebene“ genannt (so wahrscheinlich Jos 17 16 Hos 1 5), merkwürdigerweise nach der an ihrem Ostrande gelegenen Stadt Jesreel (arabisch = *zer'īn*). Das kann in diesem Falle nicht heißen, daß diese ganze große Ebene zum Territorium dieser Stadt gehörte oder jemals gehört hätte. Auch nicht, daß Jesreel jemals die größte oder bedeutendste Stadt am Rande dieser Ebene gewesen wäre. Dann hätte man eher sagen können „die Ebene bzw. Niederung von Megiddo“, wie in der Tat an den sehr späten Stellen Sach 12 11 II Chr 35 22 der Ausdruck *biḳ'at M*^{e}*giddo*(*n*) vorkommt. Jesreel aber war unter den Städten an der Ebene die einzige, die bereits zur Zeit Sauls und gewiß auch schon in der sogenannten Richterzeit in israelitischem und nicht kanaanäischem Besitz war und also zum Wohnbereich der israelitischen Stämme im Lande gehörte (vgl. vor allem II Sam 2 9). Die Bezeichnung „Jesreelebene“ ist mithin aus dem speziell israelitischen Gesichtskreis heraus gebildet worden, ursprünglich vielleicht nur mit Bezug auf einen kleinen Teil der Ebene, der der Stadt Jesreel zugehörte (so etwa noch Ri 6 33), und dann erst sekundär mit Ausweitung auf die gesamte Ebene.

e) Unter den ostjordanischen Landschaften wird die Hochfläche nördlich des Arnon (s. o. S. 11) im Alten Testament mit *ham-mišor* = „die gerade, ebene (Fläche)“ bezeichnet (Jos 13 9. 16. 17. 21 20 8 u. ö.), also durchaus sachgemäß nach ihrer Eigenart. Für das westliche Randgebirge nördlich des Arnon, das diese Fläche vom Toten Meere trennt, ist einerseits die Bezeichnung *hap-Pisga* (Bedeutung unsicher, vielleicht „das abgeteilte Stück“) überliefert (Num 21 20 23 14 Dtn 34 1 u. ö.); für den Abfall dieses Gebirges zum Toten Meere hin hat man im Alten Testament den term. techn. *'ašdot hap-Pisga* (Jos 13 20 u. ö.) = „die Abflüsse des Pisga“ (vgl. Noth, Das Buch Josua [^{2}1953] S. 60. 81). Nicht ganz klar ist das Verhältnis des Namens *hap-Pisga* zu dem Namen *har* bzw. *hare ha-*$^{'a}$*barim* (Bedeutung des Namens unsicher) von Num 27 12 33 47 f. Dtn 32 49. Der letztere Name scheint eine umfassendere, südwärts weit über den Arnon hinausgreifende Bezeichnung gewesen zu sein (vgl. den Ortsnamen *'ijje ha-*$^{'a}$*barim* in Num 33 44); der erstere war ursprünglich wahrscheinlich spezieller und wurde erst sekundär auf einen größeren Teil des Randgebirges ausgedehnt (vgl. auch Abel, Géographie de la Palestine I [1933] S. 378ff.). Ein besonderer Gipfel in diesem Randgebirge ist jedenfalls der *har N*^{e}*bo* (Dtn 32 49 34 1). Sein Name lebt fort in dem Namen der Bergkuppe *en-neba*, 7 km nordwestlich von *mādeba*. Vielleicht aber bezog sich der Name von Anfang an auf die etwas niedrigere, ungefähr 1½ km weiter nach Westen vorgeschobene, aussichtsreiche Bergnase östlich des Nordendes des Toten Meeres, die heute den Namen *rās es-sijāgha* führt und an der jedenfalls seit altchristlicher Zeit die alttestamentlichen Nebo-Traditionen lokalisiert sind. — In dem Hügelland nördlich der

Fläche des *mišor* (s. o. S. 11), und zwar in der Gegend etwa halbwegs zwischen *'ammān* und dem Austritt des *nahr ez-zerḳa* aus dem Gebirge, war beheimatet der im Alten Testament so oft vorkommende Name *Gil'ad* (Gilead); hier finden sich noch heute südlich des *nahr ez-zerḳa* (s. o. S. 11) die Namen *dschebel dschel'ad*, *chirbet dschel'ad* und *'ēn dschel'ad*; vgl. GUTHE, Kurzes Bibelwörterbuch (1903) S. 217f.; DE VAUX, RB 47 (1938) S. 416f. und M. NOTH, PJB 37 (1941) S. 58ff.; ZDPV 75 (1959) S. 14ff. Das Alte Testament kennt zunächst eine Ortschaft mit Namen Gilead (vor allem Ri 10 17), die sicher in der heutigen *chirbet dschel'ad* anzusetzen ist. Sodann bezeichnet das Alte Testament das westlich davon gelegene Siedlungsgebiet ostjordanischer israelitischer Sippen als Land „Gilead" (Ri 11 4ff. u. ö.) und den dieses Siedlungsgebiet östlich abschließenden Bergzug als *har hag-gil'ad* „Gilead-Gebirge" (Gen 31 21. 23. 25). Als Israeliten dann auch am Nordrand des *'adschlūn*-Gebirges sich ansiedelten, gaben sie auch diesem nördlicheren ostjordanischen Bereich den Namen „Gilead". Dafür spricht vor allem der Ortsname *Jabeš-Gil'ad* (s. o. S. 51); denn die Stadt Jabes, deren Name sich in dem des *wādi jābis*, das südöstlich von *bēsān* den Jordan erreicht, erhalten hat, lag am Nordrand des *'adschlūn*-Gebirges, an der Stelle der heutigen Ruinenstätte *tell el-maḳlūb*. Das gleiche gilt für die Zusammensetzung *Ramot-Gil'ad* (I Kön 4 13 u. ö.) = *tell ramīṯ* südwestlich von *der'a* (vgl. N. GLUECK, BASOR 92 [1943] S. 10ff.). Weiter wurde der Name „Gilead" dann auf den ganzen mittleren Teil des israelitischen Ostjordanlandes bezogen; so vor allem in der Zusammenstellung *ham-mišor*, *hag-gil'ad*, *hab-bašan* (Jos 20 8, sowie Dtn 3 10, auch II Kön 10 33). Darüber hinaus aber kann endlich der Name „Gilead" das gesamte israelitische Ostjordanland bezeichnen, z. B. Jos 22 9ff., wo „Gilead" dem „Land Kanaan" (=Westjordanland) gegenübergestellt wird. — Einen besonderen Namen trug die Hochfläche beiderseits und besonders nördlich der *scherī'at el-menāḍire* (s. o. S. 12); sie hieß *hab-bašan* (= „der ebene Boden"). Dieser Name umfaßte einmal die fruchtbare Landschaft *en-nuḳra* (s. o. S. 12), sodann aber auch den heutigen *dschōlān*; denn der Name *dschōlān* geht wie die griechische Bezeichnung dieses Gebietes als Γαυλανῖτις zurück auf den Namen der noch nicht sicher lokalisierten Stadt Golan, die nach Jos 20 8 in „Basan" lag. Auch die nach Jes 2 13 Ez 27 6 Sach 11 2 berühmten Eichenwälder von Basan sind schwerlich in der *nuḳra*, vielmehr in dem noch heute stellenweise bewaldeten *dschōlān* zu suchen. Das Hauran-gebirge hingegen, der heutige *dschebel ed-drūz*, wird im Alten Testament anscheinend nicht erwähnt. Denn der Name *Ṣalmon* von Ps 68 15, den man darauf bezogen hat, verdankt sein Vorhandensein wahrscheinlich nur einem Textfehler; und das als Grenze der israelitischen Siedlung im Ostjordanland genannte *Salcha* (Jos 12 5 13 11) hat mit dem heutigen Orte *ṣalchad* im *dschebel ed-drūz* wahrscheinlich nichts zu tun.

§ 10. Die Besiedlung des Landes

1. Die Gebiete der israelitischen Stämme (vgl. dazu die Kartenskizze S. 63 und zu den modernen Landschaftsnamen die Kartenskizze S. 9). Das alte Israel ist uns — wenigstens seit der Zeit seiner Seßhaftwerdung im palästinischen Kulturlande — nur bekannt als eine in einzelne „Stämme" gegliederte Einheit. Stamm heißt auf Hebräisch *maṭṭä* oder *šäbäṭ*; beide Wörter bedeuten ursprünglich „Stab", „Stecken"; und dabei ist anfangs wohl an den „Stab", „Stecken" als Herrschaftszeichen, als „Szepter", gedacht (vgl. den „Stab-Halter", „Szepter-Träger" von Am 1 5). Man wird daran zu denken haben, daß die Sprecher oder Repräsentanten von Stämmen durch das Tragen eines Stabes oder Steckens ausgezeichnet und zugleich legitimiert waren, ihren Stamm zu vertreten und zugleich eine Autorität innerhalb ihres Stammes auszuüben, so daß der Stab oder Stecken zugleich zu einer Bezeichnung des Stammes werden konnte. Damit ist schon angedeutet, daß Stämme als geschichtlich handelnde Größen zu verstehen sind. Die alttestamentliche Überlieferung läßt die Stämme Israels rein genealogisch entstehen aus der Familie eines gemeinsamen Ahnherrn auf dem Weg über seine Söhne, die ihrerseits zu Ahnherren der einzelnen Stämme werden und dann wiederum mit ihren Söhnen die Ahnherren der verschiedenen Sippen liefern, aus denen die Stämme bestehen. In Wirklichkeit ist diese Vorstellung von der Entstehung eines Volkes ebenso wie von der eines Stammes zwar im Altertum weit verbreitet gewesen, aber in aller Regel eine Fiktion oder zum mindesten eine starke Vereinfachung sehr viel komplizierterer Vorgänge; denn es handelt sich dabei nicht um rein naturhafte Vorgänge, sondern um geschichtliche Abläufe, in denen geschichtliche Ereignisse und Konstellationen aufs stärkste die Bildung von großen und kleinen Menschengruppen beeinflussen. Die Begriffe Volk und Volksstamm gehören in das Gebiet der Geschichte des Menschen, nicht in das seiner naturhaften Fortpflanzung. Diejenigen menschlichen Gesellschaften, die auf dem natürlichen Blutszusammenhang beruhen, sind Familie, Großfamilie und Sippe. Die Sippe ist die größte in noch erkennbarem Blutszusammenhang stehende Gruppe, während der Stamm bereits eine unter geschichtlichen Voraussetzungen zustande gekommene Sippengemeinschaft darstellt und das Volk das in der Regel aus einer ganzen Reihe von Stämmen bestehende Element großen und dauernden geschichtlichen Geschehens ist. So etwa kann man diese Begriffe, die natürlich nicht ganz reinlich voneinander zu scheiden sind, gegeneinander abgrenzen. Die Familie bezeichnet man im Hebräischen einfach mit *bajit* („Haus") als diejenige Gemeinschaft, die in einem Hause oder auch Zelte zusammenlebt. Für die Großfamilie hat man den Ausdruck *bet 'ab* („Ahnenhaus"), d. h. die aus dem Hause eines noch bekannten Ahnherrn hervorgegangene Reihe von Familien (der Ausdruck wird im Alten Testament allerdings gelegentlich ungenau angewandt); an ihrer Spitze steht ein Oberhaupt (gelegentlich als *rōš* = „Haupt", „Kopf"

bezeichnet), wahrscheinlich der jeweils Älteste in der Erstgeborenenlinie. Die Sippe heißt *mišpaḥa*, vielleicht abzuleiten von einem Verbum, das ursprünglich „ausgießen" bedeutet, und damit wohl die Gruppe bezeichnend, die durch natürliche Fortpflanzung zusammengehalten ist; sie wird geleitet durch das Kollegium der Ältesten (*zᵉḳenim*), wohl im wesentlichen der Häupter der Großfamilien; vgl. auch A. Causse, Du groupe ethnique à la communauté religieuse (1937) S. 15ff.; R. de Vaux, Les institutions de l'Ancien Testament I (1958) S. 17ff.

Ein Stamm, der noch nicht zur festen Ansiedlung und Seßhaftigkeit gelangt ist, pflegt eine ziemlich labile Größe zu sein. Sippen finden sich unter gegebenen geschichtlichen Voraussetzungen zu einem Stamm zusammen und trennen sich auch wieder, um neue Verbindungen einzugehen, u. U. so, daß Teile in dem alten Verbande verharren und sich von dem Reste trennen. Erst die Bindung an ein bestimmtes Stück Kulturland, das einem Stamme gehört, das die Grundlage seines natürlichen Lebens und gegebenenfalls seines Reichtums geworden ist und das er wohl auch begehrlichen Nachbarn gegenüber behaupten muß, führt zur stärkeren Konsolidierung eines Stammes. Bei den israelitischen Stämmen wird es im allgemeinen nicht anders gewesen sein; auch sie haben ihre dauernde Form in der Regel erst auf dem Boden des palästinischen Kulturlandes gefunden. Schon die Tatsache, daß die Namen einiger der israelitischen Stämme von der Landschaft hergenommen sind, in der sie in Palästina seßhaft wurden (s. o. S. 50f. 52f. und unten S. 62f. 65ff.), zeigt, daß erst das geschichtliche Ereignis ihrer Landnahme und Seßhaftwerdung im Kulturlande sie konstituiert oder wenigstens den entscheidenden Vorgang auf dem Wege ihrer Konsolidierung bedeutet hat. Und als geschichtliche Größen greifbar werden sie uns jedenfalls erst mit der Zeit ihrer festen Ansiedlung in Palästina. Denn erst für diese Zeit haben wir — doch wahrscheinlich nicht zufällig — im Alten Testament bestimmte geschichtliche Überlieferungen über ihr Vorhandensein, ihr Verhältnis zueinander und über Ereignisse aus ihrem Leben, während die darüber zurückgehende Überlieferung des Alten Testaments zwar — vorgreifend — die Namen der Stämme gelegentlich nennt, aber sachlich doch nur den Begriff eines ungegliederten „Israel" kennt. Wohl aber finden sich im Alten Testament noch gelegentliche Spuren, die auf die labile Vorgeschichte der Stämme vor ihrer Seßhaftwerdung hinweisen. Die gleichen Sippennamen tauchen verschiedentlich bei mehreren Stämmen auf, und diese Tatsache zeigt, wie ein und dieselbe Sippe offenbar bald zu diesem, bald zu jenem Stamme gehört hat und Teile von ihr hier und dort haften geblieben sind. So kommt beispielsweise die Sippe Hezron bei den Stämmen Ruben (Num 26 6) und Juda (Num 26 21) vor; die Sippe Serah erscheint bei Juda (Num 26 20), bei Simeon (Num 26 13) und sogar bei den Palästina südöstlich benachbarten Edomitern (Gen 36 13. 33).

Die Quellen für die Geschichte und Geographie der israelitischen Stämme auf dem Boden des palästinischen Kulturlandes sind folgende:

In Num 26 5-51 haben wir ein großangelegtes Verzeichnis der Stämme in ihrer Gliederung nach Sippen, das wahrscheinlich aus der „Richterzeit“, d. h. der Zeit zwischen der Landnahme und dem Aufkommen staatlicher Bildungen, stammt; in dieser Zeit existierte Israel in der Form eines sakralen Bundes der zwölf Stämme mit einem gemeinsamen Heiligtum als Zentrum, und in diese Zeit fällt die selbständige Bedeutung der zwölf Stämme als der Unterglieder des großen Ganzen (Genaueres bei Noth, Das System der zwölf Stämme Israels [1930]; zu Num 26 5-51 daselbst S. 122—132). Freilich enthält dieses Verzeichnis keinerlei Angaben über die Wohngebiete der Stämme und ihrer Sippen[1]. Der sogenannte Jakobsegen in Gen 49 3-27 ist eine etwas bunte Zusammenstellung von poetischen Sprüchen über die einzelnen Stämme vielleicht aus der Zeit Davids, aber im Grundbestand seines Stoffes zweifellos älter. Hier erhält jeder Stamm seine Charakteristik, teils in lobender, teils in tadelnder, teils auch in spottender Weise. Der ebenso aufgebaute Mosesegen in Dtn 33 6-25 ist eine spätere Nachahmung des Jakobsegens, teilweise von diesem abhängig, teilweise eigene Wege gehend, aber im ganzen nicht von demselben Quellenwert wie der Jakobsegen. Eine Reihe von alten Überlieferungen über Kämpfe und Siege einzelner Stämme oder Stämmegruppen unter der Führung charismatischer Stammeshelden bietet der vordeuteronomistische Bestand des Richterbuches. Die für die Geographie der Stämme wichtigste Quelle ist „das System der Stammesgrenzen im Buche Josua“ (vgl. Alt, Sellin-Festschrift [1927] S. 13—24). Es ist eingearbeitet in den jetzigen Bestand von Jos 13—19[2], aber in seinen Elementen verhältnismäßig leicht auszuscheiden. In seiner ursprünglichen Form bestand es in Aufzählungen von Grenzpunkten, die jeweils mehr oder weniger detailliert festgelegte Grenzlinien ergeben („Grenzfixpunktreihen“; vgl. dazu Noth, ZDPV 58 [1935] S. 185—255). Mit diesen Grenzlinien werden nun die Gebiete der einzelnen Stämme festgelegt, und zwar so, daß ganz Palästina, d. h. das ganze Westjordanland und ein an dieses angrenzender Streifen des Ostjordanlandes, unter die israelitischen Stämme aufgeteilt erscheint (vgl. Noth, Das Buch Josua [²1953] S. 77 [Karte]). Dieses System stammt wieder aus der Richterzeit und vereinigt in sich Theorie und Wirklichkeit. Theorie ist, daß in der Richterzeit (oder auch jemals nachher) das gesamte palästi-

[1] Die Zahlen über die Stärke der wehrfähigen Mannschaft der einzelnen Stämme sind wahrscheinlich sekundär; im jetzigen Zusammenhang kommt es allerdings gerade auf diese Zahlen an, da es sich um eine große Volkszählung handelt. Aber um die Ergebnisse dieser Zählung darzustellen, hat der späte Verfasser jenes alte Sippenverzeichnis benutzt. — Eine alte Liste, wieder abgesehen von den in Verbindung damit mitgeteilten Zahlen, haben wir auch in Num 1 5-15 vor uns, einer kurzen Aufzählung der Stämme, deren Abgeordnete bei der Bundesversammlung hier namhaft gemacht werden (vgl. Noth, Stämme S. 153ff.).

[2] Versprengte Teile desselben Systems finden sich in Num 34 3-12 und Ez 47 15-18 48 1.

nische Kulturland den israelitischen Stämmen gehörte hätte; vielmehr haben „Kanaanäer" in verschiedenen Teilen des Landes sich behauptet und die Philister stets neben Israel ihre Gebiete innegehabt (s. u. S. 71f.), so daß der Besitz des ganzen Landes durch die Stämme nur Anspruch, aber nicht Tatsache war. Auf der anderen Seite geht das System ebenso sicher von dem wirklichen Besitzstand der Stämme aus, überdehnt nur die Stammesgebiete in bestimmten Richtungen. Aber Theorie und Wirklichkeit in diesem System lassen sich sachlich noch verhältnismäßig leicht voneinander scheiden, zumal dabei noch das Verzeichnis in Ri 1 21. 27-35 zu Hilfe kommt, das wenigstens für den mittleren und nördlichen Teil des Landes die Kanaanäerstädte aufzählt, die nie in den Besitz israelitischer Stämme gelangt sind, die vielmehr nur schließlich in das Territorium des Staates Israel (und Juda) einbezogen wurden. Und so ist das „System der Stammesgrenzen" trotz seiner theoretischen Elemente für uns eine historische Quelle erster Ordnung.

Wenn wir nunmehr die einzelnen Stämme und deren Gebiete in das Auge fassen, so folgen wir dabei der altüberlieferten Reihenfolge und Gruppierung der Stämme, wie sie in den Listen des sakralen Bundes der zwölf Stämme traditionell üblich war. Wir haben da zunächst die Gruppe der sechs älteren Stämme, die in Gen 29 31 - 30 24 gemeinsam von Lea, der ersten Frau Jakobs, abgeleitet werden (daher die konventionelle Bezeichnung „Lea-Stämme") und die wahrscheinlich eher im palästinischen Kulturlande seßhaft wurden als die übrigen (vgl. STEUERNAGEL, Die Einwanderung der israelitischen Stämme in Kanaan [1901]). Von ihnen sind die drei traditionell an erster Stelle aufgeführten Stämme, Ruben, Simeon und Levi, in der Zeit, für die wir geschichtliche Nachrichten haben, schon so gut wie verschollen; dem entspricht die Tatsache, daß sie im Jakobsegen (Gen 49 3-7) mit Tadel und Fluch belegt werden. Im „System der Stammesgrenzen" ist für sie alle kein Gebiet des Kulturlandes als Wohnsitz mehr vorgesehen. Erst ein späterer Bearbeiter dieses „Systems" hat das ursprünglich einheitliche Stammesgebiet in der ostjordanischen *belḳa* durch eine gedachte Trennungslinie geteilt (Genaueres bei NOTH, ZDPV 58 [1935] S. 238f.) und die nun entstandene südliche Hälfte Ruben zugewiesen (Jos 13 15-23), wie denn auch überall erst die deuteronomistische Redaktion von den zweieinhalb ostjordanischen Stämmen (Ruben, Gad und Halbmanasse) redet. Derselbe Bearbeiter hat auch erst durch Abtrennung der zweiten Hälfte der Ortsliste des 1. judäischen Gaues (s. u. S. 91) und deren Zuweisung an Simeon (Jos 19 1-9) ein „innerhalb von Juda gelegenes" simeonitisches Stammesgebiet geschaffen. Der Stamm Levi endlich gilt der alttestamentlichen Überlieferung als Zusammenfassung der mit dem Priesteramt betrauten „Leviten", die, wie geradezu geflissentlich betont wird, keinen Landbesitz haben sollten. Damit entfiel jeder Anlaß, für sie auch nur in der Theorie ein Stammesgebiet festzulegen, wie es für Ruben und Simeon geschah. Die alte Überlieferung über diese drei Stämme ist ganz spärlich. Sie besteht einmal in dem Vorkommen ihrer Namen in dem altüberlieferten

Zwölfstämmesystem, sodann in der Aufführung rubenitischer und simeonitischer Sippen in Num 26 5-14 sowie in der Erwähnung der Namen Simeon und Levi in der Stammessage von Gen 34 (und in dem Stämmespruch von Gen 49 5-7), wonach die Stämme Simeon und Levi einmal einen Überfall auf die Stadt Sichem gemacht haben; sie müßten danach einmal im mittleren Palästina gesessen haben. Simeon kommt endlich auch in Ri 1 3. 17 vor, wonach Juda dem Simeon bei der Eroberung der Stadt Horma (arabisch *tell el-mschāsch* östlich Beer-Seba) geholfen hat und anscheinend Simeon diese Stadt nunmehr in Besitz nahm; doch hier erscheint Simeon schon nicht mehr als ganz selbständiger Stamm. Ruben kommt endlich noch im Deboralied Ri 5 15b. 16 vor, wo er aber im Westjordanland gesucht zu werden scheint. Es mag also in der Richterzeit in Israel noch Sippen gegeben haben, die sich auf Ruben und Simeon zurückführten. Wo sie gesessen haben mögen, wissen wir aber nicht mehr genau; am ehesten wird man mit Rücksicht auf Ri 1 3. 17 die noch vorhandenen simeonitischen Sippen ganz im Süden des Landes suchen dürfen. Vielleicht ist auch noch folgende Kombination erlaubt. Nach dem „System der Stammesgrenzen" gab es südlich von Jericho (zur genaueren Lokalisierung vgl. NOTH, ZDPV 73 [1957] S. 6) auf der Grenze zwischen Juda und Benjamin einen Felsen, der *'äbän bohan* („Daumenstein") genannt wurde (Jos 15 6 18 17). Nachträglich verstand man *bohan* als Eigennamen und sah in diesem Bohan einen „Rubeniten". Nimmt man hinzu, daß nach Jos 15 7 in der Nähe des *'äbän bohan* jener *'emäḳ 'Akor* lag (zur Gleichsetzung des *'emäḳ 'Akor* mit der heutigen *buḳē'a* nordöstlich des Klosters Marsaba vgl. NOTH, ZDPV 71 [1955] S. 52-55), in dessen Bereich nach Jos 7 1. 5b-26 Achan, „der Sohn des Karmi", sein Grabmal und damit wohl auch seine Heimat hatte (vgl. dazu NOTH, Das Buch Josua [^{2}1953] S. 43ff.), daß andrerseits nach Num 26 6 Karmi ursprünglich eine rubenitische Sippe gewesen war, so wird man den Schluß ziehen dürfen, daß Reste von Rubeniten dort in der Nordostecke von Juda saßen und schließlich einfach zu Juda gerechnet wurden (so ausdrücklich Jos 7 1. 17. 18)[1]. Andere Sippen, die sich als rubenitisch bezeichneten, mögen in das gegenüberliegende südliche Ostjordanland verschlagen worden sein, so daß der Bearbeiter des „Systems der Stammesgrenzen" meinen konnte, daß in der *belḳa* das ursprüngliche und eigentliche Stammesgebiet von Ruben zu suchen sei.

Juda ist in den uns bekannten Zeiten der Geschichte der bedeutendste der „Lea-Stämme" gewesen. Er umfaßte die Sippen, die auf dem nördlichen Teil des *har J^{e}huda* seßhaft wurden und hat von diesem seinem Wohnsitz wahrscheinlich seinen Namen erhalten (s. o. S. 50f.), ist also erst durch sein Seßhaftwerden zu einer festen Größe geworden. Im „System der Stammesgrenzen" erscheint sein Gebiet gewaltig nach Westen und Süden überdehnt; aber mit Hilfe anderweitiger Angaben des

[1] Anders STEUERNAGEL a. a. O. S. 15f., der in dem *'äbän Bohan bän R^e'uben* ein Zeugnis für den ältesten Wohnsitz Rubens im Westjordanland sehen will, noch ehe Juda dorthin nachrückte.

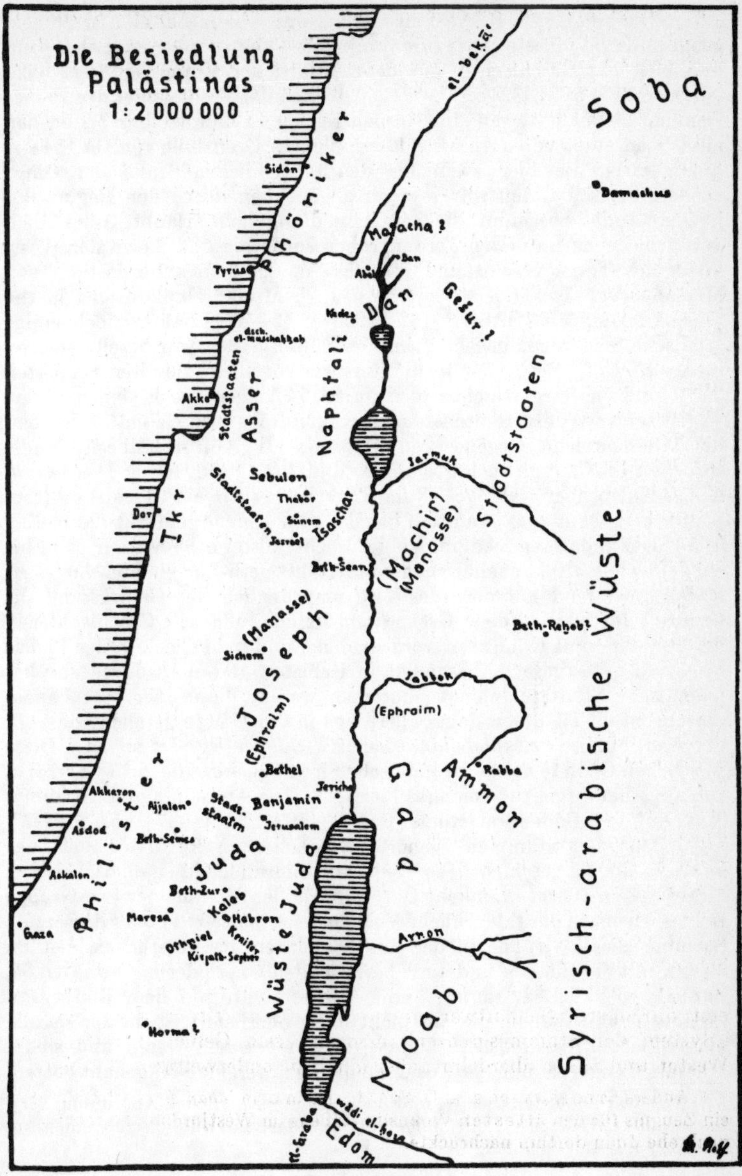
Die Besiedlung
Palästinas
1:2000000
Soba
el-bekā'
Phöniker
Sidon
Damaskus
Maacha?
Dan
Tyrus
Gešur?
Dan
Naphtali
Asser
Stadtstaaten
Akko
Stadtstaaten
Jarmuk
Sebulon
Thabor
Stadtstaaten
Sunem
Isaschar
Dor
Tkr
Beth-Šean
(Machir)
(Manasse)
Beth-Rehob?
(Manasse)
Joseph
Sichem
Jabbok
(Ephraim)
(Ephraim)
Ammon
Rabba
Gad
Bethel
Jericho
Philister
Akkaron
Ajjalon
Stadt-staaten
Benjamin
Jerusalem
Asdod
Beth-Semes
Juda
Askalon
Kaleb
Hebron
Gaza
Maresa
Othniel
Keniter
Kirjath-Sepher
Wüste Juda
Arnon
Horma
Moab
Syrisch-arabische Wüste
Edom

Abb. 3

Alten Testaments, z. B. einer in I Chr 2 und 4 verarbeiteten siedlungsgeographischen Liste über die räumliche Verteilung judäischer und kalibbitischer Geschlechter aus dem Anfang der Königszeit (vgl. dazu NOTH, ZDPV 55 [1932] S. 97—124), läßt sich das Wohngebiet der Judäer ziemlich genau festlegen. Im Norden reichte es unmittelbar bis an den alten Stadtstaat von Jerusalem heran (vgl. die Grenzlinie von Jos 15 5b-10 = 18 15-19, die hier zweifellos den tatsächlichen Stand der Dinge wiedergibt); im Osten wurde es im allgemeinen durch den Beginn der „Wüste Juda" bestimmt, die feste Ansiedlung nicht erlaubt. Nur südlich von Jericho im untersten Jordangraben sowie hie und da an der Westküste des Toten Meeres und zeitweise in der *buḳēʿa* nordöstlich von Marsaba (vgl. FR. M. CROSS jr. and J. T. MILIK, Explorations in the Judaean Buqêʿah [BASOR 142 (1956) S. 5—17]) hat es noch einige judäische Siedlungen gegeben. Auf der Südseite aber war bereits Hebron (heute *el-chalīl*) Besitz der Kalibbiter, wie vor allem die alten Schichten der Kundschaftergeschichte in Num 13. 14 zeigen, nach denen Kaleb wegen seines Wohlverhaltens das ausgekundschaftete Gebiet, d. h. eben die traubenreiche Gegend von Hebron, als Kulturlandbesitz zugesprochen erhält (vgl. auch Jos 14 6-15 und Jos 15 13f., ferner I Chr 2 42ff. u. a.). Kaleb aber war nach Num 32 12 Jos 14 6.14 ein „Kenisiter" (s. u. S. 75); erst sekundäre Tradition hat ihn zum Judäer gemacht (Num 13 6 u. ö.). Das judäische Siedlungsgebiet reichte also im Süden nur etwa bis zu dem ehemals kanaanäischen Stadtstaat Beth-Zur (heute *chirbet eṭ-ṭubēḳa*), während auf der Westseite ursprünglich der Gebirgsrand die Grenze bildete. Über diese Grenze sind freilich judäische Geschlechter in der Richter- und Königszeit vorgedrungen und haben sich in der *šephela* (s. o. S. 52) festgesetzt, besonders in Gebieten, die nicht durch alte kanaanäische Stadtstaaten eingenommen waren; diese oder jene kanaanäische Stadt ist ihnen dabei allerdings in die Hände gefallen wie z. B. die Stadt Maresa (*tell sandaḥanne* bei *bēt dschibrīn* [isr.: *bet guvrin*]). Diese westlichen Gebiete nahm die judäische Sippe Sela ein, wie aus I Chr 4 21ff. Gen 38 5 hervorgeht (Genaueres bei NOTH, Die Ansiedlung des Stammes Juda auf dem Boden Palästinas [PJB 30 (1934) S. 31—47], bes. S. 44ff.).

Zu den „Lea-Stämmen" gehörten endlich noch Sebulon und Isaschar[1], die in geschichtlicher Zeit am Südrande des galiläischen Gebirges saßen. Dieses räumliche Getrenntsein der Stämme der Lea-Gruppe zeigt ebenso wie das tatsächliche Verschollensein der zwei oder drei ersten Stämme dieser Gruppe in der uns bekannten geschichtlichen Zeit im Verein mit der Simeon und Levi betreffenden Überlieferung von Gen 34, daß die sechs „Lea-Stämme" eine Vorgeschichte auf dem Boden Palästinas gehabt haben, die uns nicht mehr überliefert ist, in der sie alle einmal lebendige und selbständige Größen gewesen waren und wahrscheinlich einen räumlichen Zusammenhang untereinander gehabt hatten.

[1] Dies war nach Gen 49 13-15 und nach der ursprünglichen Anordnung bei J in Gen 30 14 ff. die alte Reihenfolge entgegen der später üblich werdenden Anordnung Isaschar-Sebulon.

Nach der Grenzbeschreibung in Jos 19 10-16, die den wirklichen Besitzstand des Stammes wiederzugeben scheint, saß Sebulon im untergaliläischen Gebirge auf der Nordseite der Jesreelebene in der Gegend des damals noch nicht existierenden späteren Nazareth. — Isaschar hingegen besaß das Bergland zwischen Jesreelebene, Ebene des *nahr dschālūd* (isr.: *ḫarod*) und Jordangraben nordwärts etwa bis zur Breite des Berges Thabor unter Einschluß der Stadt Jesreel (arabisch *zer'īn*). Das Stammesgrenzensystem in Jos 19 17-23 (vgl. 17 11) scheint ihm in der Theorie noch die gesamte „Bucht von *bēsān*" zugewiesen zu haben, die jedoch tatsächlich im Besitz kanaanäischer Stadtstaaten geblieben ist. Über die Vorgeschichte der Landnahme von Isaschar in diesem Gebiet läßt sich mit Wahrscheinlichkeit noch einiges ermitteln (vgl. dazu ALT, PJB 20 [1924] S. 34—41). Zum späteren Gebiet von Isaschar gehörte nämlich das Territorium der kanaanäischen Stadt Sunem (arabisch *sōlem* am Ostrande der Jesreelebene) nördlich von Jesreel. Nach Ausweis der Amarna-Tafeln (das Material bei ALT a. a. O.) war sie im 14. Jahrh. zerstört worden; und zur Bebauung ihres nunmehr brach liegenden Landbesitzes wurden Leute gebraucht, die unter der Herrschaft benachbarter Stadtfürsten, also in abhängiger Stellung, diese Arbeit zu tun sich bereit fanden. Das aber taten bisher vermutlich noch nicht seßhafte Elemente, die damit eine feste Ansiedlung fanden und zugleich sich nunmehr zum Stamme Isaschar zusammenfanden. Anscheinend im Hinblick auf diese besondere Art der Landnahme wird im Jakobsegen Gen 49 14f. Isaschar geringschätzig als „Fronknecht" charakterisiert, der sich um des guten Landes willen, auf dem er dadurch ansässig wurde, zum „Beugen des Nackens" herbeiließ. Auch der Name Isaschar könnte mit diesem Landnahmevorgang zusammenhängen, wenn er nämlich, was möglich ist, „Lohnarbeiter" bedeutet. Er wäre dann nicht als Selbstbezeichnung, sondern im Munde von Nachbarn entstanden und außerdem ein weiteres Beispiel dafür, daß die Benennung eines Stammes erst mit dem Seßhaftwerden im Kulturlande erfolgte. Vom Territorium von Sunem aus hätte Isaschar das ganze ihm später gehörende Bergland — wahrscheinlich allmählich — besetzt.

Zur Gruppe der „Rahel-Stämme" gehörten nach der einen Form des Zwölfstämmesystems die beiden Stämme Joseph und Benjamin. Sie saßen auf dem samarischen Gebirge, also im Zentrum des Landes, und sind auch geschichtlich in Richter- und Königszeit die bedeutendsten unter den israelitischen Stämmen gewesen. Ihre Grenzen werden in Jos 16 1-17 13 18 12-20 beschrieben, und zwar im wesentlichen auf Grund ihres wirklichen Besitzstandes; nur dehnt das Stammesgrenzensystem in der Theorie ihr Gebiet östlich bis zum Jordan und westlich über die ganze Küstenebene hinweg bis zum Mittelmeer aus, während es sich tatsächlich auf das eigentliche Gebirge beschränkte. Den bei weitem größten Raum auf dem samarischen Gebirge nahm dabei „das Haus Joseph" ein, dessen Gebiet von der in alter Zeit wahrscheinlich ziemlich stark bewaldet gewesenen Nordgrenze dieses Gebirges bis südwärts einschließlich des Heiligtums von Bethel (heute *burdsch bētīn*) und der unmittelbar benachbarten Siedlung Lus (heute *bētīn*) reichte, während Benjamins Nordgrenze südlich der Breite von Bethel und seine Südgrenze nördlich der Breite von Jerusalem lag, sein Gebiet also nur einen verhältnismäßig schmalen Streifen bildete, der ostwestlich über das Gebirge lief und in seinem westlichen Teile noch von den Territorien der vier in Jos 9 17 aufgezählten Stadtstaaten eingenommen wurde, die mit Benjamin in einem Vertragsverhältnis standen, wie in der Überlieferung von Jos 9 vorausgesetzt wird, so daß für den Stamm Benjamin selbst von jenem schmalen Streifen nur das Gebiet auf der Gebirgshöhe an der Wasserscheide und östlich der Wasserscheide und im Jordangraben mit dem Territorium der ehemals kanaanäischen Stadt Jericho übrig blieb. Man hat oft — zuletzt ausführlich O. EISSFELDT, Festschrift Georg Beer (1935) S. 19—40 — die Entstehung des auf ein so enges Gebiet beschränkten Stammes Benjamin auf eine erst im Kulturland entstandene sekundäre Absplitterung von Joseph zurückgeführt. Aber weder der Name Benjamin = „der südliche (Stamm)“[1], der sich in der Tat auf das von Joseph aus südlich gelegene benjaminitische Stammesgebiet beziehen könnte, ist ein Beweis für diese These noch auch der Hinweis auf Gen. 35 16-20, wonach Benjamin als einziger von allen Jakobsöhnen erst auf dem Boden Palästinas geboren wurde; denn dieser letztere Abschnitt ist nicht geschichtlichen, sondern ätiologischen Inhalts. Andrerseits fehlt auch die Möglichkeit, diese These strikt zu widerlegen, zumal die in Jos 2—9 erhaltene Überlieferung zwar vor ihrer jetzigen Beziehung auf Gesamtisrael einmal eine benjaminitische Landnahmeerzählung war, also die selbständige und gesonderte Einwanderung des Stammes Benjamin voraussetzt, in Wirklichkeit aber aus einer Reihe von ätiologischen Sagen besteht (vgl. NOTH, Das Buch Josua [²1953] S. 21 ff.), die die Sonderlandnahme des Stammes Benjamin nicht überliefern, sondern als gegeben voraussetzen. Mit dem vorhandenen Material ist die Frage also nicht sicher zu entscheiden. Höchstens spricht die Tatsache, daß Benjamin in allen Formen des Zwölfstämmesystems erscheint, eher dafür, daß er sich von Anfang an auf dem Boden des Kulturlandes als selbständige Größe konstituierte.

„Das Haus Joseph“ zerfiel in die beiden Unterteile Manasse und Ephraim[2], die tatsächlich selbständige Stämme waren und in der-

[1] Der Name *Banū-Jamina* = „Benjaminiten“ kommt häufig in den Mari-Texten aus dem 18. Jahrh. v. Chr. (vgl. u. S. 187 f.) als Stammesbezeichnung vor (Belegstellen bei J. BOTTÉRO et A. FINET, Archives royales de Mari XV [1954] S. 122). Da hier daneben auch die Stammesbezeichnung *Banū-Sim'āl* begegnet, dürfte die Erklärung der beiden Namen als „die Südlichen“ und „die Nördlichen“ für gesichert anzusehen sein. Über die Namengleichheit hinaus ist im Hinblick auf den zeitlichen und räumlichen Abstand ein geschichtlicher Zusammenhang zwischen den *Banū-Jamina* der Mari-Texte und den Benjaminiten des Alten Testaments kaum anzunehmen. [2] Dies war die ursprüngliche Reihenfolge; vgl. Num 26 29 ff.; Gen 48 1. 13 f. Um seiner geschichtlichen Bedeutung willen ist Ephraim später vorausgestellt worden.

jenigen Form des Zwölfstämmesystems, die den Stamm Levi nicht einschließt, als solche auch gezählt wurden. Das „System der Stammesgrenzen“ hat diesem Tatbestand in der Weise Rechnung getragen, daß es durch einen Zusatz aus dem Gesamtgebiet „Joseph“ nachträglich den südlichen Teil des samarischen Gebirges südlich von Sichem als Sondergebiet für Ephraim abgrenzte (vgl. Noth, ZDPV 58 [1935] S. 203f.). Nach Jos 17 1ff. Ri 5 14 will es so scheinen, als hätten die Unterteile von Joseph zunächst Machir und Ephraim geheißen (letzterer wieder benannt nach dem Gebiet, in dem seine Wohnsitze lagen; s. o. S. 52f.). Machir aber ist nachträglich in das Ostjordanland abgewandert, so daß der Ausdruck „Machir, der Vater von Gilead“ (Jos 17 1 I Chr 7 14 u. ö.) zu einer stereotypen Redensart wurde, während der außer Ephraim im Westjordanland zurückbleibende Rest von Joseph nunmehr aus uns unbekannten Gründen den zusammenfassenden Namen Manasse erhielt. Die deuteronomistische Geschichtsbearbeitung hat dann den ostjordanischen Machir dem westjordanischen Manasse genealogisch untergeordnet und ihn einfach als die ostjordanische Hälfte von Manasse bezeichnet, ihm als Gebiet den *'adschlūn* sowie den *dschōlān* und die *nuḳra* (= Basan) zugewiesen (vgl. Jos 13 30f.) und zugleich mehrfach betont, daß dieses Gebiet ebenso wie die Gebiete von Gad und Ruben bereits vor dem Übergang der israelitischen Stämme in das Westjordanland in Besitz genommen wurde. In Wirklichkeit kennt das aus der Richterzeit stammende Stammesgrenzensystem keinen israelitischen Stämmebesitz im *'adschlūn* mit seiner Nachbarschaft und in der *nuḳra*, setzt vielmehr zunächst die geschlossene Größe Joseph und dann wahrscheinlich nebeneinander Machir und Ephraim auf dem samarischen Gebirge voraus, so daß die Schlußfolgerung gerechtfertigt erscheint, daß erst nach der Entstehung dieses Systems, also erst im Verlaufe der Richterzeit, der Übergang Machirs oder eines Teils von ihm vom samarischen Gebirge in das Ostjordanland, und zwar speziell wohl in den Bereich am Nordrand des *'adschlūn*-Gebirges, zu erfolgen begann. Dieser Vorgang, über den einige Einzelheiten in Num 32 39-42 mitgeteilt werden, bleibt uns freilich in seinen geschichtlichen Voraussetzungen und seinem Verlauf einigermaßen dunkel. Bis in das alte Stadtstaatengebiet des Landes Basan (vgl. dazu M. Noth, BBLAK 68, 1 [1949] S. 2ff.) hat sich diese machiritische Neusiedlung entgegen den deuteronomistischen Angaben schwerlich ausgedehnt. Hingegen hatten wohl schon vorher ephraimitische Sippen in ähnlicher Weise auf das ihnen gegenüberliegende Stück des mittelostjordanischen Berglandes unmittelbar südlich des Jabbok übergegriffen, sich vor allem im Gebiet der heutigen *arḍ el-'arḍe* angesiedelt und diesem Gebiet nach dem benachbarten „Gilead-Gebirge“ und der Stadt „Gilead“ (vgl. o. S. 57) den Namen „Gilead“ gegeben (vgl. M. Noth, PJB 37 [1941] S. 64ff.; ZDPV 75 [1959] S. 30ff.).

Es bleiben noch jene vier Stämme übrig, die in Gen 49 16-21 zwischen Lea- und Rahel-Gruppe stehen, in Num 26 die Reihe der Stämme beschließen (außer Gad) und in der personifizierenden Sage von Gen 29 31 bis

30 24 nicht ebenbürtige Mägde als Stammütter zugewiesen erhalten. Was das letztere bedeuten soll, ist nicht klar; jedenfalls wohnten diese Stämme alle irgendwo an der Peripherie des israelitischen Gebiets. Asser und Naphtali saßen auf dem galiläischen Gebirge, Asser am Westrande, nördlich gewiß nicht über den *dschebel el-muschakkah* (s. o. S. 19. 20) hinaus, Naphtali am Ostrande, westlich des Tiberiassees und des oberen Jordangrabens; der Ort Kedes auf dem Gebirge nordwestlich des *ḥūle*-Sees (arabisch *ḳedes*) wird Ri 4 6 als *Ḳädäš Naphtali* näher bestimmt. Das „System der Stammesgrenzen" hat in Jos 19 24-31 das Gebiet Assers in der Theorie mächtig überdehnt, indem es die tatsächlich im Besitz kanaanäischer Städte verbliebenen Gebiete der Akko-Ebene und der ganzen Jesreel-Ebene mitsamt dem Karmel und dem Karmelvorland Asser zuweist und in einem Zusatz das Gebiet von Asser sogar bis nach Tyrus und Sidon ausdehnt; und außerdem hat es die Gebiete von Asser und Naphtali bis in das Innere Obergaliläas reichen und sich dort berühren lassen, was wahrscheinlich ebenfalls nur Theorie ist. — Dan hat nach Ausweis von Ri 1 34 f. Ri 13—16 (Simsongeschichten) und Ri 18 2 anfangs einmal im Nordteil der *šᵉphela* zwischen den Kanaanäerstädten Ajjalon (*jālo*) und Beth-Semes (arabisch *tell er-rumēle* bei *ʿēn schems*) bei Zora (hebr. *Ṣorʿa*, arabisch *ṣarʿa*) und Esthaol gewohnt und hier seßhaft zu werden versucht. Als das wegen der Überlegenheit der benachbarten Kanaanäerstädte nicht gelang, hat Dan sich nach Ri 18 im obersten Jordangraben angesiedelt, die an einer der Jordanquellen gelegene Stadt *Lajiš* (*tell el-ḳāḍi*) erobert, zu seinem eigenen Mittelpunkt gemacht und ihr den Namen Dan gegeben (vgl. die häufige Redensart „von Dan bis Beer-Seba"). Der Bearbeiter des geographischen Abschnitts Jos 13—19 hat der Tatsache des anfänglichen Wohnens des Stammes Dan in der *šᵉphela* so Rechnung zu tragen versucht, daß er die Ortsliste des 5. judäischen Gaus (s. u. S. 91) unter Hinzufügung der aus Ri 13 25 u. ö. bekannten Orte Zora und Esthaol zur Umschreibung des Gebietes von Dan verwandte (Jos 19 40-48), mit dem diese Liste von Hause aus sachlich gar nichts zu tun hat, und daß er aus dem „System der Stammesgrenzen", das Dan bereits in seinem späteren Wohnsitz im oberen Jordangraben kannte, die Grenzbeschreibung von Dan wegließ (diese scheint sich in Num 34 7-11 Ez 47 15-18 48 1 erhalten zu haben; vgl. Noth, Das Buch Josua [²1953] S. 120f.; dagegen Elliger, PJB 32 [1936] S. 34ff.). Eine nennenswerte geschichtliche Rolle hat der ganz am Rande wohnende Stamm Dan nicht gespielt. — Gad endlich saß am Rande des ostjordanischen Gebirges östlich des untersten Jordangrabens. Nach Num 32 1 (vgl. auch Num 21 32) hatte er sich zuerst „im Lande (der Stadt) Jaser (*jaʿzer*)" festgesetzt; und dieses Jaser ist nach den Angaben des Eusebius im Einzugsbereich des *wādi kefrēn* zu suchen und speziell vermutlich auf dem *tell ʿarēme* (3 km nordwestlich des heutigen *nāʿūr*) anzusetzen (vgl. R. Rendtorff, ZDPV 76 [1960] S. 129ff.). Von dieser Gegend aus haben die Gaditen ihr Gebiet nach Süden zu entlang dem Westrand der südlichen *belḳa* bis zum *sēl hēdān* und *sēl el-mōdschib* (Arnon) ausgedehnt.

In diesem ganzen Bereich kennt schon das „System der Stammesgrenzen" ein israelitisches Stammesgebiet, das es zweifellos eben dem Stamm Gad zuwies; und in der Mitte des 9. Jahrh. v. Chr. bemerkt der moabitische König Mesa in seiner berühmten Inschrift (s. u. S. 196) Z. 10, daß „der Mann von Gad" schon „seit alters" „im Lande Ataroth" (= *'aṭṭārūs* ca. 10 km nördlich des *sēl hēdān*) gesessen habe. Das wäre also der am frühesten bezeugte ostjordanische Besitz Israels. Seit wann Gad an dieser Stelle saß, wissen wir nicht mehr. Daß nach Ri 3 12ff. in der Richterzeit einmal ein Moabiterkönig den größeren südlichen Teil der *belḳa* beherrscht hat und von da sogar das westjordanische Territorium von Jericho besetzte, kann eine vorübergehende Sache gewesen sein und schließt nicht aus, daß der Stamm Gad damals bereits etwas abseits im oberen *wādi kefrēn* wohnte. Num 21 27-30 ist ein altes Siegeslied auf die Eroberung der Stadt Hesbon (heute *ḥesbān*) und vielleicht auch anderer Städte in der *belḳa*, bei der es sich geschichtlich wahrscheinlich um die erwähnte Erweiterung des Kulturlandbesitzes des Stammes Gad handelt.

2. Andere Völker im Raum und Umkreis Palästinas (vgl. dazu die Kartenskizze S. 63). Die israelitischen Stämme sind zu keiner Zeit der Geschichte die Alleinbesitzer des palästinischen Kulturlandes gewesen. Sie fanden bei ihrer Landnahme das Land bereits von einer bunt zusammengesetzten Bevölkerung in bestimmten Gegenden dicht besiedelt vor. Politisch lebte diese vorisraelitische Bevölkerung vorwiegend in einer großen Menge von Zwergkönigtümern, Stadtherrschaften, mit einer festen Stadt jeweils als Mittelpunkt, mit einem „König" als Herrscher und einer wahrscheinlich wenig zahlreichen Herrenschicht und mit einer abhängigen Untertanenbevölkerung, die die Arbeit leistete und besonders das zur Stadt gehörige Ackerland bestellte. Außer dem Alten Testament selbst (vgl. etwa die Liste besiegter kanaanäischer Könige in Jos 12 13b-24 und die Aufzählung nicht bezwungener Stadtstaaten in Ri 1 21. 27ff. und sonstige Einzelangaben) vermitteln vor allem die Amarna-Tafeln (s. u. S. 185f.) ein deutliches Bild von diesem Stadtstaatenwesen (zum Ganzen vgl. vor allem Alt, Die Landnahme der Israeliten in Palästina [Leipziger Dekanats-Programm 1925; wiederabgedruckt in Kleine Schriften zur Geschichte des Volkes Israel I ([2]1959) S. 89—125]). Die vorisraelitischen Stadtstaaten lagen vor allem in den von der Natur begünstigten Teilen des Landes, d. h. vor allem in den Ebenen, in der Akko-Ebene, der Jesreel-Ebene und der Küstenebene südlich des Karmel bis zu deren Übergang in die Sinaiwüste, dazu noch in dem von Natur ebenfalls sehr reichen Gebiet beiderseits des Jarmuk im Ostjordanland. In den gebirgigen Teilen des Landes gab es Stadtstaaten nur in geringer Zahl, auf dem samarischen Gebirge die Stadt Sichem, weiter südlich Jerusalem und die in seiner Nähe gelegenen, in Jos 9 17 aufgeführten vier Stadtstaaten, noch weiter südlich vor allem Hebron (vgl. besonders Num 13 22) und wohl auch Kirjath-Sepher (Jos 15 15f. Ri 1 11f.). Die Untertanenbevölkerung in diesen Stadt-

staaten war gewiß längst im Lande beheimatet; sie sprach einen westsemitischen Dialekt (vgl. die der Landessprache entnommenen „kanaanäischen“ Glossen in den Amarna-Tafeln), den später die im Lande heimisch werdenden israelitischen Stämme übernahmen und der uns als „Hebräisch“ bekannt ist. Die Herrenschicht hingegen war ziemlich bunt zusammengewürfelt, wie aus den in den Amarna-Tafeln vorkommenden Namen von Stadtfürsten sowie aus den Namenzusammenstellungen auf einigen in *tell ta'annek* gefundenen Tontafeln (vgl. dazu A. Gustavs, Die Personennamen in den Tontafeln von Tell Ta'annek [ZDPV 50 (1927) S. 1—18; 51 (1928) S. 169—218]) hervorgeht. Da begegnen neben natürlich vorhandenen „kanaanäischen“ Namen in auffällig großer Zahl churrische (s. u. S. 208f. 215f.), daneben vereinzelt auch indo-iranische, auch babylonische Namen (Weiteres bei M. Noth, Die syrisch-palästinische Bevölkerung des zweiten Jahrtausends v. Chr. im Lichte neuer Quellen [ZDPV 65 (1942) S. 9—67]). Durch bestimmte geschichtliche Bewegungen (dazu s. u. S. 229ff.) waren diese verschiedenen Elemente wie nach Syrien im ganzen, so auch nach Palästina gelangt. Von den israelitischen Stämmen aus gesehen konnten sie gleichwohl im Blick auf ihre Lebensart, Kultur und politische Verfassung als die vor ihnen dagewesenen Landesbewohner mit einigem Recht als eine gewisse Einheit betrachtet werden. Das Alte Testament, u. a. die jahwistische Schicht im Pentateuch, nennt sie kurz „die Kanaanäer“ (zur Herkunft des Namens s. o. S. 45ff.), ohne sie damit natürlich als ethnische Einheit bezeichnen zu wollen. Abweichend vom alttestamentlichen Sprachgebrauch verwendet die moderne Wissenschaft das Wort „kanaanäisch“ gern zur Bezeichnung einer Dialektgruppe, nämlich der auf dem Boden Syriens und Palästinas gesprochenen ältesten semitischen Dialekte; von da aus wird das Wort „Kanaanäer“ dann auch oft in ethnographischer Bedeutung gebraucht. Dem Alten Testament sind diese Verwendungsweisen fremd. Anderwärts im Alten Testament, z. B. bei E im Pentateuch, werden die vorisraelitischen Landesbewohner unter der Bezeichnung „Amoriter“ zusammengefaßt. Diese knüpft wahrscheinlich einfach an die häufige akkadische Benennung des „Westens“ als „Land *Amurru*“ an. Was im „Westen“ beheimatet war, galt danach kurzerhand als „Amoriter“; und die Leute aus Syrien-Palästina mögen sich im Zweistromland selbst als „Westliche“ = „Amoriter“ vorgestellt haben. Etwas Ähnliches wird von der gelegentlichen Verwendung der Bezeichnung „Hethiter“ für die vorisraelitische Bewohnerschaft (so z. B. bei P im Pentateuch: Gen 23 $_{3ff.}$ 26 $_{34}$ 27 $_{46}$ 49 $_{29f.}$ u. ö.) zu gelten haben; auch sie stammt aus dem zweistromländischen Gesichtskreis und beruht am ehesten auf der assyrischen Benennung von Syrien und Palästina als „Land *Ḫatti*“, und diese wiederum erklärt sich aus der Existenz „späthethitischer“ Kleinstaaten in Nordsyrien, auf die die Assyrer zuerst stießen, wenn sie nach Syrien-Palästina vordrangen. — Die Tatsache der Uneinheitlichkeit der vorisraelitischen Bewohnerschaft wird im Alten Testament aber doch gelegentlich zum Ausdruck gebracht, vor allem in jener Zusammenstellung von sieben traditionellen Namen (unter Einschluß der drei soeben behandelten Namen) von Völkern des Landes, die wiederholt — wenn auch nicht überall vollständig und in sehr verschiedener Anordnung — im Alten Testament vorkommt (das Material bei FR. M. TH. BÖHL, Kanaanäer und Hebräer [1911] S. 63f.). Die Namen selbst (außer den schon behandelten) sind freilich teilweise nicht mehr deutbar und in ihrer speziellen Beziehung nicht mehr bestimmbar; nur von den Jebusitern sagt das Alte Testament wiederholt, daß sie im Stadtstaat von Jerusalem zu suchen seien (II Sam 5 6 u. ö.). Aber die Häufung der Namen bezeichnet als solche die Verschiedenartigkeit der vorisraelitischen Landesbewohner.

In diese Welt der „Kanaanäer" eingetreten ist auch dasjenige Bevölkerungselement Palästinas, das etwa gleichzeitig mit den israelitischen Stämmen neu im Lande auftauchte, die Philister. Die Bewegung der „Seevölker" (s. u. S. 220) hatte sie nach einem mißglückten Angriff auf Ägypten in den südlichen Teil der palästinischen Küstenebene verschlagen, und die Ägypter hatten sie in diesem ihrem — wenigstens noch nominellen — Hoheitsgebiet angesiedelt (vgl. A. ALT, ZDPV 67 [1944] S. 1—20 = Kleine Schriften I [²1959] S. 216—230); so hatten sie sich dort als Herrenschicht niedergelassen und in fünf alten „kanaanäischen" Stadtkönigtümern Zentren ihrer eigenen Herrschaft aufgerichtet; ihre fünf Städte waren: Gaza (= heute *ghazze*), Askalon (arabisch *'asḳalān*), Asdod (arabisch *esdūd*), Ekron (nach ursprünglich richtiger Vokalisation: *'Akḳaron*; wahrscheinlich = *chirbet el-muḳanna'* knapp 20 km östlich von Asdod [vgl. J. NAVEH, IEJ 8 (1958) S. 87—100. 165—170]), Gath (weiter landeinwärts als die anderen Städte, vielleicht = *tell en-nadschīle* [isr.: *tel nᵉgila*]; vgl. S. BÜLOW und R. A. MITCHELL, IEJ 11 [1961] S. 101—110). Den Philistern verwandte andere „Seevölker" haben auch weiter nördlich in der Küstenebene gesessen. So wissen wir aus dem Bericht eines ägyptischen Beamten namens Wen-Amun (in Übersetzung von E. EDEL bei K. GALLING, Textbuch zur Geschichte Israels [1950] S. 36 bis 43), daß die neben den Philistern unter den „Seevölkern" aufgeführten *Ṯkr* (Vokalisation unbekannt)[1] um 1100 v. Chr. in der Stadt Dor im Karmelvorland (arabisch *chirbet el-burdsch* bei *eṭ-ṭanṭūra* [isr.: *dor*]) saßen. Möglicherweise sind Elemente der „Seevölker"-Bewegung, also Verwandte der Philister, auch in die Jesreelebene und die Ebene des *nahr dschālūd* (isr.: *ḥarod*) vorgedrungen und dort seßhaft geworden. Gewisse Ausgrabungsfunde von Beth-Sean aus dem 12. Jahrh. (vgl. ALT, PJB 22 [1926] S. 118f.) sowie die geschichtliche Rolle von Beth-Sean bei dem Entscheidungskampf der Philister gegen Saul (I Sam 31 10. 12) könnten dafür sprechen. Alle diese „Seevölker" kamen aus der Welt des östlichen Mittelmeers her, ohne daß ihre Heimat und die Stationen ihrer Wanderungen noch sicher

---

[1] Ramses III. nennt als von ihm besiegte „Seevölker" wiederholt nebeneinander *Prst* (= Philister) und *Ṯkr* (vgl. BREASTED, Ancient Records of Egypt IV § 44. 64. 403).

ermittelt werden könnten[1]. Die Philister werden im Alten Testament wiederholt als „die Unbeschnittenen" bezeichnet, da sie im Unterschied von den Ägyptern und von den meisten Völkern Syriens und Palästinas den Brauch der Beschneidung nicht kannten. — Die Mittelmeerküste von der Akko-Ebene an nordwärts nahm seit alters (sicher bereits das ganze II. Jahrtausend hindurch und sehr wahrscheinlich schon während des III. Jahrtausends) jene semitische Bevölkerung ein, die die Griechen später „Phöniker" genannt haben und der ursprünglich der Name „Kanaanäer" speziell zukam (vgl. o. S. 47f.); im Alten Testament werden diese Küstenbewohner nach der zu Zeiten bedeutendsten ihrer Städte im Palästina benachbarten südlichen Teile ihres Landes „Sidonier" genannt.

Einem ähnlichen Stadium der geschichtlichen Entwicklung wie die israelitischen Stämme selbst gehören einige nahe verwandte Völker an, die im Osten Palästinas seßhaft wurden und zur Ausbildung staatlicher Formen gelangten. Von Süden nach Norden aufgezählt hätten wir da zunächst die Edomiter[2]; ihr Kerngebiet war das Gebirge auf der Ostseite des *wādi el-'araba*, südlich des *wādi el-ḥesa*, das das Tote Meer an seinem äußersten Südende erreicht. Südwestwärts erstreckte sich ihr Bereich bis zur Küste des Golfes von *el-'aḳaba* mit den alten Hafenstädten *'Äṣjon-Gäbär* (heutzutage = *tell el-chlēfi*; vgl. Fr. Frank, ZDPV 57 [1934] S. 243f. und über die an Ort und Stelle unternommenen Ausgrabungen, die bemerkenswerte Metallverarbeitungsanlagen aufgedeckt haben, N. Glueck, BASOR 71 [1938] S. 3—17; 72 [1938] S. 2—13; 75 [1939] S. 8—22; 79 [1940] S. 2—18; 80 [1940] S. 3—10; 82 [1941] S. 3—11) und *'Elat* (wohl ungefähr an der Stelle des heutigen *el-'aḳaba*). Wieweit die Edomiter ihren Machtbereich bis auf die Westseite des *wādi el-'araba* ausgedehnt haben und seit wann das geschehen ist (vgl. dazu die Bearbeiterbemerkungen in Num 34 3 Jos 15 1 u. a.), wissen wir nicht mehr genau; in nachexilischer Zeit drängten sie jedenfalls von Süden her gegen das westjordanische Kulturland vor[3]. Mit ihrem alten Kerngebiet besaßen sie wertvolle Bodenschätze (s. o. S. 40) und durch den Golf

---

[1] Eine der Stationen der Philisterwanderung scheint Kreta (im Alten Testament: Kaphthor [Jer 47 4; Am 9 7]) gewesen zu sein. Vgl. auch das Wort *k^ereti* (doch wohl = „Kreter"), das Ez 25 16 Zeph 2 5 die Philister zu bezeichnen scheint und I Sam 30 14 ein Bevölkerungselement bezeichnet, das Besitzanteil am Negeb hatte. Die Reimwortbildung *k^ereti u-ph^eleti* als Bezeichnung für eine Truppe Davids (II Sam 8 18 u. ö.) meint doch wohl „Kreter und Philister".

[2] Vgl. Fr. Buhl, Geschichte der Edomiter (Leipziger Dekanats-Programm 1893).

[3] Gen 36 31-39 werden die Namen einer Reihe von acht edomitischen Königen überliefert, die vor dem Aufkommen eines israelitischen Königtums dort geherrscht hatten; die Edomiter waren also wie die Moabiter früher als die Israeliten, wenn auch nicht zur Seßhaftigkeit, so doch zur Ausbildung von staatlichen Formen gelangt.

von *el-ʿaḳaba* den Zugang zum Roten Meere. Edom war daher für die Könige von Juda von Bedeutung und Interesse, und von David an haben sie wiederholt Edom unterworfen und zur Provinz des Staates Juda gemacht. — Die nördlichen Nachbarn der Edomiter waren die Moabiter, wie jene etwa im 12. Jahrh. v. Chr. zur Seßhaftigkeit und zur Staatsbildung gelangt (vgl. die archäologischen Feststellungen von N. GLUECK, Explorations in Eastern Palestine I—IV, AASOR 14 [1934] S. 1—113; 15 [1935] S. 1—202; 18/19 [1939] S. 1—288; 25/28 [1951] S. 1—711). Das vorhandene Material über die Moabiter und ihre Geschichte findet sich zusammengestellt bei A. H. VAN ZYL, The Moabites (Pretoria Oriental Series 3 [1960]). Ihr Gebiet lag zwischen dem Toten Meere und der syrisch-arabischen Wüste, vom *wādi el-ḥesa* im Süden an bis zum *sēl el-mōschib* (Arnon) im Norden. Sie haben ihr Gebiet zu Zeiten der Macht bis über den Arnon hinaus in die *belḳa* ausgedehnt und jedenfalls den Anspruch auf die *belḳa* grundsätzlich nicht aufgegeben (vgl. Ri 11 15-26 und Mesa-Inschrift [s. u. S. 196] Z. 4ff.). Dem Moabiterkönig Mesa ist es, nachdem das Gebiet zwischen *sēl el-mōdschib* (Arnon) und *wādi el-wāle* mit der Stadt Dibon (heute *dībān*) bereits vorher unter moabitische Herrschaft gekommen war, in der Mitte des 9. Jahrhs. gelungen, die südliche *belḳa* offenbar für längere Zeit an Moab zurückzubringen, während der judäische König Josia am Ende des 7. Jahrhs. sie vorübergehend und teilweise wieder besessen hat (vgl. ALT bei PROCKSCH, König Josia [Zahn-Festgabe (1928)] S. 47f.). — Am Ostrande der *belḳa* im Bereich des Jabbok-Oberlaufs saßen auf einem ziemlich kleinen Gebiet die Ammoniter im Umkreis um ihre Hauptstadt *Rabbat b^e^ne ʿAmmon* oder kurz *Rabba* (heute *ʿammān*, die Hauptstadt von Jordanien). Auch sie sind erst im 12. Jahrh. seßhaft geworden (vgl. N. GLUECK a. a. O.). Im einzelnen ist über die Geschichte der Ammoniter — abgesehen von ihren gelegentlichen feindlichen Beziehungen zu den ihnen westlich benachbarten ostjordanischen Israeliten — nicht sehr viel bekannt. Zu dem bisher noch spärlichen archäologischen Material, das über die ammonitische Geschichte einiges aussagt, vgl. vor allem W. F. ALBRIGHT, Notes on Ammonite History (Miscellanea Biblica B. Ubach [1954] S. 131—136). Die Ammoniter haben ihre Grenzen — jedenfalls da, wo es ihnen erforderlich schien — durch ein System von Befestigungen (Türme, kleine Kastelle) zu schützen versucht. Untersucht sind bisher vor allem diese Befestigungen entlang der ammonitschen Westgrenze (gegen Israel) von dem Westrande der *buḳēʿa* (nordwestlich von *eṣ-ṣuwēliḥ*) an südwärts über die Höhen östlich der heutigen Orte *wādi es-sīr* und *nāʿūr* bis in den Raum südöstlich von *nāʿūr* (vgl. die Einzelheiten im Anschluß an die grundlegenden archäologischen Feststellungen von N. GLUECK bei H. GESE, ZDPV 74 [1958] S. 55—64; R. HENTSCHKE, ZDPV 76 [1960] S. 103—123; G. FOHRER, ZDPV 76 [1961] S. 56—71).

Am Nordostrande Palästinas saßen — wohl ungefähr seit der Zeit der israelitischen Landnahme — Aramäer, die zur Zeit des Königs David eine ganze Reihe von Staatswesen gebildet hatten. Die größte und mächtigste Aramäerherrschaft war damals die von *'Aram-Ṣoba* II Sam 8 3ff. 10 6ff.), deren Hauptgebiet das Land zwischen Antilibanon und syrisch-arabischer Wüste gewesen zu sein scheint (an diesem Gebiet scheint der Name *Ṣoba* zu haften; vgl. Noth, PJB 33 [1937] S. 40ff.), die zugleich damals aber auch die *biḳā'* zwischen Libanon und Antilibanon sich untertan gemacht zu haben scheint und über die im syrischen Binnenlande weit nach Norden bis zum Euphrat hin sitzenden Aramäer eine Art Oberhoheit ausübte (vgl. II Sam 8 3 10 16). Kleinere Aramäerstaaten waren die von *Bet-Reḥob* (II Sam 10 6), von *Ma'aka* (II Sam 10 6. 8), von *Gešur* (II Sam 15 8 u. ö.) und von Damaskus (II Sam 8 5f.). Wenn *Bet-Reḥob* mit dem heutigen *riḥāb* identisch sein sollte, dann wäre *'Aram Bet-Reḥob* ein wahrscheinlich kleiner Aramäerstaat am Ostrande des *'adschlūn* nördlich des Ammonitergebietes gewesen. Der Name *Ma'aka* lebte in dem Namen der später israelitischen Stadt *'Abel Bet-Ma'aka* (II Sam 20 14f. u. ö.) = *ābil* am Nordrande des oberen Jordangrabens fort; danach hat der (ebenfalls kleine) Aramäerstaat (*Bet-*)*Ma'aka* etwa in der Gegend des *merdsch 'ajūn* zwischen den Südenden von Libanon und Antilibanon gelegen. Die häufige Zusammenstellung der Namen *Gešur* und *Ma'aka* läßt vermuten, daß diese beiden Aramäerstaaten einander benachbart waren. Man darf daher *Gešur*, ohne daß wir allerdings bestimmte Angaben der Überlieferung dafür hätten, etwa am Nordende des *dschōlān* suchen. *'Aram-Dammäsäḳ* war anfangs wohl auch nur ein kleiner Aramäerstaat gewesen, der sich auf dem Boden des alten Stadtstaates von Damaskus gebildet hatte. Als nach dem Eingriff Davids in die Unabhängigkeit der Aramäer (vgl. II Sam 8 3-8 10 6-19) diese zur Zeit Salomos sich wieder selbständig machten (I Kön 11 23-25), da ging diese Bewegung von Damaskus aus; und Damaskus wurde nunmehr zum Mittelpunkt eines einen großen Teil der Aramäer umfassenden Reiches, das im 9. und auch noch im 8. Jahrh. die erste Macht in Syrien darstellte und lange Zeit der gefährlichste Gegner des Staates Israel war (zur Frühgeschichte der Aramäer am Rande und in der Nachbarschaft des palästinischen Kulturlandes vgl. im einzelnen M. Noth, BBLAK [= ZDPV] 68, 1 [1949] S. 19ff.).

Palästina ist im Süden und Südosten Nachbar von Wüstengebieten und hat deshalb von jeher Beziehungen zu den nicht seßhaften Wüstenbewohnern gehabt, von denen immer wieder Teile im Kulturland seßhaft zu werden versucht haben. So haben die Süd- und Ostgrenze des Kulturlandes stets den Vorgang des Übergangs nicht seßhafter Elemente zur Seßhaftigkeit in seinen verschiedenen möglichen Stadien gesehen. Für die israelitischen Stämme lag diese Berührung mit den Wüstenbewohnern, da zu ihrer Zeit am Ostrande des Kulturlandes noch die soeben genannten Völker der Edomiter, Moabiter, Ammoniter und Aramäer saßen, vor allem am Südrande des Westjordanlandes. Südlich vom Stamme Juda kennen wir in der Tat verschiedene Sippen, die — ähnlich wie wohl der sich bildende Stamm Juda selbst — aus der südlichen Wüste gekommen waren und mit ihrem Seßhaftwerden dann früher oder später im Stamme Juda aufgingen. Die um Hebron (*el-chalīl*) sitzende kenisitische Sippe Kaleb, deren Ahnherr Kaleb nachträglich einfach als Judäer bezeichnet wurde, wurde bereits oben S. 64 behandelt. Südwestlich von Kaleb saß im Gebiet der von ihr eroberten alten Stadt Kirjath-Sepher, die in Debir umbenannt wurde (wahrscheinlich anzusetzen auf der heutigen *chirbet rabūḍ* 13 km südwestlich von Hebron; vgl. K. Galling, ZDPV 70 [1954] S. 135—141), die ebenfalls kenisitische Sippe Othniel (Jos 15 17 = Ri 1 13). *Ḳ^enaz* war der Name eines Sippenverbandes, von dem nach Gen 36 11. 42 Teile auch zu den Edomitern gehörten. Kaleb und Othniel sind wahrscheinlich schon sehr früh zur Seßhaftigkeit übergegangen. Das gilt weniger von den Kenitern, die zwar im Laufe der Königszeit ein kleines Gebiet südlich von Hebron am Rande der Wüste Juda innehatten[1], aber erst zur Zeit des Königs Saul sich aus dem Verband der nicht seßhaften Amalekiter (s. u.) losgelöst hatten und dann offenbar in den Verband des Stammes Juda eingegangen waren (I Sam 15 6). In der Richterzeit begegnet nach Ri 4 11. 17 5 24 ein Keniter noch mit seinem Zelt, der Wohnung des Nomaden, im Norden Palästinas, anscheinend im galiläischen Gebirge, der nicht als Angehöriger Israels gilt (4 17); er wird nicht der einzige Keniter gewesen sein, der so, wohl als Handwerker (vgl. den Hammer 4 21), ohne Zugehörigkeit zu den „Kanaanäern" oder Israeliten im Kulturlande lebte, wenn er sich auch durch seinen Aufenthalt in Galiläa von den (übrigen) Kenitern räumlich „getrennt hatte" (4 11). Neben den Kenitern erscheinen in I Sam 27 10 30 29 die Jerahmeeliter, die — wahrscheinlich in ähnlicher Weise wie die Keniter — im Negeb lebten. Die späte Genealogie von I Chr 2 9. 25 ff. 42 macht Jerahmeel wie Kaleb zum Judäer. Die Jerahmeeliter, über die wir sonst nichts Genaueres wissen, sind also schließlich wie die vorher genannten Gruppen in das größere Ganze des Stammes Juda eingegangen.

Reine Nomadenstämme gab es nur außerhalb des eigentlichen Palästina. Im Süden, in der Sinaiwüste, lebte der anscheinend größere Nomadenstämmeverband der Amalekiter, mit denen die israelitischen Stämme, soweit sie im Süden des Westjordanlandes sich aufhielten, in Nachbarschaft und ständigen Auseinandersetzungen lebten (vgl. Ex 17 8-16, bes. V. 16). Noch Saul hat gegen die Amalekiter zu kämpfen gehabt (I Sam 15 2 ff.); und David hat in der Zeit seiner Lehensabhängigkeit von den Philistern in Ziklag eine kriegerische Auseinandersetzung mit ihnen gehabt (I Sam 30 1 ff.). Danach hören wir von ihnen nichts mehr. — Noch weiter entfernt, auf der Ostseite des Golfes von *el-'aḳaba*, lag das Hauptweidegebiet der nomadischen Midianiter; dort gab es jedenfalls in späterer Zeit nach dem Zeugnis des Geographen Ptolemäus (VI 7 2. 27) und arabischer Geographen einen Ort *Madian* o. ä. Die Midianiter haben gelegentlich — nach weiter Wanderung unter Verwendung des domesti-

[1] Der 8. judäische Gau (s. u. S. 91), in dem der Ort „das Sanoah der Keniter" (Jos 15 56/57) vorkommt, umfaßte wohl eben das Wohngebiet der Keniter in der späteren Königszeit.

zierten Kamels als Reittieres, das in diesem Zusammenhang zum ersten Male geschichtlich in Erscheinung tritt (zur Frage des Zeitpunktes der Domestikation des Kamels vgl. W. F. ALBRIGHT, From the Stone Age to Christianity [[1]1940] S. 120f.; R. WALZ, ZDMG N. F. 26 [1951] S. 29—51; 29 [1954] S. 45—87) — zu Raubzügen den Boden Palästinas betreten; sie brachen dann, von der Wüste durch das Ostjordanland herkommend, zur Erntezeit in die fruchtbaren westjordanischen Ebenen ein, um den Ertrag des Landes zu rauben, solange ihnen dort kein entschlossener Widerstand geleistet wurde (vgl. vor allem Ri 6 2ff. 33ff.)[1]. In Gen 25 2. 4 werden die Midianiter genealogisch von Abraham abgeleitet. — Ebenfalls von Abraham genealogisch abgeleitet wird in Gen 25 12-18 der Nomadenstämmeverband der Ismaeliter, der nach der Angabe von Gen 25 18 in Nordwestarabien und der Sinaiwüste gelebt hätte. In der Geschichte begegnen uns die Ismaeliter nicht weiter; nur als Führer durch das palästinische Kulturland ziehender Kamelkarawanen kommen sie bei J in der Josephsgeschichte (Gen 37 25. 27f. 39 1) vor, während E im gleichen Zusammenhang von Midianitern spricht (Gen 37 28. 36). — In späten Schriften des Alten Testaments (bes. Neh und Chr) kommen wiederholt die „Araber" vor. Nach Neh 2 19 4 1 u. a. (vgl. dazu ALT, PJB 27 [1931] S. 73f.) scheint die nachexilische Provinz auf dem Südteil des judäischen Gebirges und im Negeb in persischer Zeit zeitweise den Namen „Arabien" geführt zu haben. Der Name, der auch schon in Königsinschriften des neuassyrischen Reiches auftaucht (vgl. E. EBELING, RLA I [1932] S. 125f.), käme dann wohl daher, daß die Bewohner dieser Provinz zum großen Teil Angehörige der in den an die Kulturländer angrenzenden Wüsten als Nomaden lebenden Stämme waren und danach im Unterschied von den alten Kulturlandbewohnern bezeichnet wurden. Denn „Araber" scheint von Hause aus eine sehr weit gefaßte und daher nicht genau festgelegte Bezeichnung für eben diese Nomaden der Wüste gewesen zu sein.

3. Die Verkehrswege des Landes im Altertum. Zur historischen Geographie und Siedlungsgeschichte eines Landes gehört auch eine Übersicht über die von den Landesbewohnern genutzten oder geschaffenen Verkehrsmöglichkeiten. Nachdem die Menschen bereits in neolithischer Zeit damit begonnen hatten, in festen Ansiedlungen beieinander zu wohnen (vgl. u. S. 116f.), haben sie gewiß bald auch gelernt, über den begrenzten Kreis ihrer jeweils eigenen Ansiedlung hinauszublicken und zur Kenntnis zu nehmen, daß andere Menschen in anderen Ansiedlungen lebten; und damit ergab sich wohl schnell das Bedürfnis, Verbindungen zwischen den Ansiedlungen zu suchen, sei es zum Zwecke friedlichen Austauschs von Gütern, sei es auch mit der feindlichen Absicht gegenseitiger Bekämpfung und Überwältigung. Die Verkehrsmöglichkeiten

[1] Wenn in Ri 6 3. 33 7 12 mit den Midianitern auch die Amalekiter und „die Östlichen" (d. h. in der östlichen Wüste wohnende Nomaden) zusammen genannt werden, so wäre das zwar sachlich durchaus begreiflich und einleuchtend; aber im vorliegenden Falle scheint es sich doch dabei um nachträgliche Zusätze im Text zu handeln.

eines Landes — und das gilt zumal für ein so gebirgiges Land wie Palästina — sind sehr stark durch die natürlichen Gegebenheiten bestimmt; aber sie gehören doch zur Geschichte, und zwar speziell zur Siedlungsgeschichte, des betreffenden Landes. Denn Ansiedlungen und Verkehrswege mußten im Zuge der Zunahme fester Wohnorte in ein Wechselverhältnis treten. Die Wahl bestimmter durch die Natur vorgezeichneter Verkehrsmöglichkeiten ergab sich aus der Lage der Siedlungen; und auf der anderen Seite spielte bei der Wahl von Plätzen für neue Siedlungen gewiß die Rücksicht auf die vorhandenen Verkehrsmöglichkeiten eine Rolle. So haben die Verkehrswege für die Siedlungsgeschichte, aber auch für den Einzelverlauf geschichtlicher Vorgänge, eine nicht geringe Bedeutung. Dabei handelte es sich anfangs gewiß nicht um kunstvoll angelegte Straßen, sondern um übliche Routen, die allenfalls durch das Wegräumen kleinerer Hindernisse gangbarer und bequemer gemacht werden konnten.

Palästina war beim Eintritt Israels in dieses Land seit Jahrtausenden bereits bewohnt und hatte längst seine Verkehrswege; allerdings haben die israelitischen Stämme größere Gebiete in den gebirgigen Teilen des Landes erstmals der Siedlung erschlossen und damit weitere Verkehrswege erforderlich gemacht. Nun haben wir allerdings nur einen sehr mangelhaften Einblick in das System der Verkehrsverbindungen Palästinas während der Zeit der israelitischen Geschichte. Wir sind auf mehr oder weniger zufällige literarische Nachrichten und auf an diese sich anschließende allgemeine Erwägungen angewiesen; denn archäologisch lassen sich die „Straßen" der israelitischen Zeit nicht mehr nachweisen. Das ist erst der Fall bei den Römerstraßen (vgl. u. S. 106f.); denn von diesen sind zwar kaum noch und nur in seltenen Fällen die einst sorgfältig gebaut gewesenen Straßenkörper, wohl aber viele Meilensteine und eine Reihe von Straßenstationen erhalten, die über den Verlauf der Straßen Auskunft geben. Das ist zwar auch für die ältere Zeit nicht ohne Bedeutung. Denn die Römerstraßen folgen in vielen Fällen den älteren Verkehrsverbindungen, haben doch aber als ausgesprochene Kunststraßen mit der Tendenz zu möglichst geradliniger Straßenführung vielfach neue Routen gewählt. Von den älteren Straßen aber, die noch keine Meilensteine besaßen, sind Überreste begreiflicherweise nicht mehr auffindbar, auch in den Fällen, in denen es sich um einst von Menschenhand angelegte und gebaute Straßen handelt. Solche hat es in israelitischer Zeit gegeben. Denn das Alte Testament kennt nicht nur den Allgemeinbegriff des „Weges" (*däräk*), der jedwede Verkehrsverbindung, auch eine nur durch ständiges Begehen ausgetretene Piste, bezeichnen kann, sondern auch den terminus technicus *m^e^silla*, der einen „aufgeschütteten" Straßendamm, also eine mit Kunst angelegte Straße bezeichnet. Um eine ordentliche Straße zu bauen, muß man nach Jes 62 10 „den Weg ebnen[1], den Damm (*m^e^silla*) aufschütten[2] (gewiß nur auf den

[1] Vgl. Jes 40 3: „eine *m^e^silla* gerade machen".

[2] Vgl. Jes 49 11, wonach *m^e^sillot* „hoch sind", „sich erheben".

Strecken, auf denen die Geländeverhältnisse das erforderten) und Steine wegräumen". Solche Straßen gab es nicht nur in der unmittelbaren Umgebung bedeutender Städte zur Verbindung mit deren Außenposten (so Jes 7 3 II Kön 18 17), sondern vor allem auch als Überlandstraßen zwischen den Städten. So gab es eine *m^{e}silla* von Bethel nach Sichem (Ri 21 19); von Gibea aus führten *m^{e}sillot* nach Bethel und nach Gibeon[1] (Ri 20 31f.). Das Philisterland, speziell die Philisterstadt Ekron, war durch eine *m^{e}silla* mit Beth-Semes verbunden (I Sam 6 12), und durch das Edomiterland führte in nordsüdlicher Richtung eine *m^{e}silla* (Num 20 19). Selbst weit voneinander entfernte große Länder konnten durch eine *m^{e}silla* miteinander verbunden werden (Jes 19 23; vgl. Jes 11 16).

Palästina war für seinen Verkehr in alter Zeit auf Landwege angewiesen. Anders als in den großen Flußoasen Ägyptens und des Zweistromlandes kam hier ein Verkehr auf Wasserwegen nicht in Betracht. Der einzige an sich schiffbare Fluß des Landes, nämlich der Jordan zwischen Tiberiassee und Totem Meer, war mit seinen ungezählten Windungen kein brauchbarer Verkehrsweg, ganz abgesehen davon, daß es unmittelbar an seinen Ufern fast keine Siedlungen gab (vgl. M. Noth, Der Jordan in der alten Geschichte Palästinas [ZDPV 72 (1956) S. 123 bis 148]). Das Tote Meer hätte die Siedlungen an seinen Ufern miteinander verbinden können; aber aus alttestamentlicher Zeit ist nichts über einen Schiffsverkehr über das Tote Meer bekannt. Wohl frühestens von der hellenistischen Zeit an hat es dergleichen gegeben, jedenfalls dann in der byzantinischen Zeit; denn die Mosaikkarte von Madeba zeigt Schiffe auf dem Toten Meer (vgl. M. Avi-Yonah, The Madaba Mosaic Map [1954] Pl. 2. 3). Auch von einer dem Landesverkehr dienenden regelmäßigen Küstenschiffahrt an der Mittelmeerküste wissen wir aus alter Zeit nichts. Nur für die Verbindung mit anderen Ländern hatte die Mittelmeerküste eine gewisse Verkehrsbedeutung. Die Pharaonen besaßen in der Zeit ihrer Herrschaft über Palästina-Syrien Stützpunkte an der Küste für die Seeverbindung mit Ägypten (vgl. A. Alt, BBLAK = ZDPV 68, 2 [1950] S. 97ff. = Kleine Schriften III [1959] S. 107ff.); und nach Esr 3 7 wurde Zedernholz für den Wiederaufbau des Jerusalemer Tempels zu Schiff von der libanesischen Küste nach Japho (arabisch *jāfa*) gebracht[2]. In demselben Japho bestieg der Prophet Jona ein Schiff, um

[1] Der Name Gibeon ist an dieser Stelle durch Textkonjektur wieder herzustellen. Von einer *m^{e}silla* in der Nähe von Gibeon ist auch in II Sam 20 12 die Rede.

[2] Schon für den salomonischen Tempel wurde nach I Kön 5 23 das Zedern- und Zypressenholz von der libanesischen Küste her über das Meer geflößt. In diesem Zusammenhang wird kein palästinischer Hafen genannt; erst der Chronist nennt auch dafür wie Esr 3 7 den Hafen Japho (II Chr 2 15). Für das persische Reich war die syrisch-palästinische Mittelmeerküste sicher von einiger Verkehrsbedeutung; vgl. die noch aus persischer Zeit stammende Beschreibung der syrisch-palästinischen Küste durch den sogenannten Pseudo-Skylax (K. Galling, ZDPV 61 [1938] S. 66—96).

nach dem fernen Tarsis zu entfliehen (Jona 1 3). Die küstennahen Städte der Philister mögen ihre Seeverbindungen gehabt haben; und seit der Anlage des großen künstlichen Hafens von Caesarea durch Herodes hat dieser Hafen die Verbindung des Landes mit der römischen Welt hergestellt. Für das alte Israel aber hat, so weit es überhaupt im Besitz von Teilen der Mittelmeerküste war, der Seeverkehr niemals eine wesentliche Bedeutung gehabt.

Von den Landwegen Palästinas seien im Folgenden nur die wichtigeren Straßen in das Auge gefaßt, so weit sie im Alten Testament erwähnt oder vorausgesetzt werden. Menschen zu Fuß und Tiere, vor allem Esel und Kleinvieh, konnten — und so ist es noch heute — selbst in unwegsamsten Gebirgsgegenden ihre Pfade finden. Größere Ansprüche stellte notwendig der Verkehr mit Wagen; er brauchte, wenigstens in mehr oder weniger schwierigem Gelände, ausgebaute Straßen, und für ihn in erster Linie wird man die erwähnten *m^esillot* angelegt haben. Seit der Hyksoszeit (vgl. u. S. 229ff.) war im ganzen alten Orient der pferdebespannte Kriegswagen bekannt; und auch die Könige von Israel und Juda haben seit Salomo ihre Streitwagentruppen gehabt, für die sie die entsprechenden Straßen brauchten. Neben dem Kriegswagen (*märkaba*) ist dem Alten Testament aber auch der für friedliche Zwecke gebrauchte Transportwagen (*'^agala*) nicht ganz unbekannt, wenn er auch keine sehr große Rolle gespielt haben dürfte, da üblicherweise Menschen und Lasten auf Eselsrücken befördert wurden. Immerhin konnten wenigstens für längere Reisen alte Leute, Frauen und Kinder sich eines Wagens (*'^agala*) bedienen (Gen 45 19ff. 46 5), allerlei Geräte konnte man auf einer *'^agala* befördern (Num 7 3ff.), und die heilige Lade wurde gegebenenfalls auf einer *'^agala* gefahren (I Sam 6 7ff.; II Sam 6 3). Vielleicht wurde gelegentlich auch der Ernteertrag auf einer *'^agala* eingebracht (vgl. Am 2 13). Während der Kriegswagen mit Pferden bespannt wurde, wurde die *'^agala* wohl meist von Rindern gezogen (vgl. Num 7 3ff. I Sam 6 7ff.). Auch dieser friedliche Wagenverkehr verlangte einigermaßen passable Straßen.

Der Gestalt des Landes Palästina entspricht es, daß es schon in alter Zeit einige verhältnismäßig bequeme große Nordsüdverbindungen gab. Zunächst bot sich die Küstenebene dafür an. Dabei waren nur die wasserführenden, meist kurzen Küstenflüsse an geeigneten Stellen zu passieren. Das konnte am besten unmittelbar an den Mündungen geschehen, wo diese Flüsse meist ganz seicht den Sandstrand durchfließen, oder aber in der Nähe ihrer Quellen entlang dem Gebirgsrand. Über die Linienführung im einzelnen wissen wir nichts Genaues. Im breiten südlichen Teil der Küstenebene wird es zahlreiche Möglichkeiten nebeneinander gegeben haben. Nördlich des *nahr el-'ōdscha* (isr.: *jarkon*) hingegen, wo der mittlere Teil der Küstenebene streckenweise versumpft und andrerseits bewaldet war, gab es nur die zwei Möglichkeiten der am Küstensaum entlangführenden „westlichen Linie des Meerweges" (vgl. B. Maisler [Mazar], ZDPV 58 [1935] S. 78—84) oder aber einer Route am Ostrande, d. h. am Fuß des samarischen Gebirges, entlang (vgl. Y. Karmon, Geographical Influences on the historical Routes in the Sharon Plain [PEQ 93 (1961) S. 43—60]). Für den Verkehr weiter nach Norden in die Ebene von Akko war die Route an der Küste um den Karmelvorsprung herum zwar nicht unmöglich (auch eine Römerstraße ist auf dieser Linie verlaufen); aber bequemer war wahrscheinlich die Verbindung durch die niedrige Hügellandschaft der arabisch so genannten *bilād er-rūḥa* in die Jesreel-Ebene und von da entlang dem Kison-Durchbruch in die Akko-Ebene. — Auf dem westjordanischen Gebirge war die Hauptwasserscheide zwischen Mittelmeer und Jordangraben die von der Natur vorgezeichnete Linie für eine große Nordsüdverbindung; denn die von der Gebirgshöhe nach Westen und Osten hinabführenden Täler, meist mehr oder weniger tief und steil, bildeten unerwünschte Hindernisse für einen größeren Nordsüdverkehr. Das Wenige, was wir aus alten Nachrichten erfahren, weist darauf hin, daß in altisraelitischer Zeit die nordsüdliche Gebirgsstraße sich noch strenger an die Linie der Wasserscheide gehalten hat als die entsprechende moderne Fahrstraße. Die *m^e^ṣilla* von Gibea (*tell el-fūl*) nach Bethel (*bētīn*) nach Ri 20 31 und die *m^e^silla* von Bethel nach Sichem (*tell balāṭa*) nach Ri 21 19 waren zweifellos Abschnitte der großen Nordsüdstraße. Danach verlief die alte Straße anders als die heutige über Bethel und weiter nordwärts gewiß über die Höhen östlich des *wādi el-ḥaramīje*, durch das die neue Fahrstraße führt. Dafür spricht auch der Umstand, daß noch die spätere Römerstraße nach Ausweis eines in *jabrūd* gefundenen Meilensteines[1] auf dieser östlicheren Linie über Bethel ging. Bei *lubban* verlief dann die alte Straße wieder auf der Linie der heutigen Straße; denn nach Ri 21 19 lag Silo (*chirbet sēlūn*) östlich der Straße, und man mußte diese „südlich von *L^e^bona* (*lubban*)" verlassen, um Silo zu erreichen. Auch bei Jerusalem führte die Straße offenbar über die Wasserscheidenhöhen westlich der Stadt; denn nach Ri 19 11 f. mußte man auf dem Wege von Bethlehem nach Gibea von der Straße abgehen, um nach Jerusalem zu kommen. Auf dem judäischen Gebirge südlich von Bethlehem führte nach den aufgefundenen Meilensteinen und Straßenstationen jedenfalls die Römerstraße und wahrscheinlich auch die vorrömische Straße nach Hebron über die Wasserscheide westlich der heutigen Straße. Nordwärts von Sichem dürfte der bequemste Weg immer über den Kessel von Samaria und dann an Dothan (*tell dōtān*) vorbei zur Südspitze der Jesreel-Ebene gelaufen sein. Über die Wege in Galiläa haben wir gar keine alten Nachrichten. — Eine Nordsüdverbindung stellte gewiß der Jordangraben dar, an dessen beiden Seiten in der Nähe der Gebirgsränder sicherlich Wege entlang geführt haben, über die wir allerdings keine Einzelnachrichten besitzen. — Im Ostjordanland war erst eine Linie östlich der tiefen Täler, die westwärts zum Jordangraben gehen, für einen großen Nordsüdverkehr geeignet. Diese Linie, der später

[1] Nr. 260 in der Liste von P. Thomsen (vgl. dazu u. S. 107 Anm. 1).

der islamische Pilgerweg und noch später die *ḥedschāz*-Bahn gefolgt sind, führte durch die Gebiete der Edomiter (vgl. die *m^esilla* von Num 20 19), Moabiter, Ammoniter und Aramäer und lag damit außerhalb des israelitischen Bereichs. Im Alten Testament schwebt etwa diese Linie vielleicht der Beschreibung des Feldzugs der vier großen Könige von Gen 14 5. 6 vor.

Von großer praktischer Bedeutung waren zweifellos die Querverbindungen zwischen den großen Nordsüdlinien. Sie benutzen die ostwestlich verlaufenden Täler nur dann, wenn es sich um durchgehende breite Talmulden handelte, und mieden die engen Steiltäler, die in den Regenzeiten sich schnell mit lebensgefährlichen und jede Straßenanlage zerstörenden Sturzbächen füllen konnten und außerdem in ihrer Unübersichtlichkeit räuberischen und feindlichen Überfällen beste Gelegenheiten boten. Wo geräumige Täler nicht vorhanden waren, wählte man daher lieber Bergrücken zwischen den Steiltälern für die Straßenführung. Das letztere war der Fall bei dem einzigen Weg zwischen westjordanischem Gebirge und Küstenebene, den die alte Überlieferung ausdrücklich erwähnt, nämlich dem „Aufstieg“ bzw. „Abstieg von Beth-Horon“ (Jos 10 10. 11), der nach seinem Namen über die beiden Orte Beth-Horon, das „obere“ und das „untere“ Beth-Horon (heute *bēt 'ūr el-fōḳa* und *bēt 'ūr et-taḥta*), verlief, also über den Bergrücken zwischen den zwei tiefen Tälern des *wādi selmān* im Süden und des *wādi 'ēn 'arīk* im Norden. Er begann nördlich der „Ebene von Ajjalon“ (vgl. o. S. 55) etwa bei dem heutigen Dorfe *bēt sīra* und führte von da ohne große Hindernisse aufwärts und erreichte schließlich vorbei an Gibeon (*ed-dschīb*) die Nordsüdhöhenstraße wenig nördlich von Gibea (*tell el-fūl*); ihr letzter Abschnitt ist gewiß gemeint mit der in Ri 20 31 erwähnten *m^esilla* von Gibea nach Gibeon[1]. Weiter südlich gab es gewiß mehrere Aufstiegswege aus der Küstenebene auf das judäische Gebirge. Wichtig war vermutlich besonders die Linie, die später die Römerstraße von Eleutheropolis (arabisch *bēt dschibrīn*, isr.: *bet guvrin*) nach Jerusalem benutzte; sie führte durch die breite Talmulde des (arabisch) *wādi es-sanṭ*, der „Terebinthen-Niederung“ von I Sam 17 2. 19 21 10, und stieg dann an dem früheren arabischen *bēt nettīf* vorüber auf das Gebirge hinauf in die Gegend von Bethlehem. Daß es sich um eine bereits alte übliche Verbindung handelt, ist mit Wahrscheinlichkeit aus der Tatsache zu entnehmen, daß Rehabeam an ihrem unteren Anfang die beiden Festungen Aseka (arabisch *tell zakarīje*, isr.: *k^efar z^ekarja*) und Socho (arabisch *chirbet 'abbād*) angelegt hat (II Chr 11 7. 9); denn das Festungssystem Rehabeams hat wenigstens teilweise offenbar den Sinn, die wichtigsten Zugangswege zum judäischen Gebirge gegen feindliche Einfälle zu schützen (vgl. G. Beyer, ZDPV 54 [1931] S. 111 bis 134). Vom samarischen Gebirge aus führte der bequemste Weg hinunter in die Küstenebene gewiß seit alters durch die breite Mulde des von Sichem in allgemein westlicher Richtung führenden Tales, das heute in seinem Oberlauf *wādi nāblus* und weiter unterhalb *wādi zēmir* heißt und

---

[1] Zum Text dieses Verses vgl. o. S. 78 Anm. 1.

in der Nähe der Stadt *ṭūl kerm* die Küstenebene erreicht. Allerdings wird auf diese Verbindung in alter Überlieferung nie Bezug genommen. Von der Küstenebene unmittelbar südlich des Karmel liefen bequeme Wege durch die bereits o. S. 80 erwähnten *bilād er-rūḥa* in die Jesreel-Ebene und damit in den Bereich der großen Ostwesteinsenkung der Jesreel-Ebene und des östlich anschließenden breiten Tales des *nahr dschālūd* (isr.: *ḥarod*), die eine leichte Verbindung zwischen Mittelmeerküste und Jordangraben herstellte.

Zwischen dem westjordanischen Gebirge und dem großen Grabeneinbruch im Osten kennt das Alte Testament mehrere „Aufstiege" (hebr. *maʿᵃlä*). Ganz im Süden führte der „Skorpionen-Aufstieg" (*maʿᵃle ʿaḳrabbim*) vom Negeb in das *wādi el-ʿaraba*. Er wird mehrfach (Num 34 4 Jos 15 3 Ri 1 36) als Grenzpunkt genannt. Seine Lage ist nicht sicher zu identifizieren; es ist aber wahrscheinlich, daß er auf der Linie des arabischen *naḳb eṣ-ṣafa* zu suchen ist und damit etwa auf der Linie der späteren Römerstraße von Mampsis (*kurnub*) nach Eiseiba (arab.: *ʿēn ḥaṣb*; isr.: *ḥaṣeva*); zu dieser Straße vgl. M. Harel, IEJ 9 (1959) S. 175—179, zum gesamten Römerstraßensystem dieser Gegend A. Alt, ZDPV 58 (1935) S. 51ff. Der in II Chr 20 16 erwähnte *maʿᵃle haṣ-ṣiṣ* muß nach dem Zusammenhang, in dem er vorkommt, von der Westküste des Toten Meeres, etwa von der Gegend von *ʿēn dschidi* (isr.: *ʿen gᵉdi*), auf das judäische Gebirge hinaufgeführt haben; sein Verlauf ist nicht mehr zu bestimmen, er mag als Ziel etwa Thekoa (heute = *chirbet teḳūʿ*), eine der Festungen Rehabeams nach II Chr 11 6, gehabt haben, war aber schwerlich eine bedeutende Verkehrslinie. Anders der *maʿᵃle ʾᵃdummim* von Jos 15 7 18 17, der „Aufstieg an den roten (Felsen)", der den untersten Jordangraben mit der Gebirgshöhe von Jerusalem verband. Er ist sicher in Zusammenhang zu bringen mit dem auffällig roten Gestein der heutigen *ṭalʿat ed-damm* an der Straße Jericho–Jerusalem. Sein Vorkommen bereits in den alten Stämmegrenzenbeschreibungen weist ihn als einen sehr alten, wahrscheinlich schon vorisraelitischen Verkehrsweg aus. Eine Route, die die heutige *ṭalʿat ed-damm* passierte, muß wohl über die Höhen südlich des *wādi el-ḳelt* aus dem Jordangraben heraufgekommen sein (etwa wie die ältere Jericho-Jerusalem-Straße) und dann wahrscheinlich durch das *wādi es-sidr* die Ölberghöhen erreicht haben. Weiter nördlich war das breite *wādi el-fārʿa* die von der Natur gegebene Linie für einen Aufstieg aus dem Jordangraben auf die Mitte des samarischen Gebirges. Sie führte allerdings kaum direkt nach Sichem; denn das überaus tiefe und steile *wādi bēdān*, das allein das obere *wādi el-fārʿa* mit der Ebene östlich von Sichem verbindet, diente zwar der römischen Kunststraße von Neapolis (*nāblus*) nach Skythopolis (*bēsān*)[1] als Durchgang und wird auch von der modernen Straße von *nāblus* zum Jordangraben benutzt, war aber schwerlich je ein natürlicher Verkehrsweg. Vielmehr wird man in alter Zeit vom oberen *wādi el-fārʿa* aus eher

[1] Strecke Nr. XXXI bei Thomsen (vgl. u. S. 107 Anm. 1).

über die nicht sehr schwierigen Höhen nördlich des Ebal in den Kessel von Samaria gezogen sein und dort die erwähnte Straße durch das *wādi zēmir* in die Küstenebene erreicht haben. Wahrscheinlich lief auch durch das *wādi el-chaschne* ein alter und später von der Römerstraße Neapolis–Skythopolis benutzter Weg vom Südende der „Bucht von *bēsān*" auf das nordsamarische Gebirge; denn am oberen Ende dieses Tales lag jenes Besek (heute = *chirbet ibzīḳ*), wo nach I Sam 11 8 Saul sein kriegerisches Gefolge sammelte, um über den Jordangraben nach Jabes-Gilead hinüberzuziehen. Auch in Galiläa — nördlich der großen Einsenkung der Jesreel-Ebene — hat es sicher Querverbindungen zwischen der Ebene von Akko und dem obersten Jordangraben gegeben; darüber aber erfahren wir nichts aus alter Überlieferung.

Wenig wissen wir auch über die Aufstiege aus dem Jordangraben auf das ostjordanische Gebirge. Die modernen Straßen in diesem Bereich sind durchweg Kunststraßen und kommen als Anzeichen für die natürlichen Wegeverhältnisse kaum in Betracht. Wo der *ma'ale hal-luḥit*, der „Aufstieg von Luhith", der in Jes 15 5 Jer 48 5 zusammen mit dem „Weg von Horonaim" bzw. dem „Abstieg von Horonaim" genannt wird und in das Moabiterland führte, zu suchen ist, ob in der Gegend des Südendes des Toten Meeres und damit weit außerhalb des israelitischen Gebietes oder aber in der Gegend des Nordendes des Toten Meeres, ist kaum sicher zu entscheiden. Gewiß gab es auch sonst am Nordende des Toten Meeres diese oder jene Aufstiegsmöglichkeit nach der zeitweise von Israeliten besetzten südlichen *belḳa*. Ein alter Weg verlief möglicherweise schon auf der Linie der späteren Römerstraße von Livias (*tell er-rāme*) nach Esbus (*ḥesbān*)[1], die auf dem in Stufen aufsteigenden Bergrücken zwischen dem *wādi ḥesbān* im Norden und dem *wādi 'ujūn mūsa* im Süden den ostjordanischen hohen Gebirgsrand südlich von Hesbon erreichte. Vielleicht bot auch etwas weiter nördlich das verhältnismäßig breite untere *wādi kefrēn* eine Möglichkeit des Eintritts in das ostjordanische Gebirge. Die Lage der Stadt Betonim (Jos 13 26) = *chirbet baṭne* ca. 5 km südsüdwestlich von *es-salṭ* könnte dafür sprechen, daß der von Th. Fast (ZDPV 72 [1956] S. 150) erwähnte, einst viel begangene Weg vom Jordangraben durch das *wādi ḥsēnījāt* auf die ostjordanische Gebirgshöhe südlich von *es-salṭ* eine schon in antiker Zeit benutzte Route war (vgl. M. Noth, ZDPV 75 [1959] S. 44f.). Ausdrücklich bezeugt ist im Alten Testament (Ri 8 4ff.) nur der in alter Zeit vermutlich übliche und wichtige Weg, der von Sukkoth (*tell dēr 'alla*) aus durch den breiten unteren Teil des Tales des *nahr ez-zerḳa* (Jabbok) zunächst nach Pnuel (*tulūl eḏ-ḏahab*) führte, von da aus durch das gut passable *wādi ḥeddschādsch* aufsteigen mußte, um die Gebirgshöhe zu gewinnen, und dann weiter in der Richtung auf Jogbeha = *dschbēha* (Ri 8 11) verlaufen konnte. Auch noch eine Römerstraße muß entlang dem *wādi ḥeddschādsch* auf etwa derselben Linie aus dem Jordangraben das ostjordanische

---

[1] Strecke Nr. XXVI bei Thomsen (vgl. u. S. 107 Anm. 1).

Gebirge erstiegen haben (zu der römischen Meilensteingruppe südlich von *ṣubēḥi* und den daraus zu ziehenden Schlußfolgerungen vgl. M. Noth, ZDPV 73 [1957] S. 38ff.). Auch das Siedlungsgebiet am Nordrand des *'adschlūn*-Gebirges hatte sicher seine Straßenverbindung mit dem Jordangraben südlich des Tiberiassees, über deren Verlauf wir jedoch nichts Genaues wissen. Auf dieser Route war vielleicht die Ismaeliter-Karawane von Gen 37 25 gezogen, die „aus Gilead" kam, um dann vermutlich durch die Niederung des *nahr dschālūd* (isr.: *ḥarod*) und durch die Südspitze der Jesreel-Ebene nach Dothan (*tell dōtān*) zu gelangen (V. 17); und auf dieser Linie mußten die Könige von Israel mit ihren Streitwagentruppen ziehen, wenn sie von ihrer Königsstadt Samaria aus den israelitisch-aramäischen Kriegsschauplatz um Ramoth-Gilead (*tell ramīṯ*) aufsuchten (z. B. I Kön 22 29, auch II Kön 9 16).

Wichtig für das alte Palästina waren endlich auch die Fernstraßen nach benachbarten Ländern. Nach Ägypten verlief der kürzeste und naturgegebene Weg von der Südwestecke der palästinischen Küstenebene durch die Sinaiwüste entlang der Mittelmeerküste zur Ostecke des Nildeltas. Er war schon von den ägyptischen Pharaonen, besonders den Pharaonen der 19. Dynastie, für ihre palästinisch-syrischen Feldzüge mit den erforderlichen Brunnenstationen ausgestattet worden (vgl. A. H. Gardiner, The ancient military road between Egypt and Palestine [Journal of Egyptian Archaeology 6 (1920) S. 99—116]). Diese Route ist — von Ägypten aus gesehen — mit dem „Weg in das Philisterland" in Ex 13 17 gemeint. — Von Palästina aus nach Süden und Osten gingen gewiß Karawanenpisten durch die auf diesen Seiten angrenzenden Wüsten. Vielleicht kennt das Alte Testament in dem Grundbestand von Num 33 3-49 noch eine solche Piste zum Nordende des Golfes von *el-'aḳaba* und von da in das nordwestliche Arabien hinein (vgl. M. Noth, PJB 36 [1940] S. 5—28). — Von besonderer Wichtigkeit waren die Straßenverbindungen von Palästina nach dem nördlich benachbarten Syrien und dann gegebenenfalls weiter entweder nach Kleinasien oder in das Zweistromland. Für diesen Verkehr bot sich zunächst die Küstenlinie nordwärts der Ebene von Akko an; und diese Linie ist auch bereits in vorisraelitischer Zeit viel benutzt worden, vor allem von den ägyptischen Pharaonen (vgl. die Reliefs Ramses' II. am Vorgebirge des *nahr el-kelb* bei *bērūt*), die hier ihre gleichzeitig über See erreichbaren Stützpunkte hatten (vgl. A. Alt, BBLAK [ZDPV] 68, 2 [1950] S. 97—133 = Kleine Schriften III [1959] S. 107ff.). Aber diese Küstenlinie hatte doch mit ihren unmittelbar in das Meer abfallenden Vorgebirgen des *rās en-nāḳūra* (isr.: *roš hanniḳra*), des *rās el-abjaḍ*, des *rās nahr el-kelb* und des *rās schakka* ihre natürlichen Hindernisse, die freilich, wie nachweislich am *rās nahr el-kelb*, schon in vorisraelitischer Zeit durch künstliches Aushauen von Straßenkörpern überwunden worden sind. Außerdem führte die Küstenlinie praktisch nur bis zum Nordende des Libanon; denn die weiter nordwärts führende Linie am Fuße des Nosairiergebirges war für den Fernverkehr eine Sackgasse, die an dem noch heute stark bewaldeten und bis zum Meer vorstoßenden Gebirgsmassiv um den *dschebel el-aḳra'* endete. So mußte man nördlich des Libanon doch durch die breite Mündungsebene des *nahr el-kebīr* landeinwärts zum Orontestal ziehen und östlich des Orontes seinen Weg nach Norden weiter fortsetzen. Daher ist denn auch bereits in vorisraelitischer Zeit von Palästina aus vielfach eine östlichere Route nach Norden gewählt worden, die vom obersten Jordangraben ausging. Zum obersten Jordangraben konnte man von allen Teilen Palästinas aus auf verschiedenen Wegen gelangen; von der Küstenebene aus führte dorthin der Weg über die *bilād er-rūḥa* und durch die Jesreel-Ebene und dann entweder durch die Flußniederung des *nahr dschālūd* (isr.: *ḥarod*) oder über den nicht sehr schwierigen Südostteil des galiläischen Gebirges. Vom obersten Jordangraben aus aber konnte man auf einer Straße, auf der schon ägyptische Pharaonen und später assyrische und babylonische Könige mit ihren Heeren gezogen sind, durch den *merdsch 'ajūn* und über niedrige Höhen hinweg in das *wādi et-tēm* gelangen und mit diesem nur auf kurze Strecken schwierigen Tal bei dem heutigen *maṣna'* die breiten *biḳā'* zwischen Libanon und Antilibanon erreichen (vgl. M. Noth, ZDPV 72 [1956] S. 61 f.). Man konnte aber auch vom obersten Jordangraben aus sogleich sich nach Nordosten wenden mit dem Ziel Damaskus und von da aus, wenn man wollte, östlich des Antilibanon am inneren Rande des syrischen Kulturlandes weiter nach Norden ziehen. Dabei kam für den Aufstieg aus dem Jordangraben in alter Zeit vielleicht vor allem ein Weg über den allerdings ziemlich steilen Bergrücken zwischen dem unteren Jarmuk und dem Südteil des Tiberiassees in Betracht, der bei dem heutigen *fīḳ* die Höhe des *dschōlān* erreichte; denn dieses *fīḳ* ist aller Wahrscheinlichkeit nach Nachfolger des alten Ortes Aphek von I Kön 20 26. 30 II Kön 13 17, der als Schauplatz israelitisch-aramäischer Kämpfe einige Verkehrsbedeutung gehabt zu haben scheint. Ob es bereits in alter Zeit die seit arabischer Zeit üblich gewesene Route über die Jordanbrücke des *dschisr benāt ja'ḳūb* (südlich des *ḥūle*-Sees) auf den *dschōlān* hinauf nach *ḳunēṭra* gegeben hat, ist unbekannt.

§ 11. Politische Einteilungen des Landes

1. Zur Zeit der israelitischen Selbständigkeit. In der sogenannten Richterzeit hatte die politische Einteilung des Landes im wesentlichen in dem Nebeneinander von israelitischen Stämmen und „kanaanäischen" Stadtstaaten bestanden. Die oben S. 61 ff. behandelten Gebiete der israelitischen Stämme hatten den Bereich des Zwölfstämmebundes gebildet, der zwar eine sakrale Einrichtung mit einem Heiligtum als Mittelpunkt gewesen war, aber nebenbei als Zusammenfassung des besonderen Bevölkerungselements der israelitischen Stämme doch auch eine Art politischer Bedeutung gehabt hatte. Daneben hatten, auf ihre einzelnen kleinen Stadtstaaten politisch verteilt, die „Kanaanäer" gesessen. Trotz der Gemengelage, in der sich Israeliten und „Kanaanäer"

strichweise nebeneinander und durcheinander im Lande befanden, waren sei es freundliche, sei es feindliche Beziehungen zwischen ihnen in der Richterzeit kaum besonders stark, abgesehen von Sonderfällen wie beispielsweise dem Eintritt der Stadt Sichem in den Verband des Stammes Manasse. Das wurde mit dem Aufkommen des Königtums bei den Israeliten anders. Allerdings das Königtum Sauls beschränkte sich im wesentlichen noch auf die israelitischen Stämme und ihre Gebiete und ließ die „kanaanäischen Städte" noch außerhalb liegen[1] (vgl. dazu und zum Folgenden vor allem Alt, Die Staatenbildung der Israeliten in Palästina [Leipziger Dekanats-Programm 1930; wiederabgedruckt in Kleine Schriften II (^{2}1959) S. 1—65]). Die in II Sam 2 9 gegebene Beschreibung des Gebietes, das Esbaal, der Sohn und Nachfolger des Königs Saul, beherrschte[2], gibt, abgesehen davon, daß das inzwischen zu David übergegangene Juda fehlt, ein Bild von dem Umfang dieses ersten israelitischen Königtums, das in seiner Beschränkung auf die Gebiete der israelitischen Stämme sehr komplizierte Grenzen hatte und noch sehr wenig abgerundet war.

David hat dann die „kanaanäischen" Stadtstaaten sich untertan gemacht, ihre Territorien mit den Gebieten der israelitischen Stämme in einem größeren Ganzen politisch vereinigt und so einen äußerlich abgerundeten palästinischen Territorialstaat geschaffen, der nun freilich in seinem Inneren die Spannungen zwischen Israeliten und „Kanaanäern" tragen mußte. Der Beleg dafür ist II Sam 24 6f., wonach die von David zur Volkszählung ausgesandten Offiziere auf ihrem Wege durch das Land in gleicher Weise israelitische und „kanaanäische" Gebiete durchzogen; beide gehörten jetzt also zum Herrschaftsbereich Davids. Auf der anderen Seite freilich wurde gerade unter David eine wahrscheinlich schon ältere Fremdheit zwischen der Gruppe der südlichen Stämme und den in der Mitte und im Norden wohnenden israelitischen Stämmen zu einer politischen Trennung, die die Geschichte der Königszeit dann sehr stark bestimmt hat. David hatte sich nach II Sam 2 1-4a von Juda (d. h. vom Stamme Juda einschließlich der südlich von ihm wohnenden kleineren Stämme [s. o. S. 74f.]) zum König machen lassen, als die übrigen Stämme sich nach dem Tode Sauls zunächst dessen Sohn Esbaal unterstellten. Erst nach verschiedenen Wirrungen und nach dem Tode Esbaals machten auch diese Stämme David zu ihrem König (II Sam 5 1-3). Es waren also zwei verschiedene staatsrechtliche Akte gewesen, durch die David das Königtum über die Gesamtheit der israelitischen Stämme erhalten hatte; es blieb fortan denn auch bei zwei verschiedenen Königtümern, wenn sie auch unter David und Salomo vorerst

[1] Nur die im Bereich seines eigenen Stammes Benjamin gelegenen Kanaanäerstädte scheint Saul haben unterwerfen zu wollen (vgl. II Sam 4 3 21 1). Es sind die Städte, die nach Jos 9 17 in einem alten Vertragsverhältnis mit Benjamin standen.

[2] Statt *ha-'^{a}šuri* ist zu lesen *ha-'^{a}šeri*, und damit ist anscheinend im wesentlichen das galiläische Gebirge gemeint.

noch durch Personalunion miteinander vereinigt blieben. Nach dem Tode Salomos ging später auch diese Personalunion auseinander. Das kleinere südliche Königtum führte den sachgemäßen Namen „Juda"; das größere nördliche nahm für sich den alten Gesamtnamen „Israel" in Anspruch auf Grund der Tatsache, daß es die Mehrzahl der israelitischen Stämme in sich schloß. Der Name „Israel" hatte von da ab zweierlei Bedeutung. Er blieb in der religiösen Sprache der Gesamtname des Volkes der zwölf Stämme (einschließlich Juda), das als Partner des Bundes mit Jahwe auch über die politische Teilung hinweg als Einheit lebendig blieb; in der staatsrechtlichen Sprache aber wurde er nun zur offiziellen Bezeichnung für den Staat Israel (neben dem Staate Juda). Die Grenze zwischen beiden Staaten war zunächst die Grenze zwischen den Stammesgebieten von Juda und von Benjamin. Das judäische Gebirge mit Teilen der *š*^{e}*phela* und des *nägäb* bildete das Territorium des Staates Juda; das samarische und galiläische Gebirge — jetzt einschließlich der an deren Rändern liegenden kanaanäischen Stadtstaatengebiete — und das israelitische Ostjordanland bildeten das Territorium des Staates Israel. Auf der Grenze zwischen den Stämmen Juda und Benjamin aber lag der alte kanaanäische Stadtstaat Jerusalem, den nunmehr David mit seinen Söldnern eroberte (II Sam 5 6-9), um diese Stadt zu seiner Residenz (zur „Stadt Davids"; II Sam 5 9) zu machen; denn sie lag auf „neutralem" Boden zwischen seinen beiden Königreichen (Juda und Israel) und ermöglichte es so David, ohne spezielle Bindung an eines der beiden Königreiche von hier aus „unparteiisch" zu regieren (vgl. dazu Alt, Jerusalems Aufstieg [ZDMG 79 (1925) S. 1—19 = Kleine Schriften III (1959) S. 243—257]).

David hat von Jerusalem aus fast ganz Palästina im weitesten Sinne beherrscht. Unabhängig von ihm geblieben sind anscheinend nur die Philister, die er zwar nach II Sam 5 17-25 (8 1) entscheidend besiegt und aus ihrer Vormachtstellung in Palästina verdrängt hat, die aber in ihren fünf Städten in der südlichen Küstenebene[1] in ihrer alten politischen Form weiter existierten. Die übrigen Nachbarn aber hat er in verschiedenen Formen von sich abhängig gemacht. Edom hat er besiegt, unterworfen (vgl. II Sam 8 13 text. em. [cf. BHK]; I Kön 11 15 f.) und zu einer von Statthaltern verwalteten Provinz degradiert (II Sam 8 14). Unter Salomo hat Edom unter einem eigenen Königtum dann teilweise wieder seine Selbständigkeit zurückgewonnen (I Kön 11 14-22 + 25aβb [text. em.]). Im Laufe der Königszeit hat Edom aber gelegentlich wieder ganz oder teilweise als Provinz zum Staate Juda gehört (vgl. I Kön 22 48-50 II Kön 8 20-22 14 7 16 6). Moab hat David unter Belassung des einheimischen Königtums als tributpflichtigen Vasallenstaat seiner Oberherrschaft unterstellt (II Sam 8 2), und es ist vom Staate Israel abhängig geblieben, bis in der Mitte des 9. Jahrh.s es dem moabitischen König

[1] Nur die Philisterstadt Gath hat bald danach ihre Unabhängigkeit verloren und — wenigstens zeitweise — zum Staate Juda gehört (vgl. II Chr 11 8).

Mesa gelang, Moab wieder unabhängig zu machen (II Kön 3 4-27) und sogar einen Teil der *belḳa* an sich zu bringen (vgl. die Mesa-Inschrift [s. u. S. 196]). Ammon hat David unterworfen (vgl. II Sam 10 1ff. 12 26ff.) und sich selbst an Stelle einheimischer Könige die Königskrone von Ammon auf das Haupt gesetzt (II Sam 12 30). Ammon hat sich wahrscheinlich bald nach David oder Salomo wieder selbständig gemacht. Einen Beleg dafür haben wir allerdings erst aus der Mitte des 9. Jahrh.s in der großen Monolith-Inschrift des assyrischen Königs Salmanassar III., in der ein selbständiger König von Ammon erwähnt wird (vgl. Luckenbill, Ancient Records of Assyria and Babylonia I § 611). Bei den Aramäern hat David eine Provinz eingerichtet mit Damaskus als Statthaltersitz (II Sam 8 6), ohne daß freilich klar wird, welche von den kleinen Aramäerstaaten am Nordostrande Palästinas dazu gehört haben. Das große Reich von *'Aram-Ṣoba* ist jedenfalls wohl unabhängig geblieben und anscheinend nach seiner Niederlage gegen David mit einer Tributzahlung davongekommen (II Sam 8 7f.; vgl. 10 15-19). Unter Salomo hat sich in der aramäischen Provinz dann ein einheimisches Königtum konstituiert und die Grundlage zu einem bald mächtig werdenden Aramäerreich gelegt (I Kön 11 23-25 aα).

Über die innere Gliederung in den Staaten Israel und Juda besitzen wir ein wertvolles Dokument aus der Zeit Salomos. Nach I Kön 4 7-19 hat Salomo den Staat Israel in zwölf Gaue eingeteilt (vgl. die grundlegende Arbeit von Alt, Israels Gaue unter Salomo [BWAT 13 (1913) S. 1—19; wiederabgedruckt in Kleine Schriften II (²1959) S. 76—89]). Jeder dieser Gaue hatte die Aufgabe, den königlichen Hof in Jerusalem je einen Monat im Jahre mit dem notwendigen Bedarf an Ackererzeugnissen und Schlachtvieh zu versehen (4 7 5 2. 3. 7. 8). Die Aufzählung der Gaue in I Kön 4 8ff. gibt ein Bild von dem Umfang des israelitischen Staatsgebiets unter Salomo und zeigt zugleich, wie die alten Grenzen zwischen israelitischen Stämmegebieten und „kanaanäischen“ Stadtstaatenterritorien, die jetzt in einem Staatsgebilde miteinander vereinigt waren, doch in der Gaueinteilung im wesentlichen noch berücksichtigt worden sind. Einige Gaue lagen auf israelitischem Stämmegebiet, so der Gau „Gebirge Ephraim“ (V. 8), der Gau „Ramoth-Gilead“ (V. 13) im manassitischen Neusiedlungsgebiet am Nordrand des *'adschlūn*-Gebirges, der Gau „Mahanaim“ (V. 14) im ephraimitischen Neusiedlungsgebiet im Ostjordanland südlich des Jabbok, der Gau „Naphtali“ (V. 15) in Nordostgaliläa, der Gau „Asser“ (V. 16) in Westgaliläa, der Gau „Isaschar“ (V. 17) in Südostgaliläa, der Gau „Benjamin“ (V. 18), der Gau „Land Gad“[1] (V. 19a) in der *belḳa*. Andere Gaue umfaßten „kanaanäische“ Stadtstaatengebiete, so die drei Gaue von V. 9—11 die Stadtstaatengebiete in der Küstenebene und der Gau von V. 12 die Jesreelebene mit der Ebene des *nahr dschālūd* (isr.: *ḥarod*). — Ob Salomo auch das judäische Staatsgebiet in entsprechender Weise in zwölf Gaue einge-

[1] Statt des jetzt dastehenden Namens „Gilead“ ist „Gad“ zu lesen.

teilt hat, wissen wir mangels darüber vorliegender Nachrichten nicht. Für Juda kennen wir eine Gaueinteilung erst aus wesentlich späterer Zeit (s. u. S. 90f.).

Die sogenannte „Reichsteilung" nach dem Tode Salomos (vgl. I Kön 12 1-24) bedeutete nur das Auseinandergehen der vorher politisch schon getrennten und nur durch Personalunion zusammengehaltenen Teile Israel und Juda (s. o. S. 86f.). Dabei hat sich allerdings die Grenze zwischen beiden Teilen etwas verschoben; denn der unter David und Salomo zu „Israel" gehörige Stamm Benjamin gehörte von jetzt ab mit seinem Gebiet zum größten Teil[1] zu Juda; er bildete für Jerusalem, das mit der davidischen Dynastie bei dem Staate Juda verblieb und das ja gerade auf der Grenze zwischen Israel und Juda gelegen hatte (s. o. S. 87), ein Vorgelände gegen den nunmehr feindlichen nördlichen Nachbar Israel (vgl. I Kön 11 32, wo mit „dem einen Stamm" eben der Teil von Benjamin gemeint ist, der „um Jerusalems willen" bei den Davididen bleiben sollte) und bildete unter der Bezeichnung „Land Benjamin" neben „Juda" und „Jerusalem" einen Sonderbezirk unter der Herrschaft der Davididen (vgl. Jer 17 26 32 44 33 13). Nur einmal in der Königszeit hat, soweit unsere Kenntnis reicht, ein israelitischer König versucht, das Gebiet von Benjamin wenigstens teilweise zurückzugewinnen; nach I Kön 15 17ff. hat um 900 v. Chr. der König Baesa von Israel im Laufe seines Krieges gegen den König Asa von Juda die mitten im benjaminitischen Gebiet etwa 10 km nördlich von Jerusalem gelegene Stadt Rama (heute *er-rām*) als israelitische Grenzfestung auszubauen begonnen; Asa aber gewann die Hilfe des Aramäerkönigs von Damaskus, so daß Baesa sich nun dessen erwehren mußte und Asa freie Hand bekam. Daraufhin befestigte Asa seinerseits das etwa 11 km nordnordöstlich von Jerusalem gelegene Geba (heute *dscheba'*) und Mizpa (heute *tell en-naṣbe*) reichlich 12 km nördlich von Jerusalem als judäische Grenzfestungen, so daß die israelitisch-judäische Grenze nunmehr nördlich von Mizpa die Wasserscheide des Gebirges kreuzte und dann südostwärts wahrscheinlich etwa dem Laufe des tief eingeschnittenen *wādi eṣ-ṣuwēnīṭ* folgte. Diese Grenzlinie scheint sich dann die Königszeit hindurch erhalten zu haben. Jedenfalls war noch am Ende des 7. Jahrh.s nach II Kön 23 8 das soeben genannte Geba judäische Grenzstadt im Norden. Der Verlauf der israelitisch-judäischen Grenze westlich der Wasserscheide ist nicht so sicher zu bestimmen. Wahrscheinlich gehörte die seit alter Zeit mit Benjamin verbundene Stadt Kirjath-Jearim (arabisch *dēr el-azhar* bei *el-ḳerje*) in der Königszeit nach dem Tode Salomos zum Staate Juda; jedenfalls war sie nach I Chr 2 50ff. Jos 18 14 von Judäern besiedelt. Weiter westlich in der *šᵉphela* besaß der Staat Juda nach II Chr 11 10 und II Kön 14 11 die unter David und Salomo nach I Kön 4 9 zum israelitischen Staatsgebiet gehörig gewesenen ehemaligen Kanaanäerstädte Ajjalon (heute

[1] Der Anteil von Benjamin am Jordangraben mit Jericho ist beim Staate Israel verblieben (vgl. I Kön 16 34); auf der Gebirgshöhe hingegen lief die Staatengrenze ungefähr der benjamitischen Nordgrenze entlang.

jālo) und Beth-Semes (arabisch *tell er-rumēle* bei der Quelle *'ēn schems*). Die beiden südlichen Gaue Israels unter Salomo (I Kön 4 9 und 18) waren also zum großen Teile nach dem Tode Salomos an Juda verloren gegangen.

Im Staate Israel wird es auch nach dem Tode Salomos bei der Einteilung in zwölf Gaue geblieben sein, wenn auch vielleicht mit Rücksicht auf die genannten Gebietsverluste einige Änderungen in Einzelheiten des Systems vorgenommen wurden. Einiges Weitere erfahren wir noch aus den bei den amerikanischen Ausgrabungen in Samaria, der späteren Hauptstadt des Staates Israel, gefundenen Ostraka aus der Zeit wahrscheinlich des Königs Jerobeam II. (veröffentlicht bei Reisner-Fisher-Lyon, Harvard Excavations at Samaria 1908—1910 [1924] I S. 227 bis 246 und II Pl. 55 [Photographie]). Sie sind Begleitschreiben zu Wein- und Öllieferungen aus den als Krongut in königlichem Besitz befindlichen Weinbergen und Ölbaumpflanzungen, die als Streubesitz hie und da in der näheren und weiteren Umgebung der Hauptstadt Samaria lagen (vgl. Noth, Das Krongut der israelitischen Könige und seine Verwaltung, ZDPV 50 [1927] S. 211—244, dazu auch PJB 28 [1932] S. 54—67). Dabei wird in einer bestimmten Gruppe dieser Ostraka jeweils der Distrikt angegeben, in dem der betreffende Krongutbesitz lag. Bei diesen Distrikten handelt es sich wahrscheinlich um Unterteile des Gaus „Gebirge Ephraim“[1], und es zeigt sich, daß auch diese Unterteilung auf die historischen Grenzen zwischen den Gebieten israelitischer Sippen und den Territorien ehemaliger Stadtstaaten Rücksicht nahm. Die Namen dieser Distrikte sind fast alle aus der Sippeneinteilung des Stammes Manasse von Num 26 30-33 bekannt.

Über die innere Gliederung des Staates Juda besitzen wir ein wertvolles Dokument in den Ortslisten von Jos 15 21-62 18 21-28 (19 2-7). Wie Alt (Judas Gaue unter Josia [PJB 21 (1925) S. 100—116]) nachgewiesen hat, handelt es sich bei diesen in eine Reihe von Abschnitten eingeteilten Ortslisten um ein geschlossenes Verzeichnis der zwölf Gaue des Staates Juda mit den jeweils in ihnen gelegenen Siedlungen, das aus der Regierungszeit des judäischen Königs Josia, also aus dem letzten Viertel des 7. Jahrh.s, stammt[2]. Die Einzelheiten dieser Gaueinteilung (vgl. dazu auch M. Noth, Das Buch Josua [^{2}1953] S. 14. 92ff. 111ff. und S. 91 [Kartenskizze]) zeigen, daß, wie ohnehin zu erwarten, das System selbst älter war als die Zeit Josias, andrerseits aber erst nach dem Tode Salomos entstanden sein kann, da einige Gaue ganz oder fast ganz in Gebieten liegen, die erst mit der völligen Trennung von Israel und Juda an den

---

[1] Vgl. I Kön 4 8. — Nur ein Distrikt (*śrḳ*) hat wahrscheinlich außerhalb dieses Gaus in dem westlich benachbarten Gau von I Kön 4 10 am inneren Rande der Küstenebene gelegen; vgl. dazu auch Maisler, Der Distrikt *śrq* in den samarischen Ostraka (JPOS 14 [1934] S. 96—100).

[2] Bei grundsätzlich gleichem Gesamtverständnis haben Fr. M. Cross jr. und G. E. Wright, JBL 75 (1956) S. 202—226, eine Datierung in das 9. Jahrh. und eine etwas andere Verteilung der Gaue vorgeschlagen (vor allem halten sie den im Folgenden aufgeführten 5. Gau für nicht zum System gehörig).

Staat Juda kamen. Im übrigen aber knüpfte auch diese Gaueinteilung an alte historische Grenzen an. Der 10. Gau[1] umfaßte das eigentliche Stammesgebiet von Juda (s. o. S. 62f.), der 9. Gau ein altes Stadtstaatenterritorium, das aber wahrscheinlich vom Stamme Juda schon früh besetzt worden war. Jene von Judäern besiedelten Gebiete in der westlich des Gebirges gelegenen *š^ephela* wurden vom 2. und 4. Gau eingenommen. Die Wohnsitze der südlich von Juda auf dem Gebirge angesiedelten Stämme (s. o. S. 74f.) bildeten den 7. und 8. Gau (der 8. Gau scheint speziell das Wohngebiet der Keniter umfaßt zu haben [s. o. S. 75 Anm. 1]). Der südlich davon gelegene 6. Gau war ursprünglich vielleicht das Territorium einer ehemaligen Kanaanäerstadt. Das Halbnomadengebiet des *nägäb* bildete, soweit es zum Staate Juda gehörte, den 1. Gau, während der 3. Gau die Territorien kanaanäischer Stadtstaaten im Südteil der *š^ephela* zusammengefaßt zu haben scheint. Das Gebiet des ehemaligen israelitischen Südwestgaus von I Kön 4 9, der nach dem Tode Salomos judäisch geworden war, war die Grundlage des 5. Gaus, der allerdings dann durch Eroberungen des Königs Josia stark nach Nordwesten zu bis in die Gegend von Japho (arabisch *jāfa*) hin erweitert wurde. Auf dem Boden des ehedem ebenfalls israelitischen Stammesgebiets von Benjamin lagen der 11. und 12. Gau, der 11. Gau in dem Bereich der nach Jos 9 17 mit Benjamin verbunden gewesenen Stadtstaaten, jetzt mit Einschluß von Jerusalem, der 12. Gau in dem benjaminitischen Stammesgebiet östlich der Wasserscheide. Auch dieser letztere Gau ist durch Eroberungen Josias stark erweitert worden; zu ihm gehörten damals Gebiete, die nach dem Tode Salomos beim Staate Israel verblieben waren wie das benjaminitische Jericho und sogar das ephraimitische Bethel (das Gausystem in seiner überlieferten Gestalt setzt also etwa jenes Stadium in der Expansionspolitik Josias voraus, das auch in II Kön 23 15-18 vorliegt). — Man sieht, daß auch im Staate Juda die Gaueinteilung nicht schematisch vorgenommen worden ist, sondern die historisch gegebene innere Gliederung des Staatsgebietes konsequent berücksichtigte.

2. Zur Zeit der Herrschaft auswärtiger Großmächte. Als vom 8. Jahrh. v. Chr. ab das Land Palästina unter die Herrschaft erobernder orientalischer Großmächte kam, haben diese die unterworfenen Gebiete jeweils ihrem Provinzialsystem eingegliedert; es handelte sich dabei zunächst um das assyrische Großreich (s. u. S. 227f.), und so waren es zuerst assyrische Provinzen, die auf dem Boden Palästinas entstanden (vgl. dazu E. Forrer, Die Provinzeinteilung des assyrischen Reiches [1921], und Alt, Das System der assyrischen Provinzen auf dem Boden des Reiches Israel [ZDPV 52 (1929) S. 220—242; wiederabgedruckt in Kleine Schriften II (²1959) S. 188—205]). Als im Jahre 733 v. Chr.

---

[1] Die Zählung der Gaue folgt einfach der Reihenfolge ihres Vorkommens in Jos 15 21ff. Diese Reihenfolge selbst beruht auf einer nicht ganz konsequent durchgeführten geographischen Anordnung.

Tiglat-Pileser III. dem Staate Israel alle Gebiete im Norden, Westen und Osten abnahm und nur noch das samarische Gebirge in der Form eines abhängigen Vasallenstaates als Rest des Staates Israel übrig ließ, da hat er die annektierten Gebiete auf drei nunmehr neu eingerichtete Provinzen verteilt. Den israelitischen Anteil am galiläischen Gebirge hat er mit der Jesreel-Ebene zusammengefaßt zu einer Provinz, die nach dem Namen ihrer nunmehrigen Provinzialhauptstadt die offizielle Bezeichnung „Megiddo" (ass. *Magidu*) erhielt[1]. Der nördliche Teil der Küstenebene, der bis dahin dem Staate Israel gehört hatte, wurde zur Provinz „Dor" (ass. *Du'ru*), die also wieder, wie es die Assyrer häufig getan haben, nach ihrer Hauptstadt benannt wurde. Das iraelitische Ostjordanland wurde unter seinem alten Landesnamen „Gilead" als assyrische Provinz konstituiert[2]; der israelitische Besitz östlich des Jordans umfaßte im 8. Jahrh. wahrscheinlich nur den *'adschlūn* und den nördlichen Teil der *belḳa*, und auf dieses Gebiet beschränkte sich demnach wohl die assyrische Provinz „Gilead". Denn der nördliche Teil des Ostjordanlandes beiderseits des Jarmuk und nördlich dieses Flusses war, soweit er überhaupt je zum Staatsgebiet von Israel gehört hatte, damals Besitz des Aramäerreiches von Damaskus, und so wurden denn bei der Unterwerfung dieses Reiches durch Tiglat-Pileser III. im Jahre 732 und der Eingliederung seines Gebietes in das assyrische Provinzialsystem neben anderen Provinzen auf dem Boden des ehemaligen Aramäerreiches im nördlichen Ostjordanlande die Provinzen *Ḳarnini* und *Ḫaurina* begründet. Die Provinz *Ḳarnini* — wieder benannt nach ihrer Hauptstadt, dem aus Am 6 13 I Macc 5 26. 43. 44 II Macc 12 21. 26 bekannten Karnaim (heute = *schēch sa'd*) — umfaßte wahrscheinlich im wesentlichen den *dschōlān* und die *nuḳra*, während die Provinz *Ḫaurina* das Gebiet des *dschebel ed-drūz* eingenommen haben wird und von da aus wohl noch über den Jarmuk hinübergriff[3]. Im Jahre 721 hat dann der assyrische König Sargon II. noch dem Rest des Staates Israel ein Ende gemacht und dessen Gebiet als assyrische Provinz eingerichtet, die — abermals nach ihrer Hauptstadt — den Namen „Samaria" (ass. *Samerina*) erhielt; von da ab war der Name Samaria, den zunächst nur die Residenzstadt der israelitischen Könige (hebr. *šomᵉron*; vgl. I Kön 16 24) getragen hatte (heute = *sebaṣṭje*), zugleich Bezeichnung des ganzen Bezirks des Gebirges Ephraim (so wird *šomᵉron* schon II Kön 23 19 gebraucht), und als Landesname („Samarien") vorzugsweise ist er weiterhin bis zum

[1] Diese Provinz scheint im Laufe des 7. Jahrh.s noch um das Gebiet der Akko-Ebene erweitert worden zu sein, und als Provinzhauptstadt trat damals wahrscheinlich Akko an die Stelle von Megiddo (Genaueres bei ALT, PJB 33 [1937] S. 67ff.).

[2] Die assyrische Namenform scheint *Gal'aza* gewesen zu sein; sie ist allerdings nicht ganz zweifelsfrei überliefert (vgl. ALT, ZDPV 52 [1929] S. 239f.).

[3] Der Name Hauran kommt in Ez 47 16. 18 vor. Hier ist offenbar an eben diese assyrische Provinz dabei gedacht; denn auch andere assyrische Provinznamen begegnen in diesem Zusammenhang.

heutigen Tage verwandt worden; das beruht, wie gesagt, auf dem assyrischen Brauch, die Provinzen ihres Reiches nach deren Hauptstädten zu benennen.

Neben diesen Provinzen blieben nach den assyrischen Eroberungen im letzten Drittel des 8. Jahrh.s die südpalästinischen Staaten — außer dem Staate Juda die Philisterstaaten im Westen und Ammon, Moab und Edom im Osten — als abhängige Vasallenstaaten mit eigener Dynastie erhalten. Nur vorübergehend wurde dieses Vasallenverhältnis unterbrochen, einmal in den Wirren nach dem Tode Sargons (705) und dann in der Zeit des letzten Niedergangs und des schließlichen Falls der assyrischen Macht (im letzten Drittel des 7. Jahrh.s). Zeitweilig hat in der Philisterstadt Asdod ein assyrischer Statthalter gesessen (vgl. FORRER a. a. O. S. 63); aber die Philisterstadtstaaten blieben als Vasallengebiete unter eigenen Königen wohl zunächst bestehen.

Die Erben der assyrischen Macht — in Syrien und Palästina zunächst das neubabylonische (605—538) und dann das persische Reich (538—333) — haben das assyrische Provinzialsystem einfach übernommen[1] und nur hie und da noch weiter ausgedehnt. Über die neubabylonischen Maßnahmen auf diesem Gebiet wissen wir freilich leider sehr wenig; es handelt sich da ja vor allem um das Schicksal des Staates Juda. Nach der ersten Besetzung Jerusalems durch Nebukadnezar (597) blieb unter einem neuen König der Staat Juda als babylonischer Vasallenstaat in seinen bisherigen Grenzen erhalten[2]. Nach der zweiten Eroberung Jerusalems durch Nebukadnezar (587) aber verlor der Staat Juda den letzten Rest von Selbständigkeit; die davidische Dynastie wurde beseitigt und die Oberschicht weggeführt nach Babylonien, ohne daß freilich, wie es in den Provinzen des ehemaligen Staates Israel unter den Assyrern geschehen war, eine von anderwärts her verpflanzte neue Oberschicht eingesetzt wurde. Überhaupt haben die Babylonier für das dem Reichsgebiet nun zugefallene Territorium des Staates Juda anscheinend nur eine provisorische Regelung getroffen. Eine besondere Provinz haben sie aus diesem kleinen Gebiet vielleicht nicht gemacht, sondern es dem Statthalter der Nachbarprovinz Samaria unterstellt; daher die Rolle, die der Statthalter und die Behörden von Samaria bei der Konstitution der nachexilischen Gemeinde auf dem Boden des alten judäischen Staates im Anfang der persischen Zeit spielten (Genaueres bei ALT, Die Rolle Samarias bei der Entstehung des Judentums [Festschrift Otto Procksch (1934) S. 5—28; wiederabgedruckt in Kleine Schriften II (^{2}1959) S. 316—337]).

---

[1] Der Vorstoß des judäischen Königs Josia in die assyrische Provinz Samaria (vgl. II Kön 23 19) und darüber hinaus in die assyrische Provinz Megiddo (vgl. II Kön 23 29) und in die ostjordanische Provinz (vgl. M. NOTH, ZAW N. F. 19 [1944] S. 52) war eine Episode, die mit dem Tod des Königs zu Ende war.

[2] Zu den Vorgängen in Jerusalem und Juda im Jahre 598/597 vgl. M. NOTH, ZDPV 74 (1958) S. 133—157.

Erst die Perser haben hier teilweise neuordnend eingegriffen. Darius I. (521—485) hat jene bekannte Einteilung des großen persischen Reiches in Satrapien geschaffen (vgl. O. Leuze, Die Satrapieneinteilung in Syrien und im Zweistromlande von 520—320, Schriften der Königsberger Gelehrten Gesellschaft, geisteswissenschaftliche Klasse, 11. Jahr Heft 4 [1935]), bei der ganz Palästina mit Syrien zusammen jener großen, bei Herodot III 91 als „fünfter" beschriebenen Satrapie zufiel, die in der im Perserreich besonders für die westlichen und südwestlichen Reichsteile gebrauchten aramäischen Amtssprache, dem „Reichsaramäischen", die Bezeichnung *ʿᵃbar nahᵃra* („jenseits des Stromes", d. h. des Euphrat) führte (so Esr 4 10ff. 5 3. 6 6 6. 8. 13 7 21. 25). In den großen dreisprachigen, persisch-babylonisch-elamischen Inschriften der Perserkönige erscheint diese Bezeichnung im babylonischen Text als *Ebirnari*, während der persische und elamische Text dafür mit einer bemerkenswerten Verschiebung der ursprünglichen Beziehung den Namen „Assyrien" einsetzen[1]. — Innerhalb dieser großen Einheit der Satrapie blieben die einzelnen, meist aus assyrischer Zeit stammenden Provinzen wahrscheinlich im wesentlichen in ihrem alten Bestande erhalten; nur im Süden Palästinas haben die Perser neue Provinzen eingerichtet. So wurde unter Artaxerxes I. (465—424) Juda als selbständige Provinz konstituiert und im Jahre 445 v. Chr. Nehemia als Statthalter (hebr. *päḥa*; Neh 5 14 [text. em.] u. ö.) dorthin entsandt (Neh 2 1ff.). Aus dem Buche Nehemia (besonders Neh 4 1f.) erfahren wir auch etwas über die vielleicht ebenfalls erst von den Persern eingerichteten Nachbarprovinzen (vgl. dazu A. Alt, PJB 27 [1931] S. 66—74 = Kleine Schriften II [²1959] S. 338—345). Im Westen von Juda lag auf dem Boden der ehemaligen Philisterstaaten die Provinz „Asdod", benannt nach ihrer Hauptstadt, die bereits unter den Assyrern schon einmal Statthaltersitz gewesen war (s. o. S. 93). Im Osten finden wir die Provinz „Ammon", deren Gebiet sich vom alten Ammoniterlande (s. o. S. 73) westwärts bis an den Jordan heran erstreckte und also den nördlichen Teil der *belḳa* einschloß. Östlich des Toten Meeres wird dann wohl eine entsprechende Provinz „Moab" gelegen haben, über die wir nur deswegen bei Nehemia nichts erfahren, weil sie nicht an Juda angrenzte. Südlich von Juda aber, auf dem Südteil des judäischen Gebirges und im Negeb, lag die Provinz, die zeitweise den Namen „Arabien" getragen zu haben scheint (vgl. oben S. 76), in der späteren Perserzeit aber mit dem alten Edomiterlande östlich des *wādi el-ʿaraba* anscheinend zusammengefaßt war zu einer Verwaltungseinheit unter der Bezeichnung „Idumäa"=„Edom" (vgl. M. Noth, ZDPV 67 [1944/45] S. 62f.).

[1] Vgl. die Bauinschrift Darius' I. zum Burgbau von Susa (Fr. W. König, Der Burgbau zu Susa, MVÄG 35 [1930] 1) § 6 (S. 32. 39. 43). Es hat die Wahrscheinlichkeit für sich, daß diese persisch-elamische Verwendung des Namens Assyrien die Grundlage des von den Griechen aufgebrachten Namens „Syrien" war, mit dem eben ungefähr das Gebiet jener Satrapie von ihnen bezeichnet wurde (vgl. Galling, ZDPV 61 [1938] S. 85ff.).

Das Perserreich wurde durch Alexander d. Gr. beseitigt. Nach der Schlacht von Issos 333 v. Chr. fiel diesem Syrien und Palästina zu. Nach seinem Tode und den diesem folgenden Wirren kam Palästina 301 zunächst an die im ägyptischen Alexandria residierenden Ptolemäer. Über die Einteilung Palästinas in dem Jahrhundert ptolemäischer Herrschaft hören wir nichts Genaues, auch nicht aus den sogenannten Zenonpapyri, den Geschäftspapieren des Apollonius, des Finanzministers Ptolemäus' II., dessen Geschäftsbeziehungen auch Palästina umspannten. Die Ptolemäer werden die bei ihnen übliche Einteilung in νομοί vorgenommen haben. — Durch die Schlacht von Paneas (heute *bānjās* am Fuße des Hermon) kam Palästina 198 v. Chr. an die im syrischen Antiochia residierenden Seleukiden. Die Einteilung des Seleukidenreiches, deren Einzelheiten mangels einer konsequent angewandten Terminologie nicht mehr sicher zu ermitteln sind, erfolgte in „Satrapien". Palästina gehörte wohl zur Satrapie „Cölesyrien und Phönikien". Die Satrapien waren anscheinend untergliedert in „Teile" (μερίδες), die ungefähr den assyrischen Provinzen entsprochen haben mögen. Die kleinsten Einheiten waren die „Toparchien", die in Palästina (vgl. z. B. I Macc 11 28 mit 34) wie in der Ptolemäerzeit auch νομοί genannt wurden (vgl. E. Bikerman, Institutions des Séleucides [1938] S. 197ff., auch U. Kahrstedt, Syrische Territorien in hellenistischer Zeit [1926] S. 46ff.). Diese Toparchieneinteilung lebte dann auch fort innerhalb des hasmonäischen Staates, der aus den Befreiungskämpfen der Makkabäer gegen Antiochus IV. Epiphanes (175 bis 164) entstand und von Judäa ausgehend mit der Zeit den größten Teil Palästinas westlich und östlich des Jordans unter seine Herrschaft brachte (vgl. Kahrstedt a. a. O. Karte IIb. IIIa). Mit dem Auftreten des Pompeius in Palästina im Jahre 63 v. Chr. begann endlich die Zeit der römischen Herrschaft im Lande, die anfangs mit einem System abhängiger Staaten und Stadtterritorien (zu letzteren gehörten die hellenistischen Städte an der Mittelmeerküste sowie die Städte der „Dekapolis" [Mt 4 25 Mc 5 20 7 31] im Ostjordanlande einschließlich der westjordanischen Stadt Skythopolis [= Beth-Sean, *bēsān*]) arbeitete und dann zur Einrichtung von Provinzen überging; diese begann mit der Begründung der prokuratorischen Provinz „Iudaea" im Jahre 6 n. Chr. nach der Absetzung des Herodessohnes Archelaos. Hauptstadt und Sitz des Prokurators wurde die Herodesgründung Caesarea an der Mittelmeerküste. Eine solche Provinz war im Inneren gegliedert nach Städte- und Koloniengebieten, Domänenbezirken, Legionsländereien u. dergl. Zu dem römischen Provinzialsystem auf dem Boden Palästinas in seiner ausgebildeten Form vgl. M. Avi-Yonah, Map of Roman Palestine (QDAP 5 [1936] S. 139—193 und Karte).

Zweiter Teil

ARCHÄOLOGIE PALÄSTINAS

Erstes Kapitel

EINFÜHRUNG IN DIE ARCHÄOLOGIE PALÄSTINAS

§ 12. Begriff und Geschichte der Archäologie Palästinas

1. Das Wort Archäologie pflegen wir nicht mehr in jenem allgemeinen Sinne von „Altertumswissenschaft" schlechthin zu verwenden, wie er ihm seiner Wortbedeutung nach von Hause aus eignet und wie er ihm etwa von Josephus in seiner ἀρχαιολογία betitelten Geschichte des israelitischen Volkes beigelegt wird. Wir gebrauchen das Wort vielmehr jetzt als terminus technicus für die Kunde von den erhaltenen materiellen Überresten einer vergangenen Kultur und Geschichte, also in einem engeren Sinne[1]; und in diesem Sinne steht die Archäologie neben der Erforschung der literarischen Quellen als ein besonderes Gebiet der Altertumswissenschaft als ganzer. Unter Archäologie Palästinas ist mithin diejenige Wissenschaft zu verstehen, die sich mit den im Lande noch vorhandenen und noch auffindbaren Spuren seiner wechselreichen Geschichte beschäftigt. Wie überall so hat auch in Palästina das menschliche Leben von seinen ersten Anfängen an Zeichen seines Daseins hinterlassen, soweit sie ihrer Natur nach dazu geeignet waren, die Jahrhunderte und Jahrtausende zu überdauern, von den ältesten primitivsten Werkzeugen der als Jäger oder Fischer lebenden ersten Bewohner an über die Ruinen der noch kleinen und einfachen Siedlungen alter Zeiten bis hin zu den Überresten der großen baulichen Anlagen und Kunstschöpfungen verfeinerter Kulturen. Aus diesen Spuren spricht noch heute — wenn natürlich auch lückenhaft und nur von der einen Seite der Kulturentwicklung her — die Geschichte des Landes in ihren mannigfachen Stadien unmittelbar zur Gegenwart für den, der diese Spuren richtig zu deuten versteht. Sie sind damit auf ihre Weise eine Erkenntnisquelle der geschichtlichen Forschung, die, nachdem sie einmal erschlossen ist, nicht mehr übersehen werden kann und darf. Auch die Erforschung der biblischen Geschichte kann an den reichen Ergebnissen der Archäologie Palästinas nicht vorübergehen. Diese ist zu einer wichtigen Hilfswissenschaft für die gesamte Geschichte des Landes einschließlich seiner biblischen Vergangenheit geworden.

[1] In der zweiten Hälfte des vorigen Jahrhunderts gebrauchte man das Wort „Archäologie" gern für Darstellungen der Kulturgeschichte auf Grund vorwiegend literarischer Quellen bzw. der für die biblische Exegese wichtigen „Realien". Man sollte diesen Gebrauch heute vermeiden.

2. Die alttestamentliche Wissenschaft kann an der Archäologie Palästinas um so weniger vorübergehen, als gerade das Interesse an der biblischen Geschichte der archäologischen Arbeit in Palästina den ersten Antrieb gegeben und längere Zeit die Richtung ihrer Tätigkeit bestimmt hat und für sie auch heute noch wichtig ist. Für die biblischen Altertümer des Landes hat man sich interessiert seit den Zeiten der altchristlichen Kirche, seit christliche Pilger begannen, das Land zu bereisen und die durch alt- und neutestamentliche Überlieferung bekannten „heiligen" Stätten aufzusuchen und den Befund an Ort und Stelle mit dieser Überlieferung in Verbindung zu bringen. Das war nun freilich lediglich eine Vorstufe archäologischer Betrachtung; es handelte sich im wesentlichen darum, auf Grund der — zutreffenden oder irrigen — Lokaltraditionen den örtlichen Tatbestand zur Kenntnis zu nehmen und daran die Erinnerung an die durch die literarische Überlieferung geläufigen Ereignisse zu knüpfen. — Eine wissenschaftliche archäologische Arbeit begann — im Gefolge der schon älteren archäologischen Tätigkeit in den großen und reichen Kulturgebieten am Nil und im Zweistromland — auf dem Boden Palästinas im wesentlichen erst in den 60er Jahren des 19. Jahrh.s, und sie setzte begreiflicherweise vor allem in Jerusalem ein, weil in dieser geschichtlich bedeutsam gewesenen Stadt Überreste einer großen Vergangenheit in erster Linie erwartet werden zu können schienen. Diese Erwartung hat sich nicht recht erfüllt; denn in dieser oft zerstörten und immer wieder neu besiedelten und auch heute noch bewohnten Stadt bleibt der archäologische Befund überaus lückenhaft und unzusammenhängend; und so konnten die hier gemachten Funde kaum die Grundlage werden für das Gebäude einer archäologisch bestimmten Kulturgeschichte des Landes, die ihrerseits die geschichtliche und biblische Deutung der Einzelfunde auf ein sicheres Fundament hätte stellen können. — Eine systematische archäologische Arbeit begann erst, als der Engländer Flinders Petrie 1890 auf dem heute unbewohnten Ruinenhügel *tell el-ḥesi* in der Küstenebene etwa 25 km östlich von Gaza den Spaten ansetzte, um hier in einem bestimmten Abschnitt des Ruinenhügels die übereinander lagernden Kulturschichten auf ihre Merkmale hin genau zu untersuchen und dabei vor allem auch die zunächst unscheinbaren Kleinfunde, deren Bedeutung nicht ohne weiteres einleuchtet, in das Auge zu fassen. Besondere Beachtung schenkte er dabei der in reichem Maße — meist in zerbrochenem Zustand — aufgefundenen Töpferware (Keramik), die in verschiedenen Kulturperioden je verschiedene Merkmale trägt. Flinders Petrie hat damit in die palästinische Archäologie die Untersuchung der an allen alten Siedlungsstätten stets reichlich auffindbaren Keramik als eines Kriteriums für die Altersbestimmung der einzelnen Siedlungen und Siedlungsschichten eingeführt, und die Keramik mit ihren von Zeitabschnitt zu Zeitabschnitt wechselnden Eigentümlichkeiten und Besonderheiten ist seither eines der wichtigsten Erkennungszeichen für die Zeitbestimmung alter Siedlungen geblieben. Mit der Ausgrabung auf dem *tell el-ḥesi* wurde so nun aber

grundsätzlich der Anfang damit gemacht, die Archäologie Palästinas auf eigene Füße zu stellen. Hier wurde die Ausgrabungsarbeit nicht unternommen mit Rücksicht auf ganz bestimmte Funde, die man auf Grund der literarischen (biblischen) Überlieferung an Ort und Stelle erwartete und daher suchte[1]; hier wurde vielmehr eine Stätte alter Siedlungen — wenn auch noch unvollständig und versuchsweise — aufgenommen mit dem, was sie von sich aus an alten Überresten bot. Damit begann die archäologische Arbeit, sich aus der Abhängigkeit von der literarischen Überlieferung zu lösen und ihren eigenen Weg zu beschreiten, dessen Ziel nun die Sammlung, der Vergleich und die aus diesem Vergleich selbst sich ergebende Deutung der archäologischen Funde wurde, unabhängig von der literarischen Überlieferung, wenn auch mit ständigem Interesse für die durch die literarische Überlieferung bekannten Geschichte des Landes. Auf die Ausgrabung auf dem *tell el-ḥesi* folgte schon vor dem ersten Weltkriege eine ganze Reihe weiterer, von verschiedenen Nationen unternommener Ausgrabungen alter Ruinenhügel in verschiedenen Gegenden Palästinas; und nach dem ersten Weltkriege hat dann mit ständig sich vervollkommnender Technik eine eifrige Ausgrabungstätigkeit eingesetzt, getragen von Vereinen und Instituten zahlreicher Nationen. Sie ist zeitweilig durch den zweiten Weltkrieg fast völlig unterbrochen worden, aber inzwischen wieder in Gang gekommen, nunmehr auch mit Beteiligung der auf dem Boden Palästinas entstandenen selbständigen Staaten und deren Altertümerverwaltungen[2].

Die Archäologie Palästinas steht heute als eigenständige Wissenschaft da, die so viel Material zutage gefördert hat, daß sie daraus ein, wenn natürlich auch nicht lückenloses und in vielen Einzelheiten noch der Sicherung und gegebenenfalls Korrektur bedürftiges, so doch in großen Zügen abgerundetes Bild von der Kulturentwicklung des Landes in den Jahrtausenden seiner Geschichte zu entwerfen vermag, ohne ständig auf die Zuhilfenahme der literarisch überlieferten Nachrichten angewiesen zu sein. In dieser selbständigen Stellung ist sie für die Erkenntnis der Geschichte des Landes, vor allem auch seiner biblischen Geschichte, nicht unwesentlicher geworden. Im Gegenteil. Sie stellt jetzt neben der literarischen Überlieferung eine relativ unabhängige Quelle der Erkenntnis dar, und die geschichtliche Deutung ihrer Funde kann nunmehr, nachdem die Möglichkeit einer rein archäologischen Datierung der Funde für die meisten Fälle sicher und nur mit verhältnismäßig geringem zeitlichen Spielraum gegeben ist, mit sehr viel mehr Aussicht auf Richtigkeit

---

[1] Allerdings wurde der *tell el-ḥesi* als Ausgrabungsobjekt gewählt im Hinblick auf die — inzwischen als irrig erwiesene — Meinung, daß er die Ruinenstätte der aus dem Alten Testament bekannten Stadt Lachis sei (auf Grund der vermeintlichen Namengleichheit *tell el-ḥesi* = Lachis). Aber bei der Ausgrabung selbst hat diese Voraussetzung dann keine wesentliche Rolle mehr gespielt.

[2] Was den Staat Israel betrifft, vgl. die Übersicht von S. Yeivin, A Decade of Archaeology in Israel 1948—1958 (Publications de l'Institut historique et archéologique néerlandais de Stambul VIII [1960]).

vollzogen werden als in einer Zeit, in der man zu einer literarischen Nachricht einfach einen passenden archäologischen Befund suchte und dabei ohne genügende Rücksicht auf die archäologische Schichtenfolge und den archäologischen Zusammenhang oft genug aufs Geratewohl zu Gleichsetzungen kam, die sich nachträglich als falsch erwiesen.

§ 13. Literatur zur Archäologie Palästinas

Die Ergebnisse der archäologischen Arbeit in Palästina sind in zahllosen Schriften und Aufsätzen veröffentlicht, die hier nicht aufgeführt werden können. Über die großen Ausgrabungsarbeiten liegen meist umfangreiche Ausgrabungspublikationen vor, von denen verschiedene in besonderem Zusammenhang unten in § 15 im einzelnen aufgeführt werden. Publikationsreihen vorwiegend archäologischen Inhalts sind das Annual des Palestine Exploration Fund (PEF Ann.), bisher erschienen in 6 Bänden zwischen 1911 und 1953, sowie das Annual of the American Schools of Oriental Research (AASOR), seit 1920 grundsätzlich jährlich erscheinend. Während der britischen Mandatsherrschaft wurde herausgegeben das Quarterly of the Department of Antiquities in Palestine (QDAP) seit 1931. In Jordanien erscheint jetzt das Annual of the Department of Antiquities of Jordan (seit 1951), in Israel die Zeitschrift ʿAtiqot: Journal of the Israel Department of Antiquities (seit 1955). Laufende vorläufige Berichte über Ausgrabungsarbeiten und Mitteilungen über kleinere Untersuchungen sind erschienen und erscheinen noch in den oben § 1, 3 genannten Zeitschriften.

Zusammenfassende Darstellungen des Ertrages der archäologischen Arbeit in der Form chronologisch angelegter Schilderungen der einzelnen Kulturperioden auf Grund der von ihnen hinterlassenen materiellen Überreste von den Anfängen der Kultur bis einschließlich der römisch-byzantinischen Zeit bieten P. Thomsen, Palästina und seine Kultur in fünf Jahrtausenden (Der Alte Orient Band 30 [1931] mit einer Reihe von Textabbildungen und Tafeln); C. Watzinger, Denkmäler Palästinas I (1933) und II (1935), ebenfalls mit reichlichem Abbildungsmaterial; W. F. Albright, The Archaeology of Palestine (1. Aufl. 1949; seitdem mehrere weitere Auflagen und Übersetzungen in andere Sprachen) in der Reihe „Pelican Books"; K. M. Kenyon, Archaeology in the Holy Land (1960). Bei K. Galling, Biblisches Reallexikon (Handbuch zum Alten Testament, erste Reihe 1 [1937]) werden die Funde aus der Zeit von etwa 1800 v. Chr. bis zur hellenistisch-römischen Periode unter einer großen Zahl alphabetisch geordneter Stichwörter dargeboten und erklärt und durch viel Textabbildungen illustriert. Im Rahmen einer auf archäologischer Basis dargestellten Geschichte Israels wird reiches archäologisches Material dargeboten von G. E. Wright, Biblical Archaeology (1. Aufl. 1957; deutsche Übersetzung unter dem Titel Biblische Archäologie, 1. Aufl. 1958). In ähnlicher Weise ist der Ertrag der archäologischen Arbeit berücksichtigt auch in den o. S. 4 genannten, sich als „Bibelatlanten" deklarierenden Werken. Vielerlei Abbildungen von Ausgrabungsfunden im Rahmen einer Darstellung der israelitischen Kulturgeschichte finden sich bei I. BENZINGER, Hebräische Archäologie[1], 3. Aufl. (Angelos-Lehrbücher I) 1927. Eine ganze Reihe archäologischer Funde wird im Bilde dargeboten auch bei H. GRESSMANN, Altorientalische Bilder zum Alten Testament, 2. Aufl. (1927), mit jeweils kurzen Erklärungen. Noch reicher an Stoff ist das ähnlich angelegte große Werk von J. B. PRITCHARD, The Ancient Near East in Pictures Relating to the Old Testament (1. Aufl. 1954). Unter einem speziellen Gesichtspunkt wird das palästinische archäologische Material behandelt bei ST. A. COOK, The religion of ancient Palestine in the light of archaeology (The Schweich Lectures on Biblical Archaeology 1925) 1930; W. F. ALBRIGHT, Archaeology and the Religion of Israel (1. Aufl. 1942; deutsche Übersetzung unter dem Titel Die Religion Israels im Lichte der archäologischen Ausgrabungen 1956). Eine gute Übersicht über den Ertrag der Archäologie im Zusammenhang mit den literarischen Nachrichten des Alten Testaments bietet A.-G. BARROIS, Manuel d'archéologie biblique I (1939); II (1953). In eine große Gesamtschau der geistigen Entfaltung der Menschheit wird die palästinische Archäologie einbezogen bei W. F. ALBRIGHT, From the Stone Age to Christianity. Monotheism and the Historical Process, 1. Ausgabe 1940 (deutsche Übersetzung davon unter dem Titel Von der Steinzeit zum Christentum 1949 als Band 55 der „Sammlung Dalp").

Einen kurzen Überblick über den gegenwärtigen Stand des Ertrags der palästinischen Archäologie bietet G. E. WRIGHT, The Archaeology of Palestine (The Bible and the Ancient Near East. Essays in Honor of William Foxwell Albright [1961] S. 73—112). Kartographisch sind für das Gebiet des jetzigen Jordanien die Plätze mit Altertümern verzeichnet auf der „Archeological Map of the Hashemite Kingdom of the Jordan" (3 Blatt 1 : 250000 [1949/50]).

§ 14. Die Kulturperioden des Landes und ihre wichtigsten Merkmale

Wer in einem Lande wie Palästina, das eine so lange und wechselvolle Geschichte hinter sich hat, den noch vorhandenen materiellen Spuren der Vergangenheit nachgeht, der tut gut, zunächst wenigstens im Groben sich zu orientieren über das, was er in dieser Hinsicht zu erwarten hat, d. h. sich zu vergegenwärtigen, welche verschiedenen geschichtlichen Erscheinungen und Gestaltungen das Land nacheinander auf seinem Boden gesehen hat und was für Denkmäler und sonstige Überreste jede dieser verschiedenen Epochen der Vergangenheit wahrscheinlich hinterlassen hat. Da Palästina zu keiner Zeit der Geschichte für sich isoliert

[1] Das Wort Archäologie wird hier noch in dem oben S. 96 Anm. 1 bezeichneten Sinne gebraucht.

gelebt hat, sondern jeweils einbezogen gewesen ist in größere Kulturkreise, die im Bereich des Mittelmeeres, besonders seiner östlichen Hälfte, seit uralter Zeit die einzelnen Länder miteinander verbunden haben, so begegnen uns auf dem Boden Palästinas allerlei Erscheinungen, die von anderen Ländern her gut bekannt sind; und diese Tatsache erleichtert die vorläufige Orientierung in dem Vielerlei der Überreste der Vergangenheit, die in Palästina dem Beschauer entgegentreten. Wir gehen im Folgenden von der Gegenwart aus in der Geschichte des Landes nach rückwärts und fragen, in welcher Weise die einzelnen geschichtlichen Zeiten in dem Gesamtbestand an Altertümern in Erscheinung treten.

1. Wenn wir von den Jahrzehnten seit dem ersten Weltkrieg mit ihrer überaus rapiden Europäisierung und Amerikanisierung des Lebens und der Kultur, besonders in den größeren Städten, absehen, deren äußere Zeichen leicht erkennbar sind, so ist die letzte größere geschichtliche Epoche die Zeit der Herrschaft der Türken, die gerade vier Jahrhunderte gewährt hat[1]. Aus dieser Zeit stammt naturgemäß das meiste, was in heute noch bewohnten oder bis vor kurzem bewohnt gewesenen Siedlungen äußerlich sichtbar ist, auch das meiste, was man heute an Moscheen[2] und muslimischen Grabheiligtümern[3] sieht, außerdem die heutige Ummauerung der Altstadt von Jerusalem[4], die allerdings auf älteren Fundamenten ruht, auch die meisten der jetzt noch benutzten Kirchen und Niederlassungen der verschiedenen christlichen Konfessionen, die in der Mehrzahl der Fälle erst dem 19. Jahrhundert angehören[5]. An besonderen, repräsentativen Bauwerken aus dieser Zeit fehlt es einigermaßen, da Palästina für das türkische Reich nur ein minder wichtiges Randgebiet war.

2. Das gleiche gilt für die davor liegende Zeit der Mamluken-Sultane, die von etwa der Mitte des 13. Jahrhunderts an die Herrschaft über Palästina ausübten[6], deren Hauptstädte aber Kairo und Damaskus waren, während auch zu ihrer Zeit das Land Palästina nur eine Nebenrolle spielte. Nur einige wenige Bauten wie die „weiße Moschee" in der

---

[1] Im Winter 1516/17 hat der Sultan der osmanischen Türken, Selim I., Palästina erobert; 1917 und 1918 haben die Engländer in verschiedenen Etappen das Land besetzt.

[2] Vgl. als Beispiele die Abbildungen bei Ebers-Guthe, Palästina (1882) I S. 92. 201. 257. 273. 303. 322; II S. 152.

[3] Vgl. etwa Guthe, Palästina (^{2}1927) Abb. 68. 89 (farbig); 64 Bilder aus dem Heiligen Lande S. 11. 15 (beide farbig).

[4] Vgl. Guthe a. a. O. Abb. 38 (farbig). 117.

[5] Selbst die Grabeskirche in Jerusalem geht mit ihrer jetzigen äußeren Erscheinung zum größten Teil erst in die Zeit nach dem Brand vom Jahre 1808 zurück.

[6] Für diesen und die folgenden Abschnitte vgl. R. Hartmann, Palästina unter den Arabern 632—1516 (Das Land der Bibel I 4 [1915]) und die einschlägigen Partien bei P. K. Hitti, History of Syria including Lebanon and Palestine (^{2}1957) S. 407ff.

Stadt *er-ramle* in der Küstenebene mit ihrem noch heute weithin sichtbaren Minaret[1] oder die nachträglich mehrfach veränderten und reparierten Jordanbrücken *dschisr benāt ja'ḳūb*[2] zwischen *ḥūle*-See und Tiberiassee und *dschisr el-mudschāmi'*[3] unterhalb des Tiberiassees und *dschisr ed-dāmje* (heute neben den inzwischen veränderten Flußbetten an der Jabbok-Einmündung) sind noch Zeugen dieser Mamluken-Zeit.

3. In ganz anderer Weise stand in der vorhergehenden Periode, in der Zeit abendländischer Herrschaft, in der Kreuzfahrerzeit, Palästina selbst im Mittelpunkt des Interesses. Diese knapp zwei Jahrhunderte umfassende Zeit — 1099 n. Chr. wurde Jerusalem ein erstes Mal von einem Kreuzfahrerheer besetzt, 1291 n. Chr. ging den Kreuzfahrern ihr letzter Besitz auf palästinischem Boden, die Stadt Akko, an den Mamluken-Sultan verloren — hat eine ganze Reihe jetzt meist als Ruinen dastehender Bauwerke im Lande hinterlassen[4], die meist an ihrem abendländischen Baustil (frühgotische Spitzbogen u. dgl.) leicht erkennbar sind. Teils sind es Kirchen[5] wie die jetzige Annenkirche in der Altstadt von Jerusalem[6] oder die Johanneskirche in dem heutigen *sebaṣṭje*[7], der Stätte des alten Samaria, oder die Kreuzfahrerkirche im heutigen „Kirjath-Jearim" (arabisch *el-ḳerje*) westlich von Jerusalem[8], teils sind es Stadtbefestigungen wie die Mauern von Caesarea[9] und Akko[10], teils Ritterburgen und Ordensschlösser wie das dem Templerorden gehörig gewesene Castellum Peregrinorum „Pilgerschloß" (heute *'aṯlīṯ* an der Küste zwischen Caesarea und der Karmelspitze)[11] und das seit 1229 im Besitz des Deutschen Ritterordens gewesene Schloß Montfort (arabisch *ḳal'at el-ḳurēn*) nordöstlich von Akko in den westgaliläischen

---

[1] Abgebildet bei Guthe a. a. O. Abb. 83 (farbig). Vgl. auch die genauen Grundriß- und Aufrißzeichnungen bei Mayer-Pinkerfeld-Hirschberg-Maimon, Some Principal Muslim Religious Buildings in Israel (Jerusalem 1950) Taf. 19—21.

[2] Vgl. Abel, Géographie de la Palestine I Pl. XV, 1.

[3] Vgl. Abel a. a. O. S. 164 Fig. 8 (Zeichnung); PJB 2 (1906) Taf. 2, 2 (Photogr.).

[4] Über die Sitze der Kreuzfahrer und ihrer verschiedenen Institutionen im Lande orientiert die 1938 vom Survey of Palestine herausgegebene Karte Palestine of the Crusades. A map of the country on scale 1 : 350000 with historical introduction and gazetteer (C. N. Johns).

[5] Auch an dem christlichen Hauptheiligtum des Landes, der Grabeskirche in Jerusalem, haben die Kreuzfahrer natürlich gebaut, und die Überreste dieser ihrer Tätigkeit sind an Ort und Stelle noch vorhanden.

[6] Abgebildet bei G. Schöne, Jerusalem (1961) Abb. 21.

[7] Vgl. die Zeichnung bei Ebers-Guthe a. a. O. I S. 269.

[8] Vgl. R. de Vaux - A. M. Steve, Fouilles à Qaryet el-'Enab Abū Gôsh Palestine (1950) S. 95ff. Pl. I. II. XII.

[9] Vgl. Ebers-Guthe a. a. O. II S. 127. 129. 131. 133.

[10] Vgl. Dalman, Hundert deutsche Fliegerbilder aus Palästina (1925) Nr. 60.

[11] Vgl. Ebers-Guthe II S. 119. 121. 123; Hommel-Schneller, Durchs Gelobte Land Abb. Nr. 8.

Bergen[1]. Die große Burg *ḳal'at er-rabaḍ*, weithin sichtbar auf einer hohen Kuppe nahe westlich des Ortes *'adschlūn* gelegen, ist unmittelbar nach der Niederlage der Kreuzfahrer in Kreuzfahrerart erbaut worden. Auch sonst finden sich vielfach im Lande Burgen und Kastelle aus der Kreuzfahrerzeit mit ihrer feudalritterlichen Lebensordnung, ehemalige Sitze von „fränkischen"[2] Herrengeschlechtern, so auf *kōkab el-haua*, einem hohen Punkt zwischen Tiberiassee und *bēsān*, der Stätte der Kreuzfahrerfeste *Belvoir*, so in (arabisch) *ḳāḳūn* in der Küstenebene südöstlich von Caesarea, dem *Caco* der Kreuzfahrerzeit, so auf der weithin sichtbaren Höhe von *ṣūba* (isr.: *ṣoba*) im judäischen Gebirge westlich von Jerusalem. Die Kreuzfahrerzeit hat also zahlreiche und charakteristische Zeichen ihres Lebens und ihrer Tätigkeit in Palästina hinterlassen, wenn auch gerade die größten und stärksten Kreuzfahrerfestungen nicht hier, sondern weiter im Norden in Syrien errichtet worden sind.

4. Der Kreuzfahrerzeit ging die Periode der arabischen Herrschaft über Palästina voraus, die von der arabischen Eroberung des Landes in den Jahren 634—640 n. Chr. an nacheinander von den Dynastien erst der in Damaskus residierenden Omajjaden, dann (seit 750) der in Bagdad sitzenden Abbasiden, endlich (von der 2. Hälfte des 10. Jahrhunderts an) der von Kairo aus regierenden Fatimiden ausgeübt wurde[3]. Die Zeit der Omajjadenherrschaft und der beginnenden Abbasidenherrschaft war die Glanzzeit der frühislamischen Geschichte, während unter den späteren Herrschern bereits der Verfall begann. Die Zeit der letzteren hat denn auch keine nennenswerten Spuren im Lande hinterlassen. Aus der Omajjadenzeit aber stammt der prächtige Bau des „Felsendomes" (arab. *ḳubbet eṣ-ṣachra*) in Jerusalem[4], errichtet über dem heiligen Felsen, der seit uralter Zeit die eigentliche heilige Stätte von Jerusalem gewesen ist. Er war zunächst, solange Mekka und Medina sich den Omajjaden noch nicht unterworfen hatten, als Gegenheiligtum gegen diese Zentren des Islam gedacht, ist aber auch nachher und bis heute nächst Mekka und Medina die wichtigste heilige Stätte der Muslime geblieben. Er ist das glänzendste Denkmal der frühislamischen Zeit auf dem Boden Palästinas. Sonst hat die Omajjadenzeit noch einige Schlösser für die Hofhaltung von Herrschern und Großen in Palästina hinterlassen, so das Wüstenschloß *mschetta* am östlichen Rande des ostjordanischen Kulturlandes südöstlich von *'ammān*[5] und das Schloß an der Ruinen-

[1] Vgl. RANGE, Montfort (ZDPV 58 [1935] S. 84—89 mit Abb. 8—10).

[2] So bezeichnet man seit der Kreuzfahrerzeit noch heute im arabisch sprechenden Lande alles, was aus dem Abendlande kommt.

[3] Einzelheiten der Geschichte dieser Dynastien übergehe ich; vgl. R. HARTMANN a. a. O.

[4] Sehr oft abgebildet, so z. B. bei GUTHE, Palästina² Abb. 6. 105 (Inneres). 107; 64 Bilder aus dem Heiligen Lande S. 57. 64 (beide farbig); HOMMEL-SCHNELLER Abb. 31; DALMAN, Hundert deutsche Fliegerbilder Nr. 5. 6 (der ganze heilige Bezirk).

[5] Vgl. GUTHE a. a. O. Abb. 157. 158.

stätte *chirbet mefdschir* im Jordangraben nördlich von Jericho[1] und das Schloß der *chirbet el-minje* am Nordwestufer des Tiberiassees[2]. Die Überreste eines früh						arabischen *chān* etwa aus der Mitte des 9. Jahrh.s n. Chr. als Straßenstation an der von Jerusalem in die westliche Küstenebene führenden Straße wurde in „Kirjath-Jearim" (arab. *el-ḳerje*) festgestellt und aufgedeckt[3].

5. Intensiver, weil das gesamte Leben im Lande bestimmend, ist die byzantinische Zeit in Palästina in Erscheinung getreten. Sie reichte von der Zeit des Kaisers Konstantin bis zur arabischen Eroberung und kann bezeichnet werden als die Zeit der altchristlichen Kirche in Palästina. Sie ist daher charakterisiert in erster Linie durch die Kirchenbauten, die durch ihren byzantinischen Stil leicht von den Kreuzfahrerkirchen und den Kirchen der Neuzeit zu unterscheiden sind. Dabei handelt es sich einmal um kaiserliche Prachtbauten. So hat Konstantin an der Stätte des heiligen Grabes in Jerusalem die Basilika der Anastasis, des „Auferstehungsortes", errichten lassen, von der freilich nur noch sehr dürftige und versteckte Überreste an Ort und Stelle vorhanden sind; ein ungefähres Bild von ihrer einstigen Gestalt kann man sich auf Grund ihrer Darstellung auf dem aus byzantinischer Zeit stammenden geographischen Mosaik in einer altchristlichen Kirche von *mādeba* im südlichen Ostjordanlande[4] machen[5]. Das wichtigste und noch heute verhältnismäßig gut erhaltene Denkmal kaiserlich byzantinischer Kirchenbaukunst in Palästina ist die Geburtskirche in Bethlehem, eine altchristliche Basilika, die von Konstantin errichtet und von Justinian restauriert und im einzelnen umgestaltet worden ist[6]. Als Ruine steht noch da die byzantinische Basilika des alten Emmaus = römisch-byzantinisch Nikopolis (heute *'amwās*)[7], ebenso die byzantinische Klosterkirche auf dem Nebo[8]. Nur in einem Teil ihrer Fundamente erhalten ist die am Ende des 5. Jahrh.s von dem Kaiser Zeno auf dem Garizim als oktogonaler

---

[1] Vgl. D. C. Baramki, QDAP 5 (1936) S. 132—138; 6 (1937) S. 157—168; 7 (1938) S. 51—53.

[2] Vgl. A. M. Schneider und O. Puttrich-Reignard, Ein frühislamischer Bau am See Genesareth (Palästina-Hefte des Deutschen Vereins vom Heiligen Lande Heft 15 [1937]) sowie O. Puttrich-Reignard und A. M. Schneider a. a. O. Heft 17—20 (1939) S. 9—33.

[3] Vgl. de Vaux-Steve a. a. O. S. 58ff. Pl. Iff.

[4] Vgl. Guthe-Palmer, Die Mosaikkarte von Madeba (1906) in 10 Tafeln, Jerusalem auf Taf. 7; M. Avi-Yonah, The Madaba Mosaic Map (1954), Jerusalem auf Pl. 7.

[5] Dazu speziell P. Thomsen, Das Stadtbild Jerusalems auf der Mosaikkarte von Madeba (ZDPV 52 [1929] S. 149—174. 192—219) mit farbiger Tafel (ebd. Taf. 6).

[6] Inneres abgebildet bei Guthe Abb. 91.

[7] Vgl. L. H. Vincent et F.-M. Abel, Emmaus. La Basilique et son Histoire (1932).

[8] Vgl. S. Saller, The Memorial of Moses on Mount Nebo I/II (Pubblicazioni dello Studium Biblicum Franciscanum N. 1 [1941]).

Zentralbau errichtete Theotokos-Kirche[1]. Daneben aber hat es im Lande zahllose kleinere Gemeindekirchen gegeben bis herab zu ganz anspruchslosen, schlichten Dorfkirchen. Sie liegen heute, soweit nicht später auf den alten Grundlagen neu aufgebaut worden ist, in Trümmern, oft nur noch erkennbar an ihrem Grundriß, der als sichtbarstes Zeichen eines Kirchenbaus das charakteristische Merkmal der in der Regel auf der Ostseite gelegenen Apsis (Mittelapsis mit häufig noch zwei Seitenapsiden und verschiedenen Möglichkeiten der äußeren Ummantelung) aufweist. Überraschend häufig begegnen selbst in einfachen Landkirchen Mosaikfußböden mit in der späteren byzantinischen Zeit meist konventionellen Darstellungen, deren Motive vielfach aus der Mosaikkunst der römischen Villen stammen und daher vorwiegend „weltlichen“ Inhalts sind, mit allerlei geometrischen Mustern, mit Stifterinschriften u. dgl.[2]. Auf Siedlungen, die durch byzantinische Kirchen gekennzeichnet sind, trifft man heute vielfach auch in Randgebieten des Landes, die jetzt längst nicht mehr fest bewohnt sind. Die byzantinische Zeit bezeichnet in der äußeren Ausdehnung der festen Besiedlung gegen die benachbarten Steppengebiete hin den Höhepunkt in der geschichtlichen Entwicklung Palästinas. In die byzantinische Zeit gehören endlich auch die Synagogen des jüngeren Typus[3], die in ihrem (allein noch erhaltenen) Grundriß mit den Kirchen außer der Beliebtheit der Mosaikfußböden auch das Auftreten der Apsis gemeinsam haben, sich aber von diesen in den meisten Fällen durch die Orientierung in der Richtung nach Jerusalem und durch das Vorhandensein der üblichen synagogalen Symbole in den Darstellungen auf den Mosaikfußböden und im Reliefschmuck, soweit er in den Trümmern an Ort und Stelle noch zu finden ist, deutlich unterscheiden[4].

6. Intensiv hat auch die Zeit der wohlorganisierten römischen Herrschaft sich dem Lande aufgeprägt und Überreste hinterlassen, die allerorten noch aufzufinden sind. Die Einrichtungen der römischen Zeit haben in der byzantinischen Zeit fortbestanden, die ihrerseits als Neues die Denkmäler des Christentums mit sich gebracht hat. Die unmittelbare römische Herrschaft begann mit dem Verschwinden der ver-

---

[1] Vgl. A. M. Schneider, BBLAK 68, 3 (1951) S. 217ff. Abb. 2—12. Taf. 1—3.

[2] Vgl. als Beispiel A. M. Schneider, Die Brotvermehrungskirche von *eṭ-ṭâbġa* am Genesarethsee und ihre Mosaiken (1934). Eine Zusammenstellung der Mosaikfußböden Palästinas bietet M. Avi-Yonah, QDAP 2 (1933) S. 136 bis 181; 3 (1934) S. 26—47. 49—73 mit Ergänzungen der Liste in den folgenden Jahrgängen. Das oben erwähnte Kirchenmosaik von *mādeba* mit seiner geographischen Darstellung ist ein ungewöhnlicher, wenn auch nicht singulärer Fall.

[3] Über die Synagogen des älteren Typus vgl. unten S. 107.

[4] Vgl. — mit vielen sehr guten Abbildungen — B. Kanael, Die Kunst der antiken Synagoge (1961). Zu den Synagogen im allgemeinen vgl. E. L. Sukenik, Ancient Synagogues in Palestine and Greece (The Schweich Lectures of the British Academy 1930) 1934.

schiedenen Staatenbildungen der Herodianer im Laufe der ersten Hälfte des ersten nachchristlichen Jahrhunderts. Ihre Spuren haben sich erhalten einmal in den Überresten der großen römischen Städte, die, von den Römern mit weitgehender Selbständigkeit und oft sehr umfangreichen Territorien ausgestattet, zu den wichtigsten Elementen in der römischen Provinzverwaltung gehörten. Ein verhältnismäßig gut erhaltenes Beispiel einer solchen weiträumig angelegten und reichen Stadtanlage mit Tempeln, Theatern, Forum und Säulenstraßen haben wir in den Ruinen des alten *Gerasa* (heute *dscherasch*) im ostjordanischen *'adschlūn*[1] vor uns[2], in geringerem Ausmaße (wegen bis heute fortdauernder Besiedlung) auch in dem römischen Philadelphia (heute *'ammān*) am Oberlauf des Jabbok[3], auch in verschiedenen Städten im heutigen *ḥaurān*. Charakteristisch römisch sind auch die der Wasserversorgung dieser Städte dienenden, in Palästina noch hie und da in Ruinen erhaltenen Aquädukte[4]. — Sodann tritt die römische Zeit in Erscheinung in den Überresten militärischer Bauten. Die Römer haben die Grenzen ihres Reiches — und die Provinz Judaea war anfangs eine Grenzprovinz — durch Reihen von Kastellen geschützt, die an ihrer Bauart verhältnismäßig leicht erkennbar sind; sie sind meist ungefähr quadratische Bauten mit bis zu etwa 80 m Seitenlänge, vielfach mit dann meist quadratischen Ecktürmen, mit an die Innenmauer angelegten Räumen und einem ausgesparten Hof in der Mitte. So haben wir in Form einer solchen Kastellreihe den *Limes Palaestinae* am Südrande des Landes in westöstlicher Richtung, im 1. nachchristlichen Jahrhundert gegen das damals noch unabhängige Nabatäerreich angelegt[5]; so den nach Einverleibung des Nabatäerreiches im Jahre 106 n. Chr. angelegten *Limes Arabiae* entlang der ganzen Ostgrenze des ostjordanischen Kulturlandes südwärts bis zum Golf von *el-'aḳaba*[6] sowie verschiedene Zwischenlinien zur Verbindung dieser beiden Grenzbefestigungssysteme[7]. Vorwiegend militärischen Zwecken diente auch die Anlage des römischen Straßensystems, das im wesentlichen im ersten Jahrhundert der römischen Herrschaft in Palästina angelegt worden ist; man begegnet seinen

---

[1] Vgl. Guthe a. a. O. Abb. 150—155; Hommel-Schneller Abb. 26; Dalman a. a. O. Nr. 91. 92 (Fliegerbilder mit Gesamtüberblick). Zu der Gesamtheit der Altertümer von Gerasa auf Grund der dort durchgeführten Ausgrabungen vgl. C. H. Kraeling, Gerasa, City of the Decapolis (1938).

[2] In byzantinischer Zeit hat Gerasa dann auch Kirchen erhalten.

[3] Vgl. 64 Bilder S. 21.

[4] Vgl. Guthe Abb. 21.

[5] Näheres bei Alt, Limes Palaestinae (PJB 26 [1930] S. 43—82; 27 [1931] S. 75—84); ders., Neue Untersuchungen zum *limes Palaestinae* (ZDPV 71 [1955] S. 82—94).

[6] Genaueres bei Brünnow-v. Domaszewski, Die Provincia Arabia I—III (1904—1909).

[7] Diese liegen vor allem im *wādi el-'araba* und zu dessen beiden Seiten; vgl. dazu Alt, ZDPV 58 (1935) S. 1—59 mit der Kartenskizze S. 24.

Spuren, wenn sie auch nicht sehr sichtbar hervortreten, doch überall im Lande[1]. Es handelt sich dabei einmal um den Straßenkörper selbst, dessen Pflasterung noch hie und da erhalten, meist allerdings verschwunden ist; sodann um die Straßenränder, die die je nachdem verschiedene, 3 oder 5 oder auch 10 m betragende Breite der Straße einfaßten und aus fortlaufenden, bis zu 50 cm hohen Steinwällen bestehen, deren Verlauf heute noch manchmal erkennbar ist. Das sicherste Erkennungszeichen der Römerstraßen sind aber die Meilensteine, etwa 2 m hohe Steinsäulen, bestehend aus einem ungefähr kubischen Sockel und einem runden Oberteil mit etwa 60 cm Durchmesser, der häufig, wenn auch nicht immer, eine Inschrift trägt, die am Ende die Angabe der betreffenden Meilenentfernung von einem bestimmten Ausgangspunkt (*caput viae*) aus enthielt (Abbildungen von römischen Meilensteinen z. B. bei L. H. Grollenberg, Atlas van de Bijbel [1955] Fig. 392. 393). Bei Ausbesserungsarbeiten an den Straßen wurden zu den alten jeweils neue Meilensteine gesetzt, so daß häufig ganze Gruppen von Meilensteinen an demselben Platze stehen. Zum Straßensystem gehören endlich noch die Straßenstationen, entweder Stellen für den Pferdewechsel (*mutationes*) oder Übernachtungsstellen (*mansiones*). Überreste solcher Stationen im Gelände neben den Straßen in der Form meist unregelmäßiger kleiner Bauanlagen finden sich im Lande noch hie und da[2]. — Zeichen der römischen Zeit sind auch die im Lande verstreut anzutreffenden Ruinen von Mausoleen in der Form kleiner rechteckiger Bauten mit den üblichen Kennzeichen römischen Baustils. — Endlich gehören in die römische Zeit auch die Synagogen des älteren Typus ohne Apsis mit der den Haupteingang aufweisenden Schmalseite in der Richtung nach Jerusalem orientiert. Sie finden sich vor allem in Galiläa und stammen aus dem 2./3. Jahrh. n. Chr.[3]; auch die Ruine der Synagoge von Kapernaum (arabisch *tell ḥūm*), so wie sie heute an Ort und Stelle zu sehen ist, stammt von einem Bau dieser Zeit und nicht von einem solchen aus der Zeit Jesu[4].

7. Zeitlich und stilistisch in die frührömische Periode gehören auch die Bauten Herodes' I. Man kann sie jedoch als besondere Gruppe herausgreifen, weil sie sich an einen bestimmten Namen knüpfen und weil wir durch die literarische Überlieferung bei Josephus ziemlich genau darüber informiert sind, was Herodes in Palästina gebaut hat. In Jerusalem sind von der von Herodes nördlich des Tempelplatzes erbauten

---

[1] Eine Zusammenstellung der Straßenrouten und der bis dahin gefundenen Meilensteine bietet Thomsen, ZDPV 40 (1917) S. 1—103.

[2] Vgl. C. Kuhl und W. Meinhold, Römische Straßen und Straßenstationen in der Umgebung von Jerusalem (PJB 24 [1928] S. 113—140; 25 [1929] S. 95—124).

[3] Vgl. Kohl und Watzinger, Antike Synagogen in Galiläa (1916).

[4] Vgl. Guthe a. a. O. Abb. 128; 64 Bilder S. 54; Hommel-Schneller Abb. 14. Andere galiläische Synagogen bei Guthe Abb. 133; Watzinger, Denkmäler II Taf. 35.

Burg Antonia allerdings kaum noch Reste offen sichtbar[1]; aber von den Türmen des herodianischen Palastes im Nordwesten der damaligen Stadt in der Nähe des heutigen Jafatores haben sich noch Reste in der jetzigen Zitadelle erhalten[2], und vor allem die schönen großen Quader im Unterbau der heutigen Umfassungsmauer des Tempelbezirkes, wie sie besonders an der „Klagemauer“ noch sichtbar sind[3], stammen von dem herodianischen Tempelbau. Daneben hat Herodes im Lande römische Stadtanlagen entstehen lassen. An der Stelle des alten Samaria hat er eine zu Ehren des Kaisers mit dem Namen Σεβαστή[4] (= Augusta) genannte glänzende Stadt erbaut; Teile der römischen Stadtmauer, das Forum auf der Ostseite und die Terrasse des Augustustempels auf der Höhe des Stadthügels sind noch heute Zeugen seiner Bautätigkeit[5]. In der ebenfalls von ihm erbauten Stadt Caesarea am Meer (arabisch *ḳēṣārje*) zeugen die verfallenen Reste des Hippodroms und des Theaters sowie der Hafenanlagen von seiner Wirksamkeit. In Trümmern liegen auch die Burgen, die er sich im Südosten seines Landes erbaut hat, das Herodeion auf dem heutigen *dschebel ferdēs*, etwa 5 km südöstlich von Bethlehem, wo er sich auch sein Grabmal hat anlegen lassen, die Burg Masada auf einem überaus steilen Felsen am Westufer des Toten Meeres (arabisch *es-sebbe*) mit dem Königspalast am Abfall der Nordspitze[6], die nach dem Fall von Jerusalem im Jahre 70 n. Chr. die letzte Zuflucht der aufständischen Juden bildete, und auf der Ostseite des Toten Meeres nördlich des Arnon die Burg Machaerus (heute *el-maschnaḳa* bei *chirbet-el-mukāwer*).

8. Die hellenistische Zeit im vorderen Orient begann mit der Eroberung des Perserreiches durch Alexander d. Gr. (334—331 v. Chr.); Kultureinflüsse aus der griechischen Welt sind freilich besonders an den Mittelmeerküsten schon längst vor diesem Ereignis festzustellen. Politisch handelt es sich vorwiegend um die Zeit der auf Alexander folgenden Diadochendynastien, in Palästina erst der Ptolemäer, dann der Seleukiden; im Kampf gegen die letzteren entstand das makkabäisch-hasmonäische Staatswesen, in dessen Geschichte bereits das Auftreten der Römer im Osten stark hineinspielt (vgl. o. S. 95). An archäologischen

---

[1] Näheres bei Vincent, RB 42 (1933) S. 83—113; 46 (1937) S. 563—570. Der „Ecce-homo-Bogen“, Rest eines dreiteiligen römischen Straßenbogens, in der Nähe der Antonia stammt erst aus hadrianischer Zeit.

[2] Vgl. Guthe Abb. 118 und besonders Hommel-Schneller Abb. 42, wo der herodianische Unterbau von den späteren Aufbauten noch gut zu unterscheiden ist.

[3] Oft abgebildet, z. B. Guthe Abb. 113; Hommel-Schneller Abb. 33; 64 Bilder S. 42; G. Schöne, Jerusalem (1961) Abb. 19.

[4] Daher der Name *sebasṭje*, den heute das Dorf auf der Ostseite der Ortslage des alten Samaria trägt.

[5] Vgl. für das Forum Guthe Abb. 124; 64 Bilder S. 36; für den Augustustempel Gressmann, AOB² Nr. 649.

[6] M. Avi-Yonah u. a., The Archaeological Survey of Masada, 1955—1956 (IEJ 7 [1957] S. 1—60; auch als Sonderveröffentlichung erschienen).

Überresten aus der hellenistischen Zeit sollte man vor allem die Ruinen hellenistischer Stadtanlagen erwarten. Aus der literarischen Überlieferung wissen wir, daß an der Stelle älterer Siedlungen damals Städte neu gegründet und vielfach nach Angehörigen der Diadochendynastien neu benannt worden sind, so Ptolemais an der Stelle des alten Akko, Philadelphia an der Stelle des alten Rabbath Ammon, des heutigen *ʿammān*, Philoteria an der Stelle der *chirbet kerak* (isr.: *bet järaḫ*) am Südende des Tiberiassees, Seleukeia im *dschōlān* (heute *selūḳje*). Auch bei der Dekapolis (vgl. o. S. 95), zu der das soeben genannte Philadelphia gehörte, wird es sich um hellenistische Stadtneugründungen, meist an der Stelle älterer Siedlungen, handeln. Aber sichtbare Spuren haben diese hellenistischen Städte kaum noch hinterlassen, da Bauten der römischen Zeit an derselben Stelle in der Regel die Anlagen der hellenistischen Periode haben verschwinden lassen. Nur Ausgrabungen haben hier und da noch Hellenistisches an den Tag gebracht. Das gilt beispielsweise für die Anlage der hellenistischen Stadt Marissa, des alttestamentlichen Maresa, des heutigen *tell sandaḥanne* in der Nähe von *bēt dschibrīn* (isr.: *bet guvrin*) (vgl. den Plan bei Watzinger, Denkmäler Palästinas II Abb. 22) und für die zugehörigen Grabanlagen mit ihren berühmten Wandmalereien (vgl. Watzinger a. a. O. Abb. 56. 57); das gilt auch für Sichem (*tell balāṭa*), wo die hellenistischen Überreste die oberste Schuttschicht bilden, da die römische Nachfolgesiedlung etwas entfernt davon an der Stelle des heutigen *nāblus* erbaut wurde (vgl. vorläufig L. E. Toombs and G. E. Wright, BASOR 161 [1961] S. 11—54, bes. S. 40ff.). Das einzige größere noch offen sichtbare Denkmal hellenistischer Zeit in Palästina ist die Bauanlage von *ʿarāḳ el-emīr* im Ostjordanland westlich von *ʿammān*, wahrscheinlich aus dem Anfang des 2. Jahrh.s v. Chr.[1]. So sind vor allem durch die Bautätigkeit der folgenden römischen Zeit in Palästina die Spuren jener wichtigen Zeit fast ganz verwischt worden, in der die Lebensformen einer neuen, vom Westen her bestimmten Welt sich durchzusetzen und mit den heimischen Traditionen zu vermischen begannen und, besonders in den Städten, das äußere Bild des Landes veränderten.

9. Waren schon die Spuren der hellenistischen Zeit, soweit sie überhaupt sich noch erhalten haben, im wesentlichen nur noch unter der äußeren Oberfläche des Landes vorhanden und daher nur durch Ausgrabungen zu ermitteln, so kommen wir, wenn wir hinter die hellenistische Zeit zurückgehen, in Kulturperioden, deren Überreste, vor allem soweit es sich um bauliche Anlagen handelt, kaum noch irgendwo in Palästina offen zutage liegen, sondern vom Schutt der Jahrtausende bedeckt auf den Spaten des Ausgräbers warten. Wir fassen diese Perioden hier zusammen unter der Allgemeinbezeichnung altorientalische Zeit. Ihr Kennzeichen war das Zusammenwohnen der Menschen in enggebauten Siedlungen, deren Häuser in der Regel über einem niedrigen Steinfundament mit meist sonnengetrockneten, nicht gebrannten Lehmziegeln auf-

[1] Näheres bei Watzinger, Denkmäler Palästinas II S. 13—17. Abb. 52. 53.

gebaut waren. Aus dieser Tatsache erklärt sich die Art, in der die Überreste dieser Siedlungen sich bis heute erhalten haben. Während die hellenistisch-römisch-byzantinische Zeit weiträumige Stadtanlagen geschaffen hat, in denen wenigstens die öffentlichen Gebäude völlig in Stein aufgeführt waren, und diese Stadtanlagen, soweit die Gebäude nicht sogar noch stehen, große Steinruinen hinterlassen haben (eine solche Steinruine nennt man heute im Lande meist *chirbe*), sind die auf enge Räume zusammengedrängten Gruppen von Lehmziegelbauten jener älteren Perioden nach ihrer Aufgabe meist zu einer gleichförmigen Masse allmählich in sich zusammengesunken und haben die niedrigen Steinfundamente der Gebäude unter sich begraben. Wo dann nach der Zerstörung einer solchen Siedlung an derselben Stelle Menschen von neuem sich wohnlich einrichteten, brauchten sie die Überreste jener älteren Siedlung nicht hinwegzuräumen, sondern konnten auf deren eingeebneter Schuttmasse ihre leichten Bauten aufführen. So wurde allmählich Schicht auf Schicht abgelagert; und wo dann etwa eine starke Ringmauer dieses Schichtenlager zusammengehalten und durch die Jahrhunderte vor Auseinanderfall und Abschwemmung durch die winterlichen Regen bewahrt hat, da haben sich die Überreste der altorientalischen Städte in der charakteristischen Form tafelförmiger Schutthügel mit ausgeprägten Kanten und Rändern erhalten, die man heute im Lande als *tell* zu bezeichnen pflegt. Wo diese charakteristische Form begegnet, die zugleich meist durch die graue Farbe der Schuttanhäufung in die Augen fällt, kann man ziemlich sicher sein, daß man eine alte Ortslage mit vorhellenistischen Siedlungsschichten vor sich hat.

Die palästinische Archäologie hat die in dieser Weise nacheinander abgelagerten Schuttschichten nach bestimmten Merkmalen verschiedenen zeitlich abgrenzbaren Kulturperioden zuzuweisen vermocht, die nach dem Auftreten bestimmter Metalle benannt zu werden pflegen, ohne daß doch das Vorkommen oder Fehlen dieser Metalle unter den Ausgrabungsfunden gerade das wichtigste oder sicherste Kennzeichen für die zeitliche Bestimmung der einzelnen Schichten wäre; es handelt sich mehr um eine konventionelle Terminologie, und das Hauptkennzeichen für die Datierung liefert vielmehr jeweils die Keramik (vgl. o. S. 97). Der hellenistischen Zeit vorauf ging zunächst die E i s e n z e i t, die in Palästina als besondere Kulturperiode ungefähr 1200 v. Chr. begann und die man einzuteilen pflegt in „Eisen I" (etwa 1200—900 v. Chr., also etwa „Richterzeit" und Zeit des davidisch-salomonischen Reiches), „Eisen II" (etwa 900—600 v. Chr., also Zeit des Nebeneinanders der Staaten Israel und Juda) und „Eisen III" (etwa 600—300, also Zeit der Zugehörigkeit zum persischen Großreich)[1]. Nach rückwärts folgt dann die B r o n z e z e i t mit ihren verschiedenen Stadien, die man von ungefähr

---

[1] Auf Grund der neueren Grabungsergebnisse haben Y. Aharoni und R. Amiran (IEJ 8 [1958] S. 171—184) eine etwas andere Unterteilung der Eisenzeit für Palästina vorgeschlagen, nämlich in die Phasen „Israelite I"

3100 v. Chr.[1] ab rechnet; man unterscheidet die „frühe Bronzezeit" mit verschiedenen Unterteilen von etwa 3100 bis 2100 v. Chr.[2], die „mittlere Bronzezeit" zwischen etwa 2100 und 1550 v. Chr., untergeteilt in „Mittelbronze I" (2100—1900 v. Chr.) und „Mittelbronze II" (1900 bis 1550 v. Chr.) und die „späte Bronzezeit" zwischen 1550 und 1200 v. Chr., zerfallend in die Sonderperioden „Spätbronze I" (1550—1400 v. Chr.) und „Spätbronze II" (1400—1200 v. Chr.). Vor der Bronzezeit liegt noch die Kupfersteinzeit (das „Chalkolithikum") von etwa der Mitte des V. vorchristlichen Jahrtausends bis ungefähr 3300 v. Chr.; und weiter rückwärts schließt sich die Jungsteinzeit (das „Neolithikum") an, für die bereits das Zusammenwohnen von Menschen in geschlossenen Siedlungen nachgewiesen ist, und zwar mit einer älteren „vorkeramischen" Periode („pre-pottery neolithic"), die die Kunst der Anfertigung von Töpferware noch nicht kannte und die bis in das VIII. vorchristliche Jahrtausend zurückreicht, und einer späteren Periode, in der man Tongefäße herzustellen gelernt hatte[3].

Während nun bereits das vorkeramische Neolithikum das Ummauern von menschlichen Siedlungen gekannt hat, scheinen die hie und da vorhandenen Siedlungen aus der Kupfersteinzeit noch nicht ummauert gewesen zu sein, so daß sie in der Landschaft kaum noch sichtbar hervortreten, sondern nur durch genauere Untersuchungen in ihrem Dasein festgestellt werden können. Dann war vor allem die Bronzezeit im allgemeinen die Periode der festen Städte mit starken Ringmauern, innerhalb deren sich im Laufe der Zeit Reihen von Siedlungsschichten abgelagert haben. So sind es in erster Linie die Siedlungen der Bronzezeit, die die Ruinenstätten in der bezeichnenden Form des *tell* hinterlassen haben. Sie finden sich vor allem in den von der Natur bevorzugten Teilen des Landes, in den Ebenen an der Küste, in der Jesreelebene und in der fruchtbaren

---

(1200—1000 v. Chr. = „Richterzeit"), „Israelite II" (1000—840 v. Chr. = Königszeit bis einschließlich des ersten Aufbaus und Ausbaus der Königsstadt Samaria) und „Israelite III" (840—587 v. Chr. = Rest der Königszeit bis zum Fall der Königsstadt Jerusalem).

[1] Je weiter man zeitlich zurückgeht, um so mehr bieten die angegebenen Zahlen nur noch ungefähre Anhaltspunkte. Von der Bronzezeit an rückwärts hängen die Datierungen stark ab von den Beziehungen zu den Nachbarkulturen, in denen Schriftdokumente und damit genaue Datierungsmöglichkeiten bis zum Beginn des III. Jahrtausends v. Chr. hinaufreichen (vgl. u. S. 181ff.). Noch weiter rückwärts ist man auf Schätzungen angewiesen, so weit nicht aufgefundenes organisches Material den Radiocarbon-Test ermöglicht, der wertvolle Ergebnisse liefert, aber für so frühe Zeiten auch nur Daten mit einem nicht unerheblichen Spielraum bietet.

[2] Gegen Ende der Frühbronzezeit kam es zur Erfindung der Töpferscheibe für die Anfertigung von Tongefäßen.

[3] Zum gegenwärtigen Stand der Forschung auf diesem Gebiet vgl. die inhaltsreiche Übersicht von G. E. Wright, The Archaeology of Palestine (The Bible and the Ancient Near East. Essays in honor of William Foxwell Albright edited by G. E. Wright [1961] S. 73—112).

Ebene im nördlichsten Teil des Ostjordanlandes, auch im Jordangraben, dagegen nur vereinzelt auf den Gebirgen. Oft haben sie sich die Ränder dieser Ebenen als Platz ausersehen. Wo kleine Ausläufer der benachbarten Gebirge eine erhöhte und damit sicherere Lage boten, zugleich aber das Ackerland der Ebene in unmittelbarer Nähe lag, da haben die Menschen in der Bronzezeit vorzugsweise ihre Städte aufgebaut. So liegen beispielsweise die bronzezeitlichen Städte der Jesreelebene nicht inmitten dieser Ebene selbst, sondern alle an deren langem Südwestrand an der Grenze des samarischen Gebirges. — In der Eisenzeit hat man einerseits die Stätten der bronzezeitlichen Siedlungen weiter oder erneut bewohnt und damit dem jeweiligen *tell* über seinen bronzezeitlichen Schichten noch einige eisenzeitliche hinzugefügt, zugleich auch die alte bronzezeitliche Ringmauer nötigenfalls laufend ausgebessert und durch Zubauten weiter erhöht. Ohne weiteres kann man es also einem solchen *tell* nicht ansehen, ob er nur bronzezeitliche oder auch eisenzeitliche Schichten in sich birgt. Auf der anderen Seite sind nun aber in der Eisenzeit, deren Beginn ungefähr mit dem geschichtlichen Vorgang der Landnahme der israelitischen Stämme in Palästina[1] zusammenfällt, neue Siedlungen entstanden, die an Ort und Stelle keinen bronzezeitlichen Vorgänger hatten, vor allem auf den bis dahin wenig besiedelt gewesenen Gebirgen Judäas, Samariens und Galiläas und des Ostjordanlandes. Sie liegen ebenfalls möglichst auf Bergkuppen, gern in der Nähe eines größeren oder kleineren Stückes fruchtbaren Ackerlandes, haben aber meist nicht mehr wie die bronzezeitlichen Städte des Landes so starke Mauern gehabt, daß diese den Einwirkungen der Zeit auf die Dauer hätten Widerstand leisten können. Daher sind die Überreste dieser eisenzeitlichen Siedlungen ohne bronzezeitliche Vorgänger meist stärker auseinandergefallen, die ursprüngliche Schichtung stark verwischt und die vorhandene Schuttansammlung nur noch gering. Nachdem die schützenden und zusammenhaltenden Mauern durchbrochen und zerfallen waren, fand der winterliche Regen hier kein Hindernis mehr, die abgelagerten Schuttschichten mit der Zeit hinwegzuspülen. Einige Überreste, besonders steinerne Mauerfundamente und Keramik, sind freilich in den meisten Fällen liegen geblieben, so daß wenigstens das Vorhandengewesensein einer eisenzeitlichen Siedlung an Ort und Stelle noch festgestellt werden kann; aber diese Überreste treten dann nicht mehr äußerlich auffällig in Erscheinung, sondern werden nur noch bei genauem Nachforschen entdeckt.

---

[1] Übrigens auch mit dem Seßhaftwerden der Nachbarvölker der Ammoniter, Moabiter und Edomiter, für deren Gebiete im südlichen Ostjordanlande das oben Gesagte ebenfalls gilt, während die Philister zwar etwa zur gleichen Zeit im südlichen Teil der Küstenebene sich ansiedelten, aber sich hier in älteren bronzezeitlichen Städten festgesetzt haben; nur die Philisterstadt *ʿAḳḳaron* (s. o. S. 71) scheint eine eisenzeitliche Neugründung gewesen zu sein (vgl. ALT, PJB 29 [1933] S. 13 Anm. 3).

10. Die ältesten Spuren menschlichen Daseins im Lande sind die Steinwerkzeuge aus den verschiedenen Stadien der Steinzeit, die sich meist in Höhlen gefunden haben, wo die Menschen gewohnt haben, ehe sie dazu übergingen, sich besondere Siedlungsstätten zu erbauen. Hier haben wir es also ausschließlich mit Kleinfunden zu tun, die verstreut hier und da im Lande bei genauer Untersuchung gemacht werden.

Überschauen wir abschließend noch einmal die vorgeführte Reihe der Kulturperioden und ihrer jeweiligen archäologischen Hinterlassenschaft, so werden wir festzustellen haben, daß — abgesehen von einzelnen singulären Denkmälern — folgende Gruppen von Altertümern in Palästina in erster Linie sichtbar hervortreten: die *tulūl*[1] der in der Bronzezeit begründeten festen Städte, die Stadtanlagen und Militärbauten der römischen Zeit, die byzantinischen Kirchen und die Burgen und Kirchen der Kreuzfahrer.

Zweites Kapitel

DIE ARBEIT DER ARCHÄOLOGIE PALÄSTINAS

§ 15. Die Ausgrabungstätigkeit

Da die Überreste der altorientalischen Zeit, in die die biblische Geschichte zum großen Teile fällt[2], im wesentlichen unter einer sie bedeckenden Schuttschicht liegen, wenn nicht sogar spätere Zeiten an derselben Stelle noch gebaut haben und so jene Überreste noch tiefer unter jüngeren Trümmern vergraben sind[3], so kann nur eine Ausgrabung sie wieder an das Tageslicht bringen. Das ist denn auch, nachdem Flinders Petrie seine erste systematische Ausgrabung auf dem *tell el-ḥesi* durchgeführt hatte (vgl. oben S. 97f.), in reichem Maße geschehen. Das günstigste Objekt für eine Ausgrabung ist ein *tell* in dem oben S. 111f. beschriebenen Sinne, in dem möglichst ohne größere Unterbrechung Siedlung auf Siedlung gefolgt ist und wo die so nacheinander abgelagerten Kulturschichten möglichst unversehrt sich erhalten haben, so daß der Ausgräber sie nun wieder einzeln abtragen und ihre verschiedenen Merkmale feststellen kann. Durch eine Reihe solcher konsequenten Schichtengrabungen, bei denen parallele Beobachtungen über die Eigenart der einzelnen Kulturperioden haben gemacht werden können, ist es möglich geworden, die charakteristischen Besonderheiten der archäo-

---

[1] Plural des arab. Wortes *tell.*

[2] Erst die jüngsten Stücke des Alten Testaments stammen aus der hellenistischen, die Schriften des Neuen Testaments aus der frührömischen Zeit.

[3] Da von der hellenistischen Zeit an die Stadtanlage unter anderen Gesichtspunkten erfolgte als früher, die Stadt vor allem mehr Raum brauchte und weniger darauf angewiesen war, allein für ihre Verteidigung zu sorgen und daher eine feste und möglichst schwierig angreifbare Lage zu wählen, wie es in der Bronzezeit der Fall gewesen war, liegen die hellenistisch-römischen Städte vielfach an anderen Stellen als die älteren Siedlungen.

logischen Überreste der einzelnen Zeiten festzustellen. Sie zeigen sich sowohl in der Art des Bauens im großen, in der Technik der Errichtung von Stadtmauern, in der Anlage und Bauart der Häuser u. dgl., wie auch in den Eigentümlichkeiten der Kleinfunde, etwa der metallenen Schmuckstücke, bei denen die „Mode“ von Zeit zu Zeit sich verändert hat, vor allem aber der Erzeugnisse des Töpfereihandwerks, der Keramik. Auf diesem Gebiete hat es zwar immer eine landläufige und wenig charakteristische alltägliche Gebrauchsware gegeben, daneben aber auch stets kunstvollere Stücke, an denen die Eigenarten einzelner Zeiten deutlich hervortreten; abgesehen von dem groben Unterschied zwischen handgemachter und scheibengedrehter Keramik kommt es hier auf ziemlich diffizile Einzelmerkmale hinsichtlich der Zusammensetzung des als Material gebrauchten Tones, der Formung (Profilierung) der Gefäße, der Gestaltung der Henkel, der Behandlung der Gefäßoberfläche (mit Überzug versehen, poliert u. dgl.), der Bemalung an.

Die Beachtung aller dieser Punkte hat es zunächst ermöglicht, eine relative Chronologie der durch jeweils bestimmte Eigenarten charakterisierten Kulturperioden aufzustellen. Mit Hilfe der feststellbaren Kulturbeziehungen nach auswärts (Import fremder Kulturerzeugnisse und einheimische Nachahmungen solcher Importware) ist es dann möglich geworden, diese relative Chronologie in gewissen Grenzen in eine absolute zu verwandeln. Das palästinische Material selbst reichte für die älteren Zeiten zu absoluter Datierung nicht aus, besonders deswegen, weil es hier so sehr an inschriftlichen Funden vor allem aus der Bronzezeit fehlt, die zur geschichtlichen Festlegung der verschiedenen Schichten hätten dienen können. Wohl aber hat sich gezeigt, daß während der Bronzezeit die palästinische Kulturentwicklung der syrischen einigermaßen parallel gegangen ist, ja daß Palästina-Syrien ein ziemlich in sich geschlossenes Kulturgebiet gebildet hat. Freilich auch das syrische Material hätte eine absolute Datierung kaum sicher ermöglicht, wenn nicht während der ganzen Bronzezeit Syrien-Palästina in deutlich feststellbaren Beziehungen zu den großen Nachbarkulturen gestanden hätte. Für die frühe, auch die mittlere, Bronzezeit sind es die Beziehungen zum Zweistromland und vor allem zu Ägypten, die hier in Frage kommen; die sehr reichen Inschriftenfunde in diesen Gebieten gestatten das Aufstellen einer einigermaßen sicheren Chronologie wenigstens bis zurück zur Mitte des III. Jahrtausends. Für die späte Bronzezeit liegen in Syrien-Palästina auffällig starke Beziehungen zur kyprischen und kretisch-mykenischen Kultur vor, die für diese Periode die zeitliche Ansetzung der Schichten im einzelnen bestimmen. — Etwas anders liegen die Dinge hinsichtlich der Eisenzeit. Wenn es auch gemeinsame Merkmale für die eisenzeitlichen Kulturschichten gibt, so haben sich doch in dieser Periode gewisse nebeneinander bestehende und voneinander verschiedene Kulturgebiete auf dem Boden Syriens und Palästinas herausgebildet; das hängt mit dem geschichtlichen Vorgang zusammen, daß im letzten Viertel des II. Jahrtausends neue Bevölkerungselemente im

Bereich der alten einheitlichen syrisch-palästinischen bronzezeitlichen Stadtkultur seßhaft wurden und sich zu Völkern mit je eigenen staatlichen Einrichtungen und eigener Geschichte konsolidierten. So haben wir, wenn wir nun wieder von Syrien absehen, schon in dem engen Raum Palästinas mehrere Kulturgebiete nebeneinander, die sich in der Art ihrer Keramik voneinander unterscheiden. Die für die Eisenzeit verhältnismäßig reichlich vorliegende literarische Überlieferung, besonders im Alten Testament, gestattet es im allgemeinen, die eisenzeitlichen Kulturschichten absolut zu datieren und die einzelnen Kulturgebiete bestimmten Völkern zuzuweisen. Im Westjordanland begegnen wir dem Kulturgebiet des Volkes Israel, daneben im südlichen Teil der Küstenebene dem Kulturgebiet der Philister[1]. Im Ostjordanlande haben wir östlich des *wādi el-'araba* das Kulturgebiet der Edomiter und östlich des Toten Meeres das der Moabiter[2], während weiter im Norden in dem großen Bogen des Jabbok-Oberlaufs das Kulturgebiet der Ammoniter lag[3]. In der Nordostecke Palästinas im Bereich der *nuḳra* hätten wir nach der literarischen Überlieferung aramäisches Kulturgebiet zu erwarten; doch fehlen hier bisher noch genaue Untersuchungen zur Kulturgeschichte der Eisenzeit.

Im großen ganzen hat also die Archäologie Palästinas ein plastisches Bild der Kulturentwicklung Palästinas in der altorientalischen Zeit zu zeichnen vermocht, in das sich künftige Entdeckungen gewiß einfügen und das Bild weiter im einzelnen bereichern werden.

Die einzelnen Ausgrabungsunternehmungen wurden anfangs begreiflicherweise ins Werk gesetzt an den Ruinen solcher Städte, die aus der biblischen Überlieferung als wichtig und bedeutend bekannt und in ihrer Lage sicher oder wenigstens wahrscheinlich lokalisierbar waren. Das gilt — um nur einige Beispiele zu nennen — von den Ausgrabungen in Jerusalem, die mit den 1868—1870 durchgeführten Sondierungen von Ch. Warren am Tempelplatz begannen und dann von verschiedenen Seiten immer wieder aufgenommen wurden; das gilt von den 1903—1905 auf dem Ruinenhügel des alten Megiddo, dem *tell el-mutesellim*, veranstalteten Ausgrabungen des Deutschen Vereins zur Erforschung Palästinas unter der Leitung von G. Schumacher, von den Ausgrabungen des Engländers R. A. St. Macalister auf dem *tell dschezer*, dem Ruinenhügel des einstigen Geser, in den Jahren 1902—1905 und 1907—1909,

---

[1] Über die „Philisterkeramik", die durch ihre Beziehungen zur Mittelmeerwelt, aus der die Philister kamen, bestimmt ist und die im Laufe des 10. Jahrh.s mit dem Niedergang der Philistermacht verschwindet, vgl. Heurtley, QDAP 5 (1936) S. 90—110 mit Fig. 1—12 und Pl. LIX. LX sowie den kurzen Überblick bei G. E. Wright a. a. O. (vgl. o. S. 100) S. 94—96.

[2] Über die Edomiter- und Moabiterkeramik vgl. N. Glueck, Explorations in Eastern Palestine I. II (AASOR 14 [1934] S. 14ff.; 15 [1935] S. 124ff. mit Abb.).

[3] Vgl. N. Glueck, Explorations in Eastern Palestine III (AASOR 18/19 [1939]) S. 151ff., bes. S. 266f.

von den von 1907 bis 1909 von E. Sellin geleiteten Ausgrabungen auf dem Ruinenhügel des alten Jericho, von den amerikanischen Ausgrabungen auf dem Hügel von *sebaṣṭje*, der Stätte der israelitischen Königsstadt Samaria, die 1908—1910 unter G. Reisner und Cl. S. Fisher stattfanden, von den 1913 begonnenen und nach dem ersten Weltkrieg fortgesetzten Ausgrabungen E. Sellins an der Stätte des einstigen Sichem, dem *tell balāṭa.* Diese Ausgrabungen haben nur in sehr beschränktem Maße diejenigen Funde an das Tageslicht gebracht, die die Ausgräber zu machen hofften; sie haben dafür vielfach andere Ergebnisse erbracht, als man erwartet hatte, und oft konnten diese Ergebnisse erst im Laufe der weiteren Entwicklung der palästinischen Archäologie die sachgemäße Erklärung und Deutung finden, die die ersten Ausgräber noch nicht zu geben vermochten. Immerhin haben diese Anfänge der Ausgrabungsarbeit den Grund gelegt zu der reichen Entfaltung der palästinischen Archäologie, die mit den 20er Jahren dieses Jahrhunderts einsetzen konnte.

Seitdem sich die palästinische Archäologie von dem speziellen Interesse an der biblisch überlieferten Geschichte des Landes gelöst hat (vgl. o. S. 98f.), richtet sie ihre Aufmerksamkeit nicht mehr so sehr auf biblisch bekannte Stätten, obwohl es bis heute den meisten Ausgräbern erwünscht ist, den Ort ihrer Tätigkeit mit einem biblischen Namen bezeichnen und in diesem Sinne eine, wenn nicht sichere, so doch wenigstens als wahrscheinlich oder allenfalls möglich erscheinende Benennung wählen zu können. Sie wendet sich vielmehr solchen Objekten zu, die unter rein archäologischem Gesichtspunkt wichtige Erkenntnisse versprechen, vor allem solchen Ruinenstätten, die eine Vielzahl von archäologischen Schichten und eine möglichst ungestörte Schichtung erwarten lassen[1]. Und sie tut gut daran; denn nur so kann sie ohne Nebeninteressen die Einsicht in die Kulturentwicklung und in die Geschichte des Landes immer weiter vertiefen. Der Ertrag für die Erforschung der biblischen Zeit und ihrer Geschichte stellt sich dann gegebenenfalls ganz von selbst ein.

Daher sollen im Folgenden zunächst in Auswahl unter den bisherigen Ausgrabungen diejenigen aufgeführt werden, deren Ergebnisse für bestimmte altorientalische Kulturperioden besonders aufschlußreich und für die Bestimmung ihrer Merkmale repräsentativ gewesen sind. Die folgende Übersicht beschränkt sich dabei konsequent auf Palästina und läßt die vergleichbaren Ausgrabungen in den Nachbarländern, auch die Ausgrabungen auf syrischem Boden, beiseite, beachtet auch bei den einzelnen Ausgrabungen nicht alle gewonnenen Ergebnisse, sondern nur diejenigen, die für den Fortschritt der archäologischen Forschung besonders wichtig geworden sind.

Die vorkeramische und keramische Jungsteinzeit ist bisher in einer geschlossenen Siedlung in Palästina nur in Jericho archäologisch nachge-

---

[1] Vgl. dazu H. J. Franken, Deir ʿAllâ aims and methods (o. J. [1961]).

wiesen. Dieser Nachweis ist ein Hauptergebnis der 1952—1958 von der British School of Archaeology in Jerusalem in Zusammenarbeit mit einigen anderen Institutionen unter der Leitung von Miss K. M. Kenyon durchgeführten Ausgrabungen auf dem *tell es-sulṭān*, der Stätte des altorientalischen Jericho (vgl. die laufenden vorläufigen Berichte von K. M. Kenyon in PEQ von Vol. 84 [1952] an; von der abschließenden Publikation K. M. Kenyon, Excavations at Jericho ist bisher nur Vol. I: The Tombs excavated in 1952—4 [1960] erschienen, der es noch nicht mit dem neolithischen Jericho zu tun hat).

Die sogenannte Kupfersteinzeit ist nach Ausweis der bisherigen Funde anscheinend nach Zeiten und Gegenden differenziert gewesen. Frühe Stadien dieser Periode sind repräsentiert wieder auf dem *tell es-sulṭān*, und zwar in „Schicht VIII", wie bereits die vor dem zweiten Weltkrieg durchgeführten englischen Ausgrabungen in Jericho gezeigt haben (vgl. J. Garstang [u. a.], Annals of Archaeology and Anthropology 22 [1935] S. 143—184; 23 [1936] S. 67—90; 24 [1937] S. 35—50), teilweise auch auf dem *tell el-fār'a* nordöstlich von Sichem am oberen Ende des *wādi el-fār'a* (vgl. die vorläufigen Berichte über die noch nicht abgeschlossene Ausgrabung durch den Ausgräber R. de Vaux in RB von Vol. 54 [1947] an). Ein besonderer Typ kupfersteinzeitlicher Kultur wurde an mehreren Plätzen in der näheren Umgebung von Beerseba gefunden (daher die Sonderbezeichnung „Beerseba-Kultur"), besonders auf dem *tell abu maṭar* 1,5 km südöstlich von Beerseba; hier haben Menschen zunächst in Erdhöhlen gewohnt und sind erst allmählich dazu übergegangen, oberirdische Lehmhäuser auf Steinfundamenten zu errichten, haben es aber gleichwohl schon zu bemerkenswerten Leistungen in der Herstellung von Steingefäßen, der Verarbeitung von Kupfer und der Elfenbeinschnitzerei gebracht (vgl. J. Perrot, IEJ 5 [1955] S. 17—40. 73—84. 167—189; H. de Contenson, IEJ 6 [1956] S. 163—179. 226—238). Zeitlich etwas jünger als die „Beerseba-Kultur" und bereits in die letzte Phase der Kupfersteinzeit gehörig ist die Kultur, die die Ausgrabungen des päpstlichen Bibelinstituts auf den Ruinenhügeln *telēlāt ghassūl* auf der Ostseite des untersten Jordangrabens, Jericho gegenüber, erschlossen haben (vgl. Mallon-Koeppel-Neuville [u. a.], Teleilat Ghassul I. II [1934/1940])[1]; bemerkenswert sind vor allem die hier — und bisher nur hier — ans Licht gekommenen Fragmente von Fresken, die an Lehmziegelwänden angebracht waren und schwer deutbare religiös-mythologische Darstellungen zu bieten scheinen. Nach dem Namen des Ausgrabungsplatzes spricht man im Hinblick auf die hier und dann auch anderwärts aufgefundenen Erscheinungen von einer kupfersteinzeitlichen „Ghassul-Zeit" und „Ghassul-Kultur".

Den Übergang von der Kupfersteinzeit zur frühen Bronzezeit zeigen Untersuchungen tiefer Schichten in Megiddo = arabisch *tell el-mutesellim*

---

[1] Das päpstliche Bibelinstitut hat im Winter 1959/60 die Ausgrabungen auf *telēlāt ghassūl* wieder aufgenommen; vgl. dazu R. North, Ghassul 1960 Excavation Report (Analecta Biblica 14 [1961]).

(vgl. ENGBERG-SHIPTON, Notes on the chalcolithic and early bronze age pottery of Megiddo [1934]) und Beth-Sean = heute *tell el-ḥöṣn* bei Beisan (vgl. FITZGERALD, The earliest pottery of Beth-Shan in Museum Journal 24 [1935] S. 5—22). Die frühe Bronzezeit wird u. a. repräsentiert durch die alte große Stadt auf *et-tell*, der Ortslage des späteren, aus dem Alten Testament bekannten Ai (Jos 7. 8) nordnordöstlich von Jerusalem (vgl. J. MARQUET-KRAUSE, Les fouilles de ʿAy [et-Tell] 1933—1935 I/II [1949]) sowie durch die zahlreichen frühbronzezeitlichen Mauern, Schichten und Gräber von Jericho (vgl. K. M. KENYON a. a. O. [o. S. 117]). Zusammenfassende Übersichten über die Merkmale der Kupfersteinzeit und der frühen Bronzezeit, besonders ihrer Keramik, findet man bei W. F. ALBRIGHT, JPOS 15 [1935] S. 193—234, und bei G. E. WRIGHT, The pottery of Palestine from the earliest times to the end of the early bronze age (1937). Der Ausgang der Frühbronzezeit scheint einen tiefen Einschnitt in der Kulturentwicklung des Landes gebracht zu haben.

Für die Erkenntnis der Kulturschichten der mittleren und späten Bronzezeit und deren genaue Datierung ist in erster Linie wichtig geworden die unter der Leitung von W. F. ALBRIGHT durchgeführte amerikanische Ausgrabung auf dem *tell bēt mirsim*, reichlich 20 km südwestlich von Hebron, weil hier die einzelnen Schichten besonders gut erhalten waren und die Schichtung bei der Grabung mit vorbildlicher Sorgfalt beobachtet wurde; veröffentlicht wurden die Ergebnisse von W. F. ALBRIGHT in AASOR 12 (1932) S. 1—165; 13 (1933) S. 55—127; 17 (1938) S. 1—141; 21/22 (1943) S. 1—229. Die Ergebnisse auf *tell bēt mirsim* haben auch die richtige Deutung der mittel- und spätbronzezeitlichen Funde auf dem *tell ʿaddschūl* an der Küste südwestlich von Gaza (vgl. FLINDERS PETRIE, Ancient Gaza[1] I—IV [1931—1934]) und auf dem *tell el-fāreʿ* am *wādi ghazze* etwa 25 km südlich von Gaza (vgl. FLINDERS PETRIE, Beth-Pelet[2] I [1930]) ermöglicht. Eine zusammenfassende Bearbeitung der Keramik der mittleren Bronzezeit bietet H. OTTO, Studien zur Keramik der mittleren Bronzezeit in Palästina (ZDPV 61 [1938] S. 147—277 mit Taf. 2—24). Die späte Bronzezeit als die Zeit der ägyptischen Herrschaft über Palästina ist vor allem in den entsprechenden Schichten in Beth-Sean, einem der damaligen Zentren der ägyptischen Regierungsgewalt im Lande, in Erscheinung getreten; vgl. A. ROWE, The topography and history of Beth-Shan (1930) und G. M. FITZGERALD, The four Canaanite temples of Beth-Shan (1930/40) = Publications of the Palestine section of the museum of the university of Pennsylvania I. II, 1. 2. Auch auf dem *tell ed-duwēr*, der Ruine der aus dem Alten Testament bekannten Stadt Lachis, sind ägyptische

[1] Der Titel der Publikation beruht auf der falschen Annahme, daß der *tell ʿaddschūl* die Stätte des alten Gaza sei (vgl. dagegen MAISLER, ZDPV 56 [1933] S. 186—188).

[2] Auch der Gebrauch des Namens Beth-Pelet (vgl. Jos 15 27 Neh 11 26) beruht hier auf einer falschen Gleichsetzung.

Tempelanlagen in den spätbronzezeitlichen Schichten an den Tag gekommen (vgl. Lachish [Tell ed Duweir] II: The Fosse Temple by O. TUFNELL, C. H. INGE, L. HARDING [1940]; IV [Text. Plates]: The Bronze Age by O. TUFNELL [1958]). In Jericho haben im Hinblick auf die Erzählung von Jos 6 die verschiedenen Ausgrabungsexpeditionen besonders auf die Überreste der Spätbronzezeit ihr Augenmerk gerichtet, um nach Möglichkeit eine genaue archäologische Datierung der Landnahme Israels oder wenigstens des Stammes Benjamin zu erzielen[1]; es haben sich zwar auf dem Ruinenhügel einige geringfügige Spuren spätbronzezeitlicher Besiedlung gefunden, aber von einer spätbronzezeitlichen Mauer, wie sie für Jos 6 wichtig wäre, ist bisher keine Spur entdeckt worden, da die früher als spätbronzezeitlich angesprochenen Mauerzüge sich inzwischen als frühbronzezeitlich erwiesen haben (vgl. K. M. KENYON, PEQ 84 [1952] S. 62ff.).

Für den Übergang von der Spätbronzezeit zur Eisenzeit verspricht die im Winter 1959/60 begonnene Ausgrabung auf dem *tell dēr ʿalla* im mittleren Jordangraben in der Nähe der Einmündung des Jabbok in den Jordan wichtig zu werden (vgl. die ersten vorläufigen Berichte von H. J. FRANKEN in VT 10 [1960] S. 386—393; 11 [1961] S. 361 — 372). Auch die — räumlich allerdings sehr begrenzten — Ausgrabungen in Bethel (heute *bētīn*) haben einige wichtige Aufschlüsse über den Einschnitt zwischen der Spätbronzezeit und der nach Ausweis ihrer archäologischen Hinterlassenschaft in ihrer Kultur sehr viel einfacheren, ja ärmeren und dürftigeren ersten Phase der Eisenzeit erbracht (vgl. W. F. ALBRIGHT, BASOR 55 [1934] S. 23—25; 56 [1934] S. 2—15; 57 [1935] S. 27—30; J. L. KELSO, BASOR 137 [1955] S. 5—10; 151 [1958] S. 3—8). Mit dem Übergang zur Eisenzeit beginnt die Geschichte Israels in Palästina.

Die Anfänge der Eisenzeit traten in Erscheinung bei der schon etwas länger zurückliegenden dänischen Ausgrabung in *chirbet sēlūn* auf dem samarischen Gebirge, der Stätte des alttestamentlichen Silo, wo die Früheisenzeit in einer um die Mitte des 11. Jahrh.s wahrscheinlich durch die Philister zerstörten Siedlung vertreten ist (vgl. H. KJAER, The Excavation of Shiloh 1929 in JPOS 10 [1930] S. 87—174, sowie H. KJAER, I det hellige land. De Danske udgravninger i Shilo [1931]). Wichtig geworden für die Eisenzeit ist die noch nicht abgeschlossene Grabung auf dem *tell el-fārʿa*, wo über kupfersteinzeitlichen (vgl. o. S. 117) und frühbronzezeitlichen und — nach einer zeitlichen Unterbrechung — mittel- und spätbronzezeitlichen Schichten auch eine Reihe eisenzeitlicher Schichten mit eisenzeitlichen Hausanlagen sich gefunden haben (vgl. die vorläufigen Berichte des Ausgräbers R. DE VAUX in RB von Vol. 54 [1947] an sowie die zusammenfassende Übersicht bei U. JOCHIMS, ZDPV 76 [1960] S. 82—92). Die ganze Eisenzeit (mit Unter-

---

[1] Darüber, daß die archäologische Datierung in Jericho für die israelitische Chronologie nicht entscheidend sein kann, vgl. NOTH, PJB 34 (1938) S. 7—22, bes. S. 14ff.

brechung) ist auch vertreten auf der Kuppe des *tell el-fūl*, 6 km nördlich des alten Jerusalem, der Stätte des aus der alttestamentlichen Überlieferung bekannten Gibea Sauls, wie die dortigen amerikanischen Ausgrabungen gezeigt haben (vgl. W. F. Albright, Excavations and results at Tell el-Fûl in AASOR 4 [1924] S. 1—160, dazu den Bericht von Albright über eine nachträgliche kurze Grabung in BASOR 52 [1933] S. 6—12 sowie die Auswertung der archäologischen Funde auf Grund des inzwischen bekannt gewordenen Vergleichsmaterials durch L. A. Sinclair, AASOR 34/35 [1960] S. 1—52. Pl. 1—32). Als bemerkenswert erwies sich die zu dem (von unten gerechnet) zweiten Niveau gehörige, in ihrem ersten Stadium am Ende des 11. Jahrh.s sorgfältig gebaute Befestigungsanlage, die als ein Werk des Königs Saul angesprochen werden darf, der hier residiert hat. Wichtige archäologische Aufschlüsse besonders über die Anfänge der Eisenzeit haben die unteren Schichten des von B. Mazar (Maisler) ausgegrabenen *tell ḳasīle*, nördlich von Tel Aviv am rechten Ufer des *nahr el-ʿōdscha* (isr.: *jarḳon*), erbracht, vor allem auch deswegen, weil hier in der Küstenebene am Anfang eine Zeit philistäischer Herrschaft und Kultur ihre Überreste hinterlassen hat (vgl. B. Maisler, The Excavations at Tell Qasîle 1951 = Sonderdruck aus IEJ 1 [1950/51]). Von großer Bedeutung sind die unter der Leitung von Y. Yadin durchgeführten israelischen Ausgrabungen in der schon aus voralttestamentlichen Quellen und dann aus der alttestamentlichen Überlieferung bekannten wichtigen Stadt Hazor auf dem in arabischer Zeit so genannten *tell waḳḳāṣ* am Westrand des obersten Teiles des Jordangrabens südwestlich des *ḥūle*-Sees; diese Ausgrabungen haben stattgefunden in den Jahren 1955—1958 (vgl. die vorläufigen Berichte darüber in IEJ 6 [1956] — 9 [1959]; von der abschließenden Publikation sind bisher erschienen die Bände über die beiden ersten Kampagnen Hazor I [1958] und Hazor II [1960] by Y. Yadin u. a.) und in dem mächtig großen rechteckigen Revier der Unterstadt mittel- und spätbronzezeitliche Schichten und auf dem in der Südecke des Rechtecks gelegenen eigentlichen *tell* eine darüberliegende Folge zahlreicher eisenzeitlicher Schichten aufgedeckt. — Für die Zeit des Königs Salomo, der schon in der literarischen Überlieferung als großer Bauherr erscheint, ist Megiddo (arabisch *tell el-mutesellim*) in erster Linie wichtig; hier haben, nachdem 1903—1905 bereits der DPV an dieser Stelle gegraben hatte (vgl. Tell el-Mutesellim, Band I: Fundbericht von G. Schumacher hrsg. von C. Steuernagel [A. Text, B. Tafeln] 1908; Band II: Die Funde von C. Watzinger 1929), die 1925 begonnenen amerikanischen Ausgrabungen zur umfangreichen Freilegung einer Schicht (Schicht IV von oben gerechnet) geführt, die sich als salomonisch erwies. Sie enthielt nämlich die Überreste ausgedehnter Anlagen, die als Pferdeställe erklärt werden müssen; es sind um einen Hof herum gelegene Gruppen von Gebäuden, die jeweils einen von zwei Pfeilerreihen eingefaßten gepflasterten Mittelgang aufweisen, zu dessen beiden Seiten die Stände für die Pferde lagen (zwischen den Pfeilern haben sich stellenweise die Futtertröge für die Pferde erhalten), vgl. WATZINGER, Denkmäler Palästinas I Abb. 80. 81. Wir haben es hier offenkundig mit einer der Streitwagengarnisonen zu tun, die Salomo nach I Kön 9 15b 17-19 an verschiedenen festen Plätzen im Lande (darunter ausdrücklich Megiddo genannt) anlegen ließ. In Megiddo konnten wenigstens 300 Pferde in diesen Stallungen untergebracht werden (der abschließende Ausgrabungsbericht über Megiddo liegt vor in R. S. LAMON and G. M. SHIPTON, Megiddo I: Seasons of 1925—34, Strata I—V [OIP 42 (1939)]; G. LOUD, Megiddo II: Seasons of 1935—39 [OIP 62 (1948); 2 Bde.]). — Für Eisen II kommt zunächst die Stadt Samaria (heute *sebaṣṭje*) in Frage, die nach I Kön 16 24 von König Omri im Anfang des 9. Jahrh.s, also ungefähr zu Beginn der Kulturperiode „Eisen II", als Residenzstadt der israelitischen Könige begründet wurde und reichlich anderthalb Jahrhunderte als solche existiert hat. Die vor dem ersten Weltkrieg an Ort und Stelle veranstalteten amerikanischen Ausgrabungen (vgl. REISNER-FISHER-LYON, Harvard Excavations at Samaria 1908—1910, Vol. I und II [1924]), deren Ergebnisse durch die späteren Ausgrabungen unter der Leitung des Engländers J. W. CROWFOOT in den Jahren 1931—1933 und 1935 ergänzt und erweitert wurden (vgl. die abschließende Publikation Samaria-Sebaste No. 1: The Buildings at Samaria by J. W. CROWFOOT, K. M. KENYON, E. L. SUKENIK [1943]; No. 2: Early Ivories at Samaria by J. W. and GR. M. CROWFOOT [1938]; No. 3: The Objects from Samaria by J. W. CROWFOOT, G. M. CROWFOOT, K. M. KENYON [1957]), haben u. a. den Palast der israelitischen Könige, an dem von verschiedenen Königen gebaut worden ist, sowie Teile der Umfassungsmauer der eisenzeitlichen Akropolis freigelegt (vgl. auch GALLING, ZDPV 59 [1936] S. 242ff. mit Abb. 16). Über den Elfenbeinfund vgl. u. S. 148, über die samarischen Ostraka unten S. 197. Auch die 1932 begonnene englische Ausgrabung auf dem *tell ed-duwēr* (Lachis) hat für die Zeit des judäischen Königreiches (Eisen II) wertvolle Ergebnisse gebracht (vgl. Lachish [Tell ed Duweir] III [Text. Plates]: The Iron Age by O. TUFNELL [1953]); vor allem die Stadtmauer mit der Toranlage in der Südwestecke ist untersucht worden, und dabei haben sich eine Zerstörung dieser Anlage, ein schneller Wiederaufbau und eine kurze Zeit darauf erfolgte zweite Zerstörung und Verbrennung feststellen lassen. Diese Schicksale der Stadtmauer sind vielleicht mit den beiden Feldzügen Nebukadnezars gegen den Staat Juda 598/97 und 588/87 v. Chr. (vgl. II Kön 24 10ff. 25 1ff.) in Verbindung zu bringen. Vorwiegend die Periode „Eisen II" betreffen auch die bisherigen Ergebnisse der 1956 unter der Leitung von J. B. PRITCHARD begonnenen und zur Zeit noch weiter fortgesetzten Ausgrabung auf dem Ruinenhügel von *ed-dschīb*, 10 km nordwestlich des alten Jerusalem (vgl. die vorläufigen Berichte des Ausgrabungsleiters in The University Museum Bulletin [Philadelphia] 21, 1 [1957] S. 3—26; 22, 2 [1958] S. 13—24; BA 19 [1956] S. 66—75; 23 [1960] S. 23—29).

Die persische Zeit („Eisen III") ist archäologisch in Erscheinung getreten einmal wieder auf dem *tell ed-duwēr*, wo ein persischer Palast auf der Höhe des *tell* aufgedeckt worden ist; ferner in Gräbern von Geser und *tell el-fāre'* (vgl. dazu J. H. Iliffe, A Tell Far'a Tomb Group reconsidered in QDAP 4 [1935] S. 182—186; K. Galling, Assyrische und persische Präfekten in Geser in PJB 31 [1935] S. 75—93), außerdem in der Nekropole von *'atlīt* an der Mittelmeerküste südlich der Karmelspitze, wo eine phönikische Handelsniederlassung gegen Ende der assyrischen Zeit und während der ganzen persischen Zeit bestanden hat (vgl. C. N. Johns, Excavations at Pilgrims' Castle, 'Atlīt (1933) in QDAP 6 [1938] S. 121—152).

Archäologisch nur sehr dürftig vertreten ist in Palästina die hellenistische Zeit. Bei den englischen Ausgrabungen auf dem *tell sandaḥanne* bei *bēt dschibrīn* (isr.: *bet guvrin*) in der *šephela*, dem alttestamentlichen Maresa, dem Marissa der hellenistischen Zeit, ergab sich der Grundriß der hellenistischen Stadtanlage (vgl. Bliss-Macalister, Excavations in Palestine during the years 1898—1900 [1902]; Watzinger, Denkmäler Palästinas II S. 12f. mit Abb. 22). In Samaria (*sebaṣṭje*) haben sich Reste einer Ummauerung sowie mächtiger Rundtürme und eines Kastells aus frühhellenistischer Zeit gefunden (vgl. Samaria-Sebaste No. 1 [1943] S. 24—31). Wichtig für die hellenistische Zeit ist weiter der Ausgrabungsbefund auf *chirbet eṭ-ṭubēḳa*, der Stätte des aus dem Alten Testament bekannten Beth-Zur, das in der Zeit der Makkabäerkämpfe noch einmal als Festung eine Rolle gespielt hat. Die amerikanischen Ausgrabungen an dieser Ruinenstätte (vgl. O. R. Sellers, The citadel of Beth-Zur [1933]) haben die hellenistische Befestigungsanlage in ihren verschiedenen Stadien ans Licht gebracht (vgl. dazu vor allem Watzinger, Denkmäler Palästinas II S. 24f. mit Abb. 19—21)[1]. Neue archäologische Ergebnisse für die hellenistische Zeit bis zum Ende des 2. Jahrh.s v. Chr. verspricht die zur Zeit im Gang befindliche amerikanische Ausgrabung auf dem *tell balāṭa* (Sichem); vgl. o. S. 109.

Bereits die nachalttestamentliche Zeit, aber immerhin noch den Ausgang der Geschichte Israels betreffen die archäologischen Funde zur Bautätigkeit des Herodes und seiner Zeit; hier sind zu nennen die Ausgrabungen im Bereich der herodianischen Palastanlagen und sonstigen repräsentativen Gebäude im damaligen Jericho beiderseits des Unterlaufs des *wādi el-ḳelt* (vgl. J.L. Kelso, D.C. Baramki [u.a.], Excavations at New Testament Jericho and Khirbet en-Nitla [AASOR 29/30 (1955)]; J. B. Pritchard [u. a.], The Excavation at Herodian Jericho, 1951 [AASOR 32/33 (1958)]) sowie die Aufnahmen des Herodespalastes auf dem steilen Felsen von Masada (arab. *es-sebbe*) am Westufer des Toten Meeres (vgl. Masada. Survey and Excavations 1955—1956 by the Hebrew University, Israel Exploration Society, Department of Antiquities [1957] = Sonderdruck aus IEJ 7 [1957]). Durch die Handschriftenfunde in

[1] Die Ausgrabungen auf *chirbet eṭ-ṭubēḳa* sind unter der Leitung von O. R. Sellers im Jahre 1957 noch einmal aufgenommen worden (vgl. den vorläufigen Bericht von R. W. Funk in BASOR 150 [1958] S. 8—20).

der Höhlen in der Nähe des Nordwestrandes des Toten Meeres (vgl. u. S. 276ff.) wurden veranlaßt die Ausgrabungen auf *chirbet ḳumrān*, in deren Bereich die Fundhöhlen liegen, sowie im Gebiet der südlich benachbarten Quelle *'ēn feschcha*; sie wurden zwischen 1951 und 1956 und 1958 durchgeführt unter der Leitung von R. de Vaux und haben geführt zur Auffindung einiger Überreste aus der Zeit „Eisen II", vor allem aber einer reichen Hinterlassenschaft aus dem 1. vorchristlichen und 1. nachchristlichen Jahrhundert (vgl. die vorläufigen Berichte des Ausgrabungsleiters in RB 60 [1953] — 66 [1959]). Endlich seien in diesem Zusammenhang noch genannt die Ausgrabungen auf dem Hügel an der Nordwestspitze der Jesreelebene, der in arabischer Zeit *schēch abrēḳ* hieß und die Überreste der altjüdischen Siedlung Beth-Searim birgt; hier wurden vor allem große und reiche jüdische Grabanlagen aus der Zeit vom Ende des 2. bis zur Mitte des 4. Jahrh.s n. Chr. gefunden (vgl. B. Mazar [Maisler], Beth She'arim. Report on the Excavations during 1936—40. Vol. I: The Catacombs I—IV [1957 (hebr.)])[1].

Im Folgenden seien noch einige Ausgrabungen an biblisch bekannten Orten aufgeführt, die im Vorangehenden nicht genannt worden sind, weil sie sich unter rein archäologischem Gesichtspunkt als nicht so sehr ergiebig erwiesen haben. In Jerusalem hat, wie schon o. S. 115 erwähnt, 1868—1870 der Engländer Ch. Warren vor allem die Fundamente der großen Umfassungsmauer des Tempelplatzes untersucht (vgl. Warren-Conder, Survey of Western Palestine: The Jerusalem Volume [1884]). 1881 unternahm im Auftrag des DPV H. Guthe eine Ausgrabung auf dem jetzt außerhalb der ummauerten alten Stadt gelegenen Südosthügel von Jerusalem, der Stätte der vordavidischen und davidischen Stadt (vgl. Guthe, Ausgrabungen bei Jerusalem in ZDPV 5 [1882] S. 7—204. 271—378). Auf diesen Südosthügel bezogen sich auch die Ausgrabungen von R. Weill (La cité de David [1920]) und die englischen Ausgrabungen seit 1923 (vgl. Macalister-Duncan, Excavations on the hill of Ophel, Jerusalem 1923—1925 [PEF Ann. 4 (1926)]; Crowfoot-FitzGerald, Excavations in the Tyropoeon valley, Jerusalem 1927 [PEF Ann. 5 (1929)]. Die Ergebnisse der antiken Archäologie im Zusammenhang mit der Topographie und Geschichte der Stadt finden sich zusammengefaßt bei J. Simons, Jerusalem in the Old Testament (1952) und — noch umfassender und ausführlicher — in dem monumentalen Werk von L.-H. Vincent (und A.-M. Steve), Jérusalem de l'Ancient Testament I (1954). II/III (1956). — In Sichem (heute *tell balāṭa*) hat E. Sellin 1913 seine Ausgrabung begonnen, die nach der Unterbrechung durch den ersten Weltkrieg 1926 wieder aufgenommen wurde (vgl. E. Sellin, Anzeiger der Ak. d. Wiss. Wien, phil.-hist. Kl. 51 [1914] S. 35—40. 204—207; ZDPV 49 [1926] S. 229—236. 304—320 mit

[1] Die Ausgrabungen von Beth-Searim sind 1953 wiederbegonnen worden und werden zur Zeit noch fortgesetzt (vorläufige Berichte darüber in IEJ von 4 [1954] an).

Taf. 29—46; 50 [1927] S. 205—211. 265—274 mit Taf. 11—30; 51 [1928] S. 119—123 mit Taf. 8—12); sie hat vor allem Ummauerung, Toranlagen und Bauten auf der Akropolis sowie den großen Tempel der Stadt untersucht und dabei Schichten von der Mittelbronze- bis zur Eisenzeit freigelegt. Sichem war die bedeutendste kanaanäische Stadt auf dem Gebirge Ephraim und hat noch in der israelitischen Zeit verschiedentlich eine Rolle gespielt. Im Jahre 1956 wurden unter der Leitung von G. E. Wright erneut Ausgrabungen auf dem *tell balāṭa* begonnen, die noch fortgesetzt werden (vgl. die bisherigen vorläufigen Berichte von G. E. Wright [und L. E. Toombs], BASOR 144 [1956] S. 9—20; 148 [1957] S. 11—28; 161 [1961] S. 11—54). Diese Ausgrabungen sind u. a. auf Überreste der hellenistischen Zeit, der letzten Besiedlungsperiode auf dem *tell balāṭa*, gestoßen. — Die Stadt Geser (heute *tell dschezer*) am Innenrande der Küstenebene südöstlich von Jafa, ebenfalls eine feste Kanaanäerstadt, die nach I Kön 9 16 später in den Besitz der Davididen übergegangen und von Salomo wahrscheinlich als Garnison ausgebaut worden ist, wurde in den Jahren 1902—1905 und 1907—1909 im Auftrag des PEF unter der Leitung von Macalister ausgegraben (vgl. Macalister, The Excavation of Gezer, 3 vols. [1912]) und 1934 einer nochmaligen kurzen und beschränkten Ausgrabung unterzogen (vgl. A. Rowe, The 1934 excavations of Gezer in PEF Qu. St. 1935 S. 19—33). In Geser sind fast alle Kulturschichten von der Kupfersteinzeit bis zur hellenistischen Zeit vertreten. — Aus der Überlieferung von I Sam 6 12ff. über die Geschicke der Lade und verschiedenen anderen alttestamentlichen Nachrichten ist die Stadt Beth-Semes (heute *er-rumēle* bei *ʿēn schems*) in der *šᵉphela* westlich von Jerusalem bekannt. Ihr galten englische Ausgrabungen in den Jahren 1911/12 (vgl. D. Mackenzie, The excavations at Ain Shems 1911 in PEF Ann. 1 [1911] S. 41—94; Excavations at Ain Shems in PEF Ann. 2 [1912/13] S. 1—104) sowie amerikanische Ausgrabungen von 1928 bis 1933 (vgl. E. Grant, Beth Shemesh [Palestine] 1929; E. Grant, Ain Shems Excavations Part I—V [Haverford College Biblical and kindred studies No. 3—5. 7. 8] 1931—1939); diese nicht eben besonders große Stadt ist von Mittelbronze bis Eisen II besiedelt gewesen. — Unter den Kanaanäerstädten am Südwestrande der Jesreelebene, die wahrscheinlich unter David unter die Herrschaft des israelitischen Staates kamen, wird neben Megiddo im Alten Testament wiederholt Thaanach genannt. Die Stadt (heute *tell taʿannek*) ist von E. Sellin 1902/03 teilweise ausgegraben und 1904 noch einmal untersucht worden (vgl. E. Sellin, Tell Taʿannek [1904] und Eine Nachlese auf dem Tell Taʿannek in Palästina [1906] = Denkschr. d. Kais. Ak. d. Wiss. Wien, phil.-hist. Kl. 50, 4 und 52, 3). Über die bei dieser Ausgrabung gefundenen Keilschrifttafeln vgl. u. S. 185. — Das alttestamentliche Mizpa ist mit großer Wahrscheinlichkeit auf dem heutigen *tell en-naṣbe* 12 km nördlich von Jerusalem an der nach Norden führenden Hauptstraße zu suchen. Hier ist zwischen 1926 und 1935 von amerikanischer Seite gegraben worden. Die Ergebnisse dieser Grabung, die vor allem Eisenzeitliches aufgedeckt hat, liegen in einer abschließenden Ausgrabungspublikation vor: C. C. McCown and J. C. Wampler, Tell en-Naṣbeh excavated under the direction of the late William Frederic Badè I. II (1947). — Seit 1953 ist eine amerikanische Ausgrabungsexpedition unter der Leitung von J. P. Free tätig auf dem *tell dōtān*, der Stätte des aus der alttestamentlichen Joseph- und Elisaüberlieferung bekannten Dothan, 15 km nordnordöstlich der Stadt Samaria an der Straße von Samaria zur Südspitze der Jesreelebene; Mauern und Schichten aus allen Stadien der Bronzezeit sowie vor allem aus „Eisen I/II" wurden gefunden (vgl. die vorläufigen Berichte von J. P. Free, BASOR 131 [1953] S. 16—20; 135 [1954] S. 14—20; 139 [1955] S. 3—9; 143 [1956] S. 11—17; 152 [1958] S. 10—18; 156 [1959] S. 22—29; 160 [1960] S. 6—15). — An der Stätte des Heiligtums von Mamre, wo ein Teil der Abrahamüberlieferung beheimatet ist, hat in den Jahren 1926—1928 E. Mader Ausgrabungen veranstaltet; die Stätte heißt heute *ḥaram rāmet el-chalīl* und liegt reichlich 3 km nördlich der gegenwärtigen Stadt Hebron (*el-chalīl*).. Sichere Funde aus alttestamentlicher Zeit sind an Ort und Stelle zwar nicht gemacht worden, und selbst die Temenosmauer, die den heiligen Bezirk einfaßt, ist vielleicht nicht, wie bisher allgemein angenommen, schon herodianisch, sondern erst konstantinisch[1]. Gleichwohl ist kaum zweifelhaft, daß hier das alttestamentliche Mamre anzusetzen ist. Der abschließende Ausgrabungsbericht (E. Mader, Mambre. Die Ergebnisse der Ausgrabungen im heiligen Bezirk râmet el-ḫalîl in Südpalästina 1926—1928. Textband und Tafelband [1957]) enthält auch Mitteilungen über den archäologischen Befund auf dem *dschebel er-rumēde*, wahrscheinlich der Stätte des alten Hebron, am Südwestrande der heutigen Stadt.

§ 16. Die Oberflächenforschung

Auch für die Überreste der altorientalischen Zeit, die im allgemeinen im Schutt liegen und nicht wie die Denkmäler jüngerer Zeiten offen sichtbar sind, so daß es zu ihrer völligen Freilegung u. U. nur gewisser Aufräumungsarbeiten bedarf, kann die Ausgrabungstätigkeit nicht alles leisten, was für eine umfassende archäologische Landesaufnahme notwendig ist. Sie muß ergänzt werden durch ein Absuchen der Oberfläche des Landes nach allen noch vorhandenen Spuren des Altertums. Diese letztere Arbeit hat zur Voraussetzung die genaue Kenntnis der durch die sorgfältigen Schichtenbeobachtungen der Ausgräber ermittelten Merkmale der einzelnen Kulturperioden, besonders der jeweils charakteristischen Kleinfunde. Es gibt Ruinenstätten aus altorientalischer Zeit, die weder lohnende noch überhaupt geeignete Objekte für eine Ausgrabung sind, weil sie keine nennenswerte Schuttablagerung und erst recht keine unversehrte Schichtung mehr aufweisen, sondern im großen ganzen unter den Einwirkungen der Jahrhunderte verschwunden sind. Das gilt vor allem für die oben S. 112 beschriebenen Siedlungen, die erst in der

[1] Vgl. F. W. Deichmann bei A. Kuschke, ZDPV 76 (1960) S. 11 Anm. 5.

Eisenzeit begründet worden sind, d. h. also in erster Linie für die Orte auf den Gebirgen des Landes, in denen die israelitischen Stämme zur Seßhaftigkeit übergingen. Einige Überreste aus jener alten Zeit liegen aber doch meistens noch auf dem Boden umher, die Zeugen der einstigen Besiedlung sind, besonders Tonscherben, die zum alltäglichen menschlichen Gebrauchsgerät gehörten und daher überall liegen geblieben sind, wo Menschen gewohnt haben, außerdem ihrer Natur nach der Zerstörung besonders durch Feuchtigkeit widerstanden haben. Die Merkmale der Keramik als chronologisches Kriterium sind daher für die Oberflächenforschung von hervorragender Wichtigkeit, wenn sie daran geht, auf Grund umherliegender Tonscherben die Zeit und Lebensdauer einer an Ort und Stelle vorhanden gewesenen Siedlung zu bestimmen. — Die Oberflächenforschung als Ergänzung der Ausgrabungstätigkeit ist aber auch deswegen unentbehrlich, weil nur eine Reihe der alten Städte des Landes bisher ausgegraben worden ist und diese Arbeit sich jeweils nur auf einige wenige Punkte konzentrieren kann, so daß es praktisch wohl nie dahin kommen wird, daß alle vorhandenen möglichen Ausgrabungsobjekte in Angriff genommen und in einer regelrechten Ausgrabung untersucht werden. Hier kann und muß die Oberflächenforschung ergänzend eintreten. Denn auch auf einem *tell* im Sinne der oben S. 111f. gegebenen Beschreibung, wo nur die jüngste Siedlungsschicht unmittelbar unter der Oberfläche liegt und ohne Schwierigkeit zu erreichen ist, sind doch in aller Regel von den auf ihm vertreten gewesenen Kulturperioden Schuttmengen, natürlich vor allem wieder Tonscherben, seitlich herabgefallen und liegen noch — allerdings ohne wirkliche Schichtung — an den Hängen des Ruinenhügels umher. Bei sorgfältigem Absuchen dieser Hänge sind sie noch auffindbar und geben Auskunft über die Zeiten, in denen der betreffende *tell* in der Vergangenheit besiedelt gewesen ist, auch wenn diese Auskunft nicht so exakt und vollständig sein kann wie das Ergebnis einer Schichtengrabung und die richtige Datierung herumliegender Keramik und sonstiger Streufunde ohne archäologischen Kontext oft genug problematisch ist und das Finderglück bei solchen Sondierungen eine größere Rolle spielt als bei einer systematischen Ausgrabung. Übrigens bedarf auch der Ausgräber einer solchen Oberflächenuntersuchung zu der vorläufigen Feststellung, ob ein in das Auge gefaßtes Ausgrabungsobjekt die darauf zu verwendende Mühe zu lohnen verspricht oder nicht.

Eine solche Oberflächenforschung im Dienste einer umfassenden Aufnahme des gesamten alten Siedlungsbestandes in Palästina ist vor allem von A. Alt im Rahmen der 1924 wieder aufgenommenen und bis 1933 fortgesetzten Arbeit des ,,Deutschen Evangelischen Instituts für Altertumswissenschaft des heiligen Landes zu Jerusalem" gepflegt worden; ihre reichen Ergebnisse sind laufend von ihm im PJB veröffentlicht worden[1]. Auch W. F. Albright hat in dem Jahrzehnt nach dem ersten

[1] Das geographische Register in PJB 30 (1934) S. 80—103 zu den Bänden PJB 21 (1925)—30 (1934) erschließt bequem das auf diesem Gebiete Erreichte.

Weltkrieg als Direktor der American School of Oriental Research in Jerusalem die gleiche Arbeit betrieben und seine Feststellungen laufend in dem seit 1919 erscheinenden BASOR publiziert[1]. Dann hat N. Glueck seine umfassenden Arbeiten im Ostjordanlande ebenfalls mit Hilfe derselben Oberflächenforschung durchgeführt (vgl. die ausführliche Veröffentlichung dieser Arbeiten N. Glueck, Explorations in Eastern Palestine I—IV = AASOR 14 [1934] S. 1—114; 15 [1935] S. 1—202; 18/19 [1939] S. 1—288 + Taf. 1—22; 25—28 [1951] S. 1—711). Auch die École pratique des études Bibliques (ihr Organ ist die RB) hat ähnliche Untersuchungen vorgenommen (vgl. R. de Vaux, Nouvelles recherches dans la région de Cadès in RB 47 [1938] S. 89—97 und vor allem R. de Vaux, Exploration de la région de Salṭ in RB 47 [1938] S. 398—425).

Die Oberflächenforschung ist ebenso wie die Ausgrabungstätigkeit noch keineswegs zum Abschluß ihrer Arbeiten gelangt; aber sie hat doch schon jetzt das Bild von der Besiedlung des Landes in den verschiedenen Phasen der altorientalischen Zeit in vielen Einzelheiten festgelegt.

§ 17. Archäologische Funde und literarische Überlieferung

Trotz der sachgemäßen Entwicklung der Archäologie Palästinas zu einer eigenständigen Wissenschaft, die die Methoden ihrer Arbeit und die Bestimmung ihrer Aufgaben nach den ihr eigenen Gesichtspunkten festlegt, bleibt doch die Aufgabe bestehen, ihre Ergebnisse zu der literarischen Überlieferung über die Geschichte Palästinas in Beziehung zu setzen und diese beiden Quellen gemeinsam für die geschichtliche Erkenntnis zu nutzen. Es kommt nur darauf an, jede dieser Quellen entsprechend ihrer Eigenart richtig in den Gang der geschichtlichen Forschung einzusetzen. Die Bedeutung der Archäologie ist dabei weder zu unterschätzen noch auf der anderen Seite zu überschätzen.

1. Unentbehrlich ist die Archäologie in Verbindung mit der literarischen Überlieferung zunächst auf dem Gebiete der Topographie, d. h. bei der örtlichen Festlegung der in der literarischen Überlieferung genannten Orte. Wir beschränken uns dabei im Folgenden auf die biblische, besonders die alttestamentliche Überlieferung. Wer einen biblisch erwähnten Ort im Gelände an einer bestimmten Stelle ansetzen will, muß sich vergewissern, daß an dieser Stelle nach Ausweis der archäologischen Überreste für die Zeit, auf die die literarische Nachricht sich bezieht, eine Besiedlung nachweisbar ist, oder er muß wenigstens einleuchtend machen, aus welchem Grunde im gegebenen Falle das Nochvorhandensein archäologischer Überreste nicht zu erwarten ist. Der Tat-

---

Seit 1953 ist die Arbeit des „Deutschen Evangelischen Instituts“ in der von A. Alt inaugurierten Weise wieder im Gange; die laufenden Berichte darüber erscheinen seit 1954 in der ZDPV.

[1] Als Wegweiser durch diese Arbeiten kann der Topographical Index to the Bulletin in BASOR 50 (1933) S. 26—36; 76 (1939) S. 15—24; 105 (1947) S. 16—27 dienen.

bestand ist ja nicht immer so einfach, daß der alte Name an seiner ursprünglichen Stelle sich noch erhalten hat und daß an dieser Stelle dann auch die entsprechenden archäologischen Reste vorhanden sind, wie es, um einige beliebige Beispiele herauszugreifen, etwa der Fall ist bei dem alten Thaanach (hebr. *ta'nak*), dessen Ruine mit bronze- und eisenzeitlichen Überresten noch heute den Namen *tell ta'annek* führt, oder bei Bethel, wo die heutige Ortschaft an der Stelle der alten, nach Ausweis der archäologischen Funde seit der mittleren Bronzezeit bewohnt gewesenen Stadt liegt und den alten Namen in der etwas abgewandelten Form *bētīn* noch trägt, oder bei dem modernen *ghazze*, das noch teilweise auf dem *tell* liegt, der die Reste der alten Stadt Gaza (hebr. *'azza*) birgt[1]. Oft ist — und auch in diesen Fällen ist der Tatbestand noch verhältnismäßig einfach — innerhalb derselben Ortsflur die Siedlung unter Beibehaltung des alten Namens an eine etwas andere, bequemere Stelle gerückt[2], so daß die alte Siedlung nur noch in der Nähe ihrer modernen Nachfolgerin zu suchen und ihre genaue Lage lediglich durch die archäologische Feststellung antiker Schuttschichten zu ermitteln ist. So hat beispielsweise das alte Jericho nicht an der Stelle des heutigen Dorfes *erīḥa* gelegen, das den alten Namen geerbt hat, sondern auf dem 2,5 km nordwestlich entfernten *tell es-sulṭān*; das alte, bedeutende Beth-Sean ist nicht im Bereich des heutigen Städtchens Beisan (arab. *bēsān*) trotz des hier erhaltenen Namens zu suchen, sondern auf dem etwa 500 m nördlich davon gelegenen *tell el-ḥöṣn*. Das alte Sichem befindet sich nicht an der Stelle der heutigen Stadt *nāblus*, die Namen und Lage übernommen hat von dem römischen Neapolis, der Nachfolgerin des alten Sichem, sondern etwa 2 km östlich davon auf dem *tell* bei dem jetzigen Dorfe *balāṭa*. Ebenso hat die archäologische Arbeit erwiesen, daß das jebusitische und davidische Jerusalem, also der alte Kern der seit Salomo dann mehrfach erweiterten Stadt, nicht innerhalb der jetzigen Altstadt von Jerusalem angesetzt werden kann, sondern außerhalb auf dem jetzt nur wenig bewohnten Südosthügel südlich des Tempelplatzes gelegen hat. — Viel schwieriger ist die Lösung topographischer Fragen in den zahlreichen Fällen, in denen der alte Name eines Ortes sich weder an der Ruinenstätte selbst noch in ihrer Nähe erhalten hat, sondern überhaupt verloren gegangen ist. Dann kann nur das Zusammenfassen aller in der literarischen Überlieferung enthaltenen Hinweise auf die Lage des Ortes und andrerseits ein genauer Überblick über den archäologischen Befund auf den in der in Frage kommenden Gegend gelegenen Ruinenstätten die Entscheidung der topographischen Frage bringen, und zwar so, daß

---

[1] Die Veränderungen lautlicher Art, die die alten Namen im Zusammenhang mit dem mehrfachen Wechsel der Landessprache (hebräisch — aramäisch — arabisch) erlitten haben, folgen bestimmten Gesetzen (vgl. G. Kampffmeyer, Alte Namen im heutigen Palästina und Syrien, ZDPV 15 [1892] S. 1—33. 65—116; 16 [1893] S. 1—71).

[2] Vgl. dazu oben S. 113 Anm. 3.

alle literarisch bezeugten Siedlungsperioden auf der betreffenden Ruine archäologisch nachweisbar sein müssen[1].

Über die topographischen Einzelfragen hinaus erarbeitet die Archäologie ein Bild von der Gesamtsiedlungsgeschichte des Landes, das zu der literarischen Überlieferung in Beziehung gesetzt werden kann und muß. So erfahren wir beispielsweise durch archäologische Feststellungen, in welchen Teilen Palästinas jene kanaanäischen (archäologisch gesprochen: spätbronzezeitlichen) Städte gesucht werden müssen, von denen die alttestamentliche Überlieferung wiederholt sagt, daß die israelitischen Stämme bei ihrer Landnahme sie nicht bezwingen konnten (Jos 17 16. 18 Ri 1 27ff. 3 1ff.). Ebenso lehrt die Archäologie, in welchen Gebieten die erst früheisenzeitlichen Siedlungen lagen, in denen die Israeliten nach ihrer Landnahme sich seßhaft machten. Es hat sich herausgestellt, daß es sich dabei im wesentlichen um ein Nebeneinander handelte, daß die Ebenen des Landes in den Händen der kanaanäischen Städte waren und blieben, während die israelitischen Stämme sich auf den Gebirgen ansiedelten (vgl. vor allem A. Alt, Die Landnahme der Israeliten in Palästina. Territorialgeschichtliche Studien [Leipziger Dekanats-Programm 1925]; wiederabgedruckt in Kleine Schriften zur Geschichte des Volkes Israel I [²1959] S. 89—125). Auch etwa die Frage nach dem Umfang und der Intensität der israelitischen Besetzung ostjordanischen Gebietes muß auf archäologischem Wege geklärt werden[2], wozu dann die etwas mageren literarischen Nachrichten über diesen Vorgang in Beziehung zu setzen wären. In allen siedlungsgeschichtlichen Fragen müssen, wie die vorgeführten Beispiele zeigen, archäologische Feststellung und Untersuchung der literarischen Überlieferung Hand in Hand arbeiten.

Vor allem begegnen sich Archäologie und Auslegung der literarischen Überlieferung natürlich auf dem Gebiete der Kulturgeschichte im weitesten Sinne. Die literarische Überlieferung, seien es erzählende Stücke oder Propheten- und Weisheitssprüche oder gesetzliche Partien usw., enthält zahllose Anspielungen und Hinweise auf die Erscheinungen des alltäglichen Lebens, seinen äußeren Rahmen und seinen Bestand an Gebrauchsgegenständen, auf die Ausstattung königlicher Residenzen, auf das Inventar der Heiligtümer im Lande und dgl. Alle diese Dinge — in verschiedenen Zeiten u. U. verschieden — gehören zu jenem Kreis konkreter Lebensäußerungen, die greifbare Spuren hinterlassen haben und daher archäologisch noch nachweisbar sein können. Hier werden dann

[1] Material zum bisherigen Ertrag der topographischen Arbeit in Bezug auf Palästina findet sich bei J. Simons, The geographical and topographical texts of the Old Testament (1959).

[2] In diesem Zusammenhang ist beispielsweise die archäologisch mögliche Feststellung der Grenzbefestigungen und damit der Grenzen des ammonitischen Nachbarstaates von Wichtigkeit (vgl. dazu H. Gese, ZDPV 74 [1958] S. 55 bis 64; R. Hentschke, ZDPV 76 [1960] S. 103—123; G. Fohrer, ZDPV 77 [1961] S. 56—71).

literarische Angaben durch archäologische Funde unmittelbar anschaulich gemacht, wenn nicht überhaupt ihre richtige Deutung sich erst aus dem archäologischen Fundmaterial ergibt. Einzelheiten darüber werden in Kap. 3 § 18ff. besprochen werden.

Endlich hat das Hervortreten der Archäologie auch in der Geschichte der Wissenschaft eine positive Bedeutung gehabt und hat sie noch. Sie hat das Stadium der rein literarischen bzw. literarkritischen Betrachtung in der biblischen Wissenschaft überwinden helfen und durch ihre Arbeit an der konkreten Hinterlassenschaft der vergangenen Geschichte die Aufmerksamkeit wieder auf den konkreten Inhalt des literarisch Überlieferten, auf die Frage nach der Herkunft und Bedeutung der einzelnen Überlieferungselemente hingelenkt.

2. So wichtig und beachtenswert auch alle im Vorangehenden aufgeführten Punkte sind, so darf doch auf der anderen Seite die Bedeutung der Archäologie für die geschichtliche Erkenntnis nicht überschätzt werden. Man muß sich vielmehr darüber klar sein, was der Ertrag der archäologischen Arbeit in dieser Hinsicht leisten kann und was nicht. Es sind verschiedene Lebensgebiete, auf die sich einerseits die archäologischen Funde und andrerseits die literarischen Überlieferungen im allgemeinen beziehen. Geschichtliche Ereignisse, das Handeln geschichtlicher Personen und der Verlauf geschichtlicher Einzelvorgänge, d. h. Dinge, die im wesentlichen den Inhalt der literarischen Überlieferung bilden, sind ihrer Natur nach im allgemeinen archäologisch nicht erfaßbar, weil sie nicht — oder jedenfalls nicht immer — sich an dem äußeren Bestand an Lebenseinrichtungen unmittelbar ausgewirkt haben, andrerseits diese Auswirkungen, wo sie wirklich erfolgt sind, archäologisch nicht ohne weiteres als solche erkennbar oder jedenfalls nicht eindeutig erklärbar sind. Das gilt zumal für Palästina; denn auf seinem Boden fehlt es fast ganz an inschriftlichen Funden, die einen bestimmten archäologischen Tatbestand zu deuten geeignet wären. An keinem Bauwerk aus vorhellenistischer Zeit hat sich eine Inschrift gefunden, die etwas über den Namen des Erbauers aussagte; kein Grundstein mit Inschrift oder Gründungsurkunde ist ans Licht gekommen. Alle aufgefundenen Bauwerke aus altorientalischer Zeit in Palästina sind anonym. In kaum einer vorhellenistischen Grabanlage werden die Namen der dort Bestatteten genannt. Und doch kann erst literarische Überlieferung, sei es auch nur ein eingemeißelter Name oder eine angebrachte Inschriftzeile, unmittelbar zur Erkenntnis geschichtlicher Vorgänge führen.

Man kann daher nicht ohne weiteres sagen, daß der Ertrag der palästinischen Archäologie geeignet sei, die Zuverlässigkeit der literarischen Geschichtsüberlieferung zu bestätigen; denn es ist nach der Lage der Dinge unsachgemäß, eine solche Bestätigung von ihr zu erwarten, obwohl selbst in der wissenschaftlichen Literatur die Dinge vielfach so dargestellt werden. Wohl gibt es eine bestimmte Gattung geschichtlicher Ereignisse, die archäologisch in Erscheinung treten müssen; das sind die Eroberungen, Zerstörungen und gegebenenfalls Einäscherungen fester

Städte. Aber der archäologische Befund sagt selbst in diesen Fällen fast nie von sich aus etwas darüber aus, unter welchen Umständen und innerhalb welcher geschichtlichen Zusammenhänge die archäologisch feststellbare Zerstörung einer Stadt erfolgt ist. Erst das Heranziehen einer literarisch überlieferten Nachricht kann in einem solchen Falle die konkrete geschichtliche Deutung des archäologischen Befundes bringen. Die Basis, auf der die sachliche Zusammengehörigkeit von literarischer Nachricht und archäologischem Befund ermittelt werden kann, ist dabei in den meisten Fällen lediglich die archäologische Datierung. Wenn sie wirklich exakt zu ermitteln ist, was trotz aller Verfeinerung der archäologischen Methoden mit der für eine geschichtliche Interpretation erforderlichen Präzision noch immer nicht die Regel ist, und wenn sie genau zu der Zeit paßt, für die ein entsprechendes Ereignis literarisch überliefert ist, dann darf man mit sachlichem Recht Befund und Nachricht miteinander kombinieren. Das gilt besonders dann, wenn ganze Reihen übereinstimmender archäologischer Feststellungen an verschiedenen Orten zu Grunde gelegt werden können. Wenn beispielsweise auf dem Gebiete des Staates Juda nach Ausweis des archäologischen Befundes entweder um 700 v. Chr. oder um 600 v. Chr. Städte zerstört worden sind, so wird man dies mit dem Feldzug des assyrischen Königs Sanherib nach Syrien und Palästina im Jahre 701 v. Chr. bzw. mit dem Feldzug des babylonischen Königs Nebukadnezar gegen den Staat Juda in den Jahren 589—587 v. Chr. in Zusammenhang bringen müssen. In beiden Fällen illustriert der archäologische Befund die literarisch überlieferten Ereignisse und fügt dem allgemeinen Rahmen wohl auch diese oder jene Einzelheit ein. Eine „Bestätigung“ der literarischen Überlieferung — die in diesen Fällen einer solchen Bestätigung übrigens gar nicht bedarf — liegt dabei insofern nur mittelbar vor, als die archäologischen Befunde die Beziehung auf Sanherib bzw. Nebukadnezar nicht von sich aus fordern, sondern erst das Heranziehen literarischer Nachrichten diese Beziehung möglich macht.

Wo jedoch die Nachrichten über einen geschichtlichen Vorgang in ihrer Tragweite und ihrer Bedeutung zweifelhaft und umstritten sind, wie es etwa bei der alttestamentlichen Überlieferung über die Landnahme der israelitischen Stämme in Palästina der Fall ist, da ist es auch sehr schwer und nur ausnahmsweise möglich, lediglich auf Grund archäologischer Feststellungen den geschichtlichen Vorgang zu rekonstruieren[1]. Denn die Erkenntnis geschichtlicher Vorgänge erschließt sich nun einmal im allgemeinen nur von einer literarischen Überlieferung aus, die bestimmte Namen nennt und Ereignisse beschreibt. Bei keiner Zerstörung spätbronzezeitlicher Städte in Palästina, die auf die Einwanderung der Israeliten zurückzuführen aus chronologischen Gründen nahezuliegen

[1] Näheres darüber bei M. Noth, Grundsätzliches zur geschichtlichen Deutung archäologischer Befunde auf dem Boden Palästinas (PJB 34 [1938] S. 7—22); Der Beitrag der Archäologie zur Geschichte Israels (Vetus Testamentum Supplements 7 [1960] S. 262—282).

scheint, ergibt sich aus dem Ausgrabungsbefund selbst ein Hinweis darauf, wer der Feind gewesen sein mag, dem die Stadt in dem speziellen Falle zum Opfer gefallen ist. Und es gibt für Zeiten, über deren geschichtlichen Inhalt wir nicht durch reichliche literarische Überlieferung sehr genau unterrichtet sind, meist allerlei verschiedene Möglichkeiten, einen archäologischen Befund wie die Zerstörung einer Stadt geschichtlich zu deuten. Man muß daher sehr vorsichtig sein, einen archäologisch ermittelten Tatbestand ohne sichere literarische Überlieferung auf ein bestimmtes geschichtliches Ereignis zu deuten.

Im Folgenden soll daher auch der Ertrag der palästinischen Archäologie im wesentlichen nach seiner kulturgeschichtlichen Seite hin behandelt werden.

Drittes Kapitel

DER ERTRAG DER ARCHÄOLOGIE PALÄSTINAS FÜR DIE ZEIT DER BIBLISCHEN GESCHICHTE

§ 18. Die Siedlungen

Es hat zu allen Zeiten in Palästina Bevölkerungselemente gegeben, die auch im Kulturlande das Umherziehen von Ort zu Ort und daher das Wohnen in Zelten beibehielten (vgl. Ri 4 17ff. 5 24 Jer 35 7). Auch in den „Gehegen“ (hebr. *ḫaṣer*), in denen man im „Negeb“ (s. o. S. 52), aber auch anderwärts auf der Grenze zwischen Kulturland und Wüste zusammenlebte und unter denen man sich etwa Einfriedigungen mit einem Steinwall und Dornengestrüpp zum Schutz gegen wilde Tiere und feindliche Menschen wird vorstellen dürfen (vgl. Lev 25 31 Jos 19 8 Neh 11 25 12 28f. und die Zusammensetzungen mit *ḫaṣer* unter den Ortsnamen im Negeb Jos 15 21b-32a), wird man in Zelten gelebt haben[1]. Von diesen Wohnstätten hat sich natürlich kaum noch eine Spur erhalten. Aber auch bei den kleinen eisenzeitlichen Siedlungen auf den Gebirgen, die innerhalb einer gewiß ohne viel Kunst angelegten Steinmauer einfache Wohnstätten aus Lehmziegeln enthielten und in denen wir uns die seßhaft gewordenen israelitischen Stämme im allgemeinen angesiedelt denken müssen[2], ist nach dem o. S. 112 Gesagten von der Anlage des Ganzen meist nicht mehr viel übrig geblieben. Unsere Kenntnis eisenzeitlicher Wohnstätten beschränkt sich im wesentlichen auf die alten kanaanä-

---

[1] Zur Sache kann man vielleicht aber auch die am ostjordanischen Kulturlandrande noch vielfach erhaltenen Steinsetzungen sogenannter „Gabelhürden“ für Kleinviehherden heranziehen (vgl. dazu O. Eissfeldt, FF 25 [1949] S. 8ff. und Y. Yadin, IEJ 5 [1955] S. 3—10), in deren Nähe die Herdenbesitzer ihre Zelte aufgeschlagen haben dürften.

[2] Viele der in der großen Ortsliste in Jos 15 21-62 + 18 21-28 + 19 2-7, die die Orte des judäischen Staatsgebiets aus der Zeit des Königs Josia aufzählt (vgl. Alt, PJB 21 [1925] S. 100—117), genannten Siedlungen sind in dieser Art zu denken.

ischen, bronzezeitlichen Städte, die in der Eisenzeit weiter benutzt worden sind.

1. Für die Lage der Städte waren verschiedene Gesichtspunkte wichtig. Die Stadt sollte gut zu verteidigen sein, deshalb an einer nicht ganz leicht zugänglichen Stelle liegen, also auf einer Kuppe oder einem Bergvorsprung. Das galt zunächst vor allem für die Städte der Bronzezeit, in der jede feste Stadt der Mittelpunkt eines ganz oder halb selbständigen, für seine Sicherheit auf sich selbst angewiesenen Stadtstaates gewesen war. In der Zeit der israelitisch-judäischen Staaten, in der die Zentralgewalt die Verantwortung für den Schutz der Staatengebilde übernahm und die Könige einzelne Städte zu Festungen ausbauten (vgl. I Kön 9 15-19 [Salomo] II Chr 11 5-12 [Rehabeam]; dazu E. Junge, Der Wiederaufbau des Heerwesens des Reiches Juda unter Josia [BWANT IV 23 (1937)] S. 6ff.), kam für die gewöhnlichen Wohnstädte des Landes der Gesichtspunkt der Verteidigung gegen feindliche Truppen schon weniger in Betracht, und für die besondere Situation der persisch-hellenistisch-römischen Zeit fiel er in den meisten Fällen ganz fort. Für die Zeit der israelitisch-judäischen Staaten haben wir daher mit einer Dezentralisation der Siedlungsweise zu rechnen, d. h. mit einer Übersiedelung der Bevölkerung einer Stadt in umliegende Dörfer, die zunächst noch zu der Stadt gehörten und im Alten Testament als deren „Töchter" bezeichnet werden (vgl. Num 21 25. 32 Ri 11 26 u. ö.), allmählich aber wohl sich selbständig machten. — Je mehr der Gesichtspunkt der Verteidigungsfähigkeit in den Hintergrund trat, um so besser konnten die anderen für die Lage einer Stadt wichtigen Gesichtspunkte berücksichtigt werden. Das war einmal die für ein Land wie Palästina so wichtige Versorgung der Stadt mit Trinkwasser, die am besten durch eine nahe und bequem gelegene Quelle sichergestellt werden konnte; da es Quellen in Palästina nicht in reicher Zahl gibt und vor allem ganze Gegenden des Landes ausgesprochen quellenarm sind, so bedeutete dieser Gesichtspunkt eine starke Beschränkung in der freien Wahl der Siedlungsstätten (vgl. zu diesem Punkte noch unten S. 141ff.). Endlich war für eine Stadt auch die Nähe kulturfähigen Ackerlandes und günstiger Verkehrswege nach verschiedenen Richtungen hin wichtig. Da besonders auf den Gebirgen des Landes auch diese Voraussetzungen nicht beliebig gegeben sind, waren durch diese Gesichtspunkte die Möglichkeiten für Stadtanlagen weithin beschränkt, und es ist begreiflich, daß nicht alle Städte des Landes in gleicher Weise alle die genannten Gesichtspunkte für ihre Lage berücksichtigen konnten.

2. Zu den Merkmalen einer Stadt gehörte in der hier in Betracht kommenden Zeit zunächst ihre Ummauerung; sie war trotz aller Unterschiede in der Ausführung im einzelnen in der ganzen Bronze- und Eisenzeit ebenso selbstverständlich, wie sie noch in der hellenistischen und römischen Zeit üblich war. Durch die Mauer wurde das Weichbild der Stadt begrenzt; und wenn sich Menschen auch gelegentlich außerhalb der Stadtmauern angesiedelt haben, so beschränkte sich doch der Stadt-

bereich im allgemeinen auf den Raum innerhalb der Mauern. Dadurch wurden die Städte stark eingeengt und ihre Ausdehnung verhindert. Dazu muß man bedenken, daß in altorientalischer Zeit die Städte selbst nicht eigentlich die Plätze für die alltägliche Arbeit und das alltägliche Leben waren; das spielte sich vielmehr außerhalb der Stadt auf deren Flur ab. Die Städte dienten als Zuflucht gegen Feinde und gegen die Unbilden der Witterung, auch wohl zur Aufbewahrung der Ernteerträge. So hatten die Städte der altorientalischen Zeit einen überaus geringen Umfang, der — da meist auf den natürlichen Bedingungen beruhend — in der Regel durch die Zeiten hindurch konstant blieb, wenn auch gelegentlich die eisenzeitlichen Siedlungen nur noch einen Teil des Raumes ihrer bronzezeitlichen Vorgängerinnen in Anspruch nahmen. Erst die Stadtgebiete der hellenistisch-römischen Zeit waren dann wesentlich umfangreicher. Das Jerusalem der Jebusiter und Davids nahm einen Raum von etwa 400 × 100 m ein; das bronze- und eisenzeitliche Sichem war ungefähr 230 × 150 m groß; das frühbronzezeitliche Jericho maß gar nur 225 × 80 m und wurde erst in der Mittelbronzezeit auf ein Ausmaß von etwa 300 × 150 m erweitert. Ein wenig größer waren die bedeutenden Kanaanäerstädte an den Ebenen des Landes, die meist auch in der Eisenzeit weiter bewohnt blieben. Thaanach war ungefähr 300 × 150 m groß, Megiddo sogar 300 × 225 m. Ganz ungewöhnlich große Ausmaße hatte mit ungefähr 1100 × 650 m das mittel- und spätbronzezeitliche Hazor, während das eisenzeitliche Hazor auf dem *tell* in der Südecke dann nur noch die „normaleren" Maße von etwa 400 × 150 m hatte. Die israelitische Königsstadt Samaria war ungefähr 400 × 200 m groß, und erst das an ihrer Stelle später erbaute römische Sebaste hatte eine Ausdehnung von etwa 1200 × 900 m.

Die Stadtmauer bestand in der Regel aus einem starken und hohen Steinfundament und einer darauf errichteten Mauer aus luftgetrockneten Lehmziegeln. Diese letztere ist natürlich meist mit der Zeit verschwunden; nur ausnahmsweise hat sie sich zum Teil durch die Jahrhunderte hindurch erhalten wie vor allem bei einigen der bronzezeitlichen Mauern von Jericho (vgl. PEF Qu. St. 1931 S. 186—196 und Pl. II—V, auch Watzinger, Denkmäler I Abb. 57. 58) oder bei der bronzezeitlichen Toranlage von Sichem. Die steinerne Fundamentmauer ist in verschiedenen Zeiten in verschiedener Technik errichtet worden. Die Bronzezeit und die beginnende Eisenzeit haben vielfach eine auf der Außenseite mehr oder weniger geböschte (d. h. schräg ansteigende) Stadtmauer bevorzugt oder aber einer senkrecht aufsteigenden Mauer außen am Fuß eine Böschungsmauer vorgelegt, um die Festigkeit der Mauer zu erhöhen und das Umfallen der Mauer nach außen unter dem Druck der innen sich aufhäufenden Schuttmassen zu verhindern und zugleich durch die Vergrößerung der unteren Mauerbreite feindliche Versuche zu erschweren, die Mauer durch Breschen aufzubrechen (berühmt geworden ist vor allem die mächtige kyklopische Böschungsmauer, die das mittelbronzezeitliche Jericho umgab [vgl. Watzinger a. a. O. Abb. 57; AOB² Nr. 640]). Sehr dicke Mauern hat man besonders in der Eisenzeit so angelegt, daß auf der Innen- und Außenseite aus Stein je eine Schalenmauer errichtet und der Zwischenraum mit Erde und Schutt ausgefüllt wurde (so ist die eisenzeitliche Einfassung der Zitadelle von Gibea Sauls [*tell el-fūl*] angelegt; vgl. AASOR 4 [1924] S. 79 Pl. XXIVa[1]; 34/35 [1960] Pl. 30. 35 A). In ihrer Mauertechnik[2] unterscheiden sich die Kulturperioden deutlich voneinander. Während die mittlere und späte Bronzezeit[3] sog. kyklopische Mauern aufgeführt hat durch das Aufeinandersetzen unbehauener, oft mächtiger Steinblöcke und das Auffüllen der dabei entstehenden Lücken mit Geröll (außer der soeben genannten Böschungsmauer von Jericho [Abb. 4A] vgl. die imposante leicht geböschte kyklopische Mauer von Sichem, Archäologischer Anzeiger 1932 S. 303 Abb. 8, sowie das mittelbronzezeitliche Mauerwerk von *tell bēt mirsim* nach AASOR 17 [1938] Pl. 16), hat man in der ersten Phase der Eisenzeit grob zugehauene Bruchsteine gern in horizontalen Lagen verlegt, so daß im Unterschied vom kyklopischen Mauerbau durchlaufende Querfugen entstanden (vgl. das Mauerwerk der ersten beiden Bebauungsstadien von Gibea Sauls, AASOR 4 [1924] S. 59ff. Fig. 7—11 [hier Abb. 4B]; S. 79 Pl. XXIVa; AASOR 34/35 [1960] Pl. 33. 34, sowie die Mauer der Davidsstadt in Jerusalem, Watzinger a. a. O. Abb. 78); auch hat man nicht mehr so mächtige Blöcke, sondern kleinere Bruchsteine verwandt. Ein schönes Beispiel für diese Bauweise liefert die eisenzeitliche Ummauerung auf dem *tell bēt mirsim* (vgl. AASOR 21/22 [1943] Pl. 38b. 39a. b). Zur Zeit Salomos aber hat man — wenigstens für die repräsentativen königlichen Bauten — begonnen, die Steine glatt zu behauen und diese sorgfältig zugerichteten Steine zwar noch nicht für das gesamte Mauerwerk, aber wenigstens für die Mauerecken zu verwenden und sie in Abständen in den Mauerverband einzufügen, für die Zwischenräume aber Bruchsteinlagen älteren Stils zu verwenden; auf diese Weise wurden die wichtigeren Gebäude in den Städten aufgebaut (vgl. vor allem die Bauten der salomonischen Schicht von Megiddo, Megiddo I [OIP 42 (1939)] Fig. 13. 60. 61. 64 [hier Abb. 4 C]. 65). Eine sehr verfeinerte Mauertechnik für die königlichen Bauten kannte die Periode Eisen II. Der israelitische Königspalast in Samaria zeigt Mauerwerk aus durchgehend glatt behauenen Steinen (vgl. Samaria-Sebaste No. 1 Pl. XV, 2 und hier Abb. 4 D 1); die Umfassungsmauer der Akropolis der israelitischen Königsstadt Samaria (vgl. Samaria-Sebaste No. 1 Pl. XXXII; Watzinger a. a. O. Abb. 79 und hier Abb. 4 D 2) hat ein Fundament aus sorgfältig behauenen Steinen, die als „Läufer und Binder" verlegt sind, d. h. teils längs, teils quer liegen, um die Mauer

---

[1] Hier ist zugleich die vorgelegte Böschungsmauer zu erkennen.

[2] Vgl. dazu die Skizzen Abb. 4 auf S. 137.

[3] Die Mauertechnik der Frühbronzezeit ist eine Sache für sich; man hat damals Mauern aus einzelnen gesonderten, auffallend niedrigen Steinlagen aufgeschichtet (vgl. etwa J. Marquet-Krause, Les fouilles de 'Ay [1949] Pl. IV. XXV. XXVII aus Ai [*et-tell*]).

sowohl in ihrer Länge wie in ihrer Breite fest zusammenzuhalten; an der Stirnseite wurden die Steine längs der Fugen glatt abgearbeitet („Randschlag"), während jeweils in der Mitte eine in roherem Zustand belassene Erhebung („Bosse") stehen geblieben ist. Während die persische und hellenistische Zeit, soweit wir etwas von ihnen wissen, in Palästina offenbar die kunstlosere Form des Mauerbaus in Lagen wenig behauener Steine weitergeführt haben (vgl. etwa für die hellenistische Zeit O. R. Sellers, The citadel of Beth-Zur, Fig. 14. 17. 18. 19 und hier Abb. 4 E), hat die herodianische und römische Baukunst für ihre Großbauten in den Städten sich großer, oft gewaltiger, gut bearbeiteter Quader bedient, die für die Fugen exakt zugehauen und an der Stirnseite gern mit Randschlag und Spiegel versehen waren (vgl. die herodianische Tempelumfassungsmauer [dazu o. S. 108 sowie Abb. 4 F]). — Die über dem Steinfundament aufgehende Lehmziegelwand der eisenzeitlichen Stadtumfassungsmauern war anscheinend meist durch Vorsprünge gegliedert, die oben turmartige Aufsätze trugen als Standort für die Verteidiger; Mauer und Türme waren oben mit Zinnen versehen. Wir können das allerdings nicht dem archäologischen Befund entnehmen, da das Lehmziegelmauerwerk nur in einigen Resten sich erhalten hat, sondern nur den verschiedenen assyrischen Darstellungen palästinischer fester Städte (vgl. AOB² Nr. 133. 134. 141)[1].

Eine besondere Sache waren die Einfassungen größerer rechteckiger Räume mit Umwallungen aus gestampfter Erde („terre pisée"), gegebenenfalls durchsetzt mit allerlei festerem Material. Sie stammen aus der Zeit Mittelbronze II und werden mit Wahrscheinlichkeit in geschichtlichen Zusammenhang gebracht mit dem Auftreten der Hyksos (vgl. u. S. 229ff.), die als neue Waffe den pferdebespannten Streitwagen brachten und diese großen Umwallungen vermutlich für ihre Streitwagenparks anlegten. Ein Beispiel dafür ist die Umwallung der großen Unterstadt von Hazor, die danach zunächst als ein solcher Wagenpark geschaffen und erst nachträglich in der Mittel- und Spätbronzezeit mit Wohnvierteln besetzt worden wäre. Ein weiteres Beispiel in Palästina bietet Askalon (arab.: *'asḳalān*); andere Beispiele finden sich in Syrien und Unterägypten. Daraufhin hat man dann auch gelegentlich ältere Wohnstädte zu deren besserem Schutz mit solchen Umwallungen aus terre pisée umgeben (z. B. die Stadt auf dem *tell bēt mirsim* im letzten Stadium von Mittelbronze II) und schließlich auch die den Stadtmauern vorgelegten Böschungsmauern (vgl. o. S. 134) gelegentlich aus terre pisée hergestellt (vgl. Y. Yadin, BASOR 137 [1955] S. 23—32, hier Zusammenstellung des Materials mit den zugehörigen Literaturangaben).

3. Die bronze- und eisenzeitlichen Städte hatten normalerweise nicht mehr als ein oder zwei Tore. Die Toranlagen der mittel- und spät-

---

[1] Auch die palästinischen Städte der Spätbronzezeit sahen schon ähnlich aus, wie aus den Darstellungen ägyptischer Pharaonen des Neuen Reiches (dazu s. u. S. 222f.) hervorgeht; vgl. AOB² Nr. 94—96. 102.

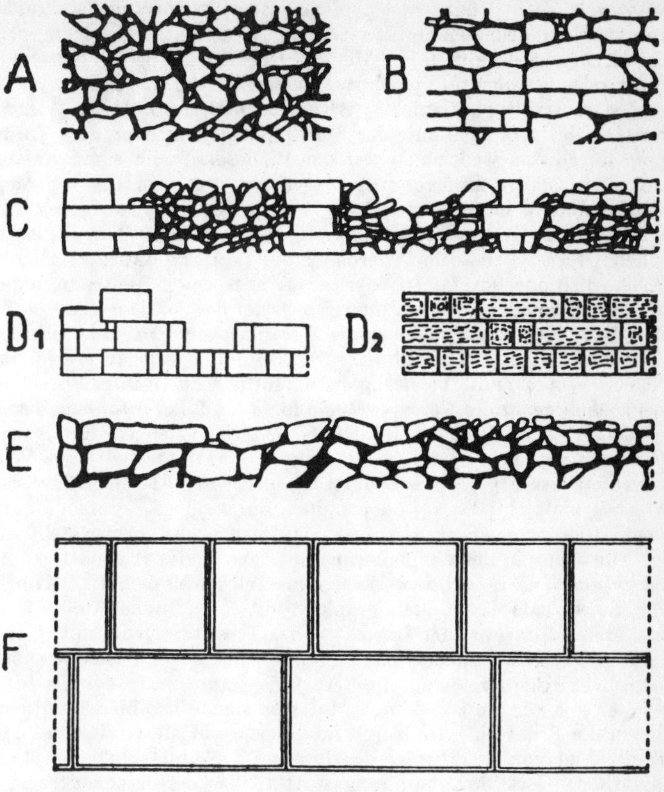

Abb. 4

A = Kyklopisches Mauerwerk (Mittelbronze II) von dem geböschten Mauerfundament in Jericho nach SELLIN-WATZINGER, Jericho (1913) B. 10.

B = Früheisenzeitliches Mauerstück von *tell el-ful* (2. Schicht) nach AASOR 4 (1924) Fig. 11.

C = Mauerwerk der salomonischen Schicht von Megiddo nach Megiddo I (OIP 42 [1939]) Fig. 64.

D (1 und 2) = Mauern vom königlichen Palast bzw. der Akropolis in Samaria aus der israelitischen Königszeit nach Samaria-Sebaste No. 1 (1943) Pl. XV, 2 bzw. nach REISNER-FISHER-LYON, Harvard Excavations at Samaria (1924) II Pl. 27a.

E = Hellenistisches Mauerwerk der Zitadelle von Beth-Zur nach O. R. SELLERS The citadel of Beth-Zur (1933) Fig. 14.

F = Stück von der herodianischen Umfassungsmauer des Jerusalemer Tempelbezirks („Klagemauer").

bronzezeitlichen Städte waren in der Regel turmartige, aus mehreren Stockwerken bestehende Einsätze im Mauerlauf mit einem geraden Tordurchgang, der durch je 3 Mauervorsprünge auf beiden Seiten in zwei mehr oder weniger ausgedehnte, hintereinander liegende Breiträume gegliedert war (vgl. Galling, BRL Sp. 523f. Abb. 1—4; Watzinger a. a. O. Abb. 19). Im Laufe der Eisenzeit hat man dann dem Tordurchgang durch die Stadtmauer auf der Innenseite noch einen Anbau mit mehreren solchen Breiträumen vorgelagert (vgl. das Tor von Megiddo Schicht IV [Megiddo II (OIP 62 [1948]) Fig. 105] sowie das Tor der Schicht X in Hazor, wonach entsprechend auch das Tor des eisenzeitlichen Geser rekonstruiert werden kann [vgl. Y. Yadin, IEJ 8 (1958) S. 80—86]) oder an der Innenseite nur noch einen Breitraum angebaut wie bei dem vielleicht etwas jüngeren Osttor vom Sichem (Sellin, ZDPV 49 [1926] Taf. 29; vgl. dazu die Toranlage von Megiddo Schicht III [Megiddo II Fig. 104]) und außen eine durch Bastionen geschützte, im rechten Winkel zum Tordurchgang hinaufführende Rampe angelegt (vgl. das soeben genannte Tor von Megiddo IV und die Toranlage des eisenzeitlichen Lachis [Lachish I (1938) S. 223]) oder den Tordurchgang zum Zwecke besserer Verteidigungsfähigkeit in mehreren rechten Winkeln verlaufen lassen (vgl. das Südosttor von „Eisen II" in *tell bēt mirsim*, AASOR 17 [1938] Pl. 47) oder endlich die gesamte Toranlage mit dem einen Breitraum senkrecht zum Verlauf der Stadtmauer gestellt, so daß ein Einsprung in der Ummauerung entstand (vgl. das Stadttor auf dem *tell en-naṣbe* nach McCown-Wampler, Tell en-Naṣbeh I [1947] S. 198 und Survey Map). — Die Toranlage mit ihren Innenräumen und mit dem freien Platz vor der Innenseite des Tores (dieser ist mit *r*^{e}*ḥob šaʿar haʿīr* II Chr 32 6 gemeint) war in der sonst so engen Stadt der vorhellenistischen Zeit der einzige größere freie Raum, auf dem die Stadtbewohner sich versammeln konnten; darum spielte sich hier das öffentliche Leben der Stadt ab. „Im Tore" fand der Markt statt (II Kön 7 1); „im Tore" fand vor allem unter der Leitung der „Ältesten" der Stadt die öffentliche Gerichtsverhandlung statt (daher der Ausdruck „im Tore richten" Am 5 10. 12. 15; vgl. auch Dtn 21 19 25 7 u. a.).

4. Die mittel- und spätbronzezeitlichen festen Städte waren alle Dynastensitze, d. h. Residenzen von kleinen, unbeschadet der Anerkennung der Oberhoheit irgendeines Großkönigs im wesentlichen selbständigen Herrengeschlechtern (zur Entstehung und Form dieses Herrschaftssystems vgl. Alt, Die Landnahme der Israeliten in Palästina [1925] S. 6ff. = Kleine Schriften zur Geschichte des Volkes Israel I [^{2}1959] S. 94ff.). Daher bargen sie in ihrer Mitte in der Regel eine Burg für den Dynasten, eine Art Akropolis, die man hebräisch *migdāl* (Grundbedeutung „Festung") nennen konnte. Dieser *migdāl* diente gegebenenfalls, wenn die übrige Stadt bereits von einem Feinde eingenommen war, als letzte Zuflucht, die noch verteidigt werden konnte (vgl. Ri 9 46ff. [Sichem]; 51ff. [Thebez]). In der Eisenzeit kam, nachdem die kanaanäischen Stadtherrschaften verschwunden waren, die Anlage einer be-

sonderen Akropolis im wesentlichen für die königlichen Residenzen in Frage. So hat die Ausgrabung auf dem *tell el-fūl* (Gibea Sauls) auf dem Gipfel des Hügels in der 2. Schicht eine kleine, sorgfältig errichtete Burg freigelegt, die offenbar die Residenz des Königs Sauls gewesen war (vgl. oben S. 119f.; der Grundriß dieser Burg auch bei GALLING, BRL Sp. 191). Die israelitische Königsstadt Samaria hat eine durch eine gut gebaute Umfassungsmauer (s. o. S. 121) eingeschlossene Akropolis auf dem höchsten Punkt des Stadthügels besessen (vgl. GALLING, ZDPV 59 [1936] S. 244ff. Abb. 16). In Jerusalem hingegen erwies sich, als Salomo daran ging, sich eine glänzende Residenz als Mittelpunkt des großen davidisch-salomonischen Reiches aufzubauen, der Raum in der alten Jebusiterstadt (s. o. S. 134) als dafür zu eng; und so hat Salomo außerhalb der alten „Davidsstadt" (vgl. II Sam 5 9) seine Akropolis erbaut, und zwar auf der das alte Jerusalem auf der Nordseite überragenden Bergkuppe (an der wohl von Hause aus der Name „Zion" haftete). Hier war die Stätte des alten Heiligtums der Stadt Jerusalem; und hier hat Salomo seine Palastbauten errichten lassen, in deren Rahmen auch der Tempel von Jerusalem gehörte (vgl. I Kön 6 und 7 und zur Baugeschichte von Jerusalem GALLING, ZDPV 54 [1931] S. 85—90. Taf. 6). Zu den baugeschichtlichen Vorgängen in den Königsstädten in Israel vgl. A. ALT, Archäologische Fragen zur Baugeschichte von Jerusalem und Samaria in der israelitischen Königszeit (Wiss. Zeitschr. der Ernst-Moritz-Arndt-Univ. Greifswald. Gesellsch.-sprachwiss. Reihe Nr. 1 Jahrgang V [1955/56] S. 33—42 = Kleine Schriften zur Geschichte des Volkes Israel III [1959] S. 303—325).

5. Die gewöhnlichen Häuser der Städte waren im allgemeinen Lehmziegelbauten, die meist über einem niedrigen Fundament von Bruchsteinen errichtet waren. Sie sind daher verschwunden, und nur ihr Grundriß ist noch an den liegengebliebenen und von Schutt überdeckten Steinfundamenten erkennbar. Es handelt sich in der Eisen- wie schon in der Bronzezeit um den sog. Hofhaustyp, d. h. um einen engen Hof sind im allgemeinen auf drei oder auch nur zwei Seiten ziemlich regellos einzelne Räume gelagert (vgl. die Grundrisse bei GALLING, BRL Sp. 269f.). Für die Geschichte der Hausanlage zwischen Mittelbronze und Eisen II ist die Grabung auf dem *tell bēt mirsim* mit ihren genauen Schichtenbeobachtungen sehr ergiebig gewesen (vgl. dazu ALBRIGHT, AASOR 17 [1938] S. 22f. 32f. 39f. 63f. mit den zahlreichen Abbildungen auf Pl. 9—15. 18 und AASOR 21/22 [1943] S. 19ff. 49ff. mit den Plänen und Abbildungen auf Pl. 2. 3. 5. 6. 7. 11a. 45). Auch die Ausgrabung auf dem *tell el-fār'a* hat einige schöne Grundrisse eisenzeitlicher Hausanlagen geliefert (vgl. R. DE VAUX, RB 62 [1955] Pl. VI, auch U. JOCHIMS, ZDPV 76 [1960] S. 86ff. Abb. 4. 5). Die Häuser hatten flache Dächer, die getragen wurden von Holzbalken, die in Abständen parallel über die einzelnen Räume gelegt waren und ihrerseits mit Reisigbündeln oder kleineren Holzplatten bedeckt wurden, auf die schließlich eine Lehmdecke kam, die das Ganze wasserdicht abschloß (vgl. das in *tell bēt*

mirsim gefundene Stück eines heruntergefallenen solchen Daches, AASOR 17 [1938] Pl. 18b und dazu im Text S. 64)[1]. Das Dach war, vermutlich durch eine außen angelegte Holzstiege, betretbar; auf dem Dache konnte man sich aufhalten (Jes 22 1), dort breitete man Flachs zum Trocknen aus (Jos 2 6), dort schlief man gewiß auch gern in der heißen Jahreszeit, wie man es im Lande heute noch tut. Das Dach konnte ein Obergemach (hebr. *'ᵃlijja*) tragen, vermutlich in einer Ecke des Daches mit Lehmwänden (vgl. *'ᵃlijjat ḳīr* II Kön 4 10) und Reisigbündeln aufgerichtet; II Kön 4 10 wird das Inventar eines solchen Obergemachs (Lagerstätte, Tisch, Stuhl, Lampe), das in diesem Falle als „Gastzimmer" dient, beschrieben. Die Stärke der Hausfundamente läßt gelegentlich darauf schließen, daß ein ganzes Obergeschoß vorhanden war. — Manche Räume hatten auf der dem Hof zugekehrten Seite statt einer durchgehenden Wand nur eine Reihe von Pfeilern, deren Basen oder auch unteren (steinernen) Teile erhalten sind; das waren also offene Hallen (vgl. z. B. AASOR 21/22 [1943] Pl. 45). Unter spätbronzezeitlichen Häusern in Bethel (vgl. Albright, BASOR 56 [1934] S. 7 und Fig. 3. 5) und *tell bēt mirsim* (vgl. AASOR 17 [1938] Pl. 12) haben sich durch Steinsetzungen gebildete Entwässerungskanäle gefunden; ob solche in der Eisenzeit noch üblich waren, wissen wir bis jetzt nicht.

Innerhalb des Stadtgebietes waren in der altorientalischen Zeit die Häuser ganz regellos angeordnet; durchlaufende Straßenzüge gab es kaum, eigentlich überhaupt nicht Straßen, sondern nur jeweils schmale Zwischenräume zwischen den einzelnen Hausanlagen. Da diese aber nicht immer einen genau rechteckigen Grundriß hatten, ergab sich lediglich ein unregelmäßiges Gewirr von kleinen Gäßchen. Erst die hellenistische Zeit hat systematische Stadtanlagen geschaffen nach dem von dem Städtebauer Hippodamos von Milet eingeführten System, das eine durch die Mitte der Stadt von Tor zu Tor laufende Durchgangsstraße und zu beiden Seiten die Anordnung der Häuser in rechteckigen Blöcken (*insulae*) und damit wieder gerade verlaufende Seiten- und Nebenstraßen und ungefähr in der Mitte des Ganzen einen großen Marktplatz kannte. Ungefähr tritt dieses System in Palästina in der hellenistischen Stadtanlage von Marissa (*tell sandaḥanne*) in Erscheinung (vgl. den Stadtplan bei Watzinger, Denkmäler II Abb. 22 und im übrigen oben S. 122). Die römischen Städte des Landes waren dann in der damals üblichen

---

1 Dem altorientalischen Haus sind vergleichbar die heutigen Lehmziegelhäuser im südlichen Teil der palästinischen Küstenebene; sie weisen dieselbe Dachkonstruktion auf, wie sie durch den Ausgrabungsbefund von *tell bēt mirsim* für das Altertum belegt ist. Das in den anderen Teilen Palästinas heute übliche Haus läßt sich schon deswegen nicht mit den antiken Häusern vergleichen, weil es ganz in Stein aufgeführt zu sein und ein gewölbtes Dach zu haben pflegt (vgl. zu den modernen Hausformen K. Jäger. Das Bauernhaus in Palästina [1912] und vor allem T. Canaan, The Palestinian Arab House in JPOS 12 [1932] S. 223—247; 13 [1933] S. 1—83 und G. Dalman, Arbeit und Sitte in Palästina VII [1942] S. 1ff., alle mit zahlreichen Abbildungen).

Form mit senkrecht zueinander liegenden Hauptstraßen angelegt (vgl. etwa den Plan von Gerasa bei WATZINGER a. a. O. Abb. 34).

6. Eine lebenswichtige Frage für die Städte war die der Wasserversorgung. Die Städte haben daher seit alters die Lage in der Nähe einer Quelle bevorzugt[1]. Durch die Abhängigkeit von Quellen war freilich die Ansiedlungsmöglichkeit im Lande stark eingeschränkt. Diese Abhängigkeit wurde erst gelockert durch die Erfindung der Zisterne (hebr. *bōr*), die nachweislich jedenfalls bereits gegen Ende der Kupfersteinzeit erfolgt war (vgl. M. DOTHAN, IEJ 7 [1957] S. 220. 226f.; 9 [1959] S. 17). Die Zisterne, vorzugsweise innerhalb des Stadtgebiets, aber für das Tränken des Viehs u. dgl. auch in der Landschaft angelegt, war eine im natürlichen Felsen ausgehauene, in der Regel birnenförmige Grube, deren Wände von der Bronzezeit an im Interesse der Wasserundurchlässigkeit mit Mörtel verputzt waren; in sie wurde in der winterlichen Regenzeit vermutlich durch Zuführungskanäle von den Hausdächern und den „Straßen" bzw. vom umgebenden Gelände her das Wasser geleitet und darin aufgespeichert, um in der Trockenzeit daraus geschöpft zu werden. Natürlich war frisches Quellwasser (hebr. *majim ḥajjīm* „lebendiges Wasser") dem lange stehenden Zisternenwasser vorzuziehen (vgl. Jer 2 13 Joh 4 10ff. in bildlicher Verwendung); aber ausreichende Versorgung mit Zisternenwasser konnte immerhin eine Quelle entbehrlich machen.

Eine Stadt, die im glücklichen Besitz einer Quelle war und dann auch kaum oder nur wenige Zisternen hatte, konnte doch nur in friedlichen Zeiten sich dieses Besitzes freuen. Denn in der Regel lag die Quelle außerhalb der Ringmauer der Stadt; auf einer Bergkuppe, wo aus Gründen der Verteidigungsfähigkeit die Stadt angelegt war, pflegt eine Quelle nicht zu entspringen, sondern im günstigen Falle lag sie unten unmittelbar am Fuß des Stadthügels. Im Falle einer Belagerung war die Quelle unzugänglich; denn der belagernde Feind wird in erster Linie dafür gesorgt haben, daß die Bewohner nicht an ihre außerhalb der Stadt gelegene Trinkwasserquelle gelangen konnten. Darum hat man schon in der Bronzezeit — vermutlich in der mittleren oder späten — damit begonnen, unterirdische Schächte und Gänge durch den gewachsenen Felsen anzulegen, um von der Stadt aus unbehelligt durch den draußen stehenden Feind an das Wasser der Stadtquelle zu gelangen. In Jerusalem liegt die Stadtquelle (im Alten Testament *giḫon* [I Kön 1 33. 38. 45 u. ö.], heute *'ēn umm ed-deredsch* „Treppenquelle" oder bei den Christen *'ēn sitt marjam* „Marienquelle" genannt) auf der Ostseite am Fuße des alten Stadthügels im Kidrontale. Schon WARREN (s. o. S. 123) hat einen Schacht entdeckt, der von der Stadt aus zu dieser Quelle führen sollte.

---

[1] Als Ersatz für eine Quelle kam der Grundwasserbrunnen (hebr. *b^e'er*) in Frage, ein gegrabener Schacht, der bis zum Grundwasser hinunterführte, das so geschöpft werden konnte; aber auch das Grundwasser ist ja nur stellenweise in verhältnismäßig geringer Tiefe zu erreichen.

Der Engländer Parker hat ihn 1909/10 genauer untersucht, und danach hat H. Vincent den Tatbestand publiziert (Jérusalem antique [1912] S. 150ff. mit Fig. 28—35 und Pl. XVI. XVII, auch Vincent-Steve, Jérusalem de l'Ancient Testament I [1954] S. 264ff. mit Pl. LXII; vgl. auch Dalman, PJB 14 [1918] S. 47ff. und Taf. 2, danach AOB² Nr. 627). Dieser Schacht beginnt vielleicht nicht innerhalb der alten Stadtmauer des bronzezeitlichen Jerusalem, sondern etwa auf halber Höhe der Ostseite des Stadthügels, wohl weil man sonst den Schacht zu tief hätte führen müssen, um bis auf das Niveau der Quelle hinunterzugelangen, weil andrerseits ein Zugang auf halber Höhe vom Feinde nicht so leicht besetzt werden konnte. Von diesem Zugang führt ein Schacht senkrecht abwärts, ohne das Wasser zu erreichen. Man hat also diesen ersten Versuch nachträglich aufgegeben und von dem Zugang aus daraufhin einen unter der Oberfläche hin abwärts führenden Treppengang in den Felsen gehauen und ist dann abermals in einem Schacht senkrecht in die Tiefe gegangen und hat hier tatsächlich das Niveau der Quelle erreicht in einem von der Quellhöhle aus ein Stück nach innen geführten Quellgang. Im Falle einer Belagerung wurde der gewöhnliche Abfluß der Quelle nach außen verstopft, so daß das Quellwasser in diesem Quellgang sich staute und von dem unteren Ende des Treppengangs aus durch den senkrechten Schacht mit in die Tiefe hinabgelassenen Gefäßen geschöpft werden konnte[1]. — Eine ähnliche Anlage hat sich auf *tell dschezer* (Geser) gefunden (vgl. AOB² Nr. 635); hier führt unmittelbar von der Höhe des Stadthügels aus ein unterirdisch abwärts gehender Treppengang zu dem Quellbassin selbst, so daß man nicht wie in Jerusalem durch einen Schacht zu schöpfen brauchte, sondern das Wasser unmittelbar dem Quellbassin entnehmen konnte. Die Quelle entspringt am Fuße des Stadthügels am inneren Ende einer natürlichen Höhle, deren äußerer Eingang bei Belagerungen natürlich verschlossen wurde. Auch diese Anlage gehört noch in die Bronzezeit. Einen ähnlichen bronzezeitlichen Treppengang vom Stadthügel hinab zur Quelle hat auch das alte Jibleam (Ri 1 27 u. ö.) auf der heutigen *chirbet bel'ame* (1,5 km südlich *dschenīn* an der Südspitze der Jesreel-Ebene) gehabt (vgl. Schumacher, PEF Qu. St. 1910 S. 107ff. sowie die Abbildung bei Vincent a. a. O. Fig. 37). — Ein sehr großes Werk war der Wassertunnel von Megiddo, der in der Spätbronzezeit angelegt worden ist (vgl. die Publikation von R. S. Lamon, The Megiddo water system [OIP 32] 1935 sowie den Bericht von Galling, ZDPV 59 [1936] S. 232ff. mit Abb. 10). Um das Wasser einer Quelle am Südwestfuß des Stadthügels, die anfangs nur durch eine Reihe von Treppenstufen von außen her unmittelbar zugänglich gewesen war, von innen her unmittelbar erreichbar zu machen, hat man innerhalb der Stadtmauer zunächst einen mächtigen senkrechten Schacht in die

[1] Ob sich auf diese Anlage in irgendeiner Weise der in dem sehr dunklen Vers II Sam 5 8 erwähnte *ṣinnōr* bezieht, der bei der Eroberung der Jebusiterstadt Jerusalem durch David eine Rolle gespielt hat, ist öfter erwogen worden, bleibt aber zweifelhaft und umstritten.

Tiefe geführt, in den man auf an den Rändern herumgeführten Treppen hinabsteigen konnte; an ihn schloß sich unten ein schräg abwärts führender Treppengang an, der schließlich in einen zur Quelle hinführenden horizontalen Tunnel überging. Man hat nachträglich in der Eisenzeit die Sohle dieses Tunnels tiefer gelegt, um das Wasser, dessen Abfluß nach außen gesperrt war, in den Tunnel einfließen zu lassen, und hat damit begonnen, statt der Treppe den Tunnel nach innen und den senkrechten Schacht nach unten bis zu ihrem gegenseitigen Schnittpunkt zu verlängern, um direkt von oben her das Wasser schöpfen zu können; doch ist diese Veränderung der Anlage niemals zum Abschluß gebracht worden. Man hat es sich also schon in der Bronzezeit ungeheure Anstrengungen kosten lassen, um durch erstaunliche Anlagen die Wasserversorgung für den Belagerungsfall zu sichern.

In der Eisenzeit hat man die alten Anlagen natürlich nach Möglichkeit weiter benutzt, andrerseits aber auch nach Bedarf neue Einrichtungen ähnlicher Art geschaffen. Die nach II Chr 11 6 von Rehabeam zur Festung ausgebaute Stadt Etam südlich von Bethlehem (heute *chirbet wādi el-chōch*) besaß zwar in ihrer Nachbarschaft schöne und reiche Quellen[1], aber für den Fall einer Belagerung wurde doch vom Stadthügel aus ein unterirdischer Treppengang zu einer am Westfuße des Stadthügels in einer Höhle entspringenden schwachen Quelle angelegt (vgl. Dalman, PJB 10 [1914] S. 19; Kraus, ZDPV 72 [1956] S. 153f.). In Lachis (heute *tell ed-duwēr*), das eine der wichtigsten Festungen des Staates Juda war (vgl. schon II Chr 11 9), wurde im 7. Jahrh. eine Anlage begonnen, die anscheinend der besprochenen großen spätbronzezeitlichen Anlage von Megiddo ähnlich werden sollte; sie ist aber nicht vollendet worden. Nur der im Südostteil des Stadtgebiets senkrecht in die Tiefe führende Schacht von sehr großen Ausmaßen ist angelegt worden. Dann wurde die Arbeit abgebrochen[2] (vgl. Lachish III [1953] S. 158 bis 163 mit Pl. 25. 26). — In diesen Zusammenhang gehören die Wasserversorgungseinrichtungen auf dem Ruinenhügel von *ed-dschīb*; es handelt sich einmal um einen inmitten des alten Stadtgebiets in den gewachsenen Felsen eingearbeiteten, tiefen Schacht, ziemlich kreisrund mit reichlich 10 m Durchmesser, mit einer am Rande spiralförmig hinunterführenden Treppe, von dessen Boden aus man in eine Nebenkammer mit Grundwasser gelangen konnte, sodann um einen noch innerhalb der Stadtmauer beginnenden und mit Treppen schräg nach unten führenden Tunnel, der in der Quellhöhle der am Fuß des Stadthügels entspringenden Quelle endet, die in normalen Zeiten gewiß von außen erreicht zu werden pflegte, im Falle eines feindlichen Angriffs aber nach außen versperrt wurde und durch den Tunnel zugänglich war (vgl. J. B. Pritchard,

[1] An einer dieser Quellen, *ʿēn ʿaṭān*, haftet noch heute der antike Name der Stadt.

[2] Vielleicht war auch nur ein großes Wasserreservoir, eine monumentale Zisterne, beabsichtigt.

BA 19 [1956] S. 66—74, und vor allem — mit sehr zahlreichen Abbildungen und Plänen — University Museum Bulletin [Philadelphia] 21, 1 [1957] S. 8—21; 22, 2 [1958] S. 12. 18f. 21—24). — Die mit Recht berühmteste dieser eisenzeitlichen Wasserversorgungsanlagen aber ist der sog. Siloahkanal in Jerusalem[1], dessen Herstellung man nach II Chr 32 30 dem judäischen König Hiskia am Ende des 8. Jahrh.s zuschreiben darf. Da der bronzezeitliche Schacht (s. o. S. 141f.) insofern nicht ganz genügte, als auch er wohl nur von außerhalb der Stadtmauer zugänglich war, hat Hiskia das Wasser der Stadtquelle durch einen unter dem ganzen Stadthügel hinwegführenden Kanal ableiten lassen, dessen Endpunkt zwar auch außerhalb der alten Stadtmauer lag, aber an einer Stelle, die verhältnismäßig leicht verteidigt werden konnte, weil sie in dem engen Tale auf der Westseite des alten Jerusalem lag, dessen Ausgang in das Kidrontal nunmehr durch eine starke Sperrmauer geschützt wurde (vgl. die Pläne bei Dalman, PJB 14 [1918] Taf. 2. 3, danach AOB² Nr. 626. 627; vor allem die ausführliche Beschreibung und zahlreichen Abbildungen und genauen Pläne bei Vincent-Steve, Jérusalem de l'Ancient Testament I [1954] S. 269—279. Pl. LXII—LXVII). Dieser unterirdische Kanal setzt an dem bronzezeitlichen Quellgange (s. o. S. 142) an und führt in einer Länge von 512,5 m nicht gerade, sondern sonderbarerweise erst westwärts, dann südostwärts und schließlich wieder westwärts, also in S-Form, zu seinem Ziel am Südwestfuße des Stadthügels in dem oben genannten Tale und endet in einem Teich, der Neh 3 15 *b^erekat haš-šālaḥ* („Wasserleitungsteich") und Joh 9 7 κολυμβήθρα τοῦ Σιλωάμ[2] genannt wird. Der Kanal hat ein Gesamtgefälle von reichlich 2 m, ist etwa 60 cm breit und bis zu 1,45 m hoch. Er wurde trotz seines komplizierten Verlaufs von beiden Enden her begonnen und sein Weg erstaunlicherweise so gut berechnet, daß man in der Mitte schließlich fast ganz richtig zusammentraf. Diese Tatsache der gleichzeitigen Arbeit von beiden Enden her zeigen die Bearbeitungsspuren im Kanal selbst (Richtung der Spitzhackenschläge); außerdem belehrt uns darüber die nahe dem unteren Ende in die Kanalwand eingeritzt gewesene „Siloahinschrift"

[1] Wir übergehen hier die beiden Kanäle, die das Wasser der Quelle von Jerusalem am Ostfuße des Hügels entlang südwärts leiteten, den 1902 von Masterman entdeckten Kanal, der wahrscheinlich noch aus der Bronzezeit stammt, und den wahrscheinlich aus der judäischen Königszeit stammenden, 1886 von Schick entdeckten etwas höher liegenden parallel laufenden Kanal; sie dienten wohl nur dazu, das Quellwasser in die im Kidrontal unterhalb von Jerusalem liegenden Gärten, den „Königsgarten" von II Kön 25 4 Jer 39 4 Neh 3 15, zu leiten (im einzelnen vgl. dazu Dalman, PJB 14 [1918] S. 47ff. und den Plan AOB² Nr. 627).

[2] Der scheinbare Name „Siloah" (zuerst Jes 8 6 [mit Artikel] mit Bezug wahrscheinlich auf einen der in der vorigen Anmerkung genannten Kanäle, dann mit Bezug auf den Hiskiakanal und seine Anlagen in griechischer Transskription bei Josephus, im Neuen Testament u. a.) ist einfach das Wort *šālaḥ* = „Wasserleitung", mit einer sekundären Vokalisation etwa nach dem Namen *giḥon* (s. o. S. 141).

(vgl. u. S. 196), die 1880 an Ort und Stelle gefunden wurde und sich jetzt im Museum in Konstantinopel befindet.

§ 19. Das häusliche Leben

Das bedürfnislose Leben der einfachen Leute in altorientalischer Zeit kam mit einem Minimum an Hausrat aus; nur Könige und Vornehme besaßen reichere Hauseinrichtungen. Während jene gewiß in der noch heute im vorderen Orient üblichen hockenden Stellung zu sitzen und ihre Mahlzeiten einzunehmen pflegten und die Nacht auf Fellen oder Decken oder auch einfach in den Mantel gehüllt (vgl. Ex 22 26f.) zubrachten, kannte man in Palästen und „besseren" Häusern Stuhl, Tisch und Bett. Im allgemeinen wissen wir das für die biblische Zeit allerdings nur aus der literarischen Überlieferung (vgl. II Kön 4 10 [s. o. S. 140] und im übrigen Galling, BRL Sp. 108ff. 520ff.). Immerhin hat man in einem eisenzeitlichen Grab von *tell el-fāre'* gegossene Bronzeteile gefunden, die die Fuß- und Eckstücke für Holzgestelle bildeten, die ihrerseits ein Bett und wahrscheinlich einen Stuhl darstellten und zu diesem Zwecke mit Stoff überspannt gedacht werden müssen (vgl. Watzinger, Denkmäler I S. 110 und Abb. 44 [Rekonstruktion des Bettgestells]). Danach wird man sich Betten und Stühle im allgemeinen vorstellen müssen. Die höchste Entwicklung des Stuhles war der königliche Thron, auf dem der König bei seinem öffentlichen Erscheinen Platz zu nehmen pflegte. I Kön 10 18-20 wird der prunkvolle Thron Salomos beschrieben, den man sich etwa nach Analogie des auf dem ungefähr gleichzeitigen Ahiram-Sarkophag von Byblos (vgl. AOB² Nr. 666) abgebildeten Königsthrones und des Königsthrones auf dem etwas älteren Elfenbein von Megiddo (vgl. AfO 12 [1938/39] S. 181 Abb. 26; IEJ 9 [1959] Pl. 10 B. C) wird denken dürfen, wie denn alle diese Dinge in der Eisenzeit gewiß aus der kanaanäischen Stadtkultur Syriens und Palästinas stammen. Vom gewöhnlichen hockerartigen Stuhl unterschied sich der Thron außer durch seine massive und prächtige Ausführung und Ausstattung mit allerlei Darstellungen mythischer Gestalten vor allem durch das Vorhandensein von Rücken- und Seitenlehnen. Der salomonische Thron bestand wohl aus Holz, das mit Elfenbeinplatten verziert und mit Plattgold belegt war. Zum Stuhl und vor allem zum Thron gehörte noch der Fußschemel (hebr. *hadom*, im Alten Testament wiederholt in bildlicher Verwendung, vor allem Ps 110 1). — Außer den genannten Dingen rechnet II Kön 4 10 zum Inventar eines wohl eingerichteten Hauses noch die Lampe. Lampen, die an allen Ausgrabungsplätzen in großer Zahl gefunden werden, sind wenigstens seit der Mittelbronzezeit belegt. Es sind einfache kleine flache Tonschalen, in die man das Öl als Brennstoff goß und deren Rand an einer Stelle leicht eingekniffen war, um den über den Rand hängenden Docht festzulegen; die Entwicklung der Lampe ging dahin, daß der Einkniff immer ausgeprägter wurde, bis schließlich in der hellenistisch-römisch-byzantinischen

Zeit die flache Tonschale zu einem auch oben geschlossenen flachen Gefäß mit einem Eingußloch in der Mitte wurde und für den Docht einen seitlichen Fortsatz mit besonderem Dochtloch erhielt (vgl. die Abbildungen bei GALLING, BRL Sp. 347f. und weitere Einzelheiten bei GALLING, Die Beleuchtungsgeräte im israelitisch-jüdischen Kulturgebiet, ZDPV 46 [1923] S. 1—50. Taf. 1—4 sowie — speziell für die römisch-byzantinische Zeit — bei D. C. BARAMKI in BASOR Supplementary Studies 15/16 [1953] S. 31—55).

Zu jedem Hause gehörte ein Herd; er befand sich in der Regel in einer Ecke eines Raumes und bestand aus einer flachen Grube, um deren Rand im Kreise Steine gesetzt waren. In der Grube wurde das Holzfeuer entzündet, und auf den Steinrand wurden die Kochtöpfe gestellt. Trotz der Vergänglichkeit dieser Anlage wird sie bei Ausgrabungen noch vielfach gefunden; vgl. für die bronze- und eisenzeitlichen Schichten von *tell bēt mirsim* AASOR 17 (1938) Pl. 49—52 und AASOR 21/22 (1943) Pl. 2. 6 (Grundrisse) und für die spätbronzezeitlichen und eisenzeitlichen Schichten von Megiddo Tell el-Mutesellim I (1908) Taf. XII. XVI. Zum Backen des Brotes, das, wie noch heute, gewiß regelmäßig im Hause selbst geschah, hatte man einfache Backöfen, die im Hofe des Hauses oder auch draußen vor dem Hause standen. Der eigentliche Backofen bestand entsprechend dem heutigen *tannūr*[1] (dazu vgl. DALMAN, Arbeit und Sitte in Palästina IV [1935] S. 88ff.) aus einer kreisrunden, mit Steinen ausgesetzten Grube, über die ein nach oben sich verjüngender und oben offener Tonzylinder gesetzt war. In der Grube wurde das Feuer gemacht, und die Teigfladen wurden innen an die Wand des Tonzylinders geklebt und so zu meist wohl kreisrunden flachen Brotkuchen gebacken. Ob die an den Königshöfen (vgl. für Ägypten Gen 40 1ff., für Palästina I Sam 8 13) und in größeren Städten (vgl. die „Bäckerstraße" in Jerusalem Jer 37 21, außerdem Hos 7 4. 6) vorhandenen berufsmäßigen Bäcker bzw. Bäckerinnen (hebr. *'ophä*) kompliziertere Formen des Backofens und verfeinerte Arten des Backens kannten, wissen wir nicht. Der *tannūr* ist archäologisch für die Eisenzeit aus Megiddo bekannt (vgl. Tell el-Mutesellim I [1908] Taf. XL c) in einer der heutigen (vgl. dazu DALMAN a. a. O. Abb. 17—23) ganz gleichen Form. Nach Ausweis von Funden in Megiddo (Tell el-Mutesellim I Taf. XXII B b) und Thaanach kannte die Eisenzeit auch ein ganz einfaches Backgerät in Form einer leicht gewölbten Tonplatte, die mit der Wölbung nach oben auf einige Steine gesetzt wurde und auf deren konvexe Oberseite die Teigfladen geklebt wurden, während unter ihr das Feuer brannte. Sie entspricht dem heute bei den Beduinen üblichen *ṣādsch*, der jetzt allerdings nicht mehr aus Ton, sondern aus Eisen zu bestehen pflegt (vgl. DALMAN a. a. O. S. 39ff. Abb. 9—12). — Die antiken Häuser besaßen vielfach auch Getreidespeicher in der Form größerer kreisrunder Steinaufbauten,

[1] Das Wort *tannūr* ist schon im Alten Testament die übliche Bezeichnung für den Backofen (vgl. Hos 7 4. 6. 7 u. ö.).

die etwa ursprünglich ein hochgewölbtes kegelartiges Lehmdach trugen wie die ägyptischen Getreidespeicher (vgl. AOB² Nr. 177). Sie werden meist in den Höfen der Häuser gestanden haben. Der Steinunterbau ist bei Ausgrabungen vielfach an das Licht gekommen (vgl. AASOR 17 [1938] Pl. 18a und die Grundrisse Pl. 49—52 für *tell bēt mirsim*).

Zum Hausrat gehörte sodann vor allem der Bestand an notwendigen Tongefäßen zum Aufbewahren von Flüssigkeiten und sonstigen Vorräten, zum Trinken und Kochen. Daß die von allen alten Siedlungen in Mengen zurückgebliebenen Tonscherben archäologisch besonders für Datierungsfragen von großer Wichtigkeit sind, darüber ist oben S. 97. 110. 126 schon gesprochen worden. Eine Zusammenstellung der verschiedenen Arten von Tongefäßen und eine Übersicht über deren Entwicklung von der Mittelbronzezeit bis zur römisch-hellenistischen Epoche findet sich bei GALLING, BRL Sp. 314ff. (mit zahlreichen Abbildungen). Neben der gewöhnlichen Gebrauchsware gab es natürlich Prunkstücke, die durch Bemalung und Formung sich auszeichneten. Während der ganzen Bronzezeit hat man daneben in reichen Häusern in der Regel aus Ägypten importierte Alabastergefäße, besonders für Salben, Schminke u. dgl., gehabt (vgl. GALLING a. a. O. Sp. 7ff. [mit Abbildungen]). Aus Ägypten stammt auch die Kunst der Fayenceherstellung (vgl. GALLING a. a. O. Sp. 154ff. [mit Abbildungen]). Fayencegefäße als Prunkstücke kannte man in der mittleren, auch der späten Bronzezeit in Palästina, und sodann ist aus einer früheisenzeitlichen Schicht von Megiddo eine Reihe von Fayencegefäßen, teilweise in Tierform, bekannt (vgl. WATZINGER, Tell el-Mutesellim II [1929] S. 31ff. [mit Abbildungen]). Ebenfalls aus Ägypten kommt der Glasguß; gläserne Perlen u. dgl. wurden in der Bronze- und Eisenzeit aus Ägypten importiert. Erst in der römischen Zeit wurde die Glasbläserei bekannt und besonders in Phönikien betrieben. Glasgefäße sind vielfach in Gräbern der römischen Zeit gefunden worden (vgl. im übrigen GALLING a. a. O. Sp. 198ff.).

Zum Mahlen der aufgespeicherten Getreidekörner für das häusliche Brotbacken hatte man Handmühlen (vgl. GALLING a. a. O. Sp. 386ff. [mit Abbildungen], dazu das modern palästinische Vergleichsmaterial bei DALMAN, Arbeit und Sitte in Palästina III [1933] S. 207ff. Abb. 43ff.). Die einfachste Form bestand aus einem flachen großen Unterstein (hebr. *pälaḥ taḥtīt*) und einem brotlaibförmigen Oberstein (hebr. *pälaḥ räkäb* [z. B. Ri 9 53]), der auf jenem hin und her gerieben wurde; zwischen beiden wurden die Körner zermahlen (antike Obersteine abgebildet bei DALMAN a. a. O. Abb. 43; außerdem vgl. Tell el-Mutesellim I [1908] Abb. 80. 81). Für die Eisenzeit ist der Oberstein auch in der Form eines steinernen Rahmens archäologisch belegt, in dessen Öffnung die Körner geschüttet wurden, um dann unter dem Rahmen zerrieben zu werden (vgl. GALLING a. a. O. Sp. 387 Abb. 4). Dieselben Dienste konnte auch ein kleiner steinerner Mörser mit einem zugehörigen steinernen Stößel leisten (antike Stücke dieser Art bei DALMAN a. a. O. Abb. 44). Erst aus römischer Zeit stammen die vielfach gefundenen größeren steinernen

Drehmühlen, bei denen der oben mit einer Trichteröffnung versehene Oberstein sich um einen konischen Zapfen des Untersteines drehte und bei der Drehung die Körner zwischen beiden zermahlen wurden (vgl. DALMAN a. a. O. Abb. 52. 53). Kleinere rotierende steinerne Handmühlen von der Art der heute im Lande üblichen (vgl. dazu DALMAN a. a. O. Abb. 47—51) gehen wahrscheinlich ebenfalls bis auf die römische Zeit zurück (vgl. DALMAN a. a. O. S. 225 ff.).

Je nach den Verhältnissen gehörte zum Haus und zum täglichen Leben auch schon in alter Zeit der Schmuck. Schon seit der kupfersteinzeitlichen „Beerseba-Kultur" (vgl. o. S. 117) ist durch die Ausgrabungen das Elfenbein bezeugt in mancherlei Verwendung und mit mehr oder weniger kunstvollen Verzierungen, zur Herstellung von Nadeln zum Zusammenstecken von Gewandstücken, von Spachteln zum Gebrauch für das Salbenmischen u. dgl., von Kämmen usw. Seit der Spätbronzezeit dienten reliefierte Elfenbeinplatten zur Verzierung von hölzernen Möbelstücken, Stühlen, Betten, Kästen u. ä. Diesen Brauch hat die Eisenzeit übernommen. Wenn nach I Kön 22 39 Ahab (gewiß in Samaria) ein „Elfenbeinhaus" baute und wenn Amos (3 15) von „Elfenbeinhäusern" (wahrscheinlich wieder mit Bezug auf Samaria) spricht, so ist bei diesem Ausdruck die kostbare Ausstattung des Hausmobiliars in das Auge gefaßt. Bei den neueren Ausgrabungen in Samaria sind in der Tat zahlreiche, in ägyptisierendem Stil reliefierte Elfenbeinplatten gefunden worden (vgl. CROWFOOT, Early Ivories from Samaria [1938]; außerdem WATZINGER, Denkmäler I Abb. 84, auch GALLING, BRL Sp. 142 ff. mit Abb.). Analoge Stücke sind aus dem assyrischen Königspalast in *Kalaḫ* (heute = *tell nimrūd*) und aus der mesopotamischen Stadt *Ḫadatu* (heute = *arslan taṣ*) bekannt; diese beiden letzteren Gruppen stellen syrische Beutestücke assyrischer Könige des 8. Jahrh.s dar. Verwandte Elfenbeinarbeiten haben sich auch in dem Palast des kanaanäischen Megiddo des 12. Jahrh.s gefunden (vgl. G. LOUD, The Megiddo Ivories [OIP 52] 1939). Die Elfenbeinkunst der Eisenzeit leitete sich also her von der durch Ägypten stark beeinflußten kanaanäisch-phönikischen Elfenbeinschnitzerei der Bronzezeit. Zum Ganzen der syrisch-palästinischen Elfenbeintechnik und Elfenbeinkunst der Bronze- und Eisenzeit vgl. R. D. BARNETT, A Catalogue of the Nimrud Ivories with other examples of Ancient Near Eastern Ivories in the British Museum (1957).

Der persönliche Schmuck bestand vor allem in Erzeugnissen der Metallkunst, mochte es sich dabei um Edelmetalle oder um Bronze und Eisen handeln. Hierher gehören der Halsschmuck (vgl. GALLING, BRL Sp. 257 ff. mit Abb.), Ohrringe (a. a. O. Sp. 398 ff. mit Abb.), Armringe (Sp. 30 ff. mit Abb.), Fußringe (Sp. 168), sowie Stirnbänder (Sp. 125 ff. mit Abb. s. v. Diadem). Zum Zusammenhalten von Gewandteilen dienten in der Bronzezeit metallene Nadeln (Sp. 394 ff. mit Abb.), die in der Eisenzeit mehr und mehr durch Fibeln (Sp. 165 ff. mit Abb.) abgelöst wurden. Ferner kannte man den Metallspiegel mit verziertem Griff (Sp. 493 f. mit Abb.). Der königliche Beamte und wohl auch sonst der vornehme Mann hatte in der Eisenzeit sein Namenssiegel, d. h. ein Stempelsiegel[1] aus Edelstein, Fayence oder Paste, das durchbohrt war, um an einer Schnur um den Hals getragen zu werden. Das Siegelbild enthielt den Namen und Vatersnamen des Besitzers, daneben vielfach eine bildliche Darstellung vorzugsweise ägyptisierenden Stils. Es sind viel eisenzeitliche Siegel in Palästina gefunden oder bei Ausgrabungen an das Licht gefördert worden (vgl. GALLING a. a. O. Sp. 481 ff. mit Abb. sowie GALLING, Beschriftete Bildsiegel des ersten Jahrtausends v. Chr. vornehmlich aus Syrien und Palästina [ZDPV 64 (1941) S. 121—202 mit Taf. 5—12] und A. REIFENBERG, Ancient Hebrew Seals [1950]). Vielfach haben diese Stempelsiegel die Form des in Ägypten seit alten Zeiten so beliebten Skarabäus, d. h. des großen Mistkäfers, der als glückbringend und unheilabwehrend galt und besonders in Syrien und Palästina mit hier oft unverstandenen Bildern und Hieroglyphen auch als Amulett gebraucht wurde. Skarabäen ägyptischer Arbeit oder einheimischer Nachahmung sind in Palästina vielfach gefunden worden (vgl. M. PIEPER, Die Bedeutung der Skarabäen für die palästinensische Altertumskunde, ZDPV 53 [1930] S. 185—199 + Taf. 9). Auch sonst hatte man allerlei auf abergläubischen Vorstellungen beruhende Amulette (vgl. GALLING a. a. O. Sp. 22 ff. mit Abb.). Als Amulette und Fruchtbarkeitszaubermittel zu betrachten sind doch wohl auch die kleinen Tonfiguren der nackten Muttergöttin (in Palästina im allgemeinen Astarte genannt), die zahlreich aus den bronze- und eisenzeitlichen Schichten palästinischer Städte an das Tageslicht gekommen sind und die in verschiedenen, festen Typen vorliegen (vgl. E. PILZ, Die weiblichen Gottheiten Kanaans, ZDPV 47 [1924] S. 129—168 + Taf. 1, und J. B. PRITCHARD, Palestinian Figurines in Relation to certain Goddesses known through Literature [1943]). Diese Amulette sind wohl bei den Frauen sehr beliebt gewesen.

§ 20. Das berufliche Leben

1. Der Hauptberuf im alten Palästina ist stets Viehwirtschaft und Ackerbau gewesen, die erstere bei den nicht ansässigen Nomaden, während die Halbnomaden und die seßhafte Bevölkerung in der Regel beides betrieben haben, nur in verschiedenem Verhältnis zueinander. Diese Tätigkeiten haben natürlich kaum archäologische Spuren hinterlassen. Gelegentlich hat man Beispiele der in der Eisenzeit üblich gewesenen eisernen langen, spitz zulaufenden und mit Tüllen zum Einstecken versehenen Pflugscharen gefunden (vgl. GALLING a. a. O. Sp. 427 ff.). Auch Beispiele der in der Eisenzeit gebrauchten eisernen Sicheln mit Griffansatz, mit denen das reife Getreide geschnitten zu werden pflegte, sind verschiedentlich an das Tageslicht gekommen (vgl. GALLING Sp. 475 f. mit Abb.). Als Tenne, auf der das geschnittene Getreide zusammengebracht wurde, wählte man einen ebenen Platz, der dem für

[1] Rollsiegel waren im Zweistromland üblich; in Syrien-Palästina kamen sie nur ausnahmsweise vor.

das Worfeln notwendigen Winde ausgesetzt war. Künstlicher Anlagen bedurfte es für die Tenne nicht. Daß das Dreschen mit Hilfe des Dreschwagens oder Dreschschlittens erfolgte, wissen wir aus der alttestamentlichen Überlieferung, die durch die gleichen noch heute im Lande üblichen Methoden des Dreschens beleuchtet wird (vgl. Dalman, Arbeit und Sitte in Palästina III [1933] S. 67ff. Abb. 16—24).

Zur Betätigung der angesessenen Bevölkerung hat in Palästina auch immer die Gartenkultur gehört, d. h. die Pflege des Feigenbaums, des Ölbaums und des Weinstocks und damit die Öl- und Weinbereitung. Zur Ölbereitung brauchte man Olivenpressen, in denen die reifen Oliven zerquetscht wurden, damit sie ihr Öl abgaben. Diesem Zwecke dienten vielfach ganz einfache Anlagen, Schalenvertiefungen im gewachsenen Felsen in der Nähe der Ölbaumgärten, über denen die in Körben gesammelten Oliven etwa mit schweren Steinen gepreßt wurden, so daß das herausfließende Öl sich in den Schalenvertiefungen sammelte (vgl. Dalman a. a. O. IV Abb. 48. 49). In den bronze- und eisenzeitlichen Städten kannte man Anlagen, die ein aus einem Steinblock ausgehauenes oder auch ein aufgemauertes Bassin zum Pressen der Oliven aufwiesen, das einen Abfluß in eine ebenfalls aus einem Steinblock ausgehauene Sammelkufe hatte; vgl. AOB² Nr. 659 (Thaanach); AASOR 17 (1938) S. 65 Pl. 19b und 21/22 (1943) Pl. 48a (*tell bēt mirsim*). Erst die hellenistische Zeit kannte Balkenpressen, bei denen die Hebelkraft eines an dem einen Ende in der Nische eines Steinpfeilers festgelegten und am anderen Ende mit Steinen beschwerten Balkens für das Pressen der Oliven ausgenutzt wurde (vgl. die Anlage von Geser AOB² Nr. 637 und Näheres bei Dalman a. a. O. S. 212ff. 223ff. Abb. 54—58. 65—67). Römisch erst sind die Pressen, die in dieser oder jener Form in einer Anlage im Freien (Pfeilerpresse) oder in der Hauswand (Kreuzpresse) ein Schraubengewinde zum Pressen benutzten (die Einzelheiten bei Dalman a. a. O. S. 216ff. 226 ff. Abb. 68—70) und von denen sich hier und da Spuren im Lande erhalten haben. Erst seit römischer Zeit nachweisbar sind auch die Olivenmühlen, bei denen über einem kreisrunden Unterstein eine um eine senkrechte Achse laufende steinerne Walze das Pressen besorgte; auch davon haben sich Reste im Lande erhalten (vgl. Dalman a. a. O. S. 202ff. Abb. 50—54. 64). — Ähnlich den einfachen Olivenpressen war die Einrichtung der Weinkelter (hebr. *jäkäb* bzw. *gat*). Das Keltern der Trauben geschah durch Treten (hebr. *drk*) mit den Füßen; daher hatte man im Alten Testament die Ausdrücke „Trauben treten" (Am 9 13) oder „die Kelter treten" (Hi 24 11 Neh 13 15 u. ö.). Die Kelteranlage befand sich im Weinberg oder in seiner Nähe (vgl. Jes 5 2); sie bestand aus einem in den natürlichen Felsen eingetieften, ausnahmsweise auch aufgemauerten rechteckigen Tretplatz (gelegentlich hatte man in einer Anlage auch mehrere Tretplätze nebeneinander) und einem tiefer gelegenen Sammelbecken, in das ein Abflußkanal einmündete. Antike Anlagen dieser Art finden sich noch vielfach im Lande (im einzelnen vgl. Dalman a. a. O. IV S. 356ff. Abb. 95—111).

Wenig Bedeutung im palästinischen Kulturlande hatten Jagd und Fischfang (vgl. dazu mit besonderer Berücksichtigung der gegenwärtigen Verhältnisse G. Dalman, Arbeit und Sitte in Palästina VI [1939] S. 314ff.). Letzterer wurde an dem fischreichen See von Tiberias gepflegt, außerdem an den Meeresküsten. Die Ausgrabung in dem alten Ezeon-Geber am Nordende des Golfes von *el-'akaba* (heute *tell el-chlēfi*) hat zahlreiche kupferne Angelhaken an das Licht gebracht (vgl. Glueck, BASOR 71 [1938] S. 5). Nach der literarischen Überlieferung kannte man auch das archäologisch natürlich nicht mehr feststellbare Fischen mit Netzen (vgl. Galling a. a. O. Sp. 167f.).

2. In der ausgebildeten Kultur der Bronze- und Eisenzeit kannte man berufsmäßig betriebene Handwerke. Praktisch wichtig zur Deckung eines großen Bedarfs war die Töpferei. In der Höhle 4034 bei Lachis (*tell ed-duwēr*) hat man eine spätbronzezeitliche Töpferwerkstatt entdeckt (vgl. Lachish IV [1958] S. 91. 291—293 mit Pl. 8. 92). Sie wird mit ihrem Inventar als auch für die eisenzeitlichen Töpfereien charakteristisch betrachtet werden dürfen. Man fand in ihr eine Steinbank als Sitz des Töpfers, sodann als Untersatz für die drehbare (hölzerne) Töpferscheibe einen runden Stein mit konischem Zapfen, der ursprünglich in einer vor der Steinbank festgestellten Vertiefung im Boden gestanden zu haben scheint, ferner Farbreste für die Bemalung der Tongefäße sowie Muscheln und glatte Kieselsteine für das Polieren, auch einen Knochenstift für das Herstellen von geritzten und punktierten Verzierungen. Endlich fanden sich auch Schlacken von dem (noch nicht gefundenen) Töpferofen, in dem die Tongefäße gebrannt wurden.

Die Weberei wurde im allgemeinen von den Frauen im Hause besorgt, ebenso wie das Spinnen (über die heutige Praxis in Palästina verglichen mit der antiken vgl. sehr ausführlich Dalman, Arbeit und Sitte V [1937] S. 42ff. Abb. 8ff.). Nur für feinere Arbeiten, etwa die Herstellung von Byssus (hebr. *bōṣ*; vgl. im übrigen Galling a. a. O. Sp. 122), kannte man die berufsmäßige Weberei (vgl. „das Haus der Byssusherstellung" I Chr 4 21). Die einzige archäologische Hinterlassenschaft dieses Handwerks sind die in eisenzeitlichen Schichten viel gefundenen kleinen steinernen durchbohrten Gewichte; mit ihnen wurden die am stehenden Webstuhl an dem oberen Querbalken befestigten und frei herabhängenden Kettenfäden unten beschwert (Beispiele solcher Gewichte bei Dalman a. a. O. Abb. 7). — In *tell bēt mirsim* sind in der Schicht der judäischen Königszeit Färbereianlagen gefunden worden (vgl. W. F. Albright, AASOR 21/22 [1943] S. 55ff. Pl. 11b. 51c. d. 52. 53, auch Watzinger, Denkmäler I S. 101 und Abb. 83; Galling a. a. O. Sp. 150ff. mit Abb.). Es handelt sich um aufgemauerte und verputzte rechteckige Bassins, in denen steinerne Kessel standen mit einer kleinen Öffnung oben und einer am Rande umlaufenden Rinne, die einen Abfluß nach dem Inneren des Kessels hatte und dem Rückfließen des übergelaufenen Farbstoffes diente. Krüge mit Kalk als Bindemittel für die Farbe fanden sich dabei. Besonders zahlreiche Webstuhlgewichte zeigen, daß zugleich begreiflicherweise die Weberei im eisenzeitlichen *tell bēt mirsim* blühte. Auf dem *tell bēt mirsim* lag damals also eine Siedlung mit berufsmäßigem Textilgewerbe.

Wichtig war die handwerksmäßige Metallbearbeitung zur Herstellung von Waffen, Gebrauchsgeräten und Schmuck. Eisen- und Kupferlager gab es vor allem am *wādi el-ʿaraba* (s. o. S. 40f.). Die Erze wurden, soweit genügend Brennholz sich dazu beschaffen ließ, an Ort und Stelle verhüttet. In den Werkstätten, in denen die Verarbeitung erfolgte, wurde das Metall durch Schmelzen endgültig gereinigt (hebr. *ṣrp*; Luther „läutern"). Schon die kupfersteinzeitliche „Beerseba-Kultur" hat Anlagen und Einrichtungen für Kupferverarbeitung hinterlassen (vgl. J. Perrot, IEJ 5 [1955] S. 79f.). Weiter kennen wir solche Werkstätten vom *tell dschemme* am *wādi ghazze* südlich von Gaza (vgl. Fl. Petrie, Gerar [1928] S. 14 Pl. VI [unten]. VII. IX. XXV) aus der Spätbronze- und Früheisenzeit, vom *tell ḳasīle* (vgl. B. Maisler, The Excavations at Tell Qasîle [1951] S. 15 mit Abb. 3 = IEJ 1 [1950/51] S. 75 mit Abb. 3) aus dem 11. Jahrh. v. Chr. sowie vor allem vom *tell el-chlēfi* am Nordende des Golfes von *el-ʿaḳaba* in der Nähe reicher Kupfer- und Eisenvorkommen (vgl. N. Glueck, BASOR 71 [1938] S. 5ff. [bes. Fig. 2. 3]; 75 [1939] S. 8ff.; 79 [1940] S. 2ff.; ders., The Excavations of Solomon's Seaport: Ezion-Geber [Annual Report of the Board of Regents of The Smithsonian Institution for the year ended June 30, 1941 (1942) S. 453 bis 478]) aus der Eisenzeit. Es waren aus Lehmziegeln aufgemauerte Anlagen mit Luftkanälen in den Wänden, angelegt nach dem an Ort und Stelle vorherrschenden Wind zum Anfachen des Feuers. Das Holzfeuer wurde über einer Lage von Kalksteinstücken, die von unten her Luftzug gestatteten, angelegt. Tönerne Schmelztiegel haben sich in *tell el-chlēfi* gefunden. Das „geläuterte" Metall wurde in Formen gegossen. Gußformen aus Kalkstein aus der Mittel- und Spätbronzezeit für Lanzenspitzen, Axtblätter u. dgl. haben sich in *tell bēt mirsim* gefunden (vgl. AASOR 17 [1938] Pl. 43); eine tönerne Gußform für Lanzenspitzen, Axtblätter, Dolche und Sicheln kam auch aus dem spätbronzezeitlichen Sichem an das Licht (vgl. Sellin, ZDPV 50 [1927] S. 210 und Taf. 21); vgl. auch Galling, BRL Sp. 379ff. mit Abb. Die gegossenen Stücke wurden mit dem Hammer geschmiedet (vgl. Gen 4 22; hebr. *lṭš*). Die Schmiedekunst verfertigte außer den üblichen Schmuckstücken (vgl. dazu oben S. 148) vor allem Geräte für allerlei Arbeiten; außer der schon genannten Sichel (s. o. S. 149) noch die Hacke (vgl. Galling a. a. O. Sp. 256f. mit Abb.) für den Landmann; die Axt (Galling Sp. 62ff. mit Abb.), das Messer (a. a. O. Sp. 378f. mit Abb.) und sonstige feinere Werkzeuge (a. a. O. Sp. 281ff. mit Abb.) für die Holzbearbeitung; die Beilhacke (a. a. O. Sp. 88f. mit Abb.) für Steinarbeiten. Außerdem wurden natürlich die Waffen geschmiedet, so der Helm (Galling Sp. 279f.), die Lanzenspitze (a. a. O. Sp. 353ff. mit Abb.), der Dolch (a. a. O. Sp. 129ff. mit Abb.), die Pfeilspitze (a. a. O. Sp. 418ff. mit Abb.), das Schwert (a. a. O. Sp. 472ff. mit Abb.), auch die Keule (Sp. 329ff.) und die Metallteile des

Panzers (Sp. 416f. mit Abb.). Zur Geschichte und Art der verschiedenen Waffen im größeren Rahmen vgl. vor allem H. Bonnet, Die Waffen der Völker des alten Orients (1926).

Außer den soeben genannten Werkzeugen hat das Handwerk der Holzbearbeitung, das beim Hausbau (s. o. S. 139f.) und bei der Herstellung von allerlei Hausinventar (s. o. S. 145) gebraucht wurde, archäologische Spuren nicht hinterlassen. Das Handwerk der Steinbearbeitung tritt archäologisch in den behauenen Mauerquadern (s. o. S. 135f.), in den unterirdischen Anlagen der Wasserversorgung (s. o. S. 141ff.) u. dgl. sichtbar in Erscheinung.

3. Auf einer gewissen Kulturstufe tritt überall das Kaufen und Verkaufen, der Handel, als Lebenserscheinung auf. Er war der bronzezeitlichen Stadtkultur bekannt, und ebenso kannte man ihn — vielleicht nach gegenüber der Bronzezeit zunächst primitiveren Anfängen — in den eisenzeitlichen Siedlungen. Dazu braucht man Maße und Gewichte. Zum Abmessen der Ware dienten Hohlmaße, und zwar sowohl für flüssige wie trockene Stoffe. Aus der literarischen Überlieferung des Alten Testaments kennen wir die Reihe der Hohlmaße und auch im wesentlichen ihr Verhältnis zueinander und ihren absoluten Wert (vgl. z. B. Benzinger, Hebräische Archäologie [³1927] S. 192—195; zuletzt ausführlich Barrois, La métrologie dans la Bible I in RB 40 [1931] S. 185—213 und Manuel d'archéologie biblique II [1953] S. 247—252). Aber genormte oder geeichte und entsprechend bezeichnete Gefäße sind archäologisch bisher nur ganz vereinzelt und nicht mehr in intaktem Zustand festgestellt worden. Gewogen wurde vor allem das als Kaufpreis zu zahlende Rohmetall, nicht die Ware. Zu der literarisch überlieferten Reihe von Gewichtsbezeichnungen treten hier allerlei Funde von Gewichten, knopfartige Kalksteinstücke, kleine bearbeitete Metallstücke, versehen mit Zeichen und Ziffern oder auch mit hebräischen Buchstaben und Worten. Freilich ist es noch nicht gelungen, aus diesen Funden im Zusammenhang mit der literarischen Überlieferung ein bestimmtes Gewichtssystem oder eine geschichtliche Entwicklung des Gewichtssystems zu ermitteln (Genaueres bei Viedebantt, Zur hebräischen, phönizischen und syrischen Gewichtskunde, ZDPV 45 [1922] S. 1—22; Barrois, La métrologie dans la Bible II in RB 41 [1932] S. 50—76 und Manuel II S. 252—258; kurz auch Galling, BRL Sp. 185ff. mit Abb.). Zum Gesamtgebiet der Maße und Gewichte vgl. R. B. Y. Scott, Weights and Measures of The Bible (BA 22 [1959] S. 22—40).

Im einfachen alltäglichen Leben hat sich der Warenaustausch in Naturalien gehalten noch lange, nachdem Geld als Zahlungsmittel bekannt geworden war. Jeweils abgewogenes Metall als Geld kannte die kanaanäische Stadtkultur wenigstens seit der Spätbronzezeit. Es war natürlich auch den Israeliten in der Eisenzeit bekannt. Da das Wort für Silber (*käsäph*) auch Geld schlechthin bezeichnet, wird praktisch abgewogenes Silber als Zahlungsmittel vorzugsweise benutzt worden sein. Das Geldmetall in Barren oder „Zungen" (vgl. Jos 7 21; in diesem Falle ist es Gold) füllte die „Schatzhäuser" der Königspaläste und der Tempel. Geprägtes Geld, Münzen, d. h. abgewogene Stücke von Metall, für deren richtiges Gewicht eine offizielle Stelle (König, Provinz- oder Stadtverwaltung) durch die eingedrückte Prägung die Gewähr übernahm, die jedesmaliges Nachwiegen entbehrlich machte, wurde im vorderen Orient zuerst im Perserreiche üblich, nachdem schon das lydische Reich nachweislich geprägte Münzen gehabt hatte. Die ältesten palästinischen Münzen stammen wahrscheinlich noch aus der Perserzeit; bemerkenswert sind vor allem Prägungen der (persischen) Provinz Juda mit der Legende יהד (*jhd*) und mit Darstellungen nach dem Vorbild der damals schon an den Küsten des östlichen Mittelmeers verbreiteten attischen Münzen (vgl. Sukenik, JPOS 14 [1934] S. 178—182; 15 [1935] S. 341—343 mit Abb.). Es folgen — neben den attischen Münzen und den Münzen der selbst prägenden phönikischen Städte sowie der persischen Satrapen, der Diadochenherrscher und später der Römer — als palästinische Münzen die in Beth-Zur gefundene Münze mit dem hebräisch geschriebenen Namen wahrscheinlich eines Hohenpriesters aus der Zeit der ptolemäischen Herrschaft (vgl. O. R. Sellers, The citadel of Beth-Zur [1933] S. 73f. Fig. 72), dann die Hasmonäermünzen mit meist hebräisch-griechischer Legende, die griechisch beschrifteten Münzen des Herodes und dann die wieder hebräisch beschrifteten Münzen aus den Zeiten der beiden jüdischen Aufstände 66—70 und 132—135 n. Chr. (für das einzelne vgl. G. F. Hill, Catalogue of the Greek coins of Palestine [= Catalogue of the Greek coins in the British Museum] 1914 und vor allem A. Reifenberg, Ancient Jewish Coins [2. Aufl. 1947] mit reichem Abbildungsmaterial).

§ 21. Das Bestattungswesen

Verbrennung von Leichen ist in der altorientalischen Zeit in Palästina nicht üblich gewesen; nur für Verbrecher, die damit aus der Gemeinschaft des Volkes endgültig ausgeschlossen werden sollten, kennt das Alte Testament als Strafe die Leichenverbrennung (vgl. Lev 20 14 21 9 u. a.). Die Bestattung der Toten erfolgte, wie ja auch sonst fast überall, meist unter der Erde, und zwar an Begräbnisplätzen außerhalb der Wohnstätten. Nur selten und ausnahmsweise wurden in Palästina die Toten vereinzelt innerhalb bewohnter Siedlungen beigesetzt; so fand sich in Geser das Grab einer alten Frau in der Stadt selbst in Form einer mit großen Steinen ausgesetzten Erdgrube (vgl. AOB² Nr. 227), und mehrfach sind anscheinend — wie auch anderwärts in der östlichen Mittelmeerwelt — gestorbene Kinder in Tonkrügen innerhalb der Siedlungen beigesetzt worden (vgl. AOB² Nr. 228). Im übrigen aber ist die im Zweistromland (vgl. Meissner, Babylonien und Assyrien I [1920] S. 426; W. Andrae, Das wiedererstandene Assur [1938] S. 14ff. Taf. 9), in Syrien (vgl. die bronzezeitlichen Gräber von *rās esch-schamra* nach Syria 19 [1938] S. 199ff. u. ö.) und sonst bekannte Sitte, den Verstorbenen im Boden seines Hauses zu begraben, in Palästina stets ungewöhnlich geblieben (die Angabe von I Sam 25 1 ist im Alten Testament ganz singulär). Höchstens bei Fürsten war sie üblich. So handelt es sich bei den aufgemauerten Grabkammern der „Mittelburg" von Megiddo (vgl. AOB² Nr. 217; WATZINGER, Tell el-Mutesellim II S. 1ff.) wie bei der großen Grabhöhle in Geser, beide aus der Mittelbronzezeit, wohl um die Begräbnisstätten der dort sitzenden Dynastengeschlechter[1]. Entsprechend wird in den Königsbüchern regelmäßig bemerkt, daß die verstorbenen Davididen „in der Stadt Davids" beigesetzt wurden, und auch bei den israelitischen Königen wird das Bestattetwerden in ihrer jeweiligen Residenz wiederholt mitgeteilt (vgl. I Kön 16 6. 28 u. ö.); im Bereich der alten Davidsstadt in Jerusalem hat man denn auch lange, waagerecht in den Felsen vorgetriebene Stollen gefunden, die man mit Wahrscheinlichkeit für die Begräbnisstätte der Davididen hält (vgl. AOB² Nr. 234 sowie GALLING, BRL Sp. 245f. Abb. 9).

Die Regel aber war die Anlage der Begräbnisstätten außerhalb der bewohnten Siedlungen. Je nach den Geländeverhältnissen lagen die Begräbnisstätten der Stadtbewohner mehr oder weniger geschlossen beieinander in der unmittelbaren Nachbarschaft der Stadt, d. h. jede Stadt besaß ihre Nekropole. Freilich gehörten die bis heute erhaltenen Grabanlagen in den Nekropolen der Städte nur den vornehmeren und reicheren Familien, während die einfachen Leute außerhalb der Stadt wohl mit schlichter Erdbestattung beigesetzt wurden (vgl. II Kön 23 6: „Gräber der Leute" im Kidrontal auf der Ostseite von Jerusalem); denn das Herstellen von regelrechten Grabanlagen erforderte immerhin einen erheblichen Aufwand. Von den einfachen Erdbestattungen hat sich aus alter Zeit kaum noch etwas erhalten. Die Geschichte des Bestattungswesens läßt sich also nur noch für jene vornehmeren Grabanlagen feststellen, für die in verschiedenen Zeiten verschiedene charakteristische Formen ausgebildet wurden (vgl. dazu GALLING, BRL Sp. 237ff. sowie GALLING, Die Nekropole von Jerusalem, PJB 32 [1936] S. 73—101, beide mit zahlreichen Abbildungen).

Der naturgegebene Bestattungsort war in einem so höhlenreichen Gebirgslande wie Palästina die natürliche Höhle[2], und aus der Höhle haben sich auch die meisten späteren Formen der Grabanlagen entwickelt, von denen im Folgenden die wichtigeren kurz besprochen werden sollen. In der Bronzezeit kannte man die künstlich aus dem

---

1 Beispielsweise auch die Begräbnisstätte der Fürsten der Stadt Byblos an der libanesischen Mittelmeerküste aus der Zeit um 1000 v. Chr. lag innerhalb der Stadt.

2 Vielleicht in der Kupfersteinzeit ist vorübergehend die oberirdische Beisetzungsweise üblich gewesen, und zwar in megalithischen Steinkammern, den sog. Dolmen (vgl. z. B. AOB² Nr. 212; WATZINGER, Denkmäler I Abb. 45. 46). Allerdings ist die Datierung dieser Dolmen sehr schwierig und problematisch. Man kann vermuten, daß es sich hierbei um eine Bestattungsweise nomadischer Elemente handelt; die Dolmen finden sich vor allem am Ostrand des Jordangrabens, auf dem ostjordanischen Gebirge und in Galiläa.

Felsen mehr oder weniger ebenmäßig gehauene Höhle mit einem daneben senkrecht in die Tiefe führenden Schacht, von dessen Boden aus ein seitlicher Zugang in die Grabhöhle führte (vgl. z. B. AOB² Nr. 215) und an dessen Stelle auch eine in den Felsen hinabführende Treppe treten konnte; der Zugang konnte zugeschüttet werden, um die Unberührtheit der Bestattung zu sichern. In der Eisenzeit hat man in dem aus dem Felsen gehauenen Grabraum dann in der Regel in der Mitte den Boden vertieft, so daß an den Seiten Bänke stehen blieben, auf denen die Toten in Strecklage beigesetzt wurden; es entstand so der für die alttestamentliche Zeit charakteristische Typus des Bankgrabes[1]. Meist handelt es sich um mehr oder weniger gut rechteckig ausgehauene Grabkammern, in denen auf drei Seiten (außer der Eingangsseite) eine solche Bank stehen gelassen worden ist. Es konnten also gleichzeitig drei Tote bestattet werden. Sollte eine weitere Bestattung erfolgen, so wurde jeweils eine Bank freigemacht, indem die dort liegenden Gebeine in eine in einer Ecke der Grabkammer meist vorhandene Sammelgrube gelegt wurden. Die Grabkammern gehörten ja den Familien und sind in der Regel viele Generationen lang benutzt worden. Zugleich zeigt sich hieran, daß der Gedanke an ein individuelles Leben nach dem Tode in dieser Zeit noch fehlte; die Gebeine der Toten kamen schließlich einfach in jene allgemeine Sammelgrube. Außerdem erklärt die Sitte der reihenweisen und also nicht eigentlich individuellen Bestattungen in den Bankgräbern das völlige Fehlen von Grabinschriften mit Namennennung der Bestatteten u. dgl. Man wurde — nach jenem bekannten alttestamentlichen Ausdruck — im buchstäblichen Sinn „zu seinen Vätern" versammelt (im Familiengrab).

In der hellenistisch-römischen Zeit kamen verschiedenartige Weiterbildungen dieser älteren Grabform auf, die nebeneinander üblich wurden und oft in ein und derselben Grabanlage zugleich vorkamen. Einmal wurde der Bankgrabtypus dahin entwickelt, daß über der einzelnen Bank ein Bogen sich wölbte, also nur eine halbkreisförmige Nische aus der Felswand ausgehauen war (Bogenbankgrab) und daß dann vielfach noch in der Bank eine trogförmige Vertiefung für die Aufnahme der Leiche angebracht wurde (Bogentroggrab). Sodann kamen vor allem die Grabanlagen mit Schiebestollen (hebr.: *kokim*) auf; darin führen von den Wänden der Grabkammer aus senkrecht lange niedrige Stollen — gelegentlich in mehreren Reihen übereinander — in den Felsen hinein für je eine Einzelbestattung. Es handelt sich dabei oft um umfangreiche Anlagen mit einer ganzen Reihe von Kammern hintereinander und nebeneinander, alle mit Schiebestollen, und mit einer breiten offenen Vorhalle als Eingang, die gelegentlich mit Säulenstellungen, Eckpilastern u. ä. ausgestattet wurde (vgl. z. B. Watzinger a. a. O. II Abb. 62 und außerdem die Grundrisse bei Galling, PJB 32 [1936] S. 85). In den Schiebestollen, die nach erfolgter Beisetzung mit einer Steinplatte verschlossen

[1] Galling a. a. O. gebraucht statt dessen die Bezeichnung „Diwangrab".

wurden, beginnt die individuelle Form der Bestattung; denn in ihnen wurde offenbar nicht mehr wiederholt nacheinander beigesetzt. Daher kamen in diesen Gräbern nun auch Grabinschriften auf; wir finden sie beispielsweise — zusammen mit reichen Wandmalereien — in der in das 2. vorchristliche Jahrhundert gehörenden Grabanlage bei Marissa = heute *tell sandaḥanne* (vgl. WATZINGER a. a. O. II Abb. 56. 57). Der Eingang von der Vorhalle zu der ersten Grabkammer wurde im Interesse leichter Verschließbarkeit möglichst klein angelegt; verschlossen wurde dieser Eingang häufig durch einen in einer Rinne laufenden und seitwärts in einen dafür aus dem Felsen gehauenen Gang zurückschiebbaren Rollstein (vgl. AOB² Nr. 242 und zur Sache Mt 27 60 und Mc 16 3 Lc 24 2). — In der hellenistischen Zeit kamen auch überirdische turmartige Grabdenkmäler auf, die über oder neben den unterirdischen Grabanlagen errichtet wurden und deren Stelle äußerlich sichtbar machten; hierher gehören die aus hellenistischer Zeit stammenden Grabdenkmäler an der phönikischen Küste bei *ʿamrīt* (vgl. AOB² Nr. 237f.), hierher gehören auch die etwa aus herodianischer Zeit stammenden und jetzt unter den fälschlichen Namen „Absalomgrab" und „Zachariasgrab" bekannten Grabmonumente im Kidrontal bei Jerusalem (vgl. AOB² Nr. 240 [Ansicht] und WATZINGER, Denkmäler II Abb. 32f. [Grundriß]).

Das in der hellenistischen Zeit aufkommende Interesse an der individuellen Bestattung führte dazu, daß man die Gebeine eines Beigesetzten, die etwa von der Grabbank oder aus dem Grabtrog entfernt werden sollten, nicht mehr in die allgemeine Sammelgrube legte, sondern sie für jeden einzeln in besonderen Gebeinkästen, sog. Ossuaren, aufbewahrte. Die in Palästina aus dem 1. vorchristlichen und den beiden ersten nachchristlichen Jahrhunderten zahlreich gefundenen Ossuare sind kleine, ½—1 m lange und etwa halb so breite Kalksteinkästen[1] mit Deckel; sie sind vielfach in Kerbschnittechnik mit Rosetten u. dgl. verziert (vgl. WATZINGER a. a. O. II Abb. 69. 70; GALLING, BRL Sp. 405f. Abb. 1—4) und tragen oft eingeritzt den Namen des Verstorbenen. Sie wurden in den Kammern der Grabanlagen, gegebenenfalls in einer eigens für diesen Zweck angelegten Kammer, aufgestellt. Die Aufschriften auf den Ossuaren bilden eine reiche Quelle für das Personennamengut der neutestamentlichen Zeit. Bekannte Namen — in hebräisch-aramäischer oder griechischer Schrift — treten häufig auf, u. a. auch die Namen Joseph und Maria und Jesus, aus deren inschriftlichem Vorkommen in einem bestimmten Falle daher keine weiteren Schlüsse gezogen werden können. Eine Grabanlage mit einer Reihe von Ossuaren in einem modernen südlichen Vorort von Jerusalem, also in der südlichen Umgebung des einstigen hellenistisch-römischen Jerusalem, die nach Ausweis einer darin gefundenen Münze Agrippas II. um die Mitte des 1. nachchristlichen Jahrh.s in Gebrauch war, ist als das früheste Denkmal des Christen-

---

[1] Wahrscheinlich hat es auch hölzerne Ossuare gegeben, die sich jedoch natürlich nicht erhalten haben.

tums im Lande angesprochen worden (vgl. E. L. Sukenik, The earliest Records of Christianity [AJA 51 (1947) S. 351—365 mit Pl. 78—86]). Denn in ihr fand sich ein Ossuar, das auf allen vier Seiten das groß eingeritzte Zeichen des griechischen Kreuzes trug und außerdem auf dem Deckel die Aufschrift Ιησους Αλωθ aufwies, während ein anderes Ossuar derselben Grabanlage mit Ιησους Ιου beschriftet war. Doch beweist nach dem soeben Gesagten das Vorkommen des Namens Jesus nichts, und das Kreuz ist schwerlich schon so früh als christliches Symbol gebraucht worden, sondern in diesem Falle vielleicht einfach als Verzierung zu deuten. Im übrigen ist dieser Fund im südlichen (jetzt israelischen) Jerusalem keineswegs singulär. In der ziemlich großen Nekropole im Gelände von „Dominus flevit" auf halber Höhe des Ölbergwesthangs, die 1953—1955 sorgfältig ausgegraben und untersucht wurde (vgl. P. B. Bagatti e J. T. Milik, Gli scavi del „Dominus flevit" I: La necropoli del periodo Romano [1958]) hat sich Ähnliches ergeben; auch hier findet sich auf Ossuaren aus dem 1./2. Jahrh. n. Chr. mehrfach der Name Jesus (hebräisch-aramäisch geschrieben), ebenso die Namen Joseph und Maria, und auch hier erscheint in verschiedenen Gestalten und Ausführungen das Kreuzeszeichen[1].

Sarkophage, d. h. Särge mit Deckel, nicht — wie die Ossuare — für die nachträgliche Sammlung der Gebeine, sondern für die Erstbestattung, sind in Palästina nie allgemein üblich gewesen. In Ägypten hat man seit alters Holz- und Steinsarkophage gekannt, und die Fürsten der Stadt Byblos an der libanesischen Mittelmeerküste, die schon sehr früh besonders enge Beziehungen zu Ägypten gehabt hat, sind gegen Ende des II. und am Anfang des I. Jahrtausends v. Chr. in Steinsarkophagen beigesetzt worden. Der berühmteste von ihnen wegen seiner Darstellung und seiner Inschrift (s. u. S. 191) ist der Sarkophag des Königs Ahiram, wahrscheinlich aus dem 10. Jahrh. In Palästina selbst begegnen Sarkophage, und zwar tönerne Sarkophage, zuerst im 12. Jahrh. in Beth-Sean und Lachis und vereinzelt an anderen Orten. Es handelt sich bei diesen anthropoid gestalteten und am Kopfende mit einem abnehmbaren Deckel mit einer stereotypen Gesichtsdarstellung versehenen Tonsarkophagen (vgl. für Beth-Sean [und *tell el-fāreʿ*] Watzinger I Abb. 73 bis 77; Galling, BRL Sp. 450 Abb. 1—4; für Lachis Grab 570 Lachish IV [1958] S. 131 f. 248 f. Pl. 45, 1. 2; 46) um die Aufnahme einer fremden, und zwar vielleicht ägyptisch beeinflußten, Bestattungsweise, die anscheinend von fremden Zuwanderern aus der Mittelmeerwelt im Lande eine Zeitlang gepflegt wurde. — Während später in der persischen Zeit wieder in Phönikien, und zwar diesmal in Sidon, die Stadtkönige sich in anthropoiden oder kastenförmigen Steinsarkophagen beisetzen ließen und aus hellenistischer Zeit Stein- und Marmorsarkophage mit reicher

[1] Vgl. auch E. Dinkler, Zur Geschichte des Kreuzsymbols (ZThK 48 [1951] S. 148—172), der auch seinerseits die christliche Deutung des oben bezeichneten Tatbestandes ablehnt und dem Kreuz schon innerhalb des Judentums einen bestimmten Zeichenwert zuspricht.

griechischer Reliefkunst in Sidon sich gefunden haben (z. B. der berühmte „Alexandersarkophag"; vgl. Luckenbach, Kunst und Geschichte I[9] [1913] Taf. I; Fig. 196. 197), kamen reliefierte Steinsarkophage in Palästina selbst erst in römischer Zeit neben den anderen Bestattungsarten auf (Beispiele AOB² Nr. 241; Watzinger II Abb. 67. 68. 74. 75). Daneben gebrauchte man wie in Phönikien vom 2. bis in das 5. nachchristliche Jahrhundert hinein gelegentlich als weniger kostspielig auch Bleisarkophage mit stereotypen Reliefdarstellungen (vgl. Avi-Yonah, Lead coffins from Palestine, QDAP 4 [1935] S. 87—99. 138—153 mit Pl. LV bis LX; Watzinger II Abb. 76—79). Reliefierte Stein- und Bleisarkophage sind in großer Zahl in der jüdischen Nekropole von Beth-Searim (vgl. o. S. 123) aufgefunden worden).

Zu allen Zeiten hat man dem Toten in Grab oder Sarkophag allerlei Beigaben mitgegeben, und zwar — unter der Voraussetzung eines schattenhaften Daseins nach dem Tode — Gegenstände des täglichen Lebens wie Tongefäße, Tonlampen, Salbgefäße, Schmuck, Waffen. So sind noch heute gerade die Grabstätten, vor allem wenn sie unberührt und nicht ausgeraubt sind, eine für den Archäologen sehr wichtige und sehr ergiebige Fundstätte für alle diese Dinge.

§ 22. Die Heiligtümer

Während von der römischen Zeit an heidnische Tempel und jüdische Synagogen sich in Palästina vielfach erhalten haben und die Reste byzantinischer christlicher Kirchen zahlreich im Lande anzutreffen sind, ist unsere archäologische Kenntnis palästinischer Heiligtümer aus altorientalischer Zeit überaus dürftig. Es ist ja nicht leicht, bei Ausgrabungen an den aufgedeckten Grundrissen oder sonstigen Merkmalen Heiligtümer als solche einwandfrei zu erkennen; und eine gewisse Neigung vor allem älterer Ausgräber, Heiligtümer zu finden, hat wiederholt zu Deutungen archäologischer Befunde geführt, die sich nachträglich als irrig oder wenigstens als sehr problematisch erwiesen haben. Von sicheren Tempelanlagen haben wir einige wenige Beispiele aus den verschiedenen Stadien der Bronzezeit. Der frühen Bronzezeit gehört das bei den Ausgrabungen (s. o. S. 118) aufgedeckte Heiligtum auf der Zitadelle von *et-tell* bei *dēr dubwān* (in alttestamentlicher Zeit hieß der hier gelegene Ort Ai) an (vgl. J. Marquet-Krause, Les fouilles de ʿAy [1949] Pl. XCIII mit der Rekonstruktion ebda. Pl. XCIV, außerdem ANEP Nr. 730), das aus einem Vorraum und einem Hauptraum besteht; der letztere hat in einer Ecke, durch eine Mauer abgetrennt, das räumlich sehr kleine Allerheiligste mit einem aufgemauerten Altartisch und außerdem drei *favissae* zur Aufnahme der Opferabfälle (vgl. Abb. 5 A). Etwas zahlreicher sind Tempelfunde aus der Mittel- und Spätbronzezeit. Da haben wir zunächst vor allem den Tempel auf der Akropolis des alten Sichem (vgl. Sellin, ZDPV 49 [1926] S. 309 ff. Taf. 33 [Grundriß]. 37—42; 50 [1927] S. 206 f. Taf. 11. 12. 17), der in der Endphase der Mittelbronzezeit errichtet worden ist; in der Spätbronzezeit ist an seine Stelle ein Neubau mit etwas veränderter Orientierung, aber im übrigen wahrscheinlich ähnlicher Anlage getreten, der bis in die erste Phase der Eisenzeit hinein in Gebrauch blieb (vgl. Toombs-Wright, BASOR 161 [1961] S. 28—39). Der mittelbronzezeitliche Bau ist ein mit einer sehr dicken Mauer umgebener Langraum mit einer durch Anten gebildeten offenen Vorhalle an der Eingangsschmalseite (vgl. dazu den spätbronzezeitlichen Tempel von Megiddo Schicht VIII nach G. Loud, Megiddo II [1948] Fig. 402). Die Decke des Langraums wurde durch zwei Reihen von je drei wahrscheinlich hölzernen Säulen getragen, deren steinerne Basen und Volutenkapitelle teilweise aufgefunden wurden. In der hinteren Hälfte des Langraums fand sich das Postament für das Gottesbild oder Gottessymbol, darunter im Boden die Grube (*favissa*); zu den beiden „Masseben" vor den Anten beiderseits der Öffnung der Vorhalle vgl. u. S. 163f. (zum Ganzen vgl. Abb. 5 B). Eine spätbronzezeitliche Tempelanlage mit drei aufeinander folgenden Baustadien ist in *tell ed-duwēr* (Lachis) aufgedeckt worden (vgl. O. Tufnell, C. H. Inge, L. Harding, The Fosse Temple = Lachish (Tell ed Duweir) II [1940] Pl. LXVI—LXIX; der Grundriß des jüngsten Tempels auch bei Galling, BRL Sp. 513f. Abb. 6). Es ist eine Langraumanlage mit seitlich verschobener Vorhalle und mit Holzsäulen auf Steinbasen als Deckenstützen und einem Podium an der Rückenwand in der Mitte als Altartisch und wohl auch als Untersatz des Gottesbildes oder Gottessymbols. Besonders bemerkenswert ist der Tempel, der 1957 bei der Ausgrabung von Hazor im Grabungsareal H nahe der Nordecke der großen Unterstadt entdeckt wurde; er ist bereits in der Mittelbronzezeit erbaut, aber mit anscheinend ähnlichem Grundriß im Laufe der Spätbronzezeit dreimal erneuert worden. Am besten bekannt sind die beiden letzten Stadien Ib (danach der Grundriß Abb. 5 C) und Ia aus der zweiten Phase der Spätbronzezeit. Bedeutsam ist vor allem das Hintereinander dreier Räume auf einer Achse, offenbar eines Vorraumes, eines Hauptraumes und eines „Allerheiligsten", das unmittelbar an die Anlage des späteren salomonischen Tempels erinnert[1]. Besonderer Art waren die spätbronzezeitlichen Heiligtümer, die in Beth-Sean während der Zeit der ägyptischen Herrschaft wohl von ägyptischen Beamten errichtet worden sind (vgl. Rowe-Vincent, PEF Qu. St. 1931 S. 12ff. mit Pl. I—III [Rekonstruktionsvorschläge]; Watzinger a. a. O. I S. 65ff.; auch Galling a. a. O. Abb. 4 [Grundriß]). Während die Anlage aus der Zeit Thutmoses III. noch reichlich undurchsichtig ist, handelt es sich bei den späteren Anlagen um Breiträume mit Säulenvorhalle und einem Podium an der Rückwand in der Mitte. Das archäologische Material ist noch zu gering, um die Frage nach einer etwa vorhandenen bestimmten

[1] Ähnlich ist der Grundriß eines Tempels aus dem 9. Jahrh. v. Chr., der auf dem *tell ta'jīnāt* im *'amḳ* östlich von *anṭākje* in Nordsyrien an das Licht gekommen ist (vgl. C. W. McEwan, American Journal of Archaeology 41 [1937] S. 13. Fig. 4 [oben]. 6. 7).

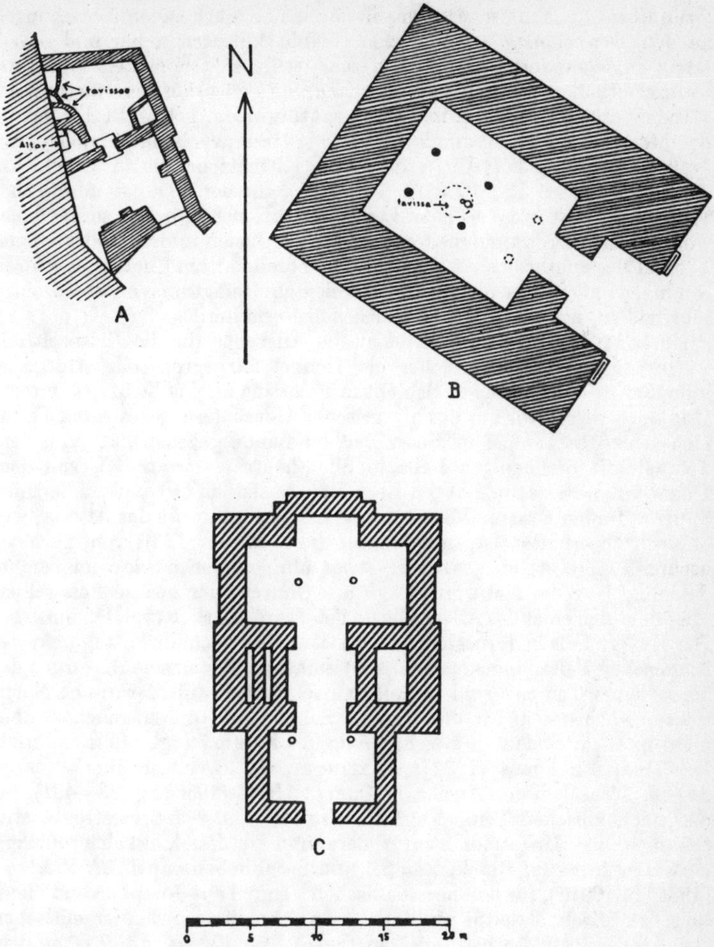

Abb. 5.

A = Frühbronzezeitliches Heiligtum von *et-tell* bei *dēr dubwān* nach J. Marquet-Krause, Les fouilles de 'Ay (1949) Pl. XCIII.

B = Mittelbronzezeitlicher Tempel von *tell balāṭa* (Sichem) nach ZDPV 49 (1926) Taf. 33 und ZDPV 51 (1928) S. 119ff.

C = Tempel von Hazor in seiner spätbronzezeitlichen Gestalt (Schicht I b); vorläufiger Plan nach IEJ 8 (1958) S. 11—14. Pl. 8 A; 9 (1959) S. 81—84. Pl. 10 A. B.

Grundform kanaanäischer Tempelbauten und nach deren Beziehungen zu den Tempelanlagen der großen Nachbarkulturen sicher und zuverlässig zu beantworten. Immerhin zeigt sich bei den mittel- und spätbronzezeitlichen Tempeln — abgesehen von den unter besonderen Umständen erbauten Heiligtümern im spätbronzezeitlichen Beth-Sean — das Merkmal der Langräumigkeit. Der spätere „syrische Tempeltypus" (vgl. A. Alt, PJB 35 [1939] S. 83—99 = Kleine Schriften zur Geschichte des Volkes Israel II [²1959] S. 100—115), für den das gesonderte und vielfach erhöhte Adyton charakteristisch ist, der also bei vorhandener Vorhalle eine Dreiräumigkeit aufwies, kündigt sich in dem dreiräumigen Tempel des spätbronzezeitlichen Hazor bereits an und hat in dem dreiräumigen, allerdings nicht axial angelegten Heiligtum von *et-tell* einen sehr frühen, bereits frühbronzezeitlichen Vorläufer.

Noch geringer ist die archäologische Ausbeute für die Eisenzeit. Es ist bisher keine einzige sicher als Tempel anzusprechende Anlage in irgend einer eisenzeitlichen Schicht in Palästina an das Licht gekommen. Und doch wissen wir aus der literarischen Überlieferung des Alten Testaments, daß es Tempel in dieser Zeit im Lande gegeben hat. Von dem Tempel mit der heiligen Lade in Silo (heute *chirbet sēlūn*), von dem I Sam 1 7. 9 3 3. 15 Jer 7 14 die Rede ist, hat sich an Ort und Stelle keine Spur auffinden lassen[1]. Vom Jerusalemer Heiligtum ist das Älteste, was heute noch erhalten ist, herodianisch (s. o. S. 108. 123); vom nachexilischen Tempel ist ebenso wenig etwas übriggeblieben wie vom Tempel Salomos. Nur die Naturgrundlage des Ganzen, der heilige Fels selbst, über dem sich einst das Allerheiligste des Tempels erhob (vgl. H. Schmidt, Der Heilige Fels in Jerusalem [1933]), ist heute noch als Mittelpunkt des islamischen Felsendoms (s. o. S. 103) sichtbar. Für unsere Kenntnis des Jerusalemer Tempels sind wir also ausschließlich auf literarische Nachrichten angewiesen, für den Tempel Salomos auf die eingehende, aber nicht in allem eindeutige Beschreibung in I Kön 6. 7 (vgl. Möhlenbrink, Der Tempel Salomos [1932]; Watzinger a. a. O. I S. 88ff.; Vincent-Steve, Jérusalem de l'Ancien Testament II/III [1956] S. 373—431), für den nachexilischen Tempel auf Ez 40 5 - 43 12 und auf verstreute Mitteilungen bei Hekataios von Abdera und in den Makkabäerbüchern (vgl. J. Jeremias, Hesekieltempel und Serubbabeltempel, ZAW NF 11 [1934] S. 109ff.), für den herodianischen Tempel auf Josephus und allenfalls den Mischnatraktat Middoth. — Aber auch von den israelitischen Staatstempeln in Bethel und Dan (vgl. I Kön 12 29 ff. Am 7 13) und in Samaria (vorausgesetzt Hos 8 5. 6) hat sich bei den Ausgrabungen an Ort und Stelle bisher kein Überrest gefunden. Ebensowenig ist von dem Tempel des Gottes Dagon im philistäischen Asdod (*esdūd*) (vgl. I Sam

[1] Das Mauerwerk südlich der Ruine des Ortes Silo, das auf den alten Tempel von Silo zurückzuführen man für möglich gehalten hat (vgl. Dalman, PJB 4 [1908] S. 12f.), hat sich inzwischen bei der vorgenommenen Ausgrabung als zugehörig zu einer byzantinischen Kirche erwiesen (vgl. Kjaer, JPOS 10 [1930] S. 126ff.).

5 2ff.) oder von dem Tempel der Astarte in Beth-Sean (vgl. I Sam 31 10) bisher archäologisch etwas nachgewiesen worden.

Aber wenn vielleicht auch zu den alten kanaanäischen Städten in der Regel ein Tempelgebäude gehörte, so haben wir für die israelitische Zeit doch nur allenfalls bei den amphiktyonischen und dann jedenfalls bei den staatlichen Heiligtümern mit Tempelgebäuden zu rechnen, während die zahlreichen Heiligtümer im Lande, deren die meisten Siedlungen in ihrer Nähe eines hatten und die bis zur Durchführung der Zentralisationsforderung von Dtn 12 13ff. durch den judäischen König Josia als legitim galten, meist nur heilige Stätten waren, etwa mit einer umgrenzenden Mauer und einem Minimum an Inventar. Die Heiligkeit haftete hier am Orte selbst und seinen natürlichen Gegebenheiten, an einem heiligen Baum, einer heiligen Quelle u. dgl. Zum Inventar gehörte dann am ehesten ein Altar (über die möglichen Altartypen vgl. die umfassende Arbeit von GALLING, Der Altar in den Kulturen des alten Orients [1925]) für das Hinlegen bzw. Verbrennen der Opfergaben. Diesen Dienst konnte freilich schon eine natürliche Felsbildung oder ein daliegender Felsblock leisten, gegebenenfalls mit leichter Bearbeitung, mit Aushauen einiger Stufen zum Hinaufsteigen u. dgl. Stärkere Bearbeitung zeigt der bei dem ehemaligen arabischen *ṣar'a* gefundene, zeitlich nicht mehr bestimmbare Steinaltar (vgl. AOB² Nr. 445), ein würfelförmig zugehauener Felsblock mit Stufen und mit einer mit Napflöchern und einer umlaufenden Rinne ausgestatteten Oberfläche. Er hat seine nächsten Verwandten in den zwar viel jüngeren, aber dem Typus nach alten Stufenaltären von Petra (vgl. AOB² 446—449. 453). Von den in Ex 20 24-26 vorausgesetzten, aus Aufschüttungen von Erde oder unbehauenen Steinen hergerichteten Altären hat sich begreiflicherweise kaum etwas erhalten. — Zum Inventar der ländlichen Heiligtümer gehörten nach dem Alten Testament vielfach auch Ascheren und Masseben. Während die Ascheren (vgl. GALLING, BRL Sp. 35f.) Holzpfähle, d.h. wohl angedeutete Bäume als Vegetationssymbole, waren und sich daher nicht erhalten haben, waren die Masseben aufgerichtete Steine, die von Hause aus als Wohnsitze (vgl. noch Gen 28 22) oder Repräsentanten der Gottheit gedacht gewesen zu sein scheinen und später als „Denk"-Steine für eine Gotteserscheinung oder dgl. (vgl. Gen 28 18 35 14) verstanden, auch als Grabmäler verwendet wurden (vgl. Gen 35 20). Masseben ländlicher Heiligtümer, die unbearbeitete Steine waren, haben sich archäologisch nicht mehr sicher nachweisen lassen; nur bearbeitete Masseben im Zusammenhang mit städtischen Tempelanlagen sind noch nachweisbar. So fand sich in der Tempelanlage Thutmoses III. in Beth-Sean eine niedrige Massebe (vgl. THOMSEN, AO 30 [1931] Taf. IX), und zu beiden Seiten des Eingangs des mittelbronzezeitlichen Tempels von Sichem fanden sich trogartig ausgehauene Steine und die Reste der Steinpfeiler, die in jenen Trögen aufgerichtet gestanden hatten und wohl als Masseben zu interpretieren sind (vgl. SELLIN, ZDPV 51 [1928] S. 119ff. Taf. 8—12, sowie hier Abb. 5 B). Diese Masseben von Sichem hatten, nach den Überresten zu urteilen, die

Form einer oben abgerundeten Steinplatte (vgl. auch GALLING, BRL Sp. 369f. Abb. 3), d. h. die Normalform einer Stele. Hier wird der Zusammenhang zwischen Massebe und Stele, die ihrerseits eine gut bearbeitete und in der Regel mit Inschrift und Darstellung versehene Massebe ist, sichtbar. Neben Stelen mit Königsinschriften u. dgl. (vgl. die Mesa-Stele u. S. 196; im übrigen GALLING a. a. O. Sp. 500ff.) haben wir denn auch schon in der Spätbronzezeit kultische Stelen, so die in der Tempelanlage der Zeit Thutmoses III. in Beth-Sean gefundene Stele für den Gott Mekal (vgl. WATZINGER a. a. O. I Abb. 71) mit hieroglyphischer Inschrift und einer aus einheimisch kanaanäischen und ägyptischen Elementen charakteristisch gemischten Darstellung[1].

Zur öffentlichen und privaten Kultübung scheint seit sehr alter Zeit das Abbrennen von Räucherwerk — wohl mit apotropäischer Abzwekkung — gehört zu haben. Die bisher bekannten ältesten Räucheraltärchen — rechteckige Tonständer mit seitlichen Öffnungen für den Luftzug und oben einer Schale für das Räucherwerk — sind aus dem frühbronzezeitlichen Heiligtum von *et-tell* bei *dēr dubwān* bekannt geworden (vgl. J. MARQUET-KRAUSE, Les fouilles de ʿAy [1949] Pl. LII. LIII Nr. 1506; Pl. LXVI Nr. 1507)[2]. Aus eisenzeitlichen Privathäusern sind verschiedentlich kleine, ½—1 m hohe, im Querschnitt rechteckige Steinaltärchen ans Licht gekommen, auf der 20 × 20 bis 30 × 30 cm messenden Oberfläche oft mit einer Schalenvertiefung und in der Regel mit vier „Hörnern" in den vier Ecken versehen (vgl. die Stücke aus Sichem bei SELLIN, ZDPV 49 [1926] S. 232f. Taf. 31 B. C, aus Megiddo bei LAMON-SHIPTON, Megiddo I [1939] Fig. 31, aus Geser bei AOB² Nr. 444); in Anbetracht ihrer Kleinheit können diese Stücke nur als Räucheraltärchen verstanden werden, die also nach ihrem Fundort privatem Räuchern dienten (vgl. auch LÖHR, Das Räucheropfer im Alten Testament, Schriften der Königsberger Gelehrten Gesellschaft, geisteswiss. Kl. IV, 4 [1927]), wohingegen das landläufig als „Räucheraltar" bekannte tönerne Stück aus dem eisenzeitlichen Thaanach (vgl. THOMSEN a. a. O. Taf. XI; WATZINGER a. a. O. I Abb. 86) wahrscheinlich ein Kohlenbecken mit Untersatz zum Heizen in der kalten Jahreszeit (vgl. Jer 36 22f.) war.

Zu sonstigem Kultgerät wie allerlei Schalen, bronzenen Dreifüßen als Schalenständern u. ä., das vor allem in bronzezeitlichen Schichten in Palästina gefunden worden ist, vgl. GALLING, BRL Sp. 340ff. mit Abb.

---

[1] Auf hellenistischen Darstellungen begegnet eine wahrscheinlich schon vorhellenistische Kombination zwischen Altar und Massebe, indem die Massebe auf den Altartisch oder hinter den Altar in fester Verbindung mit diesem gesetzt erscheint (vgl. GALLING, Der Altar S. 67f. Taf. 13 Nr. 37—47). In den „Hörnern" des Altars hat GRESSMANN (vgl. GALLING, BRL Sp. 17f.) die aus praktischen Gründen in die vier Ecken gesetzten Altarmasseben vermutet.

[2] Es ist freilich nicht sicher, ob diese von den Ausgräbern als Räucheraltäre angesprochenen Stücke nicht vielmehr nur Kohlenbecken mit Untersatz gewesen sind wie der sogleich zu erwähnende „Räucheraltar" von Thaanach.

Dritter Teil

ELEMENTE DER ALTORIENTALISCHEN GESCHICHTE

§ 23. Vorbemerkung

Das Alte Testament ist entstanden inmitten der großen und reichen Welt des alten Orients, einer Welt mit einer Fülle verschiedenartigster Erscheinungen und einer langen und bewegten Geschichte, deren erkennbare Anfänge um Jahrtausende der Zeit des Alten Testaments vorausliegen. Das Alte Testament nimmt häufig und mannigfach auf Gestalten und Vorgänge dieser Welt Bezug; das entspricht nur der Tatsache, daß die alttestamentliche Geschichte durch zahllose Fäden mit der großen Geschichte dieser Welt, in deren Mitte sie verläuft, verknüpft ist. So gehört denn sachgemäß zur wissenschaftlichen Auslegung des Alten Testaments eine Kenntnis der Grundzüge des alten Orients, seines Lebens und seiner Geschichte.

Seit dem Beginn der wissenschaftlichen Erschließung des alten Orients im Anfang und vor allem um die Mitte des 19. Jahrh.s ist auf diesem Gebiete eine ganze Reihe von Spezialwissenschaften entstanden, die sich — sprachlich, archäologisch, historisch — je mit einem Teilausschnitt dieser Welt beschäftigen, und die Fülle der erschlossenen Erkenntnisse ist so groß, daß kein einzelner mehr imstande ist, das Ganze fachmännisch zu beherrschen. Wohl aber gibt es einen gewissen Grundbestand an wesentlichen und auch gesicherten Ergebnissen der altorientalischen Wissenschaften, der sich zusammenfassen und überblicken läßt, und auf diesen allein kann es nach der Lage der Ding ankommen, wenn es gilt, den Zusammenhang des Alten Testaments mit der Welt des alten Orients in das Auge zu fassen. Dabei ist es gut, nicht nur einige Hauptergebnisse der altorientalischen Wissenschaften einfach zur Kenntnis zu nehmen, sondern zugleich den Grundlagen und Quellen der wissenschaftlichen Forschung nachzugehen, also mit diesen letzteren Punkten sachgemäß zu beginnen und dann erst zu den wichtigeren geschichtlichen Einzelergebnissen fortzuschreiten, auch wenn im Gange der Wissenschaft selbst Erschließung und Auswertung der Quellen stets Hand in Hand gehen.

Als Nachschlagewerk für wichtigeres altorientalisches Text- und Bildmaterial kommt vor allem in Betracht H. Gressmann, Altorientalische Texte und Bilder zum Alten Testament², ein Band Texte und ein Band Bilder mit Erläuterungen (1926/27), abgekürzt: AOT² und AOB², sowie das noch etwas umfangreichere und neuere, im übrigen ähnlich angelegte Doppelwerk von J. B. Pritchard, Ancient Near Eastern Texts Relating to the Old Testament (1950; ²1955) und The Ancient Near East in Pictures Relating to the Old Testament (1954), abgekürzt: ANET und ANEP; wegen der mitgeteilten Texte und dargebotenen Bilder kann noch herangezogen werden A. Jeremias, Das Alte Testament im Lichte des alten Orients (^{4}1930), abgek.: ATAO^{4}, sowie A. Jeremias, Handbuch der altorientalischen Geisteskultur (^{2}1929), abgek.: HAOG^{2}.

Im allgemeinen ist die Zeit des alten Orients bis zu Alexander d. Gr. zu rechnen, mit dem die Hellenisierung des Orients in ein akutes Stadium eintritt. Nur hie und da empfiehlt es sich, die Linien über diese zeitliche Grenze hinaus weiterzuführen.

Erstes Kapitel

LÄNDER

§ 24. Natürliche Einheiten

Einen kartographischen Überblick über das Gebiet des alten Orients bietet Guthe, Bibelatlas^{2} (1926) Nr. 5. Ein wesentliches Stück umfaßt die von H. Kiepert bearbeitete genaue und detaillierte Karte „Syrien und Mesopotamien" in 2 Blättern, die dem Werke M. v. Oppenheim, Vom Mittelmeer zum Persischen Golf (1899/1900) beigegeben ist, das außerdem auch eine ebenfalls von H. Kiepert entworfene inhaltsreiche „Übersichtsskizze" über das Gesamtgebiet des alten Orients bringt. Zum Folgenden vgl. die Kartenskizze S. 167 Abb. 6. Unter einem speziellen Gesichtspunkt ist angefertigt die „Archäologische Übersichtskarte des Alten Orients. Mit einem Katalog der wichtigsten Fundplätze" (Weimar 1959).

1. Zur geschichtlichen Größe des alten Orients gehört einmal die Nordostecke Afrikas, genauer gesagt das Land des Nils, der an dieser Nordostecke das Mittelmeer erreicht. Der Nil, dessen Quellen im äquatorialen Ostafrika und auf dem Hochland von Abessinien liegen und der mit seinen Zuflüssen dann den Sudan durchquert, führt sein fruchtbringendes Wasser in einem engen Flußtale zwischen Wüsten hindurch und bildet unterhalb des ersten Katarakts jene anfangs noch ganz schmale, weiter unterhalb sich verbreiternde und in einer zwischen 15 und 30 und bis zu 50 km variierenden Weite verlaufende Flußebene, die endlich sich im Bereich des Nildeltas zu einem ausgedehnten, fruchtbaren Schwemmlande entwickelt. Auf Grund einer von den Griechen geprägten Namenform nennen wir dieses Fruchtland Ägypten. Beiderseits wird dieses Flußgebiet durch höher gelegene Wüstenplateaus begrenzt, im Osten durch die arabische, im Westen durch die mit verschiedenen Oasen besetzte libysche Wüste. Die Fruchtbarkeit des Landes, das nur überaus wenig Regen erhält, beruht auf den regelmäßig infolge der Schneeschmelze in den Quellgebieten eintretenden Überschwemmungen durch das Nilwasser. Etwa im Juli beginnt der Nil merklich zu steigen, etwa im Oktober erreicht er seinen Höchststand und bedeckt dann im eigentlichen Niltale das gesamte Ackerland; etwa im Januar ist er wieder zu

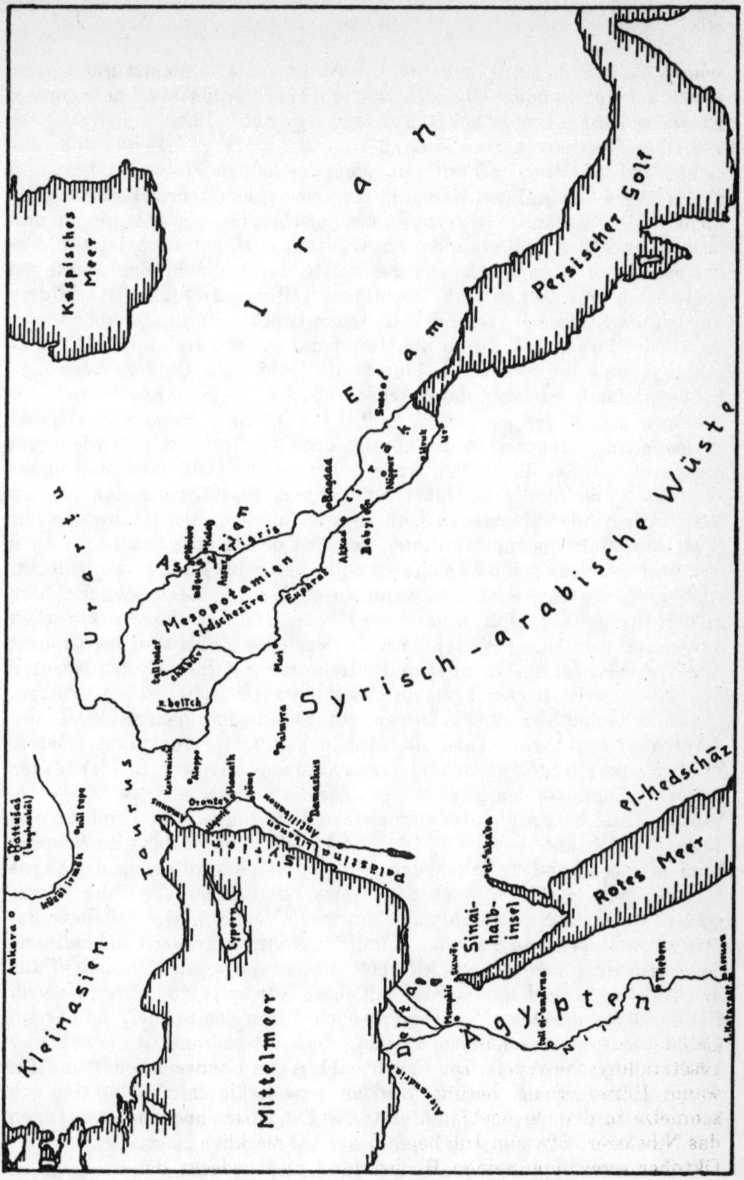

Kaspisches Meer
Iran
Persischer Golf
Elam
Urartu
Mesopotamien
Tigris
Euphrat
Syrisch-arabische Wüste
el-hedschāz
Taurus
Kleinasien
Mittelmeer
Rotes Meer
Sinai-halb-insel
Delta
Ägypten
Damaskus
Aleppo
Palmyra
Mari
Babylon
Bagdad
Theben
Alexandria
Memphis
Ankara

Abb. 6

seinem Tiefstande zurückgekehrt. Der Nil ist zugleich die natürliche Verkehrsader des Landes. Übersichtskarte von Ägypten und viele genaue Einzelkarten am besten bei Baedeker, Ägypten[8] (1928).

2. Das Gegenstück zum Nilland ist das Zweistromland, d. h. das Gebiet des mittleren und unteren Laufs der beiden Flüsse Euphrat und Tigris (diese landläufigen Namenformen sind griechischer Herkunft), die nicht weit voneinander entfernt im armenischen Gebirge entspringen und in den persischen Golf münden, im Altertum noch getrennt, jetzt infolge des ständigen Hinausverlegens der Küste durch die Flußablagerungen gemeinsam im *schaṭṭ el-ʿarab*. Der untere Teil dieses Flußgebiets, in dem die beiden Ströme in zahlreichen Armen durch die unabsehbar weite, flache, im fernen SW durch den Rand des syrisch-arabischen Wüstenplateaus und im fernen NO durch die iranischen Gebirge begrenzte Schwemmlandniederung dahinziehen, etwa 600 km aufwärts von der heutigen Küste des persischen Golfes bis in die Gegend von Bagdad (*baghdād*), der Hauptstadt des heutigen Staates Irak, ist eine wiederum regenarme, durch die beiden Ströme bewässerte Alluvialebene. Dieser Teil des Zweistromlandes führt an Ort und Stelle heute den Namen *ʿirāḳ*[1]. Die Schneeschmelze in den Gebirgen führt zu einer Hochwasserzeit etwa vom März bis zum Juni, und zur Zeit des Höchststandes im April und Mai werden auch hier weite Landflächen vom Flußwasser bedeckt. Aber auch zu anderen Zeiten kann durch Kanalsysteme zwischen den beiden Strömen das Flußwasser zur Bewässerung des Landes künstlich ausgenutzt werden. — Weiter oberhalb liegen die Flußbetten des Euphrat und Tigris weiter auseinander und durchqueren je für sich den Nordteil des mit vielerlei Höhenzügen durchsetzten syrisch-arabischen Wüstenplateaus, so daß hier nur die langen, von Flußniederungen mit wechselnder Breite begleiteten Täler die Möglichkeit fester Besiedlung bieten. Zu den Tälern des Euphrat und Tigris kommen hier noch die der beiden linken Nebenflüsse des Euphrat, des *chābūr* und des *nahr belīch*. Dieses Wüsten- und Steppenland zwischen den Mittelläufen des Euphrat und Tigris heißt heute *el-dschezīre* (= „die Insel") und ist das alte Mesopotamien, das „Land zwischen den Strömen". — Nordöstlich des Tigris begrenzen die von NW nach SO streichenden hohen Züge der Randgebirge des iranischen Hochlandes mit ihren Vorhöhen die Tiefebene des Zweistromlandes und schicken dem Tigris einige größere Nebenflüsse, den „großen" (oberen) und „kleinen" (unteren) *zāb* und den *nahr dijāla*, von links zu. Die *dschezīre* wird auf ihrer Nordseite von verschiedenen Gebirgszügen durchzogen und schließlich durch das aufsteigende armenische Gebirge abgeschlossen. Entlang diesem Nordrand ist die *dschezīre* infolge der Nähe der Gebirge niederschlags- und wasserreicher und für dauernde Besiedlung geeignet und auch schon in alten Zeiten ziemlich dicht besiedelt gewesen. Eine Karte des Zweistromlandes in zwei Teilen

[1] Für die offizielle Bezeichnung des Staates ist der Bedeutungsumfang von *ʿirāḳ* sekundär stark erweitert worden.

findet man bei B. Meissner, Babylonien und Assyrien I. II (1920/25), eine Übersichtskarte des Zweistromlandes bei V. Christian, Altertumskunde des Zweistromlandes I (1940); für die *dschezīre* ist vor allem die schon genannte Karte bei v. Oppenheim (s. o. S. 166) heranzuziehen.

3. Die Nordwestecke des alten Orients bildet Kleinasien (nach türkischem Gebrauch auch oft Anatolien genannt). Es ist eine von Steppen und Wüsten durchsetzte Hochfläche, die durch hohe Randgebirge im Norden gegen das Schwarze und im Süden gegen das Mittelmeer abgegrenzt und in einem großen nach O offenen Bogen von dem Flusse Kizil Irmak, dem Halys der Griechen, durchzogen wird, der in das Schwarze Meer mündet. Jenseits des südlichen Randgebirges, des hoch aufragenden Taurus (die Namenform wieder griechisch), an der Nordostecke des östlichen Mittelmeeres, liegt im Südostwinkel Kleinasiens die kilikische Ebene. Auf der Ostseite wird Kleinasien vom aufsteigenden armenischen Gebirge begrenzt, im Westen fällt es mit ostwestlich gerichteten Gebirgszügen zum ägäischen Meere ab. Übersichtskarte und Einzelkarten zu Kleinasien bei Baedeker, Konstantinopel usw.[2] (1914).

4. Im äußersten Süden des alten Orients liegt Südarabien, das heutige Land *jemen* und die östlich davon gelegene Landschaft *ḥaḍramaut*, das Gebiet des nach Osten führenden und dann südwärts zum indischen Ozean gehenden *wādi ḥaḍramaut*. Hier handelt es sich um ein Land, das die Möglichkeit seßhafter Besiedlung bietet, im Gegensatz zu den übrigen Teilen der großen arabischen Halbinsel, die — abgesehen von den Küstenplätzen und einer Reihe von Oasen in der Landschaft *el-ḥedschāz* entlang dem Südwestrand der Halbinsel sowie im Inneren — eine große Wüste ist, die nordwärts ohne Grenze in die syrische Wüste übergeht, die sich ihrerseits zwischen Syrien und das Zweistromland einschiebt. Eine genaue Einzelkarte des wichtigsten Teiles des *jemen* in 3 Blatt findet man bei C. Rathjens und H. v. Wissmann, Rathjens-v. Wißmannsche Südarabienreise III: Landeskundliche Ergebnisse (1934); eine Teilkartenskizze von *ḥaḍramaut* auf Grund eigener Bereisung bietet H. Helfritz, Vergessenes Südarabien (1936).

5. Inmitten des durch die bisher aufgeführten Länder beschriebenen Kreises liegt Syrien (einschl. Palästina), jenes langgestreckte schmale Land längs der Ostküste des Mittelmeeres, das auf der anderen Seite von der großen syrisch-arabischen Wüste begrenzt wird. Für Syrien ist zunächst die Küste wichtig, die nördlich des Karmel (s. o. S. 17) reich ist an natürlichen Häfen, da hier die Ausläufer des binnenländischen Gebirges vielfach bis an das Meer herantreten und allerlei geschützte Buchten bilden, meist aber auch noch Stücke flacheren Landes von wechselnder Breite einwärts der Küste freilassen, so daß für die Entstehung menschlicher Siedlungen längs der Küste die notwendigen Voraussetzungen seit alters gegeben waren. — Das syrische Binnenland ist auf das Ganze gesehen ein langgestrecktes Randgebirge, das das syrisch-arabische Wüstenplateau vom Mittelmeer trennt und seinerseits der Länge nach

zerteilt wird durch den großen, auf geologische Vorgänge zurückgehenden Einbruchsgraben, der die bis nach Nordsyrien reichende nördliche Fortsetzung des palästinischen Jordangrabens (s. o. S. 12f.) darstellt. Im kleineren Südteil dieses syrischen Grabens fließt nach Süden der *nahr el-līṭāni*, der schließlich im rechten Winkel nach Westen umbiegt und als *nahr el-ḳāsimīje* das Gebirge durchbricht und nördlich der Stadt Tyrus das Mittelmeer erreicht. Den Hauptteil dieses Grabens aber durchfließt in Syrien in nördlicher Richtung der Orontes (dies die griechische Form des alten Namens; heute *nahr el-ʿāṣi*), bis er in Nordsyrien in einem scharfen Knick sich nach Südwesten wendet und in das Mittelmeer mündet. Westlich dieses Grabens, also zwischen Graben und Meer, liegt eine Kette hoher und höchster Gebirge, von Süden aus zunächst der in seinem Nordteil bis zu 3083 m aufsteigende Libanon (s. o. S. 54f.), auf der Südseite durch den Einschnitt des *nahr el-ḳāsimīje* (s. o.), auf der Nordseite durch die breite, die Gebirgskette durchbrechende Ebene des kurzen, in das Mittelmeer mündenden *nahr el-kebīr* begrenzt. Nördlich des letzteren folgt bis zum Unterlauf des Orontes der weniger hohe *dschebel el-anṣārīje*, das „Nosairier-Gebirge" (die Nosairier sind eine synkretistische Sekte) und nördlich des Orontes das Amanus-Gebirge, das bis auf die Tauruskette zuläuft und die kilikische Ebene (s. o. S. 169) auf der Ostseite begrenzt. — Der Grabeneinbruch ist am deutlichsten ausgeprägt zwischen Libanon und Antilibanon (hier *el-biḳāʿ* genannt; s. o. S. 12) und dann teilweise wieder auf der Ostseite des *dschebel el-anṣārīje*; dazwischen weitet er sich zu einer breiteren Ebene in der Gegend der heutigen Stadt *ḥömṣ*, südwestlich deren der große See von *ḥömṣ* liegt. Am Orontesknie entwickelt sich der Graben wieder zu der mit einem großen See ausgestatteten und im übrigen teilweise versumpften Ebene *el-ʿamḳ*, nördlich deren der Graben auf der Ostseite des Amanus wieder in Erscheinung tritt. — Auf der Ostseite des Grabens erheben sich nur noch stellenweise bedeutendere Gebirge, vor allem das als Gegenstück zum Libanon von den Griechen als „Antilibanos" bezeichnete Hochgebirge, heute in seinem südlichen, bis zu 2814 m aufsteigenden Ausläufer *dschebel esch-schēch* oder *dschebel et-teldsch* (s. auch o. S. 28), in seinem nördlichen Hauptteil *dschebel esch-scherḳi* („östliches Gebirge") genannt. Weiter im Norden haben wir auf der Ostseite des Grabens nur noch niedrigere Gebirgsgruppen und Gebirgszüge.

Syrien ist wie Palästina im Unterschied von den großen Flußüberschwemmungsländern für sein Leben auf den winterlichen Regen angewiesen, der — von Westen kommend — nach Osten zu immer spärlicher wird und schließlich praktisch ganz aufhört, so daß hier der allmähliche Übergang zur syrischen Wüste erfolgt und die Möglichkeiten fester Ansiedlung mehr und mehr aufhören. Am Rande dieser Wüste liegt noch als besonders reiche Gegend die große Oase von Damaskus am Südostfuße des Antilibanon mit ihren vielen Gärten, bewässert durch den aus dem Antilibanon kommenden wasserreichen Fluß *barada* und außerdem mit erreichbarem Grundwasser versehen. Am breitesten ist das syrische

Kulturland ganz im Norden, wo die nördlich aufsteigenden Gebirge Kleinasiens und Armeniens verschiedene Flußläufe nach Nordsyrien herabschicken. Hier liegt inmitten ertragreichen Kulturlandes die Stadt Aleppo (*ḥaleb*), 110 km in der Luftlinie von der Mittelmeerküste (an der Orontesmündung) entfernt; und auf der anderen Seite sind es von Aleppo bis zum Euphrat in der Luftlinie nur noch etwa 100 km.

Als Gesamtkarte von Syrien (ausschl. Palästina) kommt in Frage die erwähnte Karte bei v. Oppenheim (s. o. S. 166). In der Zeit des französischen Mandats über Syrien ist das ganze Land genau vermessen und aufgenommen worden. Auf dieser Grundlage beruhen die hervorragenden neuen Karten von Syrien, die vom französischen Service géographique herausgegeben worden sind, nämlich einmal die Karte 1 : 50 000 (offizielle Bezeichnung: Levant — 1 : 50000e) in 84 Blättern, die im Laufe der Jahre 1926—1945 zuerst gedruckt wurde, die das Gebiet von Syrien im herkömmlichen Sinne umfaßt, sowie die Karte 1 : 200000 (offizielle Bezeichnung: Levant — 1 : 200000^{e}), die in 27 Blatt 1943—1945 erstmals veröffentlicht wurde und auch den östlichen Teil des jetzigen Staatsgebiets von Syrien mit einschließt.

§ 25. Verkehrslinien

1. Daß Syrien als die Mitte des altorientalischen Gesamtgebiets betrachtet werden muß, zeigt sich daran, daß es zu allen anderen Gebieten des alten Orients unmittelbare Verbindungen hat. Bei den Verkehrslinien kommt es darauf an, daß sich ihnen nicht besonders große Geländeschwierigkeiten entgegenstellen und andrerseits an ihnen wenigstens in erträglichen Abständen genügend Trinkwasser für Mensch und Tier zu finden ist. In diesem letzteren Punkte sind die Erfordernisse für die großen Verbindungslinien, auf denen Völkerwanderungen und Heereszüge erfolgen konnten, natürlich erheblich größer als für Karawanenwege, auf denen jeweils nur kleinere Gruppen dahinzogen, die sich in gewissen Grenzen mit Trinkwasser für die Menschen versehen und als Lasttier den verhältnismäßig genügsamen Esel oder aber das seit dem Ende des II. vorchristlichen Jahrtausends domestizierte, vom Wasser einigermaßen unabhängige Kamel (vgl. z. B. Gen 24 $_{10\,ff.}$ 37 $_{25}$) benutzen konnten.

Die einfachste Verbindung von Syrien nach Ägypten ging über die See, von einem der zahlreichen natürlichen syrischen Häfen zum Delta und umgekehrt, entlang der Küste, solange man noch mangels entwickelter Navigationstechnik auf Küstenschiffahrt angewiesen war. Palästina blieb dabei wegen der Hafenarmut seiner Küste im allgemeinen abseits liegen. — Dem nicht sehr weiten Landweg von Ägypten nach Palästina und Syrien stellte sich als Hindernis die Sinaiwüste in den Weg; von der Ostecke des Nildeltas bis zur Südwestecke des palästinischen Kulturlandes mußte da eine nur ganz spärlich durch kleine Oasen unterbrochene Durststrecke von etwa 175 km überwunden werden. Dem Wassermangel konnte hier allerdings durch Bohren von Grundwasserbrunnen in gewissen Grenzen abgeholfen werden, so daß schließlich auch dieser Landweg an der Küste entlang praktisch wichtig war (vgl. o. S. 84).

Die Verbindung von Syrien zum Zweistromlande ging in erster Linie von Nordsyrien aus. Von der Gegend von Aleppo aus bis zum Euphrat (s. o.) erstreckt sich das bewohnbare und passierbare Land nördlich der Breite des Salzsees von *dschabbūl*, an der die syrisch-arabische Wüste ihre Nordgrenze hat, bis zum Euphrat (s. o.), und dann konnte man dem Laufe des Euphrat abwärts folgen, soweit man wollte. Oder man konnte den Euphrat überschreiten und dann an dem ebenfalls bewohnbaren und passierbaren Nordrande der *dschezīre* (vgl. o. S. 168) entlang durch das Gebiet der *chābūr*-Quellen zum Tigris in der Gegend des heutigen *mōṣul* gelangen. — Nur für Karawanen geeignet war der direkte Weg vom mittleren Syrien, etwa von Damaskus aus, zum mittleren Euphrat durch den noch nicht allzu breiten Nordteil der syrischen Wüste; etwa in der Mitte dieses Weges lag eine Oase, die für den Karawanenverkehr wichtig war und in der eine Siedlung lag, die unter ihrem griechischen Namen Palmyra berühmt geworden ist, die aber schon zu Beginn des II. Jahrtausends v. Chr. unter ihrem alten Namen *Tadmar/Tadmur* bekannt war.

In unmittelbarer Nachbarschaft von Nordsyrien liegt Kleinasien, getrennt davon allerdings durch das Amanusgebirge und weiter jenseits von Kilikien durch das Hochgebirge des Taurus; über die Gebirgspässe hinweg aber ist ein Verkehr zwischen beiden Ländern stets möglich gewesen. Und vom östlichen Kleinasien aus war das nächstliegende und immer noch am besten erreichbare Nachbarland eben Nordsyrien.

Am weitesten abseits lag Südarabien; aber selbst dahin gab es unmittelbare Verbindungen von Syrien und Palästina aus. In Frage kam dabei einmal die Küstenschiffahrt vom Nordende des Golfes von *el-ʿaḳaba* (s. o. S. 12f.) aus über das Rote Meer nach der südarabischen Küste oder aber der freilich sehr lange, aber wohl seit uralter Zeit begangene Karawanenweg von Syrien, etwa von Damaskus aus, durch das Ostjordanland oder auch vom südlichen Palästina aus über das *wādi el-ʿaraba* hinweg durch die entlang dem Roten Meer sich hinziehende mittelarabische Landschaft *el-ḥedschāz*, die mit Medina und Mekka erst später durch die islamische Geschichte in den Vordergrund getreten ist, hindurch nach dem südarabischen Kulturgebiet.

2. Syrien aber war auch insofern die Mitte des altorientalischen Gesamtgebiets, als fast alle Verbindungen der an der Peripherie liegenden Einzelgebiete untereinander durch Syrien (und Palästina) hindurchführten. Die Verbindung zwischen dem Zweistromland und Kleinasien führte am bequemsten durch den nördlichsten Teil von Syrien. Vor allem aber durchzog der Verkehr zwischen Ägypten einerseits und dem Zweistromland und Kleinasien andrerseits Palästina und Syrien in seiner ganzen Länge, und das ist die wichtigste Verkehrsverbindung, die es im alten Orient gegeben hat. Von Ägypten erreichte man dabei auf dem

genannten Landweg durch die Sinaiwüste die palästinische Küstenebene, in der man nordwärts zog. Von hier aus konnte man entweder weiter dem allerdings durch Vorgebirge behinderten Küstenweg bis zur Mündungsebene des *nahr el-kebīr* (s. o. S. 170) in Mittelsyrien folgen, um dann landeinwärts ziehend Aleppo zu erreichen, oder, um die Schwierigkeiten des Küstenweges mit den verschiedenen unmittelbar in das Meer abfallenden Vorgebirgen zu vermeiden, besser südlich des Karmel schon sich landeinwärts wenden, auf dem Weg durch die Landschaft *bilād er-rūḥa* (s. o. S. 17) bei Megiddo die Jesreel-Ebene erreichen, von ihr über Beth-Sean bzw. auf dem Wege nördlich des Thabor in den oberen Jordangraben hinabsteigen und von da entweder auf verschiedenen Wegen über den *dschōlān* nach Damaskus gelangen, von wo aus man gewiß weniger den Karawanenweg durch die Wüste über Palmyra zum mittleren Euphrat wählte, sondern vielmehr nahe dem Ostrande des syrischen Kulturlandes nordwärts nach Aleppo zog, oder aber den Übergang in die *biḳā'* zwischen Libanon und Antilibanon benutzen und so nach Nordsyrien gelangen (vgl. o. S. 85). Von Aleppo aus aber konnte man auf den schon genannten Wegen entweder in das Zweistromland oder nach Kleinasien gehen. Auf dieser großen Verkehrslinie, die den westlichen und nördlichen Teil von Palästina durchquert und die streckenweise in verschiedene, zu verschiedenen Zeiten bevorzugte Straßenzüge zerfällt, sind seit uralter Zeit zahllose Menschen in friedlicher oder kriegerischer Absicht entlang gezogen.

Auch das abseits gelegene Südarabien gewann seinen Anschluß an die übrigen altorientalischen Länder auf den bezeichneten Wegen nach Syrien oder Palästina; nur mit Ägypten konnte man auf dem Seewege quer über das Rote Meer hinweg in Verbindung treten und allenfalls auf Karawanenwegen, die arabische Halbinsel in ihrer ganzen Breite durchquerend, zum persischen Golf und damit in das Zweistromland gelangen.

Zweites Kapitel

KULTUREN

§ 26. Ihre Erscheinungsformen

Daß die Länder des alten Orients, jedes auf seine Weise, Gebiete uralter und reicher Kulturen gewesen sind, davon reden die in ihnen aus dem Altertum hinterlassenen Denkmäler eine deutliche Sprache. Jede dieser Kulturen hat sich auf allen Lebensgebieten den ihr eigenen Ausdruck geschaffen von den großen baulichen Anlagen bis zu den kleinsten Gebrauchsgegenständen des alltäglichen Lebens; und jede dieser Kulturen hat eine lange Geschichte durchlaufen und in dieser Geschichte ihre Erscheinungsformen ständig gewandelt, gleichwohl aber die Hauptzüge ihrer Sonderart festgehalten. Diese Hauptzüge, und zwar das, was von ihnen besonders sichtbar in die Augen fällt, seien im Folgenden kurz zusammengefaßt.

1. Dem Besucher des unteren Ägypten fallen vor allem die Pyramiden in das Auge, von denen die drei Pyramiden bei *gīze* westlich des heutigen Kairo (vgl. AOB² Nr. 37; ANEP Nr. 765; Breasted-Ranke, Geschichte Ägyptens [Große illustrierte Phaidon-Ausgabe 1936] Abb. 4. 5) die bekanntesten sind; aber auch nördlich und südlich davon gibt es auf der Westseite des unteren Nils am Rande der libyschen Wüste Pyramiden. Es sind riesige Steinbauten, meist in der glatten Form der Pyramiden von *gīze*, daneben aber auch in stufenförmigem Aufbau (vgl. ANEP Nr. 764; Breasted-Ranke Abb. 1) oder mit geknicktem Profil (vgl. Breasted-Ranke Abb. 2). Sie stellen mächtige Königsgrabmäler dar, verbunden je mit einem unterhalb am Rande des Niltals gelegenen, aus großen Granitquadern und Pfeilern aufgebauten Totentempel für den Totenkult (Breasted-Ranke Abb. 6. 7) und oft umgeben von kleineren Grabbauten in der Form aufgemauerter flacher Häuser mit verschiedenen Innenräumen (*maṣṭaba* = „Steinbank" genannt) für andere Angehörige des Königshofes oder der herrschenden Schicht (vgl. Erman-Ranke, Aegypten und aegyptisches Leben im Altertum [1923] Taf. 24, 2). Die große Sorge für den Toten, die in diesen Denkmälern zum Ausdruck kommt, zeigt sich auch in den ebenfalls am Rande der westlichen Wüste — die Gegend der untergehenden Sonne galt in Ägypten als die Welt der Toten — unterirdisch im Felsen ausgehauenen, also im Unterschied zu den Pyramiden versteckt angelegten, aus einem Eingangskorridor und einem System von Kammern bestehenden Grabanlagen (vgl. Erman-Ranke Abb. 165), die man in Oberägypten, besonders westlich der heutigen Stadt Luxor, findet. Auch hier handelt es sich um Königsgräber. Das Innere dieser Grabanlagen ist mit bemalten Stuckreliefs und Wandmalereien aufs reichste geschmückt, die mythologische Darstellungen und Bilder aus dem täglichen Leben bieten (vgl. als Beispiele Breasted-Ranke Abb. 228. 229. 266). In der zentralen Grabkammer stand der Steinsarkophag (AOB² Nr. 197) oder Holzsarkophag (vgl. Erman-Ranke Taf. 24, 1) — letzterer oft in menschenförmiger Gestalt (Erman-Ranke Taf. 23,4) —, der die sorgfältig durch Einbalsamierung hergerichtete Mumie des Toten barg.

Neben der Welt der Toten am Wüstenrande im Westen tritt im Kulturlande selbst vor allem die Welt des Götterkults in den aus Steinquadern sorgsam erbauten und daher vielfach in imposanten Ruinen noch erhaltenen Tempeln hervor. Charakteristisch für die ägyptischen Tempelanlagen sind zunächst die sog. Pylone, d. h. die den Haupteingang auf beiden Seiten flankierenden Paare von breiten und nach oben sich verjüngenden Türmen, oben abgeschlossen durch eine flache Decke mit der charakteristisch ägyptischen Hohlkehle (vgl. Breasted-Ranke Abb. 22 bis 25; auch AOB² Nr. 490), hinter denen der Vorhof des Tempels liegt. Gelegentlich sind mehrere Pylone und Höfe hintereinander angeordnet, besonders wo eine Tempelanlage im Laufe der Zeiten vergrößert und erweitert worden ist. Der Tempel selbst im hinteren Teile des von einer Umfassungsmauer umschlossenen Raumes bestand in seiner einfachsten Form aus einer breiträumigen Säulenvorhalle und dem langräumigen Allerheiligsten. — In den Tempeln, an den rings umlaufenden Kolonnaden der Vorhöfe und in den Vorhallen, begegnen die für Ägypten so bezeichnenden gedrungenen Säulen, deren Formelemente der Papyruspflanze entnommen sind; sie stellen entweder noch Bündel von Papyrusstengeln schematisch dar, oben sei es mit geschlossenen (knospenden) Blüten (Breasted-Ranke Abb. 13. 14), sei es mit geöffneten Blütenkelchen (Breasted-Ranke Abb. 25), oder sie sind nur noch andeutend zu glatten, runden Säulen vereinfacht und haben runde Kapitäle mit dem Profil der geschlossenen (Breasted-Ranke Abb. 15) oder offenen (Breasted-Ranke Abb. 12) Papyrusblüte.

Sonst können noch für Ägypten als charakteristisch gelten die dem Sonnenkult dienenden schlanken, nach oben sich verjüngenden und in einer Spitze endenden Obelisken (AOB² Nr. 489), ferner die Sphingen, gelagerte Tiergestalten mit Menschen- oder Tierantlitz (AOB² Nr. 37. 377. 394), die Tempeleingänge und Prozessionsstraßen bewachen, endlich die überlebensgroßen, oft riesigen Stand- und Sitzbilder der Könige des Landes, wie sie im ganzen oder in Trümmern vielerorts zu finden sind und wie sie im nubischen Niltal aus den Felswänden des Flußtales ausgehauen waren (Breasted-Ranke Abb. 12. 16—19).

2. Weit weniger sichtbar und mächtig ist die Hinterlassenschaft der alten Kulturen im Zweistromlande. Das liegt vor allem daran, daß hier die großen baulichen Anlagen im allgemeinen nicht aus Steinquadern errichtet worden sind, sondern aus den landesüblichen luftgetrockneten Lehmziegeln, die den Einwirkungen der Jahrtausende weit geringeren Widerstand entgegengesetzt haben. So erscheinen die Stätten der alten Kultur hier in Form großer, verwaschener Lehmanhäufungen (vgl. z. B. R. Koldewey, Das wieder erstehende Babylon⁴ [1925] Abb. 5; W. Andrae, Das wiedererstandene Assur [1938] Taf. 31), und erst eine Ausgrabung kann an das Licht bringen, was an Denkmälern sich darin erhalten hat (zum Ganzen vgl. vor allem V. Christian, Altertumskunde des Zweistromlandes I [Text. Tafeln] 1940 sowie A. Parrot, Sumer [1960] und A. Parrot, Assur [1961]).

Wieder sind die Tempelanlagen charakteristisch; sie weisen vor allem in den Städten des Südens, im eigentlichen *ʿirāḳ*, aber auch weiter nördlich am Euphrat und Tigris, die sog. Tempeltürme (alte Bezeichnung: *ziḳḳurratu*) auf, aus Ziegeln aufgemauerte Hochterrassen in der Form von in Stockwerken aufsteigenden, hohen, turmartigen Massiven (vgl. AOB² Nr. 473. 481; ANEP Nr. 746. 747. 763). Dazu gehörten am Fuße der Tempeltürme gelegene Heiligtümer, die — vor allem wieder im Süden — die Form an der Hinterseite eines Hofes liegender Breiträume mit einer Kultnische in der dem Eingang gegenüber befindlichen Rückwand hatten (vgl. AOB² Nr. 470 [ES]. 471; W. Andrae, Das Gotteshaus und die Urformen des Bauens im alten Orient [1930] Abb. 7. 9. 10).

Daneben begegnen im Norden des Zweistromlandes Tempel vom sog. Herdhaustyp, d. h. Langräume mit dem Allerheiligsten an einer Schmalseite, aber mit dem Eingang in einer der Breitseiten, so daß man nach dem Betreten des Tempels eine Wendung um 90° vollziehen mußte, um nunmehr in die Richtung des Allerheiligsten zu blicken (ANDRAE, Die Urformen Abb. 15—17); und außerdem auch Langraumanlagen mit dem Eingang in der einen Schmalseite und dem Allerheiligsten an der gegenüberliegenden Schmalseite (ANDRAE, Die Urformen Abb. 21). An diesem Nebeneinander wird schon der zusammengesetzte Charakter der Kultur des Zweistromlandes deutlich.

Für die Bautechnik im einzelnen ist bezeichnend z. B. die Verwendung von nagelartigen (verschiedenfarbigen) Stein- bzw. Tonstiften, die dicht nebeneinander mosaikartig in Mörtel eingelassen wurden, zur Aufführung ganzer Mauern (vgl. ANDRAE, Die Urformen Abb. 91. 95. 96) oder wenigstens das Einsetzen von tönernen Stielknäufen, oft mit Rosettenmustern bemalt, in die Lehmziegelmauern (ANDRAE a. a. O. Abb. 81. 82. 84. 86) oder endlich — offenbar als verkümmerter Überrest dieser Sitte — das Bemalen der Ziegelwände mit Reihen von Rosetten (ANDRAE a. a. O. Abb. 85. 87. 94). Eine weitere Erscheinung, die nur im Zweistromlande begegnet, ist die Verwendung bemalter emaillierter Ziegel, mit deren Hilfe ganze Reliefs an Ziegelwänden hergestellt wurden (vgl. AOB² Nr. 371. 373. 375. 376; ANEP Nr. 761. 762 sowie die Rekonstruktion des Ischtartores von Babylon im Museum in Berlin AOB² Nr. 372; ANEP Nr. 760) und die Herstellung von Ziegelplatten mit Schmelzfarbengemälden (ANDRAE, Assur Taf. 1). Der auf Lehmziegeltechnik eingestellten genuinen Architektur des alten Zweistromlandes fehlt das Bauelement der freistehenden Säule. — Einen großen Teil des Fundmaterials aus dem Zweistromlande bilden reliefierte Steinplatten (aus Alabaster, Gipsstein, Kalkstein), die zur Verkleidung der Ziegelwände, besonders in den Königspalästen am mittleren Tigris, dienten und Kriegsereignisse, Jagdszenen und Begebenheiten des alltäglichen Lebens darstellten (AOB² Nr. 132. 133. 137. 138. 148. 149; ANEP Nr. 372—375). Zahlreich unter den Funden sind auch oben halbkreisförmig abgerundete Steinstelen mit Herrscherdarstellungen (AOB² Nr. 135. 144; ANEP Nr. 442. 443. 447).

Zu den eigenartigen und häufigen Erscheinungen der Kultur des alten Zweistromlandes gehören die in Rundplastik oder Relief dargestellten Mischwesen, die Dämonen abbilden. Sie sind meist Kombinationen aus Löwe oder Stier (Rumpf und Beine), Adler (Flügel) und Mensch (Antlitz); auch das Element der Schlange (Kopf und Schwanz) kommt vor (AOB² Nr. 370f. 373. 378. 381; ANEP Nr. 646. 647); sie galten als Torwächter und waren an den Torfronten und -laibungen angebracht. Auch in sonstigen Reliefszenen spielen mischgestaltige Dämonen eine Rolle (AOB² Nr. 379. 380. 382). — In der Menschendarstellung fallen vor allem die mit sog. Zottenrock bekleideten Gestalten auf, der wahrscheinlich ein zottiges Schaffell darstellt (ANEP Nr. 18—24). Diese Bekleidung ist allerdings nur für eine bestimmte alte Zeit charakteristisch. Göttliche Gestalten erscheinen in der Darstellung vielfach ausgezeichnet durch die sog. Hörnerkrone mit einem oder mehreren übereinander angeordneten Paaren von Stierhörnern (AOB² Nr. 318. 322; ANEP Nr. 514. 515. 529).

3. Besondere Erscheinungen verbinden die alte Kultur des östlichen Kleinasien mit der Nordsyriens und des nördlichen Mesopotamien; und wenn diese Kultur auch ebensowenig in sich einheitlich ist wie die des soeben besprochenen Zweistromlandes (vgl. A. Moortgat, Die bildende Kunst des Alten Orients und die Bergvölker [1933]), so hat sie doch bestimmte Hauptzüge gemeinsam, die zugleich in das Kulturgebiet am mittleren Tigris hinüberspielen und sich dort mit den Kulturtraditionen des Zweistromlandes verbinden. — Es gibt in diesem Gebiet zahlreiche feste Städte und Burgen mit Mauern auf schweren Bruchsteinfundamenten, deren Tordurchgänge von großen, gut bearbeiteten Monolithen flankiert werden (vgl. E. Meyer, Reich und Kultur der Chetiter [1914] Fig. 5—7; M. v. Oppenheim, Der Tell Halaf [1931] S. 73). Bemerkenswert ist das Verkleiden des Fußes der Palastwände mit niedrigen Orthostaten (aufrecht stehenden reliefierten Steinplatten); vgl. Meyer a. a. O. Fig. 62. 63 und vor allem v. Oppenheim a. a. O. Taf. 10. 16ff.; ANEP Nr. 654. 655. Die Menschen- und Götterdarstellungen zeichnen sich durch die hohe konische Kappe und Schnabelschuhe aus (AOB² Nr. 340. 342; Meyer Fig. 1. 57. 60. 76; ANEP Nr. 532). Die abgebildeten Tiere zeigen eine charakteristische Art unbeholfen dargestellter Bewegung (Meyer Taf. VII. VIII; v. Oppenheim Taf. 18ff.). Besonders bei den dargestellten Löwen tritt in dem starr geöffneten Rachen ein monströs-dämonischer Zug hervor (AOB² Nr. 399 u. ö.). Daneben kommen allerlei Mischwesen vor, oft grotesker Art, wie die Wesen mit zwei Gesichtern (Mensch und Tier; Meyer Fig. 78; ANEP Nr. 644) oder der „Skorpionenvogelmensch" (v. Oppenheim Taf. 42 oben). Bezeichnend ist vor allem die Verwendung von allerlei Tier- (bes. Löwen-) und Mischwesengestalten als Postamenten für Götterstatuen (AOB² Nr. 338. 355. 356 u. a.) und Säulen, die ihrerseits als Götterstatuen gestaltet sind (v. Oppenheim, Titelbild. Taf. 12a); gern besteht das Postament aus je einem Paar von Löwen oder Mischwesen (AOB² Nr. 345. 390; ANEP Nr. 648). Die monströsen Löwen sind vielfach an den Torlaibungen als Torwächter angebracht. Unter den symbolischen Darstellungen kommt häufig die „Flügelsonne" vor (AOB² Nr. 338. 342; v. Oppenheim Taf. 8b. 37a u. ö.; ANEP Nr. 534).

4. Die Überreste der alten südarabischen Kultur sind noch wenig erforscht. Sie reichen anscheinend zeitlich kaum über das I. vorchristliche Jahrtausend zurück. Die meisten der bisher gefundenen Denkmäler wie Tempelanlagen mit charakteristischen achtkantigen Säulen, Stelen, Inschriftensteine (vgl. Rathjens-v. Wissmann, Rathjens - v. Wißmannsche Südarabienreise II: Vorislamische Altertümer [1932]; G. C. Thompson, The Tombs and Moon Temple of Hureidha (Hadhramaut) [1944]; R. L. Bowen and F. P. Albright, Archaeological Discoveries in South Arabia [1958]) stammen wohl erst aus den letzten vorchristlichen Jahr-

hunderten (vgl. auch ALBRIGHT, BASOR 119 [1950] S. 5ff.). Zum gegenwärtigen Stand der Forschung auf diesem Gebiet vgl. G. W. VAN BEEK, South Arabian History and Archaeology (The Bible and the Ancient Near East. Essays in Honor of William Foxwell Albright [1961] S. 229 bis 248).

5. Die kulturelle Hinterlassenschaft in Syrien (abgesehen von Nordsyrien, vgl. oben unter 3) aus altorientalischer Zeit erscheint in ähnlicher Form wie in Palästina (s. o. S. 109ff.). In den Ruinenhügeln (*tulūl*) der alten Städte des Landes bergen sich die Denkmäler jener Zeit; sie weisen in verschiedenem Maße die starken Beziehungen von Syrien (und Palästina) zu den großen Nachbarkulturen auf, deren Elemente in eigenartiger Mischung in der Kultur Syriens erscheinen. Die lebhaftesten Beziehungen nach auswärts, und zwar zu den Mittelmeerländern, hatte die syrische Küste mit ihren Städten. So hatte die Stadt Byblos (heute *dschbēl*) an der libanesischen Küste eine alte und intensive Verbindung mit Ägypten (zu den dortigen Ausgrabungen vgl. P. MONTET, Byblos et l'Egypte [1929]; M. DUNAND, Fouilles de Byblos I: 1926—1932 [Atlas 1937; Texte 1939]. II: 1933—1939 [Atlas 1950; Texte 1954]); und das alte Ugarit (der heutige Ruinenhügel *rās esch-schamra*) an der nordsyrischen Küste, der Ostspitze von Cypern gerade gegenüber, hat nach Ausweis der von 1929 bis 1939 dort durchgeführten und nach dem zweiten Weltkrieg wieder aufgenommenen Ausgrabungen (vgl. CL. F.-A. SCHAEFFER in Syria 10 [1929] ff. und in Ugaritica I [1939]. II [1949]. III [1956] und vorläufig zusammenfassend J. FRIEDRICH, Ras Schamra [Der Alte Orient 33 (1933) Heft 1/2]) in engen Beziehungen zu Cypern und zur kretisch-mykenischen Welt gestanden. — Im großen ganzen fehlt es Syrien (und Palästina) an so großen, berühmten und sichtbaren Denkmälern aus altorientalischer Zeit, wie sie die unter 1—3 besprochenen Gebiete aufweisen.

§ 27. Ihre Erforschung

Die archäologische Einzelarbeit an der Hinterlassenschaft der alten Kulturen hat vor allem die Denkmäler und Erscheinungen zeitlich zu ordnen; aus der Beobachtung der Wandlungen und Entwicklungen ergibt sich dann in den Hauptzügen eine Kulturgeschichte der einzelnen Gebiete sowie eine Geschichte der Beziehungen zueinander. Dabei stehen jeweils am Anfang vorgeschichtliche Kulturüberreste, die aus Zeiten stammen, über die geschichtliche Nachrichten ganz oder fast ganz fehlen; und erst dann folgen die Denkmäler der uns durch Überlieferung geschichtlich bekannten Zeiten.

In Ägypten sind vorgeschichtliche („vordynastische"; zu der Reihe der „Dynastien" s. u. S. 221) steinzeitliche und kupfersteinzeitliche Kulturen in einer bestimmbaren Zeitfolge nachweisbar (vgl. A. SCHARFF, Grundzüge der ägyptischen Vorgeschichte [Morgenland Heft 12 (1927)]); sie münden gegen Anfang des III. Jahrtausends v. Chr. in die „frühdynastische" Kultur ein, auf die dann bald die Kulturentwicklung der im eigentlichen Sinne geschichtlichen Zeit folgt. Die Erscheinungen und Wandlungen dieser reichen Kultur in geschichtlicher Zeit hat dargestellt vor allem A. Erman, Ägypten und ägyptisches Leben im Altertum (1887), neu bearbeitet von H. Ranke (1923), sowie H. Kees, Ägypten (Kulturgeschichte des Alten Orients [= Handbuch der Altertumswissenschaft Abt. 3 Teil 1 Bd. 3] I [1933]). Einen Überblick über den Ertrag der archäologischen Arbeit bietet A. Scharff, Ägypten (Handbuch der Archäologie im Rahmen des Handbuchs der Altertumswissenschaft hrsg. von W. Otto I [1939] S. 433—642 mit zugehörigen Tafeln im entsprechenden Tafelband).

Für die vorgeschichtlichen Kulturen im Zweistromlande, die sich vor allem nach der Art und Bemalung ihrer Keramik voneinander unterscheiden und in einer bestimmten zeitlichen Reihenfolge anordnen lassen, hat man Bezeichnungen eingeführt nach bestimmten Ausgrabungsplätzen, an denen jeweils die betreffende Kultur erstmalig besonders deutlich und geschlossen in Erscheinung getreten ist. So spricht man von einer durch eine bestimmte Art altmonochromer Keramik und andrerseits durch eine charakteristische Buntkeramik ausgezeichneten „Tell-Halaf-Kultur" (benannt nach einer der untersten Schichten des von 1911—1929 mit Unterbrechungen von M. v. Oppenheim ausgegrabenen *tell ḥalaf* im Quellgebiet des *chābūr* im nördlichen Mesopotamien; vgl. M. v. Oppenheim, Tell Halaf I: Die prähistorischen Funde bearbeitet von Hubert Schmidt [1943]), die wahrscheinlich in die Mitte des V. Jahrtausends v. Chr. hinaufreicht und besonders im Norden des Landes verbreitet war (Tell-Halaf-Keramik abgebildet bei Christian, Altertumskunde des Zweistromlandes Taf. 27 ff.). Darauf folgte zeitlich die „El-Obed-Kultur" (benannt nach dem kleinen Ruinenhügel *tell el-'obēd*, etwa 6 km nordwestlich der rechts des untersten Euphrat gelegenen alten Stadt Ur, deren 1923 unter der Leitung von Hall und Woolley begonnene Ausgrabung nebenbei zur Untersuchung der kleinen urtümlichen vorgeschichtlichen Siedlung auf dem *tell el-'obēd* geführt hat; Keramik dieser Kultur, die vorwiegend im Süden des Landes vertreten war, bei Christian a. a. O. Taf. 47 ff.). Zeitlich schloß sich in den letzten Jahrhunderten des IV. Jahrtausends v. Chr. daran an die „Uruk-Kultur" (benannt nach der 1913 begonnenen und — mit Unterbrechungen durch die beiden Weltkriege — gegenwärtig noch weiter fortgesetzten deutschen Ausgrabung des alten Uruk [heute *warka*] etwas oberhalb von Ur, links des heutigen Euphratlaufs, die in den archaischen Schichten Uruk VI bis IV zur Entdeckung dieser Kultur geführt hat; Keramik bei Christian Taf. 55 ff.). Endlich kommt die „Djemdet-Nasr-Kultur" (benannt nach der 1925/26 unter der Leitung von Langdon ausgegrabenen kleinen Ruine *dschemdet naṣr* etwa 70 km südlich von Bagdad; zur Keramik vgl. Christian Taf. 79 ff.). Die „Djemdet-Nasr-Kultur" gehört in die beiden ersten Jahrhunderte des III. Jahrtausends v. Chr. In diesem Jahrtausend folgten ihr dann die frühgeschichtlichen Kulturen der frühsumerischen und altakkadischen Zeit und schließlich der jungsumerischen

Periode mit ihrem Höhepunkt in der Herrschaftszeit der III. Dynastie von Ur im 21. und in der ersten Hälfte des 20. Jahrh.s v. Chr. (vgl. auch u. S. 224). Zur Kulturentwicklung der geschichtlichen Zeit vgl. B. MEISSNER, Babylonien und Assyrien I/II (= Kulturgeschichtliche Bibliothek I, 3. 4) 1920/25. Eine Zusammenfassung der archäologischen Ergebnisse gibt E. W. ANDRAE, Vorderasien ohne Phönikien, Palästina und Kypros (Handb. d. Arch. [s. o.] I [1939] S. 643—796 mit zugehörigen Tafeln).

Jüngeren Datums ist die Erforschung der vorgeschichtlichen und alten geschichtlichen Kultur Kleinasiens (vgl. K. BITTEL, Grundzüge der Vor- und Frühgeschichte Kleinasiens [[2]1950]). Über die Kulturerscheinungen besonders der geschichtlichen Zeit vgl. A. GOETZE, Kleinasien (in Kulturgeschichte des Alten Orients [= Handbuch der Altertumswissenschaft Abt. 3 Teil 1 Bd. 3] III, 1 [[2]1957]).

Die syrisch-palästinische Archäologie behandelt C. WATZINGER, Phönikien und Palästina — Kypros (Handb. d. Arch. [s. o.] I [1939] S. 797—848 mit Tafeln).

Drittes Kapitel

SCHRIFTEN UND SCHRIFTDENKMÄLER

§ 28. Wort- und Silbenschriften

Es wäre nicht möglich, aus den materiellen Überresten des antiken Lebens in den altorientalischen Kulturgebieten, so reich und mannigfaltig sie sind, ein gesichertes und abgerundetes Bild vom Verlauf der Geschichte oder auch nur der Kulturgeschichte zu gewinnen, wenn nicht durch geschriebenes menschliches Wort uns alte geschichtliche Überlieferungen erhalten wären. Denn nicht materielle Überreste, sondern erst menschliche Rede kann darüber etwas aussagen, was den Inhalt des geschichtlichen Geschehens ausmacht, nämlich menschliches Denken, Wollen und Handeln. Auch wenn wir lediglich noch allein auf die späten Mitteilungen griechischer Geschichtsschreiber über das verhältnismäßig Wenige, was sie über die Geschichte der Länder des Orients ermittelt haben, angewiesen wären, wären wir nicht in der Lage, die Geschichte dieser Länder auch nur in groben Umrissen darzustellen oder die Hinterlassenschaft ihrer Kulturen einigermaßen richtig zu deuten. Doch jene alten Kulturen haben seit sehr früher Zeit die Kunst verstanden, menschliche Worte schriftlich zu fixieren, und sie haben sehr viel geschrieben. Eine schier unermeßliche Menge von Schriftdenkmälern ist aus dem alten Orient erhalten und bei den Ausgrabungen an das Licht gekommen; und seitdem es gelungen ist, die alten Schriften zu lesen und die aufgeschriebenen Worte zu verstehen, verfügen wir über eine Fülle originaler Quellen zur altorientalischen Geschichte (zum Ganzen dieses Kapitels vgl. H. JENSEN, Die Schrift in Vergangenheit und Gegenwart [[2]1958]; J. G. FÉVRIER, Histoire de l'écriture [[2]1959]).

Die ältesten Schriftsysteme, die wahrscheinlich unabhängig voneinander entstanden sind, gehen von der Möglichkeit aus, einen konkreten Gegenstand bildlich in ausgeführter oder andeutender Form in irgend einer Technik zu „zeichnen“ und so das Wort, mit dem der betreffende Gegenstand benannt wurde, mit Hilfe dieses Bildes zu „schreiben“. Es wurden also zunächst nicht Laute, sondern Worte „geschrieben“. Nachdem aber auf diese Weise einmal die bestimmte Lautzusammenstellung eines Wortes mit einem bestimmten Bilde verknüpft war, konnte — und damit ergab sich ein ganz entscheidender Schritt vorwärts — dieselbe Lautzusammenstellung, auch wo sie sonst noch als Wort oder Wortteil vorkam, mit demselben Bilde „geschrieben“ werden. Es ergab sich also die Möglichkeit, etwa eine bestimmte Silbe, wo auch immer sie in der Rede vorkam, überall mit demselben Zeichen zu kennzeichnen. Damit erfolgte der Übergang von reiner Bildschrift zu einer Mischung von Bildschrift und phonetischer Schrift. Da es sehr viele im Bilde zu „schreibende“ Gegenstände und auch sehr viele Silben in der Sprache gibt, haben diese alten Schriften viele Hunderte verschiedener Zeichen. Zu dieser Unvollkommenheit kam noch die andere, daß die Schrift vielfach mehrdeutig war. Ein Bild kann u. U. verschiedenerlei andeuten (beispielsweise das Bild für Auge die Worte „Auge“ und „sehen“ u. ä.) und dann auch verschiedene Silbenwerte bekommen, und umgekehrt kann eine Silbe, weil ihr Lautbestand mit verschiedenen Gegenstandsworten ganz oder nahezu übereinstimmt, mit verschiedenen Zeichen geschrieben werden. Darum hat man meist mit der Zeit allerlei Lesehilfen in die Schrift eingeführt und im übrigen im Laufe der Entwicklung trotz oft verschiedener Schreibmöglichkeiten bestimmte konventionelle Schreibungen für bestimmte Worte ausgebildet. Die Schwierigkeiten dieser Schriftarten machen es verständlich, daß das Schreiben und Lesen eine nur von wenigen eigens dazu ausgebildeten „Gelehrten“ verstandene Kunst blieb und daß der Stand der Schreiber eine selbstbewußte Klasse war, zumal selbst die Könige und Großen für ihren amtlichen Schriftverkehr auf das Können und die Ehrlichkeit (beim Aufschreiben und Vorlesen von Schriftstücken) ihrer Schreiber angewiesen waren. — Zu diesen schwierigen alten Schriftsystemen im alten Orient gehörten die Hieroglyphen in Ägypen, die im Zweistromland beheimatete Keilschrift und die sog. „hethitischen Hieroglyphen“.

1. Die Hieroglyphen (vgl. die allgemeinverständliche Darstellung von A. Erman, Die Hieroglyphen [Sammlung Göschen 608] 1917), deren Entzifferung sich an die Namen des Engländers Th. Young und vor allem des Franzosen J. Fr. Champollion knüpft (vgl. Erman a. a. O. S. 7ff.), haben ihren ursprünglichen Bildcharakter in ihrer Form bis in die späteste Zeit festgehalten (vgl. Abb. 7 A). Sie legen lediglich das Konsonantengerippe der Worte fest und bezeichnen beim Übergang zur phonetischen Schreibung nur jeweils die Konsonanten. Die in dieser Schrift geschriebenen Worte sind also wegen des Fehlens der Vokale nicht original aussprechbar (man hilft sich bei der Lesung daher meist mit der

Einfügung des neutralen Vokals e). Die Schriftrichtung war nicht festgelegt; man konnte in vertikalen Zeilen von oben nach unten schreiben oder aber in horizontalen Zeilen von links oder von rechts her. Das hängt damit zusammen, daß die Hieroglyphen einen stark ornamentalen Charakter haben und die Inschriften auf Säulen, an Tempelwänden, in Grabkammern auch vielfach einen ornamentalen Nebenzweck verfolgten, daher für die Schriftrichtung ästhetische Gesichtspunkte ausschlaggebend sein konnten, die Schriftzeichen z. B. auf symmetrischen Baugliedern symmetrisch, d. h. mit entgegengesetzter Schriftrichtung, angebracht wurden. — Neben den lapidaren Formen der bis in die römische Zeit gebrauchten Hieroglyphenschrift kannte man seit alters eine für das Schreiben mit Tinte auf Papyrus bestimmte, durch Vereinfachung daraus entstandene Buchschrift, das sog. Hieratische, das im praktischen Gebrauch eine stark kursive und daher nicht mehr bildhafte Form annehmen konnte und in der Spätzeit in die sog. demotische Schrift überging. Hieroglyphisch bzw. hieratisch-demotisch ist nur die ägyptische Sprache in ihren verschiedenen Stadien geschrieben worden. Für darin vorkommende fremde Namen sowie für die in das Ägyptische eingegangenen Fremd- und Lehnwörter benutzte man eine besondere Orthographie, die wahrscheinlich auf einen Versuch von Vokalandeutung zurückgeht, die sog. syllabische Schreibung (vgl. dazu M. Burchardt, Die altkanaanäischen Fremdworte und Eigennamen im Ägyptischen [1909/10]; W. F. Albright, The vocalization of the Egyptian syllabic orthography [1934]).

Die Schriftdenkmäler bestehen in den zahllosen hieroglyphischen Inschriften, die an den monumentalen Bauten des Landes in die Steinquadern der Wände und die glatten Flächen der Säulen eingemeißelt oder aber in allerlei Innenräumen, besonders Grabkammern, auf der Stuckverkleidung der Wände in flachem Relief angebracht oder auch nur aufgemalt sind (die Hieroglypheninschriften sind überhaupt im allgemeinen ursprünglich farbig zu denken); sodann in den ebenfalls sehr zahlreichen Papyrusrollen mit hieratischer bzw. demotischer Beschriftung, die sich in dem trockenen Klima Ägyptens — meist in Gräbern — durch die Jahrtausende erhalten haben (die Ägypter stellten dieses ihr wertvolles Schreibmaterial aus der in den Sümpfen besonders des Deltas wachsenden Papyruspflanze her, indem sie deren Stengel der Länge nach in Streifen schnitten, die Streifen in Kreuz- und Querlage zu Blättern zusammenklebten und diese Blätter zu langen zusammenrollbaren „Büchern" aneinanderklebten); endlich in beschrifteten Tonscherben, die für die kleinen Zwecke des alltäglichen Lebens das billigste Schreibmaterial darstellten.

Dem Inhalt nach haben wir es bei diesen Schriftdenkmälern mit den verschiedensten Gattungen zu tun (das Wichtigste findet sich in AOT² S. 1—107, ins Deutsche übersetzt von H. Ranke, sowie in ANET passim in englischer Übersetzung von J. A. Wilson). Einen sehr großen Raum nehmen dabei die Grabinschriften ein, seien es die alten Pyramidentexte oder die Beschriftungen der Grabkammerwände und Sarkophage oder endlich die Papyrusrollen, die man dem Toten in den Sarg mitgab (etwa in der Zusammenstellung des sog. Totenbuches). Dabei handelt es sich entweder um eigentliche Totentexte, d. h. allerlei Mitteilungen über das Jenseits, Zauberformeln, die für den Weg in das Jenseits zu kennen wichtig erschien, u. dgl., sodann um mythologische Texte allgemeineren Inhalts und erklärende Beischriften zu allerlei mythologischen Darstellungen, schließlich auch Götterhymnen u. ä. — Die Ägypter besaßen auch eine Literatur im engeren Sinne, die durch viele Papyrusfunde bekannt geworden ist, Lieder verschiedensten Inhalts, Erzählungen mit unterhaltender oder belehrender oder erbaulicher Absicht, ferner eine seit alter Zeit gepflegte und ausgedehnte Weisheitsliteratur zur Überlieferung erprobter Lebensregeln (vgl. R. ANTHES, Lebensregeln und Lebensweisheit der alten Ägypter [Der Alte Orient 32 (1933) Heft 2], auch P. HUMBERT, Recherches sur les sources égyptiennes de la littérature sapientiale d'Israel [1929]) sowie listenmäßige, nach Sachgebieten geordnete Zusammenstellungen aller Erscheinungen der den Ägyptern bekannten Welt (vgl. A. H. GARDINER, Ancient Egyptian Onomastica. Text I. II. Plates [1947]), endlich auch allerlei Prophezeiungen auf Grund des Schemas des Wechsels von Unheils- und Heilszeiten (zum Ganzen vgl. die Textübersetzungen von A. ERMAN, Die Literatur der Ägypter [1923] und die Darstellung von M. PIEPER, Die ägyptische Literatur [Handbuch der Literaturwissenschaft] 1927). — Aus dem praktischen Leben stammen Gerichtsprotokolle, Rechnungen, Listen u. ä. — Zahlreich sind auch historische Texte. Neben Mitteilungen über den Lebensgang von großen Beamten und Offizieren des Reiches in deren Grabbauten haben wir vor allem die von Königen des Landes an monumentalen Bauten, besonders Tempeln, angebrachten Auszüge aus ihren Annalen und die bildlichen Darstellungen ihrer Kriegstaten mit erklärenden Beischriften (gesammelt und in das Englische übersetzt von J. H. BREASTED, Ancient Records of Egypt I—V [1906/07]; vgl. auch die autographische Wiedergabe sehr vieler dieser Texte in dem 1903 von G. STEINDORFF, K. SETHE und H. SCHÄFER begonnenen und jetzt noch fortgesetzten Werk „Urkunden des aegyptischen Altertums"). In eigenartiger Weise haben die Könige des ägyptischen Neuen Rciches seit Thutmose III. wiederholt ihre Eroberungen in fremden Ländern der Nachwelt überliefert; sie haben sich darstellen lassen, wie sie eine Schar gefangener Feinde mit der Keule niederschlagen, während gleichzeitig zwei Gottheiten ihnen an langen Stricken um den Hals gefesselte Feinde zuführen, die — in mehreren Reihen übereinander angeordnet — nur mit Kopf und Rumpf abgebildet sind und auf ihrem Rumpf je den hieroglyphisch geschriebenen Namen einer vom Pharao im fremden Lande eroberten Stadt oder besetzten Örtlichkeit tragen. So haben wir eine Reihe meist umfangreicher Listen palästinischer und syrischer Orte, die von den ägyptischen Königen erobert worden sind; diese Listen sind wichtige Originalquellen zur antiken Besiedlung von Syrien und Palästina (vgl. M. NOTH, Die Wege der Pharaonenheere in Palästina und Syrien [ZDPV 60 (1937) S. 183—239; 61 (1938) S. 26—65. 277—304; 64 (1941) S. 39—74 und zur Darstellungsform ZDPV 60 (1937) Taf. 1]).

2. Die Keilschrift (vgl. die allgemeinverständliche Darstellung von B. MEISSNER, Die Keilschrift [Sammlung Göschen 708] ²1922), zu deren Entzifferung der Deutsche G. F. Grotefend im Jahre 1802 an Hand altpersischer Keilinschriften die Grundlage legte (vgl. MEISSNER a. a. O. S. 7ff.), hat ihren Namen daher, daß das Einzelelement der Schriftzeichen keilförmige Form besitzt, d. h. einen breiten Kopf hat und von da in eine immer dünner werdende Spitze ausläuft (vgl. Abb. 7 B); und das kommt daher, daß — nach älteren Formen einfacher Einritzungen in Stein oder Ton — als Schreibmaterial für die ausgebildete Keilschrift die Tontafel üblich wurde, in deren weichen Ton man mit der Kante eines Stabes oder Griffels die Schriftzeichen eindrückte, wobei die Spitze des Griffels naturgemäß tiefer eindrang und dadurch den breiteren Kopf des Keils hervorbrachte. Man hat diese von der Tontafel herstammende Keilform der Zeichenelemente dann aber auch auf die häufigen Steininschriften und auf die gelegentlichen Inschriften auf Metallplatten und -plättchen übertragen. Über die Technik des Keilschriftschreibens und die Entwicklung der Zeichenformen aus urtümlichen Anfängen heraus handelt ausführlich G. R. DRIVER, Semitic Writing from Pictograph to Alphabet (The Schweich Lectures 1944 [1948; ²1954]) S. 1ff. Die ältesten bisher nachweisbaren Vorläufer der Keilschrift aus der Zeit der „Uruk-Kultur" (s. o. S. 179) zeigen noch den ursprünglichen („piktographischen") Bildcharakter der Keilschriftzeichen (vgl. ANEP Nr. 241); aber schon früh herrscht die Tendenz, die Bilder mit geradlinigen Strichen einzuritzen, und die mit dem Griffel eingedrückten Keile geben ja ihrer Natur nach nur gerade Striche wieder. So kommt es, daß in den oft aus komplizierten Systemen von Keilen bestehenden Keilschriftzeichen die ursprünglichen Bilder meist kaum noch ohne weiteres erkennbar sind. Im übrigen hat die Keilschrift eine Geschichte im großen ganzen im Sinne einer Vereinfachung der Keilschriftzeichen durchgemacht. Die Schriftrichtung ist von links nach rechts. Im Unterschied von den Hieroglyphen legt das hinter einem Keilschriftzeichen stehende Bild das betreffende Wort mit Konsonanten und Vokalen fest, und so geben denn die Keilschriftzeichen bei ihrer phonetischen Verwendung den ganzen Lautbestand einer Silbe einschließlich des Vokals wieder. Die in Keilschrift phonetisch geschriebenen Worte sind also im Unterschied zu den hieroglyphisch geschriebenen Worten wirklich lesbar. Die Keilschrift ist bis in die letzten vorchristlichen Jahrhunderte hinein in Gebrauch gewesen.

Die Verbreitung der Keilschrift ist wesentlich größer gewesen als die der Hieroglyphenschrift. Man hat im Laufe der Geschichte mit ihrer Hilfe die verschiedensten Sprachen geschrieben (s. u. § 30. 31). In erster Linie diente sie den verschiedenen im Zweistromland gesprochenen Sprachen. Von da ist ihr Gebrauch auch auf Kleinasien übergegangen.

Ferner war sie vor dem Aufkommen alphabetischer Schriftsysteme (vgl. § 29) in Syrien und Palästina bekannt, wie beispielsweise die bei den Ausgrabungen auf dem *tell ta'annek* (s. o. S. 124) und auf dem *tell balāṭa* (Sichem) gefundenen Keilschrifttafeln aus dem Anfang der Spätbronzezeit u. a. zeigen (die Tafeln von Sichem veröffentlicht von Böhl in ZDPV 49 [1926] S. 321 ff. Taf. 44—46). Selbst in Ägypten hat man zu Zeiten die Keilschrift gekannt und benutzt für den notwendigen Schriftverkehr mit vorderasiatischen Ländern. Das letztere bezeugt der berühmte Fund der mit Keilschrift beschriebenen Tontafeln vom *tell el-'amārna* in Oberägypten etwa halbwegs zwischen Kairo und Luxor, der die Ruine der Residenz des Königs Echnaton (s. u. S. 259f.) in der ersten Hälfte des 14. Jahrh.s v. Chr. darstellt. Die danach sogenannten

A

B

C

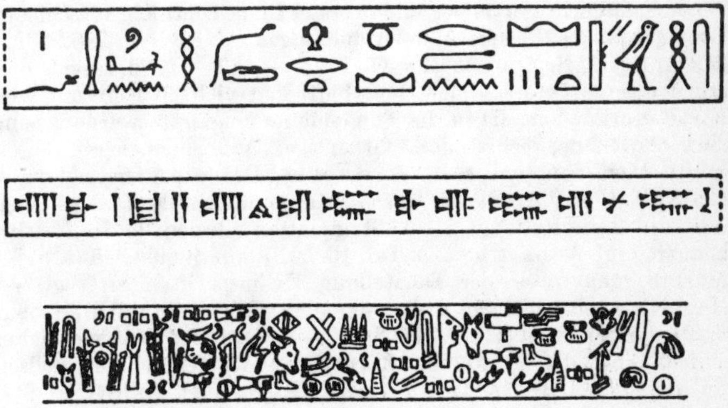

Abb. 7.

A = Ägyptische Hieroglyphen (von rechts nach links zu lesen). Anfang der Überschrift eines Exemplars der „Palästina-Liste" Thutmoses III. nach A. Mariette, Karnak (1875) Pl. 17.
Transskription: *šḥwj ḫ3s.wt rṯn ḥr.t ḏdḥ.n ḥm.f* . . .
Deutsche Übersetzung: Liste der Fremdländer des oberen Retenu, die Seine Majestät gefangen nahm . . .

B = Assyrische Keilschrift (von links nach rechts zu lesen). Anfang einer Steinplatteninschrift Tiglat-Pilesers III. nach P. Rost, Die Keilschrifttexte Tiglat-Pilesers III. (1893) II S. 19 Pl. XXXII.
Transskription: *é-kal [I] Tukulti-apil-é-šár-ra šarru rabū[ú] šarru dan-nu šar kiššati.* Deutsche Übersetzung: Palast Tiglat-Pilesers, des großen Königs, des mächtigen Königs, des Königs über die Gesamtheit . . .

C = „Hethitische" Hieroglyphen (von rechts nach links zu lesen). Stück einer Inschrift aus Karkemisch am Euphrat nach Woolley-Lawrence, Carchemish II (1921) Pl. A. 12 ab*.

Amarna-Tafeln (über die Geschichte des Fundes vgl. die Einleitung zu der heute wichtigsten Ausgabe [Transskription und deutsche Übersetzung] der Tafeln J. A. Knudtzon, Die El-Amarna-Tafeln [Vorderasiatische Bibliothek 2. Stück] 1915) sind die erhalten gebliebenen Teile der Korrespondenz, die vorderasiatische Könige und kleine syrische und palästinische Stadtfürsten mit dem ägyptischen König führten; auch die von Ägypten an jene Adressaten ausgehenden Schriftstücke, zu denen in einigen wenigen Fällen das Duplikat in *tell el-'amārna* gefunden worden ist, waren in Keilschrift geschrieben. Die Keilschrift wurde also — wenigstens zeitweise — für den internationalen Schriftverkehr verwandt, und daher mußte man selbst in Ägypten trotz der einheimischen Hieroglyphenschrift Schreiber haben, die diese internationale Schrift beherrschten. Endlich hat sich die Benutzung der Keilschrift auch nach dem alten Iran ausgebreitet.

Die Keilschriftdenkmäler sind in erster Linie Tontafeln verschiedenster Größe (vgl. als Beispiele die Abbildungen ANEP Nr. 238. 239. 245. 248 u. a.; G. R. Driver a. a. O. Pl. 1—7. 12—17), die nach der Beschriftung im Interesse der Dauerhaftigkeit vielfach gebrannt wurden. Für Bauurkunden, die in die Fundamente eingesetzt wurden, benutzte man oft schöne, sechs- oder achtkantige Tonprismen, deren Seiten beschriftet wurden (vgl. z. B. W. Andrae, Das wiedererstandene Assur [1938] Taf. 15; ANEP Nr. 247). Für monumentale Zwecke übertrug man die Keilschrift auf Stein. Steinplatten wurden für Keilinschriften benutzt (vgl. Andrae a. a. O. Taf. 16. 40b); auf Steinstelen (s. o. S. 176) brachte man unter der Darstellung Keilinschriften an (vgl. ANEP Nr. 444); obeliskenartige Steindenkmäler versah man mit Darstellungen und Keilinschriften (vgl. AOB² Nr. 121—124); Reliefplatten erhielten oft einfach über die Darstellung hinweglaufende Reihen von Keilschriftzeilen (vgl. AOB² Nr. 117. 144; ANEP Nr. 441). Selbst auf Statuen schrieb man Inschriftenzeilen (vgl. AOB² Nr. 325; ANEP Nr. 452). Auch auf Metall begegnet die Keilschrift. Für Bauurkunden kannte man Edelmetallplättchen mit eingedrückten Keilschriftzeichen (vgl. Andrae a. a. O. Taf. 46. 53a. b und E. Michel, WO I 4 [1949] Taf. 13). Bronzestatuen und Bronzereliefs (AOB² Nr. 126. 127; ANEP Nr. 356ff.) wurden mit Keilschriftzeilen versehen; Rollsiegel verschiedenen Materials wurden mit Keilschriftlegenden versehen.

Der Inhalt der Keilschrifturkunden ist überaus mannigfaltig (das Wichtigste findet sich in AOT² S. 108—439, ins Deutsche übersetzt von E. Ebeling, und in ANET in englischer Übersetzung von W. F. Albright, A. Goetze, S. N. Kramer, Th. J. Meek, A. L. Oppenheim, R. H. Pfeiffer, A. Sachs, E. A. Speiser, F. J. Stephens). Sehr zahlreich sind Texte religiösen Inhalts, Mythen und Epen, Götterhymnen und Klagelieder, dazu allerlei Rituale mit Anweisungen für das Ausführen kultischer Handlungen; hinzu kommt eine ausgedehnte Ominaliteratur, Sammlungen von Beschwörungstexten für alle möglichen Fälle von Krankheit und Unheil. Auch eine wissenschaftliche Literatur existierte, und zwar zunächst Texte zur „Schreiberwissenschaft", d. h. einerseits listenmäßige Hilfsmittel zur Erlernung der schwierigen Keilschrift und andrerseits aufzählende Listen von Begriffen und Sachen, weiterhin Astrologisch-Astronomisches, auch Mathematisches (vgl. W. v. SODEN, Leistung und Grenze sumerischer und babylonischer Wissenschaft [Die Welt als Geschichte 2 (1936) S. 411—464. 509—557]). Zu einem guten Teile sind diese Texte bekannt geworden durch das Auffinden der großen und wohlgeordneten Bibliothek, die der assyrische König Assurbanipal in der Mitte des 7. Jahrh.s v. Chr. in seiner Residenz Ninive (heute *kujundschik* gegenüber von *mōṣul*) hat anlegen lassen; die Schätze dieser Bibliothek sind zum größten Teil nach London gekommen und in der großen Publikationsserie Cuneiform texts from Babylonian tablets in the British Museum (abgekürzt CT) veröffentlicht worden. — Überaus groß ist auch die Zahl der aufgefundenen Texte juristischen Inhalts; dabei handelt es sich einmal um Gesetze, vor allem aber um Rechtsurkunden wie Verträge, Prozeßprotokolle u. dgl. Sehr zahlreich sind auch Wirtschaftsurkunden, Aufstellungen über Einnahmen und Ausgaben u. a. — Historische Nachrichten bieten in reichem Maße allerlei Königsannalen, die als Prunkinschriften veröffentlicht oder in Bauurkunden niedergelegt waren. Auch eine ausgedehnte keilschriftliche Briefliteratur ist an das Licht gekommen; es handelt sich meist um offizielle Korrespondenzen der Könige mit ihren Beamten oder der altorientalischen Herrscher untereinander. Historisch wichtig sind auch die Keilschrifttexte chronologischen Inhalts wie Listen der Jahreseponymen, Chroniken u. ä. Ein sehr umfangreicher und inhaltlich sehr bedeutender Textfund der neueren Zeit verdient besondere Erwähnung. Bei den 1933 unter der Leitung von A. PARROT begonnenen und zur Zeit noch fortgesetzten französischen Ausgrabungen auf dem *tell ḥarīri* bei *abu'l-kemāl* in der Flußniederung des mittleren Euphrat etwa 70 km unterhalb der Einmündung des *chābūr* wurden in dem Königspalast des 18. Jahrh.s v. Chr. Archive mit einem Bestand von mehr als 20000 Keilschrifttafeln gefunden. Der *tell ḥarīri* erwies sich als die Ruinenstätte der alten Stadt Mari. Die „Mari-Texte" bieten einmal Korrespondenzen der Herrscher von Mari und ihrer Beamten, sodann juristische Urkunden und Wirtschaftstexte und geben ungewöhnlich vielfältige Einblicke in die Geschichte und das Leben jener Zeit, zumal die Herrscher von Mari eine erstaunlich weit reichende auswärtige Korrespondenz mit anderen Herrschern im Zweistromland und in Syrien geführt haben. Die Mari-Texte werden publiziert in Autographie in der Serie Musée du Louvre. Département des Antiquités Orientales. Textes cunéiformes, und zwar unter dem Sondertitel Archives Royales de Mari (abgekürzt: ARM); bisher sind erschienen die Bände I (1946 von G. DOSSIN). II (1941 von CH.-F. JEAN). III (1948 von J. R. KUPPER). IV (1951 von G. DOSSIN). V (1951 von G. DOSSIN). VI (1953 von J. R. KUPPER). VII (1956 von J. BOTTÉRO). VIII (1957 von G. BOYER). IX (1960 von M. BIROT), und dazu jeweils parallel von denselben Verfassern unter dem gleichen

Reihentitel Archives Royales de Mari Bände mit Transskription und (französischer) Übersetzung (ARMT): I (1950). II (1950). III (1950). IV (1951). V (1952). VI (1954). VII (1957). VIII (1958). IX (1960)[1]. — Erwähnenswert ist auch der Textfund, der bei den englischen Ausgrabungen auf dem *tell el-'aṭschāne* im Südteil der Ebene *el-'amḳ* etwa 25 km ostnordöstlich von *anṭākje*, der Stätte der alten Stadt Alalaḫ, zwischen 1937 und 1945 gemacht wurde. Die Alalaḫ-Texte, bei denen es sich abgesehen von einigen wenigen historischen und religiösen Texten vor allem um Rechts-, Wirtschafts- und Verwaltungsurkunden handelt, stammen teils aus dem 18. und teils aus dem 15. Jahrh. v. Chr. und sind veröffentlicht von D. J. Wiseman, The Alalakh Tablets (Occasional Publications of the British Institute of Archaeology at Ankara No. 2 [1953]) mit einem Nachtrag: Supplementary Copies of Alalakh Tablets (JCSt 8 [1954] S. 1—30); vgl. auch JCSt 13 (1959) S. 19—33. 50—62.

Zur Keilschriftliteratur des Zweistromlandes vgl. die zusammenfassende Darstellung von B. Meissner, Die babylonisch-assyrische Literatur (Handbuch der Literaturwissenschaft) 1930.

3. Bei den sog. „hethitischen Hieroglyphen" handelt es sich um eine Bilderschrift, die vor allem in Nordsyrien (der südlichste Fundort ist *ḥama* am mittleren Orontes) und im südöstlichen Kleinasien auf Steindenkmälern und Steinplatten in Relief oder Einritzung gefunden worden ist (vgl. Abb. 7 C). Auch eingeritzt in dünne Bleistreifen, die anscheinend als Briefe dienten, fand sie sich. Sie stellt ebenfalls eine Mischung von alter Wortschrift und phonetischer Silbenschrift dar. Ihre Entzifferung ist zur Zeit noch im Werden; am sichersten ermittelt sind bisher phonetisch geschriebene Eigennamen. Eine zusammenfassende Arbeit an ihnen ist B. Hrozný, Les inscriptions Hittites Hiéroglyphiques (1933 bis 1937). Die Entzifferung ist in ein neues Stadium getreten durch die Funde auf einem kleinen Ruinenhügel im östlichen Kilikien, also in der äußersten Südostecke von Kleinasien, aus dem 9. oder 8. Jahrh. v. Chr. Der Hügel wird Karatepe genannt (zu den Ausgrabungen vgl. H. Th. Bossert, B. Alkim, H. Çambel, N. Ongunsu, İ. Süzen, Karatepe Kazilari — Die Ausgrabungen auf dem Karatepe [Türk Tarih Kurumu Yayinlarindar V 9 (1950)] [türkisch und deutsch]). Auf ihm wurden hethitisch-hieroglyphische und phönikische Inschriften gefunden, die offenbar den gleichen Text bieten, also sogenannte Bilinguen darstellen (vgl. H. Th. Bossert, Die phönizisch-hethitischen Bilinguen vom Karatepe [Oriens 1 (1948) S. 163—197; 2 (1949) S. 72—126]). Die phönikischen Inschriften, von denen aus die hethitisch-hieroglyphischen Inschriften gedeutet werden können, in Originaltext und Übersetzung bei A. Alt, WO I 4 (1949) S. 272—287.

---

[1] Wichtig in dieser letzteren Reihe ist auch Band XV: J. Bottéro et A. Finet, Répertoire analytique des tomes I à V (1954), der mit zahlreichen Registern den Inhalt der ersten fünf Mari-Text-Bände nach den verschiedensten Richtungen hin erschließt.

§ 29. Die alphabetischen Schriften

Dem alten Orient verdankt die Welt die Erfindung der alphabetischen Schrift, d. h. einer Schrift, die konsequent nur einzelne Laute wiedergibt und jedes Wort als eine Zusammensetzung aus Einzellauten versteht und schreibt. Das bedeutete gegenüber den alten Wort- und Silbenschriften eine ungeheure Reduktion der Zeichenzahl. Denn zur Bezeichnung der verschiedenen Laute der menschlichen Rede kommt man im allgemeinen mit einigen zwanzig verschiedenen Zeichen aus. Diese starke Vereinfachung wieder war die Voraussetzung für eine allgemeine Verbreitungsmöglichkeit des Schreibens und Lesens, das nun nicht mehr eine nur von wenigen Gelehrten erlernbare Wissenschaft blieb, sondern ohne große Mühe von weiten Kreisen gepflegt werden konnte. Alle alphabetischen Schriften der Erde stammen direkt oder indirekt von dem Alphabetschriftsystem ab, das sich im alten Orient schließlich durchgesetzt hat. Eine Unvollkommenheit haftete freilich den altorientalischen Alphabetschriften noch an; sie bezeichneten nämlich mit den Alphabetbuchstaben lediglich die Konsonanten der Worte ohne die Vokale, was praktisch oft zu einer Mehrdeutigkeit der einzelnen Worte führte. Erst die Griechen haben, als sie etwa um 900 v. Chr. von den Phönikern die bei diesen damals übliche Alphabetschrift übernahmen, die Zeichen für einige Laute, die sie in ihrer Sprache nicht hatten (die Laryngale), zu Vokalzeichen gemacht. Die Beschränkung der altorientalischen Alphabetschriften auf die Wiedergabe des Konsonantengerippes der Worte erinnert an die Hieroglyphenschrift, und von da aus scheint sich ein gewisser geschichtlicher Zusammenhang nahezulegen; bei der bildhaften Schreibung ganz kurzer Worte mit nur einem Konsonanten gab das Hieroglyphenzeichen tatsächlich nur einen Einzelkonsonanten, also praktisch einen Alphabetbuchstaben, wieder. Dieser Fall ergab sich im Hieroglyphensystem nur in besonderen Fällen, mehr nebenbei. Diesen Sonderfall des Hieroglyphensystems haben die Alphabetschriften nun zum Prinzip gemacht und damit den entscheidenden Schritt in der Geschichte der Schrift vollzogen.

Das Syrien-Palästina des II. Jahrtausends v. Chr. hat mehrere Versuche auf dem Wege zu einem alphabetischen System und mehrere Erfindungen von Alphabetschriften gekannt. Wahrscheinlich ist es kein Zufall, daß hier im Zentrum der altorientalischen Welt, wo die verschiedenen alten Schriftsysteme mit ihren Schwierigkeiten bekannt und doch keines von ihnen wirklich bodenständig und altgewohnt war, also das Problem der Schrift als solches deutlich werden konnte, allerlei Experimente auf dem Gebiete der Schrift unternommen und schließlich der wichtige Schritt zur Lautschrift als der besten Lösung des Schriftproblems gemacht wurde, und zwar das letztere sogleich in mehreren verschiedenen, aber im Grundsätzlichen übereinstimmenden Formen. Wenn wir von einigen vereinzelten und bisher noch unentzifferten Beispielen von Alphabetschriften absehen[1], sind es vor allem zwei alphabetische Schriftsysteme, die in Syrien-Palästina im Laufe des II. Jahrtausends v. Chr. aufkamen, die alphabetische Keilschrift von *rās esch-schamra* und jene Buchstabenschrift, die sich dann die Welt erobert hat. Es wird sich empfehlen, vom Gesicherten, vom Endergebnis, d. h. von den voll ausgebildeten und einwandfrei bekannten Formen dieser beiden Schriftsysteme, auszugehen und dann erst die Frage ihres etwaigen Zusammenhangs und ihres Ursprungs und ihrer allenfalls vorhandenen Vorläufer zu stellen.

Bei den Ausgrabungen von *rās esch-schamra* (s. o. S. 178) fanden sich alsbald in der üblichen Keilschrifttechnik beschriftete Tontafeln, deren Zahl sich im Laufe der Ausgrabungsarbeiten ständig vermehrte und die heute schon eine ansehnliche Literatur ausmachen (in Autographie publiziert von Ch. Virolleaud in Syria 10 [1929]ff. und in den größeren selbständigen Veröffentlichungen La légende phénicienne de Danel [1936], La légende de Kéret [1936], La déesse Anat [1938] innerhalb der Schriftenreihe Haut-Commissariat de la République Française en Syrie et au Liban. Service des Antiquités. Bibliothèque archéologique et historique; zusammenfassende Behandlung mit Transskription aller Texte bei C. H. Gordon, Ugaritic Manual [Analecta Orientalia 35 (1955)]). Es stellte sich sogleich heraus, daß es sich trotz Tontafel und Keilschrifttechnik doch nicht um die alte bekannte Keilschrift handelte[2], sondern um ein Alphabet von 30 Zeichen, dessen Entzifferung überraschend schnell gelang (eine Zeichenliste u. a. bei J. Friedrich, Ras Schamra [Der Alte Orient 33 (1933) Heft 1/2] S. 25 und bei H. Bauer[3], Die alphabetischen Keilschrifttexte von Ras Schamra [Kleine Texte für Vorlesungen und Übungen Nr. 168 (1936)][4] S. 64; Abbildungen verschiedener Texte ANEP Nr. 261—264). Nur Konsonanten wurden geschrieben; lediglich drei verschiedene Aleph gab es, je nachdem ob das Aleph a-, i- oder u-haltig ist. Die Texte stammen alle aus der Spätbronzezeit (s. o. S. 111). Die Zeichen sind gegenüber der alten Keilschrift entsprechend ihrer sehr viel geringeren Zahl im ganzen sehr einfach; sie sind anscheinend auf Grund des vorausgegebenen Prinzips der alphabetischen Konsonantenschreibung von einem mit der Keilschrifttechnik

---

[1] Dazu gehört u. a. die Inschrift auf der ägyptisierenden Stele von *el-bālūʿa* in Moab aus dem 12. Jahrh. v. Chr. (vgl. Horsfield-Vincent, RB 41 [1932] S. 417ff. Pl. IXff., die Inschrift S. 425 Fig. 5; vgl. auch AfO 8 [1932/33] S. 265 Abb. 13 und ANEP Nr. 488). G. R. Driver, Semitic Writing (1948) S. 123 hält diese Inschrift für das bisher älteste Beispiel südsemitischer (südarabischer) Schrift.

[2] Es gibt vom *rās esch-schamra* auch zahlreiche Texte mit der alten ideographisch-syllabischen Keilschrift, die im hiesigen Zusammenhang nicht interessieren.

[3] H. Bauer hat selbst einen entscheidenden Anteil an der Entzifferung der *rās-schamra*-Schrift gehabt.

[4] Ausgabe der bis 1935 bekannt gewordenen *rās-schamra*-Texte in Umschrift.

Vertrauten erfunden worden[1]. Man schrieb wie bei der alten Keilschrift von links nach rechts; nur eine Tafel mit umgekehrter Schriftrichtung ist bisher auf dem *rās esch-schamra* gefunden worden (vgl. VIROLLEAUD, Syria 15 [1934] S. 103f.). Außerhalb vom *rās esch-schamra* ist die *rās-schamra*-Schrift bisher auf einer sonderbar geformten Tontafel aus dem palästinischen Beth-Semes aus der Mitte der Spätbronzezeit gefunden worden (vgl. E. GRANT, Rumeileh III [1934] S. 27. Fig. 2 A [1]. Pl. XX unten; abgebildet auch BASOR 52 [1933] S. 4; AfO 9 [1933/34] S. 358 Abb. 15); die Schrift ist auch hier von rechts nach links gerichtet. Trotz dieses vereinzelten Fundes von Beth-Semes, dessen geschichtlicher Zusammenhang unbekannt ist, scheint es bis jetzt so, daß der Gebrauch der *rās-schamra*-Schrift lokal und zeitlich sehr begrenzt gewesen ist. In der Spätbronzezeit stand neben ihr für den internationalen Verkehr auch in Syrien und Palästina noch die alte Keilschrift (s. o. S. 185f.), und vom Ende der Spätbronzezeit an mußte sie der nunmehr in Syrien und Palästina sich durchsetzenden Buchstabenschrift das Feld räumen.

Diese Buchstabenschrift, der die Zukunft gehören sollte, war am Anfang des I. Jahrtausends v. Chr. fertig da. Die ältesten umfangreicheren Zeugnisse ihrer ausgebildeten Form stammen aus der phönikischen Stadt Byblos (heute *dschbēl*), und zwar aus dem 10./9. Jahrh. v. Chr., nämlich die Inschrift des Königs Jehimilk (veröffentlicht von M. DUNAND, RB 39 [1930] S. 321ff.), dann die Inschriften auf dem Sarkophag und in der Grabkammer des Königs Ahiram (veröffentlicht von R. DUSSAUD, Syria 5 [1924] S. 135ff.; vgl. hier Abb. 8 A) sowie die Inschriften des Abibaal (DUSSAUD a. a. O. Pl. XLII) und des Elibaal (DUSSAUD, Syria 6 [1925] S. 101ff. Pl. XXV; vgl. auch I. BENZINGER, Hebräische Archäologie[3] [1927] Abb. 170) und des Siptibaal (veröffentlicht von M. DUNAND, Byblia Grammata [1945] S. 146ff.; abgebildet auch bei G. R. DRIVER a. a. O. Pl. 45, 1)[2]; Zeichenliste der Ahiram- und Abibaalinschrift auch AOB[2] Nr. 606a. b. Es handelt sich um die dann auch vom Hebräischen bekannte Reihe von 22 Alphabetbuchstaben, die konsequent nur Konsonanten wiedergeben. Die Zeichen sind ziemlich einfache lineare Gebilde. Die Schrift läuft von rechts nach links. Diese Byblosinschriften sind alle in Stein eingemeißelt. Dazu kommen noch aus dem 11. Jahrh. v. Chr. die kurzen Inschriften auf Pfeilspitzen aus *el-chaḍr* bei Bethlehem (vgl. J. T. MILIK and FR. M. CROSS, BASOR 134 [1954] S. 6—15), sowie aus dem 10./9. Jahrh. v. Chr. eine auf dem Rand eines Tongefäßes eingeritzte Inschrift von Byblos (M. DUNAND, Byblia Grammata [1945] S. 152f.; G. R. DRIVER a. a. O. Pl. 45, 2), eine Inschrift auf einem Bronzemesser

---

[1] Die alphabetische Keilschrift ist nach Funden vom *rās esch-schamra* vereinzelt auch auf Stein und Metall übertragen worden (vgl. ANEP Nr. 262. 261).

[2] M. DUNAND a. a. O. wollte diese Inschrift in den Anfang des II. Jahrtausends v. Chr. datieren; sie gehört nach ihrem Schriftcharakter jedoch zweifellos in den Kreis der byblischen Inschriften des 10./9. Jahrh.s v. Chr.

von Byblos (vgl. W. F. Albright, BASOR 73 [1939] S. 11f.; G. R. Driver a. a. O. Pl. 48, 2) sowie eine Inschrift auf einer Pfeilspitze aus *ruwēse* im Libanon (abgebildet bei J. Hempel, Die althebräische Literatur [1930] S. 11 Abb. 6; G. R. Driver a. a. O. S. 106 Fig. 55). Von ihnen aus führt eine einfache und klare Linie zu den weiteren Zeugnissen der Buchstabenschriftgeschichte des I. Jahrtausends.

Schwieriger ist das Problem einer etwaigen Vorgeschichte dieses Schriftsystems. Es gibt nämlich allerlei Inschriften des II. Jahrtausends, in denen man in der Regel die Vorläufer dieses Alphabets sieht, ohne daß es doch gelungen wäre, diese Inschriften wirklich sicher zu lesen. Wir haben einmal die aus dem 15. Jahrh. v. Chr. stammenden, 1904/05 von Fl. Petrie (Researches in Sinai [1906] S. 129ff.) bei den ägyptischen Bergwerken von *ṣerābīṭ el-chādem* auf der Sinaihalbinsel entdeckten sog. Sinaiinschriften, die nach Petrie noch vielfach untersucht und um Neufunde vermehrt worden sind (Übersicht über den damaligen Bestand mit Literaturangaben, vielen Abbildungen und Zeichenliste bei J. Leibovitch, ZDMG NF 9 [1930] S. 1ff. Taf. I—XVII; vgl. auch G. R. Driver a. a. O. S. 94ff.; eine Statue mit „Sinaischrift" abgebildet AOB² Nr. 677; ANEP Nr. 270). Einen in verschiedener Hinsicht neuen und beachtlichen Vorschlag zur Lesung und Deutung dieser Sinaiinschriften hat W. F. Albright in BASOR 110 (1948) S. 6—22 vorgelegt. Dazu kommen einige kurze eingeritzte Inschriften der letzten Mittelbronzezeit mit ähnlich aussehenden Zeichen aus dem südwestlichen (Geser, Lachis) und mittleren (Sichem) Palästina (zusammengestellt von Fr. M. Th. Böhl, ZDPV 61 [1938] S. 17—25 mit Abb. 1—4 und Zeichenliste; 62 [1939] S. 163 und von G. R. Driver a. a. O. S. 98f.). Die Zeichen aller dieser Inschriften sind noch stark bildhaft („piktographisch") und haben nur entfernte Ähnlichkeiten mit denen der späteren Buchstabenschrift, stellen aber aller Wahrscheinlichkeit nach Alphabetzeichen dar. — Aus dem südwestlichen Palästina sind sodann einige spätbronzezeitliche Inschriften bekannt geworden, die zwar in ihrem Schriftcharakter nicht einfach einander gleich sind, aber im ganzen ein Zwischenglied zwischen den piktographischen Inschriften der Mittelbronzezeit und der späteren Buchstabenschrift darzustellen scheinen (zusammengestellt von Böhl a. a. O. S. 14—17 und von G. R. Driver a. a. O. S. 99ff.). Es sind das eingeritzte bzw. mit Tinte geschriebene Zeichengruppen auf einem Ostrakon aus Beth-Semes (abgebildet bei E. Grant, Ain Shems Excavations I [1931] Pl. X; auch AfO 10 [1935/36] S. 271), auf einer Scherbe vom *tell el-ḥesi* (abgebildet u. a. AfO 10 [1935/36] S. 268), auf einem Topf vom *tell 'addschūl* (Fl. Petrie, Ancient Gaza II [1932] Pl. XXX Nr. 1109) sowie auf verschiedenen Stücken aus Lachis, auf der Unterseite einer groben Tonschale (vgl. Lachish [Tell ed Duweir] IV [1958] Pl. 43. 44, 3; abgebildet auch AfO 10 [1935/36] S. 388 Abb. 15), auf einer Scherbe (vgl. Lachish IV Pl. 44, 7), auf der Schulter eines Kruges (vgl. Lachish II [1940] Pl. LI A Nr. 287. LX, 2; auch AfO a. a. O. S. 277 Abb. 3) und endlich auf der Unterseite des Deckels einer Räucherschale (vgl.

A
B

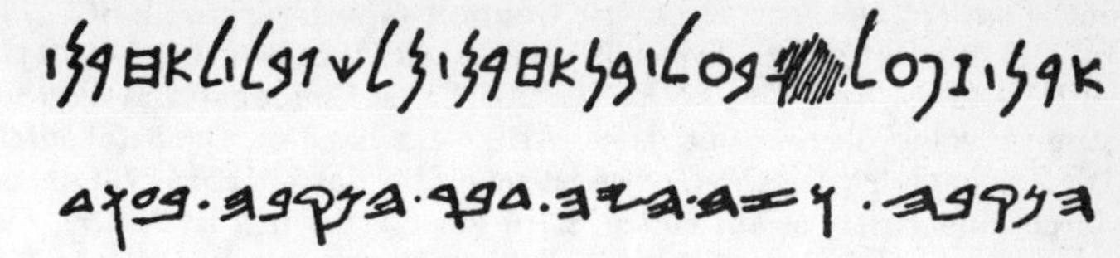

Abb. 8

A = Anfang der Inschrift des Ahiram-Sarkophags nach Syria 5 (1924) S. 137. Transskription in Quadratschrift:

ארן זפעל [את]בעל בן אחרם מלך גבל לאחרם

Deutsche Übersetzung: Sarg, den hat anfertigen lassen [Itto]baal, der Sohn des Ahiram, König von Byblos, für Ahiram.

B = Anfang der Siloah-Inschrift nach ZDPV 4 (1881) Taf. 7. 8. Transskription in Quadratschrift:

הנקבה וזה היה דבר הנקבה בעוד

Deutsche Übersetzung: ... die Durchbohrung. Und dies war die Geschichte der Durchbohrung: Als noch ...

Lachish IV Pl. 44, 1; 45, 4). Dazu kommt noch aus Megiddo ein Goldring mit einer aus einigen Zeichen bestehenden Inschrift (G. R. Driver a. a. O. S. 102 Fig. 50) und aus Syrien das Fragment einer kleinen mit drei Zeilen beschrifteten Kalksteinplatte aus Byblos (veröffentlicht von M. Dunand, Mélanges Maspero I [1935] S. 567ff., abgebildet auch BASOR 63 [1936] S. 10 Fig. 2). Das letztere Stück kann ein Hinweis darauf sein, daß die Häufung der Funde aus dem südlichen Palästina (und vom Sinai) nur die Folge der dort besonders intensiv betriebenen Ausgrabungsarbeit ist und nicht notwendig zu dem Schluß führt, daß hier im Süden die Heimat dieser Alphabetschrift zu suchen wäre. — Im übrigen sind die Lesungen und Deutungen dieser meist ganz kurzen mittel- und spätbronzezeitlichen Texte noch problematisch und umstritten, und die sachliche Zusammengehörigkeit und die Einordnung dieser Schriftdenkmäler in eine ein- oder mehrlinige Vorgeschichte der Buchstabenschrift ist noch ungesichert, so daß kaum bestimmte Behauptungen aufgestellt werden können. Nur so viel kann gesagt werden, daß im II. Jahrtausend v. Chr. in Syrien und Palästina allerlei Ansätze zu einer alphabetischen Schrift gemacht worden sind und daß eine Reihe dieser Schriftversuche, besonders einige der spätbronzezeitlichen, in der Tat wie Vorläufer der späteren linearen Buchstabenschrift aussehen.

Nun ist die Frage nach einem engeren Zusammenhang zwischen dem keilschriftlichen Alphabetsystem vom *rās esch-schamra* und der linearen Buchstabenschrift durch einen im November 1949 gemachten Fund in ein neues Licht gerückt worden. Eine kleine Tontafel wurde auf dem *rās esch-schamra* ans Licht gebracht, die eine offenbar für den Schulgebrauch bestimmte Zeichenliste des alphabetischen Keilschriftsystems enthält (veröffentlicht von C. H. Gordon, The Ugaritic „ABC" [Orientalia N. S. 19 (1950) S. 374—376]; vgl. auch O. Eissfeldt, FF 26 [1950] S. 217—220; abgebildet ANEP Nr. 263)[1]. Der Grundbestand dieser Liste stimmt völlig überein mit dem „ABC" der linearen Buchstabenschrift. Die Zeichenfolge dieser letzteren ist schon für das 7. Jahrh. v. Chr. belegt durch eine Kritzelei auf einem Stein aus Lachis (*tell ed-duwēr*), die die ersten fünf Alphabetbuchstaben in der dann besonders durch das hebräische Alphabet bezeugten Anordnung bietet (vgl. Lachish [Tell ed Duweir] III [1953] Fig. 10; Pl. 48 B 3), muß aber notwendig schon für die Zeit um 900 v. Chr. als festgelegt angenommen werden, da sie damals von den Griechen zusammen mit dem linearen Buchstabenalphabet übernommen wurde. Nun taucht sie also bereits im 14. Jahrh. v. Chr. auf jener *rās-schamra*-Tafel auf. Diese bietet allerdings eine Liste von 30 Zeichen. Das darin über das spätere kanaanäisch-hebräische Alphabet hinaus enthaltene Plus von 8 Zeichen erscheint mit 5 Zeichen verstreut innerhalb des gemeinsamen Grundbestandes und mit 3 Zeichen ganz am Ende. Diese letztere Gruppe — sie umfaßt das i- und das u-haltige Aleph und eine zweite Form des s (*samech*) — stellt offenbar einen speziellen Zuwachs zum *rās-schamra*-Alphabet dar, während die anderen 5 Zeichen mit zum alphabetischen Grundbestand im 14. Jah h. v. Chr. gehört zu haben scheinen. Durch diese wesentliche Übereinstimmung in der Alphabetreihenfolge wird die schon durch die Ähnlichkeit einiger Zeichenformen nahegelegte Vermutung eines Zusammenhangs zwischen keilschriftlichem und linearem Alphabet zur Gewißheit erhoben. Das erheblich frühere Bezeugtsein des keilschriftlichen Alphabets und sein etwas reicherer Bestand braucht dabei nicht zu dem Schluß zu führen, daß die Abhängigkeit auf seiten des linearen Alphabets zu suchen sei; vielmehr spricht das Plus der 3 Zusatzbuchstaben am Ende des keilschriftlichen Alphabets eher dafür, daß dieses Alphabet aus einer älteren Grundlage, die dann im linearen Alphabet für uns in Erscheinung tritt, speziell entwickelt worden ist. Es kann also die Existenz eines schon spätbronzezeitlichen linearen Alphabets vermutet werden, das nur bis jetzt noch nicht dokumentarisch nachgewiesen ist, das aber einen mit der Keilschrifttechnik bekannten Mann in Ugarit veranlaßte, das lineare Alphabet mit teilweiser Anlehnung an die linearen Zeichenformen und mit der Neuerfindung anderer Zeichenformen in ein keilschriftliches Alphabet umzusetzen, das andrerseits vielleicht schon in den oben genannten spätmittelbronzezeitlichen und vor allem den spätbronzezeitlichen Schreibversuchen in Erscheinung tritt und das dann in einem auf 22 Buchstaben reduzierten Bestand, in dem verschiedene in der Aussprache nicht mehr voneinander unterschiedene Laute nun auch in ihren Schriftzeichen zusammengelegt wurden, in dem uns bekannten kanaanäisch-hebräischen Alphabet weiterlebte.

[1] Dieser neue Fund zeigt, daß auch schon die in RA 37 (1940/41) S. 34 unter Nr. XX publizierte fragmentarische *rās-schamra*-Tafel dieselbe alphabetische Liste bietet, also auch einen solchen Schultext darstellt.

Daß diese letztere Möglichkeit sehr ernstlich in das Auge zu fassen ist, zeigen jene linearen sogenannten „pseudohieroglyphischen" Inschriften von Byblos aus dem Anfang des II. Jahrtausends v. Chr., die M. Dunand, Byblia Grammata (1945) S. 71ff. veröffentlicht und die E. Dhorme, Syria 25 (1948) S. 1ff. zu entziffern versucht hat (vgl. auch G. R. Driver a. a. O. S. 91ff.; A. Jirku, FF 26 [1950] S. 90ff.; H. Schmökel, FF 26 [1950] S. 153ff.). Diese 10 Inschriften (Abbildung einer Bronzetafel mit dieser Schrift ANEP Nr. 287) enthalten eine Schrift mit einem Bestand von etwa 100 verschiedenen Zeichen, die danach wahrscheinlich als eine syllabische Schrift anzusprechen ist und damit eine Mittelstellung zwischen den aus Bilderschriften hervorgegangenen alten Schriftsystemen Ägyptens und des Zweistromlandes auf der einen Seite und den alphabetischen Schriftsystemen auf der anderen Seite darstellt. Da einige dieser linearen „pseudohieroglyphischen" Zeichen mit Zeichen der späteren linearen Buchstabenschrift eine auffallende Ähnlichkeit aufweisen, ist damit zu rechnen, daß die letztere aus jener „pseudohieroglyphischen" Schrift heraus entwickelt worden ist. Ihr gegenüber dürfte dann doch die alphabetische *rās-schamra*-Schrift etwas Sekundäres und Besonderes sein.

Bei alledem mag die ägyptische Hieroglyphenschrift Pate gestanden haben. Dafür spricht außer der o. S. 189 angestellten Erwägung die Ähnlichkeit mancher Zeichen der „pseudohieroglyphischen" und dann der späteren linearen Buchstabenschrift mit ägyptischen Hieroglyphen. Zwar handelt es sich dabei nur um eine lose Anlehnung und um die Übernahme einiger weniger Zeichen, neben denen zahlreiche neuerfundene Zeichen stehen (vgl. dazu schon H. Bauer, Der Ursprung des Alphabets [Der Alte Orient 36 (1937) Heft 1/2]). Der linearen Buchstabenschrift liegt jedenfalls das Prinzip der sogenannten Akrophonie zugrunde, d. h. für viele Zeichen wurde als Form die Andeutung eines Gegenstandes gewählt, dessen Bezeichnung im Kanaanäischen mit dem Konsonanten begann, den man mit dem Zeichen ausdrücken wollte. Das Prinzip der nunmehr als schon ziemlich alt erwiesenen festgelegten Zeichenfolge ist nicht ganz durchsichtig. Wahrscheinlich wurden die Zeichen nach den mit ihnen ursprünglich gemeinten Gegenständen zu gewissen Gruppen zusammengefaßt (vgl. dazu auch G. R. Driver a. a. O. S. 152ff.); im übrigen wird auch in diesem Punkte die freie, willkürliche Erfindung eine Rolle gespielt haben.

Von den oben S. 191f. genannten Byblosinschriften und deren Verwandten an ist die weitere Geschichte der Buchstabenschrift durch eine ganze Reihe von Schriftdenkmälern belegt, die, wenn sie gut genug erhalten sind, der Lesung keine Schwierigkeiten mehr bereiten. Im Laufe der Zeit haben sich im einzelnen allerlei Unterschiede herausgebildet im Schriftduktus und in der Schreibweise, z. B. in der Art der Worttrennung (scriptio continua ohne Worttrennung, Worttrennung durch kleine Spatien, durch zwischengesetzte Punkte u. dgl.). In diesem Zusammenhang war wichtig vor allem der Vorgang des allmählichen Aufkommens von Vokalandeutung in der zunächst rein konsonantischen Buchstabenschrift. Zuerst am Wortausgang, dann auch im Wortinneren wurden bestimmte, vor allem lange Vokale durch die aus dem späteren Hebräisch bekannten „matres lectionis", die Konsonanten ', *h*, *w* und *j*, bezeichnet (Einzelheiten über diesen schon im 9. Jahrh. v. Chr. einsetzenden Vorgang bei Fr. M. Cross and D. N. Freedman, Early Hebrew Orthography [1952]).

Fassen wir zunächst die in Stein eingegrabenen Inschriften in das Auge, so haben wir in Palästina aus dem 10. Jahrh. die kleine Kalksteintafel aus Geser mit dem sog. „landwirtschaftlichen Kalender" (AOB² Nr. 609; ANEP Nr. 272), einer Aufzählung der in den einzelnen Monaten fälligen landwirtschaftlichen Arbeiten, sodann aus dem Ende des 8. Jahrh.s die Inschrift im Siloah-Tunnel (s. o. S. 144f.) mit schon merklich kursiveren Schriftzügen (vgl. Guthe, ZDMG 36 [1882] S. 725ff.; A. Socin, Die Siloahinschrift [1899]; Abbildungen ANEP Nr. 275 und — besonders gut — Vincent-Steve, Jérusalem de l'Ancien Testament I [1954] Pl. LXVIII; vgl. auch hier Abb. 8 B). Dazu kommen noch viele Inschriften auf Siegelsteinen, wie z. B. auf dem berühmten „Löwensiegel" von Megiddo (Tell el-Mutesellim I [1908] S. 99 Abb. 147; Watzinger, Denkmäler Palästinas I [1933] Abb. 94 u. ö. — Weitere Siegel mit Inschriften abgebildet bei Galling, BRL Sp. 485f. und ZDPV 64 [1941] Taf. 5—12). — Aus dem benachbarten Moab stammt die 1868 in *dībān* gefundene Siegesstele des Königs Mesa von Moab (über ihn vgl. II Kön 3 4ff.), in der Mitte des 9. Jahrh.s v. Chr. errichtet und mit langer Inschrift versehen (vgl. Smend-Socin, Die Inschrift des Königs Mesa von Moab [1886], auch AOB² Nr. 120; ANEP Nr. 274).

In Phönikien selbst folgt den genannten Byblosinschriften dann erst vom 5. Jahrh. v. Chr. ab eine größere Reihe phönikischer Sarkophag- und Weihinschriften (vgl. M. Lidzbarski, Handbuch der nordsemitischen Epigraphik [1898] S. 416ff. Taf. IIIff.; G. A. Cooke, A text-book of North-Semitic inscriptions [1903] S. 18ff. Pl. I. II und Corpus Inscriptionum Semiticarum [CIS] I) mit einem ihnen eigenen eleganten schlanken Schrifttypus.

Aus dem mittel- und nordsyrischen Binnenlande besitzen wir noch eine Reihe älterer Inschriften. Bei dem Dorf *el-brēdsch*, 8 km nordnordöstlich der Zitadelle von Aleppo (*ḥaleb*), wurde eine mit Inschrift versehene Stele des aramäischen Königs Ben-Hadad I. gefunden (veröffentlicht von M. Dunand, Bulletin du Musée de Beyrouth 3 [1941] S. 65ff.; vgl. W. F. Albright, BASOR 87 [1942] S. 23ff.), stammend aus der Mitte des 9. Jahrh.s v. Chr. Aus dem heutigen Zencirli und seiner Umgebung im allernördlichsten Teil des syrischen Grabens stammen einige Königs- und Bauinschriften, deren älteste die Inschrift des Königs Kilamuwa aus dem 9. Jahrh. v. Chr. ist (vgl. v. Luschan, Ausgrabungen in Sendschirli IV [= Mitteilungen aus den orientalischen Sammlungen der Kgl. Museen zu Berlin XIV (1911)] S. 374—377; dazu M. Lidzbarski, Ephemeris für semitische Epigraphik III [1915] S. 218ff.); dieser folgen zeitlich einige Inschriften des 8. Jahrh.s (diese sowie die dem 7. Jahrh.

angehörenden nordsyrischen Inschriften aus *nērab* südöstlich von Aleppo bei LIDZBARSKI, Handbuch S. 440ff. Taf. XXIIff.; COOKE a. a. O. S. 159ff. Pl. V. VI). Sie stehen im Schrifttypus den alten Byblosinschriften noch ziemlich nahe. Der Mitte des 8. Jahrh.s gehören an die in *āfis*, reichlich 40 km südwestlich von Aleppo, gefundene Steleninschrift des Königs ZKR (Zakir?) von Hamath und La'asch (H. POGNON, Inscriptions sémitiques de la Syrie, de la Mésopotamie et de la région de Mossoul [1907/08] S. 156ff. Pl. IXf. XXXVf.; dazu LIDZBARSKI, Ephemeris III S. 1ff.) und die Stelenfragmente von *sefīre*, 25 km südöstlich von Aleppo (A. DUPONT-SOMMER, Les inscriptions araméennes de Sfiré [1958]).

Die Buchstabenschrift eignete sich im Unterschied von der Keilschrift aber auch zum Schreiben mit Tinte auf Papyrus, Tonscherben u. dgl.; und sie ist wie die hieratisch-demotische Schrift in Ägypten in der Tat ziemlich früh im täglichen Leben auch schon so verwandt worden. Nach dem Bericht des Ägypters Wen-Amun wurden bereits um 1100 v. Chr. ansehnliche Mengen von Papyrusrollen von Ägypten nach Syrien (in diesem Falle nach Byblos) geliefert (AOT² S. 75). Papyrus hat sich nun freilich in dem Klima Syrien-Palästinas nicht erhalten, wohl aber beschriebene Tonscherben (Ostraka). Solche sind in Palästina gefunden worden. Die ältesten sind die wohl aus der ersten Hälfte des 8. Jahrh.s v. Chr. stammenden samarischen Ostraka, gefunden in einem Raume des Königspalastes der israelitischen Residenz Samaria (vgl. REISNER-FISHER-LYON, Harvard Excavations at Samaria [1924] I S. 227—246; II Pl. 55). Der Fund besteht aus 63 Begleitschreiben zu Wein- und Öllieferungen aus den verstreut liegenden Krongütern an den königlichen Hof (der Text dieser Ostraka auch ZAW NF 2 [1925] S. 148f.). Die Schrift (vgl. Abb. 9) dieser von königlichen Angestellten oder Pächtern je nach einem bestimmten Schema abgefaßten Gelegenheitsschreiben zeigt im allgemeinen schon eine bemerkenswerte Fertigkeit im Schreiben. Noch bedeutend größer ist die auf einer längeren Schreibgewohnheit beruhende Geläufigkeit und Eleganz der Schrift bei den Ostraka von Lachis, 18 beschriebenen Tonscherben, die Anfang 1935 bei den Ausgrabungen auf dem *tell ed-duwēr* (Lachis) in einem Raum der Toranlage gefunden wurden und vor allem Meldungen an den Festungskommandanten von Lachis aus dem Jahre 588 v. Chr., d. h. aus der Zeit kurz vor dem Falle von Lachis und dem Ende des judäischen Staates durch die Truppen Nebukadnezars, enthalten (herausgegeben von H. TORCZYNER zusammen mit L. HARDING, A. LEWIS, J. L. STARKEY in dem Band Lachish I: The Lachish Letters [1938]; ein Ostrakon abgebildet auch AfO 10 [1935/36] S. 389 Abb. 17 und ANEP Nr. 279). Die Schrift (vgl. Abb. 10) ist nach Ausweis einer chemischen Untersuchung mit einer aus einem Galläpfelextrakt und Ruß hergestellten Tinte auf die Tonscherben geschrieben worden. Zeitlich steht das schwer lesbare Ostrakon vom Ophel (Jerusalem) den Ostraka von Lachis nahe (veröffentlicht PEF Ann. 4 [1926] S. 182 Fig. 193).

Die praktische und leicht erlernbare Buchstabenschrift hat sich schließlich über Syrien und Palästina hinaus ausgebreitet. Bereits in der zweiten Hälfte des 8. Jahrh. v. Chr. begegnen wir ihr in einer Reihe von Notizen für Angelegenheiten des täglichen Lebens im Zweistromlande (vgl. M. Lidzbarski, Altaramäische Urkunden aus Assur [WVDOG 38 (1921)]). Um 600 v. Chr. schrieb ein Kleinkönig wahrscheinlich aus dem Philistergebiet in dieser Schrift ein Hilfegesuch an den Pharao nach

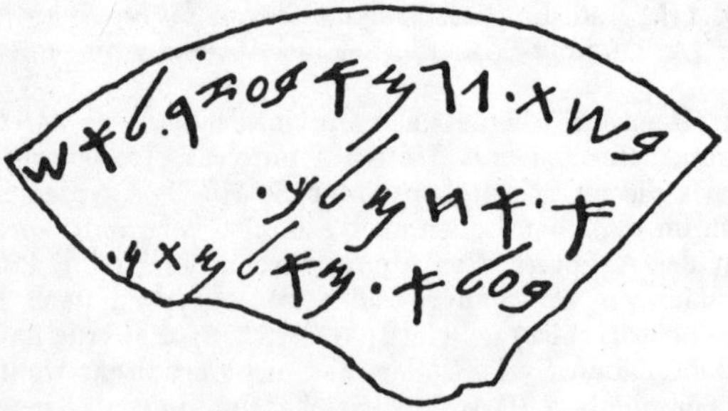

Abb. 9.

Ostrakon 28 von Samaria nach Reisner-Fisher-Lyon, Harvard Excavations at Samaria (1924) I S. 241.

Transskription in Quadratschrift:

בשת ΛΓ מאבעזר לאש
א אחמלך
בעלא מאלמתן

Deutsche Übersetzung:

Im Jahre 15 — aus Abieser — an Asa,
(Sohn des) Ahimelech.
Baala aus (dem Orte) *'lmtn.*

Ausweis eines in *saḳḳāra* in Ägypten gefundenen Papyrus (veröffentlicht von A. Dupont-Sommer, Semitica 1 [1948] S. 43ff.; vgl. H. L. Ginsberg, BASOR 111 [1948] S. 24ff.). Vom 5. Jahrh. ab erscheint die Buchstabenschrift — nunmehr in einer sehr eleganten Form mit gerundeten Linien und schön geschwungenen, oft weit unter die Schriftzeile herabreichenden Abstrichen — überall im vorderen Orient neben den alteinheimischen Schriftsystemen. Den wichtigsten und umfangreichsten Fund dieser Art bilden die 1906/07 in Oberägypten auf der am unteren Ende des ersten Nilkatarakts gelegenen Nilinsel Elephantine und im unmittelbar benachbarten Assuan entdeckten sog. Papyri von Elephantine, Rechtsurkunden, offizielle Schreiben und Listen aus der dort angesiedelten Kolonie israelitischer Grenzsoldaten. Der Hauptteil dieses Fundes wurde veröffentlicht von E. Sachau, Aramäische Papyrus und Ostraka aus einer jüdischen Militärkolonie zu Elephantine [1911] mit 75 Lichtdrucktafeln, der Text

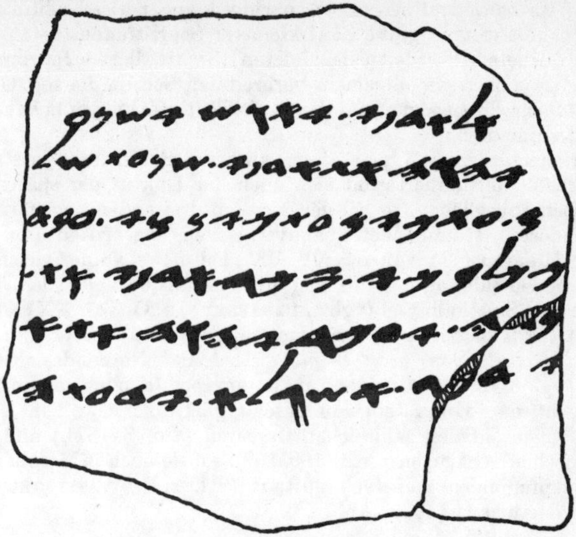

Abb. 10.
Ostrakon 2 von Lachis nach H. TORCZYNER, The Lachish Letters (1938) S. 34ff.
Transskription in Quadratschrift:

אל אדני יאוש ישמע
יהוה את אדני שמעת של
ם עת כים עת כים מי עבד
ך כלב כי זכר אדני את
[ע]בדה יעכר יהוה את א
[ת]י דבר אשר לא ידעתה

Deutsche Übersetzung:

An meinen Herrn Ja'usch. — Es möge hören lassen
Jahwe meinen Herrn günstige Nachricht
gerade jetzt, gerade jetzt! Wer ist dein Knecht,
der Hund, daß gedacht hat mein Herr an
seinen Knecht? Möge ins Unglück bringen Jahwe diejenigen,
die sich auf etwas einlassen, wovon du nichts weißt.

herausgegeben auch von A. COWLEY, Aramaic Papyri of the fifth century B. C. (1923), eine Schriftprobe ANEP Nr. 282; ein weiterer Teil des Elephantine-Papyrus-Fundes ist publiziert worden von E. G. KRAELING, The Brooklyn Museum Aramaic Papyri (1953). Ebenfalls aus Ägypten (genauer Fundort unbekannt) und aus der gleichen Zeit stammen einige Urkunden auf Leder, die eben durch dieses ihr Schreibmaterial bemerkenswert sind; vgl. G. R. DRIVER, Aramaic Documents of the fifth century B. C. (1954; abridged and revised edition 1957). Daneben gibt es eine große Zahl kleinerer Schriftfunde. — In der jüdischen Gemeinde wurde in den letzten vorchristlichen Jahrhunderten als Sondertypus dieser allgemein verbreiteten Schrift die sog. Quadratschrift üblich. Sie begegnet auf den u. S. 276ff. genauer zu behandelnden Schriftdokumenten.

Den verschiedenen Typen dieser kursiven Schrift der letzten vorchristlichen Jahrhunderte hat sich auch der Duktus der späten Steininschriften angeglichen, so bei den aus den drei ersten nachchristlichen Jahrhunderten stammenden palmyrenischen Inschriften (vgl. LIDZBARSKI, Handbuch II Taf. XXXVIIff.), bei den etwa der gleichen Zeit angehörenden nabatäischen Inschriften aus Transjordanien, dem *ḥedschāz* und von der Sinaihalbinsel (vgl. LIDZBARSKI a. a. O. Taf. XXIXff.). Die Quadratschrift begegnet in Stein erstmalig im 3. Jahrh. v. Chr. in der kurzen Inschrift von *ʿarāḳ el-emīr* östlich des Nordendes des Toten Meeres (vgl. AOB² Nr. 608), dann später am sog. Jakobusgrab im Kidrontal und auf dem Grenzstein von Geser (vgl. LIDZBARSKI Taf. XLIII, 2 und 3) sowie auf den zahlreichen Ossuaren (s. o. S. 157f.) und an den frühjüdischen Synagogen (s. o. S. 105. 107), wo sie auch in Mosaik auf den Synagogenfußböden mehrfach auftritt (vgl. z. B. WATZINGER, Denkmäler Palästinas II [1935] Abb. 49).

Ein besonderer Ableger der besprochenen Buchstabenschrift ist das Alphabet der südarabischen Steininschriften (viele Beispiele bei MORDTMANN-MITTWOCH, Rathjens-v. Wißmannsche Südarabienreise I: Sabäische Inschriften [1931]). Die späteren Entwicklungen, wie die der syrischen und nordarabischen Schriften, können hier beiseite bleiben (vgl. dazu und zu dem ganzen Abschnitt D. DIRINGER, The Alphabet. A Key to the History of Mankind [²1949]).

Viertes Kapitel

SPRACHEN

§ 30. Semitische Sprachen

Vorderasien ist der Raum, in dem in alter und neuer Zeit jene Sprachfamilie ihre eigentliche Heimat hat, die man auf Grund der alttestamentlichen Völkertafel in Gen 10 die semitische zu nennen pflegt (der Ausdruck „semitisch" wird in der Wissenschaft im wesentlichen nur eben für diese Sprachfamilie gebraucht); und so wenig jemals im vorderen Orient nur semitische Sprachen gesprochen worden sind, so haben diese Sprachen doch seit sehr alter Zeit wenigstens bei der bodenständigen Bevölkerung das Übergewicht gehabt, und die meisten der altorientalischen Sprachdenkmäler gehören dieser Gruppe an. Wir haben es dabei in antiker Zeit mit einer ganzen Reihe von Dialekten zu tun, die zu einzelnen

Sprachen zusammengehören (vgl. das umfassende Werk C. Brockelmann, Grundriß der vergleichenden Grammatik der semitischen Sprachen I. II [1908/1913], unveränderter photomechanischer Nachdruck I. II. [1961]; kürzer C. Brockelmann, Kurzgefaßte vergleichende Grammatik der semitischen Sprachen [Porta linguarum orientalium XXI (1908)] sowie G. Bergsträsser, Einführung in die semitischen Sprachen, Sprachproben und grammatische Skizzen [1928]).

1. Akkadisch. Diejenige semitische Sprache, die im alten Zweistromlande gesprochen wurde, nennen wir akkadisch, nach der auch Gen 10 10 genannten Stadt Akkad, die noch nicht lokalisiert ist, aber wahrscheinlich im oberen Teil des südlichen Zweistromlandes in der näheren oder weiteren Umgebung des heutigen Bagdad gelegen hat und der Mittelpunkt des, so viel wir wissen, ersten größeren Staatsgebildes der semitisch sprechenden Bewohner des Zweistromlandes gewesen ist und die dann, vor allem in stereotypen Formeln, dem nördlichen Teil der großen Euphrat-Tigris-Flußniederung den Namen gegeben hat (gelegentlich stellt man das Akkadische mit seinen Eigentümlichkeiten allen übrigen semitischen Sprachen als das „Ostsemitische" gegenüber). Da anfangs in der Geschichte der Wissenschaft vor allem Texte des assyrischen Dialekts dieser Sprache bekannt waren und bearbeitet wurden, nannte man die ganze Sprache früher einfach „assyrisch" (daher noch heute „Assyriologie" u. ä.). Die Denkmäler dieser Sprache liegen fast nur in Keilschrift vor, und so ist denn erst mit der Entzifferung der Keilschrift diese Sprache der Wissenschaft wieder erschlossen worden. Man unterscheidet zwei Hauptdialekte, das Babylonische, das im Süden des Zweistromlandes, und das Assyrische, das weiter oberhalb am Tigris zu Hause war; jeder dieser Dialekte hat seine einigermaßen erkennbare Geschichte durchgemacht und ist auch seinerseits noch lokal differenziert gewesen. Das Akkadische, das in mancher Hinsicht urtümliche Züge bewahrt hat, ist sprachlich gekennzeichnet durch den Verlust der meisten ursemitischen Laryngale (nur das ḫ und z. T. das ' haben sich erhalten) und durch den Schwund der Halbvokale u̯ und i̯. Hier ist das Akkadische offenbar durch das Substrat einer nichtsemitischen Bevölkerung des Zweistromlandes beeinflußt, dessen Sprache auf den Lautbestand des Akkadischen eingewirkt hat. Ferner hat das Akkadische den Übergang der dentalen Spiranten ḏ, ṯ und ḏ̣/ṯ̣ in die Zischlaute z, š und ṣ. Die alten semitischen Kasusendungen und die anderen kurzen Auslautvokale waren noch vorhanden; mit der Zeit aber verwilderte ihr Gebrauch. Ferner hat das Akkadische noch ein altes, eigentümliches Verbalsystem. — Literatur: A. Ungnad, Grammatik des Akkadischen (Clavis linguarum Semiticarum II [³1949]) und vor allem W. v. Soden, Grundriß der akkadischen Grammatik (Analecta Orientalia 33 [1952]). Die Sprache der Mari-Texte (vgl. o. S. 187f.) hat eine spezielle Behandlung erfahren durch A. Finet, L'Accadien des Lettres de Mari (Académie Royale de Belgique. Classe des Lettres et des Sciences Morales et Politiques. Mémoires 8°. T. LI, 1

[1956]). Zwei umfassende Wörterbücher des Akkadischen sind zur Zeit im Erscheinen begriffen, einmal The Assyrian Dictionary of the Oriental Institute of the University of Chicago (Abkürzung CAD = Chicago Assyrian Dictionary) in 21 Bänden seit 1956 und W. v. Soden, Akkadisches Handwörterbuch in 1 Bande (in Lieferungen seit 1959). Listen der Keilschriftzeichen bieten R. Labat, Manuel d'épigraphie akkadienne (1952) und — für die phonetischen Werte — W. v. Soden, Das akkadische Syllabar (Analecta Orientalia 27 [1948]).

2. Kanaanäisch. Jene semitische Sprache, die in verschiedenen Dialekten seit wenigstens dem Beginn des II. Jahrtausends v. Chr., wahrscheinlich aber noch seit bedeutend früherer Zeit, im syrisch-palästinischen Kulturlande beheimatet war, bezeichnet man am besten als „kanaanäisch" (auf Grund der alttestamentlichen Verwendung des Namens „Kanaan"; vgl. o. S. 45 ff.). Ihre Denkmäler liegen im allgemeinen in den § 29 behandelten alphabetischen Schriften vor; nur vereinzelte Worte sind in der alten Keilschrift überliefert, so vor allem die „kanaanäischen Glossen" in den Amarna-Tafeln (vgl. dazu Fr. M. Th. Böhl, Die Sprache der Amarnabriefe [Leipziger Semitistische Studien V, 2 (1909)] § 37. 38). — In den Texten von *rās esch-schamra* haben wir einen Dialekt, den man „ugaritisch" nennt (Ugarit ist der alte Name der auf dem heutigen *rās esch-schamra* gelegenen Stadt) und der trotz verschiedener Eigentümlichkeiten zum „Kanaanäischen" wird gerechnet werden müssen, dessen genauere Erforschung allerdings noch im Werden ist (vgl. C. H. Gordon, Ugaritic Manual [Analecta Orientalia 35 (1955)]). Der phönikische Dialekt wird durch die phönikischen Inschriften (s. o. S. 191 f. 196) repräsentiert (vgl. dazu Z. S. Harris, A grammar of the Phoenician language [American Oriental Series Vol. 8 (1936)]; J. Friedrich, Phönizisch-Punische Grammatik [Analecta Orientalia 32 (1950)]). Ferner gehört zum „Kanaanäischen" vor allem das Hebräische, das als die in Palästina bodenständige Sprache von den israelitischen Stämmen nach ihrer Landnahme angenommen wurde, freilich nicht ohne daß Elemente ihrer älteren Sprache (s. u.) in das Hebräische übergegangen wären, sowie das dem Hebräischen nächst verwandte „Moabitisch" der Mesa-Inschrift (s. o. S. 196). Zu den inschriftlich belegten „kanaanäischen" Wörtern (außer den ugaritischen) vgl. Ch.-F. Jean - J. Hoftijzer, Dictionnaire des inscriptions sémitiques de l'ouest (bisher Lfg. 1/2 [1960]).

Das Kanaanäische teilt mit dem Akkadischen den Übergang der dentalen Spiranten in Zischlaute (s. o. S. 201), auch eine gewisse, wenngleich nicht so weitgehende, Reduktion des Bestandes der ursemitischen Laryngale; ʿ und *gh* sind zu ʿ zusammengefallen (wenigstens in der Schrift)[1], *ḫ* und *ḥ* wurden im Ugaritischen noch unterschieden, die Buchstabenschrift aber hat dafür nur ein Zeichen (*ḥ*), und anscheinend sind

[1] Die Aussprache unterschied vielleicht noch zwischen beiden, wie die Septuagintatransskriptionen hebräischer Namen zu zeigen scheinen.

auch in der Aussprache beide Laute mit der Zeit nicht mehr unterschieden worden. Das Ugaritische hat als der älteste bezeugte Dialekt gegenüber den anderen Dialekten eine Reihe von altertümlichen Zügen; es besitzt noch die alten Kasusendungen und überhaupt die kurzen Vokale im Auslaut; in den übrigen Dialekten sind sie geschwunden. Das Ugaritische scheint ein altes und in vielen Einzelheiten noch undurchsichtiges Verbalsystem besessen zu haben; in den übrigen Dialekten erscheint es bereits verkümmert bzw. durch anderweitige Einflüsse kompliziert.

3. Aramäisch. Die Dialekte der Stämme, die mit Beginn der Eisenzeit aus der östlichen Steppe in das syrisch-palästinische Kulturland eindrangen und dort im Laufe des I. Jahrtausends v. Chr. allerlei Staaten gebildet haben, fassen wir unter dem Begriff „aramäisch" zusammen, weil diese Stämme und Staaten sich selbst als „aramäisch" bezeichneten. Dazu gehörten wohl schon Israel und auch Ammon, Moab und Edom, die allerdings im Kulturlande die dort bodenständigen kanaanäischen Dialekte übernahmen. Weiter im Norden, im mittel- und nordsyrischen Binnenlande aber haben diese Stämme ihre alten Dialekte beibehalten. Die ältesten aramäischen Sprachdenkmäler („altaramäisch") sind die oben S. 196f. genannten Buchstabeninschriften aus dem mittel- und nordsyrischen Binnenlande (vgl. auch A. Dupont-Sommer, Les Araméens [1949] S. 79ff.). Überhaupt liegt das Aramäische im wesentlichen in Buchstabenschrift vor, abgesehen von einigen wenigen Texten in alter Keilschrift. Das entscheidende Ereignis in der Geschichte des Aramäischen war die Tatsache, daß es im 6./5. Jahrh. v. Chr. zur Amtssprache in großen Teilen des Perserreiches, vor allem fast in dem ganzen zu diesem Reiche gehörigen Gebiete des alten Orients, gemacht wurde („Reichsaramäisch"), nachdem es schon in der zweiten Hälfte des 8. und im 7. Jahrh. im Zweistromland als Sprache des internationalen Verkehrs, besonders des Handelsverkehrs, und auch als Schriftsprache aufgekommen war (vgl. die altaramäischen Urkunden aus Assur oben S. 198), und daß es im Zusammenhang damit sich nunmehr auch als Volkssprache in diesem Gebiete durchsetzte. Zeugnisse jenes amtlichen Aramäisch sind in Ägypten die Lederurkunden und die Papyri von Elephantine (s. o. S. 198ff.; vgl. dazu P. Leander, Laut- und Formenlehre des Ägyptisch-Aramäischen [1928]) und in Palästina die aramäischen Urkunden des Buches Esra. Aus dem Reichsaramäischen hervorgegangene aramäische Volksdialekte liegen vor in dem biblischen Aramäisch von Dan 2—7 (vgl. K. Marti, Kurzgefaßte Grammatik der biblisch-aramäischen Sprache [Porta linguarum orientalium XVIII (^{3}1925)]; H. L. Strack, Grammatik des Biblisch-Aramäischen [Clavis linguarum Semiticarum IV (^{6}1921)]; Bauer-Leander, Kurzgefaßte biblisch-aramäische Grammatik [1929]; Fr. Rosenthal, A Grammar of Biblical Aramaic [Porta ling. or. N. S. V (1961)] und ausführlich Bauer-Leander. Grammatik des Biblisch-Aramäischen [1927]) sowie in dem

Aramäisch einiger Texte von *chirbet ḳumrān* (vgl. u. S. 276ff.), in dem palästinischen und dem babylonischen Aramäisch der rabbinischen Literatur (vgl. G. Dalman, Grammatik des jüdisch-palästinischen Aramäisch [²1905]; M. L. Margolis, Lehrbuch der aramäischen Sprache des babylonischen Talmuds [Clavis ling. Sem. III (1910)]; G. Dalman, Aramäisch-Neuhebräisches Handwörterbuch zu Targum, Talmud und Midrasch [³1938]) sowie in einigen christlichen palästinisch-aramäischen Texten (vgl. Fr. Schwally, Idioticon des christlich palästinischen Aramaeisch [1893]), ferner in dem aramäischen Dialekt der palmyrenischen Inschriften (s. o. S. 200; vgl. dazu J. Cantineau, Grammaire du Palmyrénien épigraphique [1935]) und dem der nabatäischen Inschriften (s. o. S. 200; vgl. dazu J. Cantineau, Le Nabatéen I. II [1930/32]); endlich in dem ostaramäischen Syrisch, der Sprache der christlichen Syrer mit ihren verschiedenen Dialekten, beheimatet zunächst im oberen Mesopotamien, und zwar im Bereich der christlichen Kirche von Edessa, und von da sich verbreitend (vgl. C. Brockelmann, Syrische Grammatik [Porta ling. or. V (1938)]; C. Brockelmann, Lexicon Syriacum [²1928]) sowie schließlich im Mandäischen, der Sprache der Sekte der Mandäer im südlichen Zweistromland (vgl. Th. Nöldeke, Mandäische Grammatik [1875]). In einigen geringen Resten hat sich die aramäische Volkssprache bis heute im Antilibanon und um den Urmia-See lebendig erhalten (vgl. Bergsträsser, Einführung S. 80ff.). Zu den inschriftlich belegten aramäischen Wörtern vgl. das o. S. 202 genannte Lexikon von Jean-Hoftijzer.

Das Aramäische teilt eine Reihe von Eigentümlichkeiten mit dem Kanaanäischen, war also in seinem Ursprung mit diesem nahe verwandt; darum faßt man vielfach beide Dialektgruppen unter dem Begriff des „Westsemitischen" zusammen[1]. Das Aramäische hat mit dem (nachugaritischen) Kanaanäisch seiner Zeit den Bestand an Laryngalen und den Wegfall der kurzen vokalischen Endungen gemein. Gleichwohl hat das Aramäische von den uns erkennbaren Anfängen an seine Besonderheiten in Wortbestand, Formenbildung und Syntax gehabt. Einige Besonderheiten auf lautlichem Gebiet verbergen sich im Altaramäischen hinter den Unvollkommenheiten der Buchstabenschrift. Diese Schrift war auf syrisch-palästinischem Boden für die hier beheimateten Dialekte entwickelt worden und daher für den kanaanäischen Lautbestand eingerichtet. Die Aramäer haben diese Buchstabenschrift übernommen und sich daher in ihren alten Inschriften dem kanaanäischen

---

[1] So z. B. in dem Titel des die kanaanäischen und aramäischen Wörter zusammenfassenden Lexikons von Jean-Hoftijzer (vgl. o. S. 202). Früher, als das Akkadische noch nicht sehr in den Gesichtskreis getreten war, konnte man Kanaanäisch und Aramäisch verbinden unter dem Begriff „nordsemitisch" im Unterschied zu den „südsemitischen" arabischen Dialekten (so z. B. M. Lidzbarski in seinem „Handbuch der nordsemitischen Epigraphik" von 1898).

Lautbestand angeglichen und übrigens mit der Schrift auch sonst allerlei Kanaanismen aus der durch die Schrift ihnen überlegenen kanaanäischen Kultur übernommen. Die ursprünglichen dentalen Spiranten hatte das Altaramäische wahrscheinlich noch. Da die Buchstabenschrift keine besonderen Zeichen für sie hatte, wurden sie in den alten Inschriften, teilweise noch in den Elephantine-Papyri, mit den entsprechenden Zischlauten geschrieben; später sind dann *ḏ*, *ṯ* und *ṯ̣* nicht wie im Akkadischen und Kanaanäischen in Zischlaute, sondern in die Explosiven *d*, *t* und *ṭ* übergegangen. Ursprüngliches *ḏ̣* erscheint sonderbarerweise anfangs als *ḳ*, später als ʿ. Bemerkenswert ist die von Anfang an vorhandene Determination der Nomina durch ein angehängtes *ā*. Das Aramäische hat als weit verbreitete Verkehrssprache von den verschiedensten in den letzten vorchristlichen Jahrhunderten im Orient gesprochenen Sprachen sehr viele Fremd- und Lehnworte aufgenommen.

4. Arabisch. Nicht mehr in die Zeit des alten Orients gehört im allgemeinen das Literarischwerden der arabischen Sprache, die zuerst von den Beduinenstämmen der arabischen Halbinsel gesprochen wurde. Ihr Vorläufer ist das Südarabisch der Inschriften aus den Kulturgebieten an der Südspitze der arabischen Halbinsel (vgl. o. S. 169). Die Sprache dieser Inschriften (vgl. M. Hoefner, Altsüdarabische Grammatik [Porta linguarum orientalium 24 (1943)]) ist verwandt mit den äthiopischen Dialekten Abessiniens. Das im Unterschied zu diesem Südarabisch so genannte Nordarabisch verdankt seine Verbreitung über die Kulturländer des vorderen Orients erst der Bewegung des Islam. Dieses klassische Arabisch wäre daher für die Wissenschaft vom alten Orient von keiner großen Bedeutung, wenn nicht in dieser Sprache der ursemitische Laut- und Formenbestand in besonders großem Ausmaße noch erhalten wäre und daher das klassische Arabisch für das Verständnis und die Erforschung auch der alten semitischen Sprachen eine grundlegende Bedeutung hätte (vgl. A. Socin, Arabische Grammatik, 10. Aufl. von C. Brockelmann [1929]; G. W. Freytag, Lexicon Arabico-Latinum 4 Bde. [1830—37], dass. ex opere majore excerptum [1837]; E. W. Lane, *Maddu-l-Kamoos*, an Arabic-English Lexicon [1863—93]). — Das Arabische ist in seinen nach Ländern verschiedenen modernen Dialekten die im größten Teil des vorderen Orients heutzutage gesprochene Sprache, nicht nur bei den Muhammedanern, sondern auch bei den orientalischen Christen, die mit der Zeit ihre alten Sprachen zugunsten des Arabischen aufgegeben haben (zum modernen palästinischen Arabisch vgl. L. Bauer, Das Palästinische Arabisch [⁴1926]; L. Bauer, Deutsch-Arabisches Wörterbuch der Umgangssprache in Palästina und im Libanon [²1957]). Über den verschiedenen Dialekten hat sich in der modernen arabischen Welt eine allgemeine arabische Umgangs- und Schriftsprache herausgebildet (vgl. dazu H. Wehr, Arabisches Wörterbuch für die Schriftsprache der Gegenwart. Arabisch-Deutsch I/II [1952; ³1958]. Supplement [1959]).

§ 31. Nichtsemitische Sprachen

Die Erschließung der altorientalischen Schriftsysteme, besonders der Keilschrift, und die Entdeckung immer neuer Schrifturkunden hat in ständig wachsendem Maße gezeigt, daß im alten Orient, zumal an seinen Rändern, noch allerlei verschiedene Sprachen gesprochen wurden, die mit der semitischen Sprachfamilie nichts zu tun haben, daß also der Sprachatlas des alten Orients bunt genug vorzustellen ist.

1. Ägyptisch. In Hieroglyphen wurde die ägyptische Sprache geschrieben, die wie diese Schrift im wesentlichen auf das Nilland beschränkt geblieben ist, dort aber bis zum Bekanntwerden des amtlichen Aramäisch (s. o. S. 203) die Alleinherrschaft gehabt hat. Da das Hieroglyphensystem nur Konsonanten wiedergibt, ist eine genaue Vorstellung von der ägyptischen Sprache nicht mehr zu gewinnen. Erst das letzte Stadium der ägyptischen Sprache, die Sprache der christlichen Ägypter, das Koptische, wurde mit einem vom griechischen abgeleiteten Alphabet geschrieben und also einschließlich der Vokale wiedergegeben, und von hier aus sind Rückschlüsse auf den Vokalismus des älteren Ägyptisch möglich. Das Ägyptische gehört in den Kreis der noch heute in Ost- und Nordafrika lebendigen „hamitischen" Sprachen, einer Gruppe, die ihrerseits eine Urverwandtschaft mit der semitischen Sprachfamilie aufweist. Die methodische philologische Erforschung des Ägyptischen knüpft sich vor allem an den Namen des einstigen Berliner Ägyptologen A. Erman (vgl. A. Erman, Ägyptische Grammatik [Porta ling. or. XV (^{4}1928)]; G. Roeder, Ägyptische Grammatik [Clavis ling. Sem. VI (^{2}1926)]; A. H. Gardiner, Egyptian Grammar [^{3}1957]; Erman-Grapow, Wörterbuch der ägyptischen Sprache I—V [1926—1931], dazu Die Belegstellen I—V [1935—1953], ein Auszug daraus Erman-Grapow, Ägyptisches Handwörterbuch [1921; Neudruck 1961]; G. Steindorff, Lehrbuch der koptischen Grammatik [1951]).

2. Indogermanische Sprachen. Im Norden und Osten des alten Orients sind Denkmäler verschiedener indogermanischer Sprachen aufgetaucht.

a) Hethitisch. Im Jahre 1906 entdeckte H. Winckler bei seinen im Auftrag der Deutschen Orient-Gesellschaft durchgeführten Ausgrabungen auf einem Ruinenhügel bei dem heutigen Dorf Boğazköy im Inneren von Kleinasien östlich von Ankara ein großes Archiv von Keilschrifttexten; diese Texte wurden herausgegeben in den Publikationsreihen „Keilschrifttexte aus Boghazköi" (abgek. KBo) in den Jahren 1916 bis 1923, „Keilschrifturkunden aus Boghazköi" (KUB) seit 1922, „Die Boghazköi-Texte in Umschrift" (BoTU) seit 1922. Es fanden sich darunter Texte in akkadischer Sprache, vor allem internationale Verträge (vgl. E. F. Weidner, Politische Dokumente aus Kleinasien. Die Staatsverträge in akkadischer Sprache aus dem Archiv von Boghazköi [Boghazköi-Studien 8./9. Heft (1923)]). Daneben aber standen sehr zahlreiche Texte, zwar in der bekannten alten Keilschrift geschrieben, aber in einer bis dahin unbekannten Sprache abgefaßt. Das Eindringen in das Verständnis dieser Sprache gelang Fr. Hrozný, Die Sprache der Hethiter, ihr Bau und ihre Zugehörigkeit zum indogermanischen Sprachstamm (1917). Auf der von ihm gelegten Grundlage ist die Erforschung dieser Sprache seither durch eine Fülle von Kleinarbeit gefördert worden (vgl. den Überblick bei J. Friedrich, Hethitisch und „Kleinasiatische" Sprachen [Grundriß der indogermanischen Sprach- und Altertumskunde. Geschichte der indogermanischen Sprachwissenschaft II: Die Erforschung der indogermanischen Sprachen V, 1 (1931)]; sowie J. Friedrich, Kleinasiatische Sprachdenkmäler [Kleine Texte 163 (1932)] und vor allem J. Friedrich, Hethitisches Elementarbuch I. Kurzgefaßte Grammatik [²1960]; II. Lesestücke in Transkription mit Erläuterungen und Wörterverzeichnissen [1946] = Indogermanische Bibliothek I. Abt.: Sammlung indogermanischer Lehr- und Handbücher 1. Reihe: Grammatiken 23. Band; J. Friedrich, Hethitisches Wörterbuch [1952—1954; Ergänzungshefte 1957/1961] = Indogerm. Bibl. 2. Reihe: Wörterbücher). Der Ausdruck „hethitisch" ist eine nicht in den alten Texten belegte, sondern von der modernen Wissenschaft gewählte Bezeichnung, die auf der geschichtlichen Verbindung dieser Sprache mit dem Reich *Ḫatti* in Kleinasien (s. u. S. 228 f.) beruht, mit dem wiederum der alttestamentliche Volksname „Hethiter" zusammenhängt; es war die offizielle Sprache in diesem Reiche. Dieses „Hethitische" gehört nach seiner Struktur zur westlichen Gruppe der indogermanischen Sprachen, der der *centum*-Sprachen, und hat spezielle Beziehungen zum Italisch-Keltischen. In seinem Wortschatz steht es freilich sehr isoliert da; darin scheint ein nichtindogermanisches Substrat in Erscheinung zu treten.

b) Andere kleinasiatisch-nordsyrische Dialekte. In den Keilschrifttexten von Boğazköy kommen vereinzelt Elemente einer anscheinend im südlichen Kleinasien gesprochenen und wahrscheinlich ebenfalls indogermanischen Sprache vor, die in diesen Texten selbst als „luwisch" bezeichnet wird (vgl. Friedrich, Hethitisch und „Kleinasiatische" Sprachen S. 41 f.). — Wahrscheinlich gehört in diesen Zusammenhang auch die Sprache der „hethitischen Hieroglyphen" (die konventionelle Bezeichnung „hethitisch" ist hier unsachgemäß und verwirrend) Südostkleinasiens und Nordsyriens (s. o. S. 188), die jünger sind als die Texte von Boğazköy. Auch in ihnen handelt es sich um einen indogermanischen Dialekt (vgl. Friedrich a. a. O. S. 49ff.).

c) Indo-iranische Dialekte. In der ersten Hälfte des II. Jahrtausends v. Chr. tauchen in Mesopotamien gewisse termini technici, Götternamen und Personennamen auf, die indo-iranischer Herkunft sind; sie fanden sich in den Texten von Boğazköy und anderwärts. Zusammenhängende Sprachdenkmäler aber fehlen. Erst sehr viel später tritt diese östliche Gruppe der indogermanischen Sprachen (*satem*-Sprachen) im alten Orient in eigenen Schriftdenkmälern in Erscheinung, nämlich in den persischen Inschriften der Achämenidenkönige von der 2. Hälfte des 6. Jahrh.s v. Chr. an. Die Inschriften der persischen Könige aus Susa und verschiedenen iranischen Orten sind vielfach dreisprachig; zu dem babylonischen und elamischen (s. u.) Text tritt noch der altpersische. Für diese altpersischen Inschriften ist aus der alten Keilschrift ein stark vereinfachtes, silbenschreibendes Keilschriftsystem mit außerordentlich reduziertem Zeichenbestand entwickelt worden (die Texte bei F. H. Weissbach, Die Keilinschriften der Achämeniden [Vorderasiatische Bibliothek III (1911)]). Im Folgenden ist dann für die Schreibung des Persischen (Mittelpersisch) die damals mit der aramäischen Sprache sich überall im alten Orient verbreitende Buchstabenschrift zur Grundlage gemacht worden.

3. Sprachen unbekannter Herkunft. Vorwiegend in der alten Keilschrift sind noch einige Sprachen in größeren Zusammenhängen oder in einzelnen Elementen überliefert, deren Verwandtschaftsbeziehungen im allgemeinen noch dunkel sind, über die sich nicht viel mehr sagen läßt, als daß sie weder zur semitischen noch zur indogermanischen Sprachfamilie gehören und daß sie meist auch unter sich keine sicher feststellbaren Beziehungen haben.

a) Sumerisch. Aus dem südlichen Zweistromland sind seit den ältesten Zeiten Texte in einer „agglutinierenden" Sprache mit mehreren Dialekten überliefert, die man nach der alten Bezeichnung für den südlichen Teil des unteren Zweistromlandes „sumerisch" nennt. Für die sumerische Sprache ist die alte Keilschrift von Hause aus geschaffen, und in der sakralen und gelehrten Literatur ist das Sumerische als eine Art heiliger Sprache im Zweistromland noch lange gebraucht worden, als die gesprochene Sprache längst das Akkadische war. Sumerisch sprechende Bewohner des unteren Zweistromlandes waren die Träger der alten, lange nachwirkenden Kultur dieses Gebiets (vgl. A. Poebel, Grundzüge der sumerischen Grammatik [1923]; A. Deimel, Šumerische Grammatik [²1939]; A. Falkenstein, Handbuch der Orientalistik II 1/2, 1 [1959]).

b) Elamisch. Östlich des untersten Tigrislaufs und der Nordspitze des persischen Golfes ist eine Sprache beheimatet, die man nach dem Namen dieses Landes, Elam (auch im Alten Testament wiederholt vorkommend), elamisch nennt. Sie wurde — abgesehen von einigen Texten in einer alten elamischen Silbenschrift — mit der alten Keilschrift geschrieben und liegt in zusammenhängenden Texten in den dreisprachigen Keilinschriften der Achämeniden (s. o.) aus verhältnismäßig später Zeit und in verschiedenen keilschriftlichen Sprachdenkmälern (Inschriften, Briefen, Rechtsurkunden) auch aus älteren Zeiten vor (vgl. E. F. König, Corpus Inscriptionum Elamicarum [1926ff.]; F. Bork, Elam, B. Sprache [Reallexikon der Vorgeschichte 3 (1925) S. 70—83]).

c) Churrisch. Im nördlichen Zweistromland und darüber hinaus, auch im nördlichen Syrien, war im II. Jahrtausend v. Chr. ziemlich weit verbreitet eine Sprache, die zuerst durch einen in der bekannten alten Keilschrift, aber nicht in akkadischer Sprache, geschriebenen Amarnabrief (Knudtzon Nr. 24) bekannt wurde. Texte in alter Keilschrift und in derselben Sprache sind in Boğazköy gefunden worden. Neuerdings sind auch in *rās esch-schamra* zahlreiche Texte dieser Sprache in alter Keilschrift und in der alphabetischen *rās-schamra*-Schrift an das Licht gekommen. In Texten aus Boğazköy wird diese Sprache als „churrisch" bezeichnet. Ihre Erforschung ist noch erst im Werden (vgl. E. A. Speiser, Introduction to Hurrian [AASOR 20 (1941)]).

d) Kassitisch. Durch ein in alter Keilschrift überliefertes Wörterverzeichnis und durch akkadische Erklärungen von Königsnamen ist einiges über die Sprache von Leuten bekannt, die akkadisch als *Kaššu* bezeichnet werden, deren Heimat im Gebirge nordöstlich des unteren Tigris lag und die in der Geschichte des Zweistromlandes zeitweise eine Rolle gespielt haben (s. u. S. 225). Zur Sprache vgl. Friedrich Delitzsch, Die Sprache der Kossäer (1884).

e) Urartäisch. *Urarṭu* (im Alten Testament: Ararat) ist der antike Name des heutigen armenischen Hochlandes. Aus der 1. Hälfte des I. Jahrtausends v. Chr. sind aus diesem Lande allerlei in alter Keilschrift geschriebene Inschriften in der Landessprache erhalten (vgl. C. F. Lehmann-Haupt, Corpus Inscriptionum Chaldicarum[1] Lfg. 1—4 [1928 bis 1935]; F. W. König, Handbuch der chaldischen Inschriften [AfO Beiheft 8 I/II (1955/57)]). Zur Sprache vgl. J. Friedrich, Einführung ins Urartäische (MVÄG 37, 3 [1933]). Zwischen dem Urartäischen und dem Churrischen scheint eine sprachliche Verwandtschaft vorzuliegen (vgl. J. Friedrich, Kleine Beiträge zur churritischen Grammatik [MVÄG 42, 2 (1939)] S. 59ff.).

f) Protochattisch. Unter den Texten von Boğazköy fand sich eine Reihe von Denkmälern einer Sprache, die offenbar einer älteren Stufe der Sprachgeschichte Kleinasiens angehört als das „Hethitische" (s. o. 206f.) und anscheinend bei der Urbevölkerung des inneren Kleinasien beheimatet war; sie wird in den Texten von Boğazköy als „chattisch" bezeichnet[2] (vgl. J. Friedrich, Hethitisch und „Kleinasiatische" Sprachen S. 42ff.).

---

[1] Lehmann-Haupt gebraucht die Bezeichnung „chaldisch" mit Bezug auf die Könige des Landes, die den Gott Ḫaldi verehrten.

[2] Die Bezeichnung „chattisch" ist eigentlich dasselbe wie „hethitisch". Diese Bezeichnung kommt nach den Texten von Boğazköy also in Wirklichkeit jener vorindogermanischen Urbevölkerung zu. Da man sich aber zur Bezeichnung der indogermanischen Hauptsprache Kleinasiens konventionell bereits auf die Bezeichnung „hethitisch" festgelegt hatte, hat man für die ältere Sprache die eigentlich nur formale Variante „chattisch" oder, wenn man den Unterschied deutlicher zum Ausdruck bringen will, „protochattisch" gewählt.

Fünftes Kapitel

VÖLKER

§ 32. Rassische Grundlagen

Über die im alten Orient vertretenen Rassen ist im einzelnen bisher wenig Sicheres ermittelt und auch wenig zu ermitteln. Denn bei den zahllosen Völkerbewegungen, die seit den ältesten Zeiten dauernd im vorderen Orient stattgefunden haben, und den Völkerwellen, die in geschichtlicher Zeit über dieses Gebiet dahingegangen sind, ist ein Rückschluß von den gegenwärtigen Rassenverhältnissen auf das Altertum nicht ohne weiteres erlaubt. Da außerdem im alten Orient, soweit unsere geschichtliche Kenntnis zurückreicht, isolierte Menschengruppen von Bedeutung nicht mehr vorhanden waren, sondern die Teile dieses Gebiets in mannigfachen Beziehungen zueinander lebten, ist die Gruppierung der Sprachen von der der Rassen völlig zu trennen, und so vermittelt auch unsere Einsicht in den Bestand an Sprachen und Sprachgruppen im alten Orient uns keinerlei sichere Kenntnis von dem Vorhandensein und der Verbreitung bestimmter Rassen. Mithin könnten nur anthropologische Messungen an aufgefundenen Skeletten, deren Datierung und Einordnung in einen bestimmten Zusammenhang sicher wäre, verläßliche Ergebnisse in der Rassenfrage liefern; in dieser Hinsicht aber liegen bisher nur mehr vereinzelte Feststellungen vor, noch nicht zusammenhängende Beobachtungsreihen, auf die es in diesem Falle ankäme. Einen gewissen Ersatz dafür bieten lediglich stereotype Menschendarstellungen auf alten Bildwerken, an denen man nur eben keine Messungen vornehmen kann. Mit aller angesichts dessen gebotenen Vorsicht läßt sich sagen, daß wir es im alten Orient mit folgenden Rassen zu tun haben, die natürlich auch im jetzigen Bevölkerungsbestand dieses Gebiets noch vertreten sind (vgl. dazu F. v. Luschan, Völker, Rassen, Sprachen [1922] S. 55ff.; C. U. A. Kappers, Introduction to the anthropology of the Near East in ancient and recent times [1934]).

Abgesehen von Negern, die nur am Rande des vorderen Orients als Nachbarn von Ägypten eine Rolle spielen, haben wir es auf der einen Seite mit Vertretern der langschädligen, dunkelfarbigen, kleinwüchsigen mediterranen Rasse zu tun, und zwar mit ihrer afrikanischen Abart in Nordafrika einschließlich Ägypten und ihrer orientalischen Abart in Vorderasien, letztere meist einfach orientalische Rasse genannt. Daneben steht eine ebenfalls dunkelfarbige, aber kurzschädlige und steilköpfige Rasse, die v. Luschan armenoid nennt und die man gern als vorderasiatisch zu bezeichnen pflegt; sie scheint vor allem in den nördlichen Teilen des alten Orients, in Nordsyrien und in den nördlichen und nordöstlichen Randgebirgen, vertreten gewesen zu sein. Endlich hat — die Tatsache des Vorhandenseins indogermanischer Sprachen im alten Orient darf mit allem Vorbehalt in diesem Sinne vielleicht verwertet werden — auch die nordische Rasse einen wahrscheinlich nicht sehr großen und im einzelnen nicht genauer bestimmbaren Anteil an der Bevölkerung des alten Orients gehabt.

§ 33. Die geschichtlichen Völker

Der Begriff des Volkes gehört in den Zusammenhang der Geschichte. Völker sind Verbindungen von Menschengruppen, die gemeinsam im geschichtlichen Handeln in Erscheinung treten und damit Grundelemente des geschichtlichen Geschehens werden, ohne immer einer gemeinsamen Rasse anzugehören. Soweit wir durch die Schriftdenkmäler aus dem alten Orient über die Geschichte unterrichtet sind, haben wir daher auch eine Kenntnis der geschichtlichen Völker des alten Orients. Da zu einem Volke, wenn auch nicht begrifflich notwendig, so doch in der Regel tatsächlich, eine gemeinsame Sprache gehört, kann auch die Übersicht über die Sprachen des alten Orients (vgl. § 30. 31) zur Kenntnis der altorientalischen Völker beitragen. Endlich hat ein Volk häufig auch eine bestimmte charakteristische Art der Personennamenbildung, so daß seine Angehörigen an ihren Namen vielfach erkannt werden können, sowie auch eine besondere Weise der Tracht, der Lebensgewohnheiten u. dgl.

1. Die Völker des Nillandes. Im Kulturlande des Nils wohnte seit alters das Volk der Ägypter. In zahllosen Rundplastiken, Reliefs und Malereien ist uns ihr Bild in Ägypten erhalten; man vergleiche etwa die vielen Abbildungen bei G. Steindorff, Die Kunst der Ägypter (1928), auch AOB² Nr. 1. 26ff.; ANEP Nr. 12ff. u. ö. Sie erscheinen — in Relief und Malerei durchweg im Profil dargestellt — als schlanke Gestalten mit ausgeglichenem Gesicht und gerader Nase, Erscheinungen, wie man sie heute noch vielfach in Ägypten trifft. Die Männer sind gewöhnlich bartlos, oder sie tragen, wenigstens soweit sie Könige oder Vornehme sind, einen künstlichen Kinnbart, offenbar als Ersatz einer alten Barttracht. — Mit den Ägyptern verwandt waren die libyschen Stämme der westlich angrenzenden Wüste und ihrer Oasen, die häufig das Kulturland am Nil bedrohten und zu Zeiten auch mehr oder weniger friedlich sich neben den Ägyptern im Kulturlande festsetzten. Sie werden gern dargestellt mit ihrem aus zwei Federn bestehenden Kopfschmuck, mit Backen- und spitzem Kinnbart, mit Seitenlocke sowie mit den für sie charakteristischen Tätowierungen am Körper (vgl. AOB² Nr. 1; ANEP Nr. 1. 2. 7. 8; Steindorff a. a. O. S. 277). — Südlich des eigentlichen Ägypten, das nilaufwärts bis zum 1. Nilkatarakt beim heutigen Assuan zu rechnen ist, lag beiderseits des Nils das Gebiet der nubischen Stämme; das Zentrum der Nubier war der Bereich der großen S-förmigen Schleife des Nils oberhalb des 2. Katarakts. Nubien wurde von den Ägyptern *kš* genannt (im Alten Testament Kusch [Luther: Chus]). Die Nubier, von den Griechen und Römern als „Äthiopen" bezeichnet, mit einem Namen, der von Hause aus nichts mit den Bewohnern von Abessinien viel weiter im

Süden zu tun hat, waren Stammverwandte der Ägypter; ihr Land war den Ägyptern wichtig als Durchzugsgebiet zu den Schätzen des Sudan noch weiter oberhalb am Nil, wo Neger wohnten. Die Ägypter haben des öfteren Neger dargestellt (vgl. AOB² Nr. 1; ANEP Nr. 4. 6. 8; STEINDORFF a. a. O. S. 288; BREASTED-RANKE, Geschichte Ägyptens [Große illustrierte Phaidon-Ausgabe 1936] Taf. 267. 309); sie stellten dann auch mit typischem Negergesicht, bartlos und mit großen Ohrringen, verallgemeinernd und unsachgemäß, überhaupt die südlich von Ägypten sitzenden Bewohner des Nilgebiets dar, vor allem in jenen oben S. 183f. beschriebenen stereotypen Listen von Eroberungen in fremden Ländern (vgl. z. B. MARIETTE, Karnak [1875] Pl. 27d), unter Einschluß der Nubier, die selbst nicht Neger waren, höchstens einen Einschlag von seiten der ihnen südlich benachbarten Negerstämme hatten.

2. Die Völker des Zweistromlandes. Das Zweistromland ist viel stärker als das geographisch verhältnismäßig in sich abgeschlossene Nilland seit alters von allerlei Völkerbewegungen betroffen gewesen. Daher ist die Völkerkarte hier wesentlich bunter als im Nillande. Die große Flußebene des unteren Euphrat und Tigris, der südliche Teil des Zweistromlandes, der *'irāḳ* im engeren Sinne (s. o. S. 168), wird in alten einheimischen Texten zusammengefaßt unter den Namen *Šumer* und *Akkad*, ersteres den südlichen, letzteres den nördlichen Teil bezeichnend. In *Šumer* war in ältester Zeit die Sprache beheimatet, die man danach sumerisch nennt (s. o. S. 208) und deren Träger als Sumerer zu bezeichnen sind. In den ältesten Darstellungen aus diesem Südteil des *'irāḳ* fällt ein Menschentypus auf mit teils bärtigem, teils bartlosem Gesicht, weit vorspringender spitzer Nase und zurückfliehender Stirn, kurz mit einem vogelartigen Aussehen, in dem man eben die Sumerer wird sehen müssen (vgl. E. MEYER, Sumerier und Semiten in Babylonien [APAW phil.-hist. Kl. 1906 Nr. 3] sowie die Abbildungen AOB² Nr. 2. 4. 44. 528. 530f.; ANEP Nr. 18—24). Die Sumerer, die im südlichen Zweistromlande wahrscheinlich nicht autochthon waren, deren Herkunft aber nicht mehr sicher zu ermitteln ist, sind die Träger einer hohen und einflußreichen Kultur gewesen; der Begriff der Ordnung spielte in ihrem Leben und Denken eine wichtige Rolle. Sie haben — ähnlich wie die Ägypter im Nillande — die regelmäßige Bewässerung des Schwemmlandes, in dem sie wohnten, gepflegt, in ihren Städten ein offenbar reiches Leben entfaltet und in ihren Heiligtümern kosmische und astrale Götter und Fruchtbarkeitsgöttinnen mit einem mannigfach ausgebildeten Kult verehrt. — Nördlich von ihnen, im Lande *Akkad*, saß — seit dem Anfang des III. Jahrtausends v. Chr. nachweisbar — das Volk, das wir nach diesem Lande bzw. seiner zeitweise wichtigsten Stadt (s. o. S. 201) die Akkader nennen und das die semitische Sprache des „Akkadischen" sprach (Abbildung eines Akkaders mit leicht gekrümmter Nase, mit Schnurrbart und Backen- und Kinnbart AOB² Nr. 3). Um die Mitte des III. Jahrtausends traten die Akkader geschichtlich handelnd in Erscheinung. Sie haben von früh an wesentliche Elemente der sumerischen

Kultur übernommen, andrerseits geschichtlich das Übergewicht erlangt und jedenfalls ihre Sprache im gewöhnlichen Verkehr im ganzen südlichen Zweistromlande durchgesetzt. Es ist allerdings fraglich, ob die Akkader des III. Jahrtausends v. Chr. wirklich eine einheitliche Größe gewesen sind. Beobachtungen an der „akkadischen" Sprache und an den „akkadischen" Personennamen dieser Zeit geben Anlaß zu der Vermutung, daß im Laufe des III. Jahrtausends eine wesentliche Zuwanderung neuer semitischer Elemente im Zweistromland stattgefunden hat (vgl. W. v. Soden, Wiener Zeitschrift für die Kunde des Morgenlandes 56 [1960] S. 185ff.), die allerdings bislang noch nicht sehr konkret faßbar ist. — Sehr viel deutlicher tritt in Erscheinung eine neue große Zuwanderung, die mit dem Beginn des II. Jahrtausends v. Chr. erkennbar wird, an sehr zahlreichen neu auftauchenden Personennamen, die ausgesprochen nicht akkadisch, sondern „westsemitisch" (in dem o. S. 204 bezeichneten Sinne) sind. Träger solcher Namen begegnen im unteren Zweistromland, teilweise auch weiter oberhalb am Tigris, vor allem aber längs des mittleren Euphrat und seiner beiden Nebenflüsse (*nahr belīch* und *chābūr*). Besonders die Mari-Texte (vgl. o. S. 187 f.) haben gezeigt, daß diese neue Bevölkerung im mittleren Euphratgebiet eine bedeutende geschichtliche Rolle gespielt hat; auch haben die Mari-Texte, die aus den Kreisen dieser Zuwanderer stammen, in allerlei nichtakkadischen Worten, Wortformen und Redewendungen, die sich in ihrem sonst altbabylonischen Dialekt finden, offenbar einige Spuren der angestammten Sprache dieser Leute konserviert. Die Neuankömmlinge waren aus der syrisch-arabischen Wüste gekommen, hatten sich im Kulturlande seßhaft gemacht und — wenigstens für ihren offiziellen Schriftverkehr — Schrift und Sprache des Kulturlandes übernommen, blieben aber in Verbindung mit ihren Verwandten am Rande des Kulturlandes und in der Wüste (vgl. J.-R. Kupper, Les nomades en Mésopotamie au temps des rois de Mari [Bibliothèque de la Faculté de Philosophie et Lettres de l'Université de Liège. Fasc. CXLII (1957)]). Eine originale Selbstbezeichnung dieser geschichtlich wichtigen Zuwandererbevölkerung ist nicht bekannt und auch nicht zu erwarten. Man hat für sie verschiedene Benennungen vorgeschlagen. Th. Bauer, Die Ostkanaanäer (1926) hat, weil er ihre Personennamen für speziell „kanaanäisch" hielt, die Bezeichnung „Ostkanaanäer" gewählt. Meist (besonders in der englischsprachigen wissenschaftlichen Literatur) werden diese Leute heute „Amoriter" genannt auf Grund des akkadischen Namens „Amurru" für das „Land im Westen" (vgl. o. S. 49). Wahrscheinlich ist die eine dieser Bezeichnungen so wenig sachgemäß wie die andere. Besonderheiten ihrer Personennamen sowie der wenigen erkennbaren Spuren ihrer angestammten Sprache können dafür sprechen, daß wir in ihnen die ersten Vorboten jener Zuwanderer zu erkennen haben, die später am Euphrat und in Syrien-Palästina als „Aramäer" erscheinen, daß man sie danach als „Proto-Aramäer" bezeichnen könnte (vgl. M. Noth, Die Ursprünge des alten Israel im Lichte neuer Quellen

[Arbeitsgemeinschaft für Forschung des Landes Nordrhein-Westfalen. Geisteswissenschaften. Heft 94 (1961)]). Abbildungen von „Mari-Leuten" haben sich auf Wandmalereien im Königspalast auf dem *tell ḥarīri* (vgl. u. S. 226) gefunden; sie erscheinen teils bartlos, teils mit dickem Vollbart, oft mit einer auffällig hohen Kappe als Kopfbedeckung, mit langer, gekrümmter Nase und ziemlich großem Mund (vgl. A. PARROT, Mission archéologique de Mari II: Le palais. Peintures murales [1958] Frontispice. Fig. 18. 19. 70. 71. Pl. V, 2. VI. VIIIff. XIX. XXIII u. ö.).

In der ersten Hälfte des II. Jahrtausends v. Chr. haben sich im Zuge der geschichtlichen Vorgänge die Völker konstituiert, die von da ab unter den Namen Babylonier und Assyrer ihre geschichtliche Rolle gespielt haben. Mit der 1. Dynastie von Babylon (vgl. u. S. 224f.) wurde die Stadt Babylon zu einem politischen Zentrum im südlichen Zweistromland. Damit traten die Babylonier in die Geschichte ein, die nunmehr als ein Volk bezeichnet zu werden verdienen. In dieses Volk sind eingegangen die verschiedenen älteren Elemente des unteren Zweistromlandes, die Sumerer der Städte im Süden, die nördlich davon wohnenden Akkader und die schließlich hinzugekommenen „Proto-Aramäer", deren Besonderheiten in Personennamenbildung und Sprache sich mit der Zeit verloren. In der Sprache setzten sich die Akkader durch; denn das Babylonische in seinen verschiedenen Stadien (alt-, mittel- und neubabylonisch) ist eine Weiterentwicklung des Akkadischen. Auf dem Gebiet der Religion und des Kults und damit der „Weltanschauung" wirkten die alten sumerischen Traditionen weiter (Abbildungen von Babyloniern mit sehr gepflegtem vollem Haupt- und Barthaar AOB² Nr. 142; ANEP Nr. 454). Noch einmal in der Spätzeit der Geschichte der Babylonier haben Stämme aus der syrisch-arabischen Wüste Bedeutung in Babylonien erlangt und die babylonische Bevölkerung mit neuem Zuzug durchsetzt; das waren die Kaldäer[1]. Sie gehörten wahrscheinlich zur großen aramäischen Völkerfamilie und saßen in der ersten Hälfte des I. Jahrtausends v. Chr. westlich des untersten Euphrat und des Nordendes des persischen Golfes. Im 7. Jahrh. v. Chr. traten sie in Babylonien in einer geschichtlich wichtigen Rolle auf (vgl. u. S. 225).

Etwas anders als im südlichen Zweistromlande haben sich die Bevölkerungsverhältnisse weiter oberhalb am Tigris entwickelt, in jenem nicht so sehr umfangreichen Gebiet beiderseits dieses Flusses etwa vom heutigen *mōṣul* an abwärts und auf der Ostseite dieses Flusses bis in die Vorhöhen der iranischen Randgebirge hinein, einem Gebiet, von dem die mächtigsten und nachhaltigsten Wirkungen auf die altorientalische Geschichte ausgegangen sind; denn hier wohnten die Assyrer. Die Assyrer, die einen Dialekt des Akkadischen sprachen, sind hervorge-

---

[1] Das Alte Testament gebraucht für sie die ursprüngliche Namenform *kaśdīm*. Da es im Akkadischen ein Lautgesetz gibt, nach dem Zischlaute vor unmittelbar folgenden Dentalen in *l* übergehen, stellt *Kaldû* (u. ä.) die sekundär akkadisierte Form des Namens dar.

gangen aus einem Zweig der Akkader, der am Mittellauf des Tigris sich festsetzte, und auch sie haben durch die Vermittlung der weiter im Süden sitzenden Akkader wesentliche Elemente der alten sumerischen Kultur übernommen. Aber sie haben als Volk eine andere Zusammensetzung gehabt als die Babylonier im Süden, in deren Bestand die Sumerer eingingen. Bei den Assyrern ist die akkadische Schicht, die auch hier ihre Sprache durchgesetzt hat, wahrscheinlich mit einer vorassyrischen Bewohnerschaft der mittleren Tigrisgegend und vor allem mit allerlei im Laufe der Zeiten neu zufließenden Völkerelementen durchsetzt worden (vgl. W. v. SODEN, Der Aufstieg des Assyrerreichs als geschichtliches Problem [Der Alte Orient Bd. 37 (1937) Heft 1/2]). Es handelte sich bei diesen Beimischungen offenbar einmal um Elemente aus den hier unmittelbar benachbarten iranischen Randgebirgen, sodann um die durch ihre besondere Sprache (s. o. S. 208f.) bekannten Churrier, die vielleicht schon im III., jedenfalls aber im II. Jahrtausend v. Chr. teilweise im assyrischen Volke aufgegangen sind. Mit dieser besonderen Zusammensetzung hängt es gewiß zusammen, daß die Assyrer im Unterschied von den Babyloniern überaus aktiv und kriegerisch hervorgetreten sind und daß sie das mächtigste Eroberervolk darstellen, das der alte Orient vor den Persern gekannt hat. Der Typus des Assyrers mit seiner großen gebogenen Nase, seinem reichen, wohlgepflegten Haupthaar, seinem langen, ebenfalls wohlgepflegten Vollbarte und seinem muskulösen Körper ist uns aus zahllosen Darstellungen besonders aus der 1. Hälfte des I. Jahrtausends gut bekannt (vgl. AOB[2] Nr. 5. 116ff. 130ff.; ANEP Nr. 366ff).

Abgesehen von ihrem soeben erwähnten Anteil am assyrischen Volke muß der Churrier noch besonders gedacht werden, da sie nach Ausweis der Verbreitung ihrer Sprache und ihrer Personennamen auch als selbständiges Volk im nördlichen Mesopotamien und darüber hinaus in Syrien und in Ostkleinasien eine Rolle gespielt haben (vgl. dazu A. GÖTZE, Hethiter, Churriter und Assyrer [Instituttet for sammenlignende Kulturforskning (Oslo) Ser. A XVII (1936)]). Diese Churrier sind vielfach mit den aus der Überlieferung des Zweistromlandes bekannten „Subaräern" zusammengestellt und geradezu als „Subaräer" bezeichnet worden (so vor allem A. UNGNAD in seinem Buche „Subartu" [1936], in dem viel Material zur Sprache und zu dem charakteristischen Personen- und Götternamenbestand der Churrier dargeboten wird). In Wirklichkeit kennt die keilschriftliche Überlieferung seit den ältesten Zeiten zwar ein Land Subartu im Norden von Babylonien, dessen Name in der babylonischen schematischen Geographie, besonders in Ominatexten, die Weltgegend „Norden" schlechthin bezeichnet und dessen Bewohner mit dem schon alten Ethnikon „Subaräer" benannt werden. Nach den erhaltenen Personennamen aber waren diese „Subaräer" schwerlich Churrier, gehörten vielmehr wahrscheinlich zum Kreise der Bergvölker am Rande des Zweistromlandes. Von ihnen sind die geschichtlich viel bedeutenderen Churrier zu trennen (vgl. vor allem I. J. GELB, Hurrians and Subarians [Studies in Ancient Oriental Civilization No. 22] 1944). Es gibt zwar keinen Beleg dafür, daß sie sich selbst Churrier genannt hätten. Aber ihre weitverbreitete Sprache wird in den Texten von Boğazköy als „churrisch“ bezeichnet. Ferner kennen die Ägypter der 2. Hälfte des II. Jahrtausends v. Chr. in Vorderasien ein Volk, das sie — ebenso wie das von ihnen bewohnte Land — mit *ḫr* benennen (Belege bei M. Burchardt, Die altkanaanäischen Fremdworte und Eigennamen im Ägyptischen II S. 38 Nr. 732), woraus sie dann eine ganz allgemeine und vage Bezeichnung für ihr asiatisches Nachbarland entwickelt haben (vgl. W. M. Müller, Asien und Europa nach altägyptischen Denkmälern [1893] S. 148ff.), und endlich kennt ja das Alte Testament in der Form *ḥori* (Luther: Horiter) den Volksnamen Churrier, indem es ein Element in dem vorisraelitischen Bevölkerungsbestand Palästinas so bezeichnet, ohne freilich von der eigentlichen Heimat und Ausbreitung dieses Volkes in Vorderasien, von dem höchstens versprengte Teile nach Palästina gelangt sein werden, noch eine Kenntnis zu haben. Die Churrier waren die Träger der churrischen Sprache (vgl. o. S. 208f.) und scheinen in erster Linie als Träger der oben S. 177 beschriebenen eigenartigen Kultur in Frage zu kommen. Die Churrier gehörten nicht zu dem ältesten Kreise der altorientalischen Völker; sie sind von außen zugewandert. In ihrem Hauptgebiet, im nördlichen Mesopotamien, beginnen sie zu Anfang des II. Jahrtausends v. Chr. hervorzutreten. Wahrscheinlich sind sie von Osten und Nordosten her über die den alten Orient auf dieser Seite begrenzenden Gebirge hinweg in das nördliche Zweistromland und darüber hinaus eingedrungen. — Wichtig ist die Tatsache, daß wir bei den Churriern in Mesopotamien eine Herrenschicht indo-iranischer Herkunft finden. Sie scheint nicht überall mit dem Auftreten der Churrier verbunden gewesen zu sein. So haben die amerikanischen Ausgrabungen auf dem Ruinenhügel *jorghan tepe* südwestlich des heutigen *kerkūk* im Osttigrislande südöstlich des Stammlandes der Assyrer eine alte Stadt aufgedeckt, die im II. Jahrtausend den Namen *Nuzu* führte (vgl. zusammenfassend V. Christian, Altertumskunde des Zweistromlandes I S. 27f.) und in dieser Zeit nach Ausweis der zahlreich aufgefundenen, in akkadischer Sprache abgefaßten Keilschrifttafeln von Churriern bewohnt war, ohne daß hier eine indo-iranische Herrenschicht in Erscheinung träte. Es ist auch nicht sicher zu ermitteln, ob die indoiranische Herrenschicht bei den mesopotamischen Churriern schon mit diesen zugleich eingewandert ist oder sich erst nachträglich in Mesopotamien über sie gelegt hat. Sicher ist nur, daß sie im Laufe des II. Jahrtausends dort vorhanden war. Das ist zu erkennen einmal an ausgesprochen indo-iranischen Personennamen, die im Kreise dieser Churrier auftreten, sodann an speziell indo-iranischen Göttern, die hier verehrt wurden — sie kommen in einem unter den Texten von Boğazköy gefundenen Vertrag als Schwurzeugen vor (vgl. E. F. Weidner, Politische Dokumente aus Kleinasien [1923] Nr. 1 Rs. Z. 55f.) —, endlich an einer Reihe von technischen Ausdrücken, die von hier stammen, wie der Bezeichnung des Kriegeradels mit dem Ausdruck *marjannu*, der in akkadischen und ägyptischen Texten belegt ist (vgl. Burchardt a. a. O. S. 25 Nr. 470). Zu diesem letzteren Punkte wichtig ist vor allem ein unter den Texten von Boğazköy gefundenes Werk über die Behandlung von Rennpferden, verfaßt von einem aus dem Bereich der mesopotamischen Churrier stammenden Manne namens Kikkuli, mit allerlei indo-iranischen termini technici (vgl. A. Kammenhuber, Philologische Untersuchungen zu den „Pferdetexten" aus dem Keilschriftarchiv von Boghazköy [Münchener Studien zur Sprachwissenschaft 2 (1952) S. 47—120]). Dies zeigt zugleich, daß die Dressur des Pferdes zum Reiten und Fahren, die von der Mitte des II. Jahrtausends ab überall im alten Orient eine große Bedeutung vor allem für die Kriegführung gewann, bei diesen Churriern bzw. ihrer indo-iranischen Herrenschicht gepflegt und von hier aus verbreitet wurde, auch wenn das Pferd als Tier schon im III. Jahrtausend dem alten Orient nicht unbekannt gewesen zu sein scheint[1].

Endlich ist noch einiger Völker zu gedenken, die am Rande des Zweistromlandes beheimatet waren, aber zeitweise mehr oder weniger entscheidend in die Geschichte des Zweistromlandes eingegriffen haben. Auf der Nord- und Nordostseite des persischen Golfes bis hinein in die iranischen Randgebirge saßen als unmittelbare Nachbarn von Babylonien seit alters die an ihrer besonderen Sprache (s. o. S. 208) und ihren besonderen Personen- und Götternamen kenntlichen Elamier (Abbildungen von Elamiern ANEP Nr. 25. 30. 168. 204); sie haben den Bewohnern Babyloniens oft zu schaffen gemacht und sich neben ihnen zu halten gewußt, so daß unter den drei Sprachen der Inschriften der persischen Achämenidenkönige noch das Elamische auftritt. Ihre Königs- und Hauptstadt war Susa. — Als Nachbarn des Zweistromlandes haben auch sonst Völker aus den iranischen Randgebirgen und aus dem Inneren des Iran nördlich von Elam in die altorientalische Geschichte eingegriffen. Im II. vorchristlichen Jahrtausend waren es vor allem die Kassiten mit einer in Resten überlieferten Sprache (s. o. S. 209) und mit für sie charakteristischen Personennamen, die als einfallende Herrenschicht längere Zeit für die Geschichte Babyloniens bedeutungsvoll gewesen sind. — Auf dem armenischen Hochlande im Norden des Zweistromlandes haben wir das Volk der Urartäer, deren Sprache bekannt ist (s. o. S. 209). Sie traten in der 1. Hälfte des I. Jahrtausends v. Chr. zeitweise geschichtlich hervor[2]. Über ihre Vorgeschichte ist nichts bekannt. —

---

[1] Eine sorgfältige Untersuchung indo-iranischer Namen und Sprachelemente im alten vorderen Orient — und zugleich eine Warnung vor voreiligen Thesen und Schlußfolgerungen — bietet M. Mayrhofer, Zu den arischen Sprachresten in Vorderasien (Die Sprache 5 [1959] S. 77—95).

[2] Sie waren in ihrem Lande die Vorgänger der späteren, eine indogermanische Sprache sprechenden, Armenier. Der Name Armenien freilich haftet nicht an diesen von uns so genannten Armeniern, sondern an der Landschaft selbst und ist schon aus dem III. Jahrtausend überliefert (vgl. H. A. Rigg, JAOS 57 [1937] S. 416ff.).

Endlich haben in der zweiten Hälfte des 7. Jahrh.s v. Chr. die Meder und in der zweiten Hälfte des 6. Jahrh.s v. Chr. die Perser vom iranischen Hochland her entscheidend in die Geschichte des Zweistromlands und damit überhaupt in die Geschichte des alten Orients eingegriffen.

3. In Kleinasien lebte während des II. Jahrtausends v. Chr. das Volk der Hethiter. Die sprachlichen Verhältnisse (s. o. S. 206f. 209) zeigen, daß wir es hier wieder mit einer eine indogermanische Sprache sprechenden Herrenschicht über einer nichtindogermanischen Vorbevölkerung zu tun haben. Diese Vorbevölkerung, der nach der Bezeichnung ihrer überlieferten Sprachreste als „(proto-)chattisch" der Name Hethiter eigentlich zukommt, hat somit dem Ganzen den Namen gegeben. Die Herrenschicht hingegen hat — mindestens für alle amtlichen Angelegenheiten, aber weithin auch für das kultische Leben — ihre Sprache durchgesetzt. Nach dem Verschwinden des Hethitervolkes aus der Geschichte um 1200 v. Chr. haben sich andere indogermanische Elemente, wie vor allem die Phryger, im Inneren Kleinasiens festgesetzt. Aber damit zugleich trat Kleinasien in der großen Geschichte des alten Orients vorerst in den Hintergrund und ist erst in der persischen und hellenistischen Zeit wieder bedeutsam geworden. In den kleinasiatischen Randgebirgen haben sich durch diese geschichtlichen Wandlungen hindurch allerlei Teile der alten Urbevölkerung erhalten, ohne zu geschichtlicher Bedeutung zu gelangen.

4. Verwickelt liegen die Völkerverhältnisse in Syrien und Palästina. Hier kann man bis fast zum Ende der Bronzezeit von Völkern überhaupt nicht reden. Es ist kein Zufall, daß uns bis zu dieser Zeit kein Volksname überliefert ist, der in diesem Gebiet beheimatet wäre; weder in einer einheimischen Überlieferung noch in den Nachrichten aus den großen Nachbarländern findet sich ein solcher. Alle umfassenderen Benennungen für Syrien-Palästina oder Teile davon oder auch für deren Bewohner haben sich erwiesen als Bezeichnungen von Staatsgebilden oder auch als Benennungen kleinerer Gruppen, die nur nachträglich in ihrem Gebrauch mehr oder weniger stark ausgeweitet worden sind und dadurch zugleich an Bestimmtheit und Eindeutigkeit verloren haben. Ein wirklicher syrisch-palästinischer Volksname ist keine dieser Benennungen (vgl. A. Alt, Völker und Staaten Syriens im frühen Altertum [Der Alte Orient Bd. 34 (1936) Heft 4 = Kleine Schriften zur Geschichte des Volkes Israel III [1959] S. 20—48]). Das liegt offenbar daran, daß der Naturcharakter dieses an landschaftlichen Gegensätzen und Verkehrsschwierigkeiten so reichen Gebietes das Sonderleben kleiner und kleinster Gruppen so stark begünstigt hat, daß das Zusammenfassen der einzelnen Gruppen zu größeren Einheiten in geschichtlichem Handeln hier nicht gelang oder vielmehr gar nicht in den Gesichtskreis trat. Ein gewisses Einheitsband bildete in der geschichtlich erkennbaren Zeit nur die Sprache; die verschiedenen Dialekte des Kanaanäischen (s. o. S. 202f.) wurden in großen Teilen dieses Gebiets gesprochen. Aber auch das gilt nur mit Einschränkung und besagt nicht sehr viel für eine etwa ur-

sprüngliche ethnische Einheitlichkeit der syrisch-palästinischen Bevölkerung. Im nördlichen Syrien ist durch die Funde vom *rās eschschamra* ja auch das Churrische als gesprochene Sprache bezeugt. Außerdem zeigt eine Untersuchung der überlieferten alten Ortsnamen des Landes (vgl. dazu Alt a. a. O. S. 9ff. bzw. S. 25ff.), daß in dem ganzen Gebiet, vor allem aber im nördlichen und auch im mittleren Syrien, nichtkanaanäische und überhaupt nichtsemitische Ortsnamen sehr häufig waren, daß die alten Gründer dieser Siedlungen also zu einem guten Teile nicht Kanaanäer waren, sondern vielleicht zu Teilen der kleinasiatischen Urbevölkerung verwandtschaftliche Beziehungen hatten[1]. Das Kanaanäische hat sich — etwa als die in den großen Handelsstädten an der Küste gesprochene Verkehrssprache — möglicherweise erst sekundär über seinen ursprünglichen Bereich hinaus ausgebreitet, teilweise vielleicht auch erst im Zusammenhang mit der praktischen Buchstabenschrift seinen Weg zu allerlei von Hause aus nicht kanaanäischen Elementen gefunden. Mit dem weitverbreiteten Gebrauch der kanaanäischen Sprache kann also nicht sehr sicher argumentiert werden, wenn es gilt, die syrisch-palästinischen Bevölkerungsverhältnisse in alter und sehr alter Zeit zu klären. Man wird sich diese vielmehr in dem Durchgangsland, das Syrien-Palästina nun einmal war (s. o. S. 169ff.), wahrscheinlich ziemlich bunt vorstellen müssen. Obendrein wurden noch selbst die ethnisch zusammengehörigen Teile durch den Naturcharakter des Landes voneinander isoliert. Als eine geschichtliche Einheit wird man ehestens die Bewohnerschaften der Küstenstädte besonders im mittleren Syrien ansehen dürfen. Zwar waren sie gerade als Bewohner von Hafenstädten schwerlich ethnisch in sich einheitlich. Aber der durch die Küstenschiffahrt zwischen ihnen leicht mögliche Verkehr und überhaupt ihre gemeinsamen Beziehungen zum Meer und damit zu den anderen Anwohnern des östlichen Mittelmeeres, also ihre gemeinsamen Interessen, mögen ein gewisses Band zwischen ihnen hergestellt haben, wenn wir auch nicht eben viel von gemeinsamem Handeln bei ihnen hören.

Diese Zersplitterung von Syrien-Palästina wurde erst anders mit dem Auftreten der aus der östlichen Wüste kommenden aramäisch sprechenden Stämme im syrisch-palästinischen Binnenlande von etwa 1200 v. Chr. an. Diese haben nach ihrem Seßhaftwerden im Kulturlande einzelne Völker gebildet, deren Handeln nunmehr für die Geschichte Syriens und Palästinas bestimmend wurde, bis sie vom 8. Jahrh. v. Chr. ab auswärtigen Eroberermächten zum Opfer fielen. Solche Völker waren im Süden auf der Ostseite des großen syrischen Grabens die Edomiter, Moabiter und Ammoniter und westlich des Grabens die Israeliten; von diesen haben nachweislich wenigstens die Israeliten und die Moabiter den

---

1 Das Auftreten „hethitischer" Hieroglypheninschriften im nördlichen Syrien und im mittleren Syrien in Hamath noch im I. Jahrtausend spricht für das Vorhandensein von einzelnen Elementen, die eine indogermanische Sprache sprachen.

bodenständigen kanaanäischen Dialekt angenommen. Diese Völker haben vor allem östlich, aber auch westlich des Grabens weithin Landesteile besetzt, die vorher nicht besiedelt waren; die andernorts vorhanden gewesenen Vorbewohner sind allmählich in diesen Völkern aufgegangen. — Während die Küstenstädte ihren alten Bestand im wesentlichen weiter erhielten, haben im mittel- und nordsyrischen Binnenlande, wohl auch vor allem in vorher kaum besiedelt gewesenen Gegenden, Stämme sich festgesetzt, die man im engeren Sinne das Volk der Aramäer zu nennen hat. Diese haben nicht nur ihre überkommene aramäische Sprache beibehalten, sondern sind sich anscheinend auch ihrer volklichen Zusammengehörigkeit bewußt geblieben; denn auch wo sie sich auf mehrere Staatsgebilde verteilten (s. o. S. 73f.), enthielten die Namen dieser Staaten den gemeinsamen Oberbegriff *'Aram* (vgl. im Alten Testament: *'Aram Nahᵃrajim*, *'Aram Ṣoba*, *'Aram Bet-Rᵉḥob*, *'Aram Dammäsäḳ*), und außerdem beobachten wir in den ersten Jahrhunderten des I. Jahrtausends v. Chr. allerlei Versuche, die Gesamtheit des aramäischen Volkes auch staatlich zusammenzufassen; auf der bei Aleppo gefundenen Stele (vgl. o. S. 196) bezeichnet sich jener Ben-Hadad, der doch wohl mit dem in Damaskus residierenden Ben-Hadad von I Kön 15 18 ff. identisch ist, als „König von Aram" (ebenso im Alten Testament). Die älteren Landesbewohner blieben teilweise neben oder zwischen den Aramäern sitzen — so etwa diejenigen, die den Gebrauch der „hethitischen Hieroglyphenschrift" beibehielten —, teils gingen sie gewiß in den Aramäern auf.

Nicht volksbildend hat das ebenfalls um 1200 v. Chr. erfolgte Auftreten der Philister und der ihnen verwandten „Seevölker" an den palästinischen Küsten gewirkt. Diese aus der Mittelmeerwelt von einem unbekannten Ausgangspunkt her und auf wahrscheinlich verschiedenen, aber nicht mehr sicher festzustellenden Wegen gekommenen Elemente haben sich als eine vermutlich nur dünne Herrenschicht über die „kanaanäische" Vorbevölkerung in der palästinischen Küstenebene und wohl auch in der Jesreelebene gelegt und sind anscheinend bald in dieser Vorbevölkerung aufgegangen. Das „Asdodisch", das man zu Nehemias Zeiten im alten Philisterlande sprach (Neh 13 24), war doch wohl nicht die ehemalige Philistersprache, sondern ein kanaanäischer Dialekt.

Sechstes Kapitel

STAATEN

§ 34. Die Großmächte

Die Völker des alten Orients haben wie alle zu geschichtlichem Handeln gelangenden Völker der Erde je auf ihre Weise bestimmte staatliche Formen ausgebildet und im Rahmen dieser Staatsformen die geschichtlichen Wirkungen ausgeübt, die die bewegte Geschichte des alten Orients ausmachen. Zum Ganzen der altorientalischen Geschichte vgl. E. Meyer,

Geschichte des Altertums I, 1^{5} (1925). I, 2^{4} (1921). II, 1^{2} (1928). II, 2^{2} (1931, hrsg. v. H. E. Stier). III^{2} (1937, hrsg. v. H. E. Stier); The Cambridge Ancient History (umfassende Geschichtsdarstellung unter Beteiligung von einer ganzen Reihe von Autoren) I—III (1923ff.); sodann für einen begrenzten Zeitraum auch F. Bilabel, Geschichte Vorderasiens und Ägyptens vom 16.—11. Jahrhundert v. Chr. (Bibliothek der klassischen Altertumswissenschaft Nr. 3 [1927]); endlich kurz zusammengefaßt A. Scharff und A. Moortgat, Ägypten und Vorderasien im Altertum (Weltgeschichte in Einzeldarstellungen) 1950 und unter Ausschluß von Ägypten R. Kittel, Die Völker des vorderen Orients (Propyläen-Weltgeschichte I [1931] S. 409—568); L. Delaporte, Geschichte der Babylonier, Assyrer, Perser und Phöniker (Geschichte der führenden Völker 3 [1933] S. 175—333).

1. Der ägyptische Staat. Zur Geschichte Ägyptens vgl. J. H. Breasted, Geschichte Ägyptens, deutsch von H. Ranke (1911; Große illustrierte Phaidon-Ausgabe mit einem Bilderanhang: Die ägyptische Kunst 1936); kürzer G. Steindorff, Geschichte Ägyptens (Propyläen-Weltgeschichte I [1931] S. 289—406); H. Junker, Geschichte der Ägypter (Geschichte der führenden Völker 3 [1933] S. 1—174). Die historischen ägyptischen Quellen werden in englischer Übersetzung dargeboten von J. H. Breasted, Ancient Records of Egypt I—V (1906/07).

Im Gefolge des spätägyptischen Priesters Manetho, der in seinem Anfang des 3. Jahrh.s v. Chr. verfaßten und in Fragmenten bei Josephus u. a. erhaltenen Werk Αἰγυπτιακὰ ὑπομνήματα zusammenstellte, was er von der jahrtausendealten ägyptischen Geschichte wußte, teilt man die ägyptische Geschichte in Königsregierungen und deren Reihe wiederum in 30 Dynastien (bis zur Eroberung durch Alexander d. Gr.) ein. Diese 30 Dynastien lassen sich mit der alten authentischen Überlieferung im großen ganzen in sachliche Verbindung bringen. Außerdem spricht man nach gewissen Hauptzeiten und auch Höhepunkten der ägyptischen Geschichte vom Alten Reich (abgek.: AR), Mittleren Reich (MR) und Neuen Reich (NR), sodann von der Spätzeit und der Ptolemäerzeit. — Die Königsreihe der 1. Dyn. eröffnet bei Manetho ein gewisser Menes (Anfang des III. Jahrtausends, wahrscheinlich 29. Jahrh. v. Chr.), der die Herrschaft über ganz Ägypten in seiner Hand vereinigte. Was vorherging, läßt sich nur auf Grund von Rückschlüssen vermuten (vgl. dazu K. Sethe, Urgeschichte und älteste Religion der Ägypter [Abhandlungen für die Kunde des Morgenlandes XVIII, 4 (1930)]). Sicher hat es vorher einmal ein unterägyptisches Reich im Delta und ein oberägyptisches im eigentlichen Niltale gegeben; denn die Zweiteilung in Unter- und Oberägypten lebt in allerlei formalen Dingen in der ganzen ägyptischen Geschichte fort: der Pharao[1] trägt eine Doppelkrone, die Krone von Unter-

[1] Der Königstitel „Pharao“, in dieser üblichen Form aus dem Alten Testament, genauer aus dessen griechischer Übersetzung, stammend, bedeutet eigentlich „großes Haus“ (ägypt. *pr-ꜥꜣ*), womit die Regierung einschließlich des Herrschers bezeichnet wurde.

und Oberägypten usw. Die erste Hauptzeit der ägyptischen Geschichte, die Zeit des streng zentralisierten und peinlich geordneten Beamtenstaates des AR, fällt etwa in die Mitte des III. Jahrtausends und umfaßt die 3.—6. Dyn. mit dem Höhepunkt in der Zeit der 4. und 5. Dyn. Es ist die Zeit der berühmten Pyramidenerbauer (Dschozer 3. Dyn., Cheops, Chefren 4. Dyn.). Auf eine Niedergangszeit („erste Zwischenzeit") folgte dann das MR (etwa 1991—1788 v. Chr.), die Zeit der 12. Dyn.[1], die klassische Zeit der ägyptischen Literatur und Bildung. Die Gestalt des Staates hatte sich freilich inzwischen nicht unwesentlich verändert; aus den Verwaltungsbeamten des AR waren in der Zeit des Niedergangs mächtige und selbstbewußte Gaufürsten geworden, die ihr Amt in eine erbliche Herrschaft umgewandelt hatten und die nunmehr im MR als große Lehensträger neben der Krone standen. Die Pharaonen der 11. und wohl auch 12. Dyn. waren selbst von Hause aus oberägyptische Gaufürsten gewesen, ehe sie die Herrschaft über ein von neuem geeintes Ägypten antraten. Durch das Einbrechen einer Fremdherrschaft über Ägypten („zweite Zwischenzeit"; s. u. S. 229ff.) fand das MR mit der 12. Dyn. sein Ende. Aus der Endzeit der 12. Dyn., als die Pharaonenherrschaft schon nicht mehr sehr stabil war, also aus dem 18. Jahrh. v. Chr., stammen die sogenannten „Ächtungstexte", d. h. hieratisch auf Tonscherben oder Tonfigurinen geschriebene Texte, die alle möglichen wirklichen oder potentiellen Feinde oder Gefahren für das ägyptische Reich aufzählen. Die Scherben bzw. Figurinen mit diesen Texten sind dann mit der Absicht einer magischen Analogiewirkung zerbrochen worden. Die Texte führen u. a. auch feindliche Orte und Mächte aus den Nachbarländern Ägyptens, nämlich aus Nubien und aus Syrien-Palästina, auf und liefern damit einige wichtige Informationen über die damaligen Verhältnisse in diesen Nachbarländern und sind vor allem für das Syrien-Palästina der Mittelbronzezeit aufschlußreich (die Texte sind veröffentlicht von K. Sethe, Die Ächtung feindlicher Fürsten, Völker und Dinge auf altägyptischen Tongefäßscherben des Mittleren Reiches [Abh. d. Preuß. Ak. d. Wiss. Jahrg. 1926. Phil.-hist. Kl. Nr. 5] und von G. Posener, Princes et pays d'Asie et de Nubie. Textes hiératiques sur des figurines d'envoûtement du moyen empire [1940]).

Die Zeit des NR war die Periode des ägyptischen Großreiches, d. h. der Ausbreitung der ägyptischen Macht nicht nur über Nubien im Süden, sondern auch über einen großen Teil von Syrien, zeitweise über das gesamte Syrien. Wieder waren es oberägyptische Gaufürsten, die um 1570 v. Chr. die Fremdherrschaft in Ägypten beseitigten und im Gefolge davon auch Syrien, wohin sich die fremden Eroberer zurückgezogen hatten, besetzten. Wir haben da zunächst die 18. Dyn. der verschiedenen

---

[1] Von der 11. Dyn. an wurde es üblich, daß bei Herrschern der gleichen Dyn. dieselben Namen sich häufig wiederholen. In der 11. Dyn. hießen die Pharaonen meist Intef oder Mentuhotep, in der 12. Dyn. Amenemhet und Sesostris.

Amenophis und Thutmose[1], und nach deren Verfall und Niedergang die 19. Dyn., in der die Pharaonennamen Sethos und Ramses auftreten. Die Pharaonen der 18. Dyn. haben die ägyptische Herrschaft bis nach Nordsyrien auszudehnen vermocht. Die Pharaonen der 19. Dyn. konnten diese Herrschaft wenigstens in der südlichen Hälfte von Syrien (und damit in Palästina) wiederherstellen. Besonders Ramses II. mit seiner überaus langen Regierungszeit (1290—1223 v. Chr.) repräsentiert die Macht der 19. Dyn.; er war zugleich aller Wahrscheinlichkeit nach der sog. Pharao der Bedrückung von Ex 1 8 ff. Durch große kriegerische Erfolge hatten die 18. und 19. Dyn. ihre Herrschaft begründet, und so war das NR in erster Linie ein mächtiger Militärstaat, in dem zugleich allerdings durch große Schenkungen der Pharaonen die bedeutenden Heiligtümer des Landes reich wurden und deren Priesterschaften an Macht gewannen. Söldnerführer und Priester haben denn auch in der Folgezeit das Königtum bedrängt und geschwächt und das Gefüge des Staates gelockert. Die 20. Dyn. im 12. Jahrh. v. Chr., deren Pharaonen fast alle wieder Ramses hießen, war bereits eine Zeit des Niedergangs.

Mit Beginn der 21. Dyn. bestieg erstmalig ein Hoherpriester des Reichsgottes Amun-Re (s. u. S. 259f.) den Pharaonenthron, und auch unter den folgenden Pharaonen waren diese Priester die erste Macht im Staate. Mit der 22. Dyn. (935—745 v. Chr.) kamen libysche Söldnerführer auf den Thron, in deren Reihe der Name Schoschenk häufiger begegnet[2], und mit der 25. Dyn. übernahmen 714 v. Chr. nubische Herrscher das Königtum in Ägypten[3]. Eine vorübergehende Restauration des alten Ägypten wurde schließlich noch versucht von den Gaufürsten der Deltastadt Sais, die als 26. Dyn. 663—525 v. Chr. Ägypten beherrschten und in deren Reihe neben verschiedenen Psammetich der aus II Kön 23 29 ff. bekannte Necho und weiter der in der griechischen Überlieferung begegnende Amasis gehörten. Mit der Eroberung von Ägypten durch den Perserkönig Kambyses 525 v. Chr. endete dann die alte ägyptische Geschichte; denn die makedonische Diadochendynastie der Ptolemäer (323—30 v. Chr.) beherrschte wohl wieder ein gesondertes Ägypten, war aber doch eine Fremdherrschaft.

---

[1] Die glänzendste Pharaonengestalt dieser Dyn. war Thutmose III. (1490 bis 1436 v. Chr.), der einen berühmten Feldzug gegen Palästina und mehrere Kriegszüge durch ganz Syrien unternommen und seine Eroberungen in diesen Ländern u. a. in der oben S. 183f. beschriebenen Form listenartiger Aufzählungen überliefert hat; das ist die meist kurz so genannte „Thutmoseliste".

[2] Schoschenk I., der Begründer der Dyn., hat den I Kön 14 25-28 erwähnten Palästinafeldzug unternommen; er wird im Alten Testament Susak (*Kt*) bzw. Sisak (*Ḳr*) genannt.

[3] Der dritte und letzte Herrscher dieser Dyn., Thirhaka, begegnet II Kön 19 9 mit dem vorwegnehmenden Titel „König von Kusch (= Nubien)"; denn im Jahre 701, um das es sich da handelt, war Thirhaka noch nicht König, sondern nur der Feldherr des damaligen nubischen („äthiopischen") Pharao von Ägypten.

2. Die Staaten des Zweistromlandes. Entsprechend der vielgestaltigeren Völkergeschichte des Zweistromlandes (s. o. S. 212ff.) haben wir auf diesem Boden auch ein im Vergleich zu Ägypten viel bewegteres Nebeneinander und Nacheinander verschiedenster Staatenbildungen. Allen bedeutenderen Staaten des Zweistromlandes war gemeinsam der Drang nach dem an Holz und Bodenschätzen reichen Nordsyrien und damit zugleich an das Mittelmeer und von da weiter auf der einen Seite nach dem südöstlichen Kleinasien und auf der anderen Seite nach dem übrigen Syrien. Die seit längerer Zeit bekannten historischen Keilschriftquellen zur Staatengeschichte des Zweistromlandes bietet in Umschrift und deutscher Übersetzung die Keilinschriftliche Bibliothek (abgek.: KB) I—III (1889—1892). An Darstellungen vgl. außer den oben S. 220f. genannten Werken die einschlägigen, oft sehr ausführlichen geschichtlichen Artikel im Reallexikon der Assyriologie (abgek.: RLA) I (1932). II (1938). III, 1ff. (1957ff.) und — allgemeinverständlich — Br. Meissner, Könige Babyloniens und Assyriens (1926).

a) Die Staaten des südlichen Zweistromlandes. Am Anfang steht hier während des IV. und dann weiter noch im Laufe des III. Jahrtausends v. Chr. das Nebeneinander sumerischer Stadtstaaten ganz im Süden (vgl. u. S. 238), beherrscht von Priesterkönigen. Diese Staatenwelt hatte einen sakralen Mittelpunkt in dem Heiligtum des Gottes Enlil bzw. Ellil in der Stadt Nippur (heute *niffer*, etwa 150 km südöstlich von Bagdad). Zeitweise haben einzelne dieser Staaten die Oberherrschaft über die Nachbarstaaten oder über größere Gebiete oder auch über das Ganze erlangt und auch Feldzüge in die Nachbarländer unternommen. Etwa im 24. Jahrh. v. Chr. hat zunächst vorübergehend der akkadisch sprechende, also semitische Teil, der seinen Sitz im Norden dieses Gebietes hatte, die Oberherrschaft erlangt. Damals begründete ein gewisser Sargon (*Šargâni-šar-ali*) das Reich von Akkad mit der Stadt Akkad (s. o. S. 201) als Mittelpunkt und hat von da aus im wesentlichen das ganze Zweistromland beherrscht. Eine Reihe von Herrschern ist ihm dann noch für die Dauer von reichlich anderthalb Jahrhunderten gefolgt („Dynastie von Akkad"); aber schließlich haben die sumerischen Stadtstaaten sich wieder durchgesetzt und besonders in den Herrschern der III. Dynastie von Ur (21. und erste Hälfte des 20. Jahrh.s v. Chr.) noch einmal bedeutende Repräsentanten sumerischer Macht hervorgebracht. Im Folgenden nannten sich nunmehr die Könige, die den Anspruch auf die Beherrschung des ganzen südlichen Zweistromlandes machten, „Könige von Sumer und Akkad". Die Keilschriftquellen für diese älteste Zeit bei F. Thureau-Dangin, Die sumerischen und akkadischen Königsinschriften (Vorderasiatische Bibliothek I, 1 [1907]).

In der Folgezeit ist es dann für die Staatenbildungen im südlichen Zweistromlande charakteristisch, daß sie jeweils nicht von den alteingesessenen Bewohnern des Landes ausgingen, sondern von jedesmal neu auftretenden, zugewanderten oder eingedrungenen Elementen. Im 19. Jahrh. v. Chr. begründeten die „westsemitischen" Elemente, von denen o. S. 213f. die Rede war, ihre Herrschaft im südlichen Zweistromland, zunächst an verschiedenen Stellen, vor allem in einem Staatsgebilde mit der Stadt Babylon als Mittelpunkt, die damit erstmalig geschichtlich hervortrat und bald zum Zentrum des ganzen Gebietes wurde, für das nunmehr der Gesamtname Babylonien sachgemäß wurde. Das altbabylonische Reich, zu dem damit der Grund gelegt wurde, hat zeitweise seine Macht weithin auch über die Nachbarländer ausgedehnt. Der 6. König dieser „ersten Dynastie von Babel“ war Hammurabi (1728 bis 1686 v. Chr.)[1], der durch seine Siege über den König Rim-Sin von Larsa, einer damals als Herrschaftszentrum bedeutenden altsumerischen Stadt, sowie über den König Zimrilim von Mari (vgl. u. S. 226) die Machtstellung des altbabylonischen Reiches begründet hat und der durch das Gesetzeswerk bekannt ist, das er für sein wohlgeordnetes Reich herstellen ließ („Codex Hammurabi“, übersetzt in AOT² S. 380—410), und der nach Ausweis seines Briefwechsels mit seinen Beamten (vgl. A. Ungnad, Babylonische Briefe aus der Zeit der Ḫammurapi-Dynastie [Vorderasiatische Bibl. VI (1914)]) sich angelegentlich um die Angelegenheiten seines Staates kümmerte. Dem altbabylonischen Reich wurde um 1550 v. Chr. durch einen Kriegszug der Hethiter gegen die Stadt Babylon ein Ende gemacht, und nun setzte sich für die Zeit bis zum 12. Jahrh. v. Chr. die Kassitenherrschaft in Babylonien durch, d. h. die Übernahme der Macht durch eine aus den östlichen Gebirgen in das Land eingebrochene neue Herrenschicht, die bereits längere Zeit vorher einiger Teile des Landes sich bemächtigt hatte. Als dann nach einer längeren Periode wechselvoller Geschichte, die vor allem durch Bedrängnis von seiten der Assyrer oder durch unmittelbare assyrische Herrschaft charakterisiert war, in Babylonien wieder ein bedeutenderes Staatsgebilde entstand, war es wiederum ein von außen eingeflossenes Element, das die Herrschaft übernahm, die Kaldäer (s. o. S. 214). In der Zeit des Niedergangs der assyrischen Macht gründete der Kaldäer Nabopolassar 626 v. Chr. das neubabylonische Reich (vgl. die historischen Texte bei St. Langdon, Die neubabylonischen Königsinschriften [Vorderasiatische Bibl. IV (1912)] sowie die Teile der „babylonischen Chronik“, die die neubabylonische Zeit betreffen, bei D. J. Wiseman, Chronicles of Chaldaean Kings [626—556 B. C.] in the British Museum [1956]), das bald in großen Teilen Vorderasiens das Erbe des untergegangenen Assyrerreiches antrat und dessen bedeutendster König der Sohn Nabopolassars, Nebukadnezar, wurde. Es war freilich nicht von langer Dauer. 539 v. Chr. wurde Babylon von dem Perser Kyros erobert. Damit begann die Perserherrschaft, die schließlich nach Alexander d. Gr. in Vorderasien durch die Herrschaft der makedonischen Diadochendynastie der Seleukiden abgelöst wurde.

[1] In dem neuesten Entwurf einer „kurzen“ Chronologie der altorientalischen Zeit Vorderasiens (E. F. Weidner, AfO 15 [1945—1951] S. 98ff.) wird Hammurabi sogar auf 1704—1662 datiert. Andere bevorzugen eine mehr oder weniger frühere Ansetzung der Hammurabidynastie (vgl. auch u. S. 243).

b) Der mittlere Euphrat. Zu Zeiten hat der Bereich des mittleren Euphrat etwa vom Austritt des Flusses aus den nördlichen Gebirgen und Vorbergen bis zur Verengung der Flußniederung unterhalb des heutigen *abu'l-kemāl* nahe der gegenwärtigen syrisch-irakischen Grenze eine politische Rolle gespielt. Zum ersten Male wird dieser Sachverhalt bald nach Beginn des II. vorchristlichen Jahrtausends erkennbar. Denn im mittleren Euphratgebiet lag die Stadt Mari, die in der zweiten Hälfte des 18. Jahrh.s v. Chr. als Königsresidenz der Mittelpunkt eines nicht unbedeutenden Staatsgebildes gewesen ist, das durch seine Lage an der Euphratstraße zwischen dem südlichen Zweistromland und Syrien wichtig war. Zwischen 1933 und 1939 ist der Königspalast von Mari ausgegraben worden (vgl. den abschließenden Ausgrabungsbericht von A. Parrot, Mission archéologique de Mari. Vol. II: Le palais [3 Bände = BAH LXVIII (1958). LXIX (1958). LXX (1959)]), und in diesem wurde das königliche Archiv mit über 20000 Keilschrifttafeln gefunden (vgl. o. S. 187f). Die Wichtigkeit dieser Schriftdokumente, die auf die zeitgeschichtliche Situation ein helles Licht werfen und in mancher Hinsicht für das Alte Testament von unmittelbarem Belang sind (vgl. o. S. 66 Anm. 1 und u. S. 264), vor allem aber die große, wenn auch vorübergehende geschichtliche Bedeutung, die das Staatswesen von Mari gehabt hat, haben dem Namen Mari eine wichtige Stellung in der altorientalischen Geschichte gesichert. In der Zeit von etwa 1750 v. Chr. an haben in Mari geherrscht die Könige *Jagitlim*, *Jaḫdunlim* und — nach einer Zeit assyrischer Herrschaft unter dem König Samsi-Adad von Assyrien, der seinen Sohn *Jaśmaḫ-Adad* als seinen Statthalter in Mari sitzen hatte — vor allem *Zimrilim*, der ein Zeitgenosse des Königs Hammurabi von Babylon war und von diesem schließlich besiegt wurde, so daß der Staat von Mari im Jahre 1695 v. Chr. in das babylonische Reich eingegliedert wurde. Später hat in der gleichen Gegend am mittleren Euphrat zeitweise das Königtum von Ḫana existiert, das jedoch von geringerer Bedeutung war. Gegen Ende des II. und in der ersten Hälfte des I. Jahrtausends v. Chr. war der mittlere Euphrat eines der Hauptgebiete aramäischer Siedlung; und wenn es hier auch nicht zur Gründung großer aramäischer Staatsgebilde gekommen ist, so haben die Aramäer vom mittleren Euphrat im Kräftespiel der Mächte zeitweise doch eine nicht unbedeutende geschichtliche Rolle gespielt.

c) Assyrien. Die assyrischen historischen Keilschriftquellen bietet in englischer Übersetzung D. D. Luckenbill, Ancient Records of Assyria and Babylonia I. II: Historical Records of Assyria (1926/27), in Umschrift und deutscher Übersetzung für die ältere Zeit bis in das 13. Jahrh. v. Chr. Ebeling-Meissner-Weidner, Die Inschriften der altassyrischen Könige (Altorientalische Bibliothek I [1926]) und E. Weidner, Die Inschriften Tukulti-Ninurtas I. und seiner Nachfolger (AfO Beiheft 12 [1959]; Fortsetzung der nicht weitergeführten „Altorientalischen Bibliothek"). Für die spätere Zeit liegen Inschriftensammlungen in Umschrift und Übersetzung für einzelne Herrscher vor: Amiaud-Scheil, Les inscriptions de Salmanasar II[1] roi d'Assyrie (860—824) (1890); P. Rost, Die Keilschrifttexte Tiglat-Pilesers III. Bd. I/II (1893); H. Winckler, Die Keilschrifttexte Sargons Bd. I/II (1889); R. Borger, Die Inschriften Assarhaddons Königs von Assyrien (AfO Beiheft 9 [1956]); M. Streck, Assurbanipal und die letzten assyrischen Könige bis zum Untergange Niniveh's Bd. I—III (Vorderasiatische Bibl. VII [1916]); Th. Bauer, Das Inschriftenwerk Assurbanipals I/II (Assyriologische Bibliothek N. F. I/II [1933]).

Geschichtlich trat Assyrien erstmalig nach der Zeit des Reiches von Akkad (s. o. S. 224), zu dessen Machtbereich es mit gehört hatte, hervor. Im 19./18. Jahrh. v. Chr. haben wir ein noch bescheidenes altassyrisches Reich, das sich mit wechselndem Erfolge gegen das etwa gleichzeitige altbabylonische Reich behauptete. Unter seinen Königen begegnet um 1750 v. Chr. ein Sargon I. (assyr.: *Šarru-kin*), der sich nach Sargon von Akkad (s. o. S. 224) benannte und mit dieser Benennung offenbar seinen Anspruch auf Beherrschung des ganzen Zweistromlandes anmeldete. Bald danach haben auch in Assyrien „Westsemiten" (vgl. o. S. 213f.) sich zeitweise der Herrschaft bemächtigt. Unter dem „westsemitischen" König Samsi-Adad I. und seinem Sohn Isme-Dagan hat vorübergehend der Staat von Mari zur assyrischen Herrschaft gehört. Assyrische Tontafeln, die auf dem Ruinenhügel Kültepe im östlichen Kleinasien in der Nähe von Kayseri gefunden wurden (konventionell als „kappadokische Tafeln" bezeichnet), haben gezeigt, daß die Assyrer um 1800 v. Chr. dort Handelsniederlassungen besaßen (vgl. B. Landsberger, Assyrische Handelskolonien in Kleinasien aus dem dritten Jahrtausend [Der Alte Orient Bd. 24 (1925) H. 4])[2] und daß dann wohl auch ihre politische Einflußsphäre über Mesopotamien hinweg bis dorthin reichte. Um dieser Verbindung willen mußte den Assyrern der Besitz des Staatsgebiets von Mari wichtig sein. Im Folgenden aber waren es wieder die Assyrer selbst, die die Entfaltung ihrer Macht in der Geschichte selbst in die Hand nahmen. Nach einer längeren Zeit des Zurücktretens, während deren andere Mächte im Zweistromlande die erste Rolle spielten, erstand im 14./13. Jahrh. v. Chr. das mittelassyrische Reich, das nach einer Verfallszeit später um 1100 v. Chr. noch einmal wiederhergestellt wurde. Unter den Königen dieses Reiches begegnen verschiedene der aus neuassyrischer Zeit bekannten Herrschernamen wie Assur-uballit (I.), Adad-nirari (I.), Salmanassar (I.), Tiglat-Pileser (I.).

Auf den Höhepunkt seiner Macht stieg Assyrien zur Zeit des neuassyrischen Reiches, in der nicht nur die Unterwerfung des gesamten Zweistromlandes (einschließlich Babyloniens) und seiner Randgebiete, sondern auch die Ausdehnung der Herrschaft auf einen Teil von Kleinasien, auf das ganze Syrien und zeitweise sogar auf Ägypten den Assyrern gelang. Durch die von ihnen geübte Praxis der Deportationen haben die

---

[1] Es handelt sich nach heutiger Kenntnis um Salmanassar III.

[2] Der Titel dieser Schrift beruht auf einer inzwischen überholten Chronologie.

Assyrer damals die unterworfenen eingesessenen Völker zu entwurzeln versucht und sie mit Bedacht untereinander vermischt; und sie haben für ihr immer größer werdendes Reich ein wohlgeordnetes System von Provinzen geschaffen, deren Statthalter nacheinander in einer festgelegten Reihenfolge als Jahreseponymen im Rahmen der einzelnen Königsregierungen fungierten (vgl. E. Forrer, Die Provinzeinteilung des assyrischen Reiches [1921]; A. Ungnad, Eponymen [RLA 2 (1938) S. 412 bis 457]). Der Aufstieg des neuassyrischen Reiches kündigte sich bereits im 9. Jahrh. v. Chr. unter den Königen Assurnasirpal II. (884—859) und Salmanassar III. (859—824) an, die schon energisch bis nach Mittelsyrien vorstießen, ohne allerdings dort schon eine dauernde Herrschaft begründen zu können; und dann setzte mit Tiglat-Pileser III. (745—727)[1] die Reihe der großen assyrischen Erobererkönige ein, die u. a. Syrien und Palästina unterwarfen und häufige Feldzüge dahin unternommen haben, Salmanassar V. (727—722), Sargon II. (722—705), Sanherib (705 bis 681), Assarhaddon (681—669), welch letzterer mehrere Feldzüge gegen Ägypten unternahm und das Delta und die alte ägyptische Königsstadt Memphis (s. u. S. 237) besetzte. Damit war das letzte Ziel der assyrischen Expansion, die Unterwerfung der letzten damals noch übrigen altorientalischen Macht, Ägyptens, in unmittelbare Nähe gerückt. Assarhaddons Sohn und Nachfolger Assurbanipal (669—631) konnte zwar noch durch seine Truppen die oberägyptische Königsstadt Theben (s. u. S. 237) besetzen lassen, aber unter ihm ging das ägyptische Abenteuer bald zu Ende, und unter ihm begann schon der Verfall der assyrischen Macht, der sich unter seinen Nachfolgern überraschend schnell vollendete. Schon 612 fiel die damalige assyrische Königsstadt Ninive dem Angriff der vereinigten Meder und Neubabylonier zum Opfer, und auch ein noch verbleibender assyrischer Rumpfstaat im nordwestlichen Mesopotamien fand nach wenigen Jahren sein Ende. Im Zweistromlande und in Syrien-Palästina trat damals das neubabylonische Reich (s. o. S. 225) die Nachfolge des assyrischen Reiches an.

3. Der hethitische Staat. In der Mitte des II. Jahrtausends bis zum 13. Jahrh. v. Chr. wurde Kleinasien beherrscht von der durch die Herrenschicht der „Hethiter" auf der Grundlage einer alteingesessenen Vorbevölkerung begründeten Staatsbildung. Die Hethiter haben allerlei historische Aufzeichnungen hinterlassen (vgl. J. Friedrich, Aus dem hethitischen Schrifttum I: Historische Texte usw. [Der Alte Orient Bd. 24 (1925) H. 3]); es gibt ausführliche hethitische Königsannalen (vgl. vor allem A. Götze, Die Annalen des Muršiliš [MVÄG 38 (1933)]), und die Verträge des Hethiterreiches mit anderen Mächten pflegten histori-

[1] Als König von Babylonien führte Tiglat-Pileser den Thronnamen *Pûlu*, der II Kön 15 19 auch im Alten Testament vorkommt, während sonst auch im Alten Testament der Name Tiglat-Pileser gebraucht wird. Für die meisten neuassyrischen Könige pflegt man konventionell die Namenformen zu gebrauchen, die das Alte Testament bzw. dessen griechische Übersetzung überliefert hat.

sche Einleitungen zu haben (vgl. J. Friedrich, Staatsverträge des Ḫatti-Reiches in hethitischer Sprache [MVÄG 31 (1926) 1 und 34 (1929) 1], sowie E. F. Weidner, Politische Dokumente aus Kleinasien. Die Staatsverträge in akkadischer Sprache aus dem Archiv von Boghazköi [Boghazköi-Studien 8/9 (1923)]).

Nach einer Zeit des Nebeneinanders hethitischer Stadtstaaten in Kleinasien erfolgte in der ersten Hälfte des II. Jahrtausends v. Chr. die Begründung des Hethiterreiches durch den König *Tlabarnaš*, der wohl die nebeneinander bestehenden kleinen Staatsgebilde zu einer Einheit zusammenfaßte. Unter seinen Nachfolgern *Ḫattušiliš* I. und *Muršiliš* I. kam es schon zu dem für das Hethiterreich bezeichnenden und sehr verständlichen Vordrängen nach Nordsyrien; der letztere hat außerdem durch einen kühnen Feldzug dem altbabylonischen Reiche um die Mitte des 16. Jahrh.s v. Chr. ein Ende bereitet (s. o. S. 225). Gegen Ende des 15. Jahrh.s v. Chr. begann dann die eigentliche Entfaltung der Macht des Hethiterreiches; bei seinen Königen begegnen jetzt die Namen *Tudḫalijaš* (= Thideal Gen 14 1. 9), *Ḫattušiliš*, *Arnuwandaš* häufiger. Die bedeutendsten Herrscher, unter denen vor allem die Ausbreitung der hethitischen Macht nach Syrien und Mesopotamien gelang, waren *Šubbiluliumaš* (bis etwa 1350 v. Chr.), *Muršiliš* II. (etwa 1353—1325), *Muwatalliš* (etwa 1315—1285), *Ḫattušiliš* III. (etwa 1280—1260)[1]. — Um 1200 v. Chr. fand das Hethiterreich durch den Einbruch der aus der Mittelmeerwelt her kommenden „Seevölker" ein plötzliches Ende (vgl. eine Angabe Ramses' III. bei Breasted, Ancient Records of Egypt IV § 64).

4. Die Hyksosherrschaft. Die Zeit zwischen dem MR und NR (die „zweite Zwischenzeit") in Ägypten war die Periode einer Fremdherrschaft, ausgeübt durch eine Herrenschicht, die das Delta und einen Teil von Oberägypten in ihre Gewalt gebracht hatte und aus deren Kreise Herrscher hervorgingen, die sich in Ägypten als Pharaonen gaben. Diese Herrscher werden von Manetho (s. o. S. 221) nach einem bei Josephus (c. Ap. I 14 ed. Niese § 73ff.) erhaltenen Fragment „Hyksos" genannt; diese Bezeichnung erklärt Manetho irrig und dunkel als „Könige-Hirten", während sie in Wirklichkeit auf ein ägyptisches *ḥḳ3.w ḫ3s.wt* = „Herrscher der Fremdländer" zurückgeht. Diesen Titel scheinen diese Herrscher getragen und in Ägypten in ägyptischer Form mit ihrer Pharaonentitulatur kombiniert zu haben. Die Hyksos-Herrscher haben nun aber nicht nur zwischen etwa 1700 und 1580 v. Chr. Ägypten beherrscht, sondern auch Syrien-Palästina wenigstens teilweise unter ihrer Gewalt gehabt. Das zeigt sich einmal an der Lage ihrer Residenz, der Stadt Avaris, ganz am Rande von Ägypten im nordöstlichen Delta (heute *ṣān el-ḥagar*), sodann auch daran, daß sie nach ihrer Vertreibung aus Ägypten durch den ersten Pharao der 18. Dyn. (s. o. S. 222) sich nach Palästina und Syrien zurück-

[1] Die genauen Daten für die Regierungszeiten der hethitischen Könige sind noch sehr unsicher und umstritten.

zogen und von den Pharaonen des NR dorthin verfolgt wurden, wobei die Pharaonen mit der Zeit bis nach Nordsyrien und an den Euphrat ihre Feldzüge ausdehnten. Das Vorstoßen der Pharaonen bis nach Nordsyrien war wohl einfach der Versuch, das Erbe der Hyksos-Herrscher im weitesten Umfang anzutreten. Leider sind wir über die Hyksosherrschaft, die erstmalig in der Geschichte des alten Orients mehrere der alten Kulturgebiete wenigstens teilweise unter einer Hand vereinigte, durch die Überlieferung nur sehr dürftig unterrichtet, da die Hyksos-Herrscher kaum eigene Denkmäler, und auch diese nur in ihrer Eigenschaft als ägyptische Pharaonen, hinterlassen haben (vgl. K. Galling, Hyksosherrschaft und Hyksoskultur, ZDPV 62 [1939] S. 89—115). Nicht sicher zu beantworten ist schon die Frage, wie die Hyksos zu ihrer Herrschaft in Ägypten gelangt sind, ob durch einen großen kriegerischen Einfall in das Kulturland am Nil oder aber auf dem Wege eines allmählichen Einsickerns von vorderasiatischen Elementen in das Nildelta, wo sie sich mit der Zeit der Herrschaft über Unterägypten und dann zeitweise und teilweise auch über Oberägypten bemächtigen konnten; so etwa A. Alt, Die Herkunft der Hyksos in neuer Sicht (Berichte üb. d. Verh. der Sächs. Ak. d. Wiss. zu Leipzig. Phil.-hist. Kl. Band 101 Heft 6 [1954] = Kleine Schriften zur Geschichte des Volkes Israel III [1959] S. 72—98). Auch die ethnische Herkunft bzw. Zusammensetzung der „Hyksos" bleibt problematisch; die uns bekannten Hyksospharaonennamen geben darüber keine eindeutige Auskunft. Wahrscheinlich ist nicht mit einer ethnischen Einheitlichkeit zu rechnen; vielmehr scheinen sich semitisch sprechende Elemente aus Vorderasien mit anderen Elementen, vermutlich vor allem Churriern (vgl. o. S. 215f.), zusammengefunden zu haben. Auch die Ausdehung ihrer Herrschaft in Syrien-Palästina ist nicht sicher zu bestimmen. Die Annahme, daß sie ein sehr großes, außer Ägypten auch ganz Syrien-Palästina umfassendes Reich gehabt hätten, hat das Bedenken gegen sich, daß die gleichzeitigen vorderasiatischen Quellen von einer so mächtigen Erscheinung nichts erkennen lassen. Auf der anderen Seite hat die Vermutung viel für sich, daß die mit den Hyksos gleichzeitigen, o. S. 136 besprochenen großen terre-pisée-Umwallungen aus der zweiten Phase der Mittelbronzezeit auf die Hyksos zurückzuführen sind, zumal die Hyksos den pferdebespannten Streitwagen in die Kriegstechnik eingeführt zu haben scheinen. Diese Umwallungen aber haben sich nicht nur in Unterägypten und Palästina, sondern auch im mittleren und nördlichen Syrien gefunden, in *sefīnet nūḥ* (22 km südwestlich von *ḥōmṣ*), in *el-mischrefe*, der Stätte des alten Ḳaṭna (18 km nordöstlich von *ḥōmṣ*), in Karkemisch am Euphrat (etwa 100 km nordöstlich von Aleppo)[1]. Sollten etwa die in Ägypten sogenannten „Hyksos" eine — vielleicht bunt zusammengesetzte — Kriegerkaste gewesen sein, die in Ägypten-Palästina, aber auch im mittleren und nördlichen Syrien Herrschaften begründeten, ohne daß dabei doch ein großes einheitliches

[1] Die Einzelheiten in dem o. S. 136 angeführten Aufsatz von Y. Yadin.

Reich entstanden wäre? Es scheint so, als sei nach der Vertreibung der Hyksos aus Ägypten und nach der ägyptischen Eroberung von Syrien-Palästina von dem Hyksosreich oder aber von der Reihe der Hyksosherrschaften ein Restbestand jenseits des Euphrat im oberen Mesopotamien übriggeblieben in einem Staatswesen, das etwa vom Anfang des 15. bis zur Mitte des 14. Jahrh.s v. Chr. in unserer Überlieferung begegnet, das sich also dort erhalten hätte, da die Pharaonen bei der Verfolgung der Hyksos nicht ernstlich über den Euphrat vorgestoßen sind. Dieses Staatswesen führte den Namen Mitanni und ist aus den Amarnabriefen, wo der König *Tušratta* von Mitanni als Absender mehrerer Schreiben an den Pharao erscheint, sowie aus den Texten von Boğazköy bekannt. Das Volk von Mitanni war vorwiegend churrisch (ein Brief des *Tušratta* ist in churrischer Sprache abgefaßt; vgl. auch oben S. 208), die Herrenschicht aber war nach Ausweis der mitannischen Königsnamen indo-iranisch. Man käme von da aus zu der Vermutung, daß diesem Befund auch die volkliche Zusammensetzung der Herrenschicht der Hyksos etwa entsprochen hatte, obwohl wir dafür keine unmittelbaren Belege haben. Daraus würde sich nun aber die auffällige und in jedem Falle erklärungsbedürftige Tatsache verstehen lassen, daß wir nach der Hyksoszeit in Syrien und Palästina eine Oberschicht finden, in der vor allem churrische, aber auch indo-iranische Namen nicht selten sind (vgl. die in den Amarnabriefen vorkommenden Personennamen sowie A. Gustavs, Die Personennamen in den Tontafeln von Tell Ta'annek [ZDPV 50 (1927) S. 1—18; 51 (1928) S. 169—218] und M. Noth, Die syrisch-palästinische Bevölkerung des zweiten Jahrtausends v. Chr. im Lichte neuer Quellen [ZDPV 65 (1942) S. 9—67] und ders., Die Herrenschicht von Ugarit im 15./14. Jahrhundert v. Chr. [ebd. S. 144—164]).

Die geschichtliche Bedeutung der Hyksosherrschaft wird man trotz ihrer verhältnismäßig kurzen Dauer nicht unterschätzen dürfen. Zwar waren die Hyksos sicher nicht identisch mit den Israeliten in Ägypten, wie Josephus a. a. O. behauptet und wie man — etwas modifiziert — bis in die neueste Zeit gelegentlich gemeint hat. Wohl aber hat die Hyksosherrschaft, wie es scheint, die verschiedenen Gebiete des alten Orients erstmalig miteinander verknüpft und in einen geschichtlichen Zusammenhang gebracht, der sich von da ab nie mehr ganz verloren hat. Außerdem sind es wahrscheinlich die Hyksos gewesen, die die Dressur und Verwendung des Pferdes für die Kriegstechnik über den ganzen alten Orient bis nach Ägypten verbreitet und so eine neue Art der Kriegführung inauguriert haben, die zugleich für die soziale Struktur der Völker bedeutsame Folgen hatte, indem sie das Aufkommen eines streitwagenkämpfenden Rittertums nach sich zog. Jedenfalls finden wir alle diese Erscheinungen nach der Hyksoszeit plötzlich im alten Orient vor. Syrien und Palästina finden wir nach der Hyksoszeit übersät mit winzig kleinen Herrschaftsgebilden, deren Mittelpunkt je ein Rittersitz war (vgl. A. Alt, Die Landnahme der Israeliten in Palästina [Leipziger Dekanats-Programm 1925] S. 6ff. = Kleine Schriften zur Geschichte des Volkes Israel I [[2]1959]

S. 94ff. und oben S. 69f.). Das waren die Kanaanäer mit ihren „eisernen (Streit-)Wagen", die nach dem Alten Testament (Jos 17 16 Ri 1 19 4 3) von den Israeliten im Lande vorgefunden wurden. In ihnen hätten wir danach die Restbestände des Hyksosrittertums zu sehen.

§ 35. Die kleineren Staaten

Abgesehen davon, daß auch die Großmächte des alten Orients aus kleineren Staaten erwachsen und je nach der geschichtlichen Konstellation zu Zeiten wieder auf das Niveau kleinerer Staaten herabgesunken sind, und abgesehen davon, daß es an der Peripherie des alten Orients allerlei kleinere Staaten gab, die für ihre unmittelbaren Nachbarn je und dann von geschichtlicher Bedeutung waren wie etwa Nubien im Süden von Ägypten oder Elam östlich des südlichen Zweistromlandes oder der urartäische Staat in der nördlichen Nachbarschaft von Assyrien, bildeten vor allem Syrien und Palästina vom 12. Jahrh. v. Chr. ab einen Bereich kleinerer Staaten, die durch ihre zentrale Lage (s. o. S. 169ff.) für die Geschichte auch der Großmächte und damit überhaupt des alten Orients Bedeutung gewannen, bis sie durch die Assyrer ihrem Großreich einverleibt wurden, um dann den aufeinander folgenden Großreichen unterworfen zu bleiben.

Im Süden auf der Ostseite des großen syrischen Grabens haben die Völker der Edomiter, Moabiter und Ammoniter, wohl seit der Zeit ihrer Landnahme, jedenfalls noch ehe die Israeliten von ihrer alten, ursprünglichen Verfassung des sakralen Bundes der Stämme zur Ausbildung fester Staatsformen übergingen, je ihr Königtum besessen (vgl. Gen 36 31-39 Num 20 14 22 4ff. Ri 11 12-14. 28 I Sam 12 12). Wichtigere geschichtliche Wirkungen sind aber von diesen Königtümern nicht ausgegangen. — Auf der anderen Seite waren Nachbarn Israels die Philister in der südlichen Küstenebene, die wohl seit ihrer Anwesenheit im Lande (seit etwa 1200 v. Chr.) ihre 5 Stadtfürstentümer[1] (s. o. S. 71) hatten, die ihrerseits durch eine Art Bund miteinander verknüpft gewesen zu sein scheinen, in dem einer der 5 Fürsten jeweils den Vorsitz führte. Nachdem ihr Versuch, das ganze Westjordanland sich untertan zu machen, an David endgültig gescheitert war, haben die Philister eine geschichtlich führende Rolle auch in ihrem engeren Bereiche kaum noch gespielt. — Ein größerer Staat entstand auf dem Boden der israelitischen Stämme nach dem wahrscheinlich kurzen Königtum Sauls unter David. Seinem Doppelkönigtum über die beiden Staaten Israel und Juda, deren Nebeneinander auf der Eigenart des Weges beruhte, auf dem David zu seinem Königtum gekommen war, konnte David ein ganzes System von Außenprovinzen und abhängigen Randstaaten angliedern (s. o. S. 86ff.), so daß er tatsächlich über ganz Palästina im weitesten Sinne und über

[1] Nach dem Alten Testament führten die Philisterfürsten den speziellen Titel **särän*, dessen Zusammenhang mit dem griechischen τύραννος man vermutet hat.

einen Teil des südlichen Syrien Herr war. Aber schon unter Salomo verfiel dieser große Staat, ging allmählich seiner Außenposten verlustig, und nach dem Tode Salomos trennten sich die beiden Teile Israel und Juda voneinander und lebten als kleine selbständige Königreiche weiter.

Bedeutendere Staatsgebilde von längerer Dauer finden wir im mittleren Syrien. Hier ist es vor allem dem Königtum in Damaskus, das zur Zeit Salomos neu begründet wurde (I Kön 11 23 f.), gelungen, ältere aramäische Staaten (vgl. II Sam 10 8) unter einem Oberkönigtum (vgl. I Kön 20 1) zusammenzufassen und das Aramäerreich von Damaskus aufzurichten, das das Kulturland östlich des Antilibanon, aber auch die *biḳāʿ* zwischen Libanon und Antilibanon beherrschte und von da wohl noch weiter nach Norden zeitweise ausgriff[1]. Dieses Aramäerreich hat im 9. Jahrh. v. Chr. nicht nur dem benachbarten Staate Israel schwer zu schaffen gemacht, sondern überhaupt in dieser Zeit eine Art Führerstellung unter den syrisch-palästinischen Staaten gehabt, bis um 800 v. Chr. durch einen Feldzug des assyrischen Königs Adad-nirari III., der bis zur Kapitulation von Damaskus führte, die Kraft dieses Reiches gebrochen wurde; es existierte zwar zunächst noch weiter, wurde aber dann 732 v. Chr. durch Tiglat-Pileser III. endgültig beseitigt. — Um 800 v. Chr. wurde das Aramäerreich von Damaskus in seiner Vormachtstellung anscheinend abgelöst durch das Reich von Hamath. Hamath (heute *ḥama* am mittleren Orontes) war von Hause aus wohl ein bescheidener Stadtstaat gewesen, dessen Königtum es aber gelang, allerlei andere Staatsgebilde, wohl vor allem mit aramäischer Bevölkerung, sich anzugliedern. Wie nach Ausweis der ZKR-Inschrift (s. o. S. 197) ein König von Hamath in der ersten Hälfte des 8. Jahrh.s v. Chr. auch das Königtum über das nordsyrische Land Laʿasch innehatte, so haben sich die Könige von Hamath anscheinend auch andere Gebiete im mittleren und nördlichen Syrien — in dieser oder jener Form — untertan gemacht. Wir haben hier wie schon bei der Aramäerherrschaft von Damaskus eines jener syrischen Staatsgebilde vor uns, die nach außen als Einheit in Erscheinung traten, im Inneren aber aus einzelnen, relativ selbständigen und z. T. offenbar noch von eigenen Dynastien beherrschten Teilen bestanden, die nur alle einem zentralen Königtum untergeordnet waren (vgl. A. Alt, Die syrische Staatenwelt vor dem Einbruch der Assyrer, ZDMG NF 13 [1934] S. 233—258 = Kleine Schriften zur Geschichte des Volkes Israel III [1959] S. 214—232). Diese Sammelstaaten, die in ihrem Aufbau dem davidischen Reiche nicht unähnlich waren, stellten naturgemäß verhältnismäßig labile Gebilde dar, deren Bestand von der realen Macht des zentralen Königtums und von der jeweiligen politischen Gesamtsituation abhing. Das Reich von Hamath, das nach 800 v. Chr. infolge des Verfalls von Damaskus auf den Höhepunkt seiner Bedeutung stieg, ist bereits 738 und 720 v. Chr. in zwei

---

[1] Vgl. die in *el-brēdsch* bei Aleppo gefundene, o. S. 196 erwähnte Inschrift des „Aramäerkönigs“ Bar-Hadad (Ben-Hadad).

Etappen von den Assyrern beseitigt worden (vgl. II Kön 18 34 19 13 Jes 10 9 Jer 49 23 Am 6 2). — Einen ähnlichen Sammelstaat gab es um die Mitte des 8. Jahrh.s v. Chr. in Nordsyrien; er wurde nach seiner Hauptstadt Arpad (heute *tell rif'at*) genannt (II Kön 18 34 19 13 Jes 10 9 Jer 49 23) oder auch — wahrscheinlich nach seiner Dynastie — *Bit-Agusi*; in seinen Aufbau und in seine internen Verhältnisse gewähren die Inschriften von *sefīre* (vgl. o. S. 197) einige Einblicke (vgl. M. Noth, ZDPV 77 [1961] S. 128—138). Der Staat von Arpad wurde 740 v. Chr. durch Tiglat-Pileser III. liquidiert.

In Nordsyrien, Südostkleinasien und Westmesopotamien gab es daneben noch eine Reihe kleinerer Staaten, die dort nach der Vernichtung des Hethiterreiches entstanden waren und teilweise gewiß eine aramäische Bevölkerung oder Herrenschicht hatten. Sie wurden alle im 9. und 8. Jahrh. v. Chr. in assyrische Provinzen verwandelt. Ich führe sie auf, soweit sie im Alten Testament vorkommen oder sonst bemerkenswert sind (im übrigen vgl. E. Forrer, Die Provinzeinteilung des assyrischen Reiches [1921] S. 56ff. 70ff. 103ff.). — In der kilikischen Ebene (s. o. S. 169) ist zu suchen der Staat *Ḳue*, von dem Salomo Pferde für seine Streitwagenmacht bezog (I Kön 10 28, wo zweimal statt *miḳwe* vielmehr *miḳ-Ḳuwe* [קוה ist die Form des Namens dieses Landes in der ZKR-Inschrift a 6] gelesen werden muß). In dem Bergland am Ostrand der kilikischen Ebene lag über dem rechten Ufer des Ceyhan-Flusses, des antiken Pyramos, der Sitz der offenbar ephemeren Herrschaft des Königs Azitawadda, des „Königs der Danunier", auf dem heute Karatepe genannten Hügel; diese Herrschaft, die wohl in das 9. Jahrh. v. Chr. gehört, ist wichtig geworden durch die hieroglyphenhethitischen und phönikischen Inschriften, die sie auf dem Karatepe hinterlassen hat (vgl. o. S. 188). — Auf der anderen Seite des Amanusgebirges im nördlichsten Teil des syrischen Grabens befand sich der Staat *Ja'di* mit seiner Hauptstadt *Šam'al* (heute Zencirli; über die dortigen deutschen Ausgrabungen vgl. die Publikation Ausgrabungen in Sendschirli I—V [Mitteilungen aus den orientalischen Sammlungen der Kgl. Museen zu Berlin XI—XV] 1893—1943); aus seinem Bereich stammen die oben S. 196. 203 erwähnten altaramäischen Inschriften. — Weiter im Osten am rechten Euphratufer an einer wichtigen Übergangsstelle über diesen Fluß finden wir die alte Stadt Karkemisch (auf türkischem Gebiet nördlich des heutigen syrischen Grenzdorfes *dscherāblus*) mit ihrem Territorium; sie ist ein Hauptfundort „hethitischer Hieroglypheninschriften" (zu den dortigen Ausgrabungen vgl. D. G. Hogarth, Carchemish I [1914]; L. Woolley, Carchemish II [1921]; L. Woolley and R. D. Barnett, Carchemish III [1952]); auf die Unterwerfung dieses Stadtstaates durch die Assyrer wird Jes 10 9 angespielt. — Etwas unterhalb am Euphrat auf dessen linkem Ufer bildete die Stadt *Til-Barsip* (heute *tell aḥmar*; zu den dortigen Ausgrabungen vgl. Thureau-Dangin und Dunand, Til-Barsip [1936]) den Mittelpunkt eines Staates, der in den assyrischen Quellen *Bit-Adini* genannt wird, der Ez 27 23 als *'ädän* und dessen Bewohner II Kön 19 12 als *bᵉnē ʿädän* bezeichnet werden, während es fraglich bleibt, ob das *bēt ʿädän* von Am 1 5 sich auf diesen Staat bezieht. — II Kön 19 12 werden daneben als den Assyrern unterlegene Staaten noch Gosan, Haran und Rezeph aufgeführt; das waren ehemals Zentren selbständiger Kleinstaaten im nördlichen Mesopotamien gewesen, die schon früh in das wachsende assyrische Reich eingegliedert wurden. Von West nach Ost haben wir da zunächst Haran (vgl. auch Gen 11 31 12 5 27 43), das *Carrhae* der römischen Zeit, am Oberlauf des *nahr belīch* (s. o. S. 168), assyrisch *Ḫarrânu*; sodann Gosan (vgl. auch II Kön 17 6 18 11), assyrisch *Guzana*, der Name der Stadt auf dem alten *tell ḥalaf* (s. o. S. 179) in der Zeit, als dort ein aramäischer Kleinkönig residierte; endlich Rezeph, assyrisch *Raṣappa*, das von Forrer a. a. O. S. 15 in dem heutigen *beled sindschār* gesucht wird. — Das Alte Testament nennt in Jes 10 9 Am 6 2 noch ein Kalno bzw. Kalne und in Sach 9 1 ein Hadrach; das waren die Hauptstädte zweier nordsyrischer Staaten, die im letzten Stadium ihrer Geschichte vor ihrem Aufgehen im assyrischen Großreich in den Verband des Reiches von Hamath einbezogen gewesen waren. Sie lagen südlich des in der Ebene *el-ʿamḳ* gelegenen nordsyrischen Kleinstaates *Ḫattina* (später von den Assyrern *Unḳi* genannt), Kalno (assyr. *Kullâni*) vielleicht am Meer längs des *dschebel el-anṣārīje*, Hadrach, das חזרך der ZKR-Inschrift, assyr. *Ḫatarikka*, offenbar die Hauptstadt des Landes Laʿasch (s. o. S. 233), landeinwärts südwestlich von Aleppo. Im südlichen Teil der soeben genannten Ebene *el-ʿamḳ* hatte während der ganzen Bronzezeit auf dem *tell el-ʿaṭschāne* die Stadt *Alalaḫ* als ein wenigstens zeitweise nicht unbedeutendes Herrschaftszentrum für die ganze Ebene und deren Ausgang zum Mittelmeer durch das untere Orontestal gelegen. *Alalaḫ* war die Hauptstadt des Landes *Mukiš*. Zu den dortigen Ausgrabungen vgl. L. Woolley, Alalakh (1955) und allgemeinverständlich L. Woolley, A Forgotten Kingdom (1953; deutsche Übersetzung unter dem Titel „Ein vergessenes Königreich" 1954). Im Laufe des 15. Jahrh.s v. Chr. war in *Alalaḫ* ein gewisser Idrimi König gewesen, der eine Statue mit langer Keilinschrift hinterlassen hat (vgl. S. Smith, The Statue of Idri-mi [Occasional Publications of the British Institute of Archaeology in Ankara No. 1 (1949)]; eine Abbildung der Statue ANEP Nr. 452). Außerdem stammen vom *tell el-ʿaṭschāne* die o. S. 188 erwähnten keilschriftlichen Alalaḫ-Texte aus dem 18. und 15. Jahrh. v. Chr.

Mit dem Zerfall des Seleukidenreiches kam es im 2./1. Jahrh. v. Chr. in Vorderasien wieder zur Bildung von allerlei kleineren Staaten; in diesen Zusammenhang gehört z. B. die Entstehung des Staates der Hasmonäer in Palästina.

§ 36. Städte

Städte als politische Einheiten, d. h. selbständige Stadtstaaten, waren während des ganzen Verlaufs der altorientalischen Geschichte die Küstenstädte am Mittelmeer; selbst nach ihrer Eingliederung in die

Großreiche des I. Jahrtausends v. Chr., die dazu noch ziemlich spät und nur teilweise gelang, haben sie ihre tatsächliche Selbständigkeit sich im wesentlichen erhalten. Ihre Anfänge reichen wohl meist in die frühgeschichtliche Zeit zurück. Die bedeutendsten waren — von Süden nach Norden — zunächst die Inselstadt Tyrus (heute *ṣūr*), die Alexander d. Gr. 332 v. Chr., um sie zu bezwingen, durch einen Damm mit dem Festlande verbinden ließ, der heute noch — von Dünensand bedeckt — existiert; sodann Sidon (heute *ṣēda*) und *Beeroth (heute *bērūt*), alle drei infolge dauernder Besiedlung ohne nennenswerte Überreste aus altorientalischer Zeit[1]. Dann folgten Byblos (ursprünglich *Gubla* genannt, im Alten Testament Gebal, heute *dschbēl*; zu den Ausgrabungen s. o. S. 178), weiter vermutlich eine altorientalische Stadt in der Gegend des heutigen *ṭarāblus*, des Tripolis der persisch-hellenistisch-römischen Zeit, deren Name nicht sicher bekannt ist, sodann die Inselstadt Arwad (auch im Alten Testament genannt; heute *ruād*), endlich Ugarit (heute *rās esch-schamra*; zu den Ausgrabungen s. o. S. 178), das allerdings nur bis zum Ende der Bronzezeit existiert hat. Es waren reiche Gemeinwesen, in der Regel mit einem König an ihrer Spitze. Das zuletzt genannte Ugarit hat in der Spätbronzezeit ein ansehnliches Territorium besessen und eine nicht unbedeutende Rolle im Kreise der syrisch-palästinischen Staaten und der benachbarten Mächte (besonders des Hethiterreiches und Ägyptens) gespielt; darüber geben die teils in alphabetisch-ugaritischer und teils in alter Keilschrift geschriebenen und in den jeweils zugehörigen Sprachen abgefaßten Texte der königlichen Archive allerlei Aufschluß, die bei der nach dem zweiten Weltkrieg durchgeführten Ausgrabung des ugaritischen Königspalastes aufgefunden worden sind und in der Reihe „Le palais royal d'Ugarit" (abgekürzt: PRU) veröffentlicht vorliegen (PRU II: Ch. Virolleaud, Textes en cunéiformes alphabétiques des archives est, ouest et centrales [1957]; PRU III: J. Nougayrol, Textes accadiens et hourrites des archives est, ouest et centrales [1955]; PRU IV: J. Nougayrol, Textes accadiens des archives sud. Archives internationales [1956]).

Politisch selbständige Stadtstaaten gab es außerdem in vor- und frühgeschichtlicher Zeit in Ägypten, im Zweistromlande und in Kleinasien als Anfänge politischer Gestaltung überhaupt, sodann vor allem in Syrien und Palästina in der Spätbronzezeit, d. h. in der Zwischenzeit zwischen dem Ende der Hyksosherrschaft und dem Aufkommen größerer Staatsgebilde zu Beginn der Eisenzeit; das waren die dicht über das Land verstreuten Rittersitze, die als solche dem inneren Aufbau der Hyksosherrschaft wahrscheinlich ihre Existenz verdankten (s. o. S. 231 f.). Als Stadtanlagen waren sie freilich in der Regel älter, und mit ihren Anfängen reichen sie in eine für uns dunkle Zeit zurück. In der Spätbronzezeit aber spielten sie noch einmal eine politisch selb-

[1] Abgesehen von der Nekropole von Sidon, die mit ihren o. S. 158 f. erwähnten Sarkophagen teilweise bis in die vorhellenistische Zeit zurückgeht.

ständige Rolle. Abgesehen von Palästina (dazu s. o. S. 69f.) waren die bedeutendsten unter ihnen im mittleren Syrien Ḳadesch am Orontes südwestlich des heutigen *ḥōmṣ* (jetzt *tell nebi mend*; über eine teilweise Ausgrabung vgl. M. Pézard, Qadesh [BAH XV (1931)]) und Ḳaṭna (heute *el-mischrefe* nordöstlich von *ḥōmṣ*; über die Ausgrabungen vgl. die Berichte von du Mesnil du Buisson in Syria 7 [1926]ff.), im nördlichen Syrien die allerdings bald vom neueren Hethiterreich unterworfenen großen Städte Aleppo (alter Name *Ḫalab* u. ä.; heute *ḥaleb*) und die Euphratsiedlung Karkemisch (s. o. S. 234).

Die größten und imposantesten Städte des alten Orients aber waren die Residenzen der Herrscher der Großreiche. — In Ägypten haben die Pharaonen des AR in Memphis (so die von den Griechen gebrauchte Namenform) etwas südlich des heutigen Kairo an der Südspitze des Deltas, also ungefähr auf der Grenze der in ihrer Hand vereinigten Reichshälften Ober- und Unterägypten, residiert und westlich davon am Wüstenrande ihre berühmten Pyramiden errichtet; und auch die aus Oberägypten stammenden Pharaonen des MR (12. Dyn.) haben, nachdem ihre Vorgänger von der 11. Dyn. in Oberägypten gesessen hatten, die Hauptstadt des Reiches wieder nach dem alten und günstig gelegenen Memphis verlegt. Die erhaltenen Ruinen von Memphis sind überaus dürftig (vgl. außer Baedekers Ägypten[8] S. 147ff. noch A. Hermann, Führer durch die Altertümer von Memphis und Sakkara [1938]). — Im Unterschied davon haben die Pharaonen des NR, besonders der 18. Dyn., die Stadt Theben in Oberägypten (dieser üblicherweise gebrauchte Name stammt wieder von den Griechen [„das hunderttorige Theben"]) zur Reichshauptstadt gemacht, nachdem schon die Pharaonen der 11. Dyn., die aus der Nähe stammten, hier residiert hatten. Erhalten sind hier vor allem die großen aus Stein gebauten Tempelanlagen dieser Hauptstadt, sowohl auf der Ostseite des Nils bei dem heutigen Dorfe *karnak* nördlich der Stadt Luxor und in Luxor selbst wie auch als Totentempel auf der gegenüberliegenden Westseite; und auf der Westseite sind die unterirdischen Pharaonengräber in einem Wüstental und die Gräber der großen Beamten u. a. (vgl. Baedeker S. 259ff.) noch Zeugen jener großen Vergangenheit. Die Verlegung der Residenz von Theben nach der Stätte von *tell el-'amārna* blieb eine vorübergehende Episode (s. u. S. 260). — Pharaonen, denen die Beziehungen zu Palästina und Syrien wichtig waren, haben im nordöstlichen Delta, wo die Heerstraße nach Palästina Ägypten verließ, ihre Residenz gehabt; das gilt für die Hyksosherrscher mit ihrer Hauptstadt Avaris (s. o. S. 229) und dann wieder vor allem für Ramses II. (19. Dyn.), der sich eine große „Ramses-Stadt" im Delta als Residenz bauen ließ (vgl. Ex 1 11), und zwar in der Gegend des heutigen Ruinenhügels *ṣān el-ḥagar* (zu den Ausgrabungen an dieser Stelle vgl. P. Montet, Les nouvelles fouilles de Tanis [1933]) und des 20 km südlicher gelegenen heutigen Ortes *ḳantīr* (vgl. A. Alt, Die Deltaresidenz der Ramessiden [Festschrift für Friedrich Zucker (1954) S. 3—13 = Kleine Schriften zur Geschichte des Volkes Israel III

(1959) S. 176—185]). — Unter den Ptolemäern wurde die makedonische Gründung Alexandria im nordwestlichen Delta am Mittelmeer die Hauptstadt des Landes.

Im südlichen Zweistromlande haben wir zunächst die alten sumerischen Städte; von ihnen werden im Alten Testament genannt das durch die dortigen amerikanischen Ausgrabungen (vgl. C. L. Woolley, Excavations at Ur [1954; deutsche Übersetzung unter dem Titel „Ur in Chaldäa" 1956]) berühmt gewordene Ur (Gen 11 28. 31 15 7 Neh 9 7) und — in der Form Erech (Gen 10 10) — das ebenfalls geschichtlich bedeutende und schon in sehr früher Zeit mächtig große Uruk (zu den Ausgrabungen s. o. S. 179). — Der Mittelpunkt des Reiches von Akkad (s. o. S. 224), die Stadt Akkad (Gen 10 10), war nur von kurzer und nicht sehr großer Bedeutung, ist im übrigen archäologisch bisher noch nicht identifiziert. — Um so wichtiger wurde die Stadt Babylon (akkad. *Bâb-ili* = „Tor Gottes", im Alten Testament Babel), die durch die altbabylonischen Herrscher zum Zentrum des Landes gemacht wurde und es bis auf Alexander d. Gr. geblieben ist. Die Funde an Ort und Stelle (zusammenfassend über die deutschen Ausgrabungen vgl. R. Koldewey, Das wieder erstehende Babylon [⁴1925]; die literarischen Nachrichten über die Bauten dieser Stadt u. dgl. sind gesammelt bei E. Unger, Babylon, die heilige Stadt [1931]; vgl. auch den ausführlichen Artikel über Babylon in RLA I [1932] S. 330—369 von E. Unger sowie die allgemeinverständliche Darstellung von A. Parrot, Babylone et l'Ancien Testament [CAB 8 (1956; deutsche Übersetzung in „Bibel und Archäologie III" [1957] S. 113—251)]) haben nichts Nennenswertes für die altbabylonische Zeit ergeben[1]; sie reichen nur bis auf den assyrischen König Assarhaddon, der als Herr über Babylonien die von seinem Vorgänger Sanherib zerstörte Stadt wieder aufbauen ließ, und vor allem bis auf den neubabylonischen König Nebukadnezar zurück, der diese seine Königsstadt großartig und verschwenderisch ausgebaut hat. Die Seleukiden haben später ihre eigene Gründung Seleukeia nördlich von Babylon am Tigris beim heutigen *tell 'omar* an dessen Stelle zum Vorort des Landes gemacht, während sie selbst in Antiocheia in Nordsyrien am unteren Orontes (heute *anṭākje*) residierten, wo allerdings Überreste aus seleukidischer Zeit nicht mehr vorhanden zu sein scheinen. — Am mittleren Euphrat hat vorübergehend die Stadt Mari eine Rolle als Königsresidenz gespielt (vgl. dazu und zu den dortigen Ausgrabungen o. S. 187f. 226).

Die Hauptstadt Assyriens war anfangs die Stadt Assur am rechten Tigrisufer (heute *ḳal'at scherḳāt*); hier haben die Könige des alt- und mittelassyrischen Reiches residiert; und auch als spätere Könige sich

---

[1] Auch die in Babylon aufgestellt gewesene Stele mit dem Codex Hammurabi (s. o. S. 225) wurde nicht in Babylon, sondern in der elamischen Hauptstadt Susa im Winter 1901/02 gefunden, wohin sie als Beutestück von den Elamiern verschleppt worden war.

andere Residenzen erbauten, blieb Assur doch die alte heilige Stadt des Reiches mit dem Heiligtum des Reichsgottes Asur. Die deutschen Ausgrabungen auf *ḳal'at scherḳāt* haben die noch vorhandenen Überreste aus der langen Zeit der assyrischen Geschichte vom Beginn des II. Jahrtausends v. Chr. ab aufgedeckt, Paläste, Tempel, Mauern, Tore (vgl. zusammenfassend W. ANDRAE, Das wiedererstandene Assur [1938] und den Artikel Aššur in RLA I [1932] S. 170—195 von E. UNGER). — In neuassyrischer Zeit haben die Könige etwas weiter oberhalb am Tigris residiert. Könige des 9. Jahrh.s v. Chr., vor allem Assurnasirpal II. (s. o. S. 228), haben die Stadt Kalah (so Gen 10 11; akkad. *Kalaḫ* bzw. *Kalḫu*) links des Tigris in dem Winkel zwischen Tigris und seinem Nebenfluß, dem oberen *zāb*, als Residenz ausgestaltet, und auch spätere Könige haben hier noch gebaut. Die Ruinenstätte heißt heute *tell nimrūd* (darin steckt der Name des Nimrod von Gen 10 8; sie ist seit der Mitte des 19. Jahrh.s mehrfach untersucht worden (vgl. V. CHRISTIAN, Altertumskunde des Zweistromlandes I S. 15ff. Taf. 2), und ertragreiche englische Ausgrabungen sind zur Zeit noch dort im Gange (laufende Berichte darüber in der Zeitschrift Iraq 12 [1950] ff.). — Eine besondere Residenz hat sich Ende des 8. Jahrh.s v. Chr. der König Sargon II. bei dem heutigen *chorsābād* nordöstlich von *mōṣul* etwas abseits vom linken Tigrisufer geschaffen und sie nach seinem Namen *Dūr-Šarrukîn* „Sargonsburg" genannt (vgl. CHRISTIAN a. a. O. Taf. 1). — Sein Nachfolger Sanherib hat die Stadt Ninive auf dem linken Tigrisufer gegenüber von *mōṣul* als Residenz bevorzugt, nachdem hier schon frühere alt-, mittel- und neuassyrische Könige gebaut hatten und schon in vor- und frühgeschichtlicher Zeit diese Stätte besiedelt gewesen war; zur archäologischen Erforschung der sehr umfangreichen Ruinenstätte von Ninive, innerhalb deren heute die Dörfer *kujundschik* und *nebi jūnis* liegen, vgl. CHRISTIAN a. a. O. S. 16ff. Taf. 3f. sowie A. PARROT, Ninive et l'Ancien Testament (CAB 3 [1953]; deutsche Übersetzung in „Bibel und Archäologie I" [1955] S. 109—169). Ninive ist dann die Hauptstadt des assyrischen Reiches bis zu dessen Ende geblieben. Die Einnahme von Ninive durch die Meder und Neubabylonier im Jahre 612 v. Chr. bedeutete praktisch das Ende des neuassyrischen Reiches.

Die Königsstadt der Hethiter in Kleinasien während der hethitischen Großreichszeit war *Ḫattušaš*. Ihre Ruinen liegen bei dem heutigen Boğazköy östlich von Ankara jenseits des Kizil Irmak; seit 1906 hat dort die Deutsche Orient-Gesellschaft Ausgrabungsarbeiten betrieben (vgl. K. BITTEL, Die Ruinen von Boğazköy, der Hauptstadt des Hethiterreiches [1937]).

Siebentes Kapitel

DATEN

§ 37. Chronologie

Es kann sich hier nicht darum handeln, die Fülle der oft sehr schwierigen Untersuchungen zu den vielen Problemen der altorientalischen Chronologie vorzuführen oder auch nur zu nennen; es soll vielmehr nur ein Überblick über die Quellengrundlagen der Chronologie gegeben werden, woraus sich zugleich ein gewisses Urteil über die Sicherheit und Zuverlässigkeit der in der wissenschaftlichen Literatur gegebenen Zeitbestimmungen und Jahreszahlen zu Gestalten und Ereignissen der altorientalischen Geschichte ergibt[1].

1. Relative Chronologie. Es ist uns aus dem alten Orient eine ganze Reihe von Dokumenten erhalten, die — über allgemeine Mitteilungen zum Ablauf der geschichtlichen Ereignisse hinaus — mit genauen Zahlenangaben den Gang der Geschichte eines Staates festlegen. Meist sind es Königslisten mit den Zahlen der Regierungsjahre. In Ägypten haben wir für die ersten 5 Dynastien in dem allerdings nur ganz fragmentarisch erhaltenen „Palermo-Stein" (vgl. BREASTED, Ancient Records of Egypt I § 76ff.) und einigen anderen Fragmenten (vgl. L. BORCHARDT, Die Annalen und die zeitliche Festlegung des Alten Reiches der ägyptischen Geschichte [1917] S. 21ff.) in Steininschrift ein von Jahr zu Jahr fortschreitendes und nach Königsregierungen gegliedertes Annalenwerk; dazu kommt die ebenfalls nur in einzelnen Fragmenten erhaltene, vom AR bis in das NR reichende große Königsliste (mit den Zahlen der Regierungsjahre) des „Turiner Königspapyrus" (vgl. BORCHARDT a. a. O. Bl. 4—6) und endlich die Königs- und Dynastienliste des Manetho (s. o. S. 221), die S. Julius Africanus aus Manetho übernommen hat und die altchristliche Schriftsteller nach Africanus überliefert haben (vgl. H. GELZER, Sextus Julius Africanus I [1880] S. 191ff.)[2]. Da die alten Dokumente nur Bruchstücke sind und Manethos Zuverlässigkeit im einzelnen besonders in seinen Zahlenangaben mindestens zweifelhaft bleibt, ist zwar die ägyptische Pharaonenreihe im wesent-

---

[1] Zur wissenschaftlichen Chronologie im ganzen vgl. F. K. GINZEL, Handbuch der mathematischen und technischen Chronologie I—III (1906—1914), auch W. KUBITSCHEK, Grundriß der antiken Zeitrechnung (Handbuch der Altertumswissenschaft I, 7 [1927]). Einen Überblick über neuere Literatur zur altorientalischen Chronologie und eine tabellarische Zusammenstellung ihrer Ergebnisse bietet E. F. CAMPBELL in The Bible and the Ancient Near East, Essays in Honor of William Foxwell Albright (1961) S. 214—224.

[2] In der Manethonischen Liste — wohl auch auf dem Palermo-Stein — wird die Reihe der Pharaonen durch mythische Könige eröffnet, auf die aber dann deutlich die Reihe der historischen Pharaonen folgt.

lichen bekannt, hinsichtlich der genauen Jahreszahlen aber bleiben vielerlei Unsicherheiten, die die erhaltenen Originalurkunden der einzelnen Pharaonen insoweit einschränken, als sich aus ihren Datierungen — wenn vorhanden — jeweils die Mindestzahl der Regierungsjahre erheben läßt.

Auch aus dem Zweistromlande haben wir allerlei Königslisten; aus Babylonien sind solche bekannt, geordnet nach einzelnen Dynastien, versehen mit den Zahlen der Regierungsjahre, auch hier vielfach eingeleitet durch Reihen mythischer Herrscher (vgl. AOT² S. 331 ff. sowie H. Zimmern, Die altbabylonischen vor-(und nach-)sintflutlichen Könige nach neuen Quellen, ZDMG NF 3 [1924] S. 19ff.). Dazu kommen hier noch allerlei an Königsregierungen orientierte annalenartige Aufzeichnungen wie die fragmentarisch erhaltene sog. babylonische Chronik (vgl. AOT² S. 359ff. 362ff.). Auch hier bleibt, noch abgesehen von der Verläßlichkeit der Zahlenüberlieferung, mancherlei ungewiß, da in den Königslisten Dynastien hintereinander angeordnet sind, die anscheinend teilweise gleichzeitig an verschiedenen Orten regiert haben. — Für Assyrien haben die Ausgrabungen in Assur (s. o. S. 238 f.) zu den länger bekannten Stücken allerlei wertvolle chronologische Listen zutage gefördert, nicht nur Königslisten, sondern auch Verzeichnisse der Amtsjahre (ass. *lîmu*) der Eponymen, d. h. der hohen Beamten, nach denen die Jahre einer Königsregierung bezeichnet zu werden pflegten (vgl. A. Ungnad, Eponymen, RLA II [1938] S. 412—457), letztere für die Zeit des mittel- und neuassyrischen Reiches. Ein wichtiges chronologisches Dokument ist vor allem die erst seit kurzer Zeit bekannte assyrische Königsliste von *chorsābād* (veröffentlicht von A. Poebel in JNES 1 [1942] S. 247—306. 460—492; 2 [1943] S. 56—90), die die assyrischen Könige mit ihren Regierungsjahren von frühester Zeit bis ins 8. Jahrh. v. Chr. aufführt[1].

Für das Hethiterreich fehlt es leider bisher an entsprechenden Stücken einheimischer Überlieferung[2]; daher steht die Chronologie der hethitischen Könige noch auf überaus schwachen Füßen.

Für Israel hingegen haben wir in dem deuteronomistischen Rahmenwerk der Königsbücher die offenbar auf urkundliches Material zurückgehenden Angaben über die Regierungszeiten der Könige von Israel und Juda vom Tode Salomos an bis zum Ende der Staaten Israel und Juda (vgl. J. Begrich, Die Chronologie der Könige von Israel und Juda und die Quellen des Rahmens der Königsbücher [1929]; E. R. Thiele, The Mysterious Numbers of the Hebrew Kings. A Reconstruction of the Chronology of the Kingdoms of Israel and Judah [1951]). Diese Angaben

---

[1] Vgl. dazu vor allem E. Weidner, Bemerkungen zur Königsliste von Chorsābād (AfO 15 [1945—1951] S. 85—102).

[2] Doch vgl. A. Goetze, The Problem of Chronology and Early Hittite History (BASOR 122 [1951] S. 18—25); ders., Alalaḫ and Hittite Chronology (BASOR 146 [1957] S. 20—26); ders., On the Chronology of the second Millennium B. C. (JCS 11 [1957] S. 53—61. 63—73).

bilden den festen Kern der alttestamentlichen Chronologie; für andere Zeiten fehlt es im Alten Testament an genauen und urkundlich begründeten Zeitangaben. Für die Zeit vor dem Tode Salomos läßt sich nach der alttestamentlichen Überlieferung zwar im allgemeinen der Ablauf der Geschichte Israels festlegen, aber für kein einziges Ereignis auch nur ungefähr eine bestimmte Jahreszahl mit Sicherheit angeben. Für die exilische Zeit haben wir dann noch im Buche Ezechiel einige Datierungen nach der (ersten) judäischen Deportation; dann hört der chronologische Zusammenhang in der alttestamentlichen Überlieferung auf, und nur in Esr/Neh stehen noch ein paar unter sich zusammenhängende Daten. Erst die nachkanonische Literatur in den Makkabäerbüchern und bei Josephus liefert für die späte Makkabäer- und Hasmonäerzeit wieder die Elemente einer in sich ruhenden und geschlossenen relativen Chronologie.

2. Synchronismen. Die chronologischen Reihen für die einzelnen altorientalischen Gebiete können durch allerlei Querverbindungen zueinander in Beziehung gesetzt und damit gegenseitig gestützt und u. U. auch in ihren Lücken ergänzt werden; denn durch die geschichtlichen Beziehungen der einzelnen Gebiete zueinander ergeben sich sachliche und somit auch zeitliche Zusammenhänge, also Gleichzeitigkeiten („Synchronismen"), die sehr wesentlich dazu beitragen, das Gebäude der relativen Chronologie zu festigen und zu sichern. Dabei haben wir es einmal mit synchronistischen Originalurkunden aus alter Zeit, sodann mit durch die geschichtliche Überlieferung indirekt bezeugten tatsächlichen Synchronismen zu tun.

Synchronistische Originalurkunden haben wir auf zwei Gebieten, im Zweistromlande und im Alten Testament. Das sind Listen, die die Königsreihen zweier benachbarter Länder laufend in zeitliche Beziehung setzen, wahrscheinlich weil man aus praktischen Gründen (Handel u. dgl.) die nach Königsjahren erfolgende Datierung im Nachbarlande jeweils leicht in die eigene Zeitrechnung wollte umsetzen können. So sind uns erhalten synchronistische Listen der babylonischen und assyrischen Könige (vgl. E. F. Weidner, Die Könige von Assyrien. Neue chronologische Dokumente aus Assur [MVÄG 26 (1921) 2] S. 2ff.); auch die „babylonische Chronik" (s. o. S. 241) enthält viel synchronistisches Material. Im Alten Testament aber haben wir im deuteronomistischen Rahmen der Königsbücher — wiederum offenbar auf Grund urkundlichen Materials — neben den Regierungsjahren der Könige die laufenden Synchronismen zwischen der israelitischen und judäischen Königsreihe. Da die Reihen der Königsregierungsjahre einerseits und der Synchronismen andrerseits in beiden Fällen aller Wahrscheinlichkeit nach amtlich und nicht eine aus der anderen abgeleitet sind, ermöglicht dieses Nebeneinander eine weitgehende gegenseitige Kontrolle der beiden Reihen. Naturgemäß betreffen diese synchronistischen Originalurkunden jeweils nur sehr begrenzte Bereiche der altorientalischen Welt; außerdem sind sie für jeweils nur verhältnismäßig kurze Zeitabschnitte vorhanden.

Für die Chronologie von großer praktischer Bedeutung ist aber auch das Gebiet der durch die geschichtliche Überlieferung bezeugten tatsächlichen Synchronismen; wenn diese auch häufig nicht zu auf das Jahr genauen Datierungen führen können, so ergeben sie doch ungefähre Gleichzeitigkeiten von Gestalten und Ereignissen in den verschiedensten Gebieten des alten Orients. Ich gebe hier nur einige Beispiele. Die Mari-Texte (vgl. o. S. 187f.) haben einen sehr wichtigen Synchronismus dieser Art geliefert. Nach ihnen war der König Zimrilim ein Zeitgenosse des bekannten Hammurabi von Babylon; Zimrilim aber hatte den Thron seiner Väter bestiegen nach einer Zeit assyrischer Herrschaft über Mari unter dem assyrischen König Samsi-Adad I. Noch konkreter ergibt sich die teilweise Gleichzeitigkeit von Hammurabi und Samsi-Adad I. aus einer schon länger bekannten Urkunde (vgl. F. Thureau-Dangin, RA 34 [1937] S. 138), nach der Samsi-Adad I. im 10. Jahre Hammurabis noch regiert hat. Dieser Synchronismus hat zu einer Revision der gesamten vorderasiatischen Chronologie für die erste Hälfte des II. Jahrtausends (und damit zugleich für das III. Jahrtausend) gezwungen. Da nach der Königsliste von *chorsābād* (vgl. o. S. 241) Samsi-Adad I. von Assyrien in eine spätere Zeit gehört, als vorher meist angenommen[1], ist nun auch Hammurabi und damit die ganze erste Dynastie von Babylon gegenüber früheren Ansätzen stark herabzudatieren. Alle Datierungen aus der Zeit vor dem Bekanntwerden der Mari-Texte und der Königsliste von *chorsābād* haben sich damit als irrig, und zwar als erheblich zu hoch, erwiesen. Durch die amtliche diplomatische Korrespondenz der Amarna-Tafeln ergeben sich einwandfreie Synchronismen zwischen der ägyptischen (18. Dyn.), babylonischen (Kassitenkönig), assyrischen (Anfang des mittelassyrischen Reiches), mitannischen und hethitischen Königsreihe. Die Auseinandersetzungen zwischen Ägyptern und Hethitern in Syrien im 13. Jahrh. v. Chr. liefern weitere ägyptisch-hethitische Synchronismen, entsprechende Synchronismen auf der anderen Seite die Auseinandersetzungen zwischen Hethitern und Mitanni (vgl. die Staatsverträge von Boğazköy). Die hethitische Chronologie muß bisher überhaupt mangels eigener chronologischer Urkunden im wesentlichen auf solche Synchronismen aufgebaut werden. Das Vordringen der neuassyrischen Erobererkönige nach Syrien-Palästina und bis nach Ägypten ergibt wieder Synchronismen mit Ägypten, so beispielsweise, wenn die assyrischen Könige Assarhaddon und Assurbanipal in ihren Inschriften wiederholt den gleichzeitigen ägyptischen Pharao *Tarḳû* (= Thirhaka 25. Dyn.) mit Namen nennen. Hier schaltet sich zugleich die alttestamentliche Königschronologie als wichtiges Zwischenglied ein. Sie ist auf der einen Seite an verschiedenen Punkten fest mit der ja sehr gut überlieferten neuassyrischen Chronologie verknüpft und gewinnt dadurch einen sicheren Anschluß an die altorientalische relative Chrono-

[1] E. Weidner, AfO 15 (1945—1951) S. 100 gibt nach den neuen Quellen für Samsi-Adad I. die Regierungsjahre 1727—1695 v. Chr. an.

logie (Tribut des israelitischen Königs Jehu an Salmanassar III. in dessen 18. Jahre [vgl. LUCKENBILL, Ancient Records of Assyria and Babylonia I § 672]; Tribut des israelitischen Königs Menahem [II Kön 15 19f.] an Tiglat-Pileser III. in dessen 8. Jahre [vgl. LUCKENBILL I § 815 mit II § 1198]; Fall von Samaria [II Kön 17 6] im 1. Jahre Sargons [LUCKENBILL II § 4]; Belagerung von Jerusalem durch Sanherib [II Kön 18 13-16] auf dessen 3. Feldzug [LUCKENBILL II § 240]; Weiteres und Genaueres bei BEGRICH a. a. O. S. 94ff.; THIELE a. a. O. passim]); auf der anderen Seite überliefert sie Beziehungen zur ägyptischen Geschichte (Feldzug des Pharaos Schoschenk I. [22. Dyn.] nach Palästina im 5. Jahre Rehabeams [I Kön 14 25-28]; Tod des judäischen Königs Josia [II Kön 23 29] im Kampf gegen den Pharao Necho [26. Dyn.]). — Mit der Geschichte und Chronologie des Perserreiches endlich ist das Ende des neubabylonischen Reiches und das Ende der 26. Dyn. in Ägypten sachlich verknüpft; und durch die Geschichte des Perserreiches gewinnt somit schließlich die altorientalische Chronologie mittelbar einen Zusammenhang mit der Chronologie der griechischen Historiker.

Die tatsächlichen Synchronismen beziehen sich, wie auch die angeführten Beispiele zeigen, auf die jüngeren Phasen der altorientalischen Geschichte. Für ältere Zeiten ist eine archäologische Synchronisierung grundsätzlich möglich, d. h. eine Feststellung von Gleichzeitigkeiten auf Grund entsprechender archäologischer Funde aus verschiedenen Kulturgebieten. Dabei ist die Voraussetzung, daß bestimmte charakteristische Erscheinungen, etwa eine besondere Technik und Art der Bemalung der Keramik oder ein eigenartiger Stil in der Herstellung von Metallschmuckstücken, in verschiedenen Gebieten gleichzeitig und wohl in Abhängigkeit voneinander aufgekommen seien. Es ist klar, daß eine solche Synchronisierung nur mit großer Vorsicht und Delikatesse vorgenommen werden kann. Günstiger ist der allerdings seltene Fall, daß irgendwo in einer datierbaren archäologischen Schicht datierbare Importware aus einem anderen Kulturgebiet oder auch deren einheimische Nachahmung aufgefunden wird, woraus auf eine ungefähre Gleichzeitigkeit geschlossen werden kann. Schließlich hat die Archäologie durch den Radiocarbon-Test (vgl. o. S. 111 Anm. 1) die Möglichkeit, innerhalb eines allerdings nicht unerheblichen Spielraums Gleichzeitigkeiten (und darüber hinaus auch absolute Daten) zu ermitteln.

3. Ären. In der Spätzeit des alten Orients ist man verschiedentlich dazu übergegangen, nicht mehr nach Königsjahren oder Eponymen zu datieren, sondern von einem festgesetzten Zeitpunkt ab einfach die Jahre laufend weiterzuzählen. Wir haben da in Vorderasien vor allem die seleukidische Ära. Während im ptolemäischen Ägypten weiter nach Königsjahren datiert wurde, führte man im Nachbardiadochenreich der Seleukiden eine Ära ein, deren Epoche (Anfangspunkt) der Herbst 312 v. Chr. war; nach dieser Ära ist in Vorderasien jahrhundertelang datiert worden. In römischer Zeit zählten dann auch die mit Selbstverwaltungsrecht ausgestatteten Städte nach eigenen Ären; so hatten die von Pom-

peius selbständig gemachten hellenistischen Städte in Syrien-Palästina eine pompeianische Ära (Epoche 64 oder 63 v. Chr.); auch die römischen Provinzen erhielten später besondere Ären (z. B. die provincia Arabia); Genaueres darüber bei GINZEL a. a. O. III S. 43ff. Die Ära, nach der im speziellen Falle die Datierung erfolgte, wurde dabei in der Regel nicht ausdrücklich angegeben, so daß man sie aus dem sachlichen und zeitlichen Zusammenhang erschließen muß.

4. Absolute Chronologie. Die Umsetzung der altorientalischen relativen Chronologie, deren Gebäude zwar im großen ganzen feststeht, aber in einzelnen Teilen mangels sicherer Überlieferung noch schwankend und der genauen Festlegung bedürftig ist, in eine absolute Chronologie, d. h. in ein mit unserer Jahreszählung fest verbundenes Zahlensystem, ist möglich durch das Mittel astronomischer Feststellungen. Alte Überlieferungen über die Ergebnisse von Sternbeobachtungen (z. B. in Ägypten datierte Beobachtungen zum Frühaufgang des Sirius, die für den ägyptischen Kalender ausschlaggebend waren; in Babylonien datierte Beobachtungen zum Frühaufgang der Venus u. dgl.), Nachrichten über zu bestimmter Zeit beobachtete Sondererscheinungen wie Sonnen- und Mondfinsternisse gestatten die astronomisch genaue zeitliche Fixierung der betreffenden Daten an Hand astronomischer Tabellen (vgl. TH. v. OPPOLZER, Kanon der Finsternisse [1887; Sonnen- und Mondfinsternisse von 1207 v. Chr. bis 2163 n. Chr.]; F. K. GINZEL, Spezieller Kanon der Sonnen- und Mondfinsternisse für das Ländergebiet der klassischen Altertumswissenschaften und den Zeitraum von 900 v. Chr. bis 600 n. Chr. [1899]; P. V. NEUGEBAUER, Tafeln zur astronomischen Chronologie. Zum Gebrauch für Historiker, Philologen und Astronomen I—III [1912 bis 1922]; P. V. NEUGEBAUER, Spezieller Kanon der Sonnenfinsternisse für Vorderasien und Ägypten für die Zeit von 900 v. Chr. bis 4200 v. Chr. [Astronomische Abhandlungen, Erg.-Heft VIII, 4 (1931)]).

Die Ergebnisse sind kurz folgende (vgl. dazu auch E. MEYER, Die ältere Chronologie Babyloniens, Assyriens und Ägyptens [1925; ²1931]): Während eine astronomische Datierung für das ägyptische AR zwar eine Überlieferungsgrundlage hat, aber verschiedene Möglichkeiten offen läßt und die Ansätze daher noch erheblich voneinander abweichen, steht für das ägyptische MR eine bestimmte astronomische Datierung mit einem ganz geringen Spielraum fest. Im Zusammenhang mit den o. S. 243 angeführten Unterlagen für eine zeitliche Festlegung des altbabylonischen Reiches (Hammurabi) ergeben sich aus überlieferten astronomischen Beobachtungen Möglichkeiten einer absoluten chronologischen Fixierung; allerdings sind es wieder mehrere Möglichkeiten nebeneinander, und so ist denn auch die Datierung der Hammurabi-Dynastie innerhalb gewisser Grenzen noch umstritten. An dieser Datierung der Hammurabi-Dynastie aber hängt die Chronologie der noch älteren Zeiten des Zweistromlandes und auch des älteren Hethiterreiches. Für das ägyptische NR gibt es wieder astronomische Datierungsmöglichkeiten, die allerdings einen, wenn auch ziemlich geringen, Spielraum lassen. Am festesten steht die Chronologie der neuassyrischen Zeit. Die Sonnenfinsternis, die der assyrische Eponymenkanon Cb für die Zeit des Königs Assur-dan III. meldet (vgl. UNGNAD, RLA II S. 430. 432), ist astronomisch auf den 15. Juni 763 festgelegt (vgl. GINZEL, Spez. Kanon S. 243ff.). Von da aus kann an Hand des Eponymenkanons rückwärts gerechnet werden. Durch diese neuassyrische Chronologie ist auch die Chronologie der israelitischen Königszeit und im großen ganzen auch die der ägyptischen Spätzeit auf das Jahr genau festgelegt. Und daran schließt sich dann die ebenfalls in ihrem Grundbestand auf das Jahr genau bekannte und nunmehr bereits durch die astronomische Wissenschaft der Griechen (bei Ptolemäus) festgelegte Chronologie der folgenden Zeiten. Zur absoluten Chronologie der babylonischen Spätzeit vgl. R. A. PARKER and W. H. DUBBERSTEIN, Babylonian Chronology 626 B. C.—A. D. 75 (1956).

§ 38. Chronologischer Überblick über die altorientalische Gesamtgeschichte

Nach jenen geschichtlichen Anfangszeiten, in denen die verschiedenen altorientalischen Kulturgebiete im wesentlichen ihr Eigenleben geführt und nur etwa auf die nächsten Nachbarländer übergegriffen hatten (Ägypten nach der syrischen Küste und dem südlichen Palästina-Syrien; die Mächte des Zweistromlandes nach Nordsyrien), begann mit den Herrschaftsbildungen der Hyksos im 18./17. Jahrh. v. Chr. erstmalig eine altorientalische Gesamtgeschichte, an der fast alle Bereiche der Welt des alten Orients unmittelbar oder mittelbar beteiligt waren, deren Einzelheiten uns freilich mangels literarischer Überlieferung nicht sehr genau bekannt sind. Neben der Hyksosherrschaft bestanden in Kleinasien das ältere Hethiterreich, das dann um die Mitte des 16. Jahrh.s v. Chr. durch einen für unsere Kenntnis merkwürdig unmotiviert erscheinenden Vorstoß dem altbabylonischen Reiche ein Ende machte, ferner das damals noch kleine Assyrerreich und das altbabylonische Reich der späteren Könige der Hammurabi-Dynastie. Diese Staaten hatten gewiß — uns freilich kaum bekannte (vgl. aber A. ALT, ZDPV 70 [1954] S. 130—134) — Beziehungen zu dem Hyksosbereich in Ägypten und in Syrien-Palästina. — Nach dem Sturz der Hyksos blieb zunächst ein Restbestand der Hyksosherrschaft in dem mesopotamischen Staate Mitanni übrig, während in Palästina und Syrien das Ägypten der 18. Dyn. im 16./15. Jahrh. das Erbe der Hyksos-Herrschaft antrat.

Als nach einer vorübergehenden Niedergangszeit die Pharaonen der 19. Dyn. (Ende 14. und 13. Jahrh.) die ägyptische Herrschaft über Palästina-Syrien wiederherstellen wollten, stießen sie dort auf die von Norden nach Syrien vordringende Macht des jüngeren Hethiterreiches; es kam zu der unentschiedenen ägyptisch-hethitischen Schlacht bei Ḳadesch am Orontes in Mittelsyrien im 5. Jahre Ramses' II. (etwa 1285 v. Chr.) und zum Abschluß eines Vertrags zwischen Ramses II. und dem Hethiterkönig *Ḫattušiliš* III. (vgl. G. ROEDER, Ägypter und Hethiter

[Der Alte Orient Bd. 20 (1919)]) im 21. Jahre Ramses' II. (wohl 1269), durch den Syrien etwa in der Mitte in eine südliche ägyptische und eine nördliche hethitische Machtsphäre geteilt wurde. In der hethitischen Machtsphäre in Syrien gab es damals einige kleinere Staatsgebilde als Vasallen des Hethiterkönigs, so vor allem in der Flußebene des *nahr el-kebīr* den Staat von Amurru, der schon in den Amarna-Tafeln auftritt und mit dem die Hethiterkönige des 14./13. Jahrh.s verschiedene Verträge abgeschlossen haben, deren Texte in Boğazköy gefunden worden sind. — Auf der anderen Seite hatten die Hethiter schon im 14. Jahrh. den Staat Mitanni in Mesopotamien, den letzten Überrest der Hyksosherrschaft, unter ihre Abhängigkeit gebracht, und er war dann endgültig dem doppelseitigen Druck des Hethiterreiches auf der einen und des aufstrebenden mittelassyrischen Staates auf der anderen Seite erlegen.

Als um 1200 v. Chr. die Macht Ägyptens endgültig niedergegangen und das Hethiterreich infolge des „Seevölker"-Einbruchs plötzlich verschwunden war, andrerseits auch Assyrien noch nicht ernstlich über das Zweistromland hinausgriff, von dem damals unbedeutenden, seit Jahrhunderten von kassitischen Königen regierten Babylonien ganz abgesehen, waren Syrien und Palästina praktisch sich selbst überlassen, und hier bildeten sich nun jene zahlreichen kleineren Staaten, in deren Kreis auch das jetzt erst in das geschichtliche Geschehen eintretende Israel gehörte, dessen Lebenskreis nunmehr zunächst die Welt der kleineren syrisch-palästinischen Staaten war[1].

Das wurde erst anders mit dem Aufkommen des neuassyrischen Reiches im 9. und dann nach einer Pause vor allem im 8. Jahrh. v. Chr. Es kam zu dem Vordringen der Assyrer nach Syrien und Palästina. Der allerdings meist im Hintergrund bleibende Gegenspieler der Assyrer war dabei das damals nicht eben sehr mächtige Ägypten, das aber gleichwohl von den syrisch-palästinischen Staaten als Rückhalt in ihrem Kampf gegen die vordringenden Assyrer angesehen wurde. Die Folge war jenes Schwanken der kleineren Staaten zwischen gutwilliger Unterwerfung unter die schier unbesieglichen Assyrer und Widerstand mit der Hoffnung auf ägyptische Hilfe, wie es deutlich im Hintergrund der alttestamentlichen Prophetie des 8. Ja rh.s steht. Das geschichtliche Ergebnis war jedenfalls, daß die ägyptische Hilfe versagte und daß die syrisch-palästinischen Länder entweder in assyrische Provinzen (so der Staat Israel in den Jahren 733 und 721 v. Chr.) oder wenigstens in assyrische Vasallenstaaten (so der Staat Juda 733 v. Chr.) verwandelt wurden. So wurde Assyrien, das im zweiten Viertel des 7. Jahrh.s v. Chr. vorübergehend sogar Ägypten teilweise besetzte, das erste in der Reihe der altorientalischen Weltreiche, die annähernd den gesamten alten Orient beherrscht haben.

---

[1] Der Eingriff einer auswärtigen Großmacht in diese Staatenwelt wie der Feldzug des Pharao Schoschenk nach Palästina war in dieser Zeit nur eine vorübergehende Episode ohne bedeutendere Folgen.

Wie ein Zwischenspiel nimmt sich das kurzlebige neubabylonische Reich aus. 612 v. Chr. fiel Ninive gegen die vereinigten Meder und Neubabylonier, und damit nahm das assyrische Reich ein plötzliches Ende trotz der Hilfe seines ägyptischen Bundesgenossen, des Pharao Necho (26. Dyn.), der jetzt offenbar die neu aufkommenden Mächte mehr fürchtete als das schwach gewordene Assyrien, das bis vor kurzem noch der Hauptfeind Ägyptens gewesen war. Syrien und Palästina hingegen, bisher von Assyrien unterjocht, standen auf der Seite der Gegner Assyriens und damit zugleich des Pharao Necho; in diesen geschichtlichen Zusammenhang, der erst durch ein aufgefundenes Stück der „babylonischen Chronik" (vgl. C. J. Gadd, The Fall of Nineveh [1923]; D. J. Wiseman, Chronicles of Chaldaean Kings (626—556 B. C.) in the British Museum [1956]) geklärt worden ist, gehört der Zusammenstoß zwischen dem judäischen König Josia und Necho bei Megiddo (vgl. II Kön 23 29 und II Chr 35 20ff.). In Babylonien und am Euphrat und — nach dem entscheidenden Sieg über die Ägypter bei Karkemisch im Jahre 605 v. Chr. — auch in Syrien-Palästina trat nunmehr das neubabylonische Reich die Nachfolge Assyriens in der Herrschaft an, während Ägypten selbständig blieb und im assyrischen Stammland und in den Gebirgen des Nordens und Ostens die Meder die Erben der assyrischen Herrschaft wurden. Doch wurde das neubabylonische Reich, dessen bekannteste geschichtliche Wirkung die Beseitigung des judäischen Staates und die Zerstörung von Jerusalem im Jahre 587 v. Chr. war, schon 539 v. Chr. durch die Perser unter Kyros, die inzwischen in der Herrschaft an die Stelle der Meder getreten waren, unterworfen. Damit gewannen die Perser auch die Herrschaft über Syrien-Palästina, und 525 v. Chr. eroberten sie unter Kambyses sogar Ägypten; so gewannen sie die Herrschaft über den ganzen alten Orient, bis Alexander d. Gr. 334—331 v. Chr. das ganze Perserreich unterwarf.

Nach Alexander zerfiel sein Reich in verschiedene Diadochenherrschaften; Ägypten fiel der makedonischen Dynastie der Ptolemäer zu, Vorderasien der der Seleukiden. Bis 198 v. Chr. besaßen die Ptolemäer noch das benachbarte Palästina und Phönikien, das sie dann an die Seleukiden verloren. Während die Ptolemäer in Ägypten sich bis zur Besetzung des Landes durch die Römer im Jahre 30 v. Chr. hielten, erfolgte bereits im 2. Jahrh. v. Chr. der allmähliche Zerfall des Seleukidenreiches, gefördert durch das Auftreten der Römer im 2./1. Jahrh., die auch hier schrittweise die Herrschaft antraten.

Listen der ägyptischen Pharaonen findet man bei Breasted-Ranke, Geschichte Ägyptens (Ausg. von 1911 S. 445ff.; Ausg. von 1936 S. 325ff.), bei Erman-Ranke, Aegypten und aegyptisches Leben im Altertum (1923) S. 658ff., in Auswahl auch bei Scharff-Moortgat, Ägypten und Vorderasien im Altertum (1950) S. 191ff.; Königslisten der Reiche des Zweistromlandes (bes. Babylonien und Assyrien) bieten L. Delaporte, Geschichte der führenden Völker 3 (1933) S. 336ff., E. F. Weidner, Die Könige von Assyrien (MVÄG 26 [1921] 2 S. 61ff.). Zu den in den beiden zuletzt genannten Büchern gegebenen Jahreszahlen vgl. das o. S. 243 Gesagte. Die neuesten Listen der älteren babylonischen Könige, der assyrischen Könige und der hethitischen Könige gibt E. WEIDNER in AfO 15 (1945—1951) S. 98—102.

Eine zusammenfassende Übersicht über die altorientalische Gesamtgeschichte versucht die diesem Buch am Ende beigegebene „Zeittafel zur Geschichte des alten Orients" zu geben.

Achtes Kapitel
RELIGIONEN

§ 39. Religiöse Urkunden

Die Religionsgeschichte des alten Orients, die den Hintergrund des Alten Testaments bildet, ist ein großes und an Erscheinungen und Vorgängen überaus reiches Gebiet, dessen Darstellung weit ausgreifen und eine große Fülle von Stoff behandeln müßte. Hier kann nur kurz auf die Hauptzüge hingewiesen und im übrigen durch allerlei Literaturangaben der Weg in dieses Gebiet gezeigt werden.

Die religiösen Urkunden sind teils literarischer, teils archäologischer Art. Die religiösen literarischen Texte sind Hymnen und Gebete an einzelne Götter, die für den kultischen Gebrauch aufgeschrieben wurden, allerlei agendarische Aufzeichnungen für kultische Begehungen, Erzählungen mythischen Inhalts zur Rezitation bei bestimmten Götterfesten, sodann — eigentlich nicht zum Gebiet des Religiösen, sondern zu dem des Magischen gehörend — Beschwörungstexte zum Gebrauch gegen Unheil und Krankheit bringende Dämonen und Ominatexte auf Grund einer bestimmte Vorzeichen deutenden Wahrsagekunst (diese letzteren Gattungen besonders im Zweistromlande vertreten), endlich auch Totentexte wie Grabinschriften religiösen Inhalts und inschriftlich oder handschriftlich dem Toten in das Grab mitgegebene Anweisungen für seinen Weg in das Jenseits (diese besonders in Ägypten). Aber auch die Texte nicht speziell religiösen Inhalts wie Königsinschriften, Gesetze, Verträge, Epen, Erzählungen, Märchen u. dgl. enthalten in aller Regel mancherlei religionsgeschichtliches Material, Nennungen von Gottheiten, Schwurformeln, Anspielungen auf allerlei Kulte usw. Die wichtigsten religiösen literarischen Texte aus dem alten Orient liegen außer in AOT² und vor allem in ANET in verschiedenen Sammlungen in Übersetzung vor, so bei LEHMANN-HAAS, Textbuch zur Religionsgeschichte² (1922) (darin ägyptische Texte von H. GRAPOW, babylonisch-assyrische Texte von B. LANDSBERGER, hethitische Texte von H. ZIMMERN), ferner in der Serie Religionsgeschichtliches Lesebuch hrsg. von A. BERTHOLET (für den alten Orient erschienen Nr. 10: H. KEES, Ägypten² [1928]; Nr. 17:

A. BERTHOLET, Die Religion des Alten Testaments² [1932]), in der Serie Religiöse Stimmen der Völker hrsg. von W. OTTO (darin G. ROEDER, Urkunden zur Religion des alten Ägypten [1915]; A. UNGNAD, Die Religion der Babylonier und Assyrer [1921]). Dazu kämen dann die vielen einzelnen wissenschaftlichen Textpublikationen und Spezialabhandlungen, die teilweise im Folgenden werden genannt werden.

Die Wichtigkeit der archäologischen Urkunden für die Kenntnis der antiken Religionsgeschichte neben den literarischen ist in den letzten Jahrzehnten in steigendem Maße erkannt worden. Es handelt sich dabei einmal um die erhaltenen Überreste antiker Kultbauten (Tempel) und Kulteinrichtungen (Altäre usw.), sodann um die vielen aufgefundenen Götterbilder in Rundplastik oder Relief und deren Nachahmung in Kleinplastik, auch auf Münzen, weiter um die bildliche Darstellung von mythischen Vorgängen, Kultszenen, um Abbildungen von Göttersymbolen u. dgl. Ein reiches Abbildungsmaterial zur altorientalischen Religionsgeschichte bieten AOB² und ANEP; ferner vgl. den Bilderatlas zur Religionsgeschichte hrsg. v. H. HAAS (darin Lfg. 2—4: H. BONNET, Ägyptische Religion [1924]; Lfg. 5: H. ZIMMERN, Religion der Hethiter [1925]; Lfg. 6: B. LANDSBERGER, Babylonisch-Assyrische Religion [1925]; Lfg. 7: G. KARO, Religion des ägäischen Kreises [1925]). Für Palästina speziell haben wir eine Religionsgeschichte bis einschließlich der römischen Zeit auf Grund des archäologischen Materials bei ST. A. COOK, The religion of ancient Palestine in the light of archaeology (The Schweich Lectures 1925) 1930 (mit reichlichem Abbildungsmaterial) und für die älteren Zeiten auch bei W. F. ALBRIGHT, Archaeology and the Religion of Israel (²1946; deutsche Übersetzung unter dem Titel „Die Religion Israels im Lichte der archäologischen Ausgrabungen" 1956).

Aus diesen Urkunden lassen sich durch genaue Einzelarbeit die Religionen und Kulte der einzelnen Gebiete und Zeiten ermitteln und zu einer religionsgeschichtlichen Darstellung zusammenfassen. Für die auch das Gebiet der altorientalischen Religionen mit einschließende allgemeine Religionsgeschichte, die freilich jeweils nur für bestimmte, sachlich zusammengehörige Gebiete von einem einzelnen fachmännisch erforscht und dargestellt werden kann, ist zu vergleichen das ausführliche Werk von CHANTEPIE DE LA SAUSSAYE, Lehrbuch der Religionsgeschichte, 4. Aufl., hrsg. von A. BERTHOLET und E. LEHMANN, 2 Bde. 1925 (mit einer Reihe von Mitarbeitern, O. LANGE für Ägypten, FR. JEREMIAS für die semitischen Völker in Vorderasien), und kurz TIELE-SÖDERBLOM, Kompendium der Religionsgeschichte⁶ (1931) sowie zusammenfassend G. MENSCHING, Allgemeine Religionsgeschichte² (1949) und FR. HEILER, Erscheinungsformen und Wesen der Religion (Die Religionen der Menschheit Bd. 1 [1961]). Die vielfach urtümlichen Kulte und Riten, wie sie vor allem bei den noch nicht seßhaften Stämmen Vorderasiens geübt wurden und sich meist mit großer Zähigkeit durch die Zeiten hindurch gehalten haben und wie sie auch in den altorientalischen Kulturlandreligionen im Untergrunde eine gewisse Rolle gespielt haben, bilden

den Stoff des klassischen Buches von W. R. Smith, Lectures on the religion of the Semites (3. Aufl. hrsg. von St. A. Cook 1927); vgl. dazu auch J. Wellhausen, Reste arabischen Heidentums ([2]1927).

§ 40. Grundzüge der religiösen Anschauung und Praxis

Gewisse Gemeinsamkeiten in den religionsgeschichtlichen Grundlagen gehen trotz verschiedener Ausgestaltung und Benennung im einzelnen durch den ganzen alten Orient hindurch. Sie seien hier kurz vorgeführt.

Zu einem besonders alten Bestand an religiösen Vorstellungen im alten Orient scheint gehört zu haben der Glaube an eine große weibliche Gottheit, eine universale Mutter alles Lebens, besonders des menschlichen und tierischen, die die Fruchtbarkeit als solche in sich verkörperte. Zu ihr gesellte sich vielfach ein jugendlicher Gott vom Typus der sogenannten sterbenden und auferstehenden Götter, der das im Orient so auffällig schnelle Aufblühen und Vergehen der Vegetation repräsentierte; er erscheint meist als der Geliebte der großen Göttin, kommt auf diese oder jene Weise plötzlich um das Leben und wird von der Göttin betrauert, erwacht aber schließlich von neuem zum Leben. Dieses Götterpaar begegnet im Zweistromlande unter den Namen Ištar und Tammuz; in Kleinasien kennt es die späte Überlieferung unter den Namen Magna Mater (Kybele) und Attis. In Ägypten haben die ursprünglich selbständigen Gottheiten Isis und Osiris die Rolle dieses Götterpaares übernommen. Syrien-Palästina kennt für die große Muttergöttin die Namen *'Aštart*, *Ašera*, *'Anat*, während der jugendliche Gott hier, so weit wir sehen, keinen allgemein verbreiteten Namen gehabt hat; hie und da ist er anscheinend unter dem Namen *Ešmun* verehrt worden, und die spätere hellenistische Überlieferung hat ihn unter der Würdebezeichnung „Adonis" (= *ādōn* „Herr") gekannt (vgl. W. W. Graf Baudissin, Adonis und Esmun [1911]). In diesem Götterpaar wurde überall Leben und Fruchtbarkeit göttlich verehrt. Die der großen Muttergöttin oder diesem Götterpaar geltenden Kulte haben wahrscheinlich eine große Rolle gespielt und Leben und Handeln der Menschen stark bestimmt. In ihnen wurde durch bestimmte Riten die allgemeine Fruchtbarkeit und das Gedeihen in der Natur magisch bewirkt und ständig erneuert, und zwar doch wohl in einem durch den natürlichen Jahreslauf bestimmten regelmäßigen Turnus. Zu diesen Riten gehörte vor allem der sakrale Geschlechtsverkehr, in dem das göttliche Lebenerzeugen dargestellt wurde. Er wurde vollzogen von Priestern und Priesterinnen oder auch von besonderen „geweihten" Personen an den Heiligtümern, die auch dem Alten Testament unter der Bezeichnung *ḳᵉdešîm* bzw. *ḳᵉdešôt* bekannt sind. Im Zusammenhang mit diesen Kulten der Lebenserneuerung ist der Gedanke aufgekommen, daß auch der Mensch nach seinem leiblichen Tode wieder zum Leben kommen könne, und zwar durch ein magisches Einbezogenwerden in das Sterben und

Auferstehen des jugendlichen Gottes. Im Zweistromlande hat es den Glauben gegeben, daß ein Verstorbener durch magisch wirkende Sprüche in Tammuz verwandelt werden könne, um dann an dessen Wiederbelebung teilzuhaben, und vor allem kennt das ägyptische Totenritual die Verwandlung des Verstorbenen in Osiris.

Zum Kreise der universalen Gottheiten gehörten weiter die großen kosmischen Götter, die Himmels- und Gestirngötter, die überall im alten Orient verehrt wurden. Der „Himmel“ — und man verstand darunter ursprünglich wohl allgemein den großen Luftraum über der Erde, der aber zugleich als ein ähnlich der Erde bewohnbares Gebiet vorgestellt wurde — war der Bereich der Winde und der Wolken, in denen göttliche Mächte walteten, die segenspendend, aber auch verheerend sein konnten; und die Gestirne, die auch ihrerseits in diesem Bereich ihre Bahnen zogen, wurden in der „ewig“ erscheinenden Regelmäßigkeit ihrer Bewegungen als Gottheiten, und zwar besonders als Garanten der universalen Ordnung und damit vielfach zugleich auch als Garanten des irdischen Rechtes, aufgefaßt. Mit dem Fortschreiten des Nachdenkens wurden der kosmischen Macht des Himmels gern die göttlichen Mächte der Erde, der Unterwelt und des Meeres zugesellt.

Neben diesen universalen Göttern spielten die zahlreichen lokal gebundenen göttlichen Wesen eine große Rolle und hatten für das kultische Handeln im einzelnen eine besondere praktische Bedeutung. Wir kennen dergleichen göttliche Wesen vor allem aus Syrien-Palästina; das Alte Testament faßt sie zusammen unter dem Begriff der „Baale“ der „Kanaanäer“. Sie wurden wohnend gedacht in heiligen Bäumen, in heiligen Quellen, auf Berggipfeln, in heiligen Felsen; sie waren „Besitzer“ (hebr. *ba'al*) dieser durch eine materiell vorgestellte Heiligkeit ausgezeichneten Lokalitäten. Diese Numina, die von Hause aus vielfach gar keine Eigennamen besaßen und nur durch das Wort *ba'al* mit irgend einem bestimmten Zusatz bezeichnet wurden, hatten zunächst nicht eigentlich eine individuelle Eigenart und waren ursprünglich gar nicht eigentliche Götter, sondern wohltätige oder auch zu fürchtende Geister, die in dem beschränkten Umkreis ihres Wohnsitzes etwa die Fruchtbarkeit des Landes spendeten oder auch unheilvolle, dämonische Wirkungen ausübten. Man brachte ihnen an ihren heiligen Stätten, die als ihre Wohnsitze gedacht waren und die nicht notwendig eines besonderen Inventars bedurften als eben des heiligen Baumes, Felsens o. dgl. und etwa einer wenigstens angedeuteten Einfriedigung des geweihten Bezirks, Opfer als Gaben dar, indem man ihnen diese Gaben, die in erster Linie als Speisung gedacht waren, einfach hinlegte oder aber dann auf einer fortgeschrittenen Stufe der Vorstellung durch Verbrennen („Brandopfer“) in eine Art „immateriellen“ Zustandes überführte und „aufsteigen ließ“ (vgl. dazu Ri 6 17-21 13 15-20). Wenn diese Erscheinung der lokal gebundenen göttlichen Wesen uns vorzugsweise aus Syrien-Palästina bekannt ist, so hat es sie doch zweifellos auf dem gesamten Gebiet der altorientalischen Religionsgeschichte gegeben.

Neben die lokal gebundenen Numina treten personal gebundene Gottheiten. Hier liegt eine besondere Verbindung zwischen einer Gottheit und einer bestimmten Menschengruppe vor. Während die lokale Bindung stärker in den Bereich der fest besiedelten Kulturländer gehörte, kam die personale Bindung vorzugsweise in den Kreisen noch nicht seßhafter Stämme vor, die auch ihrerseits in festeren menschlichen Bindungen lebten, als es bei Kulturlandbewohnern der Fall zu sein pflegt. Wir können diese Erscheinung unter dem Begriff „Stammesgötterkulte" zusammenfassen. Diese Kulte haben sich, auch wenn sie im Bereich des nicht seßhaften Lebens ihre Wurzeln hatten, gewiß vielfach auch über den Übergang zur Seßhaftigkeit im Kulturlande hinaus erhalten. Im Rahmen einer patriarchalischen Gesellschaftsordnung, wie wir sie im alten Orient schon mit dem Beginn der geschichtlich einigermaßen erkennbaren Zeiten vorfinden, wurde der Stammesgott männlich gedacht und galt in einem sehr urtümlichen Stadium noch selbst als zur Blutsgemeinschaft des Stammes gehörig. In sehr alten Personennamen wurde er einfach „Ahnherr", „Stammesbruder", „Verwandter" schlechthin genannt. Man sah in ihm den Herrn, Anführer und Richter des Stammes. Es entsprach der Natur der Sache, daß zum Stamme nur ein einziger eigentlicher Stammesgott gehörte, der im Kreise der Stammesgenossen die kultische Oberherrschaft beanspruchte. In diesen Kulten lag mithin ein „henotheistischer" Zug. Eine gewisse lokale Bindung werden auch die Stammesgötterkulte gehabt haben; aber sie gehörte hier nicht zum Wesen der Sache, und mit den Wanderungs- und Siedlungsbereichen der Stämme mußten gegebenenfalls auch die Kultstätten sich verlagern. Besonders stark trat die personale Bindung in Erscheinung, wenn die Gottheiten als „Vätergötter" nach derjenigen menschlichen Gestalt benannt wurden, der sie etwa erstmalig erschienen waren und bei deren Nachkommen sie dann weiter verehrt wurden. Diesen Fall, daß eine Gottheit bezeichnet wurde als „Gott des X", hat A. Alt, Der Gott der Väter (BWANT III 12 [1929])[1], an zwei Stellen der altorientalischen Religionsgeschichte nachgewiesen, nämlich einmal in den Erzvätererzählungen des Alten Testaments und sodann im Bereich des syrisch-palästinischen Kulturlandrandes der hellenistisch-römischen Zeit. Dieser Typus von Kulten, der seiner Natur nach nur ausnahmsweise literarische oder inschriftliche Zeugnisse hinterlassen hat, wird vermutlich allgemeiner in der altorientalischen Welt vor allem in den Kreisen der noch nicht seßhaft gewordenen Elemente verbreitet gewesen sein. In allen diesen Stämmekulten ist vielleicht die besondere Erscheinung des mit einem Opfermahl verbundenen „Gemeinschaftsopfers" (hebr. *šäläm*) beheimatet gewesen; diesem Opfertyp lag der Gedanke des gemeinsamen Essens mit der Gottheit und der durch den gemeinsamen Genuß des heiligen Opfertiers vermittelten geheimnisvollen Vereinigung zwischen Gottheit und Stammesgenossen zugrunde.

[1] Wiederabgedruckt in Kleine Schriften zur Geschichte des Volkes Israel I ([2]1959) S. 1—78.

Eine Kombination von lokaler und personaler Bindung finden wir in den Kulten bestimmter Stadtgötter. Diese Kulte haben seit alters eine bedeutende Rolle im alten Orient gespielt. Solche Stadtgötter waren die *genii loci* der städtischen Siedlungen und ihrer Territorien, zugleich aber auch die göttlichen Herren der geschichtlich gewordenen Gemeinschaften der Stadtbewohner und als solche die Hüter der städtischen Gemeinwesen, ihrer Geschicke und ihrer Ordnungen. Wie die Stadtbewohner selbst, so bekamen auch die Stadtgottheiten städtische Häuser, d. h. „Tempel". Der Tempel gehört seinem Wesen nach von Hause aus in die Stadt und war in seinen Grundformen ursprünglich ein Abbild des städtischen Wohnhauses, speziell des stadtköniglichen Palastes. Er hat sich allerdings mit der Zeit in einer seinem besonderen Wesen entsprechenden Richtung entwickelt und ausgestaltet. In den alten Gebieten städtischer Kultur, besonders im südlichen Zweistromland und in Ägypten, haben Stadtgötter seit ältester Zeit eine wichtige Rolle gespielt.

Bei alledem haben wir es mit Vorstellungen zu tun, die nicht nur im alten Orient, sondern überall in der Religionsgeschichte begegnen. Allgemein religionsgeschichtlich ist nun auch der im alten Orient vielfach nachweisbare Vorgang, daß verschiedene Göttergestalten im Laufe der Geschichte miteinander identifiziert worden und in der kultischen Verehrung ineinander aufgegangen sind, daß vor allem Gottheiten aus den verschiedenen genannten Kategorien sich miteinander vereinigten, sei es im Zuge eines durch geschichtliche Voraussetzungen (Bevölkerungsmischungen u. dgl.) veranlaßten religionsgeschichtlichen Prozesses, sei es auch durch bewußte priesterlich-„theologische" Überlegung. Hierbei sind die verschiedensten Möglichkeiten denkbar und gewiß auch Wirklichkeit geworden, ohne daß es möglich wäre, diese Prozesse überall zu verfolgen. So konnte etwa irgend ein lokal gebundenes Numen, weil es auf seine Weise teilhatte an der Gesamtheit göttlicher Wirkung, in den Augen seiner Verehrer in den Kreis der großen universalen Gottheiten aufsteigen und in seinem Kult mit dem Himmelsgott identifiziert werden. Beispielsweise ist in Syrien-Palästina ein „Himmelsbaal" schon seit alter Zeit bekannt gewesen (vgl. O. Eissfeldt, ZAW N. F. 16 [1939] S. 3ff.). Kosmische Gottheiten konnten, weil sie in einer bestimmten Stadt eine berühmte Kultstätte hatten, zugleich die Rolle von Stadtgöttern übernehmen, wie es im Zweistromlande vielfach geschehen ist. Stammesgötter sind mit dem Übergang ihrer Verehrer zur Seßhaftigkeit in deren neuen Siedlungsbereichen an lokalen Kultstätten mit den dort beheimateten Numina vereinigt worden. Die Vielzahl der Gottheiten verschiedener Gattungen in einem bestimmten Bereich hat zu priesterlichen Spekulationen über die Beziehungen dieser Gottheiten zueinander angeregt, und so ist es vielfach zu ausgebildeten Vorstellungen von einem „Pantheon" gekommen mit einer ganzen Hierarchie göttlicher Wesen, in dem diese in verwandtschaftliche Beziehungen zueinander gebracht wurden, in dem es einen „Vater der Götter" oder auch einen „König der Götter" oder einen „Herrn der Götter" gab. Solche Spekulationen sind dann gelegentlich dazu fortgeschritten, viele Gottheiten in einer großen Gottheit aufgehen zu lassen. Aus dem Zweistromland ist ein Hymnus an den mit dem sumerischen Namen *Nanna(r)* benannten Mondgott bekannt, in dem dieser nicht nur als „Herrscher der Götter" apostrophiert, sondern zugleich mit den Namen verschiedener anderer Götter angeredet und also mit diesen identifiziert wird (vgl. AOT² S. 241f.; ANET S. 385f.). In ähnlicher Weise wird in einem ägyptischen Hymnus auf den Gott Amun dieser nicht nur als der erste aller Götter gepriesen, sondern darüber hinaus werden andere Götter als „Formen" von ihm bezeichnet (vgl. ANET S. 368f.). Anderwärts wieder wurden Götter so miteinander vereinigt, daß ihre Namen als verschiedene Beinamen eines bestimmten Gottes erschienen. Bei alledem war Überlegung und Tendenz im Spiele. Für die praktische Gottesverehrung der Völker blieb die Vielzahl der göttlichen Wesen mit der Vielzahl der Kultstätten bestehen.

Das Wollen und Handeln der Gottheiten stellte man sich im allgemeinen nach Menschenweise vor. Und auch ihre äußere Gestalt dachte man sich meist menschlich. Ganz oder teilweise tiergestaltig erschienen vielfach nur Dämonen und Geister niederer Ordnung, wie man sie gern in Gestalt phantastischer Mischwesen (vgl. o. S. 176f.) an den Eingängen von Tempeln und Palästen als bewachende Mächte abbildete. Dergleichen tiergestaltige Wesen rechnete man zum dienenden Gefolge großer Gottheiten; besonders im nordsyrisch-kleinasiatisch-mesopotamischen Kreis wurde vielfach einer menschengestaltigen Gottheit ein bestimmtes Tier als Begleiter beigegeben, und zwar so, daß die Gottheit als auf dem betreffenden Tier oder auch auf einem Paar dieser Tiere stehend dargestellt wurde wie beispielsweise auf den bekannten Felsreliefs von *maltaja* (Assyrien) und Yazilikaya bei Boğazköy (Kleinasien); vgl. AOB² Nr. 335. 337f.; ANEP Nr. 537, auch Nr. 522. 530. 531. 534[1]. Nur in Ägypten kannte man seit alters eine große Zahl tiergestaltiger Gottheiten; und dieser Zug hat sich durch die ganze Religionsgeschichte Ägyptens hindurch erhalten und ist in der Spätzeit sogar noch einmal besonders stark in den Vordergrund getreten. Allerdings sprach man auch hier vom Tun dieser Tiergötter wie von menschlichem Tun und bildete sie gern wenigstens teilweise in Menschengestalt ab, und zwar so, daß die Menschengestalt nur noch einen Tierkopf trug (vgl. z. B. AOB² Nr. 299. 302. 303; ANEP Nr. 553. 558. 565. 572).

Die Menschen — so sagte man — waren von den Göttern zu deren Dienst erschaffen worden (vgl. dazu die feine Studie von C. J. Gadd, Ideas of Divine Rule in the Ancient East [The Schweich Lectures 1945] 1948); es lag ihnen ob, die Ansprüche der Gottheiten an Pflege und Dienstleistungen zu erfüllen. Eine ganz scharfe Grenze zwischen der

[1] Daher ist auch das „goldene Kalb" der alttestamentlichen Überlieferung wahrscheinlich nicht von Hause aus als Bild der Gottheit gedacht gewesen, sondern nur als Postament einer in diesem Falle nicht abgebildeten, sondern vielmehr unsichtbar darauf stehend gedachten Gottheit.

Welt der Götter und der der Menschen kannte man nicht. Besonders die Großen der Erde, d. h. die Könige und Herrscher, in denen sich die von ihnen beherrschte menschliche Gemeinschaft repräsentierte und gegebenenfalls verkörperte, hatten eine enge Beziehung zur Welt des Göttlichen. Die Anschauungen darüber waren allerdings in den verschiedenen Gebieten des alten Orients verschieden (vgl. dazu H. FRANKFORT, Kingship and the Gods. A Study of Ancient Near Eastern Religion as the Integration of Society and Nature [1948]); und es ist kaum richtig, eine allgemeine und überall gleiche altorientalische Anschauung von der Göttlichkeit des Königtums und der einzelnen Könige anzunehmen (so vor allem I. ENGNELL, Studies in Divine Kingship in the Ancient Near East [1943]). Was für Ägypten zutrifft, wo in der Tat die Pharaonen als Söhne des Sonnengottes Re und als Inkarnationen des Gottes Horus schon in ihrer offiziellen Titulatur bezeichnet wurden und ganz massiv als leibliche Söhne einer Göttin galten, das gilt nicht in der gleichen Weise und nicht allgemein für das Zweistromland, weder für die alten sumerischen Stadtherrscher noch für die babylonischen und assyrischen Könige, die vielmehr vorzugsweise als göttlich Berufene und Beauftragte und als besondere Vertraute der Gottheit, aber doch nicht einfach selbst als göttliche Wesen betrachtet wurden, und es läßt sich auch für Syrien-Palästina nicht nachweisen, so weit hier nicht in der Periode der ägyptischen Oberherrschaft in der Spätbronzezeit speziell ägyptische Vorstellungen Eingang fanden. In jedem Falle aber war es eine landläufige Auffassung, daß die Herrscher auf Erden der Sphäre der Götter nahestanden; und im Zuge einer durch die lange Geschichte des alten Orients hindurchgehenden „Demokratisierung" hat man Aussagen, die man anfangs nur von Königen zu machen pflegte, dann auch auf andere Prominente und weiter auf alle Menschen übertragen.

Der Götterkultus an den heiligen Stätten[1] war eine komplexe Erscheinung, in der sich verschiedene Elemente miteinander vereinigten. Er diente zunächst der Versorgung der Gottheiten, die diese beanspruchten. So waren es vor allem Speisen und auch Getränke, die man den Göttern an ihren Stätten als Opfergaben hinstellte. Das Verbrennen dieser Opfergaben, also das Darbringen von Brandopfern, war weder in Ägypten noch im Zweistromlande das Übliche, und auch im syrisch-palästinischen Kulturlande hat man an den lokalen Kultstätten vielfach die Opferspeisen einfach hingestellt zur Bedienung der Götter. Es mag sein, daß das Verbrennen der Opfergaben vor allem bei den nicht seßhaften Elementen beheimatet war, die von ihren Herdentieren ihre Opfer darbrachten und diese Herdentiere nicht nur am Feuer brieten, sondern für die Götter dann völlig als „Brandopfer" im Feuer verbrannten. Denn natürlich brachte man seinen Göttern zur Speisung dar, was auch

[1] In den Tempeln der Kulturländer wurden die Gottheiten durch Statuen oder auch Symbole „repräsentiert" (vgl. K.-H. BERNHARDT, Gott und Bild [1956]).

unter Menschen als Speise üblich war; und in den Kulturländern waren die Kulturlanderträge ebenso die normalen „Speisopfer“ wie in den Kreisen der Wanderhirten die Herdentiere (vgl. dazu auch Gen 4 2b-4a). Beim „Gemeinschaftsopfer“ nahmen die menschlichen Opferteilnehmer mit an der Speisung teil, indem nur ein Teil der Opfermaterie der Gottheit dargebracht, das Übrige in einem Opfermahl verzehrt wurde und so ein Gemeinschaft stiftendes und bekräftigendes Essen stattfand. Die Bedienung der Götter im Kultus hatte aber zugleich — so massiv waren die Dinge ursprünglich zweifellos gedacht — das Ziel, die segensvolle Aktivität der Gottheiten durch ihre Speisung und Kräftigung zu stärken oder überhaupt erst zu ermöglichen; damit gewann der Kultus die Bedeutung eines wirksamen Handelns. Dieses wirksame Handeln schloß auch bestimmte kultische Begehungen ein, in denen das von den Menschen gewünschte wohltätige Tun der Gottheiten dargestellt und mit dieser Darstellung vermöge einer urtümlichen Vorstellung von einer automatisch wirkenden Analogie zwischen kultischem und göttlichem Tun geradezu herbeigeführt wurde. Die enge Beziehung zwischen göttlicher und menschlicher Sphäre wird hier noch einmal besonders deutlich. Der kultisch handelnde Priester vollzog nach weitverbreiteter altorientalischer Anschauung in bestimmten Begehungen das göttliche Tun. So wurde etwa im Kult der Kampf und Sieg eines Gottes gegen gottfeindliche, lebenbedrohende Mächte „gespielt“ und damit realisiert. Hierher gehört vor allem auch die schon o. S. 251 erwähnte „heilige Hochzeit“, die das lebenerzeugende und lebengebärende Wirken der Gottheiten nicht nur abbilden, sondern geradezu vollziehen sollte.

Von hier aus wird der auch im alten Orient geläufige enge Zusammenhang zwischen Kultus und Mythus verständlich. Im Mythus handelt es sich um das Miteinanderhandeln göttlicher Gestalten, insbesondere um Kämpfe und Siege. Vor allem die universalen, kosmischen Gottheiten treten im Mythus auf, um das Spiel der Weltkräfte in den großen Erscheinungen des Naturlaufs zu vollführen. Dabei aber handelt es sich nicht um Gebilde dichterischer Phantasie, sondern eben um Darstellungen der Vorgänge in der göttlichen Welt, die in den kultischen Begehungen aufgeführt wurden. Im Mythus wurden die kosmischen Mächte personifiziert, so wie sie im Kultus durch die handelnden menschlichen Kultpersonen dargestellt wurden, um in ihrem Wirken aktiviert zu werden. Die Mythen erzählten also das kultisch aufzuführende „Drama“. Unter Umständen wurden auch die großen ausgeführten Mythen bei kultischen Begehungen einfach rezitiert, wie es beispielsweise mit dem babylonischen Weltschöpfungsmythus *Enuma eliš* beim babylonischen Neujahrsfest im Frühjahr der Fall war. Natürlich konnten mythische Stoffe schließlich auch literarisch ausgestaltet werden. Die mythische Personifikation der kosmischen Erscheinungen, besonders der im Naturlauf immer wiederkehrenden Vorgänge, die einer Darstellung in menschlich gedachten Schicksalen eigentlich widerstrebten, führte dann zu so sonderbaren Vorstellungen wie der von der täglich früh erfolgenden Geburt des Sonnengottes aus der Himmelsgöttin und seinem allabendlichen Eingehen in die Totenwelt oder der von dem ständig wechselnden Sterben und Auferstehen der die Vegetation repräsentierenden Gottheiten.

§ 41. Überblick über die einzelnen Religionen

1. Ägypten. Die ägyptische Religion ist durch sehr zahlreiche Denkmäler und literarische Zeugnisse bekannt. An Darstellungen haben wir das ausführliche Buch von A. Erman, Die Religion der Ägypter, ihr Werden und Vergehen in vier Jahrtausenden (1934) mit reichem Abbildungsmaterial sowie den Abschnitt „Die Religion" bei Erman-Ranke, Aegypten und aegyptisches Leben im Altertum (1923) und jetzt vor allem S. Morenz, Ägyptische Religion (Die Religionen der Menschheit Bd. 8 [1960]). Reichsten Stoff bietet als Nachschlagewerk mit vielen Abbildungen H. Bonnet, Reallexikon der ägyptischen Religionsgeschichte (1952); abgekürzt RÄRG.

In Ägypten gab es uralte lokale Kulte in den einzelnen Städten des Landes. Hier wurden die vielen tier- oder auch pflanzengestaltig aufgefaßten und abgebildeten Gottheiten verehrt; auch bestimmte Gegenstände wie ein Holzpfeiler konnten als Gottheiten vorgestellt werden. Vor allem aber theriomorph gedachte Gottheiten spielten eine große Rolle. Ein Tierbild stellte die Gottheit dar. Der Priester trug im Kult die entsprechende Tiermaske und repräsentierte damit die Gottheit. Bestimmte Exemplare der betreffenden Tiergattung und später sogar die ganze Tiergattung galten als heilig und unantastbar. Bekannt sind vor allem die heiligen Stiere, der Apis-Stier als Gestalt des Gottes Ptah von Memphis und der Mnevis-Stier als Gestalt des Gottes Atum von Heliopolis (vgl. AOB² Nr. 544. 547; ANEP Nr. 570); bei Memphis hat sich eine riesige Grabanlage für die verstorbenen heiligen Apis-Stiere gefunden. Neben diesen urtümlichen fetischistischen Kulten standen die Kulte universal-kosmischer Gottheiten, die vor allem im Delta beheimatet gewesen zu sein scheinen und vielleicht einen uralten Zusammenhang mit ähnlichen vorderasiatischen Kulten gehabt haben (vgl. H. Stock, WO I 3 [1948] S. 140). Diese kosmischen Gottheiten, die von Hause aus nicht tier-, sondern menschengestaltig vorgestellt waren und die sich u. a. in dem priesterlich-theologischen System der „Neunheit" von Heliopolis zusammengeschlossen fanden, traten freilich für die praktische Kultübung in den geschichtlich uns bekannten Zeiten stark zurück und spielten nur mehr als *di otiosi* in den überkommenen Vorstellungen eine Rolle mit einziger Ausnahme des heliopolitanischen Sonnengottes Re, der im Zusammenhang mit einem bestimmten geschichtlichen Vorgang (s. u.) zu einer zentralen Bedeutung in der ägyptischen Religion gelangt ist.

In den uns bekannten Erscheinungen der ägyptischen Religion tritt ein Wesenszug sehr hervor, der ihre Entfaltung in der geschichtlichen Zeit stark bestimmt hat, nämlich ihr offizieller Charakter im Rahmen des autokratisch geprägten ägyptischen Staatswesens. Der Pharao war grundsätzlich der Priester im ägyptischen Kult, auch wenn die Kulthandlungen tatsächlich von königlich beamteten Priestern verrichtet wurden. In offiziellen Darstellungen aber erscheint immer wieder der Pharao persönlich als den Göttern opfernd. Auf der anderen Seite galt der Pharao selbst als Gott; die Bezeichnung „der gute Gott" gehört geradezu mit zur Titulatur des Pharao (vgl. auch o. S. 256). Daher haben denn auch die wechselnden Dynastien und Pharaonen auf die Entwicklung der Kulte einen wesentlichen Einfluß ausgeübt. Durch eine ägyptische Dynastie ist so auch der kosmische Sonnengott Re zu seiner großen Bedeutung gekommen. Die Pharaonen der 5. Dyn. im AR stammten von den Priestern des Re-Heiligtums in dem nördlich des jetzigen Kairo im Delta gelegenen Heliopolis her, das im Alten Testament unter seinem alten Namen *'ōn* vorkommt. Sie haben den Kult ihres Gottes Re zum zentralen Staatskult erhoben, haben ihm Sonnenheiligtümer mit jenen als Wahrzeichen des Sonnengottes geltenden großen „Obelisken" errichtet (vgl. AOB² Nr. 492; H. Bonnet, RÄRG Fig. 175) und damit für alle Zeiten in dem überaus konservativ an allem Überkommenen festhaltenden ägyptischen Kult die Vorherrschaft des Sonnengottes Re begründet, mit dem im Laufe der Zeit viele andere Götter identifiziert wurden, und zwar so, daß ihre Namen mit dem Namen Re zu zusammengesetzten Götternamen vereinigt wurden. Später ist — wieder im Zusammenhang mit der Geschichte der Pharaonendynastien — der ursprünglich widdergestaltige Gott Amun, der einen alten Sitz in der oberägyptischen Stadt Theben (vgl. o. S. 237) hatte, zu höchster Macht emporgestiegen. Schon die Pharaonen der 11. Dyn. hatten in diesem Theben residiert und dort den Amun verehrt, und auch die aus Theben stammenden Pharaonen der 12. Dyn. hatten, obwohl sie die Pharaonenresidenz wieder nach dem altehrwürdigen Memphis verlegten, den Amunkult weiter gepflegt. Als dann im NR die Pharaonen das Theben des Gottes Amun zu ihrer Residenz erhoben, da wurde Amun — nunmehr mit dem alten Reichsgott Re zu Amun-Re vereinigt — zum obersten Reichsgott, und in dieser Zeit der ägyptischen Großmacht gelangte er zu ungeheurer Macht. Riesige Tempelbauten wurden für ihn in Theben errichtet, durch reiche Schenkungen wurde der Besitz seines Kultes an Land und allerlei Gütern mächtig groß, und seine Priesterschaft brachte es zu außerordentlichem Einfluß. Nur vorübergehend wurde die Geltung des Amun-Re einmal gefährdet und bestritten, und zwar wieder von offizieller Seite, als nämlich der Pharao Amenophis IV. (18. Dyn.), der „Theolog" auf dem Pharaonenthron, die große Zahl der überlieferten ägyptischen Kulte einschließlich des herrschenden Amun-Re-Kultes durch den alleinigen Kult der Sonnenscheibe (ägypt. Aton) ersetzen wollte. Im Namen des Kultes der Sonnenscheibe nahm Amenophis IV. seinen Kampf gegen die alten Götter des Landes, vor allem natürlich gegen den damals so mächtig gewordenen Amun-Re, auf. In den alten Inschriften wurde der verhaßte Name des Amun ausgekratzt, seinen eigenen mit dem Gottesnamen Amun zusammengesetzten Personennamen ersetzte der König durch den neuen Namen Echnaton (= „der Sonnenscheibe angenehm"), und schließlich verließ der König die Pharaonenresidenz Theben, die Hauptstätte des Amun-Re-Kultes, und erbaute sich weiter unterhalb am rechten Nilufer eine neue Residenz, die er Achet-Aton (= „Horizont der Sonnenscheibe") nannte und deren Ruinen bei dem heutigen *tell el-'amārna* liegen. In dieser neuen Residenz entfaltete sich zugleich ein von den alten Traditionen abgewandter freierer Lebens- und Kunststil, der Stil der „Amarna-Kultur". Auf Echnaton wird zurückgeführt ein großer Hymnus auf die Sonnenscheibe als die universale Lebenspenderin und Lebenerhalterin (AOT² S. 15—18; ANET S. 369—371), der dem Verfasser von Ps 104 aller Wahrscheinlichkeit nach bekannt gewesen ist. Die kultischen Maßnahmen des Echnaton haben keine lange Dauer gehabt. Die Macht der Tradition erwies sich als dem Willen des Königs überlegen. Amun-Re und mit ihm die Königsstadt Theben rückten wieder in ihre alte überlieferte Stellung ein. Das geschah schon bald nach dem Tode des Echnaton unter der Regierung eines seiner Schwiegersöhne, der sich von *Tut-ench-Aton* in *Tut-ench-Amun* umbenannte und schon damit die grundsätzliche Rückkehr zum Alten anzeigte.

Im Zusammenhang mit der Religion spielte in Ägypten der Totendienst eine sehr wesentliche Rolle (vgl. auch den Abschnitt „Die Toten" bei Erman-Ranke a. a. O.). Zunächst von den göttlichen Pharaonen, dann auch von den Großen in der Umgebung des Königs und im Lande und schließlich von allen Menschen wurde ausgesagt, daß sie nach ihrem Sterben in den „Westen", d. h. in das im Bereich der untergehenden Sonne zu suchende Totenreich, eingingen und dort unter der Herrschaft des Osiris als des Herrschers in diesem Reiche als „Verklärte" weiter existierten. Auf Erden mußte alles getan werden, um den Verstorbenen den Weg in dieses Reich und den Aufenthalt dort zu ermöglichen. Am westlichen Rande des Niltales wurden für die Könige und die Großen die Grabanlagen errichtet, für die Könige im AR und MR die Pyramiden bei Memphis und seit dem NR die verborgenen und nach Möglichkeit gegen Grabräubereien geschützten unterirdischen großen Gräber bei Theben. Man gab den Verstorbenen alle für das alltägliche Leben erforderlichen Gegenstände zu ihrer künftigen Bedienung in das Grab mit. Die Leiber der Verstorbenen wurden vor der Beisetzung durch Einbalsamierung konserviert, wobei die Eingeweide herausgenommen und gesondert in Eingeweidekrügen, den sogenannten Kanopen, beigesetzt wurden. In den zu den Königsgräbern jeweils gehörigen Totentempeln und an besonderen Stellen in den Grabanlagen der Vornehmen wurde eine Totenpflege geübt, die der Speisung der „Verklärten" diente und für deren Durchführung Stiftungen gemacht wurden. Zur Belehrung der Verstorbenen über ihren Weg in den „Westen" wurden ihnen die notwendigen Mitteilungen und auch die zur Überwindung von allerlei Gefahren und Schwierigkeiten auf diesem Wege erforderlichen Zaubersprüche bei der Beisetzung mitgegeben. Diese „Totentexte" wurden in den Pyramiden und unterirdischen Grabanlagen inschriftlich angebracht (die sogenannten „Pyramidentexte"); oder sie wurden mit allerlei bildlichen Darstellungen auf den steinernen oder hölzernen Särgen angebracht (die „Sargtexte"); oder sie wurden auf einer Papyrusrolle zusammengefaßt als „Totenbuch" in den Sarg hineingelegt. Die Kostspieligkeit dieser Vorkehrungen machte eine so sorgfältige Totenpflege nur den Königen und den großen und reichen Leuten des Landes möglich, während die große Menge sich mit einem einfachen Erdbegräbnis begnügen mußte.

2. Das Zweistromland. Entsprechend der Vielfalt der geschichtlichen Erscheinungen auf dem Boden des Zweistromlandes war auch die Religionsgeschichte des Zweistromlandes erheblich komplizierter als die Ägyptens. Immerhin gab es auch hier eine gewisse Kontinuität und gewisse durchgehende Eigentümlichkeiten. Für das Zweistromland gibt es das umfangreiche, aber schon ältere Werk von M. Jastrow jr., Die Religion Babyloniens und Assyriens I. II, 1. 2 mit Bildermappe (1905/12) sowie die ausgezeichnete Darstellung von E. Dhorme, Les religions de Babylonie et d'Assyrie (in der Sammlung „Mana" 1: Les anciennes religions Orientales II [1949] S. 1—330); vgl. auch die die Religion betreffenden Abschnitte bei B. Meissner, Babylonien und Assyrien II (1925) S. 1—282.

Auch im Zweistromland sehen wir am Anfang eine Reihe lokaler Kulte in den alten sumerischen Stadtstaaten. Auf Hochterrassen im Bereich der Stadtgebiete, den Vorläufern der berühmten Tempeltürme des Zweistromlandes, standen die Heiligtümer der Gottheiten. Bei diesen selbst spielte seit alters die kosmische und astrale Funktion eine erhebliche Rolle. Die Sumerer haben vermöge ihres Interesses für rechte „Ordnung" die Welt ihrer Gottheiten schon früh systematisiert und die Wirkungsbereiche der einzelnen göttlichen Mächte gegeneinander abgegrenzt. Anu galt als Gott des Himmels, Enlil als Gott der Erde, Ea als Gott der Wassertiefe; Sonne und Mond waren Gottheiten, die unter verschiedenen Namen verehrt wurden, und auch die große Muttergöttin war unter verschiedenen Namen bekannt. Eine zentrale Rolle hat wenigstens zeitweise der Kult des Gottes Enlil bzw. Ellil in der Stadt Nippur gespielt (vgl. Fr. Nötscher, Ellil in Sumer und Akkad [1927]); dieser Gott galt als Götterherr und Beherrscher der sumerischen Stadtstaaten. Die sumerische Götterwelt mit ihren Kulten ist in der Folgezeit im ganzen Zweistromland von Einfluß geblieben, auch als andere Völker und Herrschaftsgebilde längst in diesem Lande geschichtlich in den Vordergrund getreten waren. Teilweise erhielten sich die alten sumerischen Götternamen, das Sumerische blieb noch längere Zeit eine sakrale Sprache, auch als es im Alltagsleben längst nicht mehr gesprochen wurde, und die sumerischen Vorstellungen von der göttlichen Sphäre wurden festgehalten.

Im Zusammenhang mit staatlichen Gestaltungen traten bestimmte Kulte in den Vordergrund. So gewann zur Zeit der 1. Dynastie von Babylon mit dem altbabylonischen Reiche, durch das die Stadt Babylon zu einem wichtigen Zentrum und zeitweise zum politischen Mittelpunkt des ganzen Zweistromlandes wurde, der Kult des Stadtgottes von Babylon eine große Bedeutung, die ihm dann weiterhin verblieben ist. Dieser Gott hieß Marduk (sein Name erscheint in Jer 50 2 in der entstellten Form Merodach; vgl. auch Jes 39 1) und war eine Erscheinungsform des Sonnengottes. So wie einst Enlil als „der Herr" schlechthin gegolten hatte, so erhielt nun Marduk den babylonischen Ehrentitel *bēl* = „Herr" (unter diesem Titel erscheint er in Jes 46 1 Jer 50 2 51 44) und wurde als König der Götter und Menschen verehrt. In seinem Kult wurde alljährlich im Frühjahr, zu Beginn des neuen Jahres, in einem außerhalb der Stadt gelegenen besonderen „Neujahrsfesthaus" (akkadisch: [*bīt*] *akītum*) das Fest seiner Thronbesteigung gefeiert, mit dem er stets erneut die Weltherrschaft antrat. An einem Tage dieses großen Festes wurde das große babylonische Weltschöpfungsepos feierlich rezitiert, das nach seinen Anfangsworten *Enuma eliš* genannt zu werden pflegt. Dieses Epos preist den Marduk als den Sieger über die Chaosmächte des Wassers im Weltschöpfungskampf und als den Schöpfer der Welt und der Menschen (Übersetzung in AOT² S. 108—129; ANET S. 60—72). Für die Assyrer[1] stand der Gott *Ašur* an der Spitze der Götter als der Reichsgott des assyrischen Reiches. Er hatte seine große alte Kultstätte in der Stadt Assur, der alten assyrischen Königsstadt. Wie sein Name zeigt, war er wohl der alte Stammes- bzw. Volksgott der Assyrer; man kann nur fragen, ob in diesem Falle der Gottesname oder der Volksname das Primäre war. Mit dem geschichtlichen Wachsen der assyrischen Macht stieg der Gott *Ašur* zu immer größerer Bedeutung auf. Die großen Herrscher und Eroberer auf dem assyrischen Thron haben sich als von ihm berufen und eingesetzt bezeichnet und ihre vielen Siege seiner überlegenen Macht zugeschrieben. Was Marduk für die Babylonier, das wai *Ašur* für die Assyrer; und so wurde auch — wenigstens in neuassyrischer Zeit — für *Ašur* ein Thronbesteigungsfest nach Analogie des babylonischen gefeiert, in Assur ebenfalls in einem außerhalb der Stadt errichteten „Neujahrsfesthaus". Neben diesen offiziellen Kulten gab es auch sonst im Zweistromland allerlei bedeutende und angesehene Kulte verschiedener Gottheiten an bestimmten großen Kultstätten. In Borsippa südlich von Babylon (heute *birs nimrūd*) hatte der besonders als Gott der Schreibkunst und Gelehrsamkeit verehrte *Nabū* sein Heiligtum (sein Name wird in der Form Nebo in Jes 46 1 genannt); Sippar nördlich von Babylon (heute *abu habba*) war der Hauptsitz des Kultes des mit dem semitischen Namen *Šamaš* benannten Sonnengottes; der Mondgott *Sin* hatte seine wichtigsten Heiligtümer einmal in der alten sumerischen Stadt Ur nahe der ursprünglichen Mündung des Euphrat (vgl. o. S. 238) und sodann in der auch dem Alten Testament bekannten Stadt Haran im westlichen Mesopotamien am *nahr belīch*; die große Mutter- und Liebesgöttin *Ištar* war nach wichtigen Sitzen ihres Kultes als *Ištar* von Arbailu (heute *irbil* im Osttigrislande

---

[1] Vgl. hierzu speziell H. Hirsch, Untersuchungen zur altassyrischen Religion (AfO Beih. 13/14 [1961]).

östlich von *mōṣul*) und als *Ištar* von Ninive (gegenüber von *mōṣul*) bekannt; der Gott *Dagan* hatte eine bedeutende Kultstätte in *Terḳa* (heute *tell 'aschāra*) am mittleren Euphrat oberhalb von Mari.

Im Zweistromland hat zu allen Zeiten das Wahrsage- und Zauberwesen eine sehr erhebliche Rolle gespielt. Der Wahrsagerei lag eine reich ausgebildete Vorzeichenlehre zugrunde; ganze Serien solcher Omina-Texte sind erhalten. Sehr viel geübt wurde die „Leberschau", d. h. das Entnehmen von Vorzeichen aus bestimmten Beobachtungen an der Leber frisch geschlachteter Tiere. Experten in der Wahrsagetechnik waren vor allem Priester einer bestimmten Kategorie, die man als *bārū* („Seher") bezeichnete. Die Zauberei wurde mit Beschwörungsformeln betrieben, die für alle möglichen Fälle von Unheil und Krankheit vorgesehen waren. Diese Beschwörungsformeln genau zu kennen und richtig anzuwenden, war wiederum eine wichtige priesterliche Funktion. Das Wahrsage- und Zauberwesen war für das alltägliche Leben im Zweistromland von besonderer Wichtigkeit, da man in ständiger Furcht vor unheilvollen Mächten, vor gefährlichen Geistern und Dämonen lebte.

3. Syrien-Palästina. Das religionsgeschichtliche Bild des alten Syrien-Palästina ist sehr bunt, die religionsgeschichtlichen Quellen sind sehr verstreut, sehr verschiedener Art und sehr verschiedenen Alters. Dieser vielgestaltigen Erscheinung hat seinerzeit vor allem W. W. Graf Baudissin eine Reihe von Einzelarbeiten wie z. B. das schon o. S. 251 genannte Buch über Adonis und Esmun gewidmet; vgl. zusammenfassend mit Anführung einer sehr reichen Literatur W. W. Graf Baudissin, Kyrios (hrsg. von O. Eissfeldt) III (1929). Seither sind vor allem die alphabetischen Keilschrifttexte vom *rās esch-schamra* (vgl. o. S. 190f.) an das Licht gekommen, die in ihrer Bedeutung nicht leicht zu überschätzen sind; denn sie stellen nicht nur das älteste, in den aufgefundenen Niederschriften aus dem Anfang des 14. Jahrh.s v. Chr. stammende nennenswerte religionsgeschichtliche Urkundenmaterial aus Syrien-Palästina dar, sondern sind überhaupt das einzige umfangreiche unmittelbare Zeugnis „kanaanäischer" Religion aus vorhellenistischer Zeit, das aus zusammenhängenden speziell religiösen Texten besteht, wobei mit „kanaanäisch" die gesamte bronzezeitliche Welt von Syrien-Palästina gemeint sein mag, die stark in die Eisenzeit hinein nachgewirkt hat. Die große Bedeutung dieses überraschenden Fundes liegt darin, daß er uns aus erster Hand Quellen zu der religionsgeschichtlichen Welt geliefert hat, innerhalb deren dann das Alte Testament entstanden ist. Diese Texte, die in einer zunächst unbekannten Schrift (vgl. o. S. 193f.) geschrieben und in einem besonderen Dialekt des Kanaanäischen, dem jetzt sogenannten Ugaritisch, verfaßt sind, wurden zwar nach ihrer Auffindung sehr schnell entziffert, aber ihre sprachliche und inhaltliche Erklärung ist trotz aller schon darauf verwandten Forscherarbeit noch überaus problematisch. So ist noch nicht einmal sicher ermittelt, als was der in offenbar rhythmischer Form vorliegende Inhalt dieser Texte anzusprechen ist. Im großen ganzen handelt es sich um Erzählungen mythischen

Inhalts; aber die Art ihrer sicher anzunehmenden Beziehung zum ugaritischen Kultwesen sind noch nicht geklärt. Haben wir es mit Stücken zu tun, die bei kultischen Begehungen feierlich rezitiert wurden? Oder haben wir Kultdramen vor uns, die bei bestimmten Veranlassungen mit wechselnden Stimmen aufgeführt wurden? Es entspricht dieser Sachlage, daß eine gültige Zusammenfassung des religionsgeschichtlichen Materials vom *rās esch-schamra* und seiner Bedeutung für unsere Kenntnis der „kanaanäischen" Religion von Syrien-Palästina noch fehlt (vgl. vorläufig J. Gray, The Legacy of Canaan. The Ras Shamra Texts and their Relevance to the Old Testament [Vetus Testamentum Suppl. 5 (1957)]). Als oberster Gott erscheint im ugaritischen Pantheon El (= „Gott" schlechthin), allerdings in den überlieferten Texten mehr im Hintergrund stehend (vgl. O. Eissfeldt, El im ugaritischen Pantheon [Berichte üb. d. Verh. der Sächs. Ak. d. Wiss. zu Leipzig. Phil.-hist. Kl. Bd. 98 Heft 4 (1951)] und M. H. Pope, El in the Ugaritic Texts [Vetus Testamentum Suppl. 2 (1955)]). Stärker in den Vordergrund gerückt erscheint — vielleicht auf Kosten des älteren El — der Gott Baal (vgl. A. S. Kapelrud, Baal in the Ras Shamra Texts [1952]). Er gehört als Bringer von Fruchtbarkeit und Segen zu den Verkörperungen der natürlichen, lebenspendenden — und auf der anderen Seite auch lebenbedrohenden — Mächte; als sein Gegenspieler tritt Mot (*mt* = *mōt* = „Tod") auf, und im Kampf mit Mot kommt es zum Sterben und dann zum Wiederaufleben des Baal in einem Drama, das das Vergehen und Wiederkehren der Vegetation repräsentiert. Auch „Fluß" und „Meer" begegnen in Ugarit als göttliche Gestalten. Die große weibliche Gottheit ist vertreten in den Göttinnen Ašera und ʿAnat. Kosmisch sind die Gottheiten von Sonne und Mond und Morgenröte u. a. Der große Berg nördlich von Ugarit, heute *dschebel el-aḳraʿ* genannt, galt als Gottessitz, als der Wohnsitz des Baal Zaphon (*bʿl ṣpn*). Man wird annehmen dürfen, daß uns in alledem ein bezeichnendes Bild des Kultwesens in einem bronzezeitlichen syrisch-palästinischen Stadtstaat entgegentritt.

Im übrigen wird es in Syrien-Palästina eine Fülle lokaler Kultstätten gegeben haben. Die großen städtischen Gemeinwesen wie vor allem die Küstenstädte hatten ihre speziellen Stadtgottheiten. In Tyrus verehrte man den Gott Melkart (*mlḳrt*), den „König der Stadt", dessen Name erstmalig auf der neugefundenen Stele Ben-Hadads I. (vgl. o. S. 196) inschriftlich vorkommt. Byblos hatte eine weibliche Stadtgottheit, die inschriftlich wiederholt genannte *bʿlt gbl*, die „Herrin von Gebal (= Byblos)". In Ugarit haben die Ausgrabungen einen Baal-Tempel und einen Dagon-Tempel aufgedeckt. In Asdod und Gaza gab es nach Ri 16 23 I Sam 5 2ff. Tempel des Gottes Dagon, deren Dagonkult sicher aus älterer kanaanäischer Tradition von den Philistern übernommen worden war. Dieser Gott Dagon ist gewiß identisch mit dem *Dagan* vom mittleren Euphrat (s. o. S. 263) und einst von Zuwanderern nach Syrien-Palästina mitgebracht worden. Dieser Fall mag als eines von vielen Beispielen dafür gelten, daß die zahlreichen Bevölkerungselemente, die sich mit der

Zeit in Syrien-Palästina seßhaft machten, ihre Gottheiten in die städtischen und lokalen Heiligtümer des Landes einführten. Syrien-Palästina war nach seiner Lage und Funktion als Durchgangsland prädestiniert dazu, ein Bereich eines vielgestaltigen religionsgeschichtlichen Synkretismus zu werden. In der Periode der ägyptischen Oberherrschaft in der Spätbronzezeit fand der offizielle ägyptische Kult Eingang nach Syrien-Palästina, indem an den Zentren der ägyptischen Verwaltung ägyptische Tempel errichtet und Kulte ägyptischer Gottheiten eingeführt wurden (vgl. A. Alt, ZDPV 67 [1944/45] S. 1 ff. = Kleine Schriften zur Geschichte des Volkes Israel I [²1959] S. 216 ff.); doch scheint die ziemlich fremdartige ägyptische Religion über die Zeit ihrer offiziellen Rolle hinaus keine sehr wesentlichen Spuren in der syrisch-palästinischen Religionsgeschichte hinterlassen zu haben. Zu diesem und dem folgenden Abschnitt ist zu vergleichen die zusammenfassende Darstellung von R. Dussaud, Les religions des Hittites et des Hourrites, des Phéniciens et des Syriens (in der Sammlung „Mana" 1 II [1949] S. 331—414).

4. Über die Religion der kleinasiatischen Hethiter geben hethitische Texte (Götteraufzählungen, Rituale, Götterbilderbeschreibungen, Gebete u. dgl.) sowie (spärliche) archäologische Funde in Kleinasien einigen Aufschluß (vgl. A. Goetze, Kleinasien [Kulturgeschichte des alten Orients III, 1 (²1957)] S. 130—171; das Quellenmaterial in Auswahl in ANET und ANEP passim). Im Mittelpunkt der Staatsreligion scheint bei ihnen eine Göttin gestanden zu haben, und zwar die „Sonnengöttin von der Stadt Arinna", die die oberste Reichsgottheit war. Neben ihr stand ein in der Hauptstadt mit verehrter Wettergott. Für beide sind die Eigennamen, die sie gewiß gehabt haben, noch nicht bekannt. — Bei den Churriern scheinen der Wettergott *Tešup* und die Göttin *Ḫepa* als seine Gemahlin die wichtigsten Gottheiten gewesen zu sein; doch sind auch darüber nur wenig Einzelheiten bekannt. Die indo-iranischen Elemente in den Kreisen der Churrier (vgl. o. S. 216 f.) hatten eigene Gottheiten mitgebracht; jedenfalls begegnen in den Staatsverträgen zwischen dem Hethiterreich und dem Mitannistaat, die im Archiv von Boğazköy gefunden wurden, indo-iranische Gottheiten wie Indra und Varuna unter den göttlichen Vertragsgaranten, und zwar offenbar als im Mitannistaat verehrte Gottheiten.

Während die soeben genannten Religionen keine wesentliche Rolle in der näheren Umwelt des Alten Testaments gespielt haben, ist in einem bestimmten Stadium der Geschichte die Religion der Perser für das Alte Testament bedeutungsvoll geworden. Der alte Iran hat zunächst einfache Hirten- und Bauernkulte gekannt, über die ausführlich gehandelt wird bei H. S. Nyberg, Die Religionen des alten Iran (MVÄG 43 [1938]). In ihrem Kreise ist einmal Zarathustra aufgetreten, dessen Zeit freilich nicht sicher zu bestimmen ist. Sein ethisch-eschatologischer Glaube hat auf der Grundlage eines ausgesprochenen Dualismus von „Gut" und „Böse" zu einer Religionsgründung von großer Kraft und Eigenart geführt. Man nimmt vielfach an, daß die ersten großen Achämenidenkönige des 6./5. Jahrh.s v. Chr. schon Zarathustrier gewesen seien. Das bleibt unsicher. Man hat früher gern einen ziemlich starken Einfluß der zarathustrisch-persischen Religion und ihrer Weltbetrachtung auf das Alte Testament in nachexilischer Zeit angenommen; diese Annahme hat sich nur mit Einschränkung als richtig bewährt und kommt stärker für die nachkanonische Zeit des ganz späten Israel ernstlich in Frage. Wohl aber ist in anderer Weise das Persertum in religiös-kultischer Hinsicht für das nachexilische Israel von Bedeutung gewesen. Während die älteren orientalischen Großmächte für ihre Staatsgötter auch von den unterworfenen und abhängig gemachten Völkern Anerkennung verlangten und die Kulte dieser Götter allen ihren Untertanen aufnötigten (vgl. z. B. II Kön 16 10-16), ohne freilich damit die bodenständigen Kulte verdrängen zu wollen, hat das Perserreich einen offiziellen Reichskult, etwa den Kult des von den Achämeniden als obersten Herrn verehrten alten iranischen Gottes Ahuramazda, der auch in der Religion Zarathustras an der Spitze stand, den beherrschten Völkern nicht aufgezwungen, sondern die angestammten Kulte nicht nur gewähren lassen, sondern sogar seinerseits gefördert und, wo nötig, wiederherstellen lassen. Diese grundsätzliche kultpolitische Haltung, die auch dem nachexilischen Wiederaufbau des Kultes von Jerusalem zugute kam, blieb dann auch im Alexanderreich und in den Diadochenstaaten zunächst üblich; selbst der hier immer größere Bedeutung gewinnende Herrscherkult beschränkte sich wenigstens im Grundsatz auf die freiwillige und spontane Anerkennung durch die in diesen Staaten vorhandenen Kultgemeinschaften. Auch der Eingriff des Seleukiden Antiochos IV. Epiphanes in den Jerusalemer Tempelkult im Dezember des Jahres 167 v. Chr., der zur Plünderung des Heiligtums und zur Einführung eines neuen Kultes statt des überkommenen in diesem Heiligtum und zum Verbot der speziellen kultischen und rituellen Bräuche der Jerusalemer Kultgemeinde führte und damit den Makkabäeraufstand veranlaßte, erfolgte im Einverständnis mit Jerusalemer Kreisen und war eher ein Akt despotischer Willkür als grundsätzlicher Kultpolitik.

Vierter Teil

DER TEXT DES ALTEN TESTAMENTS

§ 42. Vorbemerkung

Die Überlieferung des Textes einer heiligen Schrift ist überall ein Stück der Geschichte dieser heiligen Schrift selbst, ihres Gebrauchs und ihrer Wirkung, und vollzieht sich damit im Rahmen der Religions- oder Kirchengeschichte, in der diese heilige Schrift Geltung besitzt. Bei der Textüberlieferung werden sich in diesem Rahmen stets zwei verschiedene Interessen begegnen, die freilich je nach Umständen jeweils von sehr verschieden starkem Einfluß sein können, aber in der Regel beide vorhanden sind. Das eine ist ein Gegenwartsinteresse, nämlich das Anliegen, auf die jeweilig brennenden Glaubensfragen eine Antwort in der heiligen Schrift zu finden und die jeweilig wichtigen Glaubensinhalte durch die Bezugnahme auf sie zu legitimieren und zu bestätigen; das andere ist das für alle auf eine heilige Schrift sich gründenden Glaubensgemeinschaften zentrale Anliegen, den richtigen, und d. h. den ursprünglichen, Inhalt und Sinn der Schrift festzuhalten und ihn immer erneut in seiner Ursprünglichkeit zu verstehen und so den Glaubensinhalt der Gegenwart durch die in der Schrift festgelegte Glaubensgrundlage entscheidend bestimmt sein zu lassen. Das erstere Interesse führt dazu, Begriffe vergangener Zeiten im Lichte der Gegenwart neu und u. U. auch verändert zu verstehen und gegebenenfalls auch den Wortlaut des überlieferten Textes für die Gegenwart neu zu formulieren; das letztere bringt mit sich die Sorge um ein treues Bewahren und Verstehen des überkommenen Wortlauts, die unbewußt oder bewußt, keimhaft oder voll ausgebildet, immer eine Art „gelehrter" Arbeit an der Textüberlieferung ist. — Es entspricht der Sachlage, daß beide Interessen vor allem da sich auswirken, wo es sich um die Übersetzung einer heiligen Schrift in eine andere Sprache handelt. Denn keine Übersetzung, mag sie nun in eine dem Urtext nahe verwandte oder in eine ihm ganz fremde Sprache erfolgen, kann rein mechanisch den Urtext übertragen, weil keine Sprache nur aus Worten besteht, sondern in der Geschichte jeweils einen bestimmten „Geist" ausgebildet hat; und so wird jede Übersetzung notwendig zugleich in gewissem Umfang eine Übertragung des Urtextes in den Geist der Welt und der Zeit des Übersetzers sein, andrerseits freilich stets die Absicht haben, den Inhalt des Originals so getreu wie möglich in dem neuen Sprachgewand wiederzugeben, also an ihrem Teile eine wissenschaftliche Arbeit sein.

Diese allgemeinen Erwägungen treffen auch auf die alttestamentliche Textüberlieferung zu. Man wird gewiß sagen dürfen, daß hier in der Textgeschichte, soweit wir sie einigermaßen überblicken und rekonstruieren können, das Interesse am treuen und genauen Festhalten des überlieferten Wortlauts und — bei Übersetzungen — an der gewissenhaften Wiedergabe des Urtextes durchaus im Vordergrunde gestanden hat, da dessen Inhalt die Offenbarung Gottes in der Geschichte ausmacht; aber man darf doch nicht übersehen, daß die Überlieferung des alttestamentlichen Textes ein geschichtlicher Vorgang war, der mit religions- und kirchengeschichtlichen Erscheinungen eng verknüpft gewesen ist, daß insbesondere die wichtigen Ereignisse in der Textgeschichte alle mit solchen Erscheinungen wesenhaft zusammengehangen haben. Man kann daher die Textgeschichte des Alten Testaments sachgemäß nur im religions- und kirchengeschichtlichen Rahmen behandeln und muß auch bei einzelnen Textproblemen diese Zusammenhänge stets im Auge haben, um sachlich urteilen zu können; und so soll auch im Folgenden diesen Zusammenhängen besondere Aufmerksamkeit zugewandt werden.

Das Alte Testament ist heilige Schrift für Judentum und Christentum; es hat daher eine Textgeschichte innerhalb der Synagoge einschließlich der samaritanischen Gemeinde und innerhalb der christlichen Kirche mit ihren verschiedenen Konfessionen. Diese Geschichte reicht bis zum heutigen Tage und wird auch noch weitergehen. Wo freilich, wie es in unserem Zusammenhang der Fall ist, die Textgeschichte nicht um ihrer selbst willen in das Auge gefaßt wird, sondern es sich darum handelt, aus der Kenntnis der Textgeschichte die Maßstäbe für eine methodische textkritische Arbeit zu gewinnen, braucht die Textgeschichte nur verfolgt zu werden bis zu dem Punkte, wo die verschiedenen Textzeugen eine bestimmte und uns noch heute durch erhaltene Handschriftenmengen bezeugte feste Gestalt angenommen haben und ihre weitere Geschichte dann kein Problem mehr ist.

Zur Textgeschichte des Alten Testaments vgl. außer R. Kittel, Über die Notwendigkeit und Möglichkeit einer neuen Ausgabe der hebräischen Bibel (1902) die ausführlicheren „Einleitungen" in das Alte Testament, insbesondere C. Steuernagel, Lehrbuch der Einleitung in das Alte Testament (1912) S. 19—85; J. Goettsberger, Einleitung in das Alte Testament (1928) S. 404—487; R. H. Pfeiffer, Introduction to the Old Testament (^{2}1948) S. 71—126; O. Eissfeldt, Einleitung in das Alte Testament (^{2}1956) S. 823—875. Dazu kommen spezielle Behandlungen des Gegenstandes, vor allem Bl. J. Roberts, The Old Testament Text and Versions (1951) und E. Würthwein, Der Text des Alten Testaments. Eine Einführung in die Biblia Hebraica von Rudolf Kittel (1952). Eine allgemeinverständliche Einführung, die auch die Textgeschichte des Neuen Testaments einschließt, bietet das Buch von O. Paret, Die Bibel, ihre Überlieferung in Druck und Schrift (2. Aufl. o. J.), das vor allem durch seine sehr zahlreichen Handschriftenabbildungen wertvoll ist.

Erstes Kapitel

DIE ÜBERLIEFERUNG DES TEXTES IN DER SYNAGOGE

§ 43. Die Überlieferung des hebräischen Textes

1. Der alttestamentliche hebräische Text in der Form, wie wir ihn heute mit Vokalen und Akzenten in unseren Druckausgaben lesen[1], stammt erst aus dem 9./10 Jahrh. n. Chr., und erst aus dieser Zeit stammen auch die ältesten uns erhaltenen vollständigen Handschriften des hebräischen Alten Testaments. Es ist der sog. massoretische Text (hebr. *massōrā* = „Überlieferung"), wie er auf das genaueste damals in Tiberias in Galiläa, einem der Zentren der synagogalen Schriftgelehrsamkeit, festgelegt worden ist. Dieser massoretische Text (in BHK³ bezeichnet mit 𝔐) hatte eine noch zu besprechende Vorgeschichte und Nebengeschichte, die in den letzten Jahrzehnten besonders durch die Funde und Untersuchungen von P. Kahle (vgl. vor allem P. Kahle, Masoreten des Ostens [BWAT 15 (1913)]; Masoreten des Westens I [BWAT II, 8 (1927)] und II [BWANT III, 14 (1930)]; The Cairo Geniza [²1959]) und durch die Entdeckung von Handschriften in letzter Zeit weithin aufgehellt werden konnte. Abgesehen von zahlreichen hebräischen Handschriften in den Bibliotheken Europas und Amerikas, besonders in der Öffentlichen Bibliothek zu Leningrad, die Kahle studiert hat, waren es vor allem die vor mehr als einem halben Jahrhundert gemachten Handschriftenfunde in der Geniza (= „Schatzkammer", in der unbrauchbar gewordene Schrifttexte aufbewahrt wurden, statt vernichtet zu werden) der Synagoge von Alt-Kairo sowie die vor einiger Zeit gemachten Funde von Handschriften in einer Reihe von Höhlen am Nordwestrande des Toten Meeres, die vermöge des hohen Alters des zutage gekommenen Materials wertvolle Dokumente zur vormassoretischen Geschichte des alttestamentlichen Textes geliefert haben.

Es empfiehlt sich, zunächst die feste und bekannte Größe des massoretischen Textes genauer in das Auge zu fassen. Es hat in Tiberias vom Ende des 8. bis zum Anfang des 10. Jahrh.s n. Chr. (vgl. Kahle, M. d. W. I S. 39) zwei Gelehrtenfamilien, Ben Ascher und Ben Naphtali, gegeben, die auf Grund des überkommenen Konsonantentextes und auf Grund der überlieferten Lesung dieses Textes durch mehrere Generationen hindurch an der endgültigen Festlegung des Textes, seiner Aussprache und damit seines Verständnisses gearbeitet haben. Diese Arbeit hängt sachlich zusammen mit dem Aufkommen der jüdischen Sekte der Karäer im 8. Jahrh. n. Chr., die von Babylonien ausgehend sich damals in Vorderasien und dann auch in Osteuropa weit verbreitete und in Resten noch

[1] Im Folgenden wird die Ausgabe Biblia Hebraica edidit Rud. Kittel. Editionem tertiam denuo elaboratam ad finem perduxerunt A. Alt et O. Eißfeldt (abgekürzt: BHK³) zu Grunde gelegt. Eine neue Bearbeitung von BHK ist zur Zeit in Vorbereitung.

heute existiert (vgl. V. Ryssel, RE³ 10 [1901] S. 54—70). Die Karäer (hebr. *ḳārā'īm* = „Anhänger der Schrift") lehnten die rabbinisch-talmudische Tradition und auch deren traditionelle Schriftauslegung ab und ließen als Autorität nur die heilige Schrift selbst nach ihrer wörtlichen Auslegung gelten; sie hatten daher an der Feststellung des genauen Schriftwortlauts ein besonderes Interesse. Dieses Interesse wirkte nun aber auch auf die Anhänger der rabbinisch-talmudischen Tradition, die Rabbaniten (hebr. *rabbānīm*), zurück, so daß auch in deren Kreisen nunmehr die Arbeit am Bibeltext neuen Auftrieb erhielt und zur Fixierung des massoretischen Textes führte; denn die Familien Ben Ascher und Ben Naphtali waren wahrscheinlich nicht Karäer, sondern Rabbaniten.

Die Ben Ascher und Ben Naphtali haben nun mit Hilfe eines *ad hoc* ausgebildeten detaillierten Systems von Vokalzeichen und Akzenten, das wir nach altem Herkommen das „tiberiensische" zu nennen pflegen, die Lesung und damit die Deutung des tradierten Konsonantentextes festgelegt, andrerseits auch durch eine Fülle von Bemerkungen den Konsonantentext selbst fixiert. Durch kurze Randbemerkungen neben dem Text (*Massora parva*; BHK³: Mp) haben sie auf alle auffälligen und bemerkenswerten Erscheinungen des Textes hingewiesen (*Keṭib* und *Ḳere*, singuläre oder seltene Worte und Formen u. dgl.)[1]. Längere Ausführungen (*Massora magna*; BHK³: Mm bzw. Mas. M) haben sie teils an den Rändern rings um den Text niedergeschrieben als *Massora marginalis* (Zusammenstellungen von bemerkenswerten Formen usw.), teils als *Massora finalis* am Schluß der Bücher untergebracht (Angaben über die Zahl der Konsonanten und Sätze eines Buches u. dgl.). Auch gewisse kritische Bemerkungen zum überlieferten Konsonantentext haben die Massoreten zusammengestellt. Zuweilen haben sie — aus dogmatischen Gründen — für die Lesung gegenüber dem überlieferten Konsonantenbestand, der selbst nicht angetastet, sondern unverändert weiterüberliefert wurde, eine „berichtigte" Konsonantentextgrundlage gefordert. Solche Fälle bezeichnete man als *tiḳḳūn sopherīm* (BHK³ abgek.: *Tiq Soph*) = „Verbesserung der Schriftgelehrten"; vgl. z. B. Gen 18 22. Zuweilen haben sie durch über ein Wort oder einen Wortteil gesetzte sog. puncta extraordinaria (hebr. *niḳḳūdōt*) anscheinend einen Zweifel an der richtigen Überlieferung der Konsonanten des Wortes ausdrücken wollen; vgl. Gen 16 5 18 9 u. ö. Unter dem Stichwort *sebīr* (BHK³: Seb) = „das zu Erwartende" haben sie verschiedentlich zu einem überlieferten Wort bemerkt, daß es, wenn auch nicht gerade in ein anderes Wort zu ändern, so doch in dessen Sinne zu verstehen sei; vgl. z. B. Gen 49 13. — Das massoretische Material an solchen Textbemerkungen aus den damals bekannten Handschriften ist gesammelt worden von Chr. D. Ginsburg, The Massorah compiled from manuscripts I—V

---

[1] In BHK³ ist die Randmassora dem Text beigegeben worden; Verzeichnis der in der Randmassora üblichen Abkürzungen findet sich BHK³ S. XXXIV bis XXXIX.

(1880—1905); vgl. auch zusammenfassend CHR. D. GINSBURG, Introduction to the massoretico-critical edition of the Hebrew Bible (1897).

Eine wahrscheinlich im 10. Jahrh. n. Chr. verfaßte Abhandlung eines gewissen Mischael ben Uzziel (vgl. KAHLE, M. d. W. II S. 60*ff.; BHK³ S. VI—VIII) belehrt uns über die Unterschiede der massoretischen Einzelarbeit der Ben Ascher und der Ben Naphtali; diese Unterschiede sind minutiöser Art (sie betreffen u. a. das System der Meteg-Setzung) und für das Verständnis des Textes fast ganz belanglos. Aber auf Grund jener Abhandlung ist es möglich, die uns erhaltenen tiberiensisch punktierten Handschriften zu klassifizieren. Dabei hat sich herausgestellt, daß im späteren Mittelalter sich ein textus receptus herausgebildet hat, der mit der zu Grunde gelegten Textbearbeitung der Ben Ascher verschiedene Eigenheiten der Bearbeitung der Ben Naphtali (z. B. in der Meteg-Setzung) verband, also ein Mischtext war. Dieser Mischtext ist in den Druckausgaben des hebräischen Alten Testaments seit dem 15. Jahrh. bis in die jüngste Vergangenheit veröffentlicht worden. Auch die beiden ersten Auflagen der Biblia Hebraica ed. Kittel, die die durch Jakob ben Chajjim bei dem venezianischen Drucker Daniel Bomberg 1524/25 herausgegebene Druckausgabe (in BHK bezeichnet mit 𝔅) zur Textgrundlage gemacht haben, bieten diesen Mischtext.

Der reine Text der Ben Ascher, der besonders durch die große Autorität des Maimonides um 1200 n. Chr. (vgl. über ihn RE³ 12 [1903] S. 80—84 und RGG³ 4 [1960] Sp. 611f.) für die Synagoge zum maßgebenden hebräischen Bibeltext erklärt worden war und dem späteren textus receptus im großen ganzen ja auch zu Grunde liegt, ist durch Kahle nachgewiesen und in der 3. Aufl. der Kittelschen Biblia Hebraica (1937), an der für den massoretischen Text Kahle selbst mit gearbeitet hat, dargeboten worden. Dieser Text ist erhalten vor allem in dem berühmten Musterkodex[1], der bis vor kurzem in der Synagoge der Sephardim (westlichen Juden) in Aleppo in Nordsyrien sich befand und jetzt mit den erhaltenen Dreivierteln seines Bestandes im israelischen Jerusalem aufbewahrt wird; er ist laut seines Kolophon („Notiz am Schluß"), das bei KAHLE, M. d. W. I S. 1ff. abgedruckt, übersetzt und kommentiert ist, im Anfang des 10. Jahrh.s von einem bekannten Schreiber als Konsonantentext geschrieben und kurz darauf von dem letzten berühmten Glied der Familie Ben Ascher selbst, von Aharon ben Mosche ben Ascher, mit Punktation und Massora versehen worden. Über seine weiteren Schicksale, die ihn in der Mitte des 11. Jahrh.s in den Besitz der Karäer-Synagoge von Jerusalem, dann in den der Karäer-Synagoge in Kairo und schließlich nach Aleppo brachten, vgl. KAHLE a. a. O. S. 7ff. — Dazu kommt noch ein Prophetenkodex, der sich heute in der Karäer-Synagoge von Kairo befindet und nach Ausweis seines Kolophon

[1] Dergleichen Musterkodices hat es auch schon früher gegeben; einer von ihnen war der um 600 n. Chr. geschriebene, aber nicht erhaltene, sondern nur später von Gelehrten mehrfach zitierte Codex Hillel (BHK³: Hill bzw. MS ^{Hill}), ebenso der Codex Severi Hebraicus (BHK: Sev).

(übersetzt bei Kahle a. a. O. S. 15f.) im Jahre 895 n. Chr. von Mosche ben Ascher, dem Vater des soeben genannten Aharon, selbst geschrieben worden ist und ein gegenüber dem Kodex von Aleppo noch etwas zurückliegendes Stadium in der massoretischen Arbeit der Ben Ascher repräsentiert (in BHK³ zitiert unter dem Siglum C [= Cairensis]), weiter ein Londoner Pentateuchkodex (Ms Or 4445), der in Randbemerkungen den Aharon ben Ascher wahrscheinlich als noch lebend mehrfach zitiert (vgl. Kahle a. a. O. S. 17f.). — Aber auch andere Handschriften des 10. bis 12. Jahrh.s bieten, wie sich durch Vergleich mit den Musterkodices ergibt, den reinen Text der Ben Ascher. Wichtig unter diesen ist vor allem die 1008 n. Chr. geschriebene Handschrift B 19^A der Öffentlichen Bibliothek von Leningrad, weil sie nicht nur einen Teil, sondern das gesamte Alte Testament enthält und nach ihrem Kolophon (vgl. Kahle a. a. O. S. 66f.) in Kairo nach Musterhandschriften des Aharon ben Mosche ben Ascher angefertigt worden ist. Diese Handschrift ist, da der Musterkodex von Aleppo nicht zugänglich war (vgl. BHK³ S. VI), der neuen Auflage der Kittelschen Biblia Hebraica zu Grunde gelegt worden (zitiert mit dem Siglum L [= Leningradensis]).

Die massoretische Arbeit hat sich auch mit der Einteilung der alttestamentlichen Bücher beschäftigt. Die Einteilung des Textes in Sätze (= Verse) kannte bereits die talmudische Zeit, wenn sie auch im einzelnen noch diese Einteilung in verschiedener Weise vornahm. In den massoretischen Texten ist die Verseinteilung durch das Akzentsystem festgelegt, auch abgesehen von dem Doppelpunkt (*sōph pāsūḳ* = „Ende des Verses") als Verstrenner, den nicht alle Handschriften haben (L hat ihn). Die Durchnummerierung der Verse kam allerdings erst in Druckausgaben des 16. Jahrh.s im Zusammenhang mit der Kapiteleinteilung (s. u.) auf. — Alt und längst vormassoretisch war die Einteilung des Textes in zusammenhängende Abschnitte für die synagogale Lesung des Textes[1]. In Palästina teilte man zu diesem Zwecke zunächst den Pentateuch in eine Reihe von Sedarim (sing. *sedär* = eig. Ordnung, Reihenfolge) ein und dehnte diese Einteilung dann auch auf die übrigen Teile des Alten Testaments aus. In L sind die Anfänge der Sedarim durch ein an den Rand gesetztes ס markiert und in einzelnen Büchern (Jos, Ri, Ps[2], Hi, Prov, Dan, Esr-Neh, Chr) durchnummeriert. In Babylonien kannte man für die synagogale Lesung statt dessen eine Einteilung des Pentateuch in Paraschen (*pārāšā* = Abschnitt), die in der Regel umfangreicher sind als die Sedarim und die später auch in Palästina übernommen wurden. In L sind die Anfänge dieser Paraschen durch ein an den Rand gesetztes פרש gekennzeichnet. — Aber auch abgesehen von den Erfordernissen der liturgischen Lesung ist der Text (außer in dem schon genügend

[1] Ich erwähne hier zunächst nur die Dinge, die in BHK³, also in L, vorkommen.

[2] Im Psalter steht diese Sedarim-Einteilung in keinem Verhältnis zu der Einteilung in die traditionellen 5 Bücher, auf die übrigens in L nicht Bezug genommen wird.

gegliederten Psalter) in Sinnabschnitte zerlegt worden, die man ebenfalls Paraschen nannte und die schon zur Zeit der Mischna bekannt waren. Größere Einschnitte bezeichnete man durch das Beginnen einer neuen Zeile, kleinere durch das Freilassen eines Zwischenraumes auf der Zeile[1]; später ließ man statt dessen nur einen kleinen Zwischenraum und setzte in diesen bei größeren Einschnitten ein פ (= *peṯûḥā*, d. h. „offene [Parasche]"), bei kleineren ein ס (= *seṯûmā*, d. h. „geschlossene [Parasche]"); so auch in L[2]. — Unsere Kapiteleinteilung hingegen kannte der massoretische Text noch nicht. Sie ist erst im 14. Jahrh. n. Chr. aus der christlichen Vulgata übernommen worden, mit ihr dann auch die Zweiteilung der Bücher Sam, Kön, Chr und in ihrem Rahmen später die Durchnummerierung der Verse.

2. Der massoretische Text hat nun aber eine längere Vorgeschichte gehabt (über neue Handschriftenfunde dazu vgl. A. Diez Macho, Vetus Testamentum Suppl. 4 [1957] S. 27—46). Man nimmt im allgemeinen wohl mit Recht an, daß der Konsonantentext, den wir jetzt lesen, um 100 n. Chr. in seiner endgültigen Form bereits festgelegt war und von da ab mit peinlicher Sorgfalt weitertradiert wurde. Die rabbinische Literatur setzt bei Bibelzitaten diesen Text voraus; und das gleiche gilt für einige im 2. Jahrh. n. Chr. entstandene Übersetzungen (s. u. S. 287). Das besagt natürlich nicht, daß nicht auch weiterhin noch in Einzelheiten abweichende Textformen bekannt blieben und überliefert wurden. Ja noch im 12. Jahrh. n. Chr. scheint ein in England lebender Scholastiker namens Odo einen hebräischen Text des Alten Testaments gekannt zu haben, der nicht nur ein vormassoretisches Vokalisationssystem, sondern auch einen vom massoretischen abweichenden Konsonantentext (zitiert in BHK[3] mit V(ar)O) aufwies (vgl. J. Fischer, BZAW 66 [1936] S. 198 bis 206). Aber in solchen Fällen handelt es sich offenbar um Seitentriebe abseits von der eigentlichen Linie der Textüberlieferung.

Die Vorgeschichte des massoretischen Textes betrifft zunächst vor allem die Punktation. Die Untersuchungen von Kahle haben gezeigt, daß die Durchsetzung der Textbearbeitung der Ben Ascher nur deren Sieg über verschiedene andere vorhandene Systeme war. Durch Ben Ascher ist einmal die allerdings nahe verwandte und gleichzeitige und ebenfalls tiberiensische Textbearbeitung der Ben Naphtali verdrängt worden, die freilich auch ihrerseits handschriftlich noch eine Zeitlang weiter überliefert wurde und in einigen Punkten später in den textus receptus eingedrungen ist (s. o. S. 271). Über die Besonderheiten des Textes der Ben Naphtali sowie über die vorhandenen Handschriften, die diesen Text bieten und zu denen der 1105 n. Chr. geschriebene und jetzt in Karlsruhe befindliche Codex Reuchlinianus (Prophetenkodex)

[1] So beispielsweise auch der neu gefundene Jesajatext von Qumran (s. u.).

[2] Schon die talmudische Zeit kannte bei poetischen Texten das Absetzen der Reihen in den Handschriften. Die Gliederung der poetischen Stücke in BHK beruht aber nicht auf Tradition, sondern stammt von den jeweiligen Bearbeitern.

gehört, vgl. KAHLE, M. d. W. II S. 45*—68*[1]. — Das von diesen beiden Textbearbeitungen angewandte tiberiensische Punktationssystem war aber nur der Ersatz für ein älteres, unvollkommeneres, supralineares[2] Punktationssystem, das in einer Reihe von Handschriften des 6. bis 9. Jahrh.s n. Chr. vorliegt, die teils Fragmente von Bibeltexten, teils nach einem bestimmten Abkürzungssystem geschriebene biblische Stücke, teils auch liturgische Texte enthalten (vgl. KAHLE, M. d. W. I S. 23—36. 77—89. 1*—66*. א—כז und Taf. 1—16; II S. 14*—45*. 66—95 und Taf. 7—11). Auch das palästinische Pentateuchtargum (vgl. KAHLE, M. d. W. II S. 1*—13*. 1—65; A. DIEZ MACHO, Vetus Testamentum Suppl. 7 [1960] S. 222—245) liegt in Handschriften vielfach noch mit dieser „palästinischen" Punktation vor (vgl. KAHLE a. a. O. II Taf. 1. 6). Dieses supralineare palästinische Punktationssystem, mit dem das samaritanische Punktationssystem verwandt ist und das seinerseits im 5. Jahrh. n. Chr. in Anlehnung an die damals aufkommende Punktation syrischer Texte entstanden zu sein scheint (vgl. KAHLE a. a. O. I S. 51 ff.), war freilich in seiner Vokalbezeichnung noch unvollkommen und ist daher später durch das mit reiflicher Überlegung geschaffene tiberiensische ersetzt worden. Textvarianten aus palästinisch punktierten Handschriften werden in BHK³ mit V(ar)^{pal} zitiert.

Der Sieg der Textbearbeitung der Ben Ascher und damit des tiberiensischen Punktationssystems bedeutete aber zugleich auch das Verdrängen der Bearbeitungen des Bibeltextes, wie sie Jahrhunderte hindurch in Babylonien, ebenfalls einem Zentrum jüdischer Siedlung und Gelehrsamkeit in den nachchristlichen Zeiten, geschaffen worden waren. Die babylonischen Schriftgelehrten unterscheidet man als „die Massoreten des Ostens" (BHK³: Or) von den palästinischen als „den Massoreten des Westens" (BHK³: Occ). In Babylonien war ein dem palästinischen wahrscheinlich verwandtes, ebenfalls supralineares Punktationssystem im Gebrauch, das im Laufe der Zeit ausgestaltet und entwickelt worden ist, so daß man eine ältere „einfache" und eine spätere „komplizierte" babylonische Punktation unterscheidet. Die babylonische Punktation fordert in allerlei Einzelheiten eine etwas andere Aussprache des Hebräischen als die tiberiensische; sie scheint beispielsweise die doppelte, explosive und spirantische, Aussprache der בגדכפת ebensowenig zu kennen wie auch das ältere palästinische System, sondern für die nicht verdoppelten בגדכפת die einheitliche spirantische Aussprache vorauszusetzen. Daraus ergibt sich, daß das tiberiensische System zwar im großen ganzen der mündlich überlieferten Aussprache des Hebräischen

---

[1] Zu den Ben-Naphtali-Handschriften, die schon auf dem Wege zum textus receptus stehen, gehören die (früheren) Erfurter Handschriften, von denen drei in BHK³ mit Var $^{E\,1.\,2.\,3.}$ zitiert werden (Genaueres bei KAHLE a. a. O. S. 54*—56*. Taf. 13).

[2] Die die Vokale wiedergebenden Zeichen stehen durchweg über den Konsonanten.

folgt, in manchen Einzelheiten aber wohl künstlich konstruiert ist. — Handschriften mit babylonischer Punktation, die zum großen Teile wieder aus der Geniza der Synagoge von Alt-Kairo stammen, hat P. Kahle in M. d. O. 1913 veröffentlicht und bearbeitet. In ZAW NF 5 (1928) S. 113—137 + Taf. 1—70 bietet Kahle ein Verzeichnis der vorhandenen Bibeltextfragmente mit babylonischer Punktation, das in BHK³ S. XXX—XXXIII noch vervollständigt ist; dabei bezeichnet er mit E die etwa aus dem 7. Jahrh. n. Chr. stammenden Handschriften mit einfacher und mit K die dem 8./9. Jahrh. zuzuschreibenden Handschriften mit komplizierter Punktation und deutet mit den zugesetzten Buchstaben a, b und c an, ob das betreffende Fragment aus der Thora, den Nebiim oder den Ketubim stammt. In dieser Weise, mit Ea 1 usw., werden die Handschriften auch in BHK³ zitiert. Es hat übrigens auch in Babylonien verschiedene Massoretenschulen gegeben, von denen vor allem die in den Orten Nehardea und Sura (die Massoreten der letzteren Schule [Soraei] werden in BHK³ unter dem Siglum Sor zitiert) bekannt sind.

Der babylonische Bibeltext wurde schließlich nicht nur durch den westlichen verdrängt, so daß er bis zu den Funden der letzten Jahrzehnte etwa ein Jahrtausend lang im wesentlichen verschollen gewesen ist, sondern in die späten babylonisch punktierten Handschriften ist bereits das tiberiensische massoretische System eingedrungen, so daß sie nur noch teilweise Zeugen der babylonischen Textüberlieferung sind; dies gilt beispielsweise von dem berühmten Petersburger Prophetenkodex, der im Jahre 916 n. Chr. geschrieben worden ist und in einer großen Faksimile-Ausgabe von H. L. Strack (Prophetarum posteriorum Codex Babylonicus Petropolitanus [Petersburg 1876]) herausgegeben wurde (in BHK³ werden seine Varianten zitiert unter dem Siglum V(ar)^{P}).

Durch das in neuer Zeit möglich gewordene Eindringen in die Vorgeschichte und Geschichte der massoretischen Arbeit haben die großen alten Variantensammlungen zum hebräischen Bibeltext, die im großen ganzen die spätmittelalterlichen Handschriften mit dem textus receptus verarbeiten, nämlich B. Kennicott, Vetus Testamentum Hebraicum cum variis lectionibus 1776—1788 (in BHK³ zitiert mit MS(S)^{Ken} oder V(ar)^{Ken}) und G. B. de Rossi, Variae lectiones Veteris Testamenti 1784—1788, an Bedeutung verloren, ebenso auch ältere Ausgaben des hebräischen Textes (zitiert in BHK³ mit Var^{B}, V(ar)^{F}, V(ar)^{G}, V(ar)^{J}, V(ar)^{M}, Var^{S} und V(ar)^{W}; vgl. BHK³ S. XXVIII).

3. Der der massoretischen Arbeit zu Grunde gelegte Konsonantentext war wahrscheinlich um 100 n. Chr. endgültig fixiert (s. o. S. 273), und zwar in der Form, in der wir ihn heute noch lesen. Die nach dem Fall von Jerusalem im Jahre 70 n. Chr. und dem dadurch bedingten Aufhören des gesamten Tempelkultes sich konstituierende rabbinische Synagoge hat sich um die überlieferte heilige Schrift gesammelt und hat ihr in Kanon und Text alsbald eine abschließend gültige Gestalt gegeben und ihrer Pflege eine peinliche Sorgfalt gewidmet. Die in neuerer Zeit

aufgefundenen vormassoretischen Bibeltexte, die bis in das 6. Jahrh. n. Chr. zurückgehen, bieten hinsichtlich des Konsonantentextes nur wenig nennenswerte Varianten, ebenso wie die Fülle der mittelalterlichen hebräischen Handschriften, da sie auf den schon vorher fixierten Konsonantentext zurückgehen. Die meisten Varianten sind orthographischer Art und betreffen geringfügige formale Unterschiede. Daß jedoch der um 100 n. Chr. fixierte Konsonantentext nicht einfach mit dem Urtext identisch war, sondern eine Textbearbeitung darstellte, hinter der eine längere Textüberlieferung mit allerlei Veränderungen und Entstellungen des Urtextes lag, das ist von vornherein wahrscheinlich.

Einen Einblick in ein Stück Vorgeschichte des hebräischen Konsonantentextes gewährt nun der Handschriftenfund aus den Höhlen am Toten Meer. Im Sommer 1947 wurden in einer Höhle nahe dem Fuße des Gebirgsaufstiegs am nordwestlichen Ende des Toten Meeres in der Umgebung der Ruinenstätte *chirbet kumrān* von Beduinen große Krüge mit Handschriftenrollen gefunden, die dann teilweise zunächst in den Besitz des syrischen Markus-Klosters in Jerusalem und teilweise in den Besitz der hebräischen Universität in Jerusalem gelangten. Die zunächst in syrischen Besitz übergegangenen Rollen wurden den American Schools of Oriental Research zur Publikation überlassen, und drei von diesen vier Rollen wurden unter dem Titel The Dead Sea Scrolls of St. Mark's Monastery ed. by M. Burrows (Vol. I: The Isaiah Manuscript and the Habakkuk Commentary [1950]; Vol. II, 2: Plates and Transcription of the Manual of Discipline [1951]) publiziert. Nachdem auch dieser Teil des Fundes inzwischen durch Verkauf in den Besitz der hebräischen Universität Jerusalem übergegangen ist, ist auch die vierte Rolle teilweise veröffentlicht worden von N. Avigad and Y. Yadin, A Genesis Apocryphon. A Scroll from the Wilderness of Judaea (1956). Die drei Rollen, die sogleich zu Beginn in den Besitz der hebräischen Universität gelangten, sind herausgegeben worden von E. L. Sukenik, אוצר המגילות הגנוזות = Osar ham-Megilloth hag-Genuzoth (1954). Nach dem ersten Fund sind dann auch in weiteren Höhlen derselben Gegend Handschriftenfunde gemacht worden; und auch bei einer im Jahre 1949 durch R. de Vaux und L. Harding vorgenommenen genaueren Untersuchung des ersten Fundortes (nunmehr „Höhle 1" genannt) kamen noch kleine und kleinste Fragmente von Handschriften zum Vorschein, auch von biblischen Handschriften mit Stücken aus den Büchern Gen, Ex, Lev, Num, Dtn, Ri u. a. (veröffentlicht von D. Barthélemy und J. T. Milik mit Beiträgen von R. de Vaux, G. M. Crowfoot, H. J. Plenderleith und G. L. Harding in dem Band: Discoveries in the Judaean Desert I. Qumran Cave I [1955]). Als ergiebig erwiesen, auch an biblischen Texten, hat sich dann vor allem „Höhle 4", die im unmittelbaren Bereich von *chirbet ḳumrān* liegt (von den hier gefundenen Texten ist bisher nur einiges, und zwar verstreut, veröffentlicht worden), sowie „Höhle 11" (über die Handschriften aus dieser Höhle ist noch nichts Konkretes bekannt). Eine vorläufige Übersicht über die in den genannten Höhlen ans Licht gekommenen Handschriftenfragmente findet sich in RB 63 (1956) S. 49—67[1].

Der Handschriftenfund wird verschieden benannt. Anfangs sprach man gern — und auch heute ist das noch vielfach üblich — von den „Handschriften vom Toten Meer"; aber diese Bezeichnung ist sehr allgemein und nicht gerade sehr treffend. Eine Zeitlang bevorzugte man — besonders in englischsprachiger Literatur — eine nicht eben sehr sachgemäße Benennung nach der einige Kilometer südlich der Fundhöhlen unterhalb des markanten Vorgebirges des *rās feschcha* gelegenen Quelle *'ēn feschcha* („die Handschriften von Ain Feshkha"). Mehr und mehr gewöhnt man sich jetzt an eine Bezeichnung nach der im unmittelbaren Bereich der Fundhöhlen auf einer Mergelterrasse am Fuß der Gebirgswand über dem Uferstreifen am Nordwestrande des Toten Meeres gelegenen Ruinenstätte *chirbet ḳumrān* („Qumran"), und zwar mit sachlichem Recht; denn die Bewohner von *chirbet ḳumrān* waren offenbar die Besitzer der in den benachbarten Höhlen versteckten Handschriften. Danach bürgert sich jetzt auch folgendes System für die Kennzeichnung der einzelnen Stücke dieses großen Fundkomplexes ein. Vor den Buchstaben „Q", der die Gesamtheit des Handschriftenfundes der Gegend von *chirbet ḳumrān* angibt, wird die Nummer der betreffenden Höhle gesetzt, in der das Stück ans Licht gekommen ist, und dahinter wird mit einem Siglum der Inhalt der betreffenden Handschrift angedeutet; mehrere Handschriften derselben Höhle mit dem gleichen Inhalt werden durch kleine Indexbuchstaben voneinander unterschieden. Beispiele: $1QIs^a$ = die in der „ersten" Höhle der Umgebung von *chirbet ḳumrān* („Qumran") gefundene Handschrift des Buches „Jesaja" (lateinisch „Isaias" bzw. englisch „Isaiah"), und zwar die erste (vollständige) der beiden in dieser Höhle aufgetauchten Jesaja-Handschriften; 1QpHab = die in der „ersten" Höhle von *chirbet ḳumrān* gefundene Handschrift des sogenannten „Habakkuk-Kommentars" (hebräisch *päschär Ḫᵃbaḳḳūḳ* = „Erklärung des Habakkuk"); $4QSam^b$ = die wegen ihres Alters bemerkenswerte (s. u.) Samuel-Handschrift, die in der „vierten" Höhle von *chirbet ḳumrān* entdeckt wurde, und zwar die „zweite" von zwei an derselben Stelle aufgefundenen Samuel-Handschriften. Die einzelnen Stellen der Handschriften werden dann mit

[1] Im Winter 1951/52 glückte ein weiterer Handschriftenfund in einer schwer zugänglichen Höhle am Rande des steilen *wādi murabba'āt*, etwa 18 km südsüdwestlich von *chirbet ḳumrān* und etwa 25 km südöstlich von Jerusalem, etwas abseits von der Westküste des Toten Meeres. Geschichtlich haben diese Handschriften mit denen von *chirbet ḳumrān* nicht unmittelbar etwas zu tun. Es haben sich aber auch hier Fragmente von biblischen Texten gefunden (Pentateuch, Jes, vor allem umfangreiche Bruchstücke einer Zwölfprophetenbuchhandschrift), und zwar aus der ersten Hälfte des 2. Jahrh.s n. Chr. (veröffentlicht von P. Benoit, J. T. Milik und R. de Vaux mit Beiträgen von G. M. Crowfoot, E. Crowfoot und A. Grohmann in dem Band: Discoveries in the Judaean Desert II. Les grottes de Murabba'ât. Texte et Planches [1961]).

Kolumne (römische Ziffer) und Zeile (arabische Ziffer) genau bezeichnet[1].

Der Handschriftenfund von „Qumran“ ist in verschiedener Hinsicht von Bedeutung. Er hat bereits eine schier unübersehbare wissenschaftliche Literatur hervorgerufen; daraus seien hier als neuere wichtige Werke von allgemeiner Bedeutung genannt M. Burrows, The Dead Sea Scrolls (1955; deutsche Übersetzung unter dem Titel „Die Schriftrollen vom Toten Meer“ 1957); ders., More Light on the Dead Sea Scrolls (1958; deutsche Übersetzung unter dem Titel „Mehr Klarheit über die Schriftrollen“ 1958); Fr. M. Cross jr., The Ancient Library of Qumran and modern Biblical Studies (1958; ² 1961); A. Dupont-Sommer, Les écrits esséniens découverts près de la mer Morte (1959; deutsche Übersetzung unter dem Titel „Die essenischen Schriften vom Toten Meer“ 1960); H. Bardtke, Die Handschriftenfunde am Toten Meer (1952 und 1958); J. Hempel, Weitere Mitteilungen über Text und Auslegung der am Nordwestende des Toten Meeres gefundenen hebräischen Handschriften (Nachr. d. Ak. d. Wiss. in Göttingen I. Phil.-hist. Kl. Jahrgang 1961 Nr. 10). Es hat sich herausgestellt, daß die Handschriften von „Qumran“ zur „Bibliothek“ einer sektenartigen jüdischen Gruppe gehört haben, die auf *chirbet ḳumrān* ihre Niederlassung hatte und die aller Wahrscheinlichkeit nach mit den durch Josephus, Plinius den Älteren und Philo von Alexandria bekannten „Essenern“, wenn nicht identisch, so doch nahe verwandt war. Diese „Bibliothek“ enthielt Abschriften des Textes alttestamentlicher Bücher (zu nennen sind vor allem die beiden großen Jesaja-Handschriften aus Höhle 1, die eine vollständig, die andere nicht mehr vollständig erhalten) sowie Abschriften nicht biblischer Literaturwerke, die zum speziellen religiösen Schrifttum der Gruppe gehörten. Eine Mittelstellung nehmen die Kommentare zu alttestamentlichen Büchern ein, in denen in kleinen Abschnitten der Text des betreffenden alttestamentlichen Buches zitiert wird, um dann jeweils abschnittsweise mit einer „Erklärung“ *(päschär)* versehen zu werden (das am besten erhaltene Beispiel ist der „Habakkuk-Kommentar“ zu Hab 1 und 2 aus Höhle 1). Dabei handelt es sich fast durchweg um Lederhandschriften (nur einige wenige Papyri haben sich gefunden), die aus entsprechend bearbeiteten und dann zusammengenähten Lederstücken bestanden. Sie wurden in nebeneinanderstehenden Kolumnen beschrieben und zu Buchrollen zusammengerollt. Die meisten auch der nicht biblischen Schriften sind in hebräischer Sprache verfaßt; nur einiges ist aramäisch. Die meisten Handschriften sind in hebräischer Quadratschrift geschrieben (vgl. o. S. 200); nur weniges, nämlich vor allem die kleinen Fragmente von Handschriften der Bücher Lev und Num aus Höhle 1, weist einen Typus althebräischer Schrift auf, der an die Schrift der Ostraka von Lachis (vgl. o. S. 197) erinnert.

[1] Die Texte aus der Höhle im *wādi murabbaʿāt* (vgl. die vorige Anm.) werden zitiert mit dem Siglum „Mur“; Mur 88 ist die genannte Zwölfprophetenbuchhandschrift.

Viel erörtert worden ist die Frage des Alters der Handschriften von „Qumran“. Verschiedenheiten in der Schriftart zeigen, daß nicht alle Handschriften gleichzeitig sind; immerhin gehören offenbar alle in einen ungefähr abgrenzbaren Zeitraum. Man hat zunächst — mit Recht — eine paläographische Datierung der Handschriften versucht, obwohl sicher datierbares Vergleichsmaterial nicht gerade in großer Fülle zur Verfügung steht. Bei den ersten Datierungsversuchen hat der schon länger bekannte, jetzt in Cambridge befindliche Papyrus Nash (veröffentlicht zuerst von St. A. Cook, PSBA 25 [1903] S. 34—56) eine Rolle gespielt, den W. F. Albright in einer eingehenden Untersuchung (JBL 56 [1937] S. 145—176) mit Wahrscheinlichkeit in die zweite Hälfte des 2. Jahrh.s v. Chr. datiert hatte und dessen Schrift sich als der der Qumran-Handschriften nahestehend erwies. Inzwischen hat sich, obwohl von manchen Seiten noch bestritten, der Beginn des jüdischen Aufstandes von 66—70 n. Chr. so gut wie sicher als terminus ad quem für die Handschriften herausgestellt. Von den Krügen aus Höhle 1, in denen einige der Handschriften gefunden wurden, haben sich Gegenstücke in den Ruinen von *chirbet ḳumrān* gefunden; und die Ausgrabungen auf *chirbet ḳumrān* (vgl. o. S. 123) haben erwiesen, daß die in Frage kommende Schicht der Ruinen nur bis zum Beginn des jüdischen Aufstandes besiedelt gewesen ist. Es spricht alle Wahrscheinlichkeit dafür, daß die Bewohner von *chirbet ḳumrān*, die Angehörigen jener „essenischen“ Sekte, vor den Wirren des jüdischen Aufstandes die Schätze ihrer „Bibliothek“ in den benachbarten Höhlen versteckt haben. Zu fragen aber bleibt, wie alt die einzelnen Handschriften damals schon waren, als man sie in den Höhlen verbarg. Die Aufstellung einer auch nur relativen Chronologie für die verschiedenen Handschriften und Handschriftenfragmente ist von vielen diffizilen Einzelbeobachtungen abhängig und darum einigermaßen schwierig, zumal nicht mit einer einlinigen Entwicklung, sondern mit einem Nebeneinander von besonderen Schriftarten (formale Buchhandschrift, mehr oder weniger kursive Handschriften) zu rechnen ist (vgl. die ausführliche Erörterung bei Fr. M. Cross jr., The Bible and the Near East. Essays in Honor of William Foxwell Albright [1961] S. 133—202). Auch das Nebeneinander von Quadratschrift und althebräischer Schrift will beachtet sein. Daß die in letzterer Schrift geschriebenen Handschriften für besonders alt zu halten seien, ist nicht ohne weiteres sicher; es ist durchaus die Möglichkeit in Rechnung zu stellen, daß etwa die zuerst kanonisch gewordene Thora (Pentateuch) noch weiter in der althebräischen Schrift abgeschrieben wurde, während man gleichzeitig anderweitig sich der Quadratschrift zu bedienen pflegte[1]. Von den in Quadratschrift geschriebenen Handschriften scheint besonders alt zu sein eine in einigen Fragmenten vorliegende Handschrift der Samuelbücher bzw. des ersten Samuel-

---

[1] In einigen sonst in Quadratschrift geschriebenen Handschriften erscheint jeweils der Gottesname bzw. das Wort Gott in althebräischer Schrift.

buches aus Höhle 4, die von FR. M. CROSS jr., The oldest Manuscripts from Qumran (JBL 74 [1955] S. 147—172) auf Grund einer sorgfältigen paläographischen Untersuchung in das letzte Viertel des 3. Jahrh.s v. Chr. datiert wird, sowie eine ebenfalls bruchstückhafte Jeremia-Handschrift aus Höhle 4, die nur wenig jünger zu sein scheint und die CROSS auf etwa 200 v. Chr. ansetzt. Sollte das einigermaßen richtig sein, dann wären die Qumran-Handschriften wahrscheinlich im Laufe eines Zeitraums von mehr als zwei Jahrhunderten entstanden.

Im hiesigen Zusammenhang interessieren die Abschriften von alttestamentlichen Büchern und außerdem die „Kommentare", da diese ja auch den zu kommentierenden alttestamentlichen Text jeweils wörtlich zitieren. Es liegen hier also alttestamentliche Texte vor, die um viele Jahrhunderte älter sind als alles, was vorher an Handschriften mit hebräischem alttestamentlichem Bibeltext bekannt war. Die Qumran-Handschriften gestatten daher Einblicke in die vormassoretische Frühgeschichte des alttestamentlichen Textes. Sie bieten einen reinen Konsonantentext noch ohne jede Punktation. Teilweise machen sie einen sehr ausgiebigen, wenn auch nicht konsequenten Gebrauch von den „matres lectionis" für die Andeutung der Vokale. Sie zeigen noch Elemente eines älteren, vormassoretischen Hebräisch. Auch über die Schreibgewohnheiten alter Abschreiber von Bibeltexten (Worttrennung, Zeilenumbruch, Absätze, Spatien u. dgl.) geben sie interessante Aufschlüsse (vgl. dazu sehr eingehend und ausführlich M. MARTIN, The scribal character of the Dead Sea Scrolls I. II [1958]). Was den Wortlaut des Textes anlangt, so weisen sie weniger Abweichungen vom späteren massoretischen Text auf, als man vielleicht hätte erwarten können. Immerhin bieten sie zahlreiche Varianten und führen damit in jene Vorgeschichte des Konsonantentextes hinein, bevor dieser um 100 n. Chr. definitiv festgelegt wurde. Gelegentlich stimmen diese Varianten überein mit alten Übersetzungen des Alten Testaments, besonders mit der Septuaginta. Die Stellung der verschiedenen Qumran-Handschriften in der vormassoretischen Textgeschichte bedarf noch eingehender Untersuchungen.

4. Als wohl gegen Ende der persischen Zeit die samaritanische Gemeinde mit Sichem als Zentrum und dem Heiligtum auf dem Garizim (vgl. Joh 4 20 f.) sich von der Jerusalemer Kultgemeinde trennte, behielt sie die damals schon kanonisch gewordene Thora (= Pentateuch) als heilige Schrift bei. Darum gibt es eine Textüberlieferung des hebräischen Pentateuch auch im Rahmen der samaritanischen Gemeinde. Auf Grund spätmittelalterlicher Handschriften, die sich in verschiedenen Bibliotheken Europas und Amerikas finden, ist dieser Text herausgegeben worden durch A. v. GALL, Der hebräische Pentateuch der Samaritaner (1914—1918). Im Besitze der heute allein noch übrig gebliebenen und schon sehr zusammengeschmolzenen samaritanischen Gemeinde in *nāblus*, der Nachfolgerin des alten Sichem (über sie vgl. P. KAHLE, Die Samaritaner im Jahre 1909 [PJB 26 (1930) S. 89—103], auch J. JEREMIAS, Die Passahfeier der Samaritaner [BZAW 59 (1932)]), befinden sich

jedoch Pentateuchhandschriften, die noch älter sind, vor allem eine dort streng gehütete, nicht genau datierbare, aber vermeintlich die oben S. 271f. aufgeführten massoretischen Handschriften an Alter noch übertreffende Pentateuchrolle, über deren Geschichte P. KAHLE in BZAW 33 (1918) S. 247—260 einige Mitteilungen gemacht hat. Die samaritanischen Handschriften sind in einer selbständig aus dem althebräischen Alphabet (s. o. S. 196f.) abgeleiteten Buchschrift geschrieben (Beispiele bei M. GASTER, The Samaritans [The Schweich Lectures 1923 (1925)] Pl. 7—14; vgl. auch GOETTSBERGER a. a. O. Taf. III, 3), neben der es eine in den aus nachchristlicher Zeit stammenden samaritanischen Steininschriften aus Palästina vorliegende samaritanische Lapidarschrift und außerdem eine für den täglichen Gebrauch verwendete samaritanische Kursive (Beispiele bei GASTER a. a. O. Pl. 6. 15) gab und noch gibt. Die samaritanischen Pentateuchhandschriften sind im großen ganzen unvokalisiert und haben nur ein eigenes ausgebildetes Interpunktionssystem und übrigens auch eine besondere Parascheneinteilung (vgl. oben S. 272f.).

Die mehreren Tausend Varianten, die der samaritanische Pentateuchtext (BHK³ Siglum: ﬞ) gegenüber dem massoretischen Text des Pentateuch aufweist, sind zum größten Teil orthographischer Art oder betreffen stilistische Kleinigkeiten; sachliche Varianten beruhen teilweise auf dogmatischen Korrekturen, so daß die Zahl der sachlich bedeutsamen Varianten, für die eine von der des 𝔐 abweichende Überlieferungsgrundlage angenommen werden kann, recht gering ist (Beispiele dafür sind die Zahlensysteme in Gen 5 und 11; vgl. den Apparat in BHK). Man muß daher fragen, ob die vormassoretisch rabbinische und die samaritanische Geschichte des Konsonantentextes im Pentateuch auch nach der kultischen Trennung der beiden Gemeinden ganz unabhängig voneinander verlaufen sind, so daß die Übereinstimmungen beider Textrezensionen uns nicht ohne weiteres sicher in die Zeit vor jener Trennung zurückführen. Die Tatsache, daß es unter den mittelalterlichen massoretischen Handschriften eine Gruppe gibt, die, wie J. HEMPEL, ZAW NF 11 (1934) S. 254—274 am Beispiel des Deuteronomiums ausführlich nachgewiesen hat, in vielen Einzelheiten mit dem Text des Samaritanus zusammengeht, könnte für länger dauernde Beziehungen zwischen den beiderseitigen Textüberlieferungen sprechen.

§ 44. Übersetzungen in andere Sprachen

a) Übertragungen in das Aramäische. Als zur Zeit des Perserreiches in Vorderasien das Aramäische die offizielle Amtssprache und mehr und mehr eine weit verbreitete Volkssprache geworden war (s. o. S. 203f.) und so auch von der nachexilischen Gemeinde in Palästina und in großen Teilen der Diaspora als solche gesprochen wurde, womit zugleich das Hebräische allmählich in die Rolle einer heiligen und gelehrten Sprache zurückgedrängt wurde, ergab sich das Bedürfnis, im synagogalen Gottesdienst den verlesenen hebräischen Text anschließend noch in die jedermann verständliche aramäische Sprache zu übertragen. Dieses Übertragen (hebr.-aram.: *targem*) erfolgte durch einen Dolmetscher (hebr.-aram.: [*m^e*]*turg^emān*[*ā*]; davon unser „Dragoman"). Von hier aus ist es verständlich, daß diese nur mündlich und zunächst aus dem Stegreif gebotenen Übertragungen von Fall zu Fall verschieden ausfielen, ferner daß bei dieser mündlichen Übertragung mancherlei im Urtext altüberlieferte, aber später aus Scheu vor dem Heiligen in der religiösen Sprache verpönte Ausdrücke wie Anthropomorphismen in Aussagen über Gott vermieden und durch Umschreibungen ersetzt wurden, endlich daß alte und später nicht mehr ohne weiteres verständliche Formulierungen und Namen (besonders geographische Namen) zur Erklärung durch „moderne" Bezeichnungen ersetzt und daß überhaupt allerlei erklärende Zusätze gemacht wurden. Diese Übertragungen sollten ja nicht exakte Übersetzungen in dem Sinne sein, daß durch sie der Urtext entbehrlich würde; dieser Urtext wurde nach wie vor verlesen und nur durch die Übertragung allen verständlich gemacht.

Gewiß bildeten sich bald bestimmte feste Traditionen für den Wortlaut dieser Übertragungen heraus, und schließlich hat man diesen Wortlaut auch schriftlich fixiert. Auf diese Weise entstanden die aramäischen sog. Targume (hebr.-aram.: *targūm*[*ā*] = „Übersetzung"), und zwar entweder so, daß in den für die synagogale Lesung gebrauchten Handschriften dem hebräischen Urtext Vers für Vers das aramäische Targum hinzugefügt wurde, oder so, daß ganze Handschriften ausschließlich für das aramäische Targum angefertigt wurden. Bei der Wichtigkeit der Thora (des Pentateuch) für die synagogale Lesung ist es wahrscheinlich, daß zunächst das Pentateuchtargum schriftlich fixiert wurde. In der Tat haben die Schätze der Geniza der Synagoge von Alt-Kairo (s. o. S. 269) uns in Überresten auch ein altes palästinisches Pentateuchtargum beschert (herausgegeben von P. Kahle, Masoreten des Westens II [1930] S. 1*—13*. 1—65. Taf. 1—6), das nach Ausweis des Alters der erhaltenen Handschriftenreste noch im 7.—9. Jahrh. n. Chr. in Palästina in Gebrauch war, aber gewiß Jahrhunderte früher bereits schriftlich fixiert worden ist (BHK^3 zitiert mit $\mathfrak{T}^P$). Die erhaltenen Reste stammen von sieben verschiedenen Targumhandschriften; und das doppelte Vorkommen zweier alttestamentlicher Abschnitte in zweien von den zufällig erhaltenen Handschriftenresten zeigt zugleich, daß die Fassungen des Targums in den verschiedenen Handschriften stark auseinander gingen. Neuerdings ist eine weitere Fassung des palästinischen Pentateuchtargums in einer vatikanischen Handschrift entdeckt worden (vgl. A. Diez Macho, Vetus Testamentum Suppl. 7 [1960] S. 222—245). Das Entstehen des Targums aus dem mündlichen Vortrag erklärt leicht die Tatsache, daß es in verschiedenen Gestalten schriftlich festgelegt wurde. — Von da aus ist es aber auch erklärlich, daß die Entwicklung des Targums ständig weiterging, daß vor allem das im Targum enthaltene Element der Paraphrasierung und Erklärung des Urtextes sich weiter entfaltete und daß das damit zugewachsene Material abermals schriftlich aufgezeichnet wurde. In diesem Sinne bildet das sog. Targum Jerušalmi (II)[1] bzw. „Fragmententargum“ (BHK³: $\mathfrak{T}^{J\,II}$) eine Weiterentwicklung und Ergänzung des alten palästinischen Pentateuchtargums (hrsg. von M. Ginsburger, Das Fragmententargum (Targum jeruschalmi zum Pentateuch) [1899]). — Auch zu den Propheten und den Ketubim hat sich in der rabbinischen Überlieferung targumisches Material erhalten, das ähnlicher Entstehung und ähnlicher Art war wie das beschriebene Pentateuchtargum. Allerlei Material zu den Propheten in babylonischer Punktation und Überlieferung ist — neben solchem zum Pentateuch — veröffentlicht bei A. Merx, Chrestomathia Targumica (Porta linguarum orientalium VIII) 1888 (BHK³: $\mathfrak{T}^{M}$), Material zu einzelnen Büchern bei Fr. Praetorius, Das Targum zu Josua in jemenischer Überlieferung 1899 und Targum zum Buch der Richter in jemenischer Überlieferung 1900 (BHK³: $\mathfrak{T}^{Pr}$), das Material zu den Ketubim bei P. de Lagarde, Hagiographa Chaldaice 1873 (BHK³: $\mathfrak{T}^{L}$).

Nachträglich sind die Targume wenigstens zum Pentateuch und zu den Propheten im Sinne einer Vereinheitlichung des mehr oder weniger wild gewachsenen targumischen Stoffes redigiert und in dieser redigierten Fassung für maßgebend erklärt worden. Das offizielle Pentateuchtargum der späteren Zeit war das konventionell so genannte Targum Onkelos (BHK³: $\mathfrak{T}^{O}$), das diesen Namen freilich vielleicht zu Unrecht führt, da er nur auf einer mißverstandenen rabbinischen Überlieferung über den griechischen Übersetzer Aquila (s. u. S. 287) und einer Wiedergabe des Namens Aquila in der Form Onkelos zu beruhen scheint. Das Targum Onkelos stammt aus der palästinischen Targumtradition, ist aber etwa im 4./5. Jahrh. n. Chr. in Babylonien im Kreise der dortigen Schriftgelehrten redigiert und damit festgelegt worden. Es setzt im wesentlichen bereits den hebräischen massoretischen Text voraus und ist später in seinem Ansehen so gestiegen, daß es mit einer babylonischen Massora versehen wurde, als ob es selbst ein heiliger Text wäre (hrsg. von A. Berliner, Targum Onkelos herausgegeben und erläutert, 2 Bde. [1884]). Obwohl das Targum Onkelos zum offiziellen Pentateuchtargum erklärt wurde, hat man in Palästina noch im 7.—9. Jahrh. n. Chr. das alte Pentateuchtargum gebraucht (s. o. S. 282), und außerdem hat man sich im sogenannten Targum Pseudo-Jonathan (BHK³: $\mathfrak{T}^{J}$)[2] in Palästina etwa um dieselbe Zeit ein Targum geschaffen, das das offizielle Targum Onkelos mit dem altüberlieferten bodenständigen palästinischen Pentateuchtargum kombinierte, das daher besonders stark mit erklärendem Stoff durchsetzt ist (hrsg. von M. Ginsburger, Pseudo-Jonathan [1903]). — Auch das Targum zu den Propheten ist redigiert und in dieser offiziellen Form überliefert worden unter dem Namen

---

1 Über das Targum Jerušalmi I vgl. die nächste Anm.

2 Der Name Targum (Pseudo-)Jonathan beruht auf einer falschen Auflösung der Abkürzung ת׳ י׳, die vielmehr *targum jerušalmi* (= „Jerusalemer Targum“) bedeuten soll. Man unterscheide daher besser dieses Targum als Targum Jerušalmi I von dem (älteren) Targum Jerušalmi II (zu letzterem s. o.).

Targum Jonathan. Es ist wohl etwa gleichzeitig mit dem Targum Onkelos festgelegt worden und galt in Palästina und Babylonien als maßgebend; nach dem Codex Reuchlinianus (s. o. S. 273), der es enthält, ist es von P. de Lagarde, Prophetae Chaldaice (1872) herausgegeben worden (BHK^3: $\mathfrak{T}^{L}$)[1]. — In der bei Bomberg in Venedig 1524/25 gedruckten hebräischen Bibel (s. o. S. 271) ist auch das Targum in seiner im späten Mittelalter üblichen Form abgedruckt (BHK^3: $\mathfrak{T}^{B}$). In den großen Polyglotten des 16. und 17. Jahrh.s, jenen vielsprachigen Bibelausgaben, die den Urtext und dazu parallel die verschiedenen alten Übersetzungen in den damals landläufigen Textfassungen abdruckten, erscheinen die Targume in verschiedener Auswahl; der Targumtext der reichhaltigsten dieser Polyglotten, der sog. Londoner Polyglotte (1654 bis 1657 von Brian Walton herausgegeben, daher auch „Waltonsche Polyglotte"), wird in BHK^3 unter dem Siglum $\mathfrak{T}^{W}$ zitiert.

Auch die Samaritaner besaßen zu ihrem hebräischen Pentateuch eine Übertragung in das in Palästina als Volkssprache gesprochene Aramäisch, also ein samaritanisches Targum (BHK^3: $\sim^{T}$), das ebenfalls in recht verschiedenen Fassungen schriftlich fixiert war. Jedenfalls weisen die überlieferten Texte und die erhaltenen Handschriften und Handschriftenfragmente des samaritanischen Pentateuchtargums starke Abweichungen voneinander auf (Genaueres bei P. Kahle, ZA 16 [1901] S. 79—101; 17 [1902] S. 1—22; ZDMG 61 [1907] S. 909 — 912).

b) Übersetzungen in das Griechische. Für die griechisch sprechende jüdische Diaspora der Mittelmeerwelt machte sich, je mehr dieser die Kenntnis des Hebräischen völlig verloren ging, eine Übersetzung des alttestamentlichen Textes in das Griechische notwendig, sowohl für die synagogale Lesung wie für den privaten Gebrauch. Insoweit stellen die Übersetzungen des Alten Testaments in das Aramäische und in das Griechische parallele Erscheinungen dar. Doch ist es nicht ganz sachgemäß, neben das aramäische Targum die Übersetzung in das Griechische einfach als „das griechische Targum" zu stellen (so z. B. A. Sperber, OLZ 32 [1929] Sp. 533—540); denn auf griechischem Sprachgebiet lagen die Verhältnisse doch anders als auf aramäischem. Während das Aramäische dem Hebräischen nahe verwandt war und daher auf aramäischem Sprachgebiet der Urtext des Alten Testaments wohl fremd, aber nicht völlig unverständlich wurde, es auch noch immer genügend Leute gab, die in der Lage waren, im synagogalen Gottesdienst die mündliche Übertragung des hebräisch gelesenen Textes in die aramäische Volkssprache vorzunehmen, ohne auf eine schriftlich fixierte Übersetzung in das Aramäische angewiesen zu sein, lagen die Dinge in der griechisch sprechenden Diaspora anders. Denn hier scheint es in der hellenistischen Zeit bald überhaupt an Leuten gefehlt zu haben, die das

[1] Ein Blatt des Codex Reuchlinianus wird bei B. Stade, Geschichte des Volkes Israel I (1887) als Beilage hinter S. 32 in Faksimile dargeboten; hier folgt auf den hebräischen Text Vers für Vers das Targum. Zur Art des Prophetentargums vgl. A. Sperber, ZAW NF 4 (1927) S. 267—288.

Hebräische auch nur korrekt zu lesen imstande waren. Daher hat man anscheinend für die synagogale Lesung des hebräischen Urtextes, an der festgehalten wurde, hebräische Texte in griechischer Transskription geschaffen, die mechanisch vorgelesen werden konnten, ohne daß der Vorlesende oder die Zuhörenden das Hebräische noch richtig und genau verstanden; denn so weit dürfte FR. WUTZ, Die Transkriptionen von der Septuaginta bis zu Hieronymus (BWAT NF 9 [1925/1933]), bes. S. 123ff., im Rechte sein, daß die aus christlicher Zeit überlieferten Spuren griechischer Transskriptionen des hebräischen alttestamentlichen Textes (s. auch unten S. 293) auf Transskriptionstexte zurückgehen, die nicht späterer gelehrter Spielerei, sondern dem praktischen Bedürfnis nach Lesbarmachung des hebräischen Urtextes oder wenigstens nach Festlegung der Aussprache des Konsonantentextes ihre Entstehung verdankten und daß dieses Bedürfnis am ehesten in den Diasporasynagogen auf griechischem Sprachgebiet in hellenistischer Zeit sich ergeben mußte. Bedurfte es aber solcher Hilfsmittel schon für die bloße Lesung des hebräischen Textes, so war für sein Verständnis erst recht eine Übersetzung in das Griechische nötig, auf Grund deren der verlesene hebräische Text im Synagogengottesdienst dann in der jedermann verständlichen Sprache dargeboten werden, die zugleich auch dem privaten Schriftstudium dienen konnte. Angesichts der wohl sehr dürftig gewordenen Kenntnis des Hebräischen im griechischen Sprachgebiet ist hier kaum wie im Bereich des Aramäischen mit von Fall zu Fall frei vorgetragenen Übertragungen der hebräischen Textlesung in das Griechische zu rechnen, die zunächst sehr vielgestaltig gewesen und erst erheblich später in verschiedenen Fassungen schriftlich fixiert worden wären, wie es bei den aramäischen Targumen der Fall war. Hier werden wir vielmehr von Anfang an schriftlich fixierte griechische Übersetzungen anzunehmen haben, die nicht lediglich Übertragungen und Erläuterungen des nur mangelhaft verstandenen hebräischen Textes waren, sondern wirkliche und möglichst genaue Wiedergaben des Urtextes, also Übersetzungen im strengen Sinne, sein mußten.

In der Tat ist im 3. vorchristlichen Jahrh. im ägyptischen Alexandria, der Hauptstadt des Ptolemäerreiches (s. o. S. 238) und zugleich dem Sitz der größten und wichtigsten griechisch sprechenden Diasporagemeinde, zunächst die Thora (der Pentateuch) in das Griechische übersetzt worden; die Übersetzung der übrigen Teile des Alten Testaments ist erst später gefolgt. Der pseudepigraphe sog. Aristeasbrief (der griechische Text herausgegeben von P. WENDLAND, Aristeae ad Philocratem epistula [1900], auch bei H. B. SWETE, An Introduction to the Old Testament in Greek [1900] S. 499—574; Übersetzung und kurze Erklärung von P. WENDLAND bei E. KAUTZSCH, Die Apokryphen und Pseudepigraphen des Alten Testaments [1900] II S. 1—31, und bei R. H. CHARLES, The Apocrypha and Pseudepigrapha of the Old Testament in English [1913] II S. 83—122) bietet von der Entstehung dieser Übersetzung eine Legende, die offenbar die Genauigkeit und Autorität einer bestimmten, zur Entstehungszeit des Aristeasbriefes (etwa um 100 v. Chr.) in Alexandria verbreiteten griechischen Übersetzung als der ursprünglichen und echten erweisen soll (vgl. dazu P. Kahle, The Cairo Geniza [²1959] S. 209ff.). Zu diesem Zwecke wird erzählt, wie 72 Gelehrte, die durch den König Ptolemaios II. Philadelphos aus Jerusalem nach Alexandria gerufen worden waren, an 72 Tagen gleichzeitig das Übersetzungswerk durchführten und sich auf einen bestimmten Wortlaut jeweils einigten, der nunmehr als verbindlich galt. Von dieser Legende aus hat die alexandrinische griechische Übersetzung des Alten Testaments den Namen „die (Übersetzung) der Siebzig", „Septuaginta", erhalten, und schon in der altchristlichen Kirche wird sie als οἱ ο' = „die Siebzig" zitiert (vgl. Origenes s. u. S. 293ff.). Im großen ganzen ist uns die Überlieferungsgeschichte der Septuaginta erst bekannt aus der Zeit, als sie sich im Bereich der christlichen Kirche abspielte (darüber s. u. § 45). Doch befinden sich unter den zahlreichen aufsehenerregenden Papyrusfunden, die uns der Boden Ägyptens in der letzten Zeit beschert hat, auch zwei Dokumente zur vorchristlichen Geschichte der Septuaginta. 1917 erwarb R. Harris aus Ägypten Stücke sog. Mumienkartonnage (aus gebrauchten Papyrusblättern durch Aufeinander- und Zusammenkleben hergestellter Einwickelungsmasse für Mumien) für die John Rylands Library in Manchester. Darin befanden sich, wie sich nunmehr herausgestellt hat, einige Fetzen einer nach Ausweis des Schriftcharakters um die Mitte des 2. vorchristlichen Jahrhunderts beschriebenen Papyrusrolle mit fragmentarischen Stücken der griechischen Deuteronomiumübersetzung (Dtn 23 24—24 3 25 1-3 26 12. 17-19 27 15 28 31-33 und zwei ganz kleine noch nicht eingereihte Stücke). Wieviel vom Pentateuch die vollständige Rolle einmal enthalten hat, ist natürlich unbekannt. Diese Stücke, die auf ihrer freien Rückseite noch sekundär beschriftet worden sind, ehe sie zur Herstellung von Mumienkartonnage verwandt wurden, tragen jetzt die Bezeichnung P. Ryl. Gk. 458 und sind veröffentlicht worden von C. H. Roberts, Two Biblical Papyri in the John Rylands Library Manchester 1936. Daneben steht aus etwa der gleichen Zeit der Papyrus Fouad No. 266 im Besitz der Société Royale de Papyrologie du Caire, der Teile der griechischen Übersetzung von Dtn 31 28—32 7 enthält (veröffentlicht von W. D. Waddell, Journal of Theological Studies 45 [1944] S. 158 bis 161). Diese in schöner und deutlicher Schrift geschriebenen Papyrusfragmente sind überaus wichtig nicht nur als die einzigen Zeugnisse für die vorchristliche Septuaginta, die von der Anfertigung der Pentateuchübersetzung nur um etwa ein Jahrhundert getrennt sind, sondern auch deswegen, weil sie im großen ganzen schon denselben griechischen Übersetzungstext darbieten, der uns dann aus der christlichen Septuagintaüberlieferung bekannt ist[1].

[1] Der Pap. Fouad 266 ist dadurch bemerkenswert, daß hier der Gottesname inmitten des griechischen Textes in hebräischer Schrift erscheint, und zwar eingetragen von einer anderen Hand als der Hand des Schreibers des griechi-

Nachdem die Septuaginta in die christliche Kirche als die von dieser gebrauchte Form des Alten Testaments übergegangen war, aus deren Text heraus sie ihre Schriftbeweise führte, geriet sie in der Synagoge in Mißkredit, und so wurden für die Bedürfnisse der griechisch sprechenden jüdischen Diasporagemeinden neue griechische Übersetzungen des Alten Testaments geschaffen. Wichtig wurde vor allem die Übersetzung des Aquila (BHK³: A), eines zum Judentum übergetretenen Griechen, der um die Mitte des 2. Jahrh.s n. Chr. das Alte Testament streng wörtlich in das Griechische übersetzte, und zwar so wörtlich, daß er ganz groteske Verunstaltungen der griechischen Sprache im Interesse der Wörtlichkeit nicht scheute und so eigentlich nur eine mechanische Umsetzung des Hebräischen in griechische Worte vornahm. Aber gerade um dieser Wörtlichkeit willen war seine Übersetzung im Judentum sehr angesehen. Fragmente der Übersetzung des Aquila aus dem 6. Jahrh. n. Chr. hat wiederum die Geniza der Synagoge von Alt-Kairo geliefert (vgl. F. C. Burkitt, Fragments of the books of Kings according to the translation of Aquila [1897] und C. Taylor, Hebrew-Greek Cairo Genizah palimpsests from the Taylor-Schechter collection [1901]). Im übrigen hat später Origenes den Aquila für seine textkritische Arbeit an der Septuaginta mit benutzt, und so sind Bruchstücke der Übersetzung des Aquila auch innerhalb der erhaltenen Reste dieser Arbeit überliefert (s. u. S. 293ff.). — Ebenfalls aus der Mitte des 2. Jahrh.s n. Chr. stammt die Revision der Septuaginta durch Theodotion (BHK³: Θ), der nach altchristlicher Überlieferung auch ein zum Judentum übergetretener Grieche gewesen wäre. Doch war seine Septuagintarevision auch in der alten Kirche geschätzt, und das Buch Daniel erscheint in den meisten christlichen Septuagintahandschriften in der Übersetzung des Theodotion. Sonst sind Fragmente dieser Übersetzung wiederum nur im Zusammenhang mit der Textarbeit des Origenes erhalten. — Am wenigsten Sicheres bekannt ist über die Person und Übersetzungsarbeit des Symmachos (BHK³: Σ), der Anfang des 3. Jahrh.s n. Chr. das Alte Testament in gutes Griechisch übertrug und nach altchristlicher Überlieferung gleichfalls ein übergetretener Jude gewesen wäre. Auch seine Übersetzungsarbeit hat Origenes benutzt, und so haben sich einige Überreste davon erhalten[1]. Mit dem Verschwinden des hellenisierten Diasporajudentums in der alten Welt verloren diese für Juden bestimmten Über-

---

schen Textes, der anscheinend das hebräische Tetragramm zu schreiben nicht in der Lage war und daher an den betreffenden Stellen eine Lücke ließ (Pap. Ryl. Gk. 458 enthält nirgends den Gottesnamen).

[1] Auch die Samaritaner haben eine griechische Übersetzung ihres Pentateuch gehabt, das von Origenes wiederholt zitierte Σαμαρειτικόν, von dem Reste in einer Handschrift aus dem 4. Jahrh. n. Chr. in Ägypten gefunden worden sind (vgl. P. Glaue und A. Rahlfs, Fragmente einer griechischen Übersetzung des samaritanischen Pentateuchs [Mitteilungen des Septuaginta-Unternehmens 2 (1911)]).

setzungen des Alten Testaments in das Griechische ihre Existenzgrundlage. Daher sind sie fast völlig verschollen.

c) Eine Übersetzung in das Syrische? In der ersten Hälfte des 1. Jahrh.s n. Chr. war nach Josephus, Ant. XX 2, 1ff. (§ 17ff. ed. NIESE) das Fürstenhaus des vom Partherreich abhängigen kleinen Staates Adiabene auf der Ostseite des mittleren Tigris zum Judentum übergetreten und stand in lebhaften Beziehungen zu Jerusalem. In diesem Gebiet wurde ein ostaramäischer Dialekt gesprochen, und es ist möglich, daß diese Fürsten damals für sich und ihre Untertanen wenigstens die Thora in ihren ostaramäischen Dialekt haben übersetzen lassen, während die Targume in westaramäischer Sprache abgefaßt waren. Die Tatsache, daß die später für die syrische Kirche hergestellte Übersetzung des Alten Testaments in das ostaramäische Syrisch (s. u. S. 300ff.) deutliche Beziehungen zu einer Vorstufe des palästinischen Pentateuchtargums aufweist (vgl. A. BAUMSTARK, BZ 19 [1931] S. 257ff.), spricht dafür, daß es schon eine wenigstens teilweise jüdische Übersetzung des Alten Testaments in das Ostaramäische (Syrische) gegeben hat.

Zweites Kapitel

DIE ÜBERLIEFERUNG DES TEXTES IN DER CHRISTLICHEN KIRCHE

§ 45. Der alttestamentliche Text in der östlichen Kirche

Nach dem Zurücktreten und bald völligen Verschwinden des judenchristlichen Elements in der Urkirche war die Sprache dieser Kirche zunächst griechisch, und im weiteren Verlauf der Kirchengeschichte ist das Griechische die Sprache der Reichskirche in der östlichen Hälfte der Mittelmeerwelt geblieben und ist noch heute für deren Überreste die Sprache ihrer Bibel und ihres Kultus. Daher hat diese Kirche auch das Alte Testament in dieser Sprache gelesen und daneben das Neue Testament in seiner griechischen Urgestalt gestellt. Jedoch hat die Kirche keine eigene Übersetzung des Alten Testaments in ihre griechische Sprache geschaffen, sondern hat die einzige im 1. nachchristlichen Jahrhundert vorhandene griechische Übersetzung ihrerseits übernommen, die für die jüdischen Diasporagemeinden griechischer Zunge hergestellte alexandrinische Übersetzung, die Septuaginta (s. o. S. 285f.), und diese auch später nicht durch eine andere eigene Übersetzung, die allgemeine Bedeutung erhalten hätte, ersetzt. Darum ist die Geschichte des alttestamentlichen Textes in der östlichen Kirche einfach die Geschichte der Septuaginta (BHK³: 𝔊), und umgekehrt ist die Geschichte der Septuaginta, soweit sie uns bekannt ist, fast ausschließlich ihre Geschichte innerhalb der östlichen Kirche (mit nur ganz wenigen Ausnahmen; s. o. S. 286). Die Bedeutung, die damit die Septuaginta unmittelbar für die östliche Reichskirche und mittelbar auch für die übrigen Kirchen des Altertums und Mittelalters (s. u. § 46. 47) gehabt hat, erklärt es, daß sie — zusammen mit dem griechischen Neuen Testament — überaus häufig abgeschrieben worden ist und daß bis heute sehr zahlreiche Handschriften sich erhalten haben (zu dieser alt- und neutestamentlichen „griechischen Bibel", ihrer Vorgeschichte und Nachgeschichte vgl. auch FR. G. KENYON, The Text of the Greek Bible [²1948; deutsche Übersetzung unter dem Titel „Der Text der griechischen Bibel" ²1961). Schon die von R. HOLMES und J. PARSONS, Vetus Testamentum Graecum cum variis lectionibus (1798—1827), hergestellte Variantensammlung zum Septuagintatext (BHK³: 𝔊^(Holmes-)Parsons) zählt 311 von ihnen verglichene Handschriften, die hier einfach durchnummeriert werden; und in der großen Handschriftenliste von A. RAHLFS, Verzeichnis der griechischen Handschriften des Alten Testaments (Nachr. v. d. Kgl. Ges. d. Wiss. zu Göttingen. Phil.-hist. Kl. 1914. Beiheft) erscheinen ungefähr 2000 Nummern, wobei freilich auch kleine Fragmente und Handschriften einzelner Bücher mitgezählt sind. Über die Beschaffenheit der Handschriften selbst, deren älteste aus Lagen von Papyrusblättern bestehen und deren repräsentabelste große Pergamentcodices sind, während das Papier erst im Mittelalter aufkam, über die Schriftarten, d. h. über das Schreiben mit „großen Buchstaben", „Majuskeln" bzw. „Unzialen", das bis in das frühe Mittelalter hinein üblich war, und das Aufkommen der Kursivschrift in sog. „Minuskeln" im 9. Jahrh. n. Chr., vgl. Genaueres bei KNOPF-LIETZMANN-WEINEL, Einführung in das Neue Testament (⁵1949) S. 26ff.

1. Während man noch vor einiger Zeit als älteste christliche Septuagintahandschriften Papyrusfragmente aus dem 3. Jahrh. n.Chr. kannte[1], sind inzwischen größere Papyrushandschriften in umfangreicheren Teilen bekannt geworden, die teilweise bis in das 2. Jahrh. n. Chr. hinaufreichen. Vor wenigen Jahrzehnten tauchten im Antikenhandel in Kairo Papyri auf, die wahrscheinlich aus den Ruinen einer christlichen Kirche oder eines christlichen Klosters im *fajjūm* (südwestlich von Kairo) stammen. Ein großer Teil davon wurde von dem Engländer Chester Beatty erworben, während andere Teile nach Amerika gekommen sind. Nach dem Hauptbesitzer aber pflegt man den gesamten Fund kurz die Chester-Beatty-Papyri (BHK³: 𝔊^Beatty) zu nennen. Es handelt sich um größere Teile von im ganzen 12 Handschriften, die teilweise noch aus dem 2., teilweise erst aus dem 3. und 4. Jahrh. n. Chr. stammen. In diesen Handschriften ist das Neue Testament in großem Umfang vertreten, das Alte mit mehr oder weniger umfangreichen Teilen von Gen, Num, Dtn, Jes, Jer, Ez, Esth, Dan, JesSir. Veröffentlicht wurden diese Texte durch F. G. KENYON, The Chester Beatty Biblical Papyri I—VII [1933—1937]). Ein Teil der nach Amerika gelangten Stücke dieses Fundes ist veröffentlicht durch A. C. JOHNSON, H. S. GEHMAN, E. H.

[1] Vgl. dazu BL. J. ROBERTS a. a. O. S. 146f.

Kase, The John H. Scheide Biblical Papyri: Ezekiel (Princeton University Studies in Papyrology 3 [1938]).

Mit dem 4. Jahrh. n. Chr. beginnt dann die Zeit der uns erhaltenen großen Pergamenthandschriften, von denen der Codex Vaticanus, Sinaiticus und Alexandrinus die ältesten und bekanntesten sind, deren erste beide aus dem 4. Jahrh. n. Chr. stammen. Der Codex Vaticanus (Signatur: Cod. Vat. Gr. 1209, in BHK mit $\mathfrak{G}^{B}$, auch sonst jetzt allgemein mit dem Buchstaben B bezeichnet) enthält mit einigen Lücken den ganzen griechischen Bibeltext; im Alten Testament fehlen (und sind in der Handschrift erst im 15. Jahrh. im Vatikan ergänzt worden) die Abschnitte Gen 1 1—46 28 und Ps 105 27—137 6; das Buch Daniel erscheint im Theodotion-Text (s. o. S. 287). Beschreibung der Handschrift bei A. Rahlfs, Verzeichnis der griechischen Handschriften des Alten Testaments S. 258ff.; Faksimile-Ausgabe der ganzen Handschrift in Phototypie: Codices e Vaticanis selecti phototypice expressi IV (Bibliorum SS. Graecorum Codex Vaticanus gr. 1209) 1904—1907. Die Herkunft des Codex (Ägypten ?) ist nicht sicher bekannt. — Der Codex Sinaiticus, z. T. im Mai 1844 und im übrigen 1859 von Tischendorf im Katharinenkloster auf dem Sinai entdeckt, wird in BHK mit $\mathfrak{G}^{\aleph}$, in der Septuagintaausgabe von Swete (s. u. S. 299) mit ℵ, von Rahlfs und in der Septuagintaausgabe von Brooke-McLean (s. u. S. 299) mit S bezeichnet. Die 1844 entdeckten 43 Blatt kamen in die Leipziger Universitäts-Bibliothek (Sign.: Cod. Gr. 1 [Cod. Friderico-Augustanus]), die übrigen später in die Kais. Öff. Bibliothek in Petersburg; die letzteren sind 1933 von dort nach London verkauft worden (Sign.: Brit. Mus. Add. 43725). Der Codex, schon ursprünglich nicht ganz vollständig, ist in seinem alttestamentlichen Teil (das Neue Testament bietet er vollständig) nur in Teilen erhalten; vom Pentateuch nur Gen 23 19—24 46 und Num 5 26 bis 7 20 (beide mit Lücken), ferner I Chr 9 27 — 19 17 Esr-Neh von Esr 9 9 an, Esth, Tob, Jud (mit Lücke), I und IV Macc, Jes, Jer, Thren 1 1-2 20 Jo—Mal, Ps, Prov, Koh, Cant, Sap Sal, JesSir, Hi. Beschreibung bei Rahlfs a. a. O. S. 96. 226ff.; Faksimile-Ausgabe: H. and K. Lake, Codex Sinaiticus . . . now reproduced in facsimile from photographs (1922). $\mathfrak{G}^{\aleph}$ ist von mehreren Händen nachträglich korrigiert worden, die man mit c(orrector) a, b, c (BHK³: $\mathfrak{G}^{\aleph\,c.a.}$ usw.) bezeichnet. Die Heimat des Codex ist in Ägypten oder in Caesarea Palaestinae zu suchen. — Der Codex Alexandrinus (BHK³: $\mathfrak{G}^{A}$, auch sonst allgemein jetzt mit dem Buchstaben A bezeichnet) befindet sich im British Museum in London (Sign.: Royal MS 1 D V—VIII); er stammt etwa aus der Mitte des 5. Jahrh.s n. Chr., und zwar wahrscheinlich aus Ägypten (sein Name kommt allerdings nur daher, daß er im Mittelalter der Patriarchats-Bibliothek von Alexandria gehört hat). Er enthält die ganze Bibel nahezu vollständig; im Alten Testament fehlen an größeren Stücken nur die Abschnitte I Sam 12 17—14 9 sowie Ps 49 20—79 11 (nach Septuagintazählung), das Buch Daniel hat den Theodotion-Text. Beschreibung der Handschrift bei Rahlfs a. a. O. S. 114ff.; Faksimile-Ausgabe: The

Codex Alexandrinus (Royal MS 1 D V—VIII) in reduced photographic facsimile (Part I—III [1909—1936]).

Weiterhin seien in chronologischer Ordnung nur noch diejenigen Septuagintahandschriften kurz besprochen, die im textkritischen Apparat von BHK³ gelegentlich aufgeführt werden (zu den übrigen vgl. jeweils RAHLFS a.a.O.). — Ob die in BHK³ mit 𝔊 Pap Lond und von SWETE und RAHLFS mit U bezeichneten Teile eines aus Ägypten stammenden Papyrusbuches, die (nach Septuagintazählung) Ps 10 2—18 6 20 14 bis 34 6 enthalten und jetzt im British Museum in London (Sign.: Pap 37) sich befinden, noch in das 4. Jahrh. n. Chr. gehören oder jünger sind, ist fraglich (vgl. dazu RAHLFS a. a. O. S. 111 f.). — Aus dem 4./5. Jahrh. n. Chr. stammt der Codex Colberto-Sarravianus (BHK³: 𝔊G, auch sonst jetzt allgemein mit G bezeichnet); er befindet sich jetzt z. T. in Leiden (Univ.-Bibl. Sign.: Voss. graec. in qu. 8) und z. T. in Paris (Bibl. Nat. Grec 17), und ein Blatt hat die Öff. Bibl. in Leningrad (Cod. Gr. 3). Er enthält Gen 31—Ri 21 mit allerlei Lücken (vgl. RAHLFS S. 94 f. 195. 221). — Der Codex Ambrosianus (BHK³: 𝔊F, auch sonst jetzt allgemein mit F bezeichnet) liegt in Mailand in der Biblioteca Ambrosiana (Sign.: A 147 inf.), stammt aus dem 5. Jahrh. n. Chr. und enthält Gen 31—Jos 12 mit allerlei Lücken (vgl. RAHLFS S. 125). — Ebenfalls dem 5. Jahrh. gehört an der eine[1] Codex Freer (BHK³: 𝔊Θ, BROOKE-McLEAN: Θ, RAHLFS: W) mit der Signatur Washington Smithsonian Institution Freer Gallery I; er bietet Dtn und Jos mit Lücken (vgl. RAHLFS S. 312). — Der Codex Ephraemi Syri rescriptus (BHK³ mit 𝔊C, auch sonst allgemein mit C bezeichnet) ist eine jetzt in Paris (Bibl. Nat. Grec 9) liegende Palimpsesthandschrift, d. h. ein nach Auslöschen der ersten Beschriftung für eine neue Beschriftung wieder benutzter Codex; 𝔊C, der übrigens auch das Neue Testament bietet (vgl. dazu KNOPF-LIETZMANN-WEINEL a. a. O. S. 36 f.), ist im Mittelalter mit der griechischen Übersetzung von Werken des syrischen Theologen Ephraem (über ihn vgl. RGG³ 2 [1958] Sp. 522) beschrieben worden (daher sein Name); ursprünglich war er eine griechische Bibelhandschrift des 5. Jahrh.s n. Chr. gewesen, deren ausgelöschte Schrift noch hat entziffert werden können. Vom Alten Testament erhalten sind Reste von Hi, Prov, Koh, Cant, SapSal, JesSir (vgl. RAHLFS S. 193 f.). — Nicht zu verwechseln mit den mit D bezeichneten bekannten Handschriften des Neuen Testaments ist der jetzt allgemein mit D (BHK³: 𝔊D) bezeichnete Codex Cottonianus Geneseos, der in Fragmenten den Septuagintatext der Genesis enthält und dem 5./6. Jahrh. n. Chr. angehört. Die meisten Fragmente der 1731 durch Feuer zerstörten Handschrift liegen im British Museum in London (Sign.: Cott. Otho B. VI), einige auch in Bristol im Baptist College (vgl. RAHLFS S. 36 f. 107 f.). — Sämtliche Prophetenschriften enthält der in der vatikanischen Bibliothek (Sign.:

[1] Es gibt in Washington noch einen weiteren, etwas jüngeren Codex Freer mit Teilen des Psalters (vgl. BL. J. ROBERTS a. a. O. S. 158).

Vat. gr. 2125) befindliche, aus dem 6. Jahrh. stammende Codex Marchalianus (BHK: $\mathfrak{G}^{Q}$, auch sonst jetzt allgemein Q); vgl. Rahlfs S. 273. — Der Codex Coislinianus (BHK^3: $\mathfrak{G}^{M}$, auch sonst jetzt allgemein M) ist eine jetzt in Paris (Bibl. Nat. Coisl. 1) liegende Handschrift des 7. Jahrh.s, die Gen. 1—I Kön 8 (mit größeren Lücken) bietet (vgl. Rahlfs S. 183f.). — Aus dem Kloster *mār sāba* südöstlich von Jerusalem wurde 1844 und 1859 von Tischendorf mitgebracht die in BHK^3 mit $\mathfrak{G}^{K}$ und auch sonst allgemein mit K bezeichnete Handschrift, deren Bibeltext aus dem 7./8. Jahrh. stammt und die 885/86 n. Chr. mit arabischen Texten neu beschriftet wurde; sie ist aus dem Privatbesitz Tischendorfs teils in die Leipziger Universitäts-Bibliothek („Cod. Lipsiensis", Sign.: Gr. 2 [Tischendorf II]) und teils nach Petersburg in die damalige Kais. Öff. Bibl. (Gr. 26) gekommen und enthält mit großen Lücken Num—Ri (vgl. Rahlfs S. 96ff. 222). — Teils im Vatikan (Vat. gr. 2106 [Basil 145]) und teils in Venedig (Biblioteca Naz. Marciana Gr. 1) befindet sich eine das ganze Alte Testament (mit großen Lücken und ohne Psalter) bietende Septuagintahandschrift des 8. Jahrh.s, die Rahlfs (S. 270ff. 306) im ganzen mit V bezeichnet, während man früher die beiden Teile als Codex Basiliano-Vaticanus (N, BHK^3: $\mathfrak{G}^{N}$) und Codex Venetus (V, BHK^3: $\mathfrak{G}^{V}$) gesondert benannte. — Mit $\mathfrak{G}^{\Gamma}$ (Swete: Γ, Rahlfs: 393) wird in BHK^3 die Palimpsesthandschrift Codex rescriptus Cryptoferratensis bezeichnet, die im 13. Jahrh. neu beschriftet wurde und deren erste teilweise entzifferte Beschriftung den Septuagintatext der Propheten aus dem 8. Jahrh. bietet; sie befindet sich jetzt in Grottaferrata im Albanergebirge (Sign.: A γ XV), und zu derselben Handschrift gehören noch 4 jetzt im Vatikan (Vat. gr. 1658) liegende Blätter (vgl. Rahlfs S. 75. 264). — Erst dem 9./10. Jahrh. gehört an der sog. Codex Bodleianus Geneseos (BHK^3: $\mathfrak{G}^{E}$, Swete und Brooke-McLean: E, Rahlfs: 509), dessen Teile Tischendorf 1853 und 1859 vermutlich vom Sinai mitgebracht hat. Wie sein Name sagt, befindet er sich in Oxford, Bodleian Library (Sign.: Auct. T. inf. 2. 1). Zur gleichen Handschrift gehören jedoch 1 Blatt in Cambridge, Univ. Libr. (Add. 1879. 7), 16 Blätter im British Museum in London (Add. 20002) und 146 Blätter in der Öff. Bibl. in Leningrad (Gr. 62), und danach handelt es sich nicht nur um eine Genesishandschrift, sondern um einen Codex, dessen erhaltene Teile Gen 1 $_1$—I Kön 16 $_{28}$ mit allerlei Lücken umfassen (vgl. Rahlfs S. 41. 105. 166f. 223).

Weitere Septuagintahandschriften werden im Apparat von BHK^3 entweder mit sonstigen Indexbuchstaben (diese beziehen sich dann auf das Bezeichnungssystem in der Ausgabe von Brooke-McLean) oder mit Indexzahlen (bezüglich auf die Bezifferung der Handschriften bei Holmes-Parsons)[1] zitiert; zu der ersteren Gruppe gehört auch der mit $\mathfrak{G}^{W}$ bezeichnete Codex Atheniensis (Brooke-McLean: w, Rahlfs: 314), eine Handschrift des 13. Jahrh.s in Athen (Nat.-Bibl. 44) mit den historischen Büchern, Esth, Jud, Tob (vgl. Rahlfs S. 6).

[1] Eine Synopse der verschiedenen Bezeichnungssysteme findet sich bei Rahlfs a. a. O. S. 335ff.

2. Die Erforschung der Septuaginta in deren Rolle entweder als Teils der Bibel der östlichen Kirche oder als eines Zeugen des alttestamentlichen Textes hat nun vor allem die Fülle der vorhandenen Handschriften zu Familien und Gruppen zusammenzuordnen. Als die christliche Kirche die alexandrinische Übersetzung übernahm, lag diese offenbar in einer Überlieferung mit vielerlei Varianten vor, die teils auf versehentlichen Textentstellungen, teils auf mancherlei absichtlichen Änderungen aus stilistischen oder dogmatischen Gründen beruhten; das zeigen schon die im Neuen Testament enthaltenen alttestamentlichen Zitate, die vielfach von dem uns überlieferten Septuagintatext abweichen. Dieses Auseinandergehen in mannigfachen Varianten hat sich in den ersten christlichen Jahrhunderten wohl eher noch vermehrt als vermindert. Um der dadurch entstandenen Textverwirrung ein Ende zu machen, hat man im 3. und Anfang des 4. Jahrh.s n. Chr. verschiedene Versuche gemacht, den Septuagintatext zu revidieren und endgültig festzulegen, d. h. man hat bestimmte maßgebende Textrezensionen geschaffen. Nach einer Angabe des Hieronymus (in Praefatio in librum Paralipomena [Migne, Patrologia Latina 28 Sp. 1392f.]) habe man zu seiner Zeit die Septuaginta in Ägypten nach der Rezension des Hesychius, in dem Gebiet zwischen Konstantinopel und Antiochien nach der des Märtyrers Lukian gelesen, während man in Palästina die von Origenes ausgearbeitete und von Pamphilus und Eusebius verbreitete Septuagintatextform benutzt habe (Wortlaut dieser Angabe abgedruckt bei Goettsberger, Einleitung S. 444 Anm. 1).

Die textkritische Arbeit des Origenes war ein großes gelehrtes Werk. Um nicht nur den Septuagintatext aus seiner eigenen Überlieferung heraus zu rezensieren, sondern ihn auch mit dem hebräischen Urtext zu vergleichen und in Übereinstimmung zu bringen und um so dem Judentum in seiner Auseinandersetzung mit der Kirche den Vorwand zu nehmen, daß die Kirche sich auf eine ungenaue und entstellende Übersetzung des Alten Testaments stütze, hat Origenes in der Mitte des 3. Jahrh.s n. Chr. in Caesarea Palaestinae die umfangreichen Werke der „Tetrapla" und der „Hexapla" (τὰ τετραπλᾶ bzw. τὰ ἑξαπλᾶ = „das vierfältige bzw. sechsfältige Werk") geschaffen, indem er in dem ersteren neben den Septuagintatext zum Vergleich die späteren griechischen Übersetzungen des Aquila, Theodotion und Symmachos (s. o. S. 287f.) stellte, während er in dem letzteren auch den hebräischen Text des Alten Testaments mit heranzog und so in 6 Kolumnen nebeneinander abschrieb: 1. den hebräischen Urtext in hebräischen Konsonanten, 2. eine Transskription des hebräischen Textes in griechische Buchstaben[1], 3. den Aquilatext, 4. den Symmachostext, 5. den Septuagintatext, 6. den Theodotiontext[2]; anmerkungsweise hat er auch noch

[1] Über das Aufkommen solcher Transskriptionstexte vgl. oben S. 285. Origenes folgte in dieser Kolumne gewiß einer überlieferten Transskription.

[2] Meist nimmt man an, daß die Tetrapla ein späterer (verbesserter) Auszug aus dem größeren Werk der Hexapla seien, in dem Origenes nur die für seinen

gelegentlich anderweitige Textzeugen beigezogen[1]. Auf Grund dieser Zusammenstellung hat Origenes den Septuagintatext mit Hilfe der in der alexandrinischen philologischen Gelehrsamkeit üblichen sog. aristarchischen Zeichen (eingeführt von Aristarch Ende des 3. Jahrh.s v. Chr.) bearbeitet, indem er Zusätze der Septuaginta gegenüber dem hebräischen Text durch einen vorgesetzten Obelos (—, ÷ u. ä.; BHK: ob) kennzeichnete und Lücken in der Septuaginta gegenüber dem Urtext in der Regel nach dem Theodotiontext auffüllte und diese Auffüllungen mit dem Asteriskus (·⁜· u. ä.; BHK: ast) versah und indem er jeweils das Ende eines solchen obelisierten oder asterisierten Stückes durch einen Metobelos (⋌ u. ä.) markierte. Im übrigen hat er nötigenfalls die Worte des Septuagintatextes nach dem Urtexte umgestellt und abweichende Lesarten des Urtextes mit Asteriskus neben die — dann obelisierte — überlieferte Septuagintalesart gestellt oder auch den überlieferten Septuagintatext stillschweigend nach dem Urtext korrigiert, so daß durch seine Arbeit eine neue Septuagintarezension entstand, die man die hexaplarische zu nennen pflegt (BHK: $\mathfrak{G}^h$, Orig bzw. Hex).

Dieses gelehrte Riesenwerk, das eine Fülle textkritischen Materials enthielt, ist begreiflicherweise, wenn überhaupt, so nicht eben häufig im ganzen abgeschrieben worden und daher leider nicht mehr erhalten. Nur kleine Fragmente sind noch bekannt. So hat G. Mercati in einer Mailänder Palimpsesthandschrift auf Pergament (Sign.: Bibl. Ambr. O. 39; vgl. Rahlfs, Verzeichnis S. 130f.) unter der späteren Beschriftung Hexaplafragmente in einer Minuskel des 10. Jahrh.s n. Chr. entdeckt und darüber zunächst in Atti d. R. Accademia delle Scienze di Torino 31 (1895/96) S. 655—676 berichtet. Eine Probe aus diesen sog. Mercatischen Fragmenten hat daraufhin A. Ceriani in R. Istituto Lombardo di scienze e lettere, Rendiconti II, 29 (1896) S. 406—408 veröffentlicht, und diese Probe (Ps 46 [nach Septuagintazählung: 45], 1—4) hat E. Klostermann, ZAW 16 (1896) S. 336f. abgedruckt; danach sind dann auch kleinere Proben bei Steuernagel, Einleitung S. 52f., Goettsberger, Einleitung S. 438 dargeboten. Nunmehr ist von der endgültigen Publikation der Mercatischen Fragmente ein erster Teil erschienen: Psalterii Hexapli Reliquiae cura et studio Johannis Cardinal Mercati

Zweck wichtigsten Kolumnen geboten habe. Doch hat u. a. O. Procksch, Tetraplarische Studien (ZAW NF 12 [1935] S. 240—269; 13 [1936] S. 61—90) mit Gründen wahrscheinlich zu machen versucht, daß die nur auf den Vergleich der griechischen Übersetzungen ausgehenden Tetrapla ein früheres, noch weniger entwickeltes Stadium der Arbeit des Origenes, die den hebräischen Text mit verwertenden Hexapla ein späteres, vollkommeneres Stadium repräsentieren. Eine sichere Entscheidung ist wohl kaum zu fällen.

[1] So werden eine „fünfte" („Quinta"; BHK³: E') und „sechste" („Sexta") griechische Übersetzung des Alten Testaments u. a., auch das Σαμαρειτικόν (s. o. S. 287 Anm. 1), verschiedentlich in hexaplarischen Bemerkungen erwähnt, ohne daß über deren Herkunft etwas Genaues noch zu ermitteln wäre.

editae in Bybliotheca Vaticana I (1958)[1]. Die Mercatischen Fragmente umfassen im ganzen Teile von Ps 17 27—31 34 35 45 48 88 (nach Septuagintazählung) und sind als die einzigen Überreste der handschriftlichen Hexaplaüberlieferung sehr wichtig und bieten die 5 letzten Kolumnen mit Ausschluß des hebräischen Konsonantentextes[2]. — Im übrigen aber ist durch Pamphilus und Eusebius im Anfang des 4. Jahrh.s n. Chr. von Caesarea Palaestinae aus die Septuagintakolumne der Hexapla für sich allein für den kirchlichen Gebrauch verbreitet worden und hat sich daher auch bis heute teilweise erhalten. So bietet der Codex $\mathfrak{G}^{G}$ (s. o. S. 291) den hexaplarischen Text mit den aristarchischen Zeichen, und die Codices $\mathfrak{G}^{M}$ und $\mathfrak{G}^{Q}$ (s. o. S. 291 f.) enthalten wenigstens in Randnotizen (marginalia; zitiert mit M^{mg} u. ä.) viele hexaplarische Lesarten; dazu kommen noch allerlei Minuskeln mit hexaplarischem Text oder hexaplarischen Randlesarten (vgl. Procksch a. a. O. S. 240). Außerdem ist 616/617 n. Chr. durch den syrischen Bischof Paul von Tella der hexaplarische Septuagintatext unter Beibehaltung der aristarchischen Zeichen in das Syrische übersetzt worden; dieser sog. syrohexaplarische Text (BHK: $\mathfrak{S}^{h}$) ist vor allem in einer den zweiten Teil des Alten Testaments enthaltenden Mailänder Handschrift (Ambr. C. 313) aus dem 9. Jahrh. erhalten (photolithographisch herausgegeben von A. M. Ceriani, Monumenta sacra et profana VII [1874]), sodann in einer Reihe von (vielfach fragmentarischen) Handschriften einzelner Bücher (aufgeführt bei A. Baumstark, Geschichte der syrischen Literatur [1922] S. 186 Anm. 12). Das bis dahin bekannte hexaplarische Textmaterial ist gesammelt bei F. Field, Origenis Hexaplorum quae supersunt (1875)[3].

Von den übrigen bei Hieronymus (s. o. S. 293) genannten Septuagintarezensionen war die auf den 312 n. Chr. als Märtyrer gestorbenen Lukian von Antiochien (über ihn vgl. RE^{3} 11 [1902] S. 654ff.; RGG^{3} 4 [1960] Sp. 463f.) zurückgehende recensio Luciana (BHK$^{1.2}$: $\mathfrak{G}^{L}$; BHK^{3}: $\mathfrak{G}^{Luc}$), da sie in der Reichshauptstadt Konstantinopel maßgebend wurde, im kirchlichen Gebrauch weit verbreitet und grundlegend für die in der östlichen Kirche später allgemein übliche Textform. P. de Lagarde wollte in seiner Ausgabe Librorum Veteris Testamenti canonicorum pars prior Graece 1883 (BHK^{3}: $\mathfrak{G}^{L}$) den lukianischen Text herausgeben, hat aber, wie sich herausgestellt hat, nicht nur lukianische Handschriften zu Grunde gelegt. — Die von Hieronymus (s. o. S. 293) einem gewissen Hesychius zugeschriebene Septuagintarezension ist nicht recht

---

[1] In der Reihe: Codices ex Ecclesiasticis Italiae Bybliothecis delecti phototypice expressi iussu Pii XII Pont. Max. consilio et studio Procuratorum Bybliothecae Vaticanae (Vol. VIII).

[2] Zu dem in den Fragmenten erhaltenen hebräischen Text in griechischer Transskription (BHK^{3}: $\mathfrak{H}^{O}$) vgl. A. Pretzl, BZ 20 (1932) S. 4—22.

[3] Auch die Septuagintakolumne der Tetrapla ist in Handschriften und handschriftlichen Randlesarten in Resten erhalten. Doch ist die Unterscheidung zwischen hexaplarischen und tetraplarischen Texten mühsam und noch nicht sicher vollzogen.

faßbar. Es ist nicht einmal sicher, daß dieser von Hieronymus genannte Hesychius identisch ist mit dem 311 n. Chr. als Märtyrer gestorbenen ägyptischen Bischof Hesychius (über ihn vgl. RE^3 8 [1910] S. 18; RGG^3 3 [1959] Sp. 299). Man sollte erwarten, daß die hesychianische Rezension auf der ägyptischen Textüberlieferung beruhte; aber es ist bisher nicht gelungen, sie mit einer bestimmten Gruppe der erhaltenen Handschriften in Verbindung zu bringen.

Die geographische Verbreitung bestimmter Textrezensionen läßt sich vor allem auf Grund der Texte der *Bibelzitate bei den Kirchenvätern* ermitteln. So sind etwa die Bibelzitate in den zahlreichen exegetisch-homiletischen Werken des Patriarchen Kyrill von Alexandrien aus der ersten Hälfte des 5. Jahrh.s n. Chr. (vgl. RE^3 4 [1898] S. 377ff.; RGG^3 1 [1957] Sp. 1894f.) — in BHK^3 zitiert mit $\mathfrak{G}^{Cyr}$ — Zeugen für die in Ägypten übliche Textform und haben nahe Beziehungen zu $\mathfrak{G}^{B}$, während die Bibelzitate in den exegetischen Werken des etwa gleichzeitigen, zur antiochenischen Schule gehörigen Bischofs Theodoret von Kyrrhos (vgl. RE^3 19 [1907] S. 609ff.; RGG^2 5 [1931] Sp. 1109f.) für den Text von Antiochien usw. zeugen. — In der byzantinischen Zeit kam die Sitte auf, die Auslegungen der klassischen Kirchenväter zu den einzelnen Textstellen in sog. Katenen, „Kettenkommentaren" (vgl. RE^3 3 [1897] S. 754ff.) zu sammeln, worin den fortlaufend mitgeteilten Bibeltexten jeweils die Reihe der maßgebenden Auslegungen angefügt wurde; auf Grund einer Handschrift in Athen (Nat.-Bibl. 43; vgl. Rahlfs, Verzeichnis S. 6) ist eine große Katene zu den geschichtlichen Büchern 1772/73 von Nikephoros herausgegeben worden (die sog. catena Nicephori, in BHK$^{1.2}$ mit $\mathfrak{G}^{N}$ zitiert). Aus dem Bibeltext in einer Reihe von Katenenhandschriften hat Rahlfs (s. u. S. 299) eine neben den älteren schon genannten Rezensionen selbständige „Katenen-Rezension" des Septuagintatextes ermittelt.

Die Zuweisung der einzelnen Handschriften an bestimmte Rezensionen und Gruppen, wie sie zur Sichtung des Materials dringend erforderlich ist, wird durch den Umstand erschwert, daß die Handschriften in verschiedenen Büchern manchmal verschiedenen Rezensionen folgen und daß die verschiedenen Rezensionen sich gegenseitig beeinflußt haben, so daß kaum irgendwo eine bestimmte Rezension noch in reiner Form vorliegt, sondern in weitestem Maße mit Mischtexten in den Handschriften zu rechnen ist. Für die Frage nach dem hinter allen diesen Rezensionen liegenden *Septuaginta-Urtext* sind vor allem diejenigen Teile des Chester-Beatty-Fundes (s. o. S. 289f.) wesentlich, die zeitlich hinter alle uns bekannten Septuagintarezensionen zurückreichen. Natürlich bieten auch diese nicht einfach den Septuaginta-Urtext, sondern repräsentieren nur ein verhältnismäßig frühes Stadium der Geschichte des Septuagintatextes in seinem Heimatlande Ägypten. Die Hoffnung, daß weitere Papyrusfunde uns dem Urtext der Septuaginta noch näher bringen, ist nach den jüngsten Entdeckungen (s. o. S. 286) nicht mehr unbegründet.

3. Immerhin gestattet das vorhandene Material, im groben einen hypothetischen Urtext zu rekonstruieren und von ihm aus etwas über die Art und Technik dieser alexandrinischen Übersetzung auszusagen. Dabei hat sich denn einmal herausgestellt, daß die Übersetzung in den verschiedenen Büchern und sogar in einzelnen Teilen desselben Buches zuweilen so verschieden ist, daß man mehrere Übersetzer anzunehmen hat (vgl. J. HERRMANN und F. BAUMGÄRTEL, Beiträge zur Entstehungsgeschichte der Septuaginta [BWAT NF 5] 1923). Sodann ist zu bedenken, daß die Septuaginta nicht nur eine sprachliche Übersetzung in das Griechische darstellt, sondern zugleich eine Umsetzung des alttestamentlichen Offenbarungsinhalts in den Geist und in die Anschauungswelt des hellenisierten Judentums. Hingegen hat sich die These von FR. WUTZ (Die Transkriptionen von der Septuaginta bis zu Hieronymus [BWAT NF 9] 1925/1933), daß die Übersetzung in das Griechische nicht auf Grund des hebräischen Konsonantentextes, sondern eines griechischen Transskriptionstextes (s. o. S. 285) angefertigt worden sei und daß die Differenzen zwischen 𝔊 und 𝔐 in der Regel in der Mehrdeutigkeit oder dem Mißverstehen dieses Transskriptionstextes ihren Grund hätten, nicht bewährt; und die Art, wie WUTZ in seinem umfangreichen Buche „Systematische Wege von der Septuaginta zum hebräischen Urtext" I (1937) auf Grund seiner These von der Übersetzung nach einem Transskriptionstext nunmehr von der Septuaginta aus den hebräischen Urtext kühn „rekonstruiert", dient nicht zur Empfehlung dieser seiner These.

In ihrem Umfang und in der Anordnung der Bücher unterscheidet sich 𝔊 wesentlich von 𝔐. 𝔊 hat ein Plus teils an griechischen Übersetzungen von Schriften mit hebräisch-aramäischem Urtext, die aber in den Kanon der Synagoge nicht mit aufgenommen wurden, teils an ursprünglich griechisch geschriebenen Büchern aus dem Kreis des hellenistischen Judentums. In der Anordnung folgt sie abweichend von 𝔐 im wesentlichen der Disposition: geschichtliche, poetische, prophetische Bücher. Im Rahmen dieser Disposition hat sie vor allem den dritten Hauptteil des hebräischen Alten Testaments, die „Ketubim", aufgeteilt und die einzelnen Bücher dieses Teils — zusammen mit ihrem eigenen Plus an Büchern — an geeigneten Stellen untergebracht (Genaueres, auch über die Schwankungen in Umfang und Anordnung in der Geschichte der Textüberlieferung der Septuaginta, bei H. B. SWETE, An Introduction to the Old Testament in Greek [1900] S. 197ff.). So hat sie in dem Teil „geschichtliche Bücher" hinter Ri das Buch Ruth eingeschoben, und auf die 4 „Königsbücher"[1] folgen die 2 Bücher der Chro-

[1] Die Septuaginta, die Sam und Kön in je 2 Bücher teilt, bezeichnet — sachlich ganz zutreffend — auch Sam als „Königsbuch"; sie zählt also 4 „Königsbücher"; da diese Bezifferung auch in die Vulgata (s. u. S. 307ff.) übergegangen ist, wird sie vielfach von katholischen Autoren angewandt (bei diesen ist dann mithin „1./2. Reg." = I/II Sam und „3./4. Reg." = I/II Kön).

nik[1], dann das „apokryphe"[2] 1. Esra-Buch, darauf das 2. Esra-Buch (= Esr + Neh 𝔐) und Esther. Den Schluß dieses Teiles bilden die in 𝔐 fehlenden Bücher Judith, Tobit[3] und die 4 Makkabäerbücher[4]. Die Reihe der poetischen Bücher eröffnet der Psalter[5], darauf folgen in der Regel Prov, Koh, Cant, Hi und die in 𝔐 fehlenden Bücher SapSal und JesSir[6]. In dem Teil „prophetische Bücher" stehen in der Septuaginta die „kleinen Propheten" (mit den größeren Büchern Hos, Am, Mi an der Spitze) voran, dann folgen die „großen Propheten" Jes, Jer, Ez mit dem Buche Daniel. Dem Buche Jer sind nicht nur die „Klagelieder" (Thr), sondern auch die „apokryphen" Bücher „Baruch" und „Brief Jeremias" (EpJer) angeschlossen, und mit Dan sind die „apokryphen" Schriften „Susanna" und „Bel et Draco" verbunden.

In den Septuagintahandschriften, denen eine Verseinteilung fehlt, finden sich gewisse, im einzelnen sehr verschiedene, Einteilungen in sachliche Abschnitte oder auch Perikopen für die Lesung. Schon in den alten Handschriften, die im allgemeinen einfach den fortlaufenden Text bieten, sind an den Rändern — teilweise freilich erst von späteren Händen — diese Abschnitte durch Zeichen oder Bemerkungen markiert worden; in $\mathfrak{G}^A$ sind die Anfänge der Abschnitte sogar schon durch besondere Initialen bezeichnet. Auch das Absetzen poetischer Texte in Stichen kennen bereits alte Handschriften; selbst die Bezeichnung von einzelnen Abschnitten mit Inhaltsüberschriften kommt vor (Genaueres darüber bei SWETE a. a. O. S. 342ff.). Die uns geläufige Kapiteleinteilung ist ebenso wie die Verseinteilung allerdings erst aus der Vulgata übernommen worden (s. u. S. 309).

4. Von Druckausgaben der Septuaginta seien zunächst die ältesten genannt. Die Septuaginta erscheint gedruckt in den Polyglotten des 16./17. Jahrh.s (s. o. S. 284), so z. B. in der ältesten von ihnen, der von dem Kardinal F. XIMENES 1514—1517 besorgten Complutensischen Polyglotte (Complutum der lateinische Name der spanischen Stadt Alcalá), deren Septuagintatext (BHK: $\mathfrak{G}^{C(om)pl}$) auf späten Minuskeln beruht. Dasselbe gilt von der in der Druckerei von Aldus in Venedig

[1] Die — wieder von 𝔊 in 2 Bücher geteilte — Chronik wird in Septuaginta (und Vulgata) als „Paralipomena" bezeichnet, daher auch oft als „1./2. Par." zitiert.

[2] Zu dem Begriff „apokryph" vgl. u. S. 309.

[3] Esth, Jud und Tob erscheinen in der Septuagintaüberlieferung vielfach auch am Ende der Reihe der „poetischen Bücher".

[4] I—IV Makk stehen gelegentlich auch ganz am Ende der Septuaginta.

[5] In $\mathfrak{G}^A$ und anderen Handschriften steht hinter dem Psalter noch ein Buch der „Oden", eine Sammlung von poetischen Stücken aus Altem und Neuem Testament.

[6] Das hebräische Original zu dem in 𝔐 nicht aufgenommenen, in 𝔊 natürlich nur in griechischer Übersetzung vorliegenden Weisheitsbuch des Jesus Sirach ist zu großen Teilen wieder aufgefunden worden (vgl. R. SMEND, Die Weisheit des Jesus Sirach hebräisch und deutsch [1906]). — In späten Handschriften erscheinen hinter JesSir noch gelegentlich die Psalmen Salomos.

1518 herausgebrachten Septuagintaausgabe, der sog. Aldina (BHK: $\mathfrak{G}^{Vn}$). Hingegen legte die von Papst Sixtus V. veranlaßte editio Sixtina der Septuaginta (1586/87) den alten Codex Vaticanus ($\mathfrak{G}^{B}$) zu Grunde. — Heutzutage kommen folgende Septuagintaausgaben praktisch in Frage: H. B. Swete, The Old Testament in Greek according to the Septuagint (3 Bde. 1887—1894 mit einer Reihe von Neuausgaben) druckt den Codex $\mathfrak{G}^{B}$ (wo dieser fehlt, $\mathfrak{G}^{A}$) ab, und im textkritischen Apparat werden die bedeutenderen Varianten der wichtigsten Majuskeln notiert. Die große Cambridger Ausgabe, A. E. Brooke and N. McLean, The Old Testament in Greek, bisher (1906—1935) erschienen die Bände I, 1—4; II, 1—4 (bis einschl. II Esr)[1], legt für den Haupttext ebenfalls $\mathfrak{G}^{B}$, nötigenfalls ergänzt durch $\mathfrak{G}^{A}$, zu Grunde, bietet aber in ihrem sehr umfänglichen textkritischen Apparat die sämtlichen Varianten der Majuskeln und einer Reihe von Minuskeln, dazu das Variantenmaterial aus den Tochterübersetzungen der Septuaginta (dazu s. u. § 46. 47). Einem anderen Grundsatz folgen die Textausgaben von A. Rahlfs, der im Auftrag des Septuaginta-Unternehmens der Göttinger Akademie der Wissenschaften sich Jahrzehnte lang ausschließlich der Arbeit an der Septuaginta gewidmet hat; sowohl die große Ausgabe, Septuaginta Vetus Testamentum Graecum Auctoritate Societatis Litterarum Gottingensis editum (bisher erschienen die Bände IX, 1: Maccabaeorum liber I von W. Kappler [1936]; IX, 2: Maccabaeorum liber II von W. Kappler und R. Hanhart [1959]; IX, 3: Maccabaeorum liber III von R. Hanhart [1960]; X: Psalmi cum Odis von A. Rahlfs [1931]; XIII: Duodecim prophetae von J. Ziegler [1943]; XIV: Isaias von J. Ziegler [1939]; XV: Ieremias. Baruch. Threni. Epistula Ieremiae von J. Ziegler [1957]; XVI, 1: Ezechiel von J. Ziegler [1957]; XVI, 2: Susanna. Daniel. Bel et Draco von J. Ziegler [1954]), wie auch die vollständig vorliegende Handausgabe, Septuaginta edidit A. Rahlfs (2 Bde. 1935), bietet nicht einfach den Text einer bestimmten Handschrift, sondern einen kritischen Text, d. h. einen mit den vorhandenen Mitteln konstruierten „ältesten", dem „Urtext" möglichst angenäherten Septuagintatext, der natürlich praktisch weithin mit dem Text unserer ältesten und besten Handschriften, besonders $\mathfrak{G}^{B}$, übereinstimmt; für den Apparat hat Rahlfs nicht einfach die Varianten einer Reihe von Handschriften zusammengestellt, sondern das gesamte Variantenmaterial gesichtet und nach Möglichkeit zu Gruppen geordnet, die im Apparat mit kursiven großen Buchstaben bezeichnet werden; die wichtigsten davon sind die Gruppe der hexaplarischen, origenistischen (*O*), die der lukianischen (*L*) Handschriften und die der Handschriften der sog. (dazu s. o. S. 296) „Katenen-Rezension" (*C*).

Zum Studium der Septuaginta und zur Untersuchung der Frage nach dem Verhältnis zwischen Septuagintatext und hebräischem Text unent-

---

[1] Dem Vernehmen nach wird die Veröffentlichung dieser Ausgabe nicht weiter fortgesetzt werden.

behrlich ist die Septuagintakonkordanz E. HATCH and H. A. REDPATH, A concordance to the Septuagint (2 Bde. 1897 und Supplement 1906), die sämtliche Septuagintaworte und ihre jeweiligen hebräischen Äquivalente verzeichnet.

§ 46. Der alttestamentliche Text in den Nationalkirchen des Orients

Als sich an den Rändern der griechisch sprechenden östlichen Reichskirche allerlei Sonderkirchen bildeten, die nicht nur mit der Zeit als häretisch von der Großkirche sich trennten oder vielmehr ausgeschieden wurden, sondern sich auch im Unterschied von der sich als ökumenisch betrachtenden Reichskirche als einzelne ausgesprochene Nationalkirchen konstituierten, haben sie, um den Bibeltext in ihren nationalen Sprachen lesen zu können, sich Übersetzungen in diese Sprachen geschaffen oder auch schon vorhandene Übersetzungen weiter gepflegt und konserviert. Da diese Nationalkirchen losgelöste Glieder der Reichskirche waren, haben sie diesen Übersetzungen in der Regel den in der Reichskirche anerkannten griechischen Bibeltext, d. h. die Septuaginta, zu Grunde gelegt; textgeschichtlich betrachtet haben wir es hier also im allgemeinen mit Tochterübersetzungen der Septuaginta zu tun, die textkritisch zunächst mithin nur als Zeugen für den in der Reichskirche gelesenen Septuagintatext in Betracht kommen. Diese Übersetzungen waren teilweise nicht auf den in der Reichskirche schließlich festgesetzten Septuagintakanon, der schon umfangreicher war als der hebräische Kanon (s. o. S. 297 f.), beschränkt, sondern enthielten noch allerlei Schriften besonders apokalyptischen Inhalts, die die Reichskirche aus ihrem Kanon ausgeschieden hat. Es sind das im wesentlichen die von uns sog. Pseudepigraphen des Alten Testaments (übersetzt bei E. KAUTZSCH, Die Apokryphen und Pseudepigraphen des Alten Testaments II [1900]; R. H. CHARLES, The apocrypha and pseudepigrapha of the Old Testament in English I·II [1913]), die daher vorwiegend in orientalischen Sprachen überliefert sind, auch wenn sie auf eine griechische und gegebenenfalls darüber hinaus noch ältere Grundlage zurückgehen.

a) Übersetzungen in das Syrische. Die älteste und wichtigste dieser Übersetzungen in orientalische Sprachen ist die Übersetzung in das Syrische, die man Peschitto oder Peschitta (syrisch *pešīṭtā*, wahrscheinlich = „die einfache, gewöhnliche [Übersetzung]") genannt hat und meist noch nennt (BHK: 𝔖). Ihr Ursprung liegt allerdings im Dunkeln, und außerdem fehlt es noch an einer kritischen Ausgabe ihres Textes[1] (vgl. sehr eingehend über ihre Geschichte und ihren Charakter L. HAEFELI, Die Peschitta des Alten Testamentes [Alttestamentliche Abhandlungen XI, 1] 1927).

[1] Eine kritische Textausgabe wird zur Zeit von der Peschitta-Kommission der International Organization for the Study of the Old Testament vorbereitet.

Sehr früh, schon im 2. Jahrh. n. Chr., hat das Christentum in der Stadt Edessa im nordwestlichen Mesopotamien (heute Urfa) festen Fuß gefaßt (vgl. Harnack, Die Mission und Ausbreitung des Christentums[4] [1924] S. 678ff.; E. Kirsten, Edessa [RAC 4 (1958) Sp. 552—597]), und um 200 n. Chr. trat sogar das — bald danach freilich von den Römern beseitigte — Fürstenhaus von Edessa zum Christentum über, und so entstand hier eine erste kleine „Staatskirche". Von Edessa aus hat sich das Christentum dann weiter verbreitet, und der ostaramäische Dialekt von Edessa ist die Grundlage der syrischen Kirchensprache geworden. In Edessa ist wahrscheinlich auch, und zwar wohl im 2. Jahrh. n. Chr., die Peschitto entstanden. Sie ist das Werk mehrerer Übersetzer und wahrscheinlich im Laufe einer längeren Zeitspanne sukzessiv angefertigt worden. Sie zeigt unverkennbare Zusammenhänge mit der Textüberlieferung der Septuaginta (vgl. z. B. J. Hänel, Die außermasorethischen Übereinstimmungen zwischen der Septuaginta und der Peschittha in der Genesis [BZAW 20] 1911), was bei christlichem Ursprung ohne weiteres zu erwarten ist. Auf der anderen Seite freilich — und das macht ihre Eigenart und ihren besonderen textkritischen Wert aus — weist sie deutliche Zusammenhänge mit dem hebräischen Text, speziell in seiner palästinischen Überlieferung, auf; das erklärt sich wahrscheinlich daraus, daß sie an eine jüdische Übersetzung wenigstens einzelner Teile des hebräischen Alten Testaments in einen ostaramäischen Dialekt anknüpfen konnte (s. o. S. 288). — Mit der um die Mitte des 5. Jahrh.s n. Chr. eintretenden dogmatischen Trennung der syrischen Kirche von der Reichskirche und ihrer dogmatischen Spaltung in (westsyrische) Jakobiten und (ostsyrische) Nestorianer gabelte sich auch die Textüberlieferung der Peschitto in zwei Zweige; besonders die Nestorianer haben dann noch, vor allem im Sassanidenreich und darüber hinaus, eine lange, große und bewegte Geschichte gehabt.

Unter den erhaltenen Peschitto-Handschriften[1] ist der aus dem 6. oder 7. Jahrh. stammende westsyrische Codex Ambrosianus (Mailand, Bibl. Ambr. B 21 inf.; Genaueres über ihn bei Haefeli a. a. O. S. 75ff.) wegen seines Alters, Umfangs und Erhaltungszustandes die wichtigste (BHK: $\mathfrak{S}^A$); er ist in Photolithographie von A. M. Ceriani herausgegeben worden (Translatio Syra Pescitto Veteris Testamenti 1876/1883). Weitere jakobitische und die nestorianischen Peschitto-Handschriften sind aufgezählt und beschrieben bei Haefeli S. 74ff. und vor allem in der in Anm. 1 zitierten umfassenden Liste. — In die Zeit vor der jakobitisch-nestorianischen Trennung führen nur die Bibelzitate nach der Peschitto bei syrischen Theologen. Das gilt z. B. von den, oft allerdings ungenauen, Zitaten in den Briefen („Homilien") des syrischen Bischofs Afrahat (Aphraates) aus dem Anfang des 4. Jahrh.s n. Chr. (vgl. über ihn RE[3] 1 [1896] S. 611f.; RGG[3] 1 [1957] Sp. 146; Haefeli

[1] Vgl. List of Old Testament Peshiṭta Manuscripts (preliminary issue) edited by the Peshiṭta Institute Leiden University (1961).

a. a. O. S. 88f.), in BHK^3 zitiert mit $\mathfrak{S}^{Aphr.}$ Auch die Zitate in den Kommentaren und Homilien des Ephraem (RGG^3 2 [1958] Sp. 522; Haefeli S. 89f.) reichen in die Mitte des 4. Jahrh.s, also in die Zeit vor der dogmatischen Spaltung, zurück. — Die vorliegenden Druckausgaben der Peschitto sind leider von geringem Wert. Erstmalig wurde die Peschitto zum Alten Testament nach jungen, zufällig erreichbaren Handschriften in der Pariser Polyglotte (1629—1645) teilweise abgedruckt. Die Londoner Polyglotte (s. o. S. 284) hat ihren Peschittotext (BHK: $\mathfrak{S}$ bzw. $\mathfrak{S}^W$) einfach der Pariser Polyglotte in verschlechterter Form entnommen und nur deren Lücken nach jungen Handschriften aufgefüllt. Diesen Polyglottentext hat dann S. Lee seinerseits wieder in seiner für Missionszwecke bestimmten und von der Londoner Bibelgesellschaft 1823 herausgegebenen Peschitto-Ausgabe Vetus Testamentum Syriace (BHK: $\mathfrak{S}^L$) abgedruckt. Während die bisher genannten Druckausgaben im wesentlichen jakobitischen Handschriften folgen, lag der ebenfalls für Missionszwecke 1852 von amerikanischen Missionaren herausgegebenen Peschitto-Ausgabe von Urmia Vetus Testamentum Syriace et Neosyriace (BHK: $\mathfrak{S}^U$) die nestorianische Textüberlieferung zu Grunde, und das gleiche gilt von der 1887—1891 von Dominikanern veranstalteten Peschitto-Ausgabe von Mossul (*mōṣul*). Druckausgaben einzelner Bücher, besonders des Psalters, sind bei Haefeli a. a. O. S. 70ff. verzeichnet.

Mit dem Entstehen der Peschitto waren freilich die Bemühungen syrischer Christen um den syrischen Bibeltext noch nicht abgeschlossen. Vor allem in verschiedenen westsyrischen Kreisen hat man noch später den syrischen Bibeltext an Hand des Bibeltextes der Reichskirche, der Septuaginta, festgelegt. Das gilt begreiflicherweise zunächst von denjenigen syrisch sprechenden Christen, die dogmatisch und hierarchisch bei der Reichskirche verblieben, den sog. Melkiten, die besonders in Palästina und Syrien saßen; sie besaßen außer einer eigenen christlichen Literatur im sog. syrisch-palästinischen Dialekt auch eine aus dem 5./6. Jahrh. stammende Bibelübersetzung in diesem Dialekt, die sich an die in Palästina übliche hexaplarische Textform der Septuaginta (s. o. S. 294 f.) anschloß, aber auch die Peschitto benutzt hat. Diese sog. syro-palästinische oder hierosolymitanische Übersetzung ist freilich nur in kleineren Fragmenten erhalten (vgl. vor allem Goettsberger, Einl. S. 467 Anm. 2). — Aber auch bei den der Reichskirche benachbarten Jakobiten hat man sich um die Angleichung des syrischen Bibeltextes an die Septuaginta bemüht. Um 500 n. Chr. ließ der Bischof Philoxenes von Mabug in Nordsyrien (heute *membidsch* nordöstlich von Aleppo) außer einer Übersetzung des Neuen Testaments auch eine solche wenigstens von Teilen des Alten Testaments anfertigen, die Philoxeniana, die sich außer auf die Peschitto auf den in dem nahe gelegenen Antiochien beheimateten lukianischen Text der Septuaginta (s. o. S. 295) stützte; von ihr sind einige kleine Fragmente bekannt (vgl. Baumstark a. a. O. S. 144f.). — Endlich gehört in diesen Zusammenhang die schon oben

S. 295 erwähnte genaue Übersetzung des hexaplarischen Textes mit den aristarchischen Zeichen in das Syrische (BHK: 𝔖^h).

b) Übersetzung in das Armenische. Im 5. Jahrh. n. Chr. begann die Loslösung der armenischen Kirche von der Reichskirche. Da ihr nächster Nachbar die syrische Kirche war, klingt die Nachricht des Geschichtsschreibers von Armenien, Moses von Chorene (5. Jahrh.), daß die erste armenische Bibel eine Übersetzung aus der Peschitto gewesen sei, nicht unwahrscheinlich. Die in Handschriften noch erhaltene Übersetzung in das Armenische (BHK³: Arm; über Ausgaben vgl. GOETTSBERGER, Einl. S. 476 Anm. 1; PFEIFFER, Introduction S. 118f.), die in der Überlieferung auf Mesrop (vgl. über ihn RE³ 12 [1903] S. 659—661; RGG³ 4 [1960] Sp. 884) zurückgeführt wird (5. Jahrh. n. Chr.) und die in der armenischen Kirche maßgebend geworden ist, hat dann den hexaplarischen Septuagintatext zur Grundlage gemacht.

c) Übersetzung in das Gotische. Für die Westgoten, die als Nachbarn der östlichen Kirche zum Christentum übergetreten waren, schuf der Bischof Wulfila († 383 in Konstantinopel) jene Übersetzung der Bibel in das Gotische, die als gotisches Sprachdenkmal berühmt ist. Während von dieser Übersetzung umfangreichere Bruchstücke der Evangelien in dem bekannten codex argenteus der Universitätsbibliothek von Uppsala vorliegen, sind von dem alttestamentlichen Teil nur ganz geringe Fragmente erhalten, die aber immerhin zeigen, daß, wie nach der Lage der Dinge zu erwarten ist, die in Konstantinopel maßgebende lukianische Textform der Septuaginta die Grundlage dieser Übersetzung bildete.

d) Übersetzungen in das Arabische. Obwohl es schon in byzantinischer Zeit an den östlichen Rändern des Reiches christianisierte Araberstämme gab, die dem Reich lose angegliedert waren und dessen Grenzschutz gegen die Stämme der Wüste versahen, sind uns aus dieser frühen Zeit Bibelübersetzungen in das Arabische nicht bekannt. Solche stammen vielmehr erst aus den Bedürfnissen der Christen jener Länder des vorderen Orients, die im 7. Jahrh. n. Chr. unter die Herrschaft des mit dem Islam sich gewaltig ausbreitenden Arabertums kamen und in denen mehr und mehr das Arabische zur allgemein gesprochenen Volkssprache wurde. In diesen Gebieten wurden dann auf Grund der in ihnen bis dahin jeweils üblich gewesenen Bibeltextformen Übersetzungen in das Arabische geschaffen. Diese arabischen Übersetzungen (in BHK insgesamt kurz mit 𝔄 bezeichnet) sind also ziemlich spät und in keiner Weise eine Einheit (Ausgaben und Literatur aufgeführt bei GOETTSBERGER, Einl. S. 478).

e) Übersetzungen in das Koptische. Das Koptische, der letzte sprachliche Ausläufer des alten Ägyptisch, war die Sprache der Christen Ägyptens. Da Ägypten ziemlich früh und weitgehend christianisiert worden ist (vgl. HARNACK, Die Mission und Ausbreitung des Christentums⁴ [1924] S. 705ff.), gehen die Anfänge der Übersetzung in das Koptische bis in das 3. Jahrh. n. Chr. zurück. Natürlich lag diesen Übersetzungen die in Ägypten übliche Septuagintatextform zu Grunde, und so sind sie für uns wichtige Zeugen für den griechischen Bibeltext, den man in den ersten christlichen Jahrhunderten in Ägypten las. Nach der Trennung der monophysitischen koptischen Kirche von der Reichskirche im 5. Jahrh. wurden die koptischen Übersetzungen in ihr die maßgebenden Bibeltexte. Das Koptische zerfiel in eine ganze Reihe von landschaftlich getrennten Dialekten, und dementsprechend gab es mehrere koptische Übersetzungen (in BHK zusammengefaßt unter dem Siglum 𝔎). Am vollständigsten bekannt sind die Übersetzungen in den sahidischen und bohairischen Dialekt. Wegen ihres Alters (um 300 n. Chr.) ist die sahidische Übersetzung (BHK³: Sah) wichtig (sahidisch ist der koptische Dialekt Oberägyptens, benannt nach der arabischen Bezeichnung für Oberägypten: *eṣ-ṣaʿīd* = „das Hochland"). Die unterägyptische bohairische Übersetzung (bohairisch ist der koptische Dialekt des Deltas, benannt nach der arabischen Bezeichnung für eine unterägyptische Provinz: *el-buḥēra* = „die am See") ist durch die erhaltenen Handschriften erst für jüngere Zeit (7. Jahrh. n. Chr. ?) bezeugt (Ausgaben und Literatur zu den koptischen Übersetzungen aufgeführt bei Goettsberger, Einl. S. 472f.; B. J. Roberts a. a. O. S. 230ff.).

f) Übersetzung in das Äthiopische. In den nördlichen Teil des heutigen Abessinien, das Reich von Aksum, wurde das Christentum bereits im 4. Jahrh. durch Missionare aus Syrien gebracht und dort alsbald zur Staatsreligion erhoben. Nicht viel später ist auch die Bibel in das Äthiopische übersetzt worden, und zwar vielleicht auf Grund der in Syrien geltenden lukianischen Septuagintatextform. Dies ist freilich nicht sicher zu erweisen, da die äthiopische Bibel weiterhin schlecht überliefert und daher mehrfach überarbeitet worden ist und die ältesten erhaltenen Handschriften der äthiopischen Übersetzung (BHK: 𝔄) nur bis in das 13. Jahrh. zurückgehen (Ausgaben und Literatur bei Goettsberger S. 473f.; Pfeiffer S. 116 Anm. 31).

Die Textvarianten aller dieser nach der Septuaginta angefertigten orientalischen Übersetzungen des Alten Testaments werden, soweit sie bemerkenswert sind, in den großen Septuagintaausgaben (vor allem bei Brooke-McLean und in der großen Ausgabe von Rahlfs) im textkritischen Apparat gebucht.

§ 47. Der alttestamentliche Text in der westlichen Kirche

Ganz im Anfang hat die Christenheit auch in der westlichen Hälfte des römischen Reiches, vor allem in Rom selbst, sich noch der griechischen Sprache bedient. Als jedoch auch hier in den Christengemeinden die allgemeine Landessprache, das Lateinische, üblich wurde, ergab sich das Bedürfnis, die Bibel in diese Sprache zu übersetzen; und je mehr dann die lateinisch sprechende Kirche an Bedeutung gewann und eine große Geschichte durchmachte, um so mehr trat auch die lateinische Bibelübersetzung und ihre Geschichte an Wichtigkeit in den Vordergrund (zu diesem Thema vgl. ausführlich Fr. Stummer, Einführung in die lateinische Bibel [1928]).

a) Die altlateinischen Übersetzungen (sog. Vetus Latina). Es ist nach der Lage der Dinge fast selbstverständlich, daß die ältesten Übersetzungen in das Lateinische den in der damals ausschlaggebenden östlichen Kirche geltenden Bibeltext, d. h. die Septuaginta, zur Grundlage haben, also auch wieder Tochterübersetzungen zur Septuaginta sind; und da sie ziemlich früh entstanden sind, sind sie textkritisch betrachtet wichtige indirekte Zeugen für einen ziemlich alten, noch vor den Septuagintarezensionen des 3./4. Jahrh.s n. Chr. liegenden Septuagintatext. Denn durch Angaben altkirchlicher Schriftsteller ist das Vorhandensein einer lateinischen Bibelübersetzung bereits in der zweiten Hälfte des 2. Jahrh.s n. Chr. zunächst für Nordafrika, also für das Gebiet, in dem das Lateinische wohl zuerst als Sprache des christlichen Kultus und der christlichen Literatur aufkam, bezeugt, für die gleiche Zeit aber auch bereits für Südgallien; und für den Anfang des 3. Jahrh.s ist auch für Rom der Gebrauch einer lateinischen Bibelübersetzung nachzuweisen.

Leider sind uns nun diese altlateinischen Übersetzungen nur ganz unzureichend bekannt; denn da diese Übersetzungen später durch die Vulgata (s. u. S. 307ff.) verdrängt wurden, sind die noch vorhandenen handschriftlichen Überreste von ihnen überaus spärlich. Die erste große gelehrte Ausgabe des vorhandenen Materials an altlateinischen Bibelübersetzungen, P. Sabatier, Bibliorum sacrorum latinae versiones antiquae seu vetus italica (3 Bde. 1739—1749, zweite Ausgabe 1751; in BHK zitiert mit 𝔏), mußte den Text zum großen Teil aus Zitaten des Bibeltextes bei lateinisch schreibenden altkirchlichen Schriftstellern zusammenstellen und konnte so nur einen bruchstückhaften Text gewinnen, während lediglich für einzelne Teile handschriftliches Material zu Grunde gelegt werden konnte. Inzwischen ist zwar allerlei an handschriftlicher Überlieferung der altlateinischen Übersetzungen zutage gekommen; aber auch damit ist ein vollständiger Text noch bei weitem nicht zu erreichen, so daß es in der Tat angezeigt erscheint, das Unternehmen von P. Sabatier, nämlich den altlateinischen Bibeltext aus allen verfügbaren Zitaten altkirchlicher lateinischer Schriftsteller zu rekonstruieren, mit den Mitteln der gegenwärtigen gelehrten Forschung zu erneuern, wie es zur Zeit geschieht in dem groß angelegten Werk Vetus Latina — Die Reste der altlateinischen Bibel nach Petrus Sabatier neu gesammelt und herausgegeben von der Erzabtei Beuron (Lief. 1ff. [1949ff.])[1]. Wichtigere Handschriften, die im textkritischen Apparat von BHK[3] benutzt werden, sind folgende: Eine Handschrift aus dem 5. Jahrh. enthält in größeren und kleineren Bruchstücken die altlateinische Übersetzung der Propheten (und der Evangelien); sie befand sich im 15. Jahrh. in der Konstanzer Dombibliothek, ist damals zerschnitten und zum

[1] Vom Alten Testament liegt bisher nur vor „Genesis" (1951—1954).

Bucheinbinden verwandt und in alle Winde zerstreut worden; doch konnten die Bruchstücke teilweise wieder gesammelt werden. Sie sind veröffentlicht worden von A. Dold, Konstanzer altlateinische Propheten- und Evangelienbruchstücke mit Glossen (1923; BHK^3: $\mathfrak{L}^{D}$). Dem 6. Jahrh. gehört an der Codex Lugdunensis (BHK: $\mathfrak{L}^{L}$), der sich jetzt in der Bibliothek von Lyon (ms. no. 54) befindet; er bietet Num, Dtn, Jos vollständig und von Gen, Ex, Lev, Ri allerlei Bruchstücke (herausgegegeben von U. Robert, Pentateuchi versio latina antiquissima e codice Lugdunensi [1881]; Heptateuchi partis posterioris versio latina antiquissima e codice Lugdunensi [1900]). Größere Bruchstücke des Pentateuch sowie der Propheten enthält auch die ebenfalls aus dem 6. Jahrh. stammende untere Schrift einer Palimpsesthandschrift in Würzburg (Cod. membr. no 64), veröffentlicht von E. Ranke, Par palimpsestorum Wirceburgensium. Antiquissimae Veteris Testamenti Versionis Latinae Fragmenta (1871; BHK^3: $\mathfrak{L}^{h}$). Eine Palimpsesthandschrift aus Wien (cod. Vind. lat. 17) enthält einige altlateinische Bruchstücke aus der Genesis sowie aus den beiden Samuelbüchern; sie wurde veröffentlicht von J. Belsheim, Palimpsestus Vindebonensis antiquissima Veteris Testamenti translationis latinae fragmenta (1885; BHK^3: $\mathfrak{L}^{Vind}$). — Sodann finden sich gelegentlich in Vulgatahandschriften bei einzelnen Büchern die altlateinischen Übersetzungen oder wenigstens Randbemerkungen aus diesen. In dem jetzt in Madrid (Univ.-Bibl. ms. no. 31) befindlichen Codex Complutensis aus dem 9./10. Jahrh., der im allgemeinen den Vulgatatext bietet, erscheinen doch einige Bücher (Ruth, Tob, Makkabäerbücher) in der altlateinischen Übersetzung (vgl. S. Berger, Notices et Extraits des Manuscrits de la Bibliothèque Nationale et autres Bibliothèques 34 [1893] S. 119ff.). Eine andere Vulgatahandschrift, der Codex gothicus Legionensis (in der Kapitelbibliothek von S. Isidoro in Leon) aus dem Jahre 960 n. Chr. enthält am Rande größere und kleinere Bruchstücke des altlateinischen Textes. zu den Königsbüchern, den Büchern Tob und Bar (veröffentlicht von C. Vercellone, Variae Lectiones Vulgatae Latinae Bibliorum editionis I. II [1860/1864]; BHK: $\mathfrak{L}^{Lg}$). — Die übrigen verfügbaren Handschriften zu den altlateinischen Übersetzungen sind bei Stummer a. a. O. S. 33ff. aufgeführt und beschrieben. Bemerkenswerte Lesungen aus diesen Texten sind in den großen Septuagintaausgaben (Brooke-McLean und Rahlfs) gebucht.

Das handschriftliche Material zum Alten Testament reicht nicht aus, um die Frage der Mehrheit der altlateinischen Übersetzungen, von der bei altkirchlichen Schriftstellern, besonders bei Augustin, wiederholt die Rede ist, sicher zu klären. Es ist ohne weiteres begreiflich, daß die verschiedenen Gebiete mit lateinischer Kirchensprache, Nordafrika, Gallien und Italien, je ihre besondere lateinische Bibelübersetzung besaßen oder wenigstens die altlateinische Bibel in je einer besonderen Textform lasen. Für das Neue Testament, wo die handschriftlichen Quellen reichlicher fließen, lassen sich ein nordafrikanischer und ein italischer Text voneinander scheiden; der letztere wird auf Grund einer

Angabe bei Augustin (mitgeteilt bei STUMMER a. a. O. S. 56) als die Itala bezeichnet, den ersteren nennt man entsprechend die Afra. Diese beiden Textformen hat es gewiß auch im Alten Testament gegeben; doch ist hier eine entsprechende Gruppierung der Handschriften mit dem verfügbaren Material noch nicht durchzuführen.

b) Die Vulgata. Die Vulgata, die „allgemein verbreitete" Übersetzung, wie sie vor allem seit dem Tridentinum heißt, hat von Anfang an etwas Offizielles an sich gehabt; denn ein Papst, Damasus I. (366 bis 384), war es, der den Anstoß zu ihrer Entstehung gab, indem er 383 n. Chr. den damals in Rom lebenden, gelehrten und weitgereisten Mönch Hieronymus aus Stridon in Dalmatien damit beauftragte, die altlateinischen Übersetzungen im Interesse einer Verbesserung und Vereinheitlichung der zahlreichen umlaufenden Textformen zu revidieren. Daraufhin revidierte dieser vom Alten Testament zunächst den Psalter der Vetus Latina unter Beiziehung von Septuagintahandschriften, deren Typus uns nicht mehr bekannt ist; es entstand so eine neue lateinische Textform des Psalters, die, weil sie in den Gebrauch der stadtrömischen Liturgie Aufnahme fand, als Psalterium Romanum bezeichnet wird[1]. Als Hieronymus nach dem Tode seines Gönners Damasus in den Orient gegangen war und sich in Bethlehem niedergelassen hatte, verbesserte er diesen Psalmentext noch einmal auf Grund im Orient ihm bekannt gewordener hexaplarischer Septuagintahandschriften und übernahm sogar die aristarchischen Zeichen mit in diesen neuen Psalmentext; da dieser Psalmentext zunächst in Gallien sich einbürgerte, wurde er Psalterium Gallicanum genannt. Hieronymus hat damals nach seiner eigenen Angabe das ganze Alte Testament in ähnlicher Weise revidiert, handschriftlich erhalten hat sich aber von dieser Revision außer dem Psalter nur das Buch Hiob. Schließlich hat Hieronymus in Bethlehem noch einmal das lateinische Alte Testament revidiert auf Grund des hebräischen Textes, den er im wesentlichen in Form des späteren massoretischen Textes kannte. Eine ganz selbständige Neuübersetzung nach dem Urtext war das freilich nicht; denn er berücksichtigte nach wie vor den überkommenen altlateinischen Text, zog auch nicht nur den Urtext und dessen Erklärung durch jüdische Schriftgelehrte, die er kannte, zu Rate, sondern daneben auch die Septuaginta und die Übersetzungen des Aquila, Theodotion und Symmachos. Im Jahre 405 war dieses Werk abgeschlossen; es war die Grundlage der Vulgata (über die Art dieser Übersetzung vgl. ausführlich STUMMER a. a. O. S. 90ff.)[2].

Diese nunmehr in der römischen Kirche heimisch werdende lateinische Bibelübersetzung (BHK: 𝔙) enthielt für die meisten alttestamentlichen Bücher den von Hieronymus zuletzt festgelegten Text. Nur den Psalter behielt man in der Form des Psalterium Gallicanum bei, während die

[1] Die traditionelle Herleitung des Psalterium Romanum von Hieronymus ist nicht unbestritten; vgl. dazu B. J. ROBERTS a. a. O. S. 248f.

[2] Die in seinen exegetischen Schriften u. a. vorkommenden Bibelzitate werden in BHK mit Hie(r) bezeichnet.

mit Beiziehung des hebräischen Textes von Hieronymus geschaffene Psalmenübersetzung, das Psalterium iuxta Hebraeos, nicht in den kirchlichen Gebrauch aufgenommen, aber für sich handschriftlich noch weiter überliefert wurde; und für verschiedene „apokryphe" Bücher, die Hieronymus, weil sie im hebräischen Alten Testament nicht standen, nicht mit übersetzt hatte, wurde die altlateinische Fassung in der Vulgata beibehalten. Trotz mancherlei anfänglicher Widerstände hat sich die Übersetzungsarbeit des Hieronymus mit der Zeit in der Kirche siegreich durchgesetzt. Allerdings wurden die altlateinischen Übersetzungen nicht völlig verdrängt. Das zeigt sich darin, daß in den Vulgatahandschriften gelegentlich einzelne Bücher in dieser älteren Textform erscheinen (s. o. S. 306) oder wenigstens die altlateinischen Übersetzungen den Vulgatahandschriften am Rande beigegeben wurden (s. o. S. 306), vor allem aber darin, daß in den Vulgatatext selbst Elemente der altlateinischen Übersetzungen wieder eindrangen und so die Verwirrung des Textes von neuem anhob. Das hat dann zu weiteren Bemühungen um die Revision des Vulgatatextes Veranlassung gegeben, wie sie sich an die Namen des Cassiodorus, des Sekretärs Theoderichs d. Gr., und des Alchwin (Alkuin), des Freundes Karls d. Gr., knüpfen. Einen Textzeugen der Revision des Cassiodorus hat man vermutet in dem Codex Amiatinus (BHK: $\mathfrak{B}^{A}$), einer jetzt in Florenz befindlichen Handschrift des 8. Jahrh.s (vgl. Stummer S. 131); mit der Revision des Alchwin hängt das im 13. Jahrh. in Paris als Musterhandschrift geschaffene, durch eine Reihe von Handschriften des 13./14. Jahrh.s bekannte exemplar Parisiense (vgl. Stummer S. 149ff.) zusammen, das für die weitere Geschichte des Bibeltextes wichtig wurde (s. u. S. 309).

Als dann das tridentinische Konzil in seiner 4. Sessio am 8. April 1546 durch das Dekret De usu et editione sacrorum librorum den Vulgatatext zu der für die römische Kirche maßgebenden lateinischen Textform erklärte, ergab sich abermals das Bedürfnis, diesen Text nunmehr authentisch festzulegen. So entstand auf päpstliche Veranlassung zunächst die Vulgata Sixtina, die unter Sixtus V. (1585—1590) im Jahre 1590 herausgegeben wurde, und, da diese sich als unzulänglich erwies, alsbald die Vulgata Clementina, die unter Clemens VIII. (1592—1605) in drei immer erneut revidierten Ausgaben 1592, 1593 und 1598 herauskam. Die letztere Vulgataform ist dann in Geltung geblieben; sie liegt den neueren Vulgataausgaben zu Grunde, so z. B. den Ausgaben von M. Hetzenauer, der großen Ausgabe Biblia Sacra Vulgatae editionis (1906) und der kleinen Taschenausgabe Biblia Sacra secundum Vulgatam Clementinam (1922). 1907 beauftragte dann Pius X. den Benediktinerorden mit der restitutio primiformis textus Hieronymianae bibliorum versionis; als Frucht der daraufhin aufgenommenen Arbeit erscheint jetzt ein revidierter Vulgatatext mit textkritischem Apparat unter Verwertung der verfügbaren handschriftlichen Überlieferung: Biblia Sacra iuxta Latinam Vulgatam Versionem ad codicum fidem . . . edita (bisher erschienen die Bände I [Genesis] 1926 — XI [salomonische Schriften] 1957).

In Umfang und Anordnung der Bücher folgt die Vulgata nicht dem hebräischen Urtext, sondern der Septuaginta (s. o. S. 297f.), wie sie ja grundsätzlich nur eine Revision der auf der Septuaginta fußenden altlateinischen Bibelübersetzungen war. Es fehlen nur einige Bücher, die auch in der handschriftlichen Überlieferung der Septuaginta nicht allgemein bezeugt sind, wie die Oden, die PsSal, die EpJer, die Bücher Sus und Bel et Draco und das 3. und 4. Makkabäerbuch. In der Anordnung der Bücher weicht die Vulgata — abgesehen von einigen geringfügigen Veränderungen — vor allem darin von der Septuaginta ab, daß sie entsprechend dem hebräischen Text die „großen" Propheten den „kleinen" voranstellt und auch bei den „kleinen" Propheten sich der Reihenfolge des hebräischen Textes anschließt. Sodann versetzt sie ihr 3. Esra-Buch (= I Esr $\mathfrak{G}$ [I/II Esr $\mathfrak{V}$ = II Esr $\mathfrak{G}$ = Esr + Neh $\mathfrak{M}$]) zusammen mit dem in ihr enthaltenen apokalyptischen 4. Esra-Buche anhangweise ganz an den Schluß der Bibel. — Luther hat sich in seiner deutschen Bibel in der Reihenfolge der Bücher genau an die Vulgata gehalten, nur daß er im Hauptteil des Alten Testaments jeweils diejenigen Bücher in der Reihe ausließ, die im hebräischen Alten Testament nicht stehen, und diese Bücher dann als Anhang zum Alten Testament („Die Apokryphen") zusammenstellte; doch hat er auch hier III und IV Esr ausgelassen, dafür aber aus der Septuaginta noch allerlei Stücke aufgenommen, und zwar sowohl deren Erweiterungen in einzelnen Büchern („Stücke zu Esther"; die auch in der Vulgata stehenden Erweiterungen des Danielbuches „Das Gebet Asarjas", „Der Gesang der drei Männer im Feuerofen") wie auch einige der in ihr stehenden kleinen Bücher („Geschichte von Susanna und Daniel" = Sus $\mathfrak{G}$, „Vom Bel zu Babel" und „Vom Drachen zu Babel" = Bel et Draco $\mathfrak{G}$).

In der Vulgata ist auch die uns noch heute geläufige Kapiteleinteilung der biblischen Bücher aufgekommen. Sie geht auf den Kardinal (später Erzbischof von Canterbury) Stephan Langton zurück, der Anfang des 13. Jahrh.s Magister in Paris war; sie ist in das exemplar Parisiense der Vulgata (s. o. S. 308) aufgenommen worden, hat sich von da in der Vulgata allgemein verbreitet, ist dann im 14. Jahrh. in die hebräischen Bibeln übernommen worden (s. o. S. 273) und durch die Polyglotten des 16./17. Jahrh.s auch in die anderen Übersetzungen des Alten Testaments übergegangen. Umgekehrt hat sich die Verseinteilung durch die Polyglotten vom massoretischen Text aus (s. o. S. 272) auch auf die Übersetzungen des Alten Testaments ausgedehnt. Gewisse Schwankungen in Kapitel- und Verseinteilung hat es in den verschiedenen Überlieferungszweigen allerdings immer gegeben.

Drittes Kapitel

METHODE DER TEXTKRITISCHEN ARBEIT

§ 48. Veränderungen des ursprünglichen Textes

Aus der Tatsache, daß uns kein alttestamentliches Buch in seiner Urschrift oder wenigstens in einer der Urschrift zeitlich sehr nahestehenden Abschrift vorliegt, sondern daß die uns erhaltenen Handschriften des vollständigen hebräischen Textes um viele Jahrhunderte jünger sind als selbst die spätesten alttestamentlichen Schriften und daß eine große zeitliche Lücke bleibt auch dann, wenn man annimmt, daß der in ihnen überlieferte Konsonantentext etwa um 100 n. Chr. fixiert und von da ab unverändert weiter überliefert worden ist (s. o. S. 273), daß endlich auch die jüngst gefundenen Abschriften von Teilen des hebräischen Alten Testaments (s. o. S. 276ff.) noch immer von den Urschriften zeitlich weit entfernt sind, erwächst die Aufgabe einer Textkritik am Alten Testament. Denn es muß damit gerechnet werden, daß die alttestamentlichen Bücher an dem Schicksale aller handschriftlich überlieferten Literaturwerke teilgehabt haben, daß nämlich im Zuge der handschriftlichen Überlieferung allerlei Fehler und Veränderungen den ursprünglichen Text entstellt haben. Daß das tatsächlich der Fall war, lehrt schon ein Blick auf die im Alten Testament doppelt vorkommenden Stücke (II Sam 22 = Ps 18; II Kön 18—20 = Jes 36—39, die Dubletten im Psalter, die aus den Samuel- und Königsbüchern wörtlich in die Chronik übernommenen Abschnitte); denn diese weisen mannigfache Textabweichungen im einzelnen auf, obwohl gewiß ihre Texte laufend aneinander angeglichen worden sind. Hier ist also der von Hause aus wörtlich gleiche Grundtext sekundär in vielen Einzelheiten verändert und entstellt worden. Damit aber erhebt sich für das ganze Alte Testament die Frage nach dem „Urtext", d. h. die Frage, ob es Möglichkeiten gibt, aus den überlieferten Texten die zweifellos darin enthaltenen Fehler und Veränderungen zu beseitigen und so den „Urtext" wiederherzustellen.

Wer an einer Stelle eine sekundäre Veränderung des Textes annimmt, der muß — das ist ein erster methodisch notwendiger Grundsatz — eine Erklärung dafür geben können, wie dieser Fehler wahrscheinlich entstanden ist. Für jede textkritische Arbeit ist also unentbehrlich eine Kenntnis der möglichen F e h l e r q u e l l e n ; dabei gibt es die zwei Gruppen der unbeabsichtigten, versehentlichen Textentstellungen und die der beabsichtigten Textveränderungen.

1. In der Gruppe der v e r s e h e n t l i c h e n t s t a n d e n e n T e x t f e h l e r (vgl. die große Materialsammlung von Fr. Delitzsch, Die Lese- und Schreibfehler im Alten Testament [1920]) haben wir natürlich immer mit der Möglichkeit ganz singulärer Sonderfälle zu rechnen, die sich jeder Klassifizierung entziehen; denn auf dem Gebiete der Abschreiberversehen waltet das irrationale Element der Zufälligkeiten in erheblichem Umfange, ohne im einzelnen kontrolliert werden zu können. Trotzdem wird eine methodische Textkritik d i e s e Möglichkeiten nur ausnahmsweise in das Auge fassen dürfen, wenn sie nicht auf diesem Gebiete, auf dem es keine festen Regeln gibt, sich der reinen Willkür ausliefern will. Wir haben also einen Text vor uns, der w a h r s c h e i n l i c h mancherlei Entstellungen gegenüber dem „Urtext" aufweist, die nicht mehr kontrollierbar und nicht berechenbar sind und daher von uns nicht

beseitigt werden können. Diese Tatsache verbietet es, die strikte Forderung einer „Wiederherstellung" des „Urtextes" aufzustellen. Die textkritische Arbeit kann nur versuchen, sich dem „Urtext" möglichst zu nähern, und zwar durch Beseitigung derjenigen Textfehler, die durch gewisse regelmäßig auftretende Veranlassungen der Textentstellung begründet sind. Wir haben dabei zunächst zu denken an diejenigen

a) Fehler, die in jeder handschriftlichen Überlieferung vorkommen. Häufig ist die Verwechslung ähnlich aussehender Buchstaben beim Abschreiben. Um diese Erscheinung im konkreten Falle nachweisen zu können, muß man mit den Schriften und Schriftarten vertraut sein, in denen die betreffenden Literaturwerke geschrieben oder abgeschrieben worden sind. In den noch aus vorexilischer Zeit stammenden Stücken des Alten Testaments können solche Fehler entstanden sein, als sie noch in der althebräischen Buchstabenschrift, wie sie uns in den Ostraka von Samaria und Lachis (s. o. S. 197) begegnet, abgeschrieben wurden[1]. In der Schriftart der Ostraka von Lachis (vgl. oben Abb. 10) war etwa die Verwechslung von נ mit כ, von ע mit ד, auch von א mit ת naheliegend, besonders wenn etwa einer dieser Buchstaben einmal undeutlich geschrieben war. In der späteren aramaisierenden Quadratschrift, in der die jüngeren Teile des Alten Testaments verfaßt und auch die älteren dann abgeschrieben wurden, waren ד und ר, ה und ח einander sehr ähnlich und י und ו u. a. leicht miteinander verwechselbar (Beispiele bei Delitzsch a. a. O. S. 103ff.)[2]. — Nicht selten begegnet auch, besonders beim mechanischen, gedankenlosen Abschreiben, die versehentliche Störung in der Reihenfolge der Buchstaben, also ihre Umstellung; ein Beispiel für viele ist das in I Chr 11 33 stehende (nicht ganz richtig vokalisierte) Wort הבחרמי = „der (Mann) aus (dem Orte) Bahurim", das an der Parallelstelle II Sam 23 31 in der durch Buchstabenumstellung entstellten Form הברחמי erscheint. Natürlich werden besonders gern ähnlich aussehende Buchstaben, die sich im Schriftbild nicht stark voneinander abheben, umgestellt. Diese Erscheinung kann auch ganze Buchstabengruppen oder sogar ganze Worte betreffen. — Sodann begegnet das versehentlich nur einmalige Schreiben des eigentlich zweimal aufeinander folgenden selben Buchstaben; man nennt diese Erscheinung Haplographie („Einfachschreibung"; in BHK abgekürzt: haplogr). Als Beispiel diene der Passus לפדות ל[3] לעם in II Sam 7 23, der an der Parallelstelle I Chr 17 21 fälschlich als לפדות ל עם erscheint. Dieser Fall kann auch bei einander nur ähnlichen Buchstaben und andrerseits bei ganzen Buchstabengruppen und

[1] Auch in nachexilischer Zeit scheint diese inzwischen altehrwürdig gewordene Schrift zum Abschreiben des alttestamentlichen Kanons oder wenigstens bestimmter Teile davon noch gebraucht worden zu sein (vgl. oben S. 278. 279).

[2] In den in Quadratschrift geschriebenen Handschriften vom Toten Meer (vgl. oben S. 276ff.) sind י und ו praktisch fast nicht voneinander zu unterscheiden.

[3] Die Einführung der mater lectionis (לוֹ) ist erst später erfolgt.

ganzen Worten eintreten. — Das Gegenteil von Haplographie ist die sog. Dittographie (abgek.: dittogr), d. h. die versehentliche „Doppelschreibung" eines Buchstaben, einer Buchstabengruppe oder eines Wortes. So haben wir in Jer 7 25 in sonderbarem Zusammenhang das Wort ים[1] stehen, das um so auffälliger ist, als es in derselben stereotypen Redewendung, die im Buche Jer häufiger vorkommt (29 19 35 15 44 4), sonst regelmäßig fehlt. Bei genauerem Zusehen ergibt sich leicht, daß dieses ים nur die versehentliche Doppelschreibung der beiden letzten Konsonanten des unmittelbar vorangehenden Wortes הנביאים ist. — Ein recht häufiges Abschreiberversehen beruht auf dem sog. Homoioteleuton (ὁμοιοτέλευτον; abgek.: homoeotel); das ist das Weglassen eines ganzen Passus zwischen zwei gleichen oder wenigstens mit den gleichen Buchstaben endigenden (daher der Name) Worten. Ein Beispiel kann das leicht klarmachen. II Kön 23 16 hat ursprünglich folgender Text gestanden. וַיִּקַּח אֶת־הָעֲצָמוֹת מִן־הַקְּבָרִים וַיִּשְׂרֹף עַל־הַמִּזְבֵּחַ וַיְטַמְּאֵהוּ כִּדְבַר יהוה אֲשֶׁר קָרָא אִישׁ הָאֱלֹהִים (בַּעֲמֹד יָרָבְעָם בֶּחָג עַל־הַמִּזְבֵּחַ וַיִּפֶן וַיִּשָּׂא אֶת־עֵינָיו עַל־קֶבֶר אִישׁ הָאֱלֹהִים) אֲשֶׁר קָרָא אֶת־הַדְּבָרִים הָאֵלֶּה „Und er [Josia] ließ die Gebeine aus den Gräbern holen und auf dem Altar verbrennen und entweihte diesen, entsprechend dem Worte Jahwes, das ausgerufen hatte der Gottesmann, (als Jerobeam beim Feste vor dem Altare stand. Darauf wandte er [Josia] sich um und richtete seinen Blick auf das Grab des Gottesmannes,) der diese Worte gesprochen hatte". Die rund eingeklammerten Worte fehlen im hebräischen Text[2], müssen aber ursprünglich da gestanden haben, da ohne sie der letzte Relativsatz völlig in der Luft hängt und sie auch für den Fortgang der Erzählung erforderlich sind. Sie sind versehentlich von einem Abschreiber ausgelassen worden, weil sie mit dem Ausdruck אִישׁ הָאֱלֹהִים enden, der auch unmittelbar vor ihnen steht, und der Abschreiber, als er das erste איש האלהים geschrieben hatte und dann fortfahren wollte, dabei durch „Abirren des Auges" (in BHK im Apparat gelegentlich die Bemerkung: aberratio oculi) das zweite איש האלהים in das Auge faßte und von da aus weiter schrieb, so daß das ganze Zwischenstück ausfiel. Das Ausfallen durch homoeotel kann auch eintreten, wenn die beiden betreffenden Worte oder Wortgruppen im Schriftbild nur ähnlich sind, ohne identisch zu sein[3]. Seltener ist als Gegenstück der Ausfall durch Homoioarkton (ὁμοιόαρκτον; abgek.: homoeoarc), d. h. der Verlust eines Passus, der auf gleiche oder ähnliche Weise anfängt wie das Textstück, das auf ihn folgt.

b) Fehler, die mit der besonderen Art der hebräischen Schrift zusammenhängen. Das Alte Testament wurde zunächst als

---

[1] Die Einführung der mater lectionis (יוֹם) ist sekundär.

[2] Sie sind glücklicherweise in 𝔊 erhalten, deren Vorlage sie noch gehabt hat.

[3] Ein Beispiel dafür ist die hebräische Septuagintavorlage in Jer 27 10, in der das Homoioteleuton durch die einander ähnlichen Worte אדמתכם und אבדתם gegeben ist, so daß das Zwischenstück zwischen ihnen entweder von einem früheren Abschreiber des hebräischen Textes oder vom Septuagintaübersetzer übersehen wurde (vgl. BHK[3] z. St.).

reiner Konsonantentext überliefert, bis erst etwa im 5. nachchristlichen Jahrhundert ein erstes, noch unvollkommenes Vokalisationssystem eingeführt wurde (s. o. S. 274); nur das Andeuten der Vokale, besonders im Auslaut, durch die sog. matres lectionis (Konsonanten als Vokalbuchstaben) hat schon ziemlich früh eingesetzt, wie jetzt erneut die Ostraka von Lachis (vgl. das Beispiel oben Abb. 10) lehren und wie auch die neugefundenen Qumran-Handschriften zeigen. Daß eine ohne Vokale geschriebene Konsonantengruppe für sich allein häufig verschiedener Lesungen und Deutungen fähig ist, leuchtet ein. Doch ist diese Tatsache für die alttestamentliche Textüberlieferung keinesfalls zu überschätzen. Denn einmal beruht die spätere massoretische Vokalisation im wesentlichen auf einer alten, nie abgerissenen Ausspracheüberlieferung, wie sich sprachgeschichtlich nachweisen läßt. Sodann ist die Vieldeutigkeit eines unvokalisierten Textes im größeren Zusammenhang meist gering, da der Zusammenhang das Verständnis der einzelnen Worte bestimmt; in der Regel kann man den alttestamentlichen Konsonantentext nicht viel anders lesen, als ihn die Massoreten schließlich vokalisiert haben. Zudem abstrahiert jeder Textkritiker ohnehin von den späteren Vokalisationen und faßt den reinen Konsonantentext in das Auge; ein Vokalisationsfehler im überlieferten Text ist eigentlich gar nicht als Textfehler im strengen Sinne zu betrachten. Nur wo eine falsche Lesung den Konsonantentext beeinflußt hat, wird sie textkritisch wichtig. Dies gilt freilich nur in beschränktem Sinne für die matres lectionis, die äußerlich zwar zum Konsonantentext gehören, sachlich aber ein zwar ziemlich früh aufgekommenes, jedoch erst allmählich ausgebautes Element der Textvokalisierung darstellen. Auch von ihnen wird daher der Textkritiker im wesentlichen abzusehen haben, und falsche Setzungen der matres lectionis sind jedenfalls nur als Textfehler zweiten Grades zu betrachten. Nur in den Fällen, in denen ein durch die Vokallosigkeit veranlaßtes Mißverständnis des Textes zu einer Entstellung des reinen Konsonantengerippes eines Wortes geführt hat, wird das ursprüngliche Fehlen der Vokalisation bedeutsam. So haben wir z. B. in I Kön 10 5 das Wort ועלתו, das von den Massoreten als sing. (ועלָתו) vokalisiert ist, ursprünglich aber wahrscheinlich als plur. (ועלתָו) gemeint war; an der Parallelstelle II Chr 9 4 hat dieses Wort offenbar einmal mit mater lectionis וְעלותָו gelautet; dann ist das eine ו als י mißverstanden (s. o. S. 311) und zum Konsonantenbestand des Wortes gerechnet worden, so daß nun das ganz andere und im Zusammenhang sinnlose Wort וַעֲלִיָּתו dasteht. — Eine weitere Eigentümlichkeit der hebräischen Schrift ist die oft mangelhafte Worttrennung (der meist gebrauchte Ausdruck scriptio continua = Schreibung ohne Worttrennung ist nicht richtig). Die alte Buchstabenschrift hat zwar in der Regel die Worte durch einen (Strich oder) Punkt voneinander getrennt (vgl. Abb. 8 A. B. 9. 10), aber die spätere aramäische Schrift der Perserzeit und damit auch die hebräische Quadratschrift hat auf dieses Worttrennungszeichen verzichtet und zwischen den einzelnen Worten in der

Regel nur einen kleinen Zwischenraum gelassen (vgl. z. B. die Papyri von Elephantine [s. o. S. 198f.] und für den alttestamentlichen Text die Qumran-Handschriften). Daß dieser Zwischenraum mehr oder weniger deutlich ausfallen und so die Worttrennung gelegentlich verwischt werden konnte, ist begreiflich, und ebenso die Tatsache, daß dieser Mangel im Zusammenhang mit der durch das Fehlen der Vokale gegebenen Unsicherheit zu Textmißverständnissen und damit zu Textentstellungen führen konnte. Doch ist auch in diesem Punkte der Unsicherheitsfaktor nicht zu überschätzen, da schon der Zusammenhang meist die richtige Worttrennung an die Hand gibt. Immerhin gibt es Beispiele für fehlerhafte Worttrennung. In Jes 2 20 ist das nur hier vorkommende Wort לחפרפרות[1] fälschlich zerlegt in das unverständliche לַחְפֹּר פֵּרוֹת. Umgekehrt liest man jetzt in Num 23 10 das Wort וּמִסְפָּר, das eine irrige Zusammenziehung darstellt aus den Worten וּמִי סָפַר, wie der parallelismus membrorum in dieser Verszeile es verlangt und ⅏ in der Tat auch textlich überliefert.

2. Beabsichtigte Textänderungen sind in der Regel im überlieferten Text nicht so leicht zu erkennen, da sie — mögen sie nun formaler Natur sein und eine als ungeschickt empfundene Formulierung haben glätten oder einen schwer verständlichen Ausdruck durch einen geläufigeren haben ersetzen wollen, oder mögen sie dogmatische Gründe haben und einen als religiös oder sittlich anstößig betrachteten Passus haben beseitigen oder mildern wollen — im Text meist keine Unebenheit hinterlassen haben, die auf die vorgenommene Änderung noch hinwiese. Auch gehören diese Änderungen, selbst wenn sie erst ziemlich spät im Laufe der handschriftlichen Überlieferung der Texte erfolgt sind, kaum noch in das Gebiet der reinen Textkritik, sondern in das der Literarkritik. Im weiteren Sinne aber gehört einiges von den beabsichtigten Textänderungen doch in den hiesigen Zusammenhang. Das gilt etwa von den meist erklären wollenden Glossen zum Text, die man sich wohl häufig zunächst zwischen die Zeilen oder an den Rand geschrieben wird denken müssen und die dann beim weiteren Abschreiben des glossierten Textes teils mit Absicht, teils wohl auch versehentlich einfach in den fortlaufenden Text mit einbezogen wurden und sich nun dort noch oft durch ihre nur sehr mangelhafte Einführung in den syntaktischen Zusammenhang als solche erweisen oder auch daran kenntlich sind, daß sie den Text oder ein Textwort nachträglich in einem Sinne „erklären", der der Meinung des ursprünglichen Textes deutlich widerspricht. Wenn z. B. am Ende von Jes 7 17 die Worte את מלך אשור stehen, so geben sie zwar dem vorangegangenen prophetischen Drohwort eine sachlich wahrscheinlich nicht unrichtige Deutung, erweisen sich aber durch ihre völlig mangelhafte Einführung in den Satzzusammenhang als eine erklärende Glosse. Wenn andrerseits im Text von Jos 18 13 die Worte

---

[1] Θ setzt noch den ursprünglichen Text voraus und transskribiert ihn mit φαρφαρωθ.

היא בית־אל stehen, die den vorhergegangenen Ortsnamen לוז erklären und mit dem bekannten Orte Bethel identifizieren wollen, so erweist schon die Stellung dieser Worte, die eigentlich bei dem ersten לוזה stehen sollten, sie als eine wahrscheinlich einmal an den Rand geschriebene und dann an unpassender Stelle in den fortlaufenden Text einbezogene Glosse, die in diesem Falle zudem noch sachlich falsch ist, da in der Richterzeit der Ort Lus noch von dem Heiligtum Bethel unterschieden wurde (vgl. Jos 16 2) und erst später — im Sinne der Glosse — auch der Ort mit dem Namen Bethel benannt wurde. Wahrscheinlich haben wir im Alten Testament auch mit sog. Stichwortglossen zu rechnen (vgl. J. Herrmann, Stichwortglossen im Alten Testament, OLZ 14 [1911] Sp. 200—204; Stichwortglossen im Buche Ezechiel, OLZ 11 [1908] Sp. 280—282), d. h. mit Randglossen, denen das betreffende Textwort, das sie erklären sollten, als Stichwort vorangesetzt wurde und die dann mitsamt diesem Stichwort in den fortlaufenden Text einbezogen wurden. Auf diese Weise wird man sich den sonderbaren Text im Eingang von II Kön 9 4 erklären müssen; hier war der „Prophetenschüler" von V. 1 im ursprünglichen Text kurz als הנער „der junge Mann" bezeichnet worden, und ein Glossator wollte nun ausdrücklich bemerken, daß mit dem „jungen Mann" eben der „Prophet" gemeint sei, setzte daher הנער als Stichwort an den Rand und schrieb dahinter die erklärende Glosse הנביא. Beim späteren Abschreiben wurde diese ganze Stichwortglosse in den Text hineingezogen und so entstand die sprachlich unmögliche Zusammenstellung הַנַּעַר הַנַּעַר הַנָּבִיא des jetzigen Textes[1]. — Endlich scheint es so, daß gewisse häufige Worte oder Namen gelegentlich abgekürzt geschrieben wurden und daß später hie und da diese Abkürzungen falsch aufgelöst worden sind. Ein solcher Fall könnte in Jes 7 10 vorliegen. Hier war vielleicht der Name ישעיהו, wie im Jesajabuche ja begreiflich ist, abgekürzt geschrieben, und später hat man diese Abkürzung fälschlich als Abkürzung für den Gottesnamen יהוה aufgefaßt, obwohl das Folgende nicht Gottesrede, sondern Prophetenrede ist.

§ 49. Die Verwertung des textkritischen Materials

Bei den Bemühungen um Beseitigung nachträglich aufgekommener Textfehler und Textveränderungen ist die Textkritik nicht ausschließlich auf eigene Erwägungen und Vermutungen angewiesen, sondern es steht ihr das gesamte reiche Material der alttestamentlichen Textüberlieferung zur Verfügung und fordert genaue Berücksichtigung. Die noch vorhandene handschriftliche synagogale Überlieferung des hebräischen Textes bietet freilich nur noch den von den Massoreten fixierten Wortlaut des Alten Testaments; und auch was von vormassoretischen Handschriften bekannt geworden ist (s. o. S. 273ff.), enthält im großen ganzen denselben

[1] Ein sehr komplizierter Fall einer Stichwortglosse läge nach G. Dahl (JBL 53 [1934] S. 381—383) in Jos. 17 11 vor; vgl. Noth, Das Buch Josua ([2]1953) S. 98.

Konsonantentext, der wahrscheinlich um 100 n. Chr. festgelegt worden ist. Hinter diese Zeit führt die bisher bekannte hebräische Textüberlieferung nur noch für verschiedene Teile des Alten Testaments mit den Handschriften von Qumran (vgl. o. S. 276ff.) zurück, die dem massoretischen Text schon verhältnismäßig nahe stehen und jedenfalls aus einer Zeit stammen, in der die Textüberlieferung des Alten Testaments bereits ein mehr oder weniger langes Anfangsstadium durchlaufen hatte. Die Geschicke des Textes in diesem Anfangsstadium aber bilden gerade das textkritische Problem. Für den Pentateuch haben wir als besonderen hebräischen Textzeugen noch den Samaritanus, der freilich nur nach ziemlich jungen Handschriften bekannt ist und dessen Überlieferungsgeschichte ein Problem für sich darstellt, der aber zum hebräischen Pentateuchtext stets als relativ selbständiger Textüberlieferungszweig zu Rate gezogen und mit seinen Textabweichungen stets darauf geprüft werden muß, wieweit er samaritanische Textveränderungen oder alte Varianten des hebräischen Pentateuchtextes bietet.

Für das ganze Alte Testament aber kommen wir hinter den überlieferten hebräischen Text zurück mit Hilfe derjenigen Übersetzungen, die eine hebräische Textvorlage gehabt haben, die älter war als das, was uns unmittelbar vom hebräischen Text bekannt ist. Dafür kommt in allererster Linie die Septuaginta in Betracht, die von einem hebräischen Text des 3./2. Jahrh.s v. Chr. herkommt und von da aus mit allen ihren späteren Verzweigungen und Tochterübersetzungen ihren eigenen Weg gegangen ist. Wenigstens für den Pentateuch kommt nach dem oben S. 288. 301 Gesagten noch die Grundlage der Peschitto als selbständiger Zeuge für eine hebräische Textvorlage wahrscheinlich des 1. vor- oder nachchristlichen Jahrhunderts in Betracht; doch ist bei ihr im einzelnen schwer zu sagen, wie weit sie für einen solchen Text und wie weit nur für einen — allerdings verhältnismäßig frühen (2. Jahrh. n. Chr.) — Septuagintatext in Anspruch genommen werden kann. Ein unmittelbarer Zeuge für den hebräischen Text ist natürlich auch das targumische Material, dessen schriftliche Fixierung allerdings wesentlich jünger ist als 100 n. Chr., das daher im allgemeinen den späteren (massoretischen) Konsonantentext voraussetzen und nur ausnahmsweise eine neben diesem noch existierende abweichende Textvorlage als Grundlage aufweisen dürfte. Die Vulgata hingegen ist nur sehr bedingt als Zeuge für eine hebräische Textvorlage anzusehen (vgl. oben S. 307), und soweit sie das allenfalls doch ist, zeugt sie wieder nur für einen hebräischen Text, der wesentlich später als 100 n. Chr. im Umlaufe war. Für die Frage nach dem hebräischen Text der letzten vorchristlichen Jahrhunderte ist man also — abgesehen von dem im einzelnen problematischen Charakter der Peschitto als Übersetzung erster Hand — im wesentlichen auf den großen Überlieferungszweig der Septuaginta angewiesen, die denn auch in der Textkritik am Alten Testament eine hervorragende Rolle spielt. Ihre Tochterübersetzungen sind natürlich von entsprechend geringerem Gewicht; da jedoch auch der Septuaginta-„Urtext" nicht erhalten ist und da auf der anderen Seite bekannt ist, daß die Septuaginta je und dann den späteren Formen des hebräischen Textes wieder angeglichen worden ist und auch sonst mancherlei Textwandlungen durchgemacht hat, so besteht die Möglichkeit, daß da und dort der ursprüngliche Septuagintatext sich nur noch in dieser oder jener Tochterübersetzung erhalten hat; und da in einem solchen Falle die ursprüngliche Septuaginta ihre hebräische Vorlage sachgemäß wiedergegeben haben und diese Vorlage einen ursprünglicheren Text geboten haben kann als der uns überlieferte hebräische Konsonantentext, so muß man immerhin damit rechnen, daß in irgend einer entfernten Tochterübersetzung der Septuaginta sich hie und da einmal ein Text indirekt bezeugt findet, der nicht nur auf eine frühere Zeit zurückgeht als alle sonstige Textüberlieferung der betreffenden Stelle, sondern sogar vielleicht den „Urtext" dieser Stelle repräsentiert. Wichtig sind da natürlich vor allem diejenigen Tochterübersetzungen der Septuaginta, die in die Zeit vor den großen uns bekannten Septuagintarezensionen (s. o. S. 293ff.) und vor dem Einsetzen einer breiteren uns erhaltenen handschriftlichen Überlieferung des Septuagintatextes zurückgehen; das sind vor allem die sahidische Übersetzung (s. o. S. 304), dann — soweit erhalten — die altlateinische Übersetzung und endlich — soweit von der Septuaginta abhängig — die Peschitto, die also auch von dieser Seite her wichtig ist.

Eine sachgemäße Verwendung der Übersetzungen des Alten Testaments für die textkritische Arbeit muß deren besondere Art jeweils scharf in das Auge fassen. Jede dieser Übersetzungen ist zunächst eine Größe für sich und will aus den Anschauungen und Bedürfnissen des Kreises heraus verstanden werden, für die sie gemacht ist. Sodann hat jede dieser Übersetzungen — oder, wo eine Übersetzung von mehreren Händen stammt, jeder der Übersetzer — eine besondere Übersetzungstechnik, die man kennen muß, um die Übersetzungsart im Einzelfalle richtig beurteilen zu können; d. h. man muß jede Übersetzung jeweils in ihrem Zusammenhang lesen, ehe man ihr textkritisches Zeugnis an einer Einzelstelle richtig würdigen kann. Es ist die Gefahr bei der Benutzung des textkritischen Apparats der BHK, die nur jeweils einzelne Worte oder Wortgruppen aus den Übersetzungen mitteilen kann, daß der Charakter jeder Übersetzung als je eines Ganzen eigener Art völlig unbeachtet bleibt; eigentlich sollte man diese textkritischen Anmerkungen nur als Hinweise verstehen und stets die betreffende Übersetzung nachschlagen und in ihrem Zusammenhange lesen. — Findet man in einer Übersetzung eine Abweichung vom überlieferten hebräischen Text, so kann die nächstliegende Frage nur die sein, ob diese Abweichung in der besonderen Art der betreffenden Übersetzung ihren Grund hat, ob sie auf der Beschränktheit der verfügbaren Ausdrucksmittel der betreffenden Übersetzersprache oder auf den stilistischen Absichten oder auch den religiösen oder sittlichen Anschauungen des Übersetzers beruht. Wenn diese Fragen negativ beantwortet sind, erhebt sich die weitere Frage, ob die Abweichung durch einen Textfehler oder eine Textentstellung innerhalb der betreffenden Übersetzung veranlaßt ist; denn natürlich kommen für die handschriftliche Überlieferung jeder Übersetzung wieder dieselben oder entsprechende Fehlerquellen in Betracht, wie sie oben S. 311ff. mit Bezug auf die hebräische Textüberlieferung vorgeführt worden sind. Erst wenn auch diese Frage negativ entschieden ist, kommt die Frage nach dem Verhältnis der Textabweichung zur Übersetzungsvorlage (bei Übersetzungen erster Hand also zur hebräischen Vorlage) an die Reihe. Hier ergibt sich wie bei jedem Übersetzungsvorgang die Möglichkeit, daß der Übersetzer seine Vorlage mißverstanden und also falsch übersetzt hat. Erst wenn auch dies im betreffenden Falle kein zureichender Erklärungsgrund für die Abweichung ist, muß man auf eine von dem uns überlieferten Grundtext verschiedene Textgrundlage des Übersetzers schließen, also in der abweichenden Übersetzung das Zeugnis für eine wirkliche Variante im Grundtext sehen; und es käme nun noch darauf an, den abweichenden Übersetzungstext richtig in den Grundtext rückzuübersetzen, wozu wieder eine genaue Kenntnis der Art und Technik der betreffenden Übersetzung gehört (für die Rückübersetzung aus der Septuaginta in das Hebräische steht das technische Hilfsmittel der Septuagintakonkordanz von Hatch und Redpath [s. o. S. 299f.] zur Verfügung; für das lexikalische Verhältnis zwischen dem Syrisch der Peschitto und dem alttestamentlichen Hebräisch des Psalters kommt in Betracht L. Techen, Syrisch-Hebräisches Glossar zu den Psalmen nach der Peschitta [ZAW 17 (1897) S. 129—171. 280—331]). Endlich kommt dann die Frage, welche von den beiden auf diese Weise konstatierten Varianten des Grundtextes den „Urtext" repräsentiert oder wenigstens dem „Urtext" nähersteht. Damit aber kommt man in den Bereich der grundsätzlichen Fragen der alttestamentlichen Textkritik.

§ 50. Grundsätze der Textkritik am Alten Testament

Das Ziel der Textkritik ist — unter Berücksichtigung des oben S. 310f. gemachten Vorbehalts — die möglichst starke Annäherung an den „Urtext" des Alten Testaments. Unter „Urtext" müssen wir dabei im Rahmen der Textkritik zunächst im allgemeinen diejenige hypothetische Textform des Alten Testaments verstehen, die der etwa vom 4. Jahrh. v. Chr. ab in einzelnen Teilen sich bildende palästinische Kanon des Alten Testaments, der zugleich den Wortlaut der Überlieferung fixierte, aufwies. Gewiß ist mit Grund anzunehmen, daß dieser Kanon auch die sehr viel älteren, selbst die vorexilischen Stücke, die in ihn eingegangen sind, weithin im ursprünglichen Wortlaut getreu in sich aufgenommen hat, die Prophetensprüche etwa in der Form, wie sie meist wohl von den Prophetenschülern aufgezeichnet worden waren. Aber die Frage nach der Vorgeschichte der im Kanon vereinigten Stücke und nach ihrem Verhältnis zu ursprünglichen Niederschriften und Aufzeichnungen und nach den möglichen Umgestaltungen auch des Wortlauts auf dem Wege zwischen der ersten schriftlichen Fixierung und jener letzten Formulierung, wie sie dann im Zusammenhang des Kanons erschien, ist eine Angelegenheit der Exegese und Literarkritik, nicht der Textkritik. Für die in diesem Sinne verstandene Textkritik gelten trotz aller Mannigfaltigkeit der für sie wichtigen Gesichtspunkte gewisse methodische Grundsätze, die stets beachtet werden müssen (vgl. dazu die grundsätzlichen, in ihren Ergebnissen allerdings teilweise anfechtbaren Ausführungen von H. S. Nyberg, Das textkritische Problem des Alten Testaments am Hoseabuche demonstriert [ZAW NF 11 (1934) S. 241 bis 254]; ders., Studien zum Hoseabuche, zugleich ein Beitrag zur Klärung des Problems der alttestamentlichen Textkritik [Uppsala Universitets Årsskrift 1935: 6]).

1. Für alle Textarbeit am Alten Testament ist der Ausgangspunkt grundsätzlich stets und überall der überlieferte hebräische[1] Text; denn er ist der geradlinig weiterüberlieferte Text des Kanons in seiner Grundsprache. Alle Übersetzungen, auch wenn sie sehr alt sind, stellen doch nur Abzweigungen dar, und jeder Übersetzungsvorgang ist eine große Fehlerquelle, da keine Übersetzung — von allen Mißverständnissen und Fehlern des Übersetzers noch ganz abgesehen — das Original mechanisch genau wiedergeben kann. Zudem erweist es sich im einzelnen immer wieder, daß 𝔐 auf einer verhältnismäßig sorgfältigen Pflege des kanonisch gewordenen Textes beruht; dagegen kann auch für den Pentateuch der hebräische Samaritanus, der ja keine Übersetzung ist, nicht aufkommen. Dieser Grundsatz bedeutet nicht, daß der Wortlaut von 𝔐 um jeden Preis als der ursprüngliche festzuhalten ist, da gar nicht bezweifelt werden kann, daß auch er viele Fehler und Entstellungen enthält. Er bedeutet aber, daß in aller wissenschaftlichen Arbeit jedes Abweichen von 𝔐 vermerkt und begründet werden muß, auch dann, wenn dieses Abweichen einer durch anderweitige Textzeugen belegten Variante des hebräischen Textes folgt, erst recht natürlich dann, wenn das Abweichen auf einer reinen Vermutung moderner Ausleger beruht[2], während Varianten anderer Textzeugen in Arbeiten, die nicht speziell textkritischen Inhalts sind, stillschweigend übergangen werden können. Selbst ein Abweichen von der massoretischen Vokalisation und Punktation ist jeweils zu vermerken, obwohl diese Textelemente als Überlieferung weniger Gewicht haben als der Konsonantentext.

2. Wenn wir an irgend einer Stelle Textvarianten vor uns haben — etwa auf der einen Seite 𝔐, auf der anderen Seite einen aus 𝔊 nach sorgfältiger Erwägung der oben S. 317f. aufgeführten Möglichkeiten erschlossenen hebräischen Text —, so ist für die Entscheidung, welche Variante den „Urtext“ repräsentiere oder dem „Urtext“ näherstehe, der Grundsatz maßgebend, daß die lectio difficilior vorzuziehen ist;

[1] Die wenigen alttestamentlichen Stücke mit aramäischer Grundsprache sind dabei mit eingeschlossen.

[2] Zu dieser Begründung gehört auch eine Erklärung über die Entstehung des angenommenen Textfehlers in 𝔐. — Wo zu textkritischen Bemerkungen kein Platz ist, genügt allenfalls die Bemerkung text. em. (= textus emendatus).

denn es ist anzunehmen, daß im Laufe der Textgeschichte eher „Erleichterungen", Vereinfachungen schwieriger Ausdrucksweisen, der Ersatz ungewöhnlicher oder altertümlicher Worte durch landläufige u. dgl., stattgefunden haben als „Erschwerungen", daß also das Ungewöhnliche das Ältere, das Ursprünglichere ist. Das bedeutet natürlich nicht, daß nach dem Grundsatz der lectio difficilior jedwede Absonderlichkeit und Unverständlichkeit eines überlieferten Textes als ursprünglich in Kauf zu nehmen sei[1]; es bedeutet aber, daß bei einer ungewöhnlichen Stelle erst alle Erklärungsmöglichkeiten versucht und erschöpft werden müssen, ehe man zu der Feststellung schreitet, daß der Text an dieser Stelle verderbt (BHK: crrp, corr [= corruptum]) und daher eine verständlichere Textform als ursprünglich anzunehmen sei, wobei dann wieder eine möglichst einleuchtende Erklärung des entstandenen Textfehlers zu geben wäre. Vor allem müssen alle sprachlichen Erklärungsmöglichkeiten erst geprüft werden; denn das lebendige Hebräisch war natürlich reicher an Worten, Wortbedeutungen und Wortformen, als die spätere Überlieferung und Erklärung des alttestamentlichen Textes ohne weiteres erkennen läßt, und wir müssen sehr mit später vergessenen Worten und Wortbedeutungen im alttestamentlichen Hebräisch rechnen, die jetzt noch zu ermitteln vor allem die mit aller Vorsicht und Umsicht heranzuziehenden verwandten Sprachen helfen können (vgl. z. B. L. Kopf, Arabische Etymologien und Parallelen zum Bibelwörterbuch [Vetus Testamentum 9 (1959) S. 247—287]). Auf diese Weise kann manche scheinbar unverständliche Stelle passend und treffend und in ihrem ursprünglichen, konkreten und originellen Wortlaut ohne Textänderung erklärt werden. Natürlich gilt der Grundsatz des Bevorzugens der lectio difficilior in den genannten Grenzen nicht nur gegenüber alt bezeugten Textvarianten, sondern erst recht gegenüber allen „erleichternden" Textänderungen moderner Ausleger.

3. Da sicher anzunehmen ist, daß der „Urtext" des alttestamentlichen Kanons schon durch allerlei Fehler entstellt worden ist in einer Zeit, in die kein erhaltener Textzeuge, auch nicht die so früh entstandene Septuagintaübersetzung, hinaufreicht, und daß manche vielleicht noch eine Zeitlang erhaltenen ursprünglichen Lesarten weder in 𝔐 noch in die Qumran-Handschriften noch in irgendeine der Übersetzungen Aufnahme gefunden haben, gibt es grundsätzlich das Recht der *freien Konjektur* (BHK: conj), d. h. einer Vermutung über den ursprünglichen Wortlaut, die durch keinen vorhandenen alten Textzeugen gestützt wird. Daß zur praktischen Anwendung dieses grundsätzlichen Rechtes eine dringende Nötigung, d. h. die durch Erschöpfung aller anderweitigen Erklärungsmöglichkeiten sicher begründete Annahme der Verderbtheit einer Textstelle, vorliegen und bei ihr äußerste Zurück-

[1] In dem oben S. 312 behandelten Falle der Entstellung von II Kön 23 16 ist die durch 𝔊 bezeugte Textform die glattere und daher die „leichtere". Trotzdem ist hier nicht etwa 𝔐 als lectio difficilior festzuhalten; denn 𝔐 bietet hier in Wirklichkeit gar keine „Lesart", sondern einen offenkundigen Textfehler.

haltung und Vorsicht geübt werden muß, wenn nicht reine Willkür Platz greifen soll, leuchtet ein; ebenso daß hier, wo jede alte Überlieferung fehlt, der Textvorgang, der zu der angenommenen Entstellung geführt hat, besonders sorgfältig klargelegt werden muß. Oft ist es leichter, das Verderbtsein einer Textstelle mit großer Sicherheit nachzuweisen als eine einleuchtende Vermutung über den ursprünglichen Text dieser Stelle aufzustellen; und es ist jedenfalls begreiflich, daß solche Konjekturen sehr verschiedene Grade von Möglichkeit oder Wahrscheinlichkeit aufweisen. Freilich gibt es auch Textkonjekturen, deren Richtigkeit einfach evident ist; und in solchen Fällen ist es auch erlaubt, selbst ungewöhnliche Vorgänge der Textentstellung anzunehmen. Hierher würde ich z. B. die Konjektur von A. Bertholet, ZAW 28 (1908) S. 58f. zu Ps 2 11/12 rechnen, nach der die beiden letzten Worte von v. 11 und die beiden ersten von v. 12 umgestellt werden müssen, so daß sich — unter Absehen von der mater lectionis und der Vokalisation und der Worttrennung — als ursprünglicher Text ergibt: נַשְּׁקוּ בְרַגְלָיו בִּרְעָדָה = „küßt seine Füße mit Zittern“, womit sich aus den in der vorliegenden, auch schon von 𝔊 vorausgesetzten Anordnung unverständlichen Worten nicht nur ein guter Sinn gewinnen läßt, sondern auch der parallelismus membrorum aufs beste wiederhergestellt wird. Man wird dann wohl (etwas anders als Bertholet) annehmen müssen, daß der Konsonantentext dieser Stelle einmal in ziemlich schmalen Kolumnen geschrieben war und daß beim mechanischen Abschreiben zwei Zeilen versehentlich in ihrer Reihenfolge vertauscht worden sind.

4. Wenn es im Hebräischen rhythmisch geformte Rede gegeben hat — und diese Tatsache ist gar nicht zu bezweifeln —, dann kann bei Stücken dieser Form (es kommen vor allem die Prophetensprüche, Psalmen und Weisheitstexte in Frage) das Metrum für die Textkritik nicht gleichgültig sein. Die Versform muß vielmehr bei allen Bemühungen um die Wiederherstellung des „Urtextes“ dieser Stücke stets mit beachtet werden; und damit ergibt sich zugleich das grundsätzliche Recht, einen Text wegen des (gestörten) Metrums (BHK: mtr cs bzw. m c [= metri causa]) für entstellt zu erklären und unter Berücksichtigung des Metrums seine Verbesserung zu versuchen. Wieder aber ist die praktische Ausübung dieses grundsätzlich vorhandenen Rechtes deswegen schwierig, weil schon die Frage der Grundlagen der hebräischen Metrik umstritten ist (vgl. J. Ley, Grundzüge des Rhythmus, des Vers- und Strophenbaues in der hebräischen Poesie [1875]; ders., Leitfaden der Metrik der hebräischen Poesie [1887]; E. Sievers, Metrische Studien I: Studien zur hebräischen Metrik [Abh. d. phil.-hist. Cl. d. Kgl. Sächs. Ges. d. Wiss. 21 (1901) Nr. I]; J. W. Rothstein, Grundzüge des hebräischen Rhythmus und seiner Formenbildung [1909] und andrerseits S. Mowinckel, Zum Problem der hebräischen Metrik [Festschrift für Alfred Bertholet (1950) S. 379—394]; F. Horst, Die Kennzeichen der hebräischen Poesie [Theologische Rundschau N. F. 21 (1953) S. 97 bis 121]; S. Segert, Problems of Hebrew Prosody [Vetus Testamentum

Suppl. 7 (1960) S. 283—291]), erst recht aber viele Einzelheiten noch ungeklärt sind[1], vor allem die gerade für die Textkritik sehr wichtige Frage, wieweit der Rhythmus, dessen Wesen an sich die Regelmäßigkeit ist, im Hebräischen sog. Mischmetra zuließ, d. h. einen Wechsel in der Zahl der Hebungen der einzelnen Verszeilen. Vielleicht muß man in dieser Frage einen Unterschied machen zwischen dem — strengeren — gesungenen „Lied" und dem — freieren — gesprochenen „Spruch". Jedenfalls aber wird man einen ganz beliebigen Wechsel im Rhythmus kaum für möglich halten können, sondern für einen solchen Wechsel im Einzelfalle nach bestimmten Gründen suchen müssen. Vielfach aber macht man die Erfahrung, daß eine Unregelmäßigkeit im metrischen Aufbau eines „poetischen" Stückes Hand in Hand geht mit einer sachlichen Störung des Sinnes und daß die Wiederherstellung der zu erwartenden metrischen Gliederung eines Verses zugleich den Inhalt in Ordnung bringt. Ich greife ein beliebiges Beispiel heraus. In Am 3 3–6 haben wir Verse mit 3 + 2 Hebungen (nach dem „Sieversschen System"); v. 5a hat danach 1 Hebung zuviel. Zugleich aber ist in dieser Zeile das Wort פַּח nicht am Platze, da von der „Vogelfalle" erst in der nächsten Zeile die Rede ist, während es sich hier um das „Wurfholz" handelt. Streicht man „mtr cs" das Wort פח in v. 5a (es ist versehentlich aus v. 5b eingedrungen), dann sind Metrum und Inhalt gleichzeitig in Ordnung. Hinzu kommt hier sogar noch, daß 𝔊 dieses Wort in v. 5a in ihrer Vorlage nicht gelesen hat. Ist das richtig, dann ist man grundsätzlich berechtigt, ein Wort oder dgl. mtr cs zu streichen (oder einzufügen) auch dann, wenn die durch die metrische Störung angezeigte Textentstellung zufällig keinen inhaltlichen Anstoß hinterlassen hat und kein alter Textzeuge eine Variante bietet. Man wird also aus denselben metrischen Gründen in Am 3 4b das entbehrliche מִמְּעֹנָתוֹ für sekundär halten dürfen, obwohl hier keine anderweitigen zwingenden Argumente zu Hilfe kommen. Daß aber bei allen Textoperationen aus metrischen Gründen äußerste Vorsicht und Zurückhaltung geboten ist, sei ausdrücklich betont.

---

[1] Zu einer exakten metrischen Analyse alter hebräischer „Poesie" würde auch eine genaue Kenntnis der althebräischen Aussprache der Worte gehören; diese Aussprache aber ist nur in Umrissen bekannt und kann in Einzelheiten lediglich hypothetisch rekonstruiert werden.

NACHTRÄGE

Zu S. 4/5: Die Zeitschrift, die einst BJPES und dann bisher BIES hieß, hat mit dem Band XXVI (1962) den Namen „Yediot" angenommen.

Zu S. 121 f.: Für die sonst nicht eben sehr reichlich in der archäologischen Hinterlassenschaft vertretene persische Zeit sind vor allem durch Kleinfunde (Krugstempel u. dergl.) wichtig geworden die Ausgrabungen von Ramat Rahel (südlich des israelischen Jerusalem auf der Ostseite der [früheren direkten] Straße Jerusalem—Bethlehem); nach einer ersten Kampagne von 1954 werden sie seit 1959 mit reichem Ertrag durchgeführt und haben bisher Überreste aus der spätjudäischen Königszeit, dann eben aus der persisch-hellenistischen Zeit und weiter aus der römischen und byzantinischen Zeit aufgedeckt. Vgl. dazu vor allem Y. Aharoni u. a., Excavations at Ramat Raḥel. Seasons 1959 and 1960 (1962).

Zu S. 134 (vgl. S. 135. 141 f.): Nach der kurzen vorläufigen Mitteilung von R. de Vaux in RB 69 (1962) S. 98—100 und dem ausführlicheren Bericht von K. M. Kenyon in PEQ 94 (1962) S. 72—89 haben die im Jahre 1961 begonnenen englisch-französischen Ausgrabungen auf dem Südosthügel von Jerusalem schon jetzt das Ergebnis erbracht, daß die bisherige Meinung vom Umfang des jebusitisch-davidischen Jerusalem irrig ist. Das bisher als teils jebusitisch, teils davidisch bzw. salomonisch angesprochene Mauerstück am Ostrand des Hügels hat sich als erst hellenistisch erwiesen; auf die Umfassungsmauer der Stadt aus der Zeit zwischen Mittelbronze- und Früheisenzeit ist man ein Stück weiter östlich und d. h. weiter unterhalb am Kidrontalhang gestoßen. Danach hat auch der obere Eingang des zuerst von Warren entdeckten Schachtes, der den ungehinderten Zugang zum Wasser der Gihon-Quelle ermöglichen sollte, nicht außerhalb, sondern innerhalb der alten Stadtummauerung gelegen. Eine weitere Untersuchung seitens derselben Expedition hat ergeben (bzw. bestätigt), daß der dem Südosthügel gegenüber gelegene große südliche Teil des Westhügels bis in die hellenistische Zeit hinein noch nicht in die Stadt einbezogen gewesen ist, sondern erst im ersten nachchristlichen Jahrhundert ummauert worden ist.

Zu S. 143 f.: Zu den Wasserversorgungsanlagen des eisenzeitlichen *ed-dschīb* vgl. jetzt vor allem J. B. Pritchard, The Water System of Gibeon (Museum Monographs. The University Museum. University of Pennsylvania) 1961.

Zu S. 152: Zur antiken Metallgewinnung und Metallverarbeitung im Bereich des *wādi el-ʿaraba*, besonders am *dschebel el-meneʿīje* (isr.: *har timnaʿ*) und im *wādi el-meneʿīje* (vgl. S. 40), vgl. jetzt den Bericht über die an Ort und Stelle ausgeführten Untersuchungen von B. Rothenberg in PEQ 94 (1962) S. 5—71. Diese Untersuchungen haben besonders für die eisenzeitliche Metallindustrie zu detaillierten und wichtigen Ergebnissen geführt und auch zu Korrekturen der bisherigen Deutung der Anlagen auf dem *tell el-chlēfi* Anlaß gegeben.

Zu S. 166: Im Jahre 1962 hat mit einem ersten Bande zu erscheinen begonnen eine neue Zeitschrift zur Geschichte und Archäologie des ganzen alten Orients unter dem Titel „Oriens Antiquus" (abzukürzen wohl einfach OA), herausgegeben von dem „Centro per le antichità e la storia dell'arte del vicino oriente" in Rom, die damit neben das von E. F. Weidner 1923 zunächst als „Archiv für Keilschriftforschung" begründete und dann von Band 3 (1926) ab erweiterte und entsprechend umbenannte „Archiv für Orientforschung (Internationale Zeitschrift für die Wissenschaft vom vorderen Orient)" tritt, das noch heute von E. F. Weidner herausgegeben wird.

Zu S. 276: Von der großen Qumrantextpublikation erschienen ist als weiterer Teil (in zwei Bänden) Discoveries in the Judaean Desert III: R. de Vaux, M. Baillet, J. T. Milik, Les petites grottes de Qumrân (1961).

Zu S. 288. 301: Zum Verhältnis zwischen Peschitto und palästinischem Pentateuchtargum vgl. jetzt vor allem A Vööbus, Peschitta und Targumim des Pentateuch. Neues Licht zur Frage der Herkunft der Peschitta aus dem altpalästinischen Targum (1958).

Zu S. 314f.: Glossen und Abkürzungen im hebräischen Texte des Alten Testaments sind von G. R. Driver zusammengefaßt und sachlich klassifiziert behandelt worden; vgl. G. R. Driver, Glosses in the Hebrew Text of the Old Testament (Orientalia et Biblica Lovaniensia I [1957] S. 123—161) und G. R. Driver, Abbreviations in the Massoretic Text (Textus [Annual of the Hebrew University Bible Project] I [1960] S. 112—131).

I. ALLGEMEINES SACH- UND NAMENVERZEICHNIS

Aas 35
Aasgeier 35
Abbasiden 103
Abessinien 205, 211, 304
Abibaal(-Inschrift) 191
Abkürzungen im hebr. Text 315, 324
„Absalomgrab“ 157
Achämeniden 207f., 217, 265f.
Achan 62
Achat-Aton 260
Ächtungstexte 222
Ackerbau 149
Adad-nirari I. 227
Adad-nirari III. 233
Adiabene 288
Adonis 251
Adyton 162
Agrippa II. 157
Ägypten 42, 71, 78, 84, 114, 136, 146, 147, 148, 149, 158, 166, 168, 171ff., 174f., 178f., 185f., 197, 198, 203, 210, 221ff., 227, 228, 229ff., 236, 237f., 240f., 243, 244, 245ff., 249, 251, 254, 255f., 258ff., 286, 287[2], 291, 293, 296, 303f., Abb. 6
Ägypter 49, 71, 118, 160, 211f., 216, 221ff.
Ägyptisch 181f., 206, 229, 303
Ägyptische Literatur 182ff., 222
Afra 306
Ahab 148
Ahiram-Sarkophag, -Inschrift 145, 158, 191, Abb. 8
Ahuramazda 266
Ai 118, 159
Ajjalon 55, 68, 81, 89, Abb. 3
Akkad 201, 212, 224, 227, 238, Abb. 6
Akkader 212f., 214, 215
Akkadisch 70, 201f., 206, 208, 212, 214, 215, 229
Akko(-Ebene) 20f., 48, 68, 69, 72, 80, 83, 84, 92[1], 102, 109
Akrophonie 195
Akropolis 121, 123, 135, 138f., 159, Abb. 4
Aksum 304
Alabaster(-Gefäße) 147, 176
Alalaḫ(-Texte) 47, 188, 235
Albright, W. F. 126f.
Alchwin 308
Aldina 298f.
Aleppo 171, 172, 173, 196, 197, 220, 230, 233[1], 235, 237, 271, 302, Abb. 6
Aleppokiefer 32
Aleppo-Kodex 271f.
Alexander d. Gr. 95, 108, 166, 221, 225, 236, 238, 248, 266
„Alexandersarkophag“ 159
Alexandria 94, 238, 285f., 290
Alluvium 39, 168
Alphabet 189ff.
Alt, Albrecht 126
Altar 159, 160, 163, 250
Amalekiter 75
Amanus 170, 172, 234, Abb. 6
Amarna-Tafeln 47, 65, 69, 70, 185f., 202, 208, 231, 243, 247
Amasis 223
Amenemhet 222[1]
Amenophis 223
Amenophis II. 48
Amenophis IV. 259f.
Ammon(iter) 73, 74, 81, 88, 93, 94, 112[1], 115, 129[2], 203, 219, 232, Abb. 3
Amoriter 55, 70, 213
Amulett 149
Amun 255, 259
Amun-Re 223, 259f.
Amurru 49, 70, 213, 247
Anat 251, 264
Anatolien 169
Ankara 206, 239, Abb. 6
Annalen 183, 187, 228, 240
Antilibanon 40, 55, 74, 85, 170, 173, 204, 233, Abb. 6
Antiochia 95, 238, 293, 296, 302
Antiochus IV. 95, 266
Antonia 107f.
Anu 621
Aphraates 301

Apis 258
Apokryphen 309
Apollonius 95
Apsiden 105
Aquädukte 106
Aquila 283, 287, 293, 307
Araber, Arabien 7, 76, 94, 103f.
Arabisch 8, 205, 303
Aramäer 73f., 81, 88, 89, 92, 220, 226, 233
Aramäisch 52, 94, 198f., 203ff., 206, 208, 213f., 219f., 234, 278, 281ff., 288, 301, 313, 319[1]
Ararat 209
Arbailu 262
Archelaos 95
Ären 244f.
Arinna 265
Aristarch, aristarchische Zeichen 294, 295, 302f.,307
Aristeasbrief 285f.
Armenien 168, 169, 209, 217, 217[1], 303
Armenische Übersetzung 303
Armenoide Rasse 210
Arnon 11, 56, 68, 73, 108, Abb. 3
Arnuwandaš 229
Arpad 234
Artaxerxes I. 94
'artūf-Verwerfung 15f.
Arwad 236
Asa 89
Aschera 251, 264
Aschere 163
Asdod 71, 93, 94, 162, 264, Abb. 3
„Asdodisch" 220
Aseka 81
Askalon 71, 136, Abb. 3
Assarhaddon 227, 228, 238, 243
Asser 68, 88, Abb. 3
Assuan 198, 211, Abb. 6
Assur (Stadt) 203, 238, 241, 262, Abb. 6
Assurbanipal 187, 227, 228, 243
Assur-dan III. 246
Assurnasirpal II. 228, 239
Assur-uballit I. 227
Assyrer 48f., 70, 92f., 94, 214f., 225, 226f., 232, 234, 235, 241, 243, 246, 247, 256, 262
Assyrien 94, 154, 226f., 232, 238f., 241, 243f., 247, 248, 262, Abb. 6
Assyrisch 201
Astarte 149, 163, 251
Asteriskus 294
Asur, *Ašur* (Gott) 239, 262
Ataroth 69
Äthiopien 211, 223[3]
Äthiopisch 205, 304
Aton 259f.
Atum 258
Attis 251
„Aufstieg" 82f.
Augustin 306
Ausgrabungen 113ff., 178f. 323
Avaris 229, 237
Azitawadda 234

Baal 252, 254, 264
Baal Zaphon 264
Baalat Gebal 264
Babel 225, 238
Babylon 176, 214, 225, 226, 238, 261f., Abb. 6
Babylonien 93, 217, 225, 226, 227, 241, 242, 243, 245, 246, 247, 248, 256, 269, 272, 274f., 283, 284
Babylonier 214f.
Babylonisch 70, 93, 201, 208, 214
Backofen 146
Bäcker 146
Baesa 89
Bagdad 103, 168, 179, 201, 224, Abb. 6
Banane 33
Bankgrab 156
Bär 35
Bar-Hadad 233[1]
Barttracht 211, 212, 214
bārū-Priester 263
Baruch 298
Basalt 38f.
Basan 57, 67
Bauer, Hans 190[3]
Bauurkunden 186
Beatty, Chester 289, 296
Becherkraut 43
Beduinen 43
*Beeroth 236
Beer-Seba 23, 62, 68, 117
Befestigungen 73, 102f., 120, 122
Beisan 118, 128
Bel, *bēl* 262

Bel et Draco 298, 309
Ben Ascher 269 ff.
Ben Chajjim, Jakob 271
Ben-Hadad I. 196, 220, 233[1], 264
Benjamin 62, 65 f., 86[1], 87, 88, 89, 91, 119, Abb. 3
Ben Naphtali 269 ff., 273
Bergwerke 40
Beschneidung 72
Beschwörung 186, 263
Besek 83
Beth Alpha 27
Bethel 53, 66, 78, 80, 91, 119, 128, 140, 162, 314 f., Abb. 3
Beth-Horon 81
Bethlehem 51, 80, 81, 104, 307
Beth-Pelet 118[2]
Beth-Sean 13, 71, 95, 118, 128, 158, 160, 162, 163 f., 173, Abb. 3
Beth-Searim 123, 159
Beth-Semes 68, 78, 90, 124, 191, 192, Abb. 3
Beth-Zur 64, 122, 136, 154, Abb. 3, 4
Betonim 83
Bett 140, 145, 148
Bevölkerungszahlen 22
Bildschrift 181, 184, 192
Bilinguen 188
Bit-Adini 234
Bit-Agusi 234
bīt akītum 262
Blumen 28, 30 f., 32
Bodenschätze 40 f., 72, 224
Boğazköy 206 f., 209, 216, 217, 231, 239, 243, 247, 255, 265, Abb. 6
Bogenbankgrab 156
Bogentroggrab 156
Bohairische Übersetzung 304
Bohan 62
Bomberg, Daniel 271, 284
Borsippa 262
Bosse 136
Brandopfer 252, 256
Briefe 187, 188, 225
Brief Jeremias 298, 309
Bronzezeit 111, 112, 114 f., 117 ff., 133, 134, 135, 136, 138, 139, 140, 141, 142, 151, 154, 155, 159 f., 162, Abb. 4, 5
Brot 146
Brunnen 84, 141[1]
Buchstabenumstellung,-verwechslung 311
Bund 87
Buntkeramik 179
Burckhardt, J. L. 1
Byblos 145, 155[1], 158, 178, 191 f., 193, 195, 197, 236, 264
Byssus 151
Byzantinische Zeit 22[2], 104 f.

Caesarea (Palaestinae) 7, 19, 20, 79, 95, 102, 103, 108, 290, 293, 295
Caesarea Philippi 23
Carrhae 235
Cassiodorus 308
Castellum Peregrinorum 102
Cenoman 38, 40, Abb. 2
Ceyhan-Fluß 234
Chalkolithikum 111, 117 f.
Champollion, J. Fr. 181
Charismatiker 60
Chattisch 209, 218
Chefren 222
Cheops 222
Christusdorn 32
Chronologie 114, 119[1], 126, 187, 225[1], 229[1], 240 ff.
Churrier 215 ff., 230, 265
Churrisch 70, 208 f., 215 f., 219, 231
Codex Alexandrinus 290 f., 299
Codex Ambrosianus (Septuag.) 291
Codex Ambrosianus (Peschitto) 301
Codex Amiatinus 308
Codex argenteus 303
Codex Atheniensis 292
Codex Basiliano-Vaticanus 292
Codex Bodleianus Geneseos 292
Codex Cairensis 271 f.
Codex Coislinianus 292, 295
Codex Colberto-Sarravianus 291, 295
Codex Complutensis 306
Codex Cottonianus Geneseos 291
Codex Ephraemi Syri rescriptus 291
Codex Freer 291, 291[1]
Codex Hammurabi 225, 238[1]
Codex Hillel 271[1]
Codex Legionensis 306
Codex Leningradensis 272
Codex Lipsiensis 292
Codex Lugdunensis 306
Codex Marchalianus 291 f., 295

Codex rescriptus Cryptoferratensis 292
Codex Reuchlinianus 273, 284
Codex Severi Hebraicus 271[1]
Codex Sinaiticus 290
Codex Vaticanus 290, 296, 299
Codex Venetus 292
Cölesyrien 95
Cypern 114, 178, Abb. 6

Dach 139f.
Dagan 263, 264
Dagon 162, 264
Damaskus 23, 24, 41, 42, 74, 84, 88, 89, 92, 101, 103, 170, 172, 173, 220, 233, Abb. 1, 3, 6
Damasus I. 307
Dämonen 176, 252, 255
Dan (Stamm) 68, Abb. 3
Dan (Stadt) 23, 68, 162, Abb. 3
Danunier 234
Darius I. 94
Dattel(palme) 33
David 40, 60, 72[1], 74, 75, 86ff., 110, 124, 134, 232
Davididengräber 155
Debir 75
Dekapolis 6, 95, 109
Delta 166, 171, 221, 228, 229, 237, 304, Abb. 6
Demotisch 182, 197
Deutscher Verein zu Erforschung Palästinas (DPV) 2, 25, 120, 123
Dibon 73
Diluvium 39
Dittographie 312
Djemdet-Nasr-Kultur 179
Dolmen 155[2]
„Dominus flevit" 158
Dor 71, 92, Abb. 3
Dothan 80, 84, 125
Drama, kultisches 257, 264
Dreschen, Dreschwagen, -schlitten 33, 36, 150
Dschozer 222
Dünen 19, 20, 21, 28[1]
Durra 32
Dūr-Šarrukin 239
Dynastien, ägyptische 221ff., 240

Ea 261
Ebal 83
Ecce-homo-Bogen 108[1]
Echnaton 185, 260
Edessa 204, 301
Edom(iter) 40, 52, 59, 72f., 74, 75, 78, 81, 87, 93, 94, 112[1], 115, 203, 219, 232, Abb. 3
Eiche 12, 31, 57
Eidechsen 35
Einbalsamierung 260
Eiseiba 82
Eisen 40f., 152
Eisenzeit 110f., 112, 114, 119ff., 134f. 138, 139, 143, 151, 156, 160, 162, Abb. 4
Ekron 71, 78
El 264
Elam(ier) 208, 217, 232, 238[1], Abb. 6
Elamisch 94, 208, 217
Elephantine(-Papyri) 198ff., 203, 205, 313f.
Eleutheropolis 81
Elfenbein 117, 121, 145, 148
Elibaal(-Inschrift) 191
Ellil, Enlil 224, 261f.
El-Obed-Kultur 179
Elohist 70, 76
Emaillierte Ziegel 176
Emendation 319
Emmaus 104
Entwässerungskanäle 140
Enuma ēliš 257, 262
Eozän 38
Ephraem 291, 302
Ephraim 52f., 66f., 88, 90, 92, Abb.3
Eponymen 187, 228, 241, 244, 246
Erech 238
Erfurter Handschriften 274[1]
Erman, A. 206
Esbaal 86
Esbus 83
Esel 35, 36, 79, 171
Esmun, *Ešmun* 251, 263
„Essener", 278, 279
Esthaol 68
Etam 143
Eukalyptusbaum 34
Euphrat 42, 44, 74, 168, 172, 173, 175, 179, 187, 201, 212, 213, 214, 226, 230, 231, 234, 238, 248, 262, Abb. 6, 7
Eusebius 5, 52, 293, 295
exemplar Parisiense 308, 309
Ezeon-Geber 72, 151

Familie 58
Färberei 151
Fatimiden 103
favissa 159, 160, Abb. 5
Fayence 147, 149
Feigenbaum 33, 150
Feigenkaktus 34
Felsendom 103, 162
Festungen 81, 82, 89, 133, 136
Feuerstein 38, 42
Fibel 148
Fische, Fischfang 13, 35, 151
Flexuren 15, 39
Flügelsonne 177
Fresken 117
Frühfeige 33
Frühregen 26, 32
Fuchs 34f.
Fußschemel 145

„Gabelhürden" 132[1]
Gad 67, 68f., Abb. 3
Galiläa 18f., 47, 53, 65, 68, 80, 83, 107[4], 112
Garigue 31
Garizim 53, 104, 280
Gath 71, 87[1]
Gaue 61, 68, 75[1], 88ff.
Gaza 19, 71, 97, 118, 128, 152, 264, Abb. 3
Gazelle 35
Geba 89
Gebal 236, 264
Geburtskirche 104
Geld 153f.
Gemeinschaftsopfer 253, 257
Genezareth 50
Geniza 269, 275, 282, 287
Geräte 152
Gerasa 106, 141
Gerste 32
Geser 115, 122, 124, 138, 142, 150, 154, 155, 164, 192, 196, 200
Getreide 32, 43
Getreidespeicher 146f.
Gewichte 153
Gewitter 30
Gibea 78, 80, 81, 120, 135, 139
Gibeon 78, 81
Gießerei 40
Gilead 51, 57, 67, 84, 88[1], 92
Ginster 32, 42
Glas 147
Glossen 70, 202, 314f., 324
Golan 57
Gold 154
Gosan, *Guzana* 235
Gotische Übersetzung 303
Götter, sterbende und auferstehende 251f., 258, 264
Gottheiten, kosmische 252, 254, 258, 264
—, lokale 252, 254
—, theriomorphe 255, 258
—, weibliche 251
Grabanlagen 123, 174, 260
Grabbeigaben 159, 260
Gräber 154ff., 174, 182, 183
Grabeskirche 101[5], 102[5], 104
Grabheiligtümer 101
Grabinschriften 157, 182f., 249
Grabmal 157, 163, 174
Granatapfelbaum 33
Gras 32
Griechische Bibelübersetzungen 284ff., 288
Großfamilie 58f.
Grotefend, G. F. 184
Grundwasserbrunnen 141[1], 171f.
Gubla 236
Gußformen 152

Habakkuk-Kommentar 277, 278
Ḫadatu 148
Hadrach, *Ḫatarikka* 235
Hagel 30
Haifa 21, 24, 27, 53
Ḫalab 237
Halbmanasse 61, 67
Halys 169
Hamath 41, 188, 197, 219[1], 233f., 235, Abb. 6
Hammurabi 225, 226, 243, 245, 246
Ḫana 226
Handel 138, 153f.
Handschriften des hebr. Textes 271ff.
Haplographie 311
Haran, *Ḫarrânu* 235, 262
Hase 35
Hasmonäer 5, 95, 108, 154, 235, 242
Ḫatti, Land und Reich 48, 70, 207, 228f., 239, 241, 245

Ḫattina 235
Ḫattušaš 239, Abb. 6
Ḫattušiliš 229
Ḫattušiliš I. 229
Ḫattušiliš III. 229, 246
Hauran(gebirge), *Ḫaurina* 57, 92, 106
Haus 109f., 139f.
Hazor 47, 48, 120, 134, 136, 138, 160, 162, Abb. 5
Hebräisch 70, 157f., 191, 202, 274, 278, 281, 284f., 287, 319, 320, 322
Hebron 15f., 22, 33, 51, 64, 69, 75, 80, 118, 125, Abb. 3
ḥedschāz-Bahn 24, 42, 81
Hekataios von Abdera 162
Heliopolis 258, 259
Henotheismus 253
Ḫepa 265
Herd 146
Hermon 28, 55, 95
Herodeion 122
Herodes 5, 20, 79, 107f., 122, 136, 154, 162, Abb. 4
Herrscherkult 266
Hesbon 69, 83
Hesychius 293, 295f.
Hethiter 48, 55, 70, 207, 218, 225, 228f., 234, 236, 239, 241, 243, 245, 246f., 265
Hethitisch 206f., 209
Heuschrecke 35
Hexapla 293ff., 299, 303
Hezron 59
Hieratisch 182, 197
Hieroglyphen, ägyptische 149, 164, 181ff., 189, 195, 206, Abb. 7
—, hethitische 181, 188, 207, 219[1], 220, 234, Abb. 7
Hieronymus 5, 15, 293, 295f., 307f.
Hierosolymitanische Übersetzung 302
Hippodamos von Milet 140
Hiskia 144
Hiwwiter 44
Hochzeit, heilige 251, 257
Höhlenbestattung 155f.
Höhlen am Toten Meer (vgl. *chirbet ḳumrān*) 269, 276ff.
Hohlkehle 174
Homoioarkton 312
Homoioteleuton 312
Horiter 216
Horma 62, Abb. 3
Hörner des Altars 164, 164[1]
Hörnerkrone 177
Horonaim 83
Horus 256
Hrozný, Fr. 207
Huhn 36
ḥūle-See vgl. *baḥret el-ḥūle*
Hund 35
Hyäne 34
Hyksos 79, 136, 229ff., 236, 237, 246, 247

Idrimi(-Inschrift) 47, 235
Idumäa 52, 94
Indogermanisch 206ff., 210f., 218, 219[1]
Indoiranier 216, 265
Indoiranisch 70, 207f., 216f., 231, 265
Indra 265
Intef 222[1]
Irak 168, 175
Iran 168, 214f., 217, 265, Abb. 6
Isaschar 64f., 88, Abb. 3
Ischtartor 176
Isis 251
Ismaeliter 76, 84
Isme-Dagan 227
Israel, Name 87
Israel, Staat (bibl. Zeit) 61, 74, 87ff., 92, 111, 124, 232, 233, 241, 247
Israel, Staat (Neuzeit) 8, 98[2]
Issos 95
Ištar 251, 262f.
Isthmuswüste 16, 19, 20
Itala 306
Ittobaal Abb. 8
Iudaea 95
Jabbok 11, 38, 40, 67, 73, 83, 88, 102, 106, 115, 119, Abb. 3
Jabes 51, 57, 83
Jabin 47
Ja'di 234
Jaf(f)a 15, 34, 124
Jagd 35, 151
Jagitlim 226
Jaḫdunlim 226
Jahwist 70, 76
Jakobiten 301, 302
„Jakobusgrab“ 200
Japho 78, 91

Jarmuk 11, 24, 69, 85, 92, Abb. 3
Jašmaḫ-Adad 226
Jaser 78
Jebusiter 71, 134
Jehimilk 191
Jehu 244
Jerahmeeliter 75
Jericho 14, 23, 24, 29, 34, 43, 44, 49f., 55[1], 62, 64, 66, 69, 82, 89[1], 91, 104, 116f., 119, 122, 128, 134, Abb. 3,4
Jerobeam II. 90
Jerusalem 15, 22f., 24, 25, 26, 27[2], 28, 29, 30[1], 33, 55[1], 64, 66, 69, 70, 80, 81, 82, 87, 89, 91, 93, 97, 101, 102, 103, 104, 105, 107, 115, 120, 123, 124, 128, 134, 135, 139, 141, 142, 144, 146, 155, 157f., 162, 197, 244, 248, 266, 271, 275, 276, 280, 286, 288, 323, Abb. 3, 4
Jesaja-Handschrift 277, 278
Jesreel 21, 56, 65, Abb. 3
Jesreelebene 17, 21, 23, 24, 25, 39, 53, 54, 56, 65, 68, 69, 71, 80, 82, 84, 85, 88, 92, 111, 112, 123, 124, 142, 173, 220
Jesus Sirach 298
Jibleam 142
Jogbeha 83
Johannisbrotbaum 32
Jona 78
Jordan 12f., 35, 42, 44, 47, 57, 78, 92, 94
„Jordan-Bezirk“ 7
Jordangraben 12ff., 21, 23, 24, 27, 29, 30, 33, 38, 39, 40, 42, 47, 48, 50, 64, 65, 66, 68, 74, 80, 82, 83, 84, 85, 89[1], 104, 111, 119, 120, 170, 173
Joseph 65, 66f., Abb. 3
Josephus 96, 107, 162, 221, 229, 231, 242, 278, 288
Josia 73, 90, 91, 93[1], 163, 244, 248
Josua 47, 53
Juda, Stamm 50f., 59, 61, 62, 64, 74f., 86, 87, 91, Abb. 3
Juda, Staat 40, 61, 73, 87ff., 93, 111, 121, 131, 197, 232, 233, 241, 242, 248
Judäa 5f., 15f., 50ff., 95, 106, 112
Judith 298
Jungsteinzeit 111, 116f.
Jura 38
Justinian 104
Kabul 54
Kades (Barnea) 52, 127
Kadesch (am Orontes) 237, 246
Kahle, P. 269ff.
Kairo 101, 103, 185, 237, 259, 269, 271, 272, 275, 282, 287, 289
Kaktus 34
Kalaḫ, *Kalḫu* 148, 239, Abb. 6
Kalb, goldenes 255[1]
Kaldäer 214, 225
Kaleb, Kalibbiter 51, 64, 75, Abb. 3
„Kalender, landwirtschaftlicher“ 196
Kalno, Kalne, *Kullâni* 235
Kambyses 223, 248
Kamel 36, 43, 75f., 171
Kamm 148
Kanaan 5, 45ff., 57
Kanaanäer 46ff., 61, 70ff., 85f., 88, 89f., 91, 129, 134, 220, 232, 252, 263f.
Kanaanäisch 70, 202f., 218ff., 263f.
Kanon des Alten Testaments 297f., 300
Kanopen 260
Kapernaum 50, 107
Kaphthor 72[1]
Kapiteleinteilung 272, 273, 298, 309
„Kappadokische Tafeln“ 227
Kappe, konische 177
Karäer 269f., 271
Karatepe 188, 234
Karawanen 36, 84, 172f.
Karkemisch 230, 234, 237, 248, Abb. 6, 7
Karmel 17, 20, 21, 31, 68, 69, 80, 82, 102, 169, 173
Karmi 62
Karnaim 92
Kassiten 217, 225, 243, 247
Kassitisch 209, 217
Kastelle 73, 103, 122
Kastelle, römische 106
Katenen 296, 299
Ḳatna 230, 237
Kayseri 227
Kedes 51, 54, 68, Abb. 3
Keilschrift 181, 184ff., 190f., 190[2], 191, 193f., 197, 201, 203, 206f., 208f., Abb. 7
Keilschriftliteratur 186ff.
Kelter 33, 150

Kenisiter 64, 75
Keniter 75, Abb. 3
Keramik 97, 111, 114, 115[1,2], 118, 126, 147, 179, 244
Kidrontal 141, 144, 144[1], 155, 157, 200
Kikkuli 217
Kilamuwa 196
Kilikien 172, 188
Kilikische Ebene 169, 170, 234
Kindergräber 154
Kirchen, byzantinische 104f., 113, 159, 162[1]
— der Kreuzfahrer 102f., 113
Kirjath-Jearim 52, 89
Kirjath-Sepher 69, 75, Abb. 3
Kison 80
Kitchener, H. H. 2
Kizil Irmak 169, 239, Abb. 6
Klagemauer 108, Abb. 4
Kleinasien 84, 169, 172, 173, 177, 180, 184, 206, 207, 209, 215, 218, 224, 227, 228, 234, 236, 239, 246, 251, 255, 265
Kleinvieh 15, 32, 36f., 43, 52, 79
Klippdachs, Klippschliefer 35
Kohlenbecken 164
„Kommentare“ (vgl. hebr. *pāšār*) 280
„Königsgarten“ 144[1]
Königsideologie 255f.
Konjektur 320f.
Konstantin 104
Koptisch 206, 303f.
Kreide 38
Kreta 72[1], 114
Kreuzfahrer 102f., 113
Kreuz(symbol) 158
Krokodil 35
Krongut 90, 197
Ḳue 234
Kültepe 227, Abb. 6
Kupfer 40f., 117, 152
Kupfersteinzeit 111, 117f., 141, 148, 152, 155[2], 178
Kusch 211, 223[3]
Küstenebene 17, 19f., 30, 55, 69, 71, 79, 220
Kybele 251
Kyrill von Alexandrien 296
Kyros 225, 248

La'asch 197, 233, 235
Lachis 98[1], 118, 121, 138, 143, 151, 158, 160, 192, 194, 197, Abb. 10
Lade 79, 162
Lampe 140, 145f., 159
Landnahme 59, 66ff., 69, 73, 112, 119, 129, 131
Landwirtschaft 16
Langton, Stephan 309
Larsa 225
Laryngale 189, 201, 202
Lateinische Bibelübersetzungen 304ff.
Lava 12
Lea(stämme) 61ff., 67
lectio difficilior 319f.
Lederhandschriften 278
Leichenverbrennung 154
Levi 61, 62, 64, 67
Libanon 19, 40f., 54f., 74, 84, 85, 170, 173, 192, 233, Abb. 6
Libyer 211, 223
Limes Arabiae 106
Limes Palaestinae 106
Livias 83
Löwe 35
Lukian 293, 295, 302, 303
Lus 66, 314f.
Lutherbibel 309
Luwisch 207
Luxor 174, 185, 237
Lydda 20

Macchie 31, 32
Machaerus 108
Machir 67, Abb. 3
Madeba 78
Mahanaim 88
Maimonides 271
Majuskeln 289, 299
Makkabäer 95, 108, 242, 266
Mamluken 101f.
Mampsis 82
Mamre 125
Manasse 66f., 86, 88, 90, Abb. 3
Mandäisch 204
Manetho 221, 299, 240
Marduk 262
mare mortuum 15
Maresa, Marissa 64, 109, 122, 140, 157, Abb. 3

Mari(-Texte) 66[1], 187f., 213f., 225, 226, 227, 238, 243, 263, Abb. 6
marjannu 217
Marsaba 62, 64
Masada 108, 122
Massebe 160, 163f.
Massora 269ff., 283
Massoreten, massoretischer Text 269ff., 313, 315f., 319, 320
Maße 153
matres lectionis 195f., 280, 311[3], 312[1], 313, 321
Mauern 111f., 133ff., 175f., Abb. 4
Mausoleum 107
Meder 218, 228, 239, 248
Medina 103, 172
Mediterrane Rasse 210
Megiddo 56, 92, 115, 117, 120f., 124, 134, 135, 138, 142f., 145, 146, 148, 155, 164, 173, 193, 196, 248
Meilensteine, römische 77, 80, 84, 107
Mekal 164
Mekka 24, 103, 172
Melkart 264
Melkiten 302
Memphis 228, 237, 258, 259, 260, Abb. 6
Menahem 244
Menes 221
Mentuhotep 222[1]
Mercatische Fragmente 294f.
Merodach 262
Merom 50
Mesa 69, 73, 87f., 164, 196
Mesa-Inschrift 69, 73, 88, 196, 202
Mesopotamien 42, 168, 177, 179, 204, 207, 215f., 227, 228, 231, 234, 235, 246, 247, 255, 262, 301, Abb. 6
Mesrop 303
Metallarbeit 148, 152, 244
Metallverarbeitungsanlagen 72, 323
Metobelos 294
Metrum 321f.
Midianiter 75f.
Minaret 102
Minenschätze 15, 41
Minuskeln 289, 294, 295, 298, 299
Miozän 38f.
Mischael ben Uzziel 271
Mischmetra 322
Mischwesen 176, 177, 255
Mitanni 231, 243, 246f., 265
Mizpa 89, 124
Mnevis 258
Moab(iter) 11, 49, 69, 72[3], 73, 74, 81, 83, 87f., 93, 94, 112[1], 115, 190[1], 196, 203, 219, 232, Abb. 3
Moabitisch 202
Mondfinsternis 245
Monolith 177
Montfort 102
Mörser 147
Mosaik 105
Mosaikkarte von Madeba 78, 104, 105[2]
Moses von Chorene 303
Moscheen 101
Mot 264
Mühle 147f., 150
Mukiš 235
Mumienkartonnage 286
Münzen 154, 250
Muršiliš I. und II. 229
Musil, Alois 2
Musterkodices 271f.
Muttergöttin 251
Muwatalliš 229
Mythen 183, 186, 249, 257f., 262, 263f.

Nabatäer 106
Nabatäisch 200, 204
Nabopolassar 225
Nabû 262
Nadel 148
Nanna(r) 255
Naphtali 50, 51, 68, 88, Abb. 3
Nash 279
Nazareth 18, 23, 65
Neapolis 16, 82f., 128
Nebo (Berg) 56, 104
Nebo (Gott) 262
Nebukadnezar 93, 121, 131, 197, 225, 238
Necho 223, 244, 248
Negeb 16, 52, 72[1], 75, 82, 94, 132
Neger 210, 212
Nehardea 275
Nehemia 94, 220
Nekropole 155, 158, 236[1]
Neolithikum 76, 111, 116f.
Nestorianer 301
Neubabylonisches Reich 93, 225, 228, 239, 244, 248

Neujahrsfest 257, 262
Nicephorus 296
Niederschläge 15f., 17, 25ff., 41, 42
Nikopolis 104
Nil 42, 44, 84, 97, 166, 168, 211f., 221, 230, 237, 260, Abb. 6
Ninive 187, 228, 239, 248, 263, Abb. 6
Nippur 224, 261, Abb. 6
Nomadenstämme 75f.
Nordische Rasse 211
Nosairier(-Gebirge) 84, 170
Nubien 211f., 222, 232
Nubier 211f., 223
Nuzu 48, 216

Oasen 14f., 34, 42, 43, 44, 166, 169, 170, 172, 211
Obelisken 175, 186, 259
Obelos 294
Obergemach 140
Oden 298[5], 309
Odo 273
Öl 33, 90, 145, 150, 197
Ölbaum 33, 150
Ölberg 18[1], 23, 24, 82
Oligozän 38
Oliven 33, 150
Olivenpresse 150
Omajjaden 103
Omina 186, 215, 249, 263
Omri 121
Opfer 252, 253, 256f.
Orange 34
Orientalische Rasse 210
Origenes 286, 287, 293f., 299
Orontes 12, 85, 170, 171, 188, 233, 237, 238, 246, Abb. 6
Orthostaten 177
Ortsnamengebung 8, 219
Osiris 251f., 260
Ossuare 157f., 200
„Ostkanaanäer“ 213
Ostraka von Samaria 90, 121, 197, 311, Abb. 9
— von Lachis 197, 278, 311, 313, Abb. 10
— vom Ophel 197
— von Beth-Semes 192
Othniel 74, Abb. 3

Palästina, Name 5ff., 45, 48f.
„Palästina-Liste“ 223[1], Abb. 7
Palermo-Stein 240
Palestine Exploration Fund (PEF) 2
Palimpsest 291f., 294, 306
Palimpsestus Vindebonensis 306
Palmyra 42, 172, 173, Abb. 6
Palmyrenisch 200, 204
Pamphilus 293, 295
Paneas 95
Papyrus 175, 182, 183, 197, 198ff., 205, 278, 286, 289, 291, 296, 313f.
Papyrus Fouad 286
Papyrus Nash 279
Paraschen 272f., 281
Paul von Tella 295
Peräa 6
Pergament-Handschriften 289, 290ff., 294
Perser(reich) 93, 94, 95, 111, 154, 203, 215, 218, 223, 225, 244, 248, 265f., 281
Persisch 94, 207f.
Persischer Golf 168, 173, 208, 214, Abb. 6
Personennamen 211, 213, 215f., 217, 217[1], 231
Peschitto 300ff., 316f., 318, 324
Petersburger Prophetenkodex 275
Petra 163
Petrie, Flinders 97, 113, 192
Pferd 36, 79, 217, 230, 231, 234
Pferdeställe 120
Pflug 32, 36, 149
Pharao 78, 84, 85, 183, 221f., 229f., 237, 240f., 248, 256, 258f.
Philadelphia 106, 109
Philister 6, 61, 71f., 75, 78, 79, 84, 87, 93, 94, 112[1], 115, 119, 120, 198, 220, 232, 264, Abb. 3
Philo v. Alexandria 278
Philoteria 109
Philoxeniana 302
Phonetische Schrift 181, 184, 188, 189
Phöniker 47f., 72, 189, Abb. 3
Phönikisch 188, 196, 202, 234
Phryger 218
Phunon 40
Pisga 56
Plinius d. Ä. 278
Pliozän 38f.
Pnuel 83
Polyglotten 284, 398, 302, 309

Pompeius 95, 245f.
Priesterschrift 70
Prokurator 95
Prophetie 247
Prostitution, sakrale 251
Proto-Aramäer 213, 214
Protochattisch 209, 218
Provinzen, assyrische 91ff., 94, 228, 234f., 247
—, römische 6f., 95, 106, 245
Psalmen Salomos 298[6], 309
Psalterium Gallicanum 307
Psalterium iuxta Hebraeos 307
Psalterium Romanum 307
Psammetich 223
Pseudepigraphen des AT 300
„Pseudohieroglyphische" Schrift 195
Pseudoskylax 78[2]
Ptah 258
Ptolemäer 95, 108, 223, 238, 244, 248, 285
Ptolemäus II. 95, 286
Ptolemais 109
Pūlu (Phul) 228[1]
Punktationssysteme 269ff., 273ff., 281
Pylon 174
Pyramiden 174, 222, 237, 260f.
Pyramidentexte 182, 260f.
Pyramos 234

Quadratschrift 200, 278, 279, 311, 313
Quartär 39, Abb. 2
Quelle 133, 141ff., 163
Quinta 294[1]
Qumran vgl. *chirbet ḳumrān*
Qumrantexte 269, 273[1], 276ff., 311, 313, 314, 316, 320, 324

Rabbaniten 270
Rabbath Ammon 109
Radiocarbon-Test 111[1], 244
Rahelstämme 65ff.
Rama 89
Ramat Rahel 323
Ramoth-Gilead 84, 88
Ramses 223
Ramses II. 84, 223, 237, 246f.
Ramses III. 71[1], 229
Randschlag 136
Raubtiere 35
Raubvögel 35
Räucheraltar 164
Re 256, 258, 259
Rebhuhn 35
Regenfall 26f.
Rehabeam 81, 82, 133, 143, 244
Reichsaramäisch 94, 203
Reliefs 176, 182, 186, 188, 250
Retenu 49, Abb. 7
Rezeph, *Raṣappa* 235
Rhythmus 321f.
Rim-Sin 225
Rind 35f., 79
Ring 148
Ringmauer 111f.
Robinson, Edward 1f.
Rollstein 157
Rosette 176
Ruben 59, 61, 62, 67

Sahidische Übersetzung 303, 317
Sais 223
Salmanassar I. 227
Salmanassar II. (III.) 227
Salmanassar III. 55, 88, 227[1], 228, 244
Salmanassar V. 228
Salomo 40, 54, 74, 79, 87, 88f., 90, 91, 110, 120, 124, 128, 133, 135, 139, 162, 233, 234, 241f., Abb. 4
Šam'al 234
Samareitikon 287[2], 294[1]
Samaria (Stadt) 80, 83, 84, 90, 92, 93, 102, 108, 116, 121, 122, 125, 134, 135, 139, 148, 162, 197, 244, Abb. 4
Samarien 16f., 65, 82, 92, 112
Samaritaner 268, 280, 284, 287[2]
Samaritanus, samaritanischer Pentateuch 280f., 284, 314, 316, 319
Šamaš 262
Samsi-Adad I. 226, 227, 243
Sandstein 38, Abb. 2
Sanherib 131, 228, 238, 239, 244
Sanoah 75[1]
Sargon I. von Akkad 224, 227
Sargon II. 92, 227, 228, 239, 244
Sargtexte 261
Sarkophage 158f., 174, 183, 196, 236[1]
Satrapie 6, 94, 95
Saul 45, 56, 71, 75, 86, 120, 135, 139, 232

Säule, ägyptisch 175, 182
—, nordsyrisch 177
—, südarabisch 177
Schaf 36f.
Schakal 34
Schiebestollen 156
Schiff(sverkehr) 78f., 171, 172, 173
Schirokko 29f., 32
Schlangen 35
Schlauch 37
Schloßen 30
Schmelzfarbengemälde 176
Schmiedekunst 152
Schmuck 148, 152, 159
Schnabelschuhe 177
Schnee 28
Schoschenk 223
Schoschenk I. 223², 244, 247¹
Schreiber 181, 186f.
Schumacher, Gottlieb 2
scriptio continua 195, 313f.
Sebaste 108, 134
Sebulon 64f., Abb. 3
Sedarim 272
Seetzen, U. J. 1
„Seevölker" 71f., 220, 229, 247
Sela 64
Seleukeia 109, 238
Seleukiden 95, 108, 225, 235, 238, 244, 248, 266
Selim I. 101¹
Semitisch 200f., 204, 212f.
Sendschirli s. Zencirli
Senir 55
Senon, Abb. 2, 38, 39
Sephardim 271
Septuaginta 202¹, 280, 285ff., 288ff., 297ff., 305ff., 312², 316f., 318, 320, 322
Septuagintahandschriften 288ff.
Septuagintarezensionen 293ff., 299, 317
Serah 59
Sesostris 222¹
Sethos 223
Sexta 294¹
Sichel 149, 152
Sichem 16, 53, 61, 67, 69, 78, 80, 81, 82, 86, 109, 116, 117, 122, 123f., 128, 134, 138, 152, 159, 163, 164, 185, 192, 280, Abb. 3, 5
Sidon 68, 158f., 236, Abb. 3
„Sidonier" 47, 55, 72
Siegel 148f., 186, 196
Silber 153
Silo 80, 119, 162
Siloah 144²
Siloahinschrift 144f., 196, Abb. 8
Siloahkanal 144f., 196
Simeon 59, 61f., 64
Sin 262
Sinai(halbinsel) 193, 200, 290, 292, Abb. 6
Sinaiinschriften 192
Sinaiwüste 16, 19, 22, 42, 52, 69, 75, 84, 171, 173
Sippar 262
Sippe 58, 59, 90
Siptibaal(-Inschrift) 191
Sirjon 55
Sisak (Susak) 223²
Sisera 47
Sixtina 299
Skarabäus 149
Skorpion 35
„Skorpionen-Aufstieg" 82
„Skorpionenvogelmensch" 177
Skythopolis 82f., 95
Smith, Eli 1f.
Socho 81
Sonnenfinsternis 245f.
Spätregen 26, 32
Speisopfer 256f.
Sphinx 175
Spiegel 148
Spinnen 151
Stadtgötter 254, 264
Stadtstaaten 48, 54, 55, 64, 65, 66, 68, 69f., 71, 85f., 87, 88, 89, 90, 91, 93, 129, 134, 138, 224, 231f., 235ff., 261, Abb. 3
Städte, bronzezeitliche 109f., 113, 133f.
—, eisenzeitliche 111, 133f.
—, hellenistische 109, 113, 113³, 122, 134, 140
—, römische 106, 134
Stamm 58ff., 85f., 88, 112, 232, 253
Statuen 186, 192
Steinbock 35
Steingefäße 117
Steinzeit 113, 178

Stele 163, 176, 177, 186, 190[1], 196, 220
Steppe 32, 41ff., 168
Stichwortglossen 315
Stirnband 148
Straßen 77ff., 140
Straßen, römische 77, 80, 81, 82, 106f.
Straßenstationen, römische 77,80, 107
Streitwagen 79, 84, 136, 230, 231f.
Stuhl 140, 145, 148
Subartu, Subaräer 215f.
Šubbiluliumaš 229
Sudan 212
Südarabien 169,172,173,177f.,200,205
Suez 22
Sukkoth 83
Sumerer 212, 214, 215, 224, 238, 256, 261, 262
Sumerisch 208, 212, 261
Sunem 65, Abb. 3
Sura 275
Susa 94[1], 208, 217, 238[1], Abb. 6
Susanna 298, 309
Sykomore 33
Syllabische Schreibung 182, 195
Symmachos 287, 293, 307
Synagogen 105, 107, 159, 200
Synchronismen 242ff.
Syrien 48f., 74, 84, 94[1],136, 154, 169ff., 171ff., 177f., 178, 183f., 188, 189ff., 196, 197, 198, 203, 204, 207, 210, 213, 215, 218ff., 222f., 224, 227, 228, 229ff., 232ff., 236f., 243, 246f., 248, 251, 252, 253, 256, 263ff., 300ff., Abb. 6
Syrisch 204, 288, 295, 300ff., 318
Syrohexaplarischer Text 295, 302f.
Syropalästinische Übersetzung 302

Tadmar/Tadmur 172
Tamariske 32
Tammūz 251f.
Targume 274, 282ff., 288, 316, 324
Targum Jerušalmi 283
Targum Jonathan 283f.
Targum Onkelos 52, 283f.
Targum Pseudo-Jonathan 283
Tarḳû 243
Tarsis 79
Tau 28
Tauben 36
Taurus 169, 172, Abb. 6
Tel Aviv 20, 120
Tell-Halaf(-Kultur) 177, 179
Tempel, allgemein 159ff., 250, 254, 256[1]
—, ägyptische 118f., 174f., 182, 259
—, des Zweistromlandes 175f.
—, südarabische 177
—, bronzezeitliche 159f., Abb. 5
—, eisenzeitliche 160, 162
—, von Jerusalem 40, 78, 107f.,123, 139, 160, 162
Tempeltürme 175, 261
Temperaturen 28f.
Tenne 33, 149f.
Terebinthe 32
Terka 263
„*terre pisée*" 136, 230
Tertiär 38f., Abb. 2
Tešup 265
Tetrapla 293, 295[3]
Textfehler 310ff., 315, 317f.
textus receptus 271
Thaanach 124, 128, 134, 146, 150, 163
Thabor 65, 173, Abb. 3
Theben 228, 237, 259f., Abb. 6
Thebez 138
Thekoa 82
Theodoret von Kyrrhos 296
Theodotion 287, 290, 293, 294, 307
Theotokos-Kirche 105
Thideal 229
Thirhaka 223[3], 243
Thron 145
Thronbesteigungsfest 262
Thutmose 223
Thutmose III. 50, 160, 163f., 183, 223[1], Abb. 7
„Thutmoseliste" 223[1]
Tiberias 13, 23, 24, 269
Tiberiassee 11,13f.,23,24, 25, 35, 49, 50, 68, 78, 84, 85, 102, 103, 104, 109, 151
Tiglat-Pileser I. 227
Tiglat-Pileser III. 92, 227, 228, 233, 234, 244, Abb. 7
Tigris 42, 44, 168, 172, 175, 176, 177, 201, 208, 209, 212, 213, 214f., 238, 239, 288, Abb. 6
Til-Barsip 234
Timnath-Serah 53
Tinte 182, 192, 197
Tisch 140, 145
Tischendorf, K. v. 290, 292

Tkr 71, Abb. 3
Tlabarnaš 229
Tobit 298
„Töchter“ einer Stadt 133
Tongefäße (vgl. auch Keramik) 111, 147, 151, 159
Tonprismen 186
Tonscherben (vgl. Ostraka) 126, 147, 182, 192, 197
Tonstifte 176
Tontafeln 184 ff., 190, 226
Toparchie 95
Töpferei (vgl. auch Keramik) 151
Töpferscheibe 111[2]
Topographie 127 f.
Tor 136, 138, 176, 177
Totenbuch 183, 261
Totentempel 174, 260
Totes Meer 14 f., 23, 24 f., 27[2], 29, 35, 38, 41, 42, 49, 50, 56, 64, 72, 73, 78, 82, 83, 94, 108, 269, 276 ff.
(Trans-)Jordanien 11 f., 24, 73, 200
Transportwagen 79
Transskriptionen, griechische 285, 293, 297
Trauben 150
Tripolis 236
Tudḫalijaš 229
Tukulti-Ninurta I. 226
Türken 101
Turiner Königspapyrus 240
Türme 73, 122, 136
Turon 38, Abb. 2
Tušratta 231
Tut-ench-Amun 260
Tyrus 47, 54, 68, 170, 236, 264, Abb. 3

Ugarit 178, 202, 236, 263 f., Abb. 6
Ugaritisch 202 f., 263
Unḳi 235
Unzialen 289
Ur 179, 180, 224, 238, 262, Abb. 6
Urartäer 217, 232
Urartäisch 209
Urarṭu 209, 232, Abb. 6
Urfa 301
Urmia-See 204, 302
Uruk(-Kultur) 179, 184, 238, Abb. 6

Vätergötter 253
Varuna 265
Vegetationsgötter 251, 264
Verseinteilung 272, 298, 309
Vetus Latina 305 ff., 317
Viehwirtschaft 149
Vögel 34
Vokalschreibung 184, 189, 195 f., 206, 313
Volk 58, 211
Vorderasiatische Rasse 210
Vorgeschichte 113, 179
Vorzeichen 263
Vulgata 273, 297[1], 298[1], 305, 307 ff., 316

Waffen 152 f., 159
Wahrsagerei 263
Wald 12, 31, 35, 36, 41 ff., 57
Wälle 136, 230
Walton, Brian 284
Wasser, „lebendiges“ 141
Wasserversorgung 133, 141, 171, 323
Wasserwege 78 f., 171, 172, 173
Weberei 151
Wein 33, 90, 150, 197
Weinstock 33, 150
Weisheitsliteratur 183
Weißdorn 32
Weizen 32
Weltschöpfungsepos, babylonisches 257, 262
Wen-Amun 71, 197
Werkzeuge 152
Wermutpflanzen 42
Wiese 32
Wildschwein 35
Wilhelma 27, 29, 30[1], Abb. 1
Wind 29 f.
Wolf 34
Worfeln, Worfschaufel, -gabel 33, 150
Wüste 28[1], 29, 32, 41 ff., 49 f., 74 ff., 166, 168
Wüste, arabische 166
—, libysche 166, 174, 211
—, syrisch-arabische 10, 24, 39, 42, 43, 73, 74, 168, 169, 170, 172, 213, 214, Abb. 3, 6
Wüste Juda 23, 51, 64, 75, Abb. 3
Wulfila 303

Ximenes, F. 298

Yazilikaya 255
Young, Th. 181

„Zachariasgrab“ 157
Zarathustra 265f.
Zeder 78
Zelt 37, 75, 132
Zencirli 196, 234
Zeno 104
Zenonpapyri 95
Ziege 36f.
Ziklag 75
ziḳḳurratu 175
Zimrilim 225, 226, 243
Zinnen 136
Zion 139
Zisterne 15, 141, 143[2]
ZKR[Zakir](-Inschrift) 197, 233, 234, 235
Zora 68
Zottenrock 176f.
Zypresse 78[2]
Zweistromland 70, 78, 84, 97, 114, 154, 168f., 172f., 175ff., 177, 179f., 184, 198, 201, 203, 204, 208, 209, 212ff., 224ff., 238f., 241, 242, 246, 247, 249, 251f., 254, 255, 256, 261ff.

II. VERZEICHNIS DER ZITIERTEN BIBELSTELLEN

Gen

4, 2—4 257
4, 22 152
5 281
10 200
10, 8. 11 239
10, 10 . . . . 201, 238
11 281
11, 28. 31 238
11, 31 235
12, 5 235
12,7 . . . . 5²
13, 10f. 50¹
13, 12 . . . . 50¹
14, 1. 9 229
14, 5. 6 81
15, 7 238
16, 5 270
18, 9 270
18, 22 270
19 15
23, 3ff. 70
24, 10ff. 171
25, 2. 4 76
25, 12—18 76
26, 34 70
27, 43 235
27, 46 70
28, 18. 22 163
29, 31—30, 24 . 61, 67f.
30, 14ff. 64¹
31, 21. 23. 25 . . . 57
34 . . . . 61, 64
35, 14 163
35, 16—20 66
35, 17 84
35, 20 163
36, 11. 42 75
36, 13. 33 59
36, 31—39 . . 72³, 232
37, 25. 27f. 76
37, 25 . . . . . . 84, 171
37, 36 76
38, 5 64
39, 1 76
40, 1ff. 146
42, 5ff. 46
45, 19ff. 79
46, 5 79
48, 13f. 66¹
49, 3—27 60
49, 3—7 61
49, 5—7 62
49, 13—15 . . . . 64¹
49, 13 270
49, 14f. 65
49, 16—21 67
49, 29f. 70
50, 11 . . . . 46¹

Ex

1, 8ff. 223
1, 11 237
13, 17 84
17, 8—16 75
20, 24—26 163
22, 26f. 145

Lev

20, 14 154
21, 9 154
25, 31 132

Num

1, 5—15 . . . . . 60¹
7,3ff. 79
13. 14 64
13, 6 64
13,22 69
13,29 47
20,14 232
20,19 . . . . . . 78, 81
21, 20 56
21, 25. 32 133
21, 27—30 69
21, 32 68
22, 4ff. 232
23, 10 314
23, 14 56
26, 5—51 . . . . 59, 67
26, 5—14 62
26, 6 . . . . 59, 62
26, 13 59
26, 20 59
26, 21 59
26, 29ff. 66¹
26, 30—33 90
27, 12 56
32, 1 68
32, 12 64
32, 39—42 67
33, 3—49 84
33, 36 52
33, 42f. 40
33, 44 56
33, 47f. 56
34, 3—12 . . . . . 62²
34, 3 72
34, 4 . . . . 52, 82
34, 7—11 68
34, 11 50
35, 10. 14 46

Dtn

1, 7 . . . . 54, 55
3, 9 55
3, 10 57
8, 9 40
11, 24 54
12, 13ff. 163
21, 19 138
25, 7 438
32, 49 56
33, 6—25 60
33, 23 . . . . 52²
34, 1 56

Jos

1,4 54
2—9 66
2, 6 140
5, 1 47
6 119
7. 8 118
7, 1. 5b—26 . . . 62
7, 1. 17. 18 62
7, 21 153
8, 9. 13 . . . . . . 55¹
8, 14 89
9 66

9, 1 55
9, 17 . . 66, 69, 86[1], 91
10, 10. 11 81
10, 12 55
10, 40 51
11, 3 47
11, 5. 7 50
11, 16 51
11, 17 . . . . 52, 54, 55
12, 3 50
12, 5 57
12, 7 . . . . . . 52, 54
12, 13b—24 69
12, 23 . . . . 54[1]
13—19 . . . 7, 60, 68
13, 9. 16. 17. 21 . . 56
13, 11 57
13, 15—23 61
13, 20 65
13, 26 83
13, 27 50
13, 30f. 67
14, 6—15 64
14, 6. 14 64
15, 1 72
15, 3 . . . . . . 52, 82
15, 5b—10 64
15, 6 62
15, 7 . . . . 55[1], 62, 82
15, 8 . . . . 55[1]
15, 10 52
15, 13f. 64
15, 15f. 69
15, 17 75
15, 21—62 . . 90, 132[2]
15, 21b—32a . . . 132
15, 27 . . . . . . 118[2]
15, 56f. . . . . . 75[1]
16, 1—17, 13 . . . 65
16, 2 315
17, 1ff. 67
17, 1 67
17, 11 . . . . 65, 315[1]
17, 15 53
17, 16. 18 129
17, 16 . . . 21, 56, 232
18, 12—20 65
18, 13 314
18, 14 89
18, 15—19 64
18, 17 . . . . . 62, 82
18, 21—28 . . 90, 132[2]
18, 22 53
19, 1—9 61
19, 2—7 . . . 90, 132[2]
19, 8 132
19, 10—16 65
19, 15 51
19, 17—23 65
19, 24—31 68
19, 35 50
19, 40—48 68
20, 7 . . . . 51, 54, 54[2]
20, 8 . . . . . . 56, 57
22, 9ff. 57
22, 10. 11 . . . 46, 54
24, 30 53

Ri

1, 3. 17 62
1, 11f. 69
1, 13 75
1, 16 51
1, 19 232
1, 21. 27—35 . 61, 69, 129
1, 27 142
1, 34f. 68
1, 34 . . . . 55[1]
1, 36 82
3, 1ff. 129
3, 12ff. 69
4, 2. 23. 24 47
4, 3 232
4, 6 . . . . . . 51, 68
4, 11. 17 75
4, 17ff. 132
4, 21 75
5, 14 67
5, 15 . . . . 55[1]
5, 15b. 16 62
5, 19 47
5, 24 . . . . . . 75, 132
6, 2ff. 33ff. . . . 76
6, 3. 33 . . . . . . 76[1]
6, 17—21 252
6, 33 . . . . . . 21, 56
7, 12 . . . . 76[1]
8, 4ff. 83
8, 11 83
9, 46ff. 138
9, 48 53
9, 53 147
9, 51ff. 138
10, 17 57
11, 4ff. 57
11, 12—14. 28 . . . 232
11, 15—26 73
11, 26 133
13—16 68
13, 15—20 252
13, 25 68
16, 23 264
17, 7 51
18 68
18, 2 68
18, 7. 28 47
19, 1. 2. 18 51
19, 11f. 80
20, 31 . . . . . 80, 81
20, 31f. 78
21, 8ff. 51
21, 19 . . . . . 78, 80

I Sam

1, 7. 9 162
3, 3. 15 162
5, 2ff. . . . 162f., 264
6, 7ff. 79
6, 12 78
6, 12ff. 124
8, 13 146
11, 1 51
11, 8 83
12, 12 232
13, 19 45
15, 2ff. 75
15, 6 75
17, 2. 19 81
21, 10 81
22, 5b . . . . 51[5]
23, 3 51
23, 14f. 52
25, 1 155
27, 10 75
30, 1ff. 75
30, 14 . . . . 72[1]
30, 29 75
31, 7 . . . . 55[1]
31, 10 163
31, 10. 12 71

II Sam

4, 3 . . . . 86[1]
5, 1—3 86
5, 6—9 87
5, 6 71
5, 8 . . . . 142[1]
5, 9 . . . . . . 87, 139
5, 17—25 87
6, 3 79
7, 23 311
8, 1 87
8, 2 87
8, 3ff. 74
8, 3 74
8, 5f. 74
8, 6 88
8, 7f. 88
8, 13. 14 87
8, 18 . . . . 72[1]
10, 1ff. 88
10, 6ff. 74
10, 6. 8 . . . . 74, 233
10, 15—19 88
10, 16 74
12, 26ff. 88
13, 23 . . . . . . 53[1]
15, 8 74
18, 6 . . . . 53[1]
20, 12 . . . . . . 78[1]
20, 14f. 74
21, 1 . . . . 86[1]
22 310
23, 31 311
24, 6f. 86
24, 7 47

I Kön

1, 33. 38. 45 141
4, 7—19 88
4, 7 88
4, 8 . . . . . . 53, 90[1]
4, 9 . . . . . . 89, 91
4, 10 . . . . 90[1]
4, 13 57
4, 18 90
5, 2. 3. 7. 8 88
6. 7 . . . . . 139, 162
7, 46 40
9, 11—13 54
9, 15—19 133
9, 15b. 17—19 . . . 121
9, 16 124
10, 5 313
10, 18—20 145
10, 28 234
11, 14ff. 87
11, 15f. 87
11, 23—25 . 74, 88, 233
11, 32 89
12, 1—24 89
12, 29ff. 162
14, 25—28 . . 223[2], 244
15, 17ff. 89, 220
16, 6. 28 155
16, 24 . . . . . 92, 121
16, 34 . . . . . . 89[1]
20, 1 233
20, 26. 30 85
22, 29 84
22, 39 148
22, 48—50 87

II Kön

3, 4—27 . . . . 88, 196
4, 10 . . . . . 140, 145
6, 23 45
7, 1 138
8, 20—22 87
9, 1. 4 315
9, 16 84
10, 33 57
13, 17 85
14,7 87
14, 11 89
15, 19f. . . . 228[1], 244
15, 29 . . . . . . 54[1]
16, 6 87
16, 10—16 265
17, 6 . . . . . 235, 244
18—20 310
18, 11 235
18, 13—16 244
18, 17 78
18, 34 234
19, 9 . . . . 223[3]
19, 12 235
19, 13 234
23, 6 155
23, 8 89
23, 15—18 91
23, 16 . . . . 312, 320[1]
23, 19 . . . . . 92, 93[2]
23, 29ff. 93[1], 223, 244, 248
24, 10ff. 121
25, 1ff. 121
25, 4 . . . . 144[1]

Jes

2, 13 57
2, 20 314
5, 2 150
7, 3 78
7, 10 315
7, 17 314
8, 6 . . . . 144[2]
8, 23 . . . . . . 54, 54[1]
10, 9 234,235
11, 16 78
15, 5 83
19, 18 . . . . 46[2]
19, 23 78
22, 1 140
23, 5—11 47
23, 11 47
36—39 310
39, 1 262
40, 3 . . . . 77[1]
40, 6—8 30
46, 1 262
48, 5 83
49, 11 . . . . 77[2]
62, 12 77

Jer

2, 13 141
7, 14 162
7, 25 312
17, 26 89
27, 10 . . . . 312[3]
29, 19 312
32, 44 89
33, 13 89
35, 7 132
35, 15 312
36, 22f. 164
37, 21 146
39, 4 . . . . 144[1]
44, 4 312
47, 4 . . . . 72[1]
49, 23 234
50, 2 262
51, 44 262

Ez

25, 16 . . . . 72[1]
27, 6 57

27, 17 45
27, 23 234
40, 5—43, 12 . . . 162
47, 8 54
47, 15—18 . . 60[2], 68
47, 16. 18 . . . . 92[3]
47, 18 15
48, 1 . . . . . . 60[2], 68

Hos

1,5 56
7, 4. 6. 7 146
8, 5. 6 162

Am

1, 5 . . . . . 58, 235
2, 13 79
3, 3—6 322
3, 15 148
5, 10. 12. 15 138
6, 2 . . . . . 234, 235
6, 13 92
7, 13 162
9, 7 . . . . 72[1]
9, 13 150

Jona

1, 3 79

Zeph

2, 5 . . . . 72[1]

Sach

9, 1 235
11, 2 57
12, 11 56

Ps

2, 11f. 321
18 310
63, 1 51
68, 15 57
103, 15f. 30
104 260
110, 1 145

Hi

24, 11 150

Cant

4, 8 55

Dan

2—7 203

Esr

3, 7 78
4, 10ff. 94
5, 3. 6 94
6, 6. 8. 13 94
7, 21. 25 94

Neh

2, 1ff. 94
2, 19 76
3, 15 . . . . . 144, 144[1]
3, 22 . . . . 50[1]
4, 1f. 76, 94
5, 14 94
9, 7 238
11, 25 132
11, 26 . . . . 118[2]
12, 28f. 132
13, 15 150
13, 24 220

I Chr

2. 4 64
2, 9. 25ff. 75
2, 42ff. 64
2, 42 75
2, 50ff. 89
4, 21ff. 64
4, 21 151
5, 23 55
7, 14 67
11, 33 311
17, 21 311

II Chr

2, 15 . . . . 78[2]
9, 4 313

11, 5—12 133
11, 6 . . . . . 82, 143
11, 7. 9 81
11, 8 . . . . 87[1]
11, 9 143
11, 10 89
13, 4 53
20, 16 82
20, 20 52
32, 6 138
32, 30 144
35, 20ff. 248
35, 22 56

I Macc

5, 26. 43. 44 92
11, 28. 34 94
11, 67 50

II Macc

12, 21. 26 92

Mt

4, 18 50
4, 25 95
14, 34 50
27, 60 157

Mc

1, 16 50
5, 20 95
6, 53 50
7, 31 95
16, 3 157

Lc

5, 1 50
24, 2 157

Joh

4, 10ff. 141
4, 20f. 280
9, 7 144
21, 1 50

III. VERZEICHNIS DER HEBRÄISCHEN WÖRTER UND NAMEN

Hier werden nur diejenigen Worte und Namen verzeichnet, deren hebräische Form in Umschrift wiedergegeben worden ist. Alle alttestamentlichen Namen, die in ihrer landläufigen, aus der Lutherbibel bekannten Form zitiert worden sind, suche man im allgemeinen Sach- und Namenregister o. S. 325ff.

Die Umschrift sucht den Konsonantenbestand möglichst eindeutig wiederzugeben, und zwar so, daß im allgemeinen jeder hebräische Konsonant durch einen einzigen Buchstaben umschrieben ist (nach dem üblichen, in den meisten hebräischen Grammatiken angegebenen System). Auf die Bezeichnung der Vokalquantitäten (lange Vokale) ist der Einfachheit halber im allgemeinen verzichtet worden, ebenso auf die Bezeichnung der spirantischen Aussprache (nur *ph* steht meist für spirantisches *p*). Der Artikel wird in der Regel weggelassen, außer beim nomen rectum der stat.-constr. Verbindung.

Die Anordnung folgt der Reihenfolge des lateinischen Alphabets; ʼ und ʻ bleiben dabei unberücksichtigt, ebenso die diakritischen Zeichen und Punkte. Der Artikel, wo vorhanden, wird in der alphabetischen Anordnung nicht berücksichtigt.

ʼäbän bohan 62
ʻ^{a}bar nah^{a}ra 94
ʼAbel Bet-Maʻ^{a}ka 74, Abb. 3
ʻädän 234f.
ʼadon 251
ʻ^{a}gala 79
ʻAi 55[1]
ʻAḳḳaron 71, 112[1], Abb. 3
ʻakko 20
ʻ^{a}lijja 140
ʼÄphrajim 52f.
ʻ^{a}raba 49
ʼAram Bet-R^{e}ḫob
(vgl. auch *Bet-R^{e}ḫob*) 74, 220
ʼAram-Dammäśäḳ 74, 220
ʼAram-Nah^{a}rajim 220
ʼAram-Ṣoba
(vgl. auch *Ṣoba*) 74, 88, 220
ʼäräṣ Jiśraʼel 45
ʼäräṣ ḳ^{e}naʻan 46
ʼäräṣ Naphtali 54[1]
ʻarbot J^{e}riḫo 49
ʻarbot Moʼab 49, 50[1]
ʼašdot hap-Pisga 56
ha-ʼ^{a}šeri 86[2]
ʻÄṣjon-Gäbär 72
ha-ʼ^{a}šuri 86[2]
ʻavdat 52
ʻazza 128
baʻal 252
Baʻal Ḫaṣor 53[1]
bajit 58
bašan 57
b^{e}ʼer 141[1]
b^{e}ʼer sävaʻ 16, 19, 22, 42
b^{e}rekat haš-šälaḫ 144
bet ʼab 58
bet ʻädän 235
bet guvrin 16, 64, 81, 109, 122
bet järaḫ 109
Betläḫäm-J^{e}huda 51
(Bet-)Maʻ^{a}ka 74
Bet-R^{e}ḫob 74, Abb. 3
biḳʻat hal-L^{e}banon 54
biḳʻat bet n^{e}ṭofa 18
biḳʻat M^{e}giddo(n) 56
bōr 141
bōṣ 151
däräk 77
darom 52
dor 71
drk 150
ʼElat 72
elat 40

'emäḳ 55
ha-'emäḳ 21
'emäḳ 'Akor 55[1], 62
'emäḳ Jizr^{e}'el 56
'emäḳ R^{e}pha'im 55[1]
'en g^{e}di 15, 24, 42, 82
galil 53f.
gat 150
g^{e}lil hag-gojim 54
g^{e}lila 54
G^{e}šur 74, Abb. 3
giḫon 141, 144[2]
Gil'ad 57
Gilboa' 53
hadom 145
har 51
har(e) ha-'^{a}barim 56
har 'Äphrajim 52f., 54[2]
har 'Ebal 53
har Ga'aš 53
har G^{e}rizzim 53
har hag-gil'ad 57
hare hag-gilboa' 17, 18, 21, 53
har Ḫärmon 55
har J^{e}huda 51, 54[2], 62
har hak-karmäl 17, 53
Ḫärmon 55
har N^{e}bo 56
ḫarod 13, 18, 21, 24, 65, 71, 82, 84, 85, 88
har Ṣalmon 53
har Ṣ^{e}marajim 53
har tavor 18, 21, 25
har timna' 40, 323
har ṭuv 15
ḫaṣer 132
ḫaṣeva 82
ḫoph haj-jam 55
ḫori 216
'ijje ha-'^{a}barim 56
ja'ar 'Äphrajim 53[1]
ja'ar Ḫärät 51[5]
Jabeš-Gil'ad 51, 57
jafo 19f., 23, 25
Jahwä 51[2]
jam 55f.
jam ha-'^{a}raba 50
jam kinnärät 50
jam ham-mälaḫ 15, 50
jarḳon 20, 79, 120
ja'zer 68
jäḳäb 150
J^{e}huda 50f.
jhd 154
Jid'ala 51
Ḳädäš-Naphtali 51, 68
ḳārā'īm 270
karmäl 53
käsäph 153
kaśdim 214[1]
ḳ^{e}dešim, ḳ^{e}dešot 251
k^{e}far z^{e}karja 81
Ḳ^{e}'ila 51[5]
k^{e}na'an, k^{e}na'^{a}ni 45f.
ḳ^{e}naz 75
k^{e}reti (u-ph^{e}leti) 72[1]
kikkar (haj-Jarden) 50[1]
kinnärät 50
ḳišon 21
ḳirjat j^{e}'arim 25, 102, 104
kōkīm 156
Ḳuwe 234
Lajiš 68
L^{e}banon 54
L^{e}bona 80
lṭš 152
Ma'^{a}ka 74, Abb. 3
ma'^{a}lä 82
ma'^{a}lä 'aḳrabbim 82
ma'^{a}le '^{a}dummim 82
ma'^{a}le hal-luḫit 83
ma'^{a}le haṣ-ṣiṣ 82
majim ḫajjim 141
märkaba 79
massora 269
maṭṭä 58
m^{e}silla 77, 78, 79, 80, 81
m^{e}ṭulla 23, 24
midbar J^{e}huda 51
midbar Ṣin 52
midbar T^{e}ḳoa' 52
midbar Ziph 52
migdal 10, 138
mišor 56, 57
mišpaḫa 59
nägäb 52, 87, 91
naṣrat 18, 23
n^{e}har hat-tanninim 20, 35
niḳḳūdōt 270
'ōn 259
'ophä 146
päḫa 94

pälaḫ taḫtīt bzw. *räkäb* 147
pārāšā 272f.
päšär 277, 278
p^{e}lištim 6
Pisga 56
rabbānīm 270
Rabbat b^{e}ne ʿAmmon (*Rabba*) 73, Abb. 3
Ramot-Gilʿad 57
r^{e}ḫob saʿar haʿir 138
rōš 58
rōš hanniḳra 19, 20, 84
rōš pinna 23
šäbäṭ 58
šälaḫ 144[2]
šäläm 253
Salcha 57
Ṣalmon 57
**särän* 232[1]
Šaron 55[2]
s^{e}bir 270
sedär 272
ṣ^{e}fat 18, 50
Śeʿir 52
Ṣ^{e}marajim 53
Ś^{e}nir 55
š^{e}phela 52, 64, 68, 87, 89, 122, 124
ṣinnor 142[1]
Śirjon 55
Ṣoba 74, 88, Abb. 3
ṣoba 103
šom^{e}ron 92
ṣōn 37
sōph pāsūḳ 272
Ṣorʿa 68
šrḳ, šrq 90[1]
ṣrp 152
Taʿ^{a}nak 128
Tabor 54
tannūr 146[1]
targem, targum, turg^{e}man 282
tel n^{e}gila 71
tiḳḳūn soph^{e}rim 270
z^{e}ḳenim 59

IV. VERZEICHNIS DER ARABISCHEN WÖRTER UND NAMEN

Die Umschrift der Wörter und Namen, die meist aus den heute im vorderen Orient gesprochenen arabischen Volksdialekten stammen, folgt dem in der heutigen deutschen Palästinawissenschaft üblichen System, wie es z. B. in der ZDPV gebraucht zu werden pflegt. Durch einen untergesetzten Punkt werden die emphatischen Laute (*ḍ*, *ṭ*, *ṣ*, *ḳ*) bezeichnet, die wie die entsprechenden hebräischen Laute auszusprechen sind (*ḍ* ist der emphatische s t i m m h a f t e Dental). Ein untergesetzter Strich kennzeichnet die spirantische Aussprache (*ḏ*, *ṯ*, auszusprechen wie stimmhaftes bzw. stimmloses englisches th). Ein *z* ist als stimmhaftes *s* zu sprechen. ʾ und ʿ entsprechen hebräischem א bzw. ע; das letztere, ein den semitischen Sprachen eigentümlicher Laut, wird durch Hervorstoßen der Luft aus dem zusammengepreßten Kehlkopf hervorgebracht. Das *ḥ* ist ein Kehlreibelaut; *ch* entspricht etwa unserem ch nach a, o und u. Das *gh* (von vielen auch mit *r* umschrieben) ist ein Zäpfchen-r, während das gewöhnliche r als Zungenspitzen-r gesprochen wird. Das *dsch* (von vielen auch mit *ǧ* umschrieben) entspricht englischem g in gentleman bzw. italienischem g in giusto.

Der Wortton liegt möglichst am Ende des Wortes und wählt eine lange (mit langem Vokal — in der Umschrift durch Strich über den Vokalbuchstaben bezeichnet — versehene) oder geschlossene (d. h. mit Konsonanten bzw. am Wortende mit mehreren Konsonanten endigende) Silbe. Der Ton liegt also auf der letzten langen bzw. geschlossenen Silbe des Wortes, oder — anders ausgedrückt — er sucht vom Ende des Wortes her die erste lange bzw. geschlossene Silbe, auf die er trifft. Worte ohne jede lange bzw. geschlossene Silbe werden auf der Anfangssilbe betont.

Der arabische Artikel wird in der Umschrift durch Bindestrich von dem zugehörigen Nomen getrennt; er lautet *el-*, jedoch wird das *l* einem folgenden Dental, Zischlaut sowie *r* und *n* assimiliert. In der Anordnung des Verzeichnisses, die dem lateinischen Alphabet folgt, wird der Artikel nicht berücksichtigt, ebenso wenig ʾ und ʿ und die diakritischen Punkte und Zeichen. ʾ im Wortanlaut wird in der Umschrift weggelassen.

ʿabde 52
ābil 74, Abb. 1
ʿabūd 53
abu habba 262
abu'l-kemāl 187, 226
ʿadschlūn 12, 31, 40, 57, 67, 74, 84, 88, 92, 103, 106, Abb. 1
āfis 197
el-ʿaḳaba 12, 16, 22, 40, 72, 73, 75, 84, 106, 151, 152, 172, Abb. 6
ʿakka 20, Abb. 1
ʿaḳrab 35
el-ʿamḳ 160[1], 170, 188, 235
ʿammān 11, 24, 56, 73, 103, 106, 109, Abb. 1
ʿamrīt 157
ʿamūd, *ʿawāmīd*, *ʿimdān* 10
ʿamwās 104
anṭākje 160[1], 188, 238
ʾanze 37
ʿarāḳ el-emīr 109, 200
ʿarḍ el-ʿarḍe 67
ʿarīsch 33
arnab 35
arslan taṣ 148
ʿartūf 15, Abb. 1
ʿasḳalān 71, 136
el-ʿaṣūr 17, 25, 53[1], Abb. 1
ʿaṯlīṯ 102, 122
ʿaṭṭārūs 69

baghdād 168
baḥr(a) 10
baḥr lūṭ 15, Abb. 1
baḥret el-chēṭ 13
baḥret el-ḥūle 13, 23, 47, 50, 68, 85, 102, 120, Abb. 1
baḥret ṭabarīje 13, Abb. 1
baḳʻa, biḳāʻ, buḳēʻa 10
el-baḳʻa 55[1]
baḳar(a) 35f.
ballūṭ 31
el-bālūʻa 190[1]
bānjās 23, 95, Abb. 1
barada 170
baṣṣa 10
beden 35
bedu 43
belaḥ 33
beled sindschār 235
el-belḳa 11, 24, 32, 61, 62, 68, 69, 73, 83, 88, 92, 94, Abb. 1
bērūt 1, 48, 84, 236, Abb. 1
bēsān 13f., 18, 24, 42, 53, 57, 65, 82, 83, 95, 103, 128, Abb. 1
bēt, bujūt 10
bēt dschibrīn 16, 64, 81, 109, 122, Abb. 1
bētīn 66, 80, 119, 128
bēt nettīf 81
bēt sīra 81
bēt ʻūr el-fōḳa 81
bēt ʻūr et-taḥta 81
el-biḳāʻ 12, 40, 54, 74, 85, 170, 173, 233, Abb. 1, 3
bilād er-rūḥa 17, 21, 80, 82, 85, 173, Abb. 1
bīr, bijār 10
birke, burak, burēke 10
bīr es-sebaʻ 16, 19, 22, 23, 42, Abb. 1
birs nimrūd 262
boṣra 24, Abb. 1
el-brēdsch 196, 233[1]
el-buḥēra 304
buḳēʻa 62, 64, 73
burdeḳān 34
burdsch, burēdsch 10
burdsch bētīn 66
buṭm 32
chābūr 168, 172, 179, 187, 213, Abb. 6
el-chaḍr 191
el-chalīl 15f., 22, 33, 64, 75, 125, Abb. 1
challe 10
chān 10, 104
chanzīr berri 35
charrūb 32
charūf 37
el-chaschm 17, Abb. 1
chirbe, churab 10, 110
chirbet ʻabbād 81
chirbet baṭne 83
chirbet belʻame 142
chirbet el-burdsch 71
chirbet dschelʻad 57
chirbet ibzīḳ 83
chirbet kerak 109
chirbet ḳumrān 123, 204, 276ff.
chirbet mefdschir 104
chirbet el-minje 104
chirbet el-muḳannaʻ 71
chirbet el-mukāwer 108
chirbet el-ʻōdscha el-fōḳa 25
chirbet raʼūḍ 75
chirbet es-samra 40
chirbet sēlūn 80, 119, 162
chirbet teḳūʻ 82
chirbet eṭ-ṭubēḳa 64, 122
chirbet wādi el-chōch 143
chorsābād 239, 241, 243
chrēbet en-naḥās 40
ḍabʻ 34
ḍahr, ḍuhūr 10
dēr 10
derʻa 12, 24, 57, Abb. 1
dēr el-azhar 89
dēr ez-zōr 42
derb el-ḥaddsch 24
dēr dubwān 159, 164, Abb. 5
dīb 34
dībān 73, 196
dschabbūl 172
dschamal 36
dschāmiʻ, dschawāmiʻ 10
dschbēha 83
dschbēl 178, 191, 236
dschebaʻ 89
dschebel, dschibāl 10
dschebel ʻadschlūn Abb. 1
dschebel el-aḳraʻ 85, 264
dschebel el-anṣārīje 170, 235
dschebel el-chalīl 15, Abb. 1
dschebel ed-drūz 12, 24, 38, 42, 57, 92, Abb. 1

dschebel dschel'ad 57
dschebel dschermaḳ 18, 25
dschebel ferdēs 108
dschebel fuḳū'a 17, 18, 21, Abb. 1
dschebel ḥalāḳ 52
dschebel ḥaurān 12
dschebel islāmīje 17, 25
dschebel karmel 17, Abb. 1
dschebel el-ḳuds 15f., Abb. 1
dschebel libnān Abb. 1
dschebel el-menē'īje 40, 323
dschebel el-muschaḳḳaḥ 19, 20, 68, Abb. 1,3
dschebel nāblus 16, Abb. 1
dschebel er-rūmēde 125
dschebel ṣafed 18, Abb. 1
dschebel esch-schēch 55, 170
dschebel esch-scherḳi 170, Abb. 1
dschebel et-teldsch 28, 54, 170, Abb. 1
dschebel eṭ-ṭōr (*I*) 17, 18[1], 25
dschebel eṭ-ṭōr (*II*) 18, 21, 25
dschebel eṭ-ṭōr (*III*) 18[1]
dschemdet naṣr 179
dschenīn 21, 23, 142, Abb. 1
dscherāblus 234
dscherād 35
dscherasch 12, 106, Abb. 1
el-dschezīre 168f., 171, Abb. 6
ed-dschīb 81, 121, 143, 323
dschisr, dschusūr 10
dschisr ed-dāmje 102
dschisr benāt ja'ḳūb 23, 85, 102
dschisr el-mudschāmi' 102
dschōlān 12f., 38, 57, 67, 74, 85, 92, 109, 173, Abb. 1
dschubb dschenīn 40
ḏura 32
eḥṣēni 35
'ēn, 'ujūn 10
'ēn 'aṭān 143[1]
'ēn dschel'ad 57
'ēn dschidi 15, 24, 42, 82, Abb. 1
'ēn feschcha 123, 277
'ēn ḥaṣb 82
'ēn ḳdēs 52
'ēn schems 68, 90, 124
'ēn sitt marjam 141
'ēn umm ed-deredsch 141
erīḥa 14, 23, 24, 34, 128, Abb. 1
esdūd 71, 162
eṯel 32
fajjūm 289
faras 36
fellāḥ 35
fēnān 40
fīḳ 85
filasṭīn 7
fuḳū'a 18
ghanam 37
ghazāl 35
ghazze 19, 24, 71, 128, Abb. 1
ghōr, ghuwēr 10
el-ghōr 13f.; 22, 24, 42, 49, Abb. 1
el-ghuwēr 13, 50
gīze 174
ḥaḍramaut 169
ḥadschal 35
ḥadschar, ḥidschār 10
ḥaleb 171, 196, 237
ḥama 188, 233
ḥammām 10
ḥamme 10
ḥaram 10
ḥaram rāmet el-chalīl 125
ḥauran 106
el-ḥedschāz 169, 172, 200, Abb. 6
ḥēfa 20, 21, Abb. 1
ḥesbān 69, 83, Abb. 1
ḥinṭa 32
ḥmār 35
ḥömṣ 170, 230, 237, Abb. 6
ḥöṣn, ḥuṣūn 10
ḥṣān 36
ḥūle vgl. *baḥret el-ḥūle*
'irāḳ 168, 175, 212, Abb. 6
irbid 12
irbil 262
jabrūd 80
jāfa 19f., 23, 25, 78, 91, Abb. 1
jālo 55, 68, 90
jemen 169
jorghan tepe 216
ḳabr, ḳubūr 10
kābūl 54
ḳāḳūn 103
ḳal'a, ḳilā' 10
ḳal'at el-ḳurēn 102
ḳal'at er-rabaḍ 103
ḳal'at scherḳāt 238f.
ḳanṭara, ḳanāṭir, ḳunēṭra 10
ḳantīr 237
ḳarn, ḳurūn, ḳurēn 10

karnak 237, Abb. 7
ḳarn ṣarṭabe 13, Abb. 1
ḳaṣr, ḳuṣūr, ḳuṣēr 10
ḳedes 54, 68
kelb 35
kenīse, kanā'is, kunēse 10
el-kerak 11, Abb. 1
ḳerje, ḳura 10
el-ḳerje, ḳerjet el-'eneb 25, 89, 102, 104, Abb. 1
kerkūk 216
kerm, kurūm 10
ḳēṣārje 19, 20, 35, 108, Abb. 1
kōkab el-haua 103
ḳrēsch 32
ḳubbe, ḳubēbe 10
ḳubbet eṣ-ṣachra 103
el-ḳuds 15, 22, Abb. 1
kujundschik 187, 239
ḳunēṭra 85
kurnub 82
el-ledscha 12, Abb. 1
lidd 20, Abb. 1
el-lisān 14, Abb. 1
lubban 80
mādeba 11, 25, 56, 104, 105², Abb. 1
maltaja 255
mār sāba 292
el-maschnaḳa 108
maṣna' 85
maṣṭaba 174
medīne, medā'in 10
medschdel, medschādil 10
mell, mellūl 31
membidsch 302
merdsch, murūdsch, murēdsch 10
merdsch 'ejjūn 74, 85
merdsch ibn 'āmir 21, Abb. 1
mērōn 50
meschref(e), maschārif, muschērife 10
mesdschid, mesādschid 10
me'z 37
mīne 10
el-mischrefe 230, 236
mōṣul 172, 187, 214, 239, 262, 302, Abb. 6
mōz 33
mraschrasch 40
mschetta 103
mughāra, mughā'ir 10
mughāret el-warde 40
munṭār, manāṭīr 10
nāblus 16, 17, 18, 20, 23, 25, 82, 109, 128, 280, Abb. 1
nachl 33
nahr 10
nahr el-'āṣi 12, 170
nahr belīch 168, 213, 235, 262, Abb. 6
nahr dijāla 168
nahr dschālūd 13, 18, 21, 24, 65, 71, 82, 84, 85, 88
nahr iskanderūne 20, Abb. 1
nahr el-ḳāsimīje 170
nahr el-kebīr 85, 170, 173, 247
nahr el-kelb 84
nahr el-līṭāni 18, 170, Abb. 1
nahr el-mefdschir 20, Abb. 1
nahr el-muḳaṭṭa' 21, Abb. 1
nahr el-'ōdscha 20, 79, 120, Abb. 1
nahr rūbīn 19, Abb. 1
nahr sukrēr 19, Abb. 1
nahr ez-zerḳa (*I*) 11, 13, 20³, 38, 57, 83, Abb. 1
nahr ez-zerḳa (*II*) 20, 35, Abb. 1
nāḳa 36
naḳb, nuḳēb 10
naḳb eṣ-ṣafa 82
en-nāṣira 18, 23, Abb. 1
nā'ūr 24, 68, 73
en-neba 25, 56
nebi jūnis 239
nebi ōscha' 11
nērab 197
neṭel 32
netesch 43
niffer 224
nimrūd vgl. *tell nimrūd*
en-nuḳra 12, 32, 57, 67, 92, 115, Abb. 1
racham 35
rādschib 40
er-rām 89
raml(e), rumēle 10
er-ramle 20, 102, Abb. 1
rās, rūs 10
rās el-abjaḍ 84
rās feschcha 277
rās nahr el-kelb 84
rās en-nāḳūra 19, 20, 84, Abb. 1
rās schakka 84
rās esch-schamra 154, 178, 190f., 193f., 202, 219, 236, 263f.

rās es-sijāgha 56
retem 32
riḥāb 74
ruād 236
rudschm, rudschūm, rudschēm 10
rudschm el-baḥr 14f.
er-rumēle 124
rummān 33
ruwēse 192
sabcha, sibāch 10
ṣabr 34
ṣachra, ṣachr 10
ṣādsch 146
ṣafed 18, 50, Abb. 1
sahl 10
sahl el-baṭṭōf 18, Abb. 1
eṣ-ṣaʿīd 304
saḳḳāra 198
ṣalchad 57
es-salṭ 11, 24, 83, Abb. 1
samach 24
es-samūm 29
ṣān el-ḥagar 229, 237
ṣarʿa 68, 163
schadscharet kīna 34
schaʿīr 32
schaṭṭ el-ʿarab 168
schēch abrēḳ 123
schēch saʿd 92
scherīʿa 10
scherīʿat el-kebīre 13
scherīʿat el-menāḍire 11f., 57, Abb. 1
esch-scherḳīje 29
schunnār 35
sebaṣṭje 92, 102, 108[4], 116, 121, 122
es-sebbe 108, 122
ṣēda 236, Abb. 1
sefīnet nūḥ 230
sefīre 197, 234
sēl, sujūl 10
sēl hēdān 68, 69
sēl el-mōdschib 11, 24, 68, 73, Abb. 1
selūḳje 109
ṣerābīṭ el-chādem 192
sidr 32
sindjān 31
sōlem 65
ṣūba 103
ṣubēḥi 84
ṣūr 236, Abb. 1
eṣ-ṣuwēliḥ 73
suwēs 1, 22, Abb. 6
ṭabarīje 13
eṭ-ṭābgha 105[2]
ṭāḥūne, ṭawāḥīn 10
ṭalʿat ed-damm 82
tannūr 146
eṭ-ṭanṭūra 71
ṭarāblus 236
ṭarfa 32
tekrīt 42
telētāt ghassūl 117
tell, tulūl, tulēl, telēlāt 10, 12, 110, 111f., 113, 126, 178
et-tell 55[1], 118, 159, 162, 164, Abb. 5
tell abu maṭar 117
tell ʿaddschūl 118, 192
tell aḥmar 234
tell el-ʿamārna 185f., 237, 260, Abb. 6
tell ʿarēme 68
tell ʿaschāra 263
tell el-ʿaṭschāne 188, 235
tell balāṭa 80, 109, 116, 122, 123, 124, 128, 185, Abb. 5
tell bēt mirsim 118, 135, 136, 138, 139f., 140[1], 146, 147, 150, 151f.
tell el-chlēfi 40, 72, 151, 152, 324
tell dēr ʿalla 83, 119
tell dōtān 80, 84, 152
tell dschemme 152
tell ed-dschēna 12
tell dschezer 115, 124, 142
tell ed-duwēr 118, 121, 143, 151, 160, 194, 197
tell el-fārʿa 117, 119, 139
tell el-fāreʿ 118, 122, 145, 158
tell el-fūl 80, 81, 120, 135, 139, Abb. 4
tell ḥalaf 179, 235, Abb. 6
tell ḥarīri 187, 214
tell el-ḥesi 97f., 113, 192
tell el-ḥōṣn 13, 118, 128
tell ḥūm 107
tell el-ḳāḍi 23, 68, Abb. 1
tell ḳasīle 120, 152
tell ḳīla 51[5]
tell el-maḳlūb 57
tell el-mschāsch 62
tell el-mutesellim 115, 117, 120
tell en-nadschīle 71
tell en-naṣbe 89, 124, 138
tell nebi mend 237
tell nimrūd 148, 239

tell el-'obēd 179
tell 'omar 238
tell el-'orēme 50
tell er-rāme 83
tell ramīṭ 57, 84
tell rif'at 234
tell er-rumēle 68, 90
tell sandaḥanne 64, 109, 122, 140, 157
tell esch-schēcha 12
tell es-sulṭān 117, 128
tell ta'annek 70, 124, 128, 185, 231
tell ta'jīnāt 160[1]
tell waḳḳāṣ 47, 120
tell zakarīje 81
tibne 53
timsāḥ 35
tīn 33
ṭūl kerm 20, 82, Abb. 1
tulūl eḏ-ḏahab 83
tūt 33
umm ed-deredsch 12
urdunn 7
wabr 35
wādi, widjān 10, 27
wādi el-'araba 12, 40, 42, 52, 72, 82, 94, 106[7], 115, 152, 172, 323, Abb. 1, 3
wādi bēdān 82
wādi el-chaschne 83
wādi 'ēn 'arīk 81
wādi el-fār'a 17, 82, 117
wādi faṣā'il 14
wādi ghazze 19, 118 152, Abb. 1
wādi ḥaḍramaut 169
wādi el-ḥaramīje 80
wādi ḥeddschādsch 83
wādi el-ḥesa 72, 73, Abb. 3
wādi ḥesbān 83
wādi el-ḥesi 19, Abb. 1
wādi ḥsēnījāt 83
wādi jābis 57
wādi kefrēn 68, 69, 83
wādi el-ḳelt 82, 122
wādi el-mene'īje 323
wādi el-merāḥ 40
wādi murabba'āt 277[1], 278[1]
wādi nāblus 81
wādi ṣannīn 41
wādi es-sanṭ 81
wādi selmān 81
wādi es-sidr 82
wādi es-sīr 73
wādi eṣ-ṣūr 51[5]
wādi eṣ-ṣuwēnīṭ 89
wādi et-tēm 85
wādi 'ujūn mūsa 83
wādi el-wāle 73
wādi ez-zēdi 12
wādi zēmir 20, 81, 83
wa'l 35
wa'r 10
warka 179
wāwi 34
weli 10
zāb 168, 239
zaḥle 41
za'rūr 32
zer'īn 21, 56, 65, Abb. 1
zētūn 33
ez-zōr 14, 35, 42

V. VERZEICHNIS DER ABKÜRZUNGEN

Außer den im vorliegenden Buche gebrauchten Abkürzungen sind noch einige weitere, in der wissenschaftlichen Literatur häufiger vorkommende Abkürzungen hier mit aufgenommen, die zu kennen wichtig ist. In Klammern wird gegebenenfalls die Zahl der Seite beigefügt, auf der im vorliegenden Buche etwas zur Sache gesagt worden ist.

AA	Archäologischer Anzeiger
AAA	Annals of Archaeology and Anthropology
AASOR	Annual of the American Schools of Oriental Research (99)
AB^2	vgl. AOB^2
AfO	Archiv für Orientforschung (323)
AJA	American Journal of Archaeology
AJSL	American Journal of Semitic Languages and Literatures
ANEP	The Ancient Near East in Pictures Relating to the Old Testament by J. B. Pritchard (165f.)
ANET	Ancient Near Eastern Texts Relating to the Old Testament ed. by J. B. Pritchard (165)
AO	Der Alte Orient
AOB^2	H. Greßmann, Altorientalische Bilder zum Alten Testament 2. Aufl. 1927 (100, 165)
AOT^2	H. Greßmann, Altorientalische Texte zum Alten Testament 2. Aufl. 1926 (165)
APAW	Abhandlungen der Preußischen Akademie der Wissenschaften
AR	Altes Reich in Ägypten (221)
ARM	Archives royales de Mari (187)
ARMT	Archives royales de Mari .... (transcription, traduction, commentaire) (187f.)
AT^2	vgl. AOT^2
ATAO	A. Jeremias, Das Alte Testament im Lichte des alten Orients 4. Aufl. 1930 (166)
BA	The Biblical Archaeologist (5)
BAH	Bibliothèque archéologique et historique (Institut Français d'archéologie de Beyrouth)
BASOR	Bulletin of the American Schools of Oriental Research (4)
BBLAK	Beiträge zur biblischen Landes- und Altertumskunde
BHK	Biblia Hebraica ed. Rud Kittel
BIES	Bulletin of the Israel Exploration Society (5)
BJPES	Bulletin of the Jewish Palestine Exploration Society (4f.)
BoTU	Die Boghazköi-Texte in Umschrift (206)
BRL	K. Galling, Biblisches Reallexikon 1937 (99)
BW	H. Guthe, Kurzes Bibelwörterbuch 1903
BWA(N)T	Beiträge zur Wissenschaft vom Alten (und Neuen) Testament
BZ	Biblische Zeitschrift
BZAW	Beiheft zur Zeitschrift für die alttestamentliche Wissenschaft
CAB	Cahiers d'archéologie biblique

CAD	The Assyrian Dictionary of the Oriental Institute of the University of Chicago (202)
CIS	Corpus inscriptionum Semiticarum
CT	Cuneiform texts from Babylonian tablets in the British Museum (187)
DLZ	Deutsche Literaturzeitung
DPV	Deutscher Verein zur Erforschung Palästinas („Deutscher Palästina-Verein") (2)
EA	Die Keilschrifttafeln vom *tell el-'amārna* nach J. A. Knudtzon, Die El-Amarna-Tafeln 1915 (185f.)
FF	Forschungen und Fortschritte
HAOG	A. Jeremias, Handbuch der altorientalischen Geisteskultur 2. Aufl. 1929 (166)
IEJ	Israel Exploration Journal (5)
JAOS	Journal of the American Oriental Society
JBL	Journal of Biblical Literature
JCSt	Journal of Cuneiform Studies
JEA	Journal of Egyptian Archaeology
JNES	Journal of Near Eastern Studies
JPOS	Journal of the Palestine Oriental Society (4)
JTS	Journal of Theological Studies
KAH	Keilschrifttexte aus Assur historischen Inhalts } innerhalb der Serie WVDOG
KAR	Keilschrifttexte aus Assur religiösen Inhalts } innerhalb der Serie WVDOG
KAV	Keilschrifttexte aus Assur verschiedenen Inhalts } innerhalb der Serie WVDOG
KB	Keilinschriftliche Bibliothek (224)
KBo	Keilschrifttexte aus Boghazköi (206), innerhalb der Serie WVDOG
KUB	Keilschrifturkunden aus Boghazköi (206)
LS	P. Thomsen, Loca Sancta I 1907
MDOG	Mitteilungen der Deutschen Orient-Gesellschaft
MNDPV	Mitteilungen und Nachrichten des Deutschen Palästina-Vereins
MR	Mittleres Reich in Ägypten (221)
MVÄG	Mitteilungen der vorderasiatisch-ägyptischen Gesellschaft
NR	Neues Reich in Ägypten (221)
OA	Orients Antiquus (323)
OIC	The Oriental Institute of the University of Chicago. Oriental Institute Communications
OIP	The Oriental Institute of the University of Chicago. Oriental Institute Publications
OLZ	Orientalistische Literaturzeitung
OTS	Oudtestamentische Studiën
PEF	Palestine Exploration Fund (2)
PEF Ann.	Palestine Exploration Fund. Annual (99)
PEF Qu. St.	Palestine Exploration Fund. Quarterly Statements (4)
PEQ	Palestine Exploration Quarterly (4)
PJB	Palästinajahrbuch (4)
PRU	Le palais royal d'Ugarit (236)
PSBA	Proceedings of the Society of Biblical Archaeology
QDAP	Quarterly of the Department of Antiquities in Palestine (99)
RA	Revue d'Assyriologie
RAC	Reallexikon für Antike und Christentum
RÄRG	Reallexikon der ägyptischen Religionsgeschichte (258)

RB	Revue Biblique (4)
RE	Realencyklopädie für protestantische Theologie und Kirche 3. Aufl. 1891—1913
RGG	Die Religion in Geschichte und Gegenwart 3. Aufl. 1957—1962
RLA	Reallexikon der Assyriologie (224)
RLV	Reallexikon der Vorgeschichte
SPAW	Sitzungsberichte der Preußischen Akademie der Wissenschaften
ThBl	Theologische Blätter
ThR	Theologische Rundschau
ThZ	Theologische Zeitschrift
VA	Vorderasiatische Abteilung der Staatlichen Museen in Berlin
VB	Vorderasiatische Bibliothek
VT	Vetus Testamentum (Zeitschrift)
WO	Die Welt des Orients
WVDOG	Wissenschaftliche Veröffentlichungen der Deutschen Orient-Gesellschaft
WZKM	Wiener Zeitschrift für die Kunde des Morgenlandes
ZA	Zeitschrift für Assyriologie
ZÄ	Zeitschrift für ägyptische Sprache und Altertumskunde
ZAW	Zeitschrift für die alttestamentliche Wissenschaft
ZDMG	Zeitschrift der Deutschen Morgenländischen Gesellschaft
ZDPV	Zeitschrift des Deutschen Palästina-Vereins (4)
ZS	Zeitschrift für Semitistik
ZThK	Zeitschrift für Theologie und Kirche

ZEITTAFEL ZUR GESCHICHTE DES ALTEN ORIENTS

Ägypten	Syrien – Palästina	Zweistromland	Kleinasien
Vorgeschichtliche Kulturen	Kupfersteinzeit	Tell-Halaf-Kultur (ca. 2. Hälfte d. V. Jrt.s) El-Obed-Kultur (ca. 1. Hälfte d. IV. Jrt.s)	
Frühdynastische Zeit (1./2. Dyn.) ca. 2850–2650	Frühkanaanäische Kultur (Frühe Bronzezeit) ca. 3300–2100	Uruk-Kultur (ca. 2. Hälfte d. IV. Jrt.s) Djemdet-Nasr-Kultur (ca. 3000–2800)	
Altes Reich (3.–6. Dyn.) Zeit der Pyramidenerbauer ca. 2650–2200		Ältere sumerische Stadtstaaten Mitte des III. Jahrt.s Dynastie von Akkad ca. 2300–2100 Sargon von Akkad ca. 2300–2250	
Erste Zwischenzeit (9./10. Dyn.) ca. 2200–2050 11. Dyn. (Sitz Theben) ca. 2050–1991	Mittelkanaanäische Zeit (Mittlere Bronzezeit) ca. 2100–1550	Jüngere sumerische Stadtstaaten ca. 2100–1850	
Mittleres Reich (12. Dyn.) 1991–1788	Auftreten der „westsemitischen“ Herrenschicht		
		1. Dyn. von Babylon ca. 1830–1550 Jagitlim von Mari Jaḫdunlim von Mari Šamši-Adad I. von Assyrien 1749–1717	
Zweite Zwischenzeit (13.–16. Dyn.) 1788 bis ca. 1570		Hammurabi von Babylon 1728–1686 Zimrilim von Mari	Ältere hethitische Herrscher 17./16. Jrh.

Hyksosherrschaft ca. 1670–1570		Aufkommen der Kassitenherrschaft in Babylonien ca. 1700	
Neues Reich (18./19. Dyn.) ca. 1570–1200 18. Dyn. (ca. 1570–1345) Thutmose III. (1502–1448) Amenophis III. (1413–1377) Amenophis IV. (1377–1360)	Spätkanaanäische Zeit (Späte Bronzezeit) ca. 1550–1200 Ägyptische Oberherrschaft „Amarnazeit" Texte vom *rās esch-schamra* 14. Jrh.		Spätere hethitische Herrscher Šubbiluliuma um 1350
19. Dyn. (ca. 1340–1200) Ramses II. (1290–1223) Merneptah (1223–1210) 20. Dyn. (ca. 1200–1085) Ramses III. (1197–1165)	Landnahme der israelitischen Stämme Beginn der Eisenzeit	Mittelassyrisches Reich 13.–11. Jrh.	Mursiliš II. Ende des 14. Jrh.s Hattušiliš III. Mitte des 13. Jrh.s
Auftreten der „Seevölker"		Ende der Kassitenherrschaft in Babylonien Mitte des 12. Jrh.s	Ende des Hethiterreiches um 1200
	Staatenbildung in Israel ca. 1000	Verschiedene einheimische Dynastien in Babylonien	
22. (libysche) Dyn. (ca. 935–745) Schoschenk I. ca. 935–915	Saul David Salomo Trennung der Personalunion Israel-Juda 926		
	Nebeneinander der Staaten Israel und Juda		
	Ahab von Israel 871–852	Neuassyrisches Reich Assurnasirpal II. 884–859 Salmanassar III. 859–824	

Schlacht von Karkar 853

Jehu von Israel
845–818

Tribut des Jehu an Salmanassar III. 842

Adadnirari III. 810–782
Assurdan III. 771–754

Menahem von Israel
746–737

Tiglat-Pileser III. 745–727

Tribut des Menahem an Tiglat-Pileser III. 738

Ahas von Juda
742–725

„Syrisch-ephraimitischer“ Krieg und erste Katastrophe
des Staates Israel 733

Salmanassar V. 727–722

„Spätzeit“
25. (nubische) Dynastie
714–663

Hiskia von Juda
725–697

Sargon II. 722–705

Iran
Medisches Königtum
ca. 715–550

Ende des Staates Israel 721

Sanherib 705–681

Feldzug Sanheribs nach Palästina 701

Herrschaft der Achämeniden
in Persien
von ca. 700 an

Assarhaddon 681–669
Assurbanipal 669–631

26. (saitische) Dynastie
663–525

Josia von Juda
639–609

Begründung der neubabylonischen
Herrschaft durch Nabopolassar
(626–604)

Necho 609–593

Zusammenstoß zwischen Necho und Josia
bei Megiddo 609

Fall von Ninive 612
Nebukadnezar II. 604–562

Fall von Jerusalem und Ende des Staates Juda 587

Der Achämenide Kyros II. unterwirft
Medien ca. 550

Kyros II. erobert Babylon und unterwirft das neubabylonische Reich 539

← Kambyses, der Sohn Kyros' II. (529–522), erobert 525 Ägypten →

← Persisches Reich bis 334/331 →

Alexander d. Gr. unterwirft das Perserreich seiner Herrschaft
334/331

Tod Alexanders d. Gr. und Beginn der Diadochenherrschaften
323

Herrschaft der Ptolemaier
323–30 v. Chr.

Herrschaft der Seleukiden
312–64 v. Chr.

Spektrum/Religion

Hans Maier
Die christliche Zeitrechnung
Band 4018

„Eine kompakte Darstellung, die eine Wissenslücke füllt“ (Wiener Zeitung).

Arno Borst
Die Katharer
Band 4025

Die Katharer: als Ketzer verflucht, verfolgt und verbrannt. Ein Streifzug durch die dunkel-geheimnisvolle Zeit des Mittelalters.

Mircea Eliade
Schamanen, Götter und Mysterien
Die Welt der Griechen
Band 4108

An der Wiege Europas stehen die religiösen Vorstellungen der Griechen. Mit zahlreichen Quellentexten.

Gustav Faber
Auf den Spuren des Paulus
Eine Reise durch den Mittelmeerraum
Band 4099

Ein kulturgeschichtliches Reisebuch der ganz besonderen Art: persönlicher kann man Paulus und seine Welt nicht kennenlernen.

Hildegard von Bingen
Heilwissen
Von den Ursachen und der Behandlung von Krankheiten. Übersetzt und herausgegeben von Manfred Pawlik
Band 4050

Ein Klassiker der sanften Medizin, heute aktueller denn je: alle Ratschläge der genialen heilkundigen Frau in einem Band.

Spektrum/Religion

Ramon Llull
Das Buch vom Freunde und Geliebten
Übersetzt und herausgegeben von Erika Lorenz
Band 4094

Ein Juwel abendländischer Mystik: „Llull spricht überwältigend schön über das Lieben“ (Neue Zürcher Zeitung).

Die Erde ist uns heilig
Die Reden des Chief Seattle und anderer indianischer Häuptlinge
Band 4079

Beschwörend, prophetisch, poetisch: Die Überlebensweisheit einer großen alten Kultur.

Eugen Drewermann
Dein Name ist wie der Geschmack des Lebens
Tiefenpsychologische Deutung der Kindheitsgeschichte nach dem Lukasevangelium
Band 4113

Die geheimnisvolle Botschaft von der Ankunft Gottes in der Welt wird in dieser poetischen Meditation der Liebe lebendig.

Eugen Drewermann
Das Eigentliche ist unsichtbar
Eine tiefenpsychologische Deutung des Kleinen Prinzen
Band 4068

Es ist der ewige Traum verlorener Kindheit, der Saint-Exupérys „kleinen Prinzen“ so faszinierend macht.

Annemarie Schimmel
Die orientalische Katze
Mystik und Poesie des Orients
Band 4033

Die berühmte Orientalistin zeigt hier, wie die Poeten und Weisen des Ostens die Katze, dieses geheimnisvolle Tier, verstanden.